Neue Formen der Leistungsbeurteilung in den Sekundarstufen I und II

Herausgegeben von

Hans-Ulrich Grunder und Thorsten Bohl

2. Auflage

Schneider Verlag Hohengehren GmbH

Umschlagbild: Peter Kruse, Stade

Idee zur Umschlaggestaltung: Karli Broszat, Tübingen

Gedruckt auf umweltfreundlichem Papier (chlor- und säurefrei hergestellt).

Bibliografische Information Der Deutschen Bibliothek

Die Deutsche Bibliothek verzeichnet diese Publikation in der Deutschen Nationalbibliografie; detaillierte bibliografische Daten sind im Internet über ›http://dnb.ddb.de› abrufbar.

ISBN 3-89676-871-9

Schneider Verlag Hohengehren, Wilhelmstraße 13, D-73666 Baltmannsweiler

INHALTSVERZEICHNIS

Kap. IV
Thorsten Bohl:
Analyse der Fallstudien

Kap. V
Thorsten Bohl:
Zusammenfassung und Empfehlungen

Kap. VI
Anhang

Vorwort zur 2. Auflage

Der vorliegende Band ist der Abschlussbericht des Forschungsprojekts ‚Neue Formen der Leistungsbeurteilung in den Sekundarstufen I und II', das gemeinsam mit mehreren Schulen und zahlreichen Lehrkräften an der Universität Tübingen durchgeführt wurde. Der Band fand erfreulicherweise großes Interesse bei Lehrkräften, Mitgliedern der Schulverwaltung und Erziehungswissenschaftlerinnen und – wissenschaftlern, so dass eine 2. Auflage notwendig wurde. Die Befunde, insbesondere die zehn Fallstudien und deren Analyse, haben an Aktualität nichts eingebüßt, wie zahlreiche darauf beruhende Fortbildungen und eine andauernde Nachfrage im deutschsprachigen Raum belegen. Gleichwohl hat sich der bildungspolitische und erziehungswissenschaftliche Kontext in den vergangenen Jahren verändert, dies ermöglicht eine aktualisierte Einordnung dieses Bandes.

Zwischen die erste und zweite Auflage dieses Bandes fällt die Veröffentlichung der PISA-Studie mit ihren, für die deutsche Bildungslandschaft, insgesamt schwachen und besorgniserregenden Ergebnissen. Neben der PISA-Studie wurden mittlerweile zahlreiche weitere Studien veröffentlicht, z.B. die rheinland-pfälzische MARKUS-Studie, die Hamburger LAU-Studie oder der PISA-Länderbericht. Diese Studien lösten in der deutschen Erziehungswissenschaft eine starke empirische Wende aus, die sich allerdings vorrangig auf quantitative Forschungsmethoden bezieht. Der im Rahmen des Forschungsprojektes ‚Neue Formen der Leistungsbeurteilung' realisierte qualitative Ansatz beleuchtet Mikroprozesse des Unterrichts und subjektive Perspektiven der Akteure und fügt sich daher ergänzend in die genannten komplexen large-scale-assessments ein.

In den meisten Bundesländern wurden in den vergangenen Jahren Beurteilungs- und Zeugnisregelungen weiterentwickelt (vgl. Bohl 2003). Dabei werden Leistungen, die auf einem erweiterten Lernbegriff beruhen in unterschiedlicher Weise berücksichtigt, exemplarisch seien etwa die Projektprüfung an baden-württembergischen Hauptschulen oder die ‚Einschätzungen zur Kompetenzentwicklung' in den Zeugnissen Thüringens genannt. Auf welche Weise auch immer die Leistungen sichtbar werden: Für Lehrerinnen und Lehrer stellt sich die Frage, wie der Unterricht entwickelt und die Beurteilung entsprechend angepasst werden kann – Ausgangspunkte, die dem hier dokumentierten Projekt ebenfalls zu Grunde liegen.

Die Weiterentwicklung des Unterrichts in Richtung einer stärkeren Schüler- und Förderorientierung, mit kontinuierlich erhöhtem Anteil selbstständigen Lernens schreitet auch an Sekundarschulen voran. Die wenigen Ergebnisse aus der empirischen Unterrichtsforschung (z.B. Hage et al. 1985; Kanders et al. 1996; Bohl 2000) verweisen allerdings auf ein Faktum, das der gegenwärtigen öffentlichen Debatte um einen 'kindorientierten Unterricht' und den sie begleitenden Forderungen an eine didaktisch-methodisch optimierte Schule diametral entgegensteht: Nach wie vor dominiert in deutschen Schulen die direktive, lehrzentrierte, lehrerausgerichtete und frontale Unterrichtsweise. Unter der inzwischen als Fehlannahme demaskierten Leitidee der maximalen kognitiven Förderung möglichst vieler Schülerinnen und Schüler innerhalb möglichst kurzer Zeit ist der darbietende Unterricht zur Monomethode vieler Lehrkräfte geworden. Aus der empirischen Bildungsforschung ist allerdings auch bekannt, dass viele Wege zu einem erfolgreichen Unterricht, gemessen

1

an einem hohen domänenspezifischen Kompetenzniveau, führen. So erreicht Südkorea mit einem vergleichsweise autoritären und lehrerzentrierten Unterricht ein hohes Lesekompetenzniveau – wie auch Finnland mit einer ausgeprägten Förderkultur. Neben dem engen Blick auf die Unterrichtsmethoden selbst geraten daher die jeweils spezielle Lehrer-Schüler-Beziehung, sowie schulische und kulturelle Kontexte in den Blick. Sämtliche Fallstudien dieses Bandes belegen eine ausgeprägte, wenn auch unterschiedlich konzipierte und akzentuierte Schüler- und Förderorientierung, die ohne eine Veränderung der Leistungsbeurteilung brüchig und unvollständig wäre.

Die Leistungen der bei PISA befragten 15jährigen wurde von Lehrplanexpertinnen und –experten völlig falsch eingeschätzt und erheblich positiver prognostiziert (PISA 2000, S. 100). Diese Fehleinschätzung wird vielfach als mangelnde *Diagnosekompetenz* deutscher Lehrkräfte gedeutet. Bei genauerer Betrachtung wird deutlich, dass an Schulen, an denen didaktisch variabel und differenziert unterrichtet wird und Unterricht zudem in ein konsequentes und lebendiges Schulleben integriert ist, Lehrkräfte die Stärken und Entwicklungsmöglichkeiten ihrer Schülerinnen und Schüler eher einzuschätzen vermögen. Dies konnte beispielsweise in der PISA-Nachuntersuchung an der Laborschule Bielefeld gezeigt werden (vgl. Thurn 2003). In diesen Zusammenhang zwischen didaktischer und diagnostischer Kompetenz von Lehrkräften fügt sich das Thema ‚Neue Formen der Leistungsbeurteilung' ein. In sämtlichen Fallstudien wurde der Zusammenhang von Bewerten, Beraten und Fördern thematisiert. Leistungsbeurteilung, die auf einem erweiterten Lernbegriff, einer systematischen Leistungserhebung und sorgfältigen Unterrichtsbeobachtung beruht, eröffnet ein breites Leistungsspektrum: Schülerinnen und Schüler erleben sich in unterschiedlichen Situationen und entwickeln sich in vielen Bereichen weiter. Lehrkräfte erhalten ein differenziertes Bild der Lernenden. Insofern deuten die hier dargestellten Beurteilungsformen viele Wege zu einem verstehenden und differenzierten Blick auf die Lernprozesse von Schülerinnen und Schülern.

Dieses förderdiagnostische Verständnis alleine in den Vordergrund zu stellen, hieße die Realität zu verleugnen: In den meisten der hier vorgestellten Fallstudien wird das Beurteilungsverfahren in eine Note überführt. Damit erhalten diese Beurteilungen eine *Selektionsfunktion*. Da diese Noten in den jeweiligen Fächern eine Klassenarbeit ersetzen, wird das gesamte Verfahren zeitlich entlastet. Die Benotung von Schülerleistungen ist immer, ganz besonders jedoch bei den hier zugrunde liegenden Schülerleistungen, mit einer erheblichen und fehleranfälligen Reduktion komplexer Vorgänge verbunden. Im Rahmen der deutschen Bildungsforschung (z.B. Baumert u.a. 2003, S. 321ff; Avenarius u.a. 2003, S. 153ff) wurde darauf verwiesen und entsprechende Konsequenzen auf systemischer Ebene wurden angemahnt, z.B. einheitliche Standards oder Vergleichstests. Für das Forschungsprojekt ‚Neue Formen der Leistungsbeurteilung' wird im Umgang mit der Benotungsschwierigkeit rückblickend ein anderer Schwerpunkt deutlich. Weniger die Vereinheitlichung oder ‚Objektivierung' der Benotung, als vielmehr ihre pädagogische und methodisch-didaktische Qualität steht im Vordergrund, z.B. in dem Schülerinnen und Schüler vielfach beteiligt sind, das gesamte Beurteilungsverfahren transparent verläuft, die Kooperation unter Lehrkräften gesteigert werden kann, Lernfortschritte deutlich werden.

Die genannten Kontexte neuer Beurteilungsformen (z.B. Beratung, Kooperation, Zeitbudget) verweisen auf ein weiteres im deutschsprachigen Raum aktuelles Thema. In mehreren Bundesländern werden neue *Arbeitszeitmodelle* diskutiert und z.T. bereits erprobt, womit eine längst überfällige Reform angegangen wird. Die Arbeitsbereiche und –zeiten von Lehrkräften haben sich de facto verändert, so beanspruchen Kooperationen, Konzept- und Schulentwicklungsarbeiten erheblichen, wenn auch individuell variierenden Zeitbedarf. Im Kontext neuer Beurteilungsformen sind insbesondere sorgfältige und systematische Beobachtungen und darauf folgende Beratungszeiten zu nennen, die im Rahmen der derzeitigen Stundenorganisation nur unter größten Mühen, kaum jedoch als ruhigen, alltäglichen und selbstverständlichen Teil der Professionalität möglich sind.

Die möglicherweise deutlichste Konsequenz aus der deutschen Bildungsmisere ist die Entwicklung nationaler und länderspezifischer *Bildungsstandards* auf der Grundlage domänenspezifischer Kompetenzmodelle (vgl. Klieme 2003). In Baden-Württemberg wurden zeitgleich neue Bildungspläne vorgestellt, ebenfalls auf der Basis von Kompetenzmodellen. In Kürze dürfte daher – für die breite Lehrerschaft – die Beurteilung der Schülerleistungen in diesen Kompetenzbereichen eine alltägliche Herausforderung sein. In vielfältiger Hinsicht bietet der vorliegende Band hierfür Erkenntnisse und Beispiele, z.B. hinsichtlich Schülerbeteiligung, Unterrichtsbeobachtung, Kriterienerstellung, Prozessbeurteilungen, Entwickeln von Beurteilungskonzeptionen (zusammenfassend im Kap. IV).

In den vergangenen Jahren hat sich im deutschsprachigen Raum, derzeit in einer noch recht zarten Linie verlaufend, gleichwohl klar erkennbar, *Portfolio* als ein neues Lern- und Bewertungskonzept entwickelt. Portfolio ist (materiell betrachtet) eine Sammelmappe, die (pädagogisch und methodisch-didaktisch interpretiert) Prozess-, Selbststeuerung- und Reflexionspotentiale bietet und diese besonders in Zusammenhang mit der Schreibpädagogik zu entfalten vermag (z.B. Bräuer 2004). Im Fallbeispiel 10 wird dies angedeutet. Nach unserer Einschätzung bieten neue Beurteilungsformen vielfältige Verzahnungen mit Portfolio, lassen sich insbesondere auch als Vorstufen vor anspruchsvollen Portfoliokonzepten (z.B. als Selbststeuerungselement des Unterrichts) bezeichnen, weil im Rahmen neuer Beurteilungsformen Reflexion, Selbstbewertung, Selbststeuerung, erste schriftliche Prozessbetrachtungen u.a. ausgezeichnet vermittelt und eingeübt werden können.

Unser herzlicher Dank gilt nach wie vor den am Forschungsprojekt beteiligten Schülerinnen und Schülern, Eltern, Lehrkräften, Schulleitern und den Mitgliedern der Schulverwaltung, insbesondere den Protagonistinnen und Protagonisten, Claudia Braun, Hanna Daur, Cornelia Dieckhoff, Ulrike Gunsser, Michael Kuhn, Dr. Wolfgang Pasche, Dorothea Schulz, Klaus Wegele, Dr. Martin Herold und Dr. Birgit Landherr, sowie Dr. Karin Broszat für Ihre umsichtige und engagierte Mitarbeit.

Tübingen, im Juli 2004

Hans-Ulrich Grunder   Thorsten Bohl

(Projektverantwortlicher)   (Projektleiter)

Literaturhinweise

Avenarius, H./Ditton, H./Dobert, H./Klemm, K./Klieme, E./Rürup, M./Tenorth, H.-E./Weishaupt, H./Weiß, M. (2003): Bildungsbericht für Deutschland. Erste Befunde. Opladen

Bastian, J./Petram, E./Affelt, M./Gessert, R. (1980): Sollen Projekte zensiert werden oder nicht? Lehrer diskutieren. In: Westermanns Pädagogische Beiträge, 32. Jg./Heft 3, S. 116-119

Baumert, J./Trautwein, U./Artelt, C. (2003): Schulumwelten – institutionelle Bedingungen des Lehrens und Lernens. In: Deutsches PISA-Konsortium (Hrsg.): PISA 2000. Ein differenzierter Blick auf die Länder der Bundesrepublik Deutschland. Opladen, S. 261-332

Bohl, T. (2000): Unterrichtsmethoden in der Realschule. Bad Heilbrunn: Klinkhardt

Bohl, T. (2003): Aktuelle Regelungen zur Leistungsbeurteilung und zu Zeugnissen an deutschen Sekundarschulen. Eine vergleichende Studie aller Bundesländer – Darstellung und Diskussion wesentlicher Ergebnisse. In: Zeitschrift für Pädagogik. 49. Jg./ Heft 4, S. 550-566

Bräuer, G. (Hrsg.) (2004): Schreiben(d) lernen. Ideen und Projekte für die Schule. Hamburg: Edition Körber-Stiftung

Deutsches PISA-Konsortium (Hrsg.) (2001): PISA 2000. Basiskompetenzen von Schülerinnen und Schülern im internationalen Vergleich. Opladen: Leske und Budrich.

Deutsches PISA-Konsortium (Hrsg.) (2002): PISA 2000. Die Länder der Bundesrepublik Deutschland im Vergleich. Opladen: Leske und Budrich.

Häcker, T. (2002): Der Portfolioansatz - die Wiederentdeckung des Lernsubjekts? In: Die Deutsche Schule. 94. Jg./Heft 2, S. 204-217

Hage, K./Bischoff, H./Dichanz, H./Eubel, K.-D./Oehlschläger, H.-J./Schwittmann, D. (1985): Das Methoden-Repertoire von Lehrern. Eine Untersuchung zum Schulalltag der Sekundarstufe I . Opladen: Leske und Budrich

Helmke, A./Jäger, R. (Hrsg.) (2002): Das Projekt MARKUS. Mathematik-Gesamterhebung Rheinland-Pfalz: Kompetenzen, Unterrichtsmerkmale, Schulkontext. Landau: Verlag Empirische Pädagogik

Kanders, M./Rösner, E./Rolff, H.-G. (1996): Das Bild der Schule aus der Siht von Schülern und Lehrern – Ergebnisse zweier Repräsentativbefragungen. In: Rolff, H.-G./ Bauer, K.-O./ Klemm, K./ Pfeffer, H. (1996) (Hrsg.): Jahrbuch der Schulentwicklung. Band 9. Weinheim und München: Juventa

Klieme, E./Avenarius, H./Blum, W./Döbrich, P./Gruber, H./Prenzel, M./Reiss, K./Riquarts, K./Rost, J./Tenorth, H.-E./Vollmer, H. (2003): Zur Entwicklung nationaler Bildungsstandards. Eine Expertise. hrsg. vom Bundesministerium für Bildung und Forschung (BMBF) Bonn. Bonn: BMBF

Lehmann, R.H./Peek, R./Gänsfuß, R./Husfeldt, V. (2001): LAU 9. Aspekte der Lernausgangslage und der Lernentwicklung - Klassenstufe 9. Ergebnisse einer längsschnittlichen Untersuchung in Hamburg. Hamburg

Thurn, S. (2003): Schulleistungsuntersuchungen an der Laborschule. Eine Antwort auf die Ergebnisse des Max-Planck-Instituts. In: Die Deutsche Schule. 95. Jg./2003/Heft 4, S. 413-419

Thorsten Bohl: Einleitung

Ausgangspunkt: Ein veränderter Unterricht

Der Unterricht an den staatlichen Sekundarschulen hat sich verändert: Viele Lehrerinnen und Lehrer praktizieren Varianten offenen Unterrichts, streben selbstständiges Lernen an und verändern ihre traditionelle Rolle der vorrangigen Wissensvermittlung. Allerdings ist diese Veränderung zeitlich begrenzt, der Unterricht wird nur selten grundsätzlich und permanent verändert. Als gemeinsamen Kern eines veränderten Unterrichts kann der erweiterte Lernbegriff bezeichnet werden, der in den vier Lernbereichen fachlich-inhaltliches Lernen, methodisch-strategisches Lernen, sozial-kommunikatives Lernen und persönliches Lernen konkretisiert ist. Zur Beurteilung von Elementen der drei letztgenannten nicht-fachlich-inhaltlichen Lernbereiche sind die traditionellen Formen der Leistungsbeurteilung (Klassenarbeiten, mündlichen Noten, Tests) ungeeignet. Neue Beurteilungsformen sind notwendig, die auch die nicht-fachlich-inhaltlichen Lernbereiche erreichen.

Ziel des Forschungsprojektes

Wir erproben und untersuchen Beurteilungsformen, die Elemente methodisch-strategischen Lernens, sozial-kommunikativen Lernens und persönlichen Lernens überprüfen. Dabei liegt die Zielsetzung darin, *Prozessfaktoren* herauszuarbeiten, die für den gesamten Beurteilungsprozess (Kriterienerstellung, Ablauf, Beteiligung von Schülerinnen und Schülern[1] u.a.) hemmend oder förderlich sind. Dies scheint uns für interessierte Lehrerinnen und Lehrer wesentlich hilfreicher zu sein, als eine zu starke Orientierung an ‚optimalen' Kriterienkatalogen, wie sie häufig geschieht. Der Forschungsbericht, insbesondere die Fallstudien und die gesamten Ergebnisse, sind damit (eine reflektierte und situationsspezifische Adaption vorausgesetzt) in hohem Maße übertragbar: Probleme können antizipiert und dadurch eher vermieden werden.

Die meisten der beteiligten Lehrkräfte hatten zu Beginn nur wenig Erfahrung mit neuen Beurteilungsformen. Prämisse für die Beteiligung am Forschungsprojekt war allerdings Erfahrung bei der zugrundeliegenden Unterrichtskonzeption. Daher befanden sich diese Lehrerinnen und Lehrer in einer ähnlichen Situation wie wohl viele andere Lehrkräfte an Sekundarschulen.

Neue Formen der Leistungsbeurteilung und internationale Vergleichsstudien

Unser Forschungsansatz ist qualitativer Art, wir versuchen den Forschungsgegenstand ‚Neue Formen der Leistungsbeurteilung' aus einer sehr alltagsnahen Perspektive zu erfassen. Die kontinuierliche Begleitung und Erforschung alltäglicher Erfahrungen im Umgang mit neuen Beurteilungsformen ist eine sinnvolle Ergänzung umfangreicher und größtenteils standardisierter internationaler Vergleichsstudien. Unser Fokus gilt zudem der Beurteilung der Schülerleistung, nicht der Beurteilung oder Evaluation von Unterricht generell. Daher rückt der pädagogische Umgang mit Leistung und Leistungsbeurteilung in den Vordergrund.

---

[1] Wir verwenden die weibliche und männliche Form, lediglich bei gängigen Begriffen, z.B. Schülerorientierung, Schülermitbeurteilung wird die Kurzform verwendet.

5

Ersatz von Klassenarbeiten

Das Ministerium für Kultus, Jugend und Sport hat uns mit diesem Forschungsvorhaben beauftragt. Hintergrund des Auftrages ist die geplante Veränderung einer Verwaltungsvorschrift, mit der es möglich werden soll, Klassenarbeiten durch andere Formen der Leistungsbeurteilung zu ersetzen. Die Definition unserer ‚neuen' Formen der Leistungsbeurteilung schließt daher explizit die Zensurengebung ein, dies ist ein deutlicher Gegensatz zu den gängigen Diskussionen um die schulische Leistungsbeurteilung, die sich zumeist um die Frage ‚Note oder verbale Beurteilung?' drehen. Wir definieren ‚neue' Beurteilungsformen nicht im Sinne einer bestimmten Leistungsdokumentation, z.B. als verbale Beurteilung oder als Lernentwicklungsbericht, sondern auf der Grundlage des vorausgehenden Unterrichts, der sich am erweiterten Lernbegriff orientiert.

Überblick über den Forschungsbericht

Der gesamte Forschungsbericht enthält ein breites Themenspektrum. Das bündelnde Kriterium ist die Definition neuer Beurteilungsformen (S. 18f), von hier aus erfolgen die theoretischen Prämissen (Kap. I) und der Beitrag von Karin Broszat (Exkurs), der unterschiedliche Leistungsverständnisse in historischer Perspektive nachzeichnet. Kap. II befasst sich mit Forschungsansatz und -organisation. In zehn Fallstudien (Kap. III) wird anschließend der jeweilige Beurteilungsprozess dargestellt, hemmende und förderliche Faktoren werden diskutiert und analysiert. Die Dokumentation der Fallstudien belegt eine facettenreiche Unterrichts- und Beurteilungsvielfalt an staatlichen Sekundarschulen. In der Gesamtauswertung (Kap. IV) werden wiederkehrende und übereinstimmende Themen und Merkmale neuer Beurteilungsformen benannt. Dabei werden die wesentlichen Erfahrungen weitestgehend präzisiert, so dass interessierte Lehrerinnen und Lehrer auch handlungsleitende Hinweise erhalten. Der Bericht endet mit einer Zusammenfassung und mit präzisen, adressatenspezifischen Empfehlungen (Kap. V). Im Anhang (Kap. VI) wird die Forschungsgruppe vorgestellt, zudem sind hier Abbildungs- und Literaturverzeichnisse enthalten.

Wie kann der Forschungsbericht gelesen werden?

Der Umfang des Forschungsberichtes resultiert vorwiegend aus der detaillierter Dokumentation der zehn Fallstudien. Darauf wollten wir nicht verzichten: Die Prozesse der Leistungsbeurteilung (zugrundeliegender Unterricht, Kriterienerstellung, Verlauf, Probleme etc.) sollten nachgezeichnet werden und das nicht nur in oberflächlicher oder ergebnisorientierter Weise. Damit ist die Basis gelegt für die Gesamtauswertung in Kap. IV. Jede Fallstudie bietet für sich alleine einen geschlossenen und vollständigen Text, fügt sich jedoch gleichzeitig in den gesamten Forschungsbericht ein.

Der gesamte Forschungsbericht kann auch interessenorientiert gelesen werden, die folgenden Hinweise könnten hierfür nützlich sein:

- Die zentrale theoretische Grundlage stellt das Kap. I.1 ab S. 9 dar, die Teilkapitel I.1.1; I.1.2 und I.1.3 enthalten jeweils Zusammenfassungen, die einen schnellen Einblick ermöglichen.

- Die Fallstudien im Kap. III können interessegeleitet ausgewählt werden, z.B. nach dem zugrundeliegenden Unterricht, nach der Form der Leistungsbeurteilung, nach Fächern, nach Klassenstufen oder nach Schulart. Eine Übersicht über alle wesentlichen Merkmale der Fallstudien ist auf S. 79 abgebildet.

- Bei der Lektüre der Analyse (Kap. IV) ermöglichen die Zusammenfassungen am Ende aller Teilkapitel ebenfalls einen schnellen Einblick, zudem kann auch hier themenspezifisch ausgewählt werden, z.B. nach den Stichworten Prozessbeurteilung, Präsentationsbeurteilung, Unterrichtsbeobachtung, Beteiligung von Schülerinnen und Schüler, veränderte Lehrerrolle u.a.
- Schließlich werden im Kapitel V die wesentlichen Aspekte präzisiert, diskutiert und größtenteils als visualisierte Übersicht abgebildet.

Weitere Hinweise

- Querverweise auf Fallstudien werden mit ‚F' abgekürzt, andere Querweise auf Datenmaterial beruhen auf den Abkürzungen, die auf S. 57 dokumentiert sind.
- Literaturhinweise sind im Anhang aufgeführt, lediglich die Literatur der einzelnen Fallstudien ist am Ende des jeweiligen Kapitels angeführt.

Kap. I
Thorsten Bohl:
Theoretische Strukturierung - Begründung neuer Beurteilungsformen

Kap. I
Thorsten Bohl:
Theoretische Strukturierung –
Begründung neuer Beurteilungsformen

1 Voraussetzungen, Definition und Begründung neuer Formen der Leistungsbeurteilung

1.1 Der erweiterte Lernbegriff

Begründungsskizzen

Die Begründung neuer Beurteilungsformen setzt bei einem veränderten Verständnis schulischen Lernens an: Dem erweiterten Lernbegriff und einem auf selbstständigen Lernen beruhenden Unterrichtsverständnis. Die Begründung könnte allerdings auch umfassender geleistet werden:

- In einer *historischen Perspektive* könnte gezeigt werden, dass der erweiterte Lernbegriff nicht neu ist, sondern beispielsweise durch viele Reformpädagoginnen und -pädagogen bereits realisiert wurde.

- *Veränderte Sozialisationsbedingungen* könnten benannt werden, die einen rasanten gesellschaftlichen Wandel beschreiben und auf ein verändertes schulisches Lernen drängen.

- Die *Differenzierungsfähigkeit des Unterrichts* könnte als ein Qualitätskriterium aus unterrichtstheoretischer Sicht benannt werden.

- Aus der *Lern-, Motivations- und Wissenspsychologie* könnten Hinweise aufgegriffen werden, die auf einen schülerorientierten Unterricht verweisen (z.B. Mandl/ Huber 1985, Schürer-Necker 1994, Einsiedler 1996).

- Aus der *Lehr-Lernforschung* könnten Hinweise entnommen werden, die ein strukturiertes und vielfältiges Unterrichtsarrangement begründen (z.B. Weinert/ Helmke 1996, Weinert 1996).

- Die derzeitige Affinität von *Wirtschaft und Industrie* auf der einen Seite und Befürworterinnen und Befürwortern von offenem Unterricht auf der anderen Seite wäre diskussionswürdig (z.B. Tillmann 1995a)[2].

- Aus einer *bildungstheoretischen Perspektive* könnte selbstständiges Lernen begründet werden, um Ziele wie Mündigkeit, Solidaritätsfähigkeit u.a. anzustreben.

- Aus *anthropologischer Sicht* könnte aufgezeigt werden, dass die Schule und die Auseinandersetzung mit schulischen Spannungsfeldern eine wichtige Funktion beim Menschwerden und Aufwachsen erfüllt, dabei spielt die Art und Qualität schulischen Lernens eine wichtige Rolle.

---

[2] Im Rahmen unserer 2. Tagung haben wir uns näher mit dem Thema ‚Leistung und Leistungsbeurteilung aus der Sicht der Pädagogik und der Wirtschaft' befasst. Dabei profitierten wir von dem Vortrag von Herrn Helmut Haufler-Knöpfle, Unternehmensberater, u.a. tätig bei ehem. Daimler-Benz, der Ansätze zur Beurteilung von Projektmitarbeitern entwickelte.

Eine weitere, *gesellschaftstheoretische* Perspektive sei hier angedeutet: Die Gesellschaft der Zukunft erfordert einen veränderten Umgang mit Wissen. Während bisher (und in der schulischen Realität sicherlich auch heute noch) die meisten schulischen Ressourcen[3] vorwiegend zur Vermittlung von Wissen bereitgestellt werden, genügt dies nicht mehr, um Schülerinnen und Schüler auf das zukünftige Leben in der Wissensgesellschaft vorzubereiten: Schulisches Lernen wird sich ändern: ‚Wissen‘ wird neu definiert werden, nicht-fachlich-inhaltliches Wissen wird zukünftig an Bedeutung gewinnen. Die Antwort auf den sich weltweit beschleunigenden Wissenszuwachs ist also nicht, sich immer mehr Wissen anzueignen, sondern zu lernen, mit der Wissensflut umzugehen:

> „Eine Gesellschaft, die vom Wissen lebt, muss deshalb ihre Bürger in die Lage versetzen, mit der Informations- und Wissensflut zurechtzukommen. Das bedeutet etwa, möglichst geschickt mit Informationen und Wissen umgehen und das eigene Wissen managen zu können. Oder zu wissen, welche Mengen an Information verarbeitbar sind und sich dann gezielt auf das Nötige beschränken. Man sollte wissen, wo Wissen gegebenenfalls verfügbar ist. Und man sollte z.B. in der Lage sein, Auswahlentscheidungen zu treffen und Informationen kritisch zu beurteilen." (BBWFT 1997/ 98)

In derselben Studie wurden Experten nach dem zukünftigen Stellenwert der vier Felder des Allgemeinwissens befragt: Dabei wurden die personale und die soziale Kompetenz als zentral bezeichnet. Die Relativierung des fachlich-inhaltlichen Wissen eröffnet den Blick für weitere Kompetenzen des erweiterten Lernbegriffs.

Mit diesen kurzen Begründungshinweisen möchte ich deutlich machen, dass der erweiterte Lernbegriff, wie er unserem Forschungsprojekt zugrunde liegt, keine kurzfristige Modeerscheinung ist, sondern vielfach begründet werden kann und (aller heutigen Wahrscheinlichkeit nach) in Zukunft eine höhere Bedeutung erlangen wird.

Konkretisierung

Der erweiterte Lernbegriff wird bei verschiedenen Autorinnen und Autoren unterschiedlich konfiguriert und definiert, z.B....

- Klippert 1994: inhaltlich – fachliches Lernen, methodisch – strategisches Lernen sozial kommunikatives Lernen, persönliches Lernen;
- Delphi-Studie 1997/ 98 (BBWFT 1998): Instrumentelle Kompetenzen, personale Kompetenz, Soziale Kompetenzen, inhaltliche Basiskompetenzen (‚vier Felder des Allgemeinwissens‘);
- Feiks/ Krauß 1992: Sachkompetenz, Methodenkompetenz, Sozialkompetenz, Persönlichkeitskompetenz (mit dem Begriff der Handlungskompetenz als Zielsetzung).

In der Diskussion um Unterrichtsentwicklung spielt der erweiterte Lernbegriff eine zentrale Rolle, obwohl er nicht neu ist, er transportiert auch nicht unbedingt neue Zielsetzungen. Allerdings ist er in den letzten Jahren, insbesondere durch die Arbeiten von Klippert, mit neuer Dynamik in die Diskussion eingebracht worden.

Der erweiterte Lernbegriff ist zunächst ein Konstrukt, um zwischen Zielen (bei Klippert: Schlüsselqualifikationen) und dem unterrichtlichen Alltag zu vermitteln. Der Begriff erlaubt eine Transfusion der vier Lernbereiche in den unterrichtlichen

---

[3] Ich verwende den Begriff der Ressourcen in einem erweiterten Verständnis, beschrieben in sieben Dimensionen: Mensch, Kompetenzen, Konzept, Zeit, Raum, Geld, Sachmittel, vgl. Bohl (2000a) .

Alltag bis hin zur Operationalisierung konkreter Unterrichtsziele. Für die Sekundarschulen, die traditionell von einem eher engen und auf fachliche Stoffvermittlung zielenden Leistungsverständnis ausgehen, birgt der erweiterte Lernbegriff ein erhebliches Entwicklungspotential.

Die Konfiguration der einzelnen Kompetenzbereiche kann auf unterschiedliche Weise vorgenommen und begründet werden (s.o.). Wesentlich ist jedoch, in welches Gesamtverständnis der erweiterte Lernbegriff eingebettet ist (Abb. 1).

Abb. 1: Der erweiterte Lernbegriff

Auf der Grundlage ethischer, humaner, solidarischer und demokratischer Prinzipien, sowie inhaltlicher Zielsetzungen, zielen die unauflöslich miteinander verbundenen Lernbereiche...			
inhaltlich – fachlicher Lernbereich	methodisch – strategischer Lernbereich	sozial – kommunikativer Lernbereich	persönlicher Lernbereich
▪ Wissen (Fakten, Begriffe, Definitionen...) ▪ Verstehen (Phänomene, Argumente...) ▪ Erkennen (Zusammenhänge...) ▪ Urteilen (Thesen, Themen ...beurteilen) ▪ ...	▪ Exzerpieren ▪ Nachschlagen ▪ Strukturieren ▪ Organisieren ▪ Planen ▪ Entscheiden ▪ Gestalten ▪ Ordnung halten ▪ Visualisieren ▪ ...	▪ einfühlsam wahrnehmen ▪ Zuhören ▪ Argumentieren ▪ Fragen ▪ Diskutieren ▪ Kooperieren ▪ Integrieren ▪ Gespräche leiten ▪ Präsentieren ▪ Konflikte lösen ▪ ...	▪ Selbstvertrauen entwickeln ▪ ein realistisches Selbstbild entwickeln ▪ Identifikation und Engagement entwickeln ▪ Werthaltungen aufbauen ▪ Kritikfähigkeit entwickeln ▪ ...
...auf den Erwerb von **Handlungskompetenz**			
(verändert auf der Grundlage von Klippert 1994, 31, v.Saldern 1997, Feiks/ Krauß 1992)			

Nach unserem, dem Forschungsprojekt zugrundeliegenden Verständnis, ist der erweiterte Lernbegriff auf bildungstheoretische Zielsetzungen hin zu verstehen. Eine enge Betrachtungsweise im Sinne von ‚Schlüsselqualifikationen' greift zu kurz. Diese wichtige Voraussetzung sei an einigen Aspekten verdeutlicht, Möglichkeiten und Grenzen der Arbeit mit dem erweiterten Lernbegriff andeutend.

Erläuterung

Der erweiterte Lernbegriff baut auf einem grundlegenden ethischen, humanen, demokratischen und solidarischen Verständnis auf. Dies ist für eine gesellschaftliche und schulische Betrachtungsweise eine zentrale Prämisse. Es genügt nicht, die einzelnen Lernbereiche gezielt zu vermitteln, ansonsten wäre nicht von der Hand zu weisen, dass die entsprechenden Kompetenzen für inhumane, diktatorische, illegale Zwecke missbraucht werden könnten: Auch ein Diktator kann Zusammenhänge erkennen, kooperieren, zuhören, Selbstvertrauen entwickeln etc. Damit ist ein entsprechender Anspruch an den Unterricht formuliert, der sich den genannten Prämissen unterordnet und die einzelnen Lernbereiche nicht losgelöst davon betrachtet.

Der erweiterte Lernbegriff ist dahingehend zu prüfen, mit welchen inhaltlichen Zielsetzungen die einzelnen Lernbereiche verbunden werden. Dies bedarf einer besonderen Erwähnung. Zukünftig ist zu erwarten, dass Inhalte der Bildungspläne zugunsten der Vermittlung übergeordneter Kompetenzen weiter reduziert werden. Gerade dadurch, dass der Lernbegriff erweitert wird und sich von einem eher wissensorientierten engen Verständnis löst, wird die Auswahl der Lerninhalte wichtiger. Wie auch bisher stellt sich zudem die Frage, ob die im Bildungsplan bzw. von Lehrerinnen und Lehrern vermittelten Inhalte auch Themen der Schülerinnen und Schüler sind, also ihrer Lebenswelt und ihrem Interesse entstammen. Ein problematisches Verständnis wäre demnach das vorwiegend inhaltsleere Eintrainieren methodischer Kompetenzen.

Die vier Lernbereiche sind nicht unabhängig nebeneinander zu sehen, sondern sind eng und vielfältig miteinander verbunden: Es ist z.B. möglich ohne reflektiertes Wissen soziale Kompetenz zu besitzen (vgl. v. Saldern 1999, 39), es ist jedoch nicht möglich methodisch-strategisches Lernen losgelöst von Inhalten anzuwenden. Entscheidend ist daher nicht das lineare und getrennte Anstreben der einzelnen Bereiche, sondern das *konzeptionell schlüssige Zusammenspiel der vier Lernbereiche.* Unterricht ist demnach auf ein sinnvolles Ganzes und nicht auf die additive oder voneinander abgekoppelte Vermittlung der einzelnen Lernbereiche hin zu konzipieren. Ein falsches Verständnis wäre beispielsweise die Zuordnung methodischstrategischen Lernens in Phasen freien Arbeitens und die Zuordnung inhaltlichfachlichen Lernens in lehrerzentrierte und stofforientierte Unterrichtsphasen, ganz besonders dann, wenn für Schülerinnen und Schüler das Verständnis und der Gesamtzusammenhang des Sinns und der Zielsetzungen fehlt.

Die Auflistung der Beispiele in Abb. 1 (S. 12) könnte fortgesetzt werden. Diese Feststellung ist wesentlich, wirkt sie doch einer vermeintlichen Vollständigkeit bzw. einer vermeintlich abgeschlossen Operationalisierung der vier Lernbereiche entgegen. Im Unterricht wird zwangsläufig exemplarisch gearbeitet werden müssen, d.h. nur einige der genannten Beispiele können jeweils vermittelt und gelernt werden: Keiner der vier Lernbereiche kann vollständig erlernt werden, eine exemplarische, schwerpunktbildende Vertiefung ist notwendig. Ganz besonders dann, wenn einzelne der genannten Konkretisierungen nicht nur eingeübt, sondern auch beurteilt werden.

Die vier Lernbereiche sind zwischen unabdingbaren Prämissen und der Zielsetzung der ‚Handlungskompetenz' eingebettet. Die Konkretisierungen bzw. die Beispiele unterhalb der vier Lernbereiche können zwar mittels einzelner Trainingsbausteine eingeübt werden; das ist selbstverständlich sinnvoll und notwendig, gleichzeitig aber nicht ausreichend. Handlungskompetenz ist eben nicht vollständig über Übungsbausteine erreichbar. Oelkers formuliert dies treffend (1996, 126f):

> "Wer lediglich 'Teamfähigkeit' übt, wird genau das nicht erreichen, was er beabsichtigt, nämlich Personen, die sich in divergenten Kontexten intelligent und kenntnisreich mit Problemen auseinandersetzen. Dazu gehört Wissen und Verstehen, ein Horizont von Bildung, der nicht durch sozialpsychologische Übungen ersetzt werden kann."

Bildung ist methodisch-instrumentell nicht erreichbar. Sofern das Erreichen der Lernbereiche auf Einüben und Trainieren einzelner Elemente beschränkt bleibt, wird die zu enge Anbindung an Schlüsselqualifikationen forciert, allgemeine Bildung wird tendentiell ausgeblendet. Dies ist für Lehrerinnen und Lehrer ein Hinweis Schülerinnen und Schüler in das Gesamtverständnis des Unterrichts einzubinden, ihnen Beteiligungsmöglichkeiten zu gewähren, regelmäßig zu reflektieren und zu berücksichtigen, inwiefern die einzelnen Übungsbausteine für die persönliche Entwicklung der Schüler und Schülerinnen relevant sind. Es bleibt Aufgabe der Pädagoginnen und Pädagogen die persönliche Bildung der einzelnen Jugendlichen hervorzubringen, die eben nicht durch reine Vermittlung von Spezialkenntnissen möglich ist.

Der erweiterte Lernbegriff beschreibt Kompetenzen und nicht Qualifikationen. Der Begriff der Kompetenz ist eng mit dem Begriff der allgemeinen Bildung verbunden. Kompetenz ist die Gesamtheit aller Fähigkeiten einer Person. Sofern ‚Kompetenz' die Ganzheit aller Fähigkeiten ist, sind die vier Lernbereiche (fachlich-inhaltlicher Lernbereich, methodisch-strategischer Lernbereich, sozial-kommunikativer Lernbereich, persönlicher Lernbereich) ‚Subkompetenzen'. Mit dem Begriff der Kompetenz ist ein Anspruch an Unterricht beschrieben, in welchem Schülerinnen und Schüler nicht als Objekte, sondern als Subjekte verstanden werden und eine vertrauensvolle Beziehungsstruktur zwischen Lehrenden und Lernenden besteht. Kompetenzerwerb hat Selbstzweck und dient der Persönlichkeitsentwicklung. Der Begriff der Qualifikationen hingegen beschreibt formal vorgegebene Zielsetzungen, die zumeist als Voraussetzungen für eine Zugangsberechtigung dienen oder als vorweggenommene, zukünftig möglicherweise bedeutsame, arbeitsplatzspezifische Fähigkeiten gebraucht werden. Qualifikationen sind Mittel zum Zweck. Häufig vergessen wird dabei, dass sich Qualifikationen dynamisch verändern, während der Anspruch der allgemeinen Bildung in einer historischen und langfristigen Betrachtungsweise eher zeitlos ist: In diesem Sinne ist Bildung die beste Schlüsselqualifikation.

Das zugrundeliegende bildungstheoretische Verständnis orientiert sich an Kompetenzen und nicht an bestimmten Inhalten. Kompetenzen werden im täglichen Miteinander erworben und können nicht lediglich auf einer inhaltlichen Ebene gelehrt bzw. rezeptiv gelernt werden.

Dieter-Jürgen Löwisch (vgl. Löwisch 2000, 78ff) trifft eine für unseren Zusammenhang hilfreiche Unterscheidung: Er unterscheidet zwischen Kompetenz ersten und zweiten Grades. Die Zielsetzung ‚Kompetenz' lässt sich daher nach Löwisch definitorisch in zwei Wendungen beschreiben:

- Erstens ist es Aufgabe der Pädagogik Kompetenzen im Sinne der vier Lernbereiche zu vermitteln, diese münden in Spezialisten für bestimmte Lernbereiche (Kompetenz ersten Grades).

- Zweitens muss jedoch ein kompetentes Handeln in einem umfassenderen Verständnis angestrebt werden (Kompetenz zweiten Grades):

> „Pädagogik hat aber noch eine zweite Aufgabe – und diese ist nicht sachbezogen, sie ist vielmehr handlungsbezogen. Sie will nicht nur zur fachlichen Kompetenzgewinnung beitragen, sie will auch kompetentes Handeln erzielen: glaubwürdiges, vertrauenswürdiges, verantwortetes Handeln. Sie will ein Handeln ermöglichen, das nicht nur fachlichen Respekt erheischt, sondern auch personale Akzeptanz bei den Betroffenen auslöst." (Löwisch 2000, 81)

Es geht also um eine ethische und humane Angelegenheit, die Löwisch wie folgt präzisiert:

> „Mit Kompetenzen kompetent umgehen." (Löwisch 2000, 82)

Ein Kompetenzträger, der lediglich Kompetenz ersten Grades aufweist, ist im *Besitz* derselben, hat sie jedoch nicht in seine persönliche Eigenschaften integriert (Löwisch 2000, 119). Er besitzt Kompetenzen, kann jedoch nicht kompetent handeln.

Im Kontext unseres Themas neue Formen der Leistungsbeurteilung ist der Begriff der Kompetenz noch weiter zu präzisieren und vom Begriff der ‚Performanz' abzugrenzen (Abb. 2).

Abb. 2: Vom Lernbereich zur bewertbaren Performanz (vgl. von Saldern 1997, 30f)

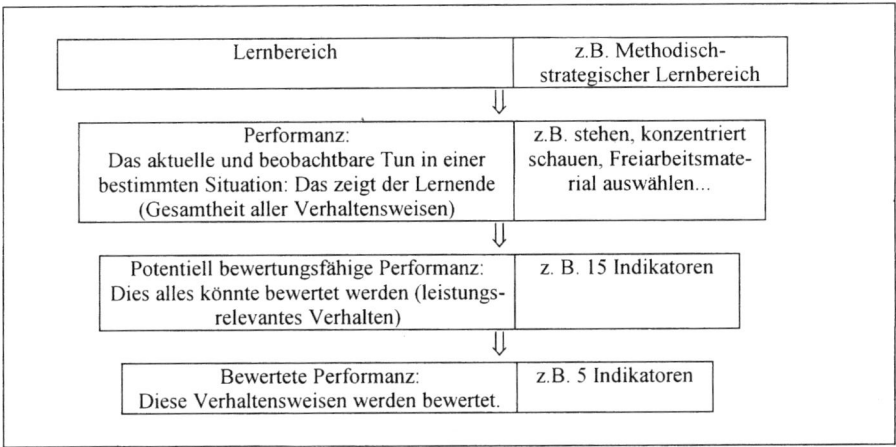

Nur die bewertete Performanz stellt schließlich die Grundlage für eine mögliche Leistungsbeurteilung dar. Dies wird später noch weiter ausgeführt (z.B. S. 324).

Mit dieser begrifflichen Trennung in Kompetenz ersten und zweiten Grades, sowie dem Begriff der Performanz, ist ein definitorisches Gerüst angedeutet, das für die weitere Darstellung neuer Formen der Leistungsbeurteilung hilfreich ist. Abb. 1 (S. 12) und Abb. 2 zeigen den Übergang von der Zielsetzung der ‚Handlungskompetenz' bis zur konkreten Leistungsbeurteilung.

1.2 Bedeutung des erweiterten Lernbegriffs für Sekundarschulen

Der erweiterte Lernbegriff ist zunächst ein theoretisches Konstrukt und garantiert selbstverständlich noch keinen veränderten Unterricht. Er bietet jedoch eine ausgezeichnete und praxisrelevante Grundlage für Verständigungsprozesse in der Schule mit Schülerinnen und Schülern, mit Eltern und innerhalb des Kollegiums.

Abb. 3: Derzeitige Gewichtung der vier Lernbereiche des erweiterten Lernbegriffs
im Unterrichtsalltag an Sekundarschulen

inhaltlich – fachliches Lernen	method. – strat. Lernen	sozial – komm. Lernen	persönl. Lernen

Sofern das zugrundeliegende Verständnis ernst genommen wird, steht dahinter ein deutlich veränderter Zugang zum unterrichtlichen Handeln mit Schülerinnen und Schülern: Die Vermittlung der vier Lernbereiche ersetzt in Teilen die traditionelle, kognitiv-wissensorientierte Lernzielhierarchisierung. Der derzeitige Unterricht an Sekundarschulen zeichnet sich jedoch nicht durch eine gleichwertige Verteilung der vier Lernbereiche aus, die Gewichtung liegt ganz deutlich beim fachlich-inhaltlichen Lernen (Abb. 3).

Die Visualisierung des erweiterten Lernbegriffs (Abb. 1, S. 12) ist daher als Zielsetzung bzw. Orientierung zu verstehen, keinesfalls als Abbild der Unterrichtswirklichkeit. Dies ist ein wesentliches Merkmal aller Sekundarschulen, auch über die verschiedenen am Forschungsprojekt beteiligten Schularten hinweg[4]. Die Anwendung des erweiterten Lernbegriffs erfordert ein Umdenken innerhalb jedes einzelnen Fachunterrichts und innerhalb des Kollegiums. Sacher formuliert dies treffend:

> „Wir müssen mehr Sensibilität für alle diejenigen Leistungstendenzen unserer Schüler entwickeln, die im Fächerkanon und in den Lehrplänen heimatlos sind oder nur ein Schattendasein führen." (Sacher 1994, 62)

Die nicht-fachlich-inhaltlichen Lernbereiche müssen mindestens zu einem Großteil innerhalb des jeweiligen Fachunterrichts angewandt und *nicht nur* in fächerverbindende oder fächerübergreifende Sonderzeiten (z.B. Projekte, Stundenpool für offene Unterrichtsformen) abgedrängt werden, d.h. auch das Verständnis innerhalb der einzelnen Fächer wird sich ändern müssen: Die Ressourcen (Unterrichtsorganisation, Unterrichtszeit, Vorbereitungszeit, Lernmaterial u.a.), die für jeden Fachunterricht zur Verfügung stehen, sind für alle vier Lernbereiche einzusetzen. Begrifflich ist es daher auch nicht möglich, die genannten vier Lernbereiche als fächerübergreifende Lernbereiche zu bezeichnen. Sie können sowohl innerhalb der Fächer als auch fächerübergreifend bedeutsam und wirksam werden[5].

Diese Veränderung kann jedoch nicht allein von Lehrerinnen und Lehrern geleistet werden, sondern ist von allen Ebenen (Bildungswesen, Schulart, Einzelschule, Teams innerhalb der Einzelschule, einzelne Lehrkräfte) in einer „mehrebenenanalytischen Betrachtungsweise" (Fend 1998, 14; s. S. 37ff) zu leisten, da auch Veränderungen in komplexen Ressourcenbereichen (Bildungspläne, Arbeitszeit von Lehrerinnen und Lehrern) notwendig sind. Gleichwohl wird die unterste Ebene der Lehrer-Schüler-Interaktion nur dann erreicht, wenn die jeweilige Lehrkraft den erweiterten Lernbegriff mitträgt (vgl. Abb. 6, S. 38).

Mit Blick auf neue Beurteilungsformen wird die Veränderung des Fachunterrichts bzw. des Begriffs der ‚Fachleistung' offensichtlich: Wenn nicht-fachlich-inhaltliche Aspekte des erweiterten Lernbegriffs beurteilt werden, dann müssen sich die beurteilten Leistungen im jeweiligen Begriff der Fachleistung widerspiegeln, ganz besonders dann, wenn nicht eine verbale Beurteilung (die gesondert und fachnotenunabhängig ausgewiesen werden kann), sondern eine fachspezifische Note entsteht. Eine zweite Möglichkeit bestünde darin, innerhalb jeder Schulart ‚Fächer' auszuweisen, die explizit für querliegende Kompetenzen zuständig sind (wie z.B. im gymnasialen Seminarkurs). Damit wird allerdings der scharfen Trennung in einen engen Lernbegriff (in den sonstigen Fächern) und einen erweiterten Lernbegriff (im Seminarkurs) Vorschub geleistet Die nicht-fachlich-inhaltlichen Kompetenzen würden dann, so wäre zu befürchten, *nicht* dazu verwendet, fachspezifische Inhalte zu erlernen. Damit wird das sinnvolle Zusammenspiel aller Lernbereiche erschwert bzw. verhindert. Auch auf der unterrichtsmethodischen Ebene wäre eine scharfe Trennung zu erwarten: Wenn der erweiterte Lernbegriff angestrebt wird, dann wird (im Seminarkurs) mit offenen Lernformen gearbeitet, im sonstigen Fachunterricht aber eher lehrerzentriert und lehrstofforientiert unterrichtet.

---

[4] Eine Ausnahme stellen sicherlich Sonderschulen dar, die jedoch am Forschungsprojekt nicht beteiligt waren.

[5] Daher resultiert auch der etwas künstliche, jedoch zutreffende Begriff ‚nicht-fachlich-inhaltliche' Leistungen, es wäre nach unserem Verständnis eben nicht richtig, z.B. ‚überfachliche' Leistungen zu sagen, da damit der erweiterte Lernbegriff innerhalb der Schulfächer negiert würde.

Für die einzelnen Schulfächer ergeben sich daher folgende Fragen:

- Wird im fachspezifischen Unterrichtsalltag (nicht nur in den fachspezifischen allgemeinen Zielsetzungen) genügend Raum bereitgestellt, um den erweiterten Lernbegriff zu realisieren?

- In welcher Weise können sich die Schulfächer für fächerübergreifende Zielsetzungen und Themen öffnen (vgl. Heymann 1997)?

- Inwiefern werden nicht-fachlich-inhaltliche Aspekte des erweiterten Lernbegriffs wirklich leistungswirksam und gegebenenfalls auch beurteilungswirksam?

Aus diesen Fragen resultiert ein veränderter Fachunterricht. Ein Beispiel aus dem Fach Mathematik soll dies verdeutlichen:

> Beispiel (F9): In Gruppenarbeit bereiten Schülerinnen und Schüler eine bewertete Präsentation vor. Ihre Mitschüler erhalten über diese Präsentation eine Einführung in das Thema. Die Inhalte werden später in einer differenzierten Klassenarbeit überprüft. Im Rahmen der Präsentation gewinnen einige fachspezifische Zielsetzungen eine völlig neu gewichtete Wertigkeit: Inwiefern wird die Fachsprache korrekt angewandt? Inwiefern kann sprachlich gewandt erläutert werden? Können Rechenwege detailliert beschrieben werden? Können Medien sachgerecht und inhaltsbezogen eingesetzt werden? Werden die Inhalte kritisch reflektiert, z.B. bezogen auf Ihre Anwendbarkeit?

In diesem Fall wird schnell offensichtlich, dass die fachspezifisch vorhandenen Ressourcen verändert eingesetzt werden, nicht nur für eine gesondert ausgewiesene Zeit, z.B. eine Projektphase, sondern über das gesamte Schuljahr bzw. die gesamte Schulzeit hinweg: Schülerinnen und Schüler erhalten eine langfristig erarbeitete Vorbereitung, d.h. dass innerhalb des Faches Mathematik Zeit eingesetzt wird um nicht-fachlich-inhaltliche Aspekte des erweiterten Lernbegriffs einzuüben. Zum Ende des Schuljahres (oder der Schulzeit) sind damit andere Kompetenzen erzielt als bei einem Fachkollegen, der möglicherweise in der Parallelklasse im Raum nebenan eher traditionell unterrichtet. Damit sind weitere Entwicklungsfelder angedeutet: Kooperation unter Kollegen und Kolleginnen, schulentwicklerische Maßnahmen, Vorbereitung auf die Abschlussprüfung u.a. (s. S. 34ff).

Auch wenn der erweiterte Lernbegriff die Unterrichtswirklichkeit derzeit nicht abbildet, so hat sich der Unterricht in gewisser Weise doch verändert. Inwiefern wird der erweiterte Lernbegriff bisher aufgegriffen bzw. welche Formen selbstständigen Arbeitens können beschrieben werden? Dies möchte ich im nächsten Schritt darstellen.

1.3 Mögliche Umsetzungsvarianten des erweiterten Lernbegriffs

Der Unterricht an den staatlichen Sekundarschulen hat sich verändert. Diese Veränderung bezieht sich allerdings nur selten auf die generelle Unterrichtsstruktur, d.h. der vornehmliche Unterricht im Alltag ist nach wie vor der Frontalunterricht, lehrer- und stoffzentriert, nur zu *bestimmten und begrenzten* Zeiten wird der Unterricht verändert (vgl. für Realschulen: Bohl 2000): Freiarbeit, Stationenarbeit, projektorientierter Unterricht, Wochenplanarbeit u.a. selbstständiges Lernen wird vorwiegend in Varianten offenen Lernens oder in Gruppenarbeit praktiziert. Dabei zeigen sich folgende Zeit- und Organisationsstrukturen:

1. *Veränderter Fachunterricht*: Innerhalb eines Faches werden gezielt bestimmte Kompetenzen (z.B. Präsentationskompetenz, Teamfähigkeit) geschult, ohne dass

ein wöchentlicher Stundenpool gebildet oder ein projektorientiertes Vorgehen organisiert wird (F5).

2. *Projektorientiertes Vorgehen*: Über einige Wochen hinweg wird die gängige Unterrichtsstruktur in unterschiedlichem Maße außer Kraft gesetzt und ein projektorientiertes Vorhaben wird durchgeführt. Dabei sind die Merkmale des Unterrichts sehr unterschiedlich bezüglich Umfang und Anspruch. Nach dieser projektorientierten Phase findet wieder ‚normaler‘ Unterricht statt (F2, F4, F6, F7, F8).

3. *Wöchentliche Blockstunden für offene Lernformen*: Ein wöchentlicher Stundenpool wird aus verschiedenen Fächern gebildet, d.h. bis zu ca. vier Stunden pro Woche findet kontinuierlich eine Variante offenen Unterrichts parallel zum sonstigen Fachunterricht statt (F1, F4).

4. *Eine vollständige Umstrukturierung des Unterrichts:* In dieser, äußerst seltenen Konzeption wird der komplette Unterricht eines Faches über einen längeren Zeitraum hinweg in die Hand der Schülerinnen und Schüler gegebenen, bei allerdings langfristiger und umfassender Anleitung und Vorbereitung (F9, F10).

Diese, sicherlich nicht vollständige Auflistung zeigt zum einen grundsätzliche Varianten selbständigen Lernens, zum anderen ist damit angedeutet, dass die im Forschungsprojekt durchgeführten Unterrichtsformen ein breites Spektrum abdecken.

1.4   Definition neuer Formen der Leistungsbeurteilung

Der Unterricht an Sekundarschulen weist eine methodische Vielfalt auf. Mit Instrumenten der traditionellen Leistungsbeurteilung können Leistungen eines erweiterten Lernbegriffs nicht mehr ausreichend erfasst werden: Bisher wird zwar unterrichtsmethodisch vielfältig unterrichtet (wie oben dargestellt: nur zu bestimmten Unterrichtszeiten), jedoch einseitig und traditionell beurteilt. Während also im methodisch-didaktischen Bereich seit einigen Jahren eine facettenreiche Bewegung festzustellen ist, bleibt die Leistungsbeurteilung weitgehend unverändert. Schratz hat diese Diskrepanz als ein zentrales Feld zukünftiger Schulforschung präzisiert:

> „Am deutlichsten wird das Spannungsfeld zwischen Bewahrung und Veränderung am Beispiel des – gemessen an der Gesamtentwicklung des Unterrichtswesens- retardierten Moments der Leistungsbeurteilung Während es in der curriculardidaktischen Entwicklung der letzten Jahre zu einer gewissen Öffnung des Unterrichts und zu einer stärkeren SchülerInnenorientierung gekommen ist, weisen die Verfahren zur Leistungserhebung noch durchweg geschlossene Formen auf.“ (Schratz 1995, 281)

Bezogen auf den erweiterten Lernbegriff stellt sich die Situation wie folgt dar: Der fachlich-inhaltliche Lernbereich kann durch traditionelle Beurteilungsformen wie Klassenarbeiten, Kurztests, mündliche Noten beurteilt werden. Die anderen Lernbereiche sind damit nicht erreichbar, die unterrichtsmethodische und didaktische Vielfalt muss daher durch ein vielfältiges Beurteilungsrepertoire ergänzt werden. Damit ist die zentrale Definition der im Forschungsprojekt angewandten neuen Formen der Leistungsbeurteilung vorbereitet:

Definition: Neue Formen der Leistungsbeurteilung erfassen Leistungen von Schülerinnen und Schülern, die über den fachlich-inhaltlichen Lernbereich hinausgehen. Sie überprüfen und beurteilten Elemente aus allen Lernbereichen des erweiterten Lernbegriffs: methodisch-strategische Leistungen, sozial-kommunikative Leistungen, persönliche Lernleistungen.

Diese Definition gründet auf den vier Lernbereichen des erweiterten Lernbegriffs. Neue Formen der Leistungsbeurteilung sind nach diesem Verständnis daher *nicht* verschiedene Messinstrumente (z.b. Beobachtungsbögen) oder Dokumentationsformen (z.b. verbale Beurteilungen, Entwicklungsberichte, Portfolio), die bisher an den staatlichen Sekundarschulen in Baden-Württemberg keine bzw. nur eine geringe Rolle spielen, also ,neu' wären. Wir bezeichnen solche Beurteilungsformen als ,neu', die über den fachlich-inhaltlichen Lernbereich hinausgehen, also methodisch-strategische Leistungen, sozial-kommunikative Leistungen, persönliche Leistungen beurteilen. Die Frage der Dokumentation ist relevant, aber nicht Teil der Definition. Diese Abgrenzung ist wesentlich, da nach diesem Verständnis auch über Noten eine veränderte Beurteilung stattfinden kann, z.B. um eine Präsentationsleistung zu bewerten, wohlwissend, dass die Ziffernote nicht neu, ihre Aussagekraft gering und ihre Anwendung umstritten ist.

1.5 Begründung neuer Formen der Leistungsbeurteilung

Bisherige Situation

Die schulpädagogische Diskussion der vergangenen Jahrzehnte war in Deutschland kontrovers: Kopfnoten – ja oder nein? Noten oder verbale Beurteilungen? Dies waren und sind nach wie vor zentrale Diskussionsthemen. Impulse für die Sekundarschulen kamen aus der Grundschule, hier haben sich verbale Beurteilungen zumindest im ersten, größtenteils auch im zweiten Schuljahr in Deutschland durchgesetzt, sowie aus Versuchsschulen, z.B. aus der Bielefelder Laborschule. Die Reform der traditionellen Leistungsbeurteilung bezieht sich fast durchweg auf die Abschaffung der Zensurengebung und den Einsatz von Varianten verbaler Beurteilungen, z.B. von Lernentwicklungsberichten.

Die Beurteilung von Leistungen innerhalb offener Unterrichtsmethoden bzw. von Lernbereichen eines erweiterten Lernbegriffes war lange ein vernachlässigtes Forschungsfeld der Schulpädagogik: Befürworterinnen und Befürworter von offenen Unterrichtsmethoden wehrten sich gegen ein enges Leistungsverständnis und forderten beurteilungsfreie Zeiten für Schülerinnen und Schüler. Die Vor- und Nachteile einer solchen veränderten Beurteilungspraxis sind vielfach ausgetauscht worden (vgl. Bastian 1980; Bohl 1998, 29). Inzwischen wird die Thematik vielfach aufgegriffen (z.B. Friedrich-Jahresheft 1996; Potthoff 1996; Klippert 1998). Dies kann als Reaktion auf eine veränderte Unterrichtsgestaltung gedeutet werden: In der Schulpraxis ist ein Bedarf nach neuen Beurteilungsformen entstanden.

Zum Verhältnis ‚Unterrichtsmethode – Leistung - Leistungsbeurteilung'

Häufig wird von einem Missverständnis bzw. einer Fehlentwicklung in Bezug auf den Leistungsanspruch innerhalb eines offenen Lernarrangements ausgegangen: Durch ein offenes Lernarrangement werde der Leistungsanspruch herabgesetzt, Leistungsanspruch sei nur im lehrerzentrierten Unterricht vorhanden. Eine Begründung neuer Formen der Leistungsbeurteilung zielt jedoch darauf,

- auf der Grundlage einer Gesamtkonzeption des Unterrichts,
- eine unterrichtsmethodische Vielfalt
- mit variierenden und klaren Leistungsansprüchen und
- mit vielfältigen Beurteilungsmöglichkeiten zu realisieren.

Innerhalb jeder Unterrichtsmethode gibt es damit beurteilungsfreie Phasen und Phasen mit variierendem Leistungsanspruch. Es ist jedoch fragwürdig und fatal einen niedrigen Leistungsanspruch und einen beurteilungsfreien Unterricht ausschließlich mit offenen Unterrichtsmethoden zu verbinden. Abb. 4 zeigt dies als Matrix.

Im Gegensatz zu Abb. 4 sollte *jedes Feld der Matrix besetzbar sein*, d.h. Lehrerinnen und Lehrer sollten potentiell in der Lage sein einen hohen Leistungsanspruch für jede Unterrichtsmethode zu konzipieren und, je nach Bedarf und Situation, eine passende Beurteilungsform kennen und anwenden können.

Abb. 4: Verhältnis Unterrichtsmethode – Leistung: Falsches Verständnis

Unterrichtsmethode	Leistungsanspruch		Leistungsbeurteilung	
	hoch	niedrig	ja	nein
Unterrichtsmethode A, z. B. lehrerzentrierter Frontalunterricht	x		x	
Unterrichtsmethode B, z.B. offener Unterricht		x		x

Keine offizielle Aussage zu nicht-fachlich-inhaltlichen Leistungen nach der Orientierungsstufe

Innerhalb der Sekundarschulen hat sich eine Veränderung in der Orientierungsstufe vollzogen: Hier sind in Baden-Württemberg verbale Beurteilungen zusätzlich zu den fachspezifischen Noten vorgesehen. Anschließend, d.h. ab der Klassenstufe 7 sind einzig und allein fachspezifische Noten gefordert. Sofern die Beurteilung nicht-fachlich-inhaltlicher Zielsetzungen auf die Orientierungsstufe beschränkt bleibt, ergibt sich folgende Situation: Zum Ende der Schulzeit hin, wenn eine Bewerbung ansteht, kann die Schule keinen Nachweis über erbrachte nicht-fachlich-inhaltliche Leistungen erbringen. Der letzte offizielle Nachweis stammt aus der Orientierungsstufe. Dies mag nur ein formales Argument sein und soll keinesfalls einem wirtschaftlichen Einfluss auf die Schule das Wort reden. Es legt jedoch die Befürchtung nahe, dass Schülerinnen und Schüler nach der Orientierungsstufe nur punktuell und gelegentlich eine Rückmeldung über ihre Leistungsfähigkeit in nicht-fachlich-inhaltlichen Bereichen erhalten. Damit ist auch die Chance vertan, den Lernenden eine entwicklungsfördernde Beratung und Stärkung zu geben. Schülerinnen und Schüler kennen sich selbst und ihre Leistungsfähigkeit in diesen Bereichen dann nicht, z.B. ihre kommunikative Kompetenz, ihre Teamfähigkeit, ihre Methodenkompetenz. Entsprechend unsicher agieren sie in außerschulischen oder in beruflichen Handlungsfeldern.

Bisherige Folgenlosigkeit nicht-fachlich-inhaltlicher Leistungen

Bisher sind die Leistungsnachweise über nicht-fachlich-inhaltliche Leistungen über die Orientierungsstufe hinaus folgenlos. Weder positive noch negative verbale Beurteilungen haben offiziell weitere Folgen, während die parallel stattfindende Zensurengebung in jeder Klassenstufe ‚machtvoll' über weitere Schulbiographien entscheiden kann.

Im Sinne eines heimlichen Lehrplanes (Zinnecker 1975) verinnerlichen Schülerinnen und Schüler (und Eltern) jedoch nicht diejenigen Zielsetzungen, die verbal von Lehrerinnen und Lehrern als wichtig benannt werden, sondern diejenigen, die institutionell und persönlich-biographisch folgenreich sind. Bei der bisherigen Beurteilungspraxis besteht die Gefahr, dass die allgemein als wichtig erachteten Zielsetzungen eines erweiterten Lernbegriffs als minderwertig angesehen werden. Wenn es in der Schul- und Unterrichtspraxis ‚ernst' wird, dann treten die heimlichen Zielsetzungen an die Oberfläche:

- Wenn im Laufe oder gegen Ende des Schuljahres der ‚Stoff' des Bildungsplanes nicht ausreichend bearbeitet werden konnte, werden andere wichtige schulischen Vorhaben (Freiarbeit, Spiele, Ausflüge etc.) gekürzt.
- Für die Versetzung sind Noten ausschlaggebend. Weitere Hinweise, z.B. zum Lern- und Arbeitsverhalten bieten zwar zusätzliche Argumentationshilfen, sind letztlich jedoch bedeutungslos.

Dies zeigt sich im übrigen ganz besonders für Lehrkräfte, die engagiert offene Unterrichtsmethoden praktizieren oder viel Zeit investieren um spezifische Kompetenzen des erweiterten Lernbegriffes zu vermitteln. Die von ihnen formulierten und angestrebten Ziele sind nach offizieller Leseart zwar erwünscht, die heimlichen Mechanismen wirken jedoch oftmals in einer anderen Richtung: Gute Notendurchschnitte, besonders im Abschlusszeugnis vollständig aus der Beurteilung fachlich-inhaltlicher Zielsetzungen resultierend, sind innerhalb des Kollegiums und auch außerhalb der Schule ein inoffizielles Kriterium für die Kompetenz der Lehrkraft und die Qualität des Unterrichts. Pointiert formuliert: Spätestens bei der Abschlußprüfung ist in den Augen von Schülerinnen und Schülern sowie Eltern ein traditioneller Fachlehrer wichtiger als ein engagiert auf die Vermittlung eines erweiterten Lernbegriffes hin unterrichtender Lehrer. Neue Beurteilungsformen stärken daher auch Lehrkräfte, indem sie nicht-fachliche Zielsetzungen aufwerten und offiziell anerkennen.

Abschlussprüfung und Zeugnisse (jeder Schulart) haben weitreichende Folgen für die Zukunft der Schülerinnen und Schuler, ganz besonders bei schwierigen Arbeitsmarktverhältnissen. Eltern, Schülerinnen und Schüler und Lehrkräfte sind verständlicherweise an guten Ergebnissen interessiert. Der rückwirkende Einfluss der Abschlussprüfung (und auch der Leistungsbeurteilung) auf das alltägliche Unterrichtsgeschehen wird als ‚Backwash-Effekt' bezeichnet. Eine Beurteilung, die auf fachliche Inhalte beschränkt ist, wertet offene Unterrichtsformen und den erweiterten Lernbegriff ab:

> „Im Sinne des ‚Backwash' – Effekts werden demgemäß auch jene Unterrichtsphasen nicht oder kaum wahr- bzw. ernstgenommen, die dem Sozialen Lernen, der Persönlichkeitsbildung und der Förderung des Selbstsicherheit, des Urteilsvermögens und der

kommunikativen Kompetenz dienen, d.h. all jene Phasen, die den übergeordneten Zielvorstellungen bzw. fächerübergreifenden, ganzheitlichen Unterrichtsprinzipien zuzurechnen sind. Sie haben nämlich als ‚Prüfungsinhalte' üblicherweise keine bzw. eine höchstens marginale Relevanz für die Bewertung und Beurteilung von SchülerInnenleistung." (Schratz 1995, 283)

Ähnlich formuliert dies pointierend Hartmut von Hentig:

> „Es wird nur noch gelernt, was prüfbar wird. (...) Es wird nur noch gelehrt, was prüfbar gemacht werden kann." (Hentig 1980, 152)

Daher kann die Möglichkeit, Aspekte eines erweiterten Lernbegriffes auch über Noten zu beurteilen, als eine Aufwertung nicht-fachlich-inhaltlicher Ziele bezeichnet werden: Die Beurteilung und damit die Qualität der erbrachten Leistungen ist folgenreich, sie fließt in die Fachnote und in das Zeugnis ein. Damit erhalten neue Formen der Leistungsbeurteilung eine Selektionsfunktion, eine ungewöhnliche Situation, besonders dann, wenn beispielsweise Leistungen innerhalb offener Unterrichtsformen selektionswirksam werden.

Eine veränderte Unterrichtsgestaltung weckt den Bedarf nach einer veränderten Leistungsbeurteilung

Ausgangspunkt neuer Formen der Leistungsbeurteilung ist eine veränderte Unterrichtsgestaltung. Nur Lehrerinnen und Lehrer, die diesem Anspruch folgen, können neue Beurteilungsformen sinnvoll einsetzen. Bisher ist diese Beurteilungspraxis allerdings von Unsicherheit geprägt, Lehrkräfte haben bisher überhalb der Orientierungsstufe folgende Möglichkeiten:

1. Sie können auf die Beurteilung nicht-fachlich-inhaltlicher Leistungen verzichten, oder
2. diese Leistungen ‚irgendwie' beurteilen und ‚irgendwie' in ihre Fachnote einarbeiten, oder
3. freiwillig eine verbale Beurteilung durchführen.

Mit der zweiten Variante wird eine gewisse rechtliche und methodisch-didaktische Grauzone offenkundig. Die (schul-) öffentliche Akzeptanz einer solchen Beurteilung bleibt unklar. Es ist zwar möglich nicht-fachlich-inhaltliche Leistungen (neben schriftlichen und mündlichen Leistungen) unter der Rubrik ‚sonstige Leistungen' zu verarbeiten (vgl. z.B. Bohl 1998), spätestens bei schulbiographisch relevanten Übergängen (Klassen- und Fachlehrerwechsel, Schulwechsel, Abschlussprüfungen, Übergang in weiterführende Schulen) wird dies aber problematisch.

Nach allen Erfahrungen ist es äußerst unwahrscheinlich, dass Lehrerinnen und Lehrer auf die dritte Variante ausweichen und auch für höhere Klassenstufen freiwillig eine verbale Beurteilung verfassen. Die Erstellung verbaler Beurteilungen in der Orientierungsstufe wird als belastend genug erlebt.

Viele Lehrkräfte haben sich bisher trotz dieser unsicheren Situation ihren Freiraum geschaffen (Abb. 5), bzw. würden hier gerne ihr Beurteilungsrepertoire erweitern. Dies verdeutlicht ein Ergebnis aus einer schriftlichen Befragung an 366 Realschulen (674 ‚unterrichtsmethodisch engagierte' Lehrkräfte) in Baden-Württemberg (vgl. Bohl 2000, 269ff).

Abb. 5: Veränderungsbedarf für die Leistungsbeurteilung bei ausgewählten Unterrichtsmethoden[6]

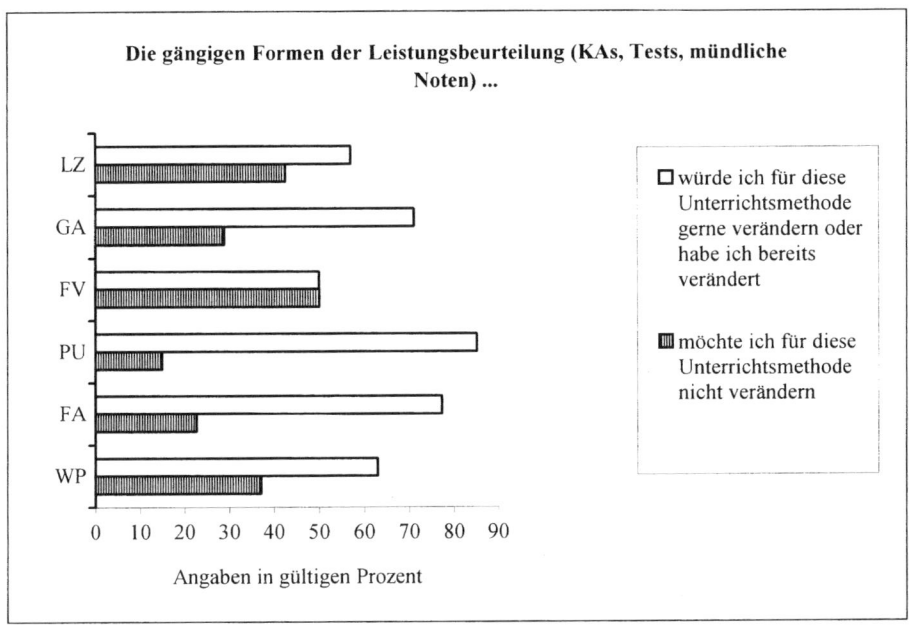

Die gängigen Formen der Leistungsbeurteilung (KAs, Tests, mündliche Noten) ...

□ würde ich für diese Unterrichtsmethode gerne verändern oder habe ich bereits verändert

▥ möchte ich für diese Unterrichtsmethode nicht verändern

Angaben in gültigen Prozent

Die Grafik zeigt Veränderungsbedarf für die offenen Unterrichtsmethoden Lernzirkel, Projektunterricht, Freiarbeit, Wochenplanarbeit und auch für Gruppenarbeit. Mit diesem Ergebnis ist zwar noch keine Aussage über die Art der Dokumentation einer veränderten Beurteilung (Note oder verbale Beurteilung) getroffen, jedoch ein deutlicher Veränderungsbedarf empirisch bestätigt.

Ohne eine Veränderung der Leistungsbeurteilung sind der Unterrichts- und Schulentwicklung enge Grenzen gesetzt - die Veränderung der Leistungsbeurteilung bedarf der Unterrichts- und Schulentwicklung

Schulentwicklungsansätze konzentrieren sich zunehmend auf den Unterricht als Kern der Entwicklungsaufgabe (Schratz/ Steiner-Löffler 1998, Bastian 1997, Klippert 2000, Rolff/ Kempfert 1999). Dies war nicht immer der Fall. Erste in Deutschland vorgestellte Konzepte, insbesondere der Organisationsentwicklung, sahen umfassende Analyseinstrumente und –schritte vor, die eine Veränderung des Unterrichts allenfalls als Fernziel ermöglichten. Spätestens seit der Auseinandersetzung zwischen Bastian/ Combe 1998 und Rolff 1999 scheint dieses Thema bereinigt: Unterrichtsentwicklung steht im Zentrum der Schulentwicklung, allerdings sind auch beide Ebenen getrennt zu sehen (vgl. den Ansatz der hermeneutischen Schulentwicklung: Schubert 2000) bzw. muss gegebenenfalls erst die Ebene der Schulentwicklung strukturiert werden, bevor das oftmals heikle Thema Unterrichtsentwicklung angegangen werden kann. Der Ansatz der Pädagogischen Schulentwicklung (Bastian 1997, Bastian 1998, Klippert 2000) zielt zügig auf eine Veränderung des Unterrichts. Kein Zufall ist daher, dass Klippert die Veränderung der Leistungs-

---

[6] Abk. : LZ = Lernzirkel; GA = Gruppenarbeit; FV = Fächerverbindender Unterricht; PU = Projektunterricht; FA = Freiarbeit; WP = Wochenplanarbeit

23

beurteilung in seinen Bänden zum Methoden-Training, Kommunikationstraining und zur Teamentwicklung ständig mitbedacht hat:

> „Wenn von den SchülerInnen verstärkt Methoden-, Kommunikations- und Teamkompetenz eingefordert und entsprechende Fähigkeiten und Fertigkeiten vermittelt werden, dann kann die Leistungsmesssung nicht länger auf schriftliche Überprüfungen und punktuelle Abfragen im kognitiven Bereich reduziert werden." (Klippert 2000, 168)

Eine Weiterentwicklung des Unterrichts, vor allem dann, wenn es um den Kern des Unterrichts, das *alltägliche* Lernen (d.h. nicht in schulischen ‚Auszeiten', z.B. Projektwochen) geht, ist ohne eine Weiterentwicklung der Leistungsbeurteilung nicht denkbar. Dies würde der bereits konstatierten Folgenlosigkeit dieser als wichtig erachteten Leistungen widersprechen und auf erhebliche Akzeptanzprobleme innerhalb des Kollegiums und bei Schülerinnen und Schülern bzw. deren Eltern stoßen.

Schulentwicklung lässt sich, dies scheint derzeit weitgehender Konsens zu sein, in einem Drei-Wege-Modell beschreiben (Kempfert/ Rolff 1999, 21; ähnlich Klippert 2000, 14):

▪ Personalentwicklung,
▪ Unterrichtsentwicklung,
▪ Organisationsentwicklung.

Dabei ist der wechselseitige Zusammenhang zentral, d.h. Innovationen müssen auf allen drei Wegen ausbalanciert und aufeinander abgestimmt werden. Bezieht man dies auf neue Formen der Leistungsbeurteilung, dann ist sowohl die Weiterentwicklung neuer Unterrichtsformen als auch die daran angepasste Leistungsbeurteilung personal, unterrichtlich und schulorganisatorisch abzusichern und zu begleiten. Um dies nochmals auszuweiten und im persönlichen Geflecht des täglichen Miteinander an Schulen zu verankern (vgl. Grunder/ Schubert 2000): Schulische Innovationen, z.B. neue Formen der Leistungsbeurteilungen, müssen mit Rücksicht

▪ auf das Beziehungsgefüge,
▪ auf die innerschulische Transparenz und Öffentlichkeit und mit Blick
▪ auf die schulischen Ressourcen vorangebracht werden.

Dies geht über den relativ instrumentellen Ansatz der Personal-, Unterrichts- und Organisationsentwicklung hinaus und verdeutlicht den alltäglichen Balanceakt zwischen allen Beteiligten, insbesondere innerhalb eines Kollegiums. Schulische Innovationen betreffen immer auch persönliche und berufsbiographische Erfahrungen, Einstellungen und Haltungen und können nur über Zustimmung und aktive Mitarbeit der Beteiligten erfolgreich durchgeführt werden.

1.6   Zusammenfassung

(1) Neue Formen der Leistungsbeurteilung setzen an einem schülerorientierten, auf selbstständiges Lernen ausgerichteten Unterricht an. Dieser Unterricht ist vielfach begründbar und wird an Bedeutung gewinnen. Mit Blick auf die zukünftige Wissensgesellschaft zeigt sich die Dringlichkeit weiterer Kompetenzen: Nicht die Aneignung von immer mehr Wissen ist notwendig, sondern die Fähigkeit mit der Wissensflut umzugehen.

(2) Der erweiterte Lernbegriff vermittelt zwischen der Ebene der Zielsetzungen und der Ebene der Handlungsanleitung für den alltäglichen Unterricht. Im Kern sind vier Lernbereiche beschrieben:
- fachlich-inhaltlicher Lernbereich,
- methodisch-strategischer Lernbereich,
- sozial-kommunikativer Lernbereich,
- persönlicher Lernbereich.

(3) Der erweiterte Lernbegriff zielt auf den Erwerb von Handlungskompetenz, nicht auf die Vermittlung von Schlüsselqualifikationen. Dabei liegen ethische, humane, solidarische und demokratische Prinzipien zugrunde. Die Frage, mit welchen Inhalten der erweiterte Lernbegriff verwirklicht wird, wird dabei nicht obsolet, sondern dringlicher, da die Reduzierung des Umfanges die Frage der Auswahl geeigneter Inhalte provoziert.

(4) Der Kompetenzbegriff zielt zum einen (Kompetenz ersten Grades) auf die gezielte Vermittlung der vier Lernbereiche, zum anderen auf ein glaubwürdiges, vertrauensvolles und vertrauenswürdiges Verständnis (Kompetenz zweiten Grades), welches nicht methodisch-instrumentell erreichbar ist. Der erweiterte Lernbegriff steht damit innerhalb eines umfassenden bildungstheoretischen Anspruches an Unterricht und Schule.

(5) Kompetenz ist vom Begriff der Performanz abzugrenzen: Performanz beschreibt das aktuelle und beobachtbare Tun.

(6) Der erweiterte Lernbegriff bildet die derzeitige Unterrichtswirklichkeit nicht ab, sondern muss als mögliche Zielsetzung angesehen werden. Das Entwicklungspotential des erweiterten Lernbegriffs ist sowohl fächerspezifischer als auch fächerübergreifender Art.

(7) Auch der an Schulfächern orientierte Fachunterricht ordnet den erweiterten Lernbegriff innerhalb seiner Zielsetzung ein, d.h. der erweiterte Lernbegriff wird nicht nur im Rahmen außergewöhnlicher fächerübergreifender Unterrichtssituationen berücksichtigt. Unterrichtsmethodisch sind vier wesentliche Varianten zu nennen, die geeignet erscheinen den erweiterten Lernbegriff zu realisieren:
- ein veränderter Fachunterricht,
- projektorientiertes Vorgehen,
- wöchentliche Blockstunden für offene Lernformen,
- vollständige Umstrukturierung des Unterrichts.

Entscheidend ist das konzeptionell fundierte Zusammenspiel des gesamten Unterrichtsgeschehens.

(8) Der Unterricht hat sich verändert bzw. wird sich weiter verändern, die Leistungsbeurteilung ist allerdings nahezu unverändert geblieben. Traditionelle Leitungsbeurteilung (Klassenarbeiten, Tests, mündliche Noten) sind nicht geeignet, um Leistungen innerhalb des erweiterten Lernbegriffs zu überprüfen: Neue Beurteilungsformen sind notwendig.

(9) Nun kann eine Definition neuer Beurteilungsformen beschrieben werden: Neue Formen der Leistungsbeurteilung erfassen Leistungen von Schülerinnen und Schülern, die über den fachlich-inhaltlichen Lernbereich hinausgehen. Sie über-

prüfen und beurteilten Kompetenzen aus allen Lernbereichen des erweiterten Lernbegriffs: methodisch-strategische Leistungen, sozial-kommunikative Leistungen, persönliche Lernleistungen.

(10) Neue Formen der Leistungsbeurteilung werten einen Unterricht auf, der auf selbstständiges Lernen ausgerichtet ist. Schülerinnen und Schüler erhalten eine Rückmeldung zu ihren Leistungen in diesem Bereich. Im Sinne eines Back-Wash-Effektes kann damit die Unterrichtsentwicklung an Sekundarstufen stabilisiert und unterstützt werden, sofern weitere schulentwicklerische Maßnahmen berücksichtigt werden.

2 Pädagogischer Leistungsbegriff

2.1 Vorbemerkungen

Die Problematik der schulischen Leistung und Leistungsbeurteilung liegt u.a. im Anspruch an die Schule, zwischen den vorgegebenen Ansprüchen der Gesellschaft und der individuell gegebenen Bildsamkeit des Einzelnen zu vermitteln (Ziegenspeck 1999, 54). Als Konsequenz sollte weder der einen (objektiven) Seite noch der anderen (individuellen) Seite das alleinige Monopol bei der Festlegung bestimmter Leistungsansprüche zugestanden werden. Dies ist im schulischen Kontext ein beständiges Spannungsfeld, denn spätestens bei der (zentralisierten) Abschlussprüfung ist eine Vergleichbarkeit und Normierung unerlässlich. Eine Verständigung über einen pädagogischen Leistungsbegriff kann hier eine vermittelnde und klärende Position einnehmen.

Als Leistung darf in der Schule nichts gefordert werden, was dem Ziel der Handlungskompetenz und den ethischen, humanen, solidarischen und demokratischen Prinzipien widerspricht (vgl. Klafki 1993, 228), gleichzeitig ist auf die Verwirklichung dieser Zielsetzung hinzuwirken. Dies ist eine recht unverfängliche und allgemeine Formulierung. Wer würde hier widersprechen? Für Lehrerinnen und Lehrer ist sie dehnbar. Das Verständnis muss daher konkretisiert werden.

Zur Formulierung eines pädagogischen Leistungsbegriffs können verschiedene Autoren und Autorinnen herangezogen werden (z.B. Jürgens 1992; Klafki 1993). Der im Folgenden konkretisierte pädagogische Leistungsbegriff orientiert sich an dem Vorschlag von Jürgens 1992, weitet diesen in verschiedener Hinsicht aus.

Das erste Merkmal des pädagogischen Leistungsbegriffs lautet:

2.2 (1) Leistung gründet auf einer vertrauensvollen Beziehungsstruktur

Schülerinnen und Schüler sind, ebenso wie Lehrerinnen und Lehrer, auf Anerkennung, Wertschätzung, auf Selbstvertrauen, auf ein positives Selbstwertgefühl angewiesen. Sie benötigen Erfahrungsraum, in dem sie agieren und sich selbst erfahren können. Die Entwicklung der Persönlichkeit ist auf ein sozial intaktes Beziehungsgefüge innerhalb (und außerhalb) der Schule angewiesen. Wer sich in der Schule, im Unterricht, in der Klasse nicht wohl fühlt, kann über einen längeren Zeitraum hinweg keine persönlichkeitsfördernde Leistung erbringen. Schulische Leistungsansprüche setzen daher eine intakte soziale Beziehung unter allen Beteiligten voraus. Das Verhältnis zwischen Lehrkräften und den Schülerinnen und Schülern muss vertrauensvoll sein. Schülerinnen und Schüler müssen untereinander ausreichende Gelegenheit zu vielfältigen sozialen Handlungen haben. Die Beziehung zwischen allen Beteiligten ist jedoch nicht ausschließlich personell geprägt. Auch schulorganisatorische, räumliche und systemische Bedingungen gehören dazu. Die Herstellung einer intakten Beziehung unter allen Beteiligten ist zwar vorrangig, jedoch nicht alleinige Aufgabe der einzelnen Lehrkräfte, sondern der gesamten Schule und des schulischen Umfeldes. Eine intakte Beziehungsstruktur zwischen Lehrkräften und Schülerinnen und Schülern ermöglicht einen schülerorientierten und vertrauensvollen Umgang während des Unterrichtsverlaufs, bei der Erbringung von Leistung, bei der Anwendung verschiedener Beurteilungsverfahren.

Damit soll weder „Kuschelecken" noch einem verweichlichten oder geringen Leistungsanspruch das Wort geredet werden. Eine vertrauensvolle Beziehungsstruktur weist sich in einem menschlichen und professionellen Handeln aus: Leistungsansprüche sind klar definiert, Unterstützungs- und Fördermaßnahmen sind organisiert, der Leistungsanspruch ist vielfältig, Spannungsfelder bei der Leistungserbringung und –beurteilung werden reflektiert. Persönliche Wertschätzung und persönliche Beziehungen sind jedoch unbedingt auch unabhängig von der Leistung zu pflegen.

Nur wenn sich Schülerinnen und Schüler als Subjekte mit ihren persönlichen Fähigkeiten, Interessen und Bedürfnissen erfahren, können sie Leistung und Anstrengung als persönlich sinnvoll empfinden, nur dann kann eine intrinsische Motivation entstehen. Dies führt zum zweiten Merkmal:

2.3   (2) Leistung ist subjektbezogen und individuell

Im Unterrichts- und Schulalltag ist es kaum möglich zu jeder Zeit auf die ‚Sinngebung' jedes einzelnen Lernenden zu achten oder die Leistungsansprüche permanent zu individualisieren. Aus dem Blickwinkel der Lernenden bezieht sich jeder Leistungsanspruch auf die individuellen Fähigkeiten und Möglichkeiten. Fraglich ist jedoch, welche Bezugsnorm zur Beurteilung der Leistung angewandt wird. Die derzeitige Praxis ist fast ausschließlich auf eine soziale oder lernzielorientierte Bezugsnorm ausgerichtet. Die Anwendung einer individuellen Bezugsnorm ist im Alltag schwierig, da sie sich auch nicht mehr vereinheitlichen und vergleichen lässt, was für Zeugnisse und Prüfung problematisch werden kann – solange diese der Darstellung individueller Leistungen nur wenig Raum lassen. Eine durchgängig soziale oder lernzielorientierte Bezugsnorm wirkt leistungshemmend und verhindert Selbstvertrauen. Eine individuelle Bezugsnorm berücksichtigt auch Leistungssteigerungen auf vermeintlich niedrigem Anspruchsniveau.

Im Kontext neuer Formen der Leistungsbeurteilung kann die Missachtung individueller Fähigkeiten und Leistungspotentiale schnell zu verletzenden Situationen führen. Zum Beispiel kann die Beurteilung einer Präsentation problematisch sein: Für manche Schülerinnen und Schüler ist es äußerst schwierig vor der Klasse zu stehen, frei zu sprechen und Arbeitsergebnisse vorzustellen. Falls in einem solchen Falle eine soziale oder lernzielorientierte Bezugsnorm greift, kann dies zu Stigmatisierung und geringem Selbstvertrauen führen. Eine Beurteilung, die individuelle Möglichkeiten berücksichtigt, kann hingegen motivierend, stabilisierend und entwicklungsfördernd wirken.

Individuelle Leistung beruht auf anlage- und umweltbedingten Faktoren (Jürgens 1997, 24f). Erbrachte Leistungen und Leistungsbeurteilungen sind daher niemals nur auf individuelle, anlagebedingte Fähigkeiten zurückzuführen, sondern im Kontext familiärer und soziokultureller Bedingungen zu sehen. Aus der Sicht jedes einzelnen Schülers, jeder einzelnen Schülerin fällt die Beurteilung der Leistung jedoch zumeist auf eigene Fähigkeiten zurück, daher können Leistungsurteile verletzend sein.

Individuelle Leistung darf nicht konkurrenzorientiert eingesetzt werden – zu ungunsten einiger, zumeist leistungsschwacher Schüler und Schülerinnen. Leistung ist eng mit dem Gedanken der solidarischen und sozialen Leistung verbunden. Als Ergänzung bzw. Gegengewicht zur individuellen Leistung ist daher festzuhalten:

2.4   (3) Leistung ist solidarisch

Die Leistung des Einzelnen ist durch gesellschaftlich formulierte, demokratische Prinzipien eingeschränkt, eine uneingeschränkte und rücksichtslose Selbstverwirklichung wird dadurch verhindert. Jürgens schreibt hierzu (1992, 29):

> „Ein pädagogisch verantworteter Leistungsbegriff in einer demokratischen Schule muss sich auf das Spannungsverhältnis von individueller Leistung und gemeinsamer, in Kooperation mit anderen erbrachte Leistung einstellen, indem Lernen und Leisten viel stärker als bisher gemeinsam, d.h. in dafür geeigneten Sozialformen im Unterricht vollzogen werden, wie es unter anderem schülerorientierte Unterrichtsverfahren wie Freiarbeit, Wochenplanarbeit oder Projektunterricht ... ermöglichen."

Der Aspekt der solidarischen Leistung ist für neue Formen der Leistungsbeurteilung besonders hervorzuheben, da hierfür vielfältige, insbesondere offene Unterrichtsmethoden grundlegend sind. In diesem Kontext ist zu fragen, welchen Beitrag eine individuelle Leistung zur Lösung von gemeinsamen Aufgaben erkennen lässt (Klafki 1993, 230). Aus methodisch-didaktischer Sicht ist zu fragen, ob und auf welche Weise das Unterrichtsarrangement überhaupt solidarische Leistungen ermöglicht und fördert.

Der erweiterte Lernbegriff mit seinen vier Lernbereichen erfordert ein differenziertes, flexibles und vielfältiges Lernarrangement (vgl. Jürgens 1992, 26ff und 30ff):

2.5   (4) Leistung ist vielfältig, sie ist produkt- und prozessorientiert

Besonders an Sekundarstufen ist Leistung bisher fast ausschließlich auf Produkte beschränkt. Zu einer vielfältigen Leistung gehört eine stärkere Gewichtung des Arbeitsprozesses, dies ist bereits im erweiterten Lernbegriff verankert: Methodisch-strategisches Lernen, sozial-kommunikatives Lernen und persönliches Lernen beeinflussen den Arbeitsprozess und bestimmen die Leistungsfähigkeit der Lernenden während des Arbeitsprozesses, sie dienen als Hilfen im Lernprozess. Klafki formuliert dies wie folgt:

> „Leistungsanspruch und Leistungbeurteilung müssten (...) viel stärker als bisher *prozessorientiert* praktiziert werden, nämlich so, dass sie vom einzelnen Schüler und von Schülergruppen nicht primär als ‚Endabrechnung‘ nach vollzogenen oder erhofften Lernprozessen auftreten, sondern als *Hilfen in Lernprozessen*, die der Befähigung zur Selbständigkeit, zur Selbststeuerung und Selbstbeurteilung dienen sollen." (Klafki 1993, 76)

Die stärkere Gewichtung des Prozesses wird vielfach als notwendig erachtet, die Beurteilung ist jedoch nicht unproblematisch. Hier fehlen nach wie vor alltagstaugliche Konzepte (dies konstatiert auch Klafki 1993, 229). Konzepte für die Steigerung der Leistungsfähigkeit in Arbeits- und Lernprozessen sind allerdings vorhanden (insbesondere sind hier Klipperts Vorschläge zu nennen).

Zu einem vielfältigen Leistungsverständnis gehören darüber hinaus kreative, problemlösende, soziale, praktische, ganzheitliche, produktive, vernetzte Anforderungen. Leistung ist also nicht nur einseitig kognitiv, verbal, rezeptiv, reproduktiv.

Leistungsvielfalt korrespondiert mit unterrichtsmethodischer Vielfalt. Dieser Anspruch ist für Sekundarschulen wesentlich. Der Unterricht ist hier, folgt man der Untersuchung von Hage et al. (1985, 147), von einer Monostruktur geprägt: Eine methodische Gleichförmigkeit und Lehrerdominanz prägt den Unterrichtsalltag. Diese Situation hat sich in den letzten Jahren verändert, allerdings nur in geringem

Maße (vgl. Bohl 2000). Eine methodische Monostruktur und eine Dominanz des Frontalunterrichts verhindern vielfältiges Lernen. Leistungsvielfalt ergibt sich nicht zufällig, sie muss langfristig geplant und konzeptionell durchdacht werden. Lernprozesse werden sonst von der Alltagsstruktur der Schule parzelliert und dominiert und nicht von pädagogischen und methodisch-didaktischen Ansprüchen bestimmt. Leistung bedarf daher auch einer schulorganisatorischen und systemischen Unterstützung:

2.6   (5) Leistung ist auf systemische Unterstützung angewiesen

Schülerinnen und Schüler können ihre Fähigkeiten nur entfalten und Leistungsansprüchen nur gerecht werden, wenn sie in vielfältiger Hinsicht begleitet, unterstützt und beraten werden. Dieser Anspruch geht über die Handlungsmöglichkeiten einzelner Lehrkräfte hinaus. Das System Schule muss Unterstützungsmaßnahmen bieten, die geeignet sind, individuelle Defizite zu beheben und grundlegende Leistungsbereitschaft und –fähigkeit zu fördern: Fördermaßnahmen, Kooperation mit inner- und außerschulischen Fachkräften (z.B. Beratungsstellen, Spezialisten), professionelle Unterstützung und Fortbildung von Lehrkräften (z.B. Supervision), zeitgemäße Arbeitsbedingungen (Raumangebot, Lern- und Materialangebot), außerschulische Angebote, schulorganisatorische Unterstützung von offenen Unterrichtsstrukturen (z.B. räumlich, zeitlich, personell) u.a.. Nicht jede Schule kann selbstredend alle Unterstützungsmaßnahmen bereitstellen. Jede Einzelschule ist allerdings gefordert, für ihre Schülerinnen und Schüler ein spezifisches Leistungsprofil zu beschreiben, im Alltag zu verankern und entsprechende Unterstützungsangebote bereitzustellen, dafür bedarf es selbstverständlich entsprechender Ressourcen.

Dies gilt in noch stärkerem Maße für den alltäglichen Unterricht und für spezifische Beurteilungssituationen: Was im alltäglichen Unterricht gefordert wird, ist nicht von vorne herein als Leistung definiert, sondern muss als solche ausgewiesen werden:

> „Es gibt keine Leistung per se; die Entscheidung ob ein Verhalten – Prozess oder Ergebnis als Leistung bezeichnet wird, bedarf der Definition." (Jürgens 1992, 21)

Dies führt zum sechsten Merkmal:

2.7   (6) Leistung ist nicht wertfrei (beschreibbar)

Die Definition der Leistung muss von den Beteiligten, ganz besonders von Lehrerinnen und Lehrern, geleistet werden. Jede Definition stellt eine subjektive Gewichtung bestimmter Leistungsmerkmale dar. Leistung ist dadurch niemals wertfrei, ebenso wenig ist sie völlig objektivierbar (vgl. Sacher 1994, 62). In der Schule ist dies bekannt: Der eine Lehrer legt im Fach Englisch viel Wert auf die kommunikative Kompetenz, bei ihm dürfen Schülerinnen und Schüler fast nur in Englisch sprechen, der andere Lehrer paukt Grammatikübungen und legt kaum Wert auf mündliche Leistungen in der Fremdsprache. Der Leistungsanspruch ist unterschiedlich. Zur Verringerung dieser Unterschiede sind kollegiale Vereinbarungen notwendig.

Bei neuen Formen der Leistungsbeurteilung stellt sich die Problematik der mangelnden Objektivierbarkeit in stärkerem Maße als bei der traditionellen Leistungsbeurteilung. Die traditionelle Beurteilung und die Zensurengebung wird von Eltern, Lehrerinnen und Lehrern sowie von Schülerinnen und Schüler oftmals unhinterfragt als objektiv angesehen. Wenn Kritik an Noten erfolgt, dann wird dies direkt und persönlich auf die jeweilige Lehrkraft bezogen, die dann vermeintlich ungerecht bewertet hat. Das *System* der traditionellen Beurteilung (Klassenarbeiten, Kurztests, mündliche Noten) wird dagegen nicht grundsätzlich kritisiert. Ein traditionell enger Leistungsbegriff wird in diesem Sinne auch weniger hinterfragt als ein pädagogischer Leistungsbegriff. Es ist daher umso dringlicher die mangelnde Wertfreiheit jeder Leistung zu betonen.

Die bisher genannten sechs Merkmale eines pädagogischen Leistungsbegriffs entlasten nicht von Spannungsfeldern, z.B. kann individuelle Leistung der solidarischen Leistung widersprechen, etwa wenn ein leistungsstarker Schüler durch leistungsschwache Gruppenmitglieder ‚gebremst' wird. Leistung ist nicht statisch, sondern dynamisch, d.h. Leistungsverständnis und Leistungserwartungen ändern sich rasch. Eine Verständigung über Leistung ist notwendig:

2.8 (7) Leistung bedarf der Kommunikation und Reflexion

Dieses siebte Merkmal bezieht sich auf die Leistungserwartungen innerhalb eines Faches, innerhalb einer Klassenstufe und innerhalb einer Einzelschule.

- Mit Schülerinnen und Schülern muss regelmäßig über Leistung, Leistungsansprüche und Leistungsbeurteilung reflektiert werden.
- Innerhalb eines Klassenteams sind (insbesondere fächerübergreifende) Leistungserwartungen zu besprechen.
- Innerhalb einer Einzelschule ist eine Verständigung über schulspezifische Leistungsmerkmale notwendig.

Der Begriff der ‚Reflexion' verdeutlicht die regelmäßige Nachbereitung und Überarbeitung des Leistungsverständnisses und berücksichtigt die Dynamik des Leistungsbegriffes. Ein pädagogischer Leistungsbegriff löst sich daher von einer individuellen Interpretation von Leistung durch eine einzelne Lehrkraft und stellt die Kooperation und Verständigung im Team und im Kollegium in den Vordergrund. Die Verständigung über Leistung ist aus Sicht der Schülerinnen und Schüler aus einem weiteren Grund notwendig:

2.9 (8) Leistung unterliegt einer Fremd- und Selbstbeurteilung

Zweifellos ist Leistungsbeurteilung bisher eine Angelegenheit von Lehrkräften, schließlich ist dies eine der wesentlichen Aufgaben ihres Berufes. Diese Monopolstellung ist pädagogisch problematisch: Schülerinnen und Schüler erhalten daher nur selten die Möglichkeit über Ihre Leistung zu reflektieren und eine Sensibilität für eigene Stärken und Schwächen zu entwickeln. Die Entwicklung eines realistischen Selbstbildes ist über Selbstbeurteilung möglich. Die schulische Fremdbeurteilung durch Lehrerinnen und Lehrer muss daher durch regelmäßige Freiräume zur Selbstbeurteilung ergänzt werden. Selbstbeurteilung dient der Reflexion über eigene Arbeit und Leistung mit dem Ziel das eigene Lernverhalten besser kennen zu lernen und dadurch kontrollierbarer zu machen. Die eigene Leistungsfähigkeit kann dann eher realistisch eingeschätzt werden, was wiederum eher erfolgversprechende Handlungen erwarten lässt: Auftretende Lernsituationen können eher antizipiert werden, Handlungen werden selbstständiger und selbstbewusster ausgeführt.

Selbst- und Fremdbeurteilung schließen sich nicht aus, sondern ergänzen sich, bzw. können im Zusammenfügen beider Sichtweisen wertvolle Einsichten (auf beiden Seiten) hervorbringen. Auch wenn keine pädagogisch begleitete Selbstbeurteilung stattfindet: Schülerinnen und Schüler beurteilen sich immer. Ohne eine entsprechende Begleitung besteht allerdings die Gefahr, dass dies unreflektiert und realitätsfern geschieht und ungeeignete Erklärungsmuster und Selbstbilder zurechtgelegt und zementiert werden (vgl. Winter 1996, 34).

2.10   Zusammenfassung

(1) Der dargestellte pädagogische Leistungsbegriff weist acht Merkmale auf:
- Leistung gründet auf einer vertrauensvollen Beziehungsstruktur,
- Leistung ist subjektbezogen und individuell,
- Leistung ist solidarisch,
- Leistung ist vielfältig, sie ist produkt- und prozessorientiert,
- Leistung ist auf systemische Unterstützung angewiesen,
- Leistung ist nicht wertfrei (beschreibbar),
- Leistung bedarf der Kommunikation und Reflexion,
- Leistung unterliegt einer Fremd- und Selbstbeurteilung.

(2) Dies sind *wesentliche* Merkmale eines pädagogischen Leistungsverständnisses. Die im Forschungsprojekt erprobten neuen Beurteilungsformen bzw. die zugrundeliegenden Leistungsansprüche sind während des Forschungsprozesses vielfältig mit diesen Merkmale abgeglichen worden: In welchen Situationen zeigt sich ein ‚Verstoß‘ gegen den pädagogischen Leistungsbegriff? Welche Merkmale sind besonders wichtig? Ist der Leistungsbegriff zu abstrakt und zu alltagsfern formuliert? Bildet er das grundsätzliche Leistungsverständnis ab? Einige Aspekte dieser Fragen werden im Kap. IV aufgegriffen.

3 Zur Objektivität neuer Formen der Leistungsbeurteilung: Von testtheoretischen zu qualitativen Gütekriterien

3.1 Vorbemerkungen

Neue Formen der Leistungsbeurteilung können (zumindest im Rahmen des Forschungsprojektes über das hier berichtet wird) als Note dokumentiert werden. Diese Möglichkeit wirft auch Fragen der Objektivität auf. Wenn schon traditionelle Beurteilungsformen nicht valide, objektiv, reliabel sind, wie soll dies nach testtheoretischen Kriterien bei neuen Beurteilungsformen möglich sein? Neue Beurteilungsformen sind in ihrer inneren Struktur weitaus komplexer: Nicht-fachlich-inhaltliche Leistungen sind noch weniger beurteilbar als ‚harte Fakten‘, z.B. sind Leistungen einer Präsentation, die über Beobachtung (wahrgenommen, beschrieben und dann) beurteilt werden, von zahlreichen Variablen abhängig, die von einer einzelnen Lehrkraft nicht kontrollierbar sind. Ein schriftlich vorliegender Leistungsnachweis, z.B. eine Klassenarbeit, bietet dagegen eine weitaus stabilere Beurteilungsgrundlage. Diese Problematik kann jedoch nicht davon entlasten den subjektiven Charakter neuer Beurteilungsformen möglichst zu mindern und Objektivität, im Sinne einer Intersubjektivität, also nicht nach testtheoretischen Kriterien, als Ziel anzustreben.

In den bisherigen Ausführungen habe ich bereits durch die Beschreibung des erweiterten Lernbegriffs und die Präzisierung eines pädagogischen Leistungsbegriffs versucht, die Anwendung neuer Beurteilungsformen vor Beliebigkeit und Willkür zu schützen. Im Folgenden versuche ich weitere Maßstäbe für die Durchführung der Beurteilung zu beschreiben.

Dabei gehe ich in vier Schritten vor: *Erstens* betrachte ich nochmals den testtheoretischen Anspruch an neue Beurteilungsformen. *Zweitens* skizziere ich in drei Argumentationen wesentliche Befunde der derzeitigen Schulentwicklungs- und Schulqualitäts- bzw. Bildungsqualitätsdebatte. Im *dritten* Schritt führe ich diese Punkte zusammen und unterbreite konkrete Vorschläge zur Minimierung von Beliebigkeit und Willkür. Zwei zentrale Begriffe sind dabei ‚kontrollierte Subjektivität‘ und ‚kommunikative Validierung‘.

3.2 Chancen testtheoretischer Vorgaben für neue Beurteilungsformen

Sofern neue Formen der Leistungsbeurteilung als *Noten* dokumentiert werden, greifen die, aus testtheoretischem Blick vielfach benannten, Kritikpunkte an der Zensurengebung ebenfalls. Testtheoretische Maßstäbe treffen jedoch auf verschiedene Beurteilungs- und Dokumentationsformen in unterschiedlicher Weise zu.

Bei *verbalen Beurteilungen* jeglicher Art kann ein testtheoretischer Anspruch nicht mehr greifen. Es sind daher andere Maßstäbe zu formulieren. In der Forschung wurde dies z.B. dadurch geleistet, dass verschiedene Charaktere verbaler Beurteilungen herausgearbeitet wurden, z.B. normative Beurteilung, deskriptive Beurteilung, schöne Beurteilung oder entwicklungsbezogene Beurteilung (vgl. Benner/ Ramseger 1985). Durch weitere Hinweise kann die Qualität verbaler Beurteilungen verbessert werden, z.B. indem Kriterien formuliert und sprachliche Formulierungen entschlüsselt und bewertet werden (z.B. bei Jürgens 1999, 88-109).

Beobachtungsbögen als diagnostische Instrumente hingegen befinden sich in einem gewissen Zwiespalt: Hier können zum Teil strenge Maßstäbe angelegt werden, was jedoch sehr aufwendig ist. Zudem hat sich bei Beobachtungsbögen, die zugunsten hoher testtheoretischer Ansprüche vorgegeben wurden, gezeigt, dass diese eine flexible Adaption an die jeweils Schul- und Unterrichtssituation nicht mehr leisten können. Damit ist aber wiederum in Frage gestellt, inwiefern diese Änderungen den hohen Ansprüchen genügen, da nicht von diagnostisch geschulten Lehrkräften ausgegangen werden kann. Besonders deutlich wird dies bei Nuding (1997). In Kapitel 12 (,Entwicklung eines Beobachtungsbogens') beschreibt er dezidiert und sehr anschaulich die Entwicklung eines Beobachtungsbogens, der den Ansprüchen der Objektivität, Validität und Reliabilität genügen muss (Nuding 1997, 102f). Im anschließenden Kapitel 13 (,Möglichkeiten und Grenzen des Beobachtungsbogens') macht er allen künftigen Anwenderinnen und Anwendern des Beobachtungsbogens Mut, diesen

> „...für die eigenen Bedürfnisse zurechtzuschneidern, mit ihm flexibel umzugehen und ihn damit schließlich zu dem zu machen, was er eigentlich und auch lediglich sein möchte, nämlich ein Hilfsmittel für die Hand der Lehrerin bzw. des Lehrers bei der nicht immer einfachen Aufgabe der Beobachtung von Schülerinnen und Schülern."
> (Nuding 1997, 117)

Dadurch sind die zuvor sorgfältig erarbeiten ,harten' Kriterien wieder weitgehend hinfällig – zugunsten einer höheren Adaptionsfähigkeit an die Unterrichtssituation. Bei der Anwendung von Beobachtungsbögen zeigt sich:

> Die Ansprüche an die Qualität von schulischen Beurteilungsinstrumenten pendeln zwischen den Extremen der (1.) anspruchsvollen testtheoretischen Vorgaben und der (2.) vollkommenen Flexibilität und Adaptionsfähigkeit an der Einzelschule bzw. an die einzelne Situation.

Sofern Lehrerinnen und Lehrer bzw. Einzelschulen ihr eigenes Messinstrument nicht selbst nach testtheoretischen Gesichtspunkten erstellen können (d.h. entsprechend intensiv aus- und fortgebildet werden), kann eine anspruchsvolle testtheoretische Qualität allenfalls dann geleistet werden, wenn zentral vorgegebene Instrumente bereitgestellt werden. Damit wäre die Adaption an die Einzelschule bzw. Einzelsituation (Klasse, Unterrichtsziele) jedoch nicht mehr gegeben.

3.3 Ausgewählte Befunde der Schulentwicklungs-, Schulqualitäts- und Bildungsqualitätsdebatte

Gestaltungsfreiheit der Einzelschule

Infolge der derzeitigen Diskussion um die Gestaltungsfreiheit der Einzelschule, auch in Baden-Württemberg (Stichworte ,Schulen brechen auf', ,Innere Schulentwicklung'), kristallieren sich zunehmend unterschiedliche Schulprofile heraus. Es ist daher zu erwarten und konsequenterweise auch beabsichtigt, dass Schulen ihre eigenen pädagogischen und unterrichtlichen Schwerpunkte bilden, ohne dass dabei gundlegende Gemeinsamkeiten verloren gehen. So kann es sein, dass innerhalb einer Schulart...

- Schule A besonders ,Sozialkompetenz' fördert und hierfür in langer Eigenarbeit ein detailliertes Curriculum entworfen hat,

- Schule B hingegen hat Methoden- und Kommunikationskompetenz als zentrale Merkmale ihres Leitbildes formuliert, während
- Schule C noch weit von jeglicher Profilbildung entfernt ist und
- Schule D die Förderung naturwissenschaftlicher Leistungen besonders am Herzen liegt.

Diese vier Schulen werden auch bei der Beurteilung unterschiedliche Wege gehen und unterschiedliche Leistungen beurteilen wollen. Dies kann (rechtliche, organisatorische Möglichkeiten und den Willen der Beteiligten vorausgesetzt) dazu führen, dass...

- Schule A als Beiblatt zum Zeugnis eine verbale Beurteilung zur Sozialkompetenz erstellt,
- Schule B dem Zeugnis einen Beobachtungsbogen beilegt und jeweils eine Note für Methoden- sowie Kommunikationskompetenz vergibt,
- Schule C die Beurteilungen und das Zeugnis nicht verändert,
- in Schule D für jede Schülerin/ jeden Schüler ein Portfolio angelegt wird, in welchem alle besonderen naturwissenschaftlichen Leistungsnachweise gesammelt und dokumentiert werden.

Dies sind nur einige Beispiele, die verdeutlichen, dass die Beurteilungspraxis das spezifische Profil der Einzelschule ergänzen und aufwerten kann.

> Die Anwendung neuer Formen der Leistungsbeurteilung korrespondiert mit der Gestaltungsfreiheit der Einzelschule. Anders formuliert: Die Gestaltungsfreiheit und das spezifische Profil der Einzelschule kann zu unterschiedlichen Beurteilungs- und Dokumentationspraxen führen.

Zentral vorgegebene Beurteilungsinstrumente, z.B. Beobachtungsbögen oder Dokumentationsformen (z.B. *nur* Noten oder *nur* verbale Beurteilungsformen), könnten diese schulische Vielfalt kaum mehr wiedergeben. Zur Anwendung neuer Beurteilungsformen ist daher eine Gestaltungsfreiheit notwendig, die der Einzelschule eine gewisse Beurteilungsflexibilität ermöglicht. Diese bezieht sich auf...

- die fachspezifische Beurteilung,
- die Halbjahres- und Jahreszeugnisse,
- die Abschlussprüfung und das Abschlusszeugnis.

Dadurch wird die traditionelle Beurteilung ergänzt: Beurteilungen aller Lernbereiche des erweiterten Lernbegriffes können für alle Klassenstufen dokumentiert werden. Die Einzelschule kann ihrem spezifischen Profil durch eine angepasste Beurteilung einen stärkeren Ausdruck verleihen.

Kommunikation und Kooperation als zentrale Merkmale von Schulqualität

Die neuere Schulqualitätsforschung (z.B. Aurin 1990, Steffens/ Bargel 1993) belegt, dass die Qualität der Schule von Grad und Intensität der Kommunikation und Kooperation unter Lehrkräften abhängt. Schnack vergleicht Ergebnisse der Schulqualitätsforschung und zieht folgendes Fazit:

> „Eine wichtige Übereinstimmung besteht darin, dass die Qualität schulischer Arbeit – und das heißt vor allem: des Unterrichts – nicht allein von den persönlichen Kompetenzen des einzelnen Lehrers und seiner Beziehung zu den Schülerinnen und Schülern ab-

hängt, sondern dass insbesondere auch kollegiumsübergreifende Aspekte eine zentrale Rolle spielen. Zu nennen sind insbesondere Kommunikationsformen und Zielvereinbarungen. Die Qualität von Schule scheint dort besser zu sein, wo die Lehrerinnen und Lehrer intensiv und regelmäßig miteinander, aber auch mit Schülerinnen und Schülern sowie den Eltern kommunizieren und sich dabei vor allem auch über pädagogische Zielvorstellungen verständigen." (Schnack 1997, 24)

Wesentliche Bedingungen für die Qualität der Schule gehen über die Leistungsfähigkeit einer einzelnen Lehrkraft hinaus. Kommunikation und Kooperation sind essentielle Merkmale von Schulentwicklung und Schulqualität.

Kommunikation und Kooperation sind für zahlreiche schulischen Arbeitsfelder notwendig, z.B. Unterricht, Schulleben, Beratung, Erziehung – nicht zuletzt für die Leistungsbeurteilung. Die Mitglieder der Einzelschule vereinbaren (im Rahmen ihrer rechtlichen und organisatorischen Möglichkeiten) pädagogische Zielsetzungen und daraus ableitend: Die Mitglieder der Einzelschule verständigen sich über die Leistungsbeurteilung. Folgende Fragestellungen können dabei hilfreich sein:

- Welche besonderen Leistungen wollen wir beurteilen?
- Wie wollen wir diese beurteilen?
- Welche Kooperationen sind zur Beurteilung notwendig?
- Welche Kompetenzen für Lehrerinnen und Lehrer sind zur Beurteilung notwendig? Wo benötigen wir Unterstützung?
- Wie kann die Leistungsbeurteilung sinnvoll am Unterricht ansetzen?
- Wie wollen wir die Leistungen dokumentieren?
- Wollen wir unsere Zeugnisse verändern?
- Gibt es klassenstufenspezifische Unterschiede?
- Wie kann die Beurteilung in der Abschlussklasse, in der Abschlussprüfung und im Abschlusszeugnis aussehen?

Die Verständigung und Konsensbildung bei der Leistungsbeurteilung widerspricht der Pädagogischen Freiheit der einzelnen Lehrkräfte nicht, sondern verleiht den Handlungen höhere Übereinstimmung, Sicherheit und Überzeugungskraft. Dies ist notwendig, wie folgende Beispiele verdeutlichen:

Beispiel: Die Anwendung unterschiedlicher Formen der Leistungsbeurteilung kann zwischen Parallelklassen zu einer unterschiedlichen Notengebung führen. Der Lehrer der Klasse 8a beurteilt ausschließlich traditionell, während der Lehrer der Klasse 8b zwei Klassenarbeit durch eine Projektbeurteilung und eine Freiarbeitsnote ersetzt. Unterschiedliche Noten am Ende des Schuljahres könnten dann auf die unterschiedliche Beurteilungen zurückgeführt werden.

Beispiel: Die Lehrerin einer 9. Klasse praktiziert mehrere Stunden Freiarbeit pro Woche und setzt zur Beurteilung einen Beobachtungsbogen ein. Die Ergebnisse dieser Beurteilung werden am Ende des Schuljahres als Beiblatt in das Zeugnis eingefügt. Schülerinnen und Schüler können sich hiermit bewerben. Möglicherweise erhalten sie dadurch bessere Bewerbungschancen als die Schülerinnen und Schüler anderer Klassen, in denen traditionell beurteilt wird.

Die Notwendigkeit der Konsensbildung wird vor allem dann akut, wenn schullaufbahnbeeinflussende Entscheidungen anstehen. Thomas verdeutlicht dies anhand der Schwierigkeit zwischen individuellen und normativen Leistungen zu vermitteln, sicherlich ein Problemfeld neuer Beurteilungsformen:

„Irgendwann, spätestens bei schulischen Übergängen, bei abschlussrelevanten Zeugnissen, beim Abgang von der Schule ist der Schüler auch bei größten individuellen Fortschritten ‚objektiven' Anforderungen ausgesetzt, die nicht generell als irrelevant abgetan werden können – und der Lehrer dann nicht mehr verantwortlich. Es ist ungemein schwierig, eine Balance zwischen der Darstellung individueller Leistungen und normativer Leistungsanforderungen zu finden. Vor allem setzt dies einen weitgehenden Konsens innerhalb des Lehrerkollegiums voraus über Verhaltens . und Leistungserwartungen und die Umsetzung solcher Normen in Unterrichtsabfolgen und Fördermaßnahmen bei gleichzeitiger Berücksichtigung unterschiedlicher Lernbedingungen und Lernleistungen von Schülern." (Thomas 1987, 258)

Lehrkräfte müssen im Einklang mit den rechtlichen Vorgaben handeln. Darüber hinaus ist es äußerst hilfreich, möglicherweise unentbehrlich, schulintern, z.B. in einem Schulprogramm/ Leitbild explizit zu beschreiben, welche unterschiedliche Formen der Leistungsbeurteilung und welche weiteren Kriterien, Gewichtungen und Gestaltungswege von den Lehrerinnen und Lehrer angewandt werden können. Dieses Schulprogramm/ Leitbild setzt wiederum die notwendige Gestaltungsfreiheit der Einzelschule voraus. In idealtypischer Weise werden neue Formen der Leistungsbeurteilung in allen Klassen eingesetzt, so dass die schulischen Zielsetzungen relativ einheitlich umgesetzt werden. Damit wäre es möglich, nach außen hin mit einem einheitlichen Profil aufzutreten und die schulische Leistungsbeurteilung gemeinsam und weitreichend zu verändern, z.B. durch die Einführung von Portfolios für alle Schülerinnen und Schüler ab einer bestimmten Klassenstufe.

Die Einführung neuer Formen der Leistungsbeurteilung als eine folgenreiche schulische und unterrichtliche Innovation, bedarf einer gemeinsamen schulischen Absprache auf der Grundlage ausreichender Gestaltungsspielräume und schulisch-organisatorischer Bedingungen. Die Einführung neuer Formen der Leistungsbeurteilung hängt daher unmittelbar mit der Entwicklung der Einzelschule zusammen, sie bedarf gemeinsamer Zielsetzungen und Leitbilder.

Zur Vermeidung von Missverständnissen: Die Gestaltungsfreiheit bezieht sich nicht auf die grundsätzliche Veränderung der Leistungsbeurteilung, sondern auf einen gewissen Anteil, z.B. in der Gewichtung gegenüber Klassenarbeiten.

Mehrebenenanalytische Betrachtungsweise

Die Qualität von Schule und Unterricht ist jedoch von weiteren Ebenen und Faktoren abhängig, die nicht durch Kooperation und Kommunikation unter Lehrkräften erreichbar sind und über die Ebene der Einzelschule hinausgehen. Dies hat Helmut Fend, einer der maßgeblichen Schulforscher im deutschsprachigen Raum, als Fazit seiner bisherigen Arbeiten präzisiert:

„Neben den inhaltlichen Visionen guter Schulen hat sich für mich ein wichtiges methodisches Resultat der Forschung zu Qualitätsmerkmalen im Bildungswesen seit den 1950er Jahren herauskristallisiert: die Systematisierung der Ergebnisse zu einer mehrebenenanalytischen Betrachtungsweise. Die personenorientierte Pädagogik der 1950er Jahre hatte sich sehr auf die *Person des Lehrers* als Qualitätsgarant des Bildungswesens konzentriert. In einer unterrichtstechnologischen Zwischenphase wurde die kleinere Einheit einzelner *Unterrichtsstrategien* zum Hoffnungsträger für die Qualität des Bildungsprozesses. Die gesellschaftstheoretische Ausrichtung sah *in System- und Strukturmerkmalen*, die sich in Organisationsformen niederschlugen, die primäre Quelle für ein akzeptierbares Schulsystem. Im Gefolge vieler Enttäuschungen ist dann die einzelne *Schule als pädagogische Handlungseinheit* zum Hoffnungsträger avanciert. Die Vermutung liegt auf der Hand, dass es pädagogisch unsinnig wäre die verschiedenen Ebenen gegeneinander auszuspielen. Aufschlussreich könnte aber die Frage werden, in welcher Weise die verschiedenen Ebenen interagieren. Der Marsch durch die verschiedenen Formen und Ebenen der Qualität im Bildungswesen legt die Interpretation nahe, dass das phänomenal erscheinende, beobachtbare, sichtbare und erlebbare alltägliche Schulgeschehen mit seinen divergenten Wirkungen und Widersprüchen das Ergebnis des *konfigurativen Zusammenspiels von Gestaltungsfaktoren auf verschiedenen Ebenen* ist." (Fend 1996, 93)

Bezogen auf neue Formen der Leistungsbeurteilung ist damit konstatiert, dass eine mehrebenenanalytische Vorgehensweise ins Auge gefasst werden muss, damit die Möglichkeiten und die Qualität neuer Beurteilungsformen greifen können.

Abb. 6: Kontrollierte Subjektivität und kommunikative Validierung als Gütekriterien einer mehrebenenanalytischen Betrachtungsweise (verändert n. Meyer 1997a, 248)

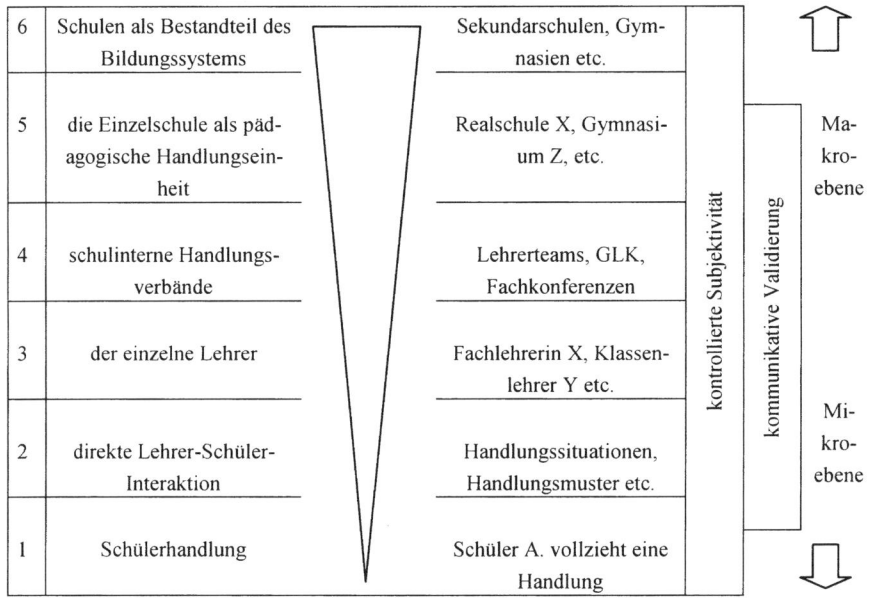

Ich greife dem folgenden Kapitel voraus: Die verschiedenen Ebenen des Bildungswesens sind durch die Gütekriterien der *kontrollierten Subjektivität* (vgl. Portmann 1997) und der *kommunikativen Validierung*[7] erreichbar. Abb. 6 zeigt Reichweite und Grenzen der kontrollierten Subjektivität und der kommunikativen Validierung auf. Die kommunikative Validierung bezieht sich vorwiegend auf die Ebene der Einzelschule und der darunter liegenden Ebenen: Hier agieren Personen täglich miteinander, insbesondere dort, wo die rechtlichen Vorgaben eine genauere Verständigung verlangen und explizit nicht detailliert ausformuliert sind. Dieser Zusammenhang wird im folgenden Kapitel näher erläutert.

---

[7] Der Begriff der ‚kommunikativen Validierung‘ wurde bereits verschiedentlich im Kontext einer veränderten Beurteilung verwendet (z.B. Lütgert 1999, 49), allerdings meines Wissens nach noch nicht näher ausgeführt.

3.4 Gütekriterien neuer Beurteilungsformen: Kontrollierte Subjektivität und kommunikative Validierung

Vorbemerkungen und Übersicht

Aus den bisherigen Überlegungen dieses Kapitels kristallisieren sich vier Aspekte heraus:

- Die Anwendung testtheoretischer Vorgaben ist zwar wünschenswert, kann jedoch nur durch eine entsprechende diagnostische Ausbildung der Lehrkräfte bzw. Begleitung der Einzelschule geleistet werden, sie scheiterte bisher bereits bei der traditionellen Zensurengebung, bei komplexeren Beurteilungsgegenständen ist sie noch problematischer.
- Die Anwendung neuer Beurteilungsformen ist auf die Gestaltungsfreiheit der Einzelschule angewiesen.
- Kommunikation und Kooperation sind zentrale Merkmale der Schulentwicklung und der Schulqualität.
- Die Einführung neuer Beurteilungsformen ist auf Schulentwicklungsprozesse und schulische Leitvorstellungen angewiesen.

Schulentwicklung hängt von der Fähigkeit der Einzelschule bzw. der Mitglieder der Einzelschule ab, inwiefern Kommunikations- und Kooperationsstrukturen zur Ausgestaltung der unterrichtlichen und schulischen Praxis eingesetzt werden. In Fortsetzung dieser Argumentation definiere ich mit *der kontrollierten Subjektivität* und *der kommunikativen Validierung* zwei Kriterien zur Minimierung von Willkür und Beliebigkeit, um damit einen Gütemaßstab für neue Beurteilungsformen vorzuschlagen. Die Gütekriterien sind nicht mehr der Testtheorie, sondern der Verständigungsfähigkeit und –kultur in der Einzelschule zuzuordnen. Damit werden testtheoretische Ansprüche nicht obsolet. Sofern sie im Alltag angewandt werden können, sind sie jederzeit anzuwenden, ihre Bedeutung ist jedoch reduziert.

Abb. 7: Kommunikative Validierung als Zentrum einer kontrollierten Subjektivität

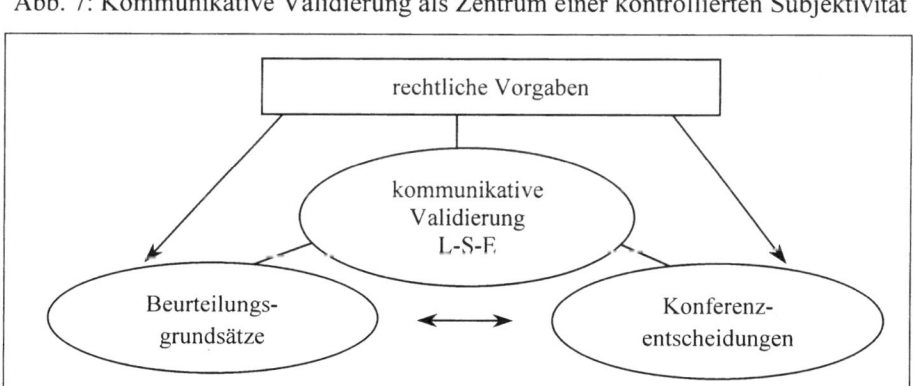

Ich schlage zur Minimierung von Willkür und Beliebigkeit vor, Kriterien einer kontrollierten Subjektivität zu benennen, in deren Zentrum die kommunikative Validierung der Beurteilungskriterien steht (Abb. 7).

Dieser Rahmen kann zu einem Teil gestaltet werden, z.B. durch Beschlüsse von Fachkonferenzen zur fachspezifischen Gewichtung mündlicher und schriftlicher Beurteilungen, ist jedoch zum anderen Teil rechtlich definiert, so dass keine schulinternen Veränderungen möglich sind, z.B. bei gesetzlichen Vorgaben zur Abschlussprüfung. Abb. 7 deutet an, dass Leistungsbeurteilung nicht nur Thema einer einzelnen Lehrkraft ist, sondern im Unterrichts- und Schulalltag durch Vorgaben und Vereinbarungen beeinflusst wird. Dies verweist wiederum auf eine mehrebenenanalytische Betrachtungsweise (s.o.).

Kontrollierte Subjektivität

Die rechtlichen Vorgaben, die Konferenzentscheidungen und die Beurteilungsgrundsätze stellen den Rahmen dar, sie sind dem Begriff der kontrollierten Subjektivität zuzuordnen. Zunächst benenne ich die Faktoren der kontrollierten Subjektivität:

1. Beachtung der rechtlichen Vorgaben: Die rechtlichen Vorgaben, die i.d.R. als Schulgesetz und Verwaltungsvorschriften formuliert sind, müssen wie auch bei der traditionellen Beurteilung eingehalten werden. Dies setzt entsprechende Freiräume durch die rechtlichen Vorgaben voraus. Bisher befanden sich Lehrerinnen und Lehrer hier in einer schwierigen Situation, z.B. wenn es um den Ersatz von Klassenarbeiten durch andere Beurteilungen ging[8].

2. Beachtung aller gängigen Grundsätze der Beurteilung, die auch für die Zensurengebung zutreffen und bisher unter der Verordnung ‚Noten, Zeugnisse, Klassenarbeiten, Hausaufgaben' aufgeführt sind oder als Grundsätze im Rahmen des pädagogischen Beurteilungsspielraumes gelten (z.B. Holfelder/ Karcher/ Bosse 1980, 47f):

- ordnungsgemäße Durchführung,
- nicht von falschen Tatsachen ausgehen,
- Passung zur Unterrichtsgestaltung und –zielen,
- keine Verletzung allgemeingültiger Maßstäbe,
- keine sachfremden Erwägungen,
- keine Willkür,
- Transparenz und Offenlegung der Beurteilungskriterien,
- Gleichbehandlung aller Schülerinnen und Schüler,
- ordnungsgemäße und transparente Durchführung,
- gleichmäßige zeitliche Verteilung der Beurteilung.

3. Entscheidungen von Konferenzen: Verschiedene schulische Konferenzen können Entscheidungen über Beurteilungen treffen und diese damit stärken oder schwächen. In einigen Konferenzen können durch Absprachen gemeinsame Vorgehensweisen besprochen werden oder Beurteilungsspielräume formuliert werden, so dass interes-

---

[8] Problematisch ist immer auch die Bewertung von Gruppenleistungen, die sich rechtlich wie folgt beschreiben lässt: „Aus rechtlichen Gründen ist es nicht möglich, pauschal für jedes Mitglied der Gruppe die gleiche Punktzahl zu vergeben. Der Lehrer muss daher den Anteil des einzelnen Schülers am Gesamtwerk der Gruppe gesondert betrachten und bewerten – auch wenn dies in der Praxis schwierig sein mag." (Auszug aus einer Erläuterung des Schulgesetzes durch das Ministerium für Kultus, Jugend und Sport Baden-Württemberg).

sierte Lehrerinnen und Lehrer in ‚ihrer' Beurteilung unterstützt werden. Folgende Konferenzen sind dabei wichtig:

- *Schulkonferenz*: Hier werden Beschlüsse zu allgemeinen Fragen der Klassenarbeiten gefasst.

- *Gesamtlehrerkonferenz*: Hier werden allgemeine Fragen der Klassenarbeiten besprochen und einheitliche Maßstäbe bei Notengebung und Versetzung empfohlen.

- *Fachkonferenz*: Sie entscheidet über methodisch-didaktische und fachspezifische Fragen der Notengebung.

- *Klassenkonferenz*: In der Klassenkonferenz werden Klassenarbeiten koordiniert, wobei Grundsätze der Gesamtlehrerkonferenz berücksichtigt werden müssen. Die Klassenkonferenz ist unter Vorsitz des Schulleiters auch für Beratung und Beschluss der allgemeinen Beurteilungen zuständig.

Diese drei Faktoren haben recht formalen Charakter, sie bilden zunächst den rechtlichen Rahmen, an dem sich Lehrerinnen und Lehrer orientieren müssen. Es ist Aufgabe der Schulverwaltung bzw. der Bildungspolitik für innovationsfördernde Bedingungen zu sorgen.

Kritik an testtheoretischen Vorgaben als Folge eines quantitativ-empirischen Forschungsverständnisses

Im Zentrum der kontrollierten Subjektivität steht die kommunikative Validierung. Die kommunikative Validierung ist als Begriff der qualitativen Sozialforschung entnommen und ergänzt bzw. ersetzt daher nicht zufällig testtheoretische Ansprüche. Testtheoretische Gütemaßstäbe werden aus der quantitativ-empirischen Sozialforschung heraus auf die Zensurengebung übertragen, schließlich sind Noten Ordinalskalierungen und es muss daher zwangsläufig überprüft werden, welche rechnerische Verfahren zulässig und möglich sind (detailliert bei Sacher 1996). Solange Zensuren eingesetzt werden, ist es hilfreich und notwendig, die dadurch entstehende und vielfach beklagte Fragwürdigkeit der Zensurengebung im Schulalltag zu berücksichtigen. Noten müssen daher ständig hinterfragt und ihr Objektivitätscharakter thematisiert werden.

Sofern testtheoretische Kriterien als *primärer* und handlungsleitender Maßstab zur Beurteilung schulischer Leistungen herangezogen werden, sind mit dem dadurch notwendigen Verfahren einige Nachteile verbunden. Neben den bereits genannten, eher formalen und pragmatischen Nachteilen (s.o., z.B. fehlende diagnostische Ausbildung), sind weitere Nachteile bekannt, die in enger Anlehnung an die Abgrenzung zwischen quantitativer und qualitativer Sozialforschung formuliert werden können (Lamnek 1995a, 6-21). Ich deute diese Argumente auf den schulischen Beurteilungsprozess um und präzisiere die Kritik an testtheoretischen Verfahren als primären Beurteilungsmaßstab:

- Der komplexe und prozessuale Kontextcharakter des unterrichtlichen Lernens kann als normierte Datenermittlung nicht abgebildet werden. Kommunikative Erfahrungen werden in allein testtheoretisch ermittelte Daten umgeformt.

- Da die Erhebung der Daten kontextlos erfolgt, kann rückwirkend auch keine Aussage über Einflüsse von Kontexten, z.B. von Lernumgebung, auf die erbrachte Leistung getroffen werden.

- Das Wesen der Beurteilungsgegenstände tritt gegenüber dem Primat der Methode zurück – die Beurteilungsinstrumente laufen Gefahr nicht das zu messen, was die Situation kennzeichnet, sondern lediglich das ausreichend Erfassbare festzuhalten.

- Die Involviertheit der Lehrkraft in den Unterrichts- und Beurteilungsprozess wird geleugnet und hinter dem Vorhang scheinbar objektivierter Daten verschleiert.

- Testtheoretische Maßstäbe orientieren sich an einem naturwissenschaftlichen Weltbild. In der Schule geht es jedoch um in sozialen Kontexten lebende (junge) Menschen.

- Mit naturwissenschaftlich geprägten Verfahren werden Schülerinnen und Schüler nicht als Subjekte behandelt, wie es ein pädagogischer Leistungsbegriff vorsieht, sondern als Objekte und Datenlieferanten, ohne dass gleichzeitig zwischen Lehrkräften und Schülerinnen und Schüler eine neutrale Distanz bzw. Instanz vorhanden wäre. Schülerinnen und Schüler sind zudem Interaktionspartner im Lernprozess.

- Die Standardisierung bei der Leistungsmessung ist nicht mit Objektivität gleichzusetzen, es handelt sich in vielerlei Hinsicht um eine Scheinobjektivität.

- Seit die Fragwürdigkeit der Zensurengebung durch mangelhafte Anwendung testtheoretischer Maßstäbe vielfach bewiesen wurde, ist die Diskrepanz zwischen Wissenschaft (testtheoretische Kriterien werden gefordert) und Praxis (es wird weiterhin *nicht* nach testtheoretischen Kriterien beurteilt) erhalten geblieben. Dieser Maßstab erweist sich daher als realitätsfern, die Reform der Beurteilungspraxis ist mit diesen Vorgaben nicht vorangekommen. Allgemeiner formuliert hat sich dadurch die Realitätsferne der naturwissenschaftlichen Testtheorie zur subjektgeprägten Unterrichtspraxis erwiesen.

- Objektivität, sofern sie überhaupt erreichbar ist, wird leicht mit Gerechtigkeit bzw. Fairness verwechselt. Bei genauerer Betrachtung zeigt sich das Gegenteil: Die Maximierung von Objektivität (Vereinheitlichung, Unabhängigkeit der einzelnen Personen) verringert Fairness:

    „Wird das Ausmaß der Darstellungsmöglichkeiten für persönliche Eigenart und Einzigartigkeit als ‚Fairness' betrachtet, so führt erhöhte Objektivität zu erniedrigter Fairness." (Arnold 1999, 33)

Die Nachteile zeigen, dass testtheoretische Gütemaßstäbe als *primäre* Kriterien dem unterrichtlichen Prozess nicht gerecht werden. Sie erfüllen als Hilfsinstrumente eine wichtige Funktion, sofern sie angewandt werden können. Sie ermöglichen tendentiell eine gerechtere und objektivere Beurteilung. Sofern neue Beurteilungsformen jedoch alleine hiernach auszurichten wären, könnte die ihnen eigene Definition, die Beurteilung nicht-fachlicher Lernbereiche im Unterrichtsalltag nicht mehr erfüllt werden. So wäre z.B. die Flexibilität bei der Änderung von Beurteilungskriterien eingeschränkt. Änderungen von Beurteilungskriterien nach einer Diskussion mit Schülerinnen und Schülern könnten nur dann aufgenommen werden, wenn diese wiederum testtheoretischen Kriterien standhalten könnten.

Damit kritisiere ich testtheoretische Gütemaßstäbe nicht immanent, d.h. in ihrer mathematisch-testtheoretischen Gültigkeit, sondern kontextuell: Sie behindern in verschiedener Hinsicht die Unterrichts- und Schulentwicklung.

Gütekriterien für neue Beurteilungsformen als Folge eines qualitativen Forschungsparadigmas

Gütekriterien kommunikativer[9] Validierung

Kriterien qualitativer Sozialforschung setzen fließend an einem pädagogischen Leistungsbegriff an, während alleinige testtheoretische Kriterien mit einem pädagogischen Leistungsbegriff nicht vereinbar sind. Zunächst stelle ich einzelne, aus der qualitativen Sozialforschung (vgl. Lamnek 1995a, 21-20) auf die Anwendung neuer Beurteilungsformen übertragene Gütekriterien dar, bevor ich die kommunikative Validierung als Kern und Weg zur Realisierung dieser Ansprüche vorstelle.

(1)   *Offenheit und Flexibilität*: Unterrichtsarrangements und –konzepte, die neuen Beurteilungsformen zugrunde liegen, sind in ihrer inneren Struktur dynamischer und instabiler als lineare und eindimensionale Lehrverfahren. Das gesamte Beurteilungsverfahren muß daher offen und in der Lage sein Veränderungen im Lernprozess aufzunehmen. Besonders deutlich wird dies beim Projektunterricht, hier können sich vorher nicht absehbare Leistungen entwickeln, so dass die Beurteilung entsprechend angepasst werden muss. Kriterien neuer Beurteilungsformen können daher nicht vorab unabänderlich festgelegt werden.

(2)   *Prozesscharakter*: Neue Formen der Leistungsbeurteilung betonen in zweifacher Hinsicht ihren Prozesscharakter. Erstens rückt die Beurteilung von Arbeits- und Lernprozessen selbst in den Vordergrund, beispielsweise über die Beobachtung bei offenen Unterrichtsmethoden. Zweitens können sich Beurteilungskriterien im Laufe des Beurteilungsverfahrens als nicht brauchbar erweisen und müssen dann verändert werden. Der Prozesscharakter hängt in diesem Sinne eng mit der Offenheit und Flexibilität zusammen.

(3)   *Kommunikativer Charakter*: Der gesamte Unterrichtsverlauf und das Beurteilungsverfahren sind durch einen kommunikativen Charakter konstituiert. Nicht die Lehrkraft alleine gibt Beurteilungskriterien vor, vielmehr entsteht über das Beurteilungsverfahren selbst ein Dialog. Widerspruch und Kritik sind nicht als Störquellen, sondern als Chance zu verstehen, gemeinsam mit den Lernenden zu verständlichen Kriterien zu kommen und damit den Lernerfolg zu erhöhen. Der Unterricht selbst ist so arrangiert, dass kommunikative Interaktionen möglich sind.

(4)   *Reflexivität*: Das Beurteilungsverfahren und die vereinbarten Beurteilungskriterien werden immer wieder kritisch beleuchtet. Hierzu ist es notwendig, dass alle Beteiligten die Handlungsebene verlassen und das Beurteilungsverfahren aus einer Metaebene betrachten. Dabei werden sowohl die Handlungen und Erfahrungen der einzelnen Subjekte bewusst gemacht als auch der gesamte bisherige Verlauf reflektiert. Erst durch diese Reflexivität können Erkenntnisse verdeutlicht und für die folgenden Handlungen fruchtbar ge-

---

[99] Der Begriff der ‚Kommunikation' wird hier *nicht* in informationstechnischen und instrumentellen Sinne verstanden, sondern ist vielmehr als gemeinsamer Dialog definiert. Kommunikation ist nicht nur Mittel zum Zweck sondern ist Selbstzweck, da sich hier gegenseitige Achtung und Subjektbezug ausdrücken, vgl. den Begriff des Dialogs von Schubert (2000).

macht werden. Reflexivität ermöglicht daher einen fortschreitenden Dialog und Erkenntnisgewinn.

(5) *Explikation und Transparenz*: Die verantwortliche Lehrkraft bzw. das Team verdeutlicht sowohl gegenüber Schülerinnen und Schülern als auch gegenüber Eltern und gegenüber ihren Kolleginnen und Kollegen die einzelnen Schritte und Verfahren bei der Beurteilung. Explikation und Transparenz sind bei neuen Beurteilungsverfahren besonders konsequent zu berücksichtigen, da eine Veränderung der Beurteilungspraxis immer kritischer begleitet wird als die Beibehaltung bisheriger Beurteilungsverfahren. Schwächen und Problemfelder sind offen und frühzeitig darzustellen, damit gemeinsam an einer Verbesserung gearbeitet werden kann.

Die genannten Gütekriterien sind nur zu verwirklichen, wenn unter allen Beteiligten eine vertrauensvolle und respektvolle Beziehung besteht. Nur auf dieser Grundlage ist es möglich in einen kommunikativen Prozess einzutreten. Dieser Prozess mündet in der kommunikativen Validierung des Beurteilungsverfahrens und der Beurteilungskriterien.

> Das Verfahren und die Kriterien neuer Formen der Leistungsbeurteilung werden von allen Beteiligten in einem kommunikativen Validierungsprozess festgelegt.

Der Begriff der kommunikativen Validierung ist nicht direkt aus der qualitativen Sozialforschung übertragbar, da er sich nicht auf die Vergewisserung der Richtigkeit von Interpretations*ergebnissen* bezieht, d.h. nach dem Verständnis der qualitativen Sozialforschung validiert der Forscher durch „nachgehende Gespräche" (Köckeis-Stangl 1980, 362) seine Ergebnisse. Im Kontext neuer Beurteilungsformen besteht die kommunikative Validierung jedoch fortlaufend und regelmäßig. Bereits vor Beginn des Beurteilungsverfahrens selbst, tritt die Lehrkraft in Dialog mit anderen Beteiligten. Zudem kann im schulischen Kontext eine kommunikative Validierung nicht mit demselben Detailanspruch hinsichtlich Zeit, Dokumentation, Systematik u.a. stattfinden wie in der qualitativen Sozialforschung. Im Kern geht es jedoch um denselben Anspruch: Lehrkräfte verständigen sich, bis sie eine gemeinsame Sichtweise herstellen können.

Kommunikative Validierung zwischen Lehrkräften

Die auf unterschiedlicher Ebene beteiligten Lehrkräfte verständigen sich über Kriterien und Verfahren unter Beteiligung von Schülerinnen und Schülern und Eltern. Die Kriterien und Verfahren unterliegen den Vorgaben einer kontrollierten Subjektivität.

Der Validierungsprozess findet an Schulen auf unterschiedlichen Ebenen statt. Auf der Ebene der Gesamtschule müssen Vereinbarungen getroffen werden, welche Verfahren der Beurteilung grundsätzlich möglich sind. Konkret wird sich das *Gesamtkollegium* in der pädagogischen Konferenz mit diesem Thema befassen, möglicherweise eine entsprechende Formulierung in ein Schulprogramm oder Leitbild aufnehmen. Von der schulischen Ebene können dann weitere Konkretisierungen an zuständige Teilkonferenzen delegiert werden. Dabei sind besonders die *Fachkonferenzen* und die Klassenkonferenzen zu nennen. In jedem Gremium wird ein Konsens angestrebt, so dass die neuen Beurteilungsverfahren und –kriterien bis zur Ebene des konkreten Unterrichts in Einklang mit den schulischen Vereinbarungen stehen.

Der *Klassenkonferenz* bzw. dem Team der beteiligten Lehrerinnen und Lehrer kommt dabei eine wesentliche Rolle zu. Hier werden sinnvollerweise Verfahren und Kriterien bis zur Anwendungsfähigkeit konkretisiert. Die Konkretisierung erst auf dieser Ebene festzulegen bietet sich an, da davon ausgegangen werden muss, dass bei verschiedenen Lehrkräften bzw. Teams jeweils spezifische Unterrichtskonzepte realisiert werden. Einheitliche detaillierte Vorgaben sind jedoch nur dann sinnvoll, wenn in allen Klassen nahezu dieselbe Unterrichtskonzeption verfolgt wird. Möglicherweise kann es dabei auch zu stufenspezifischen Beurteilungen kommen, z.B. wenn durchgängig in der Orientierungsstufe Methodentraining durchgeführt wird. In der Unterrichtspraxis zeigt sich zudem, dass selten alle Lehrerinnen und Lehrer einer Klasse bei der Anwendung neuer Beurteilungsformen beteiligt sind. Bei der konkreten Umsetzung bzw. für die federführende Vorbereitung der Klassenkonferenzen kommt *Klassenlehrern und Klassenlehrerinnen* eine entscheidende Bedeutung zu. Unterrichtskonzepte sowie neue Beurteilungsformen sind ohne ihre Unterstützung kaum denkbar. Sie haben einen engen Kontakt zu Schülerinnen und Schülern und deren Eltern, zudem unterrichten sie zumeist mit einem hohen Stundenanteil in ihrer Klasse.

Der kommunikativen Validierung und Konsensfindung bei der Anwendung neuer Beurteilungsformen entspricht die hohe Bedeutung von Kommunikation und Kooperation im Rahmen von Schulentwicklungsprozessen. Sofern sich Schulen auf diese Prozesse einlassen, ist die Konsensfindung in vielen Bereichen, nicht nur bei neuen Beurteilungsformen, notwendig.

Kommunikative Validierung findet jedoch nicht nur unter Lehrkräften, sondern auch zwischen Lehrkräften und Schülerinnen und Schülern sowie deren Eltern statt.

Die schulische Gremienstruktur verweist in diesem Zusammenhang auf die *Schulkonferenz*. Die Schulkonferenz ist nach Schulgesetz §47 (5) 2 bei Beschlüssen zu allgemeinen Fragen der Klassenarbeiten zuständig. Sie berät und entscheidet daher auch bei Änderungen der Beurteilungsformen. Unabhängig von der formalen Zuständigkeit ist es Kennzeichen neuer Beurteilungsformen, dass sie von Eltern und Schülerinnen und Schülern unterstützt werden. Die Einbeziehung dieser Personengruppen ist daher selbstredend nicht auf formale Gremienstrukturen beschränkt.

Kommunikative Validierung mit Schülerinnen und Schülern

In Anlehnung an einen pädagogischen Leistungsbegriff und an die o.g. fünf Gütekriterien bei der Anwendung neuer Beurteilungsformen erfolgt auch eine Validierung mit Schülerinnen und Schülern und Eltern. Diese Validierung vollzieht sich jedoch nach anderen Gesetzen. Lehrkräfte und Lernende können nicht als gleichberechtigte Kommunikationspartner bezeichnet werden. Lehrerinnen und Lehrer haben aufgrund ihrer Beurteilungsfunktion letztlich immer einen ‚Machtvorsprung'. Sie sind zuständig für die Unterrichtsgestaltung, damit obliegt ihnen auch die Durchführung der Leistungsbeurteilung. Gleichwohl kann im Kontext neuer Beurteilungsformen eine Validierung zwischen Lehrkräften und Lernenden stattfinden. Kennzeichen dieser Validierung sind:

- *Information und Diskussion über generelle Aspekte neuer Beurteilungsformen*: Schülerinnen und Schüler werden über die neuen Beurteilungsformen ausführlich informiert. Über den generellen Sinn und Zweck neuer Beurteilungsformen wird diskutiert und gemeinsam nachgedacht.

- *Information und Diskussion der konkreten Beurteilungsverfahrens*: In der Regel werden Lehrerinnen und Lehrer ihre Überlegungen hinsichtlich Verfahren und Kriterien der Beurteilung vorstellen. Diese Überlegungen, die nun vor einer konkreten Anwendung stehen, werden detailliert erläutert und gemeinsam diskutiert.

- *Offenheit für Änderungen*: Änderungsvorschläge und Verbesserungen, die aufgrund dieser Diskussion entstehen, sind soweit wie möglich einzuarbeiten.

- *Beteiligung*: Bei zunehmender Erfahrung und mit zunehmendem Alter können Schülerinnen und Schüler selbst bei der Erstellung der Kriterien mitwirken und Beurteilungen durchführen, z.b. mittels Beobachtungen, als Schülermitbeurteilung.

- *Detailverständnis*: Schülerinnen und Schüler müssen im Detail verstehen, welche Leistung sie erbringen müssen, um die einzelnen Beurteilungskriterien zu erfüllen. Dies setzt detaillierte Überlegungen der Lehrkraft voraus, wie die jeweiligen Kriterien feststellbar sind, wie sie bewertet werden und ob sie für Schülerinnen und Schüler verständlich (formuliert) sind, also ihren sprachlichen Möglichkeiten entsprechen.

- *Reflexion*: Während des Unterrichts- und Beurteilungsprozesses werden immer wieder Reflexionsphasen eingefügt, so dass regelmäßig und gemeinsam über diesen Prozess nachgedacht und reflektiert werden kann. Unklarheiten können dann beseitigt, notwendige Veränderungen eingebracht und Erkenntnisfortschritte ermöglicht werden.

Die kommunikative Validierung mit Schülerinnen und Schülern findet selbstredend alters- und entwicklungsgemäß statt und wird daher in der gymnasialen Oberstufe anders ausgestaltet werden als in der Orientierungsstufe. Nur wenn die kommunikative Validierung greift, können Schülerinnen und Schüler den Beurteilungsprozess verstehen und sich dadurch mit ihrer Leistung verorten.

Auch Eltern sind über die neuen Beurteilungsformen ausführlich zu informieren. Die kommunikative Validierung mit den Eltern wird nicht unter pädagogischen, erzieherischen und entwicklungsfördernden Aspekten, sondern vielmehr unter den Gesichtspunkten der Offenheit, Transparenz und Information stattfinden.

Spannungsfelder und Grenzen kommunikativer Validierung

Spezifische Gütekriterien, entnommen aus der qualitativen Sozialforschung, sind keinesfalls problemlos auf schulische Verhältnisse übertragbar. Spannungsfelder schulischer Prozesse können dadurch nicht vollständig aufgelöst werden, jedoch erfolgsversprechender und konsensorientierter ausgestaltet werden. Zentrale Spannungsfelder möchte ich daher benennen:

- Auch durch eine kommunikative Validierung ist es nicht immer möglich einen Konsens zu erzielen.

  Beispiel: Zwei Lehrkräfte, die beide in einer Klasse unterrichten, können sich nicht darauf einigen, eine gemeinsame Unterrichtskonzeption zu realisieren. Überlegungen zur Anwendung neuer Beurteilungsformen scheitern daher bereits bei der Unterrichtsgestaltung.

- Eine kommunikative Validierung mit Schülerinnen und Schülern löst das Spannungsfeld zwischen pädagogischer Funktion und Selektionsfunktion der Beurteilung keinesfalls vollständig auf.

46

Beispiel: Drei Lehrerinnen einer Klasse führen gemeinsam ein Projekt mit anschließender Projektbeurteilung durch. Die kommunikative Validierung mit allen Beteiligten findet ausführlich statt, das Verfahren des Projektes und der Projektbeurteilung wird von allen begrüßt und unterstützt. Trotzdem zeigt eine Projektgruppe sehr schlechte Leistungen, die mit der Note 5 bewertet werden. Da die Note in die Fachnoten einfließt, ist die Versetzung eines Schülers gefährdet, da er im Fach Deutsch die Note 5 erhält.

- Die Durchführung neuer Formen der Leistungsbeurteilung sowie die Realisierung einer kommunikativer Validierung stellen erhebliche Ansprüche an die schulischen und unterrichtlichen Rahmenbedingungen.

    Beispiel: Eine Klassenlehrerin unterrichtet fünf Stunden in ihrer Klasse. Durch die Eingabe einer Stunde in einen Freiarbeitspool sowie durch die ausführliche kommunikative Validierung einer Projektbeurteilung muss der Stoff ihres Unterrichtsfaches gekürzt und gestrafft werden.

- Eine vielfältige Unterrichts- und Beurteilungspraxis muss sich an den rechtlichen Vorgaben orientieren. Eine kommunikative Validierung als Zentrum der kontrollierten Subjektivität kann daher nur begrenzt ergebnisoffen stattfinden.

    Beispiel: Auch eine vielfältige Beurteilungspraxis wird sich zunehmend an den Beurteilungskriterien und –verfahren der Abschlussprüfung orientieren.

- Die kommunikative Validierung kann unterschiedlich ausgestaltet werden. Diese Ausgestaltung wird von jeder einzelnen Lehrkraft anders vorgenommen werden, je nach Schul- und Klassensituation. Es gibt keinen einheitlichen Königsweg:

    Beispiel: Eine Lehrerin erhält sofortige Zustimmung und große Begeisterung für die Anwendung neuer Beurteilungsformen. Ein anderer Kollege an derselben Schule stößt, trotz intensiver Vorbereitung, Information und Diskussion, auf Ablehnung bei den Eltern, da diese befürchten, dass ihre Kinder im nächsten Schuljahr den Lehrplanstoff nicht beherrschen.

Der Anspruch und die Erwartungen an eine kontrollierte Subjektivität und kommunikative Validierung dürfen nicht überfrachtet werden. Gleichwohl zeigen sie einen konkreten Weg, um neue Formen der Leistungsbeurteilung im Unterrichtsalltag und im Kontext schulentwicklerischer Prozesse sowie rechtlicher Vorgaben zu verorten.

3.5   Zusammenfassung

(1) Die Willkür und Beliebigkeit bei der Anwendung neuer Formen der Leistungsbeurteilung muss minimiert werden. Testtheoretische Maßstäbe können dabei hilfreich, jedoch nicht handlungsleitend sein. An die Stelle testtheoretischer Ansprüche treten Gütekriterien qualitativer Sozialforschung. Im Einzelnen ist damit der Anspruch an neue Beurteilungsformen definiert durch...
    - den erweiterten Lernbegriff,
    - eine vielfältige und differenzierte Unterrichtsgestaltung,
    - den pädagogischen Leistungsbegriff,
    - eine kontrollierte Subjektivität,
    - eine kommunikative Validierung als Kern mehrerer qualitativer Gütekriterien.

(2) Die testtheoretischen Kriterien der Objektivität, Reliabilität und Validität können bei neuen Beurteilungsformen noch weniger erfüllt werden als bei der tra-

ditionellen Beurteilung. Daher müssen andere Gütekriterien benannt werden, um die Anwendung neuer Beurteilungsformen vor Willkür und Beliebigkeit zu schützen.

Zuvor sind jedoch drei Hinweise aus der aktuellen Schulentwicklungs- und Schulqualitätsforschung zu benennen.

(3) *Zum einen* bilden die derzeit angestrengten Schulentwicklungsprozesse an verschiedenen Schulen unterschiedliche Schulprofile heraus. Während z.B. die Schule A Methoden- und Kommunikationskompetenz besonders fördert, hat die Schule B ein naturwissenschaftliches Profil herausgebildet. Dadurch variiert auch die Leistungsbeurteilung. Die Anwendung neuer Formen der Leistungsbeurteilung ist auf die Gestaltungsfreiheit der Einzelschule angewiesen, sofern profilbildende Schulentwicklungsmaßnahmen gewünscht werden.

(4) *Zum zweiten* verweist die aktuelle Schulqualitätsforschung (z.B. Aurin 1990, Steffens/ Bargel 1993) darauf, dass wesentliche Bedingungen für die Qualität der Schule über die Leistungsfähigkeit einer einzelnen Lehrkraft hinausgehen: Kommunikation und Kooperation unter Kollegen und Kolleginnen sind daher wesentliche Merkmale von Schulentwicklung und Schulqualität. Die Einführung neuer Beurteilungsformen ist daher in verschiedener Hinsicht auf schulische Vereinbarungen angewiesen.

(5) *Zum dritten* zeigen weitere Befunde der Bildungsqualitätsforschung (Fend 1996, Fend 1998), dass die Qualität von Schule auf ein konfiguratives Zusammenspiel von Gestaltungsfaktoren auf verschiedenen Ebenen angewiesen ist.

Diese drei Hinweise nutzend, formuliere ich zwei Gütekriterien neuer Formen der Leistungsbeurteilung: kontrollierte Subjektivität und kommunikative Validierung.

(6) *Kontrollierte Subjektivität* ist über drei Merkmale zu erreichen: a) Die rechtlichen Bedingungen sind so zu gestalten, dass notwendige rechtliche Freiheiten für neue Beurteilungsformen eröffnet werden; b) Die gängigen Grundsätze der Beurteilung, die auch für die traditionelle Beurteilung gelten, werden von Lehrerinnen und Lehrern befolgt; c) Darüber hinaus gehende Beurteilungsspielräume werden über Konferenzentscheidungen innerhalb der Einzelschule geklärt.

(7) Dieser Klärungsbedarf wird nun mit der *kommunikativen Validierung* präzisiert. Dieser Begriff ist der qualitativen Sozialforschung entnommen und auf schulische Bedingungen übertragen. Der Prozess der kommunikativen Validierung setzt grundlegend Kommunikation und Kooperation voraus: Lehrkräfte verständigen sich in verschiedenen schulischen Gremien über Beurteilungsmöglichkeiten, -verfahren und –kriterien und verständigen sich darüber hinaus mit Schülerinnen und Schülern sowie mit Eltern.

(8) Abb. 8 verdeutlicht den Zusammenhang zwischen Sozialforschung und schulischer Beurteilung.

Abb. 8: Zusammenhang zwischen Sozialforschung und schulischer Beurteilung

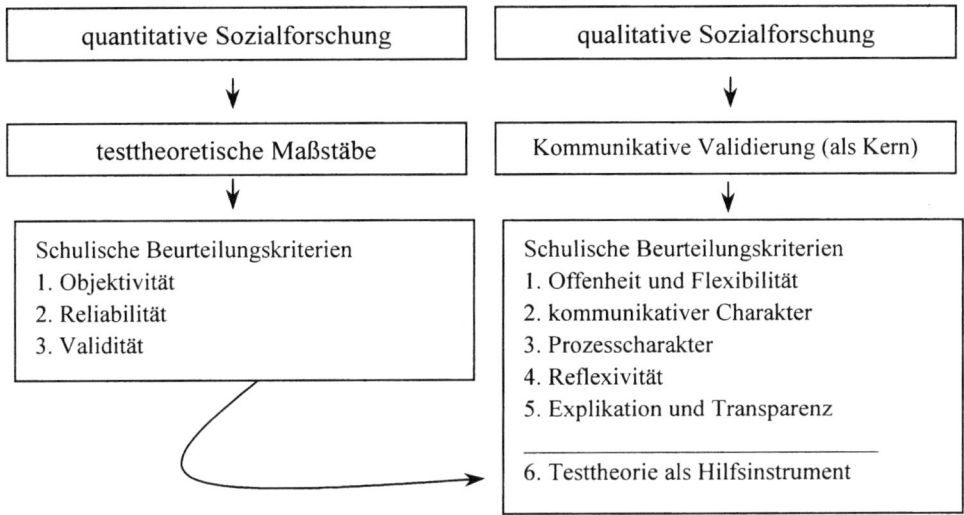

Kap. II
Thorsten Bohl:
Forschungsansatz und Organisation

Kap. II
Thorsten Bohl:
Forschungsansatz und Organisation

1 Forschungsansatz[10]

1.1 Zielsetzung

Im Forschungsprojekt wurden die Bedingungen und Implikationen neuer Formen der Leistungsbeurteilung untersucht, d.h. wir untersuchten die Prozesse bei der Durchführung neuer Beurteilungsformen:

- Unter welchen Bedingungen gelingen neue Beurteilungsformen? Welches sind wesentliche Hemmungs- und Antriebsfaktoren?

- Welche schulorganisatorischen, strukturellen, rechtlichen und schulentwicklerischen Faktoren sind wesentlich?

- Inwiefern verändern sich die Arbeitsweisen von Schülerinnen und Schülern sowie von Lehrerinnen und Lehrern?

- Was bewirken neue Beurteilungsformen?

Im Blickpunkt stehen also nicht primär Produkte, z.B. Kriterienkataloge, Beobachtungsbögen. Dadurch wird es möglich *wesentliche Prozessfaktoren* herauszuarbeiten. Dies ist die zentrale Zielsetzung des Forschungsprojektes:

> Im Forschungsprojekt werden Prozessfaktoren herausgearbeitet, die bei der Durchführung neuer Formen der Leistungsbeurteilung im Unterrichtsalltag wesentlich sind.

Die Chance übertragbare und situationsunspezifische Faktoren benennen zu können sind dadurch eher gegeben, als wenn lediglich abschließende Ergebnisse und Produkte dargestellt würden. Die prozessorientierte Vorgehens- und Darstellungsweise kommt anderen interessierten Lehrkräften zugute, da die Wahrscheinlichkeit steigt, dass sie unsere Erkenntnisse auf ihre Situation übertragen und damit erfolgreich agieren können.

1.2 Gütekriterien

Vorbemerkungen

Ein Forschungsvorhaben zwischen der Universität und regionalen Schulen muss sich der Brüchigkeit eines solchen Prozesses bewusst sein, d.h. eine funktionierende Zusammenarbeit und gegenseitige Wertschätzung von Beginn an anstreben und zu keiner Zeit als gegeben hinnehmen. Eine Vermittlung und Kooperation zwischen

---

[10] Der Forschungsansatz wird an dieser Stelle nur sehr kurz begründet und dargestellt. Eine ausführlichere Beschreibung ist im Protokoll der 1. Tagung des Forschungsprojektes ‚Forschungsmethodische, historische und begriffliche Grundlegung' am 24.06.1999 an der Wilhelm-Hauff-Realschule Pfullingen enthalten.

dem System ‚Schule' und dem System ‚Wissenschaft' bedarf einer sorgfältigen und behutsamen Annäherung. Für diesen Verständigungsprozess sind explizit Ressourcen notwendig. Der Forschungsansatz muss dies berücksichtigen und kann z.b. nicht auf praxis- und subjektfernen Instrumenten beruhen. Er muss die beteiligten Personen mit ihren jeweiligen Interessen und Kompetenzen zugunsten einer möglichst tiefen und breiten Erfassung des Untersuchungsgegenstandes zusammenführen. Der Forschungsansatz muss Erkenntnisse ermöglichen, nicht Forschungsprozesse dem Primat der Methode unterwerfen und dadurch behindern.

Unser Untersuchungsgegenstand ‚Leistungsbeurteilung' bzw. ‚Neue Formen der Leistungsbeurteilung' ist mit dem unterrichtlichen und schulischen Alltag vielfach vernetzt, er kann davon nicht ohne Wesensveränderung herausgetrennt werden. Beteiligte Lehrerinnen und Lehrer sollten ihre eigene Praxis möglichst nahtlos in den Forschungsprozess einbringen können. Der Forschungsansatz ist daher zum einen als äußerst alltagsnah zu definieren, zum anderen müssen die beteiligten Lehrerinnen und Lehrer selbst als Forscherinnen und Forscher agieren und alle wesentlichen Facetten des Untersuchungsgegenstandes beleuchten. Dies kann von externen Wissenschaftlerinnen und Wissenschaftlern nicht alleine geleistet werden.

Schulische Leitungsbeurteilung ist zweifellos ein komplexer und sensibler Gegenstand. Er beeinflusst Lern- und Berufsbiografien von Schülerinnen und Schülern und betrifft einen der schwierigsten Aufgabenfelder von Lehrkräften. Der Forschungsansatz muss daher die jeweiligen Sichtweisen der beteiligten Personen einbeziehen, und zwar über einen oberflächliches Eindruck hinaus: Diese Betrachtungsweise generiert ein Forschungsbild, welches versucht das menschliche Handeln im schulischen Kontext zu *verstehen,* es nicht auf beobachtbares, möglicherweise optimal funktionierendes Verhalten verkürzt und auch über das *Erklären* hinausgeht. Damit ist eine Differenzierung von Erklären und Verstehen notwendig, obwohl die scharfe Trennung im Grunde nicht aufrecht zu erhalten ist (Lamnek 1995a, 219ff), sondern beides sich aufeinander bezieht. Köckeis-Stangl differenziert so:

> "'Erklären' ist das Verknüpfen von 'Tatsachen' mittels *unserer* Regelmäßigkeiten. 'Verstehen' ist die Rekonstruktion, wie ein anderer 'Tatsachen' mittels *seiner* Regelmäßigkeiten verknüpft oder verknüpft hat, um ein Problem zu lösen." (Köckeis-Stangl 1980, 348)

Diese Unterscheidung ist für unser Projekt bedeutsam. Forscher und Forscherinnen können mittels ihrer eigenen Regeln und Muster bestimmte Phänomene erklären. Wenn sie jedoch *verstehen* wollen, dann sind die Sichtweise des 'Anderen' (z.B. eines Schülers, einer Lehrerin) und dessen Regeln und Hintergründe einzubeziehen. Dies zeigt sich beispielsweise in den ausführlichen und transkripierten Gesprächen und Gruppendiskussionen mit den beteiligten Klassen und Schülerinnen und Schülern.

Fazit: Ein qualitativer Forschungsansatz ist notwendig. Nur so kann subjekt- und alltagsnah geforscht werden. Die qualitative Sozialforschung sieht Wissenschaft nicht als die einzig mögliche Wahrheit an. Vielmehr können wissenschaftliche Forschungsergebnisse immer nur ein Bild der Wirklichkeit in einer bestimmten Optik zeigen (König/ Bentler 1997, 89). Ein entscheidendes Kriterium ist die Offenlegung des Forschungsansatzes, so dass der Forschungsweg rekonstruierbar ist. Für das Forschungsprojekt 'Neue Formen der Leistungsbeurteilung' ist es daher notwendig, anhand definierter Kriterien einen gemeinsamen forschungsmethodischen Rahmen festzuhalten, der Klarheit über Anspruch und forschungsmethodisches Vorgehen schafft.

In der Literatur werden vielfach Gütekriterien, Axiome und Maximen einer qualitativen Sozialforschung formuliert, die sich auf unterschiedliche Forschungsrichtungen (z.B. Handlungsforschung, Aktionsforschung, Praxisforschung) beziehen. Dabei werden selten einheitliche begriffliche, definitorische und kompositorische Kriterien aufgestellt. Es kann nicht Ziel des Projektes sein, theoretisch festgelegte Prinzipien zu befolgen, die an seiner Grundstruktur vorbeigehen, um damit einem Primat der Methodik zu folgen. Vielmehr möchte ich Kriterien bestimmen, die den Bedingungen und Möglichkeiten des Projekts gerecht werden. Im übrigen kann erst dadurch der Forschungsprozess effektiv und ressourcenschonend verlaufen. Folgende Gütekriterien gelten für das Forschungsprojekt:

(1) Verfahrensdokumentation

Der Verlauf und die Ergebnisse des Projekts müssen so dokumentiert werden, dass der Forschungsprozess nachvollzogen und überprüft werden kann. Dies weist auf eine regelmässige und systematische Verschriftlichung sämtlicher Überlegungen, Erfahrungen und Erkenntnisse hin. Dieses Gütekriterium steht in engem Zusammenhang mit dem Anspruch der *Transparenz,* darf jedoch nicht dahingehend missverstanden werden, dass ständige Transparenz bezüglich Forschungsverlauf, Forschungsgegenstand oder Forschungsergebnissen gegenüber Außenstehenden eingefordert werden sollte. Vielmehr benötigt der Forschungsverlauf Stetigkeit und Ruhe. Der Anspruch der Transparenz bezieht sich daher vor allem auf die retrospektivische Rekonstruktionsfähigkeit des Forschungsprozesses und der Forschungsergebnisse.

(2) Systematisches Vorgehen

Der Forschungsprozess ist systematisch geplant, d.h. er verläuft in Phasen, innerhalb derer für alle klare Aufgaben beschrieben sind. Dadurch ist ein Rahmen gegeben, der den Ablauf des Projekts stabilisiert, ohne die alltägliche Forschungsarbeit einzuschränken. Die systematische Vorgehensweise beansprucht für alle Beteiligten eine Unterstützung zu bieten, so dass sie ihre Aufgaben und Ressourcen in den Gesamtkontext des Projekts einordnen können. Die systematische Vorgehensweise betrifft, neben der Forschungsarbeit, ebenfalls den Unterricht der beteiligten Lehrerinnen und Lehrer, der im Verlauf des Schuljahres so organisiert werden muss, dass die Erprobung der Leistungsbeurteilung sich in das gesamte unterrichtliche Geschehen sinnvoll einfügt.

(3) Prozesshaftigkeit

Die Prozesshaftigkeit bezieht sich auf den Forschungsprozess und auf den Forschungsgegenstand. Ersterer muss von allen Beteiligten so gestaltet sein, dass er Veränderungen zulässt. So ist es z.B. möglich, dass sich bestimmte Fragestellungen als unerheblich erweisen, während anderen eine zunehmende Bedeutung zukommt. Bezogen auf den Forschungsgegenstand 'Neue Formen der Leistungsbeurteilung' kann sich die Prozesshaftigkeit z.B. dadurch zeigen, dass sich Beurteilungskriterien als nicht praktikabel erweisen und verändert werden müssen. Prozesshaftigkeit setzt bei allen Beteiligten *Offenheit, Reflexivität* und *Flexibilität* sowie Entwicklungs- und Veränderungsbereitschaft (und -fähigkeit) unabdingbar voraus.

(4) Subjektbezug

Ausgangspunkt und Ziel der Forschungsarbeit sind alle am Projekt beteiligten und vom Forschungsgegenstand betroffenen Personen, insbesondere Lehrerinnen und Lehrer, Schülerinnen und Schüler, aber auch Eltern. Die Grundbedingung des Projekts lautet, dass Lehrerinnen und Lehrer freiwillig und aktiv-forschend teilnehmen. Sie sind nicht ausführende Objekte, sondern partizipierende Subjekte. Die an der Erprobung teilnehmenden Schülerinnen und Schüler müssen mit ihren Ansichten und Bedürfnissen ebenfalls wahr- und ernstgenommen werden. Ihre Sichtweise und diejenige der beteiligten Lehrkräfte soll im Forschungsverlauf und innerhalb der Forschungsergebnisse explizit berücksichtigt werden. Die Wertungsperspektive des Subjekts stellt einen zentralen Gegenstand im Forschungsprojekt dar. Dies beinhaltet auch explizit eine forschungsethische Dimension. Beispielsweise bleibt es in der Entscheidung der Schülerinnen und Schüler, ob Daten einer aufgezeichneten Gruppendiskussion transkripiert und anonymisiert in den Forschungsprozess eingegeben werden können. Dies wurde bei allen Gesprächen mit Schülerinnen und Schüler thematisiert.

(5) Kommunikativer Charakter

Die Forschungsarbeit verläuft weitgehend als kommunikativer Prozess zwischen Lehrerinnen und Lehrern, Schülerinnen und Schülern sowie der Forschungsgruppe der Forschungsstelle für Schulpädagogik. Dieser Prozess findet in den Kooperationsphasen des Projekts, innerhalb der Teams an den Schulen und innerhalb der Forschungsgruppe des Instituts statt. Der kommunikative Charakter präzisiert sich in der *kommunikativen Validierung* von Forschungsbefunden und Forschungsergebnissen. Dabei vergleichen die Beteiligten ihre Perspektive und ihren Hintergrund in Bezug auf einen bestimmten Teilbereich des Forschungsgegenstandes. Das zentrale Kriterium ist dabei die interpersonale Konsensbildung:

> „Können sich mehrere Personen auf die Glaubwürdigkeit und den Bedeutungsgehalt des Materials einigen, gilt dies als Indiz für seine Validität." (Bortz/ Döring 1995, 303)

Die kommunikative Validierung kann im Projekt unterschiedlich realisiert werden. Ein Zwischenergebnis wird dadurch kommunikativ validiert, dass es in nachfolgenden Gesprächen im Mittelpunkt steht, aus verschiedenen Perspektiven diskutiert wird und daher seine Gültigkeit wiederholt erweist. Der Grad der Validierung steigt, wenn mehrere Perspektiven einbezogen werden, wenn z.B. weitere Lehrkräfte aus dem Kollegiums das Zwischenergebnis bestätigen. Mit der kommunikativen Validierung werden Zwischenergebnisse im Forschungsverlauf überprüft und bereiten dadurch Ergebnisse des Forschungsprojektes vor. Im Zusammenspiel von Prozesshaftigkeit und kommunikativer Validierung erfolgt eine ständige Erkenntnisgewinnung auf einer neuen, 'höheren' Ebene. In diesem Sinn können Forschungsergebnisse immer nur Zwischenergebnisse sein; sie haben keinen endgültigen Charakter. Idealtypischerweise werden die Ergebnisse des Forschungsprojektes mit allen Beteiligten kommunikativ validiert, wodurch sie sich wiederum verändern können. Findet im Projekt unter den Beteiligten keine Kommunikation statt, also keine kommunikative Validierung, dann ist der wissenschaftliche Charakter des Projekts in Frage gestellt.

Die kommunikative Validierung darf jedoch nicht missverstanden werden. Es geht nicht um eine sofortige und klare Zustimmung zu einem bestimmten Sachverhalt, sondern um ein sich mittel- bis langfristig entwickelndes gemeinsames Verständnis. Die kommunikative Validierung entfaltet sich also erst über den gesamten Projektverlauf hinweg. Meinungsunterschiede sind dabei normal, werden thematisiert und dokumentiert, keinesfalls aber künstlich kaschiert. Die letzte Validierung des Forschungsprojektes ist die Verschriftlichung der Erprobungen und Erkenntnisse im vorliegenden Forschungsbericht.

(6) Nähe zum Gegenstand

Der Forschungsgegenstand muss so untersucht werden, wie er sich in seiner natürlichen Umgebung und mit seinen natürlichen Charakteristika präsentiert. Die institutionellen Bedingungen sind zu berücksichtigen und in ihrer natürlichen Relevanz zu belassen. Auch die beteiligten Personen (v.a. die Lehrkräfte, aber auch Schülerinnen und Schüler) sollen im Projekt grundsätzlich so agieren, wie im schulischen Alltag auch. Zum Beispiel soll im Rahmen des Projekts kein außergewöhnlicher oder unrealistischer Aufwand für den Unterricht oder die zu erprobende Form der Leistungsbeurteilung betrieben werden. Die Nähe zum Gegenstand zeigt sich in der Wahl eines dem Forschungsgegenstand angemessenen Forschungsansatzes Eine besondere Übereinstimmung zwischen Untersuchungsgegenstand und Forschungsansatz ist durch die kommunikativen Validierung gegeben: Die kommunikative Validierung der Beurteilungskriterien zwischen Lehrkräften und Schülerinnen und Schülern ist ein Prinzip bei der Erprobung neuer Formen der Leistungsbeurteilung (S. 39ff). Gleichzeitig ist dies ein Prinzip der qualitativen Sozialforschung innerhalb des Gütekriterium 'Kommunikativer Charakter'.

1.3   Datenerhebung, -dokumentation und -auswertung

Instrumente der Datenerhebung

Die vorwiegend eingesetzten Instrumente der Datenerhebung sind...
- Beobachtung,
- Einzel- und Gruppengespräche (z.T. mit Tonbandaufzeichnungen),
- vereinzelt: schriftliche Befragungen.

Instrumente der Datendokumentation

Die vorwiegend eingesetzten Instrumente der Datendokumentation sind...
- Protokolle (z.T. transkripiert, z.T. als Gedächtnisprotokolle, z.T. aus Mitschrieben entstehend),
- Forschungstagebücher (der beteiligten Lehrkräfte, des Projektleiters),
- schriftliche Berichte von Schülerinnen und Schüler (z.B. Selbstbeurteilungen, Mitbeurteilungen),
- schriftliche Berichte von Lehrerinnen und Lehrer (z.B. Zwischenberichte, Fallstudien).

Systematisierung des Forschungsmaterials

Die für die Auswertung notwendigen Daten wurden in einem Materialordner systematisiert und codiert, insgesamt liegt das folgende auswertungsfähige Material vor (Abb. 9).

Abb. 9: Datenmaterial

Code	Quelle	Art[11]	Datum	Seiten
	Tagungen			
T1	1. Tagung ‚Forschungsmethodische, historische und begriffliche Grundlegung	4	24.06.99	57
T2	2. Tagung ‚Leistung und Leistungsbeurteilung aus der Sicht der Pädagogik und der Wirtschaft – Gemeinsamkeiten, Unterschiede, Annäherungen'	4	19.10.99	97
T3	3. Tagung ‚Zwischenberichte – Erfahrungsaustausch'	4	21.02.00	45
T4	4. Tagung ‚Charakteristika neuer Beurteilungsformen – erste Auswertungen der Erprobungen'	4	12.05.00	11
T4/AG1	Arbeitsgruppe 'Arbeitsweise'	2	12.05.00	3
T4/AG2	Arbeitsgruppe 'Beteiligung von Schülerinnen und Schüler bei der Beurteilung.'	2	12.05.00	8
T4/AG3	Arbeitsgruppe 'Bildungstheoretische Ziele'	2	12.05.00	3
T4/AG4	Arbeitsgruppe 'Kriterienkataloge'	2	12.05.00	4
T4/AG5	Arbeitsgruppe 'Lehrerrolle'	2	12.05.00	3
T4/AG6	Arbeitsgruppe 'Progression'	2	12.05.00	2
T5	5. Tagung ‚ Besprechung des Forschungsberichtes/ Abschluss des Projektes'	4	10.06.00	6
T6	6. Tagung ‚Besprechung des Abschlussberichtes'	-	19.09.00	Bericht
	Themenorientierte Treffen			
TT1	1. Systematische Unterrichtsbeobachtung	3	04.04.00	4
TT2	2. Leistungsbeurteilung im projektorientierten Unterricht	3	17.04.00	5
TT3	3. Beurteilung einer Präsentation	3	18.04.00	7
	Protokolle aus Diskussionen mit Schülerinnen und Schülern bzw. Klassen			
L1/1	Schülerdiskussion	1	21.06.00	8
L2/1	Schülerdiskussion	1	26.06.00	11
L3/1	Gespräch mit Klasse (1)	3	03.12.99	3
L3/2	Gespräch mit Klasse (2)	3	11.07.00	2
L3/3	Schülerdiskussion (1) (Beobachtungsgruppe)	1	18.07.00	9
L3/4	Schülerdiskussion (2)	1	18.07.00	8
L4/1	Schülerdiskussion	1	28.01.00	11
L5/1	Schülerdiskussion	1	21.06.00	10
L6/1	Schülerdiskussion (1)	1	12.04.00	7
L6/2	Schülerdiskussion (2) (Beobachtungsgruppe)	1	12.04.00	8
L6/3	Diskussion mit Klasse	3	06.04.00	4

[11] Protokollierungsarten:
1. Wörtliche Transkription von Kassettenaufnahmen
2. Ausschnittweise Transkription zentraler Aspekte auf der Grundlage von Kassettenaufnahmen
3. sofortige Mitschrift und anschließende Transkription
4. Tagungsprotokoll incl. theoretische Ausformulierung referierter Themen und organisatorische Unterlagen etc.
5. Forschungstagebuch des Projektleiters T.Bohl
6. Ergebnisse einer teilstandardisierten schriftlichen Befragung

L7/1	Gespräch mit Klasse	3	28.02.00	3
L7/2	Schülerdiskussion	1	20.03.00	9
L8/1	Gespräch mit Klasse	3	15.02.00	1
L8/2	Gespräch mit Klasse	3	17.03.00	2
L8/3	Schülerdiskussion	1	23.03.00	11
L8/4	Fragebogen	6	März 00	3
L9/1	Schülerdiskussion	1	23.05.00	11
L10/1	Schülerdiskussion	1	20.06.00	10
persönliche Protokolle des Projektleiters (For- schungstagebuch)				
Ftb	Projektleiter		Jan 99 bis Juli 2000	71

Die Abkürzungen der ersten Spalte werden im Folgenden als Quellenangaben genannt.

Auswertung der Daten

Durch den kommunikativen Charakter des Projektes wurden die Auswertung, Reflexion und Interpretation der Erfahrungen fortwährend geleistet, sind also bereits in den zugrundeliegenden Daten, zumindest in Teilen, enthalten. Eine scharfe Trennung zwischen ‚Beschreiben' und ‚Interpretieren' wäre daher künstlich und würde das Niveau der vorherigen kommunikativen Validierungsprozesse herabsetzen. Das gesamte Datenmaterial wurde bereits während seiner Entstehung ausgewertet, z.B. dadurch, dass bestimmte Themen mit der Zeit als wichtig erachtet wurden, wodurch sie auch ausführlicher verschriftlicht und analysiert wurden.

Das Datenmaterial wurde deskriptiv-reduktiv analysiert. Wesentliche Themen wurden notiert (z.B. auf der vierten Tagung) und das Datenmaterial auf diese Themen hin gesichtet. Die entsprechenden Stellen wurden notiert, systematisiert und bei der Verschriftlichung der Analyse herangezogen. Am Ende der Analyse wurde das gesamte Datenmaterial nochmals durchgearbeitet um sicherzustellen, dass keine wesentlichen Themen übersehen worden waren.

1.4 Aufgabenfelder der Projektbeteiligten aus methodologischer Sicht

Die Grundstruktur des Forschungsprojektes generiert drei Aufgabenfelder, die sich aus dem Praxissystem Schule und dem Wissenschaftssystem sowie aus der Schnittmenge der beiden Systeme ergeben. Es gibt Aufgaben und Tätigkeitsbereiche,

1. die von der Forschungsgruppe der Universität alleine geleistet werden,
2. die von den beteiligten Lehrkräften alleine oder im Zweierteam geleistet werden,
3. die von den beteiligten Lehrkräften und der universitären Forschungsgruppe gemeinsam geleistet werden.

Aufgabenfelder der Projektgruppe der Forschungsstelle für Schulpädagogik

Im Einzelnen ergeben sich folgende Aufgabenfelder für die beteiligten Mitarbeiter und Mitarbeiterinnen der Forschungsstelle:

- Zusammenarbeit mit dem Auftraggeber.
- Organisation und Verantwortung des Forschungsverlaufes.
- Erarbeitung des theoretischen Rahmens und Verantwortung für diesen.

- Unterstützung und Beratung der beteiligten Lehrerinnen und Lehrer in unterrichtspraktischer und forschungsmethodischer Hinsicht.
- Gemeinsame Reflexion mit den beteiligten Lehrerinnen und Lehrer über die Erprobungen.
- Erforschen des Untersuchungsgegenstandes durch Anwesenheit im Unterricht.
- Herstellung der notwendigen Öffentlichkeit.

Aufgabenfelder der beteiligten Lehrerinnen und Lehrer

Die *Tätigkeit der beteiligten Lehrerinnen und Lehrer* im Projekt ist vielschichtig und ungewöhnlich. Bei genauerer Betrachtung zeigen sich unterschiedliche Aufgabenfelder:

- Sie arbeiten als Praktikerinnen und Praktiker, die bestimmte Formen der Leistungsbeurteilung in ihrem Unterricht erproben.
- Sie arbeiten als Forscherinnen und Forscher, die diese Erprobungen selbst untersuchen und dokumentieren.
- Sie sind ‚Beforschte‘, da sie exemplarisch neue Formen der Leistungsbeurteilung realisieren und daher die Auswirkungen auf den Berufsalltag erleben.

Kooperationsfelder

Neben diesen spezifischen Aufgabenfeldern sind zahlreiche Kooperationsfelder im Forschungsprozess fest verankert. Sie dokumentieren die enge und kontinuierliche Zusammenarbeit:

- Kooperationen unter Lehrkräften, z.B. mit Teampartnern.
- Insgesamt sechs gemeinsame Tagungen zu bestimmten Schwerpunktthemen.
- Kooperationen zwischen Lehrkräften und Projektleiter, z.B. im Unterricht, Nachgespräche zu gemeinsamen Unterrichtserfahrungen.
- Themenspezifische Treffen mit einem Teil der gesamten Forschungsgruppe, z.B. zur Leistungsbeurteilung bei Präsentationen.
- Kooperationen zwischen den Mitarbeitern und der Mitarbeiterin der Forschungsstelle, z.B. zu theoretischen oder organisatorischen Arbeiten.

Über die Kooperationsfelder werden die arbeitsteiligen Aufgabenfelder wieder zusammengeführt.

2 Organisation

2.1 Zur Auswahl der Lehrkräfte und Schulen

Bei der Auswahl der am Forschungsprojekt beteiligten Lehrerinnen und Lehrer waren verschiedene Überlegungen handlungsleitend. Die Schulen sollten in der näheren Umgebung Tübingens liegen um Kooperationen zu erleichtern. Einige Schulen bzw. Lehrkräfte waren bereits aus vorherigen Forschungsprojekten bekannt, andere wurden über die Schulleitungen kontaktiert. Die Teilnahme von Lehrkräften der Beruflichen Gymnasien wurde vom Ministerium gewünscht, war ursprünglich aufgrund der sehr unterschiedlichen und ausdifferenzierten Struktur beruflicher Schulen und beruflicher Gymnasien, der wir im Rahmen unserer Ressourcen nicht gerecht werden können, nicht vorgesehen. Bedingungen für die Teilnahme der Lehrkräfte waren folgende:

- Interesse am Thema ‚Neue Formen der Leistungsbeurteilung'.
- Erfahrung mit derjenigen Unterrichtsform, die der neuen Leistungsbeurteilung zugrunde liegt. Damit sollten aufwendige Vorarbeiten vermieden werden, die innerhalb des Forschungsprojektes nicht geleistet werden konnten.
- Zustimmung zur Kooperation mit der Forschungsstelle und zur Organisation des Forschungsprojektes.
- Bereitschaft zur aktiven und engagierten Teilnahme.
- Bereitschaft zur engen Kooperation mit Teampartnern an der Schule.
- Bereitschaft zur engen Kooperation mit dem Projektleiter.
- Bereitschaft zur Dokumentation der Erfahrungen in einer abschließenden Fallstudie.

Die Lehrkräfte erhielten eine Deputatsreduzierung, die für die vielfältigen Aufgaben dringend notwendig war. Die Deputatsreduzierung sollte jedoch explizit *nicht* für eine zu aufwändige oder unrealistische Unterrichtsgestaltung verwendet werden, sondern zur Reflexion, zur Kooperation und zur sonstigen Forschungsarbeit.

Wir suchten darüber hinaus die Unterstützung der beteiligten Schulleitungen für das Forschungsprojekt, die durchweg problemlos gewährt wurde. Die Schulleitungen wurden während des Projektes über Tagungsprotokolle und weitere Schreiben über den Verlauf informiert[12]. Ebenso wurde die Zustimmung von Eltern bzw. Schulkonferenzen eingeholt. Auch hier gab es durchweg Unterstützung und Zustimmung.

Bereits im Forschungsansatz ist Kooperation fest verankert: Von jeder Schule nahmen zwei Lehrkräfte teil. Dadurch fand auf diesem Wege bereits eine Zusammenarbeit statt, zudem ergaben sich weitere Kooperationsmodelle, z.B. mit Kollegen und Kolleginnen der Parallelklasse, die ähnliche Beurteilungsformen erprobten (ohne allerdings fest in das Forschungsteam eingebunden zu sein), oder mit Kollegen und Kolleginnen derselben Klasse, z.B. im Rahmen von fächerübergreifenden Vorhaben. Damit war auch bereits innerhalb der Schule die Voraussetzung für eine kommunikativen Validierung gegeben.

2.2   Zeitplan

Das Forschungsprojekt verlief in drei Phasen:

Phase 1:   *Vorbereitung* (beginnend im Dezember 1998): Theoretische, organisatorische, forschungsmethodische und personelle Klärungen.

Phase 2:   *Durchführung* (Schuljahr 1999/ 2000): Erprobung und inhaltliche Arbeit.

Phase 3:   *Auswertung* (Juni bis September 2000): Analyse und Dokumentation.

---

[12] Der Kontakt mit den Schulleitungen der beruflichen Gymnasien wurde fast ausschließlich über die beteiligten Lehrkräfte hergestellt.

3 Hinweise zum Stand der Forschung[13]

Neue Formen der Leistungsbeurteilung beruhen definitorisch auf der Beurteilung von Leistungen des erweiterten Lernbegriffs, die über das fachlich-inhaltliche Wissen hinausgehen. Diese Definition macht einen breiten Blick auf die Forschungslage erforderlich. Neue Formen der Leistungsbeurteilung können unterschiedlich gemessen und dokumentiert werden, daher sind Forschungsergebnisse zur Zensurengebung *und* zu verschiedenen Varianten verbaler Beurteilungen zu berücksichtigen. Zudem zeichnet sich bei neuen Beurteilungsformen eine stärkere Einbindung von Schülerinnen und Schülern ab, d.h. Forschungsergebnisse zur Selbst- und Mitbeurteilung geraten ebenfalls ins Blickfeld.

Dieser notwendigerweise breite Zugang zu den vorliegenden Forschungsergebnissen verdeutlicht die Komplexität und Vielschichtigkeit neuer Beurteilungsformen. Die folgenden Autorinnen und Autoren stellen Forschungsergebnisse vor:

- Zur *Zensurengebung*, z.B. Ingenkamp 1995; Zusammenfassung bei Lütgert 1992; Rieder 1990; Sacher 1996.

- Zu *Varianten verbaler Beurteilungen* (Berichtszeugnisse/ Lernentwicklungsberichte), z.B. Jürgens 1999; Jürgens 1998; Lübke 1996; Haußer 1991; Benner/ Ramseger 1985; Scheerer et al. 1985; Brandt/ Schlömerkemper 1985.

- Zur *Unterrichtsbeobachtung*: Nuding 1997; Langer et al. 1996; Beck/ Scholz 1995; Martin/ Wawrinowki 1993; Jürgens 1983; Besser/ Wöbcke/ Ziegenspeck 1977.

- Zur *Selbst- und Mitbeurteilung durch Schülerinnen und Schüler*: Übersicht bei Kleber 1992, 280ff; Winter 1990; Lissmann/ Paetzold 1984; Wahl/ Weinert/ Huber 1984; Viehbahn 1982; Schnotz 1979.

- Weitere Forschungsbefunde, z.B. zur *Bezugsnorm* (Rheinberg 1987; Schwarzer et al. 1982; Trudewind/ Kohne 1982; Rheinberg 1980); zu den *Funktionen der Leistungsbeurteilung* (Übersicht bei Olechowski/ Rieder 1990; Schwark et al. 1986).

Noch komplexer wird die Erfassung der Forschungslage durch schulartenspezifische Ergebnisse. Einerseits liegen Forschungsergebnisse vorwiegend für bestimmte Schularten bzw. Schulstufen vor (z.B. zu Beobachtungsbögen), andererseits sind in unserem Projekt Sekundarstufen verschiedener Schularten beteiligt. Zudem liegen zahlreiche Erfahrungsberichte zu alternativen Beurteilungsformen vor, z.B. aus der Bielefelder Laborschule. Zahlreiche Forschungsvorhaben wurden im Kontext von ‚Schule ohne Noten‘ durchgeführt. Dieses Ziel steht für unser Forschungsprojekt nicht zur Disposition, gleichwohl sind Forschungsergebnisse aus diesem Bereich vorhanden, die für neue Beurteilungsformen sehr hilfreich sind, z.B. zur Praxis des Berichtszeugnisses oder zu Lernentwicklungsberichten.

Zunächst ist festzuhalten, dass trotz der vielen Untersuchungen keine einheitliche Richtung in dem Sinne erkennbar ist, dass aus den vorliegenden Forschungsergebnissen eine zukünftige Beurteilung ableitbar wäre. Eines zeigen die Befunde jedoch deutlich: Diejenige Beurteilung, die aufgrund der vorliegenden Ergebnisse die pro-

---

[13] Ein Überblick über wesentliche empirische Befunde wurde zu Beginn des Forschungsprojektes auf der 2. Tagung an der Eduard-Spranger-Grund- und Hauptschule Reutlingen vorgestellt und im Protokoll dieser Tagung ausführlich dokumentiert. Aus Raumgründen wird hier nur eine kurze Skizze dargestellt.

blematischsten Implikationen aufweist, ist bekanntermaßen die Zensurengebung. Sie ist am gründlichsten erforscht, sie kann allerdings auch am einfachsten erforscht werden, da ihr inneres System gegenüber anderen Beurteilungen, z.B. der verbalen Beurteilung, sehr viel weniger komplex ist. Allerdings konnten selbst diese Forschungsergebnisse die Beurteilungspraxis weder verändern noch verbessern.

Die Forschungsmethodik der einzelnen Untersuchungen ist äußerst unterschiedlich. Es zeigen sich erhebliche Differenzen hinsichtlich: Stichprobe, Schulart, Forschungsmethodik, Fragestellung u.a. Der Vergleich ist daher bereits aufgrund der unterschiedlichen Forschungsdesigns problematisch. Gleichzeitig wird häufig eine Vergleichbarkeit unterstellt, die insbesondere bei der Evaluation komplexer Beurteilungssysteme, z.B. verbaler Beurteilungen, den Kontext unberücksichtigt lässt. Da bisher keine befriedigenden Forschungsdesigns vorhanden sind, die den spezifischen Kontext der Einzelschule berücksichtigen würden, negiert der kontextlose Vergleich bisher weitgehend schul- und unterrichtsspezifischen Unterschiede.

Wie auch in der allgemeinen erziehungswissenschaftlichen Forschungsmethodologie hängt die Akzeptanz der vorliegenden Untersuchungen vom jeweiligen forschungsmethodischen Standpunkt ab. Untersuchungen zur Leistungsbeurteilung im Gesamtkontext der Einzelschule (d.h. unter Berücksichtigung von Merkmalen wie Unterrichtsqualität, Kooperationsgrad, Lehrerpersönlichkeit, pädagogisches Leitbild, Einzugsgebiet, Lernberatung u.a.) sind mit anspruchsvollen testtheoretischen Kriterien bisher nicht bewältigbar. Je stärker dieser Zusammenhang berücksichtigt wird, desto eher stehen qualitative Forschungsmethoden im Vordergrund, wobei anspruchsvolle Erfahrungsberichte bzw. Evaluationen (z.B. Rauschenberger 1998) immer bedeutender werden.

Ein weiterer forschungsmethodischer Hinweis ist wichtig: Wenig beachtet ist der Zusammenhang zwischen Forschungsergebnissen und Interpretation dieser Ergebnisse, d.h. vorliegende Ergebnisse können jeweils unterschiedlich interpretiert werden:

> Beispiel: Schmidt (1981) liest aus den Ergebnissen seiner Untersuchung zur Praxis der verbalen Beurteilung, dass die hiermit verbundenen pädagogischen Erwartungen nicht erfüllt wurden und bezweifelt, dass über ein Kind in einem Zeugnis überhaupt in wörtlichem Sinne berichtet werden kann (vgl. auch Jürgens 1999, 44). Die Ergebnisse der Untersuchung können jedoch auch anders interpretiert wird: Die Bedingungen für die Leistungsbeurteilung (z.B. Zeit zur Beobachtung, Kooperation unter Lehrkräften, diagnostische Kompetenz, Anleitung bei der Verschriftlichung etc.) müssen verbessert werden, anstatt die verbale Beurteilung als Instrument in Frage zu stellen.

Die Frage, welches Beurteilungsinstrument zu wählen ist, könnte aufgrund vorliegender Untersuchungen allenfalls dann entschieden werden, wenn die Ergebnisse eindeutig und vielfach bestätigt wären, dies ist jedoch nicht der Fall.

Eine Veränderung der Leistungsbeurteilung ist häufig mit Reformerwartungen verbunden. Mehrfach wird jedoch darauf hingewiesen, dass die Einführung neuer Beurteilungen, z.B. verbaler Beurteilungen, nicht bereits selbst ein überzeugendes Merkmal der Unterrichts- und Schulentwicklung sind (z.B. Thomas 1987, 249). Leistungsbeurteilung ist zunächst ein Instrument und eine Methode, deren Qualität und Nutzen von einer Vielzahl weiterer schulspezifischer Faktoren (s.o.) abhängt. Daher sind auch Vor- und Nachteile der einzelnen Beurteilungen nur im Kontext dieser Faktoren aussagekräftig. Deutlich wird, dass die Art der Leistungsbeurteilung insbesondere mit den schulinternen und unterrichtsbezogenen Bedingungen sowie den grundsätzlichen pädagogischen Zielvorstellungen korrelieren sollte.

Für neue Formen der Leistungsbeurteilung werfen die vorliegenden Ergebnisse zwei Themenbereiche auf, die nur wenig bearbeitet sind und die im vorliegenden Forschungsbericht untersucht werden.

- Neue Formen der Leistungsbeurteilung können explizit, wie bisher mehrfach erwähnt, auch als Noten ausgewiesen werden. Damit trifft die komplette Kritik an der Zensurengebung auf neue Formen der Leistungsbeurteilung zu, und zwar in verschärfter Weise, da neue Formen der Leistungsbeurteilung auf komplexere Lernleistungen angewandt werden als die traditionelle Beurteilung, die vorwiegend auf die Beurteilung schriftlicher Leistungen beruht. Im Kern ist damit die Frage gestellt, welche Gütekriterien auf neue Beurteilungsformen angewandt werden können. Diese Thematik wurde im Kap. I.3 untersucht.

- Die Vielfalt der vorliegenden und einzubeziehenden Forschungsergebnisse versperrt den Blick für wesentliche Erkenntnisse in systematischer und in unterrichtspraktischer Hinsicht. Mit dem vorliegenden Forschungsbericht wird versucht dies aufzufangen: Eine systematische Einordnung neuer Beurteilungsformen wird über den gesamten Forschungsbericht versucht, ausgehend vom erweiterten Lernbegriff bis hin zu konkreten Hinweisen für die Durchführung neuer Beurteilungsformen, beruhend auf der empirischen Basis der zehn Fallstudien. Immer wieder muss auch hier betont werden: Die Praxis der staatlichen Sekundarschulen in Baden-Württemberg unterliegt anderen Bedingungen und steht auf einem anderen Entwicklungsstand als Grundschulen oder Versuchsschulen.

Exkurs
Karin Broszat:
Zur Geschichte der Leistungsbeurteilung unter besonderer Berücksichtigung von Aspekten neuer Beurteilungsformen

Exkurs
Karin Broszat:
Zur Geschichte der Leistungsbeurteilung unter besonderer Berücksichtigung von Aspekten neuer Beurteilungsformen

1 Vorbemerkungen

Der Begriff ‚Leistung' ist im Zusammenhang mit Schule sehr oft negativ belegt. Einerseits reden wir von einer ‚Leistungsgesellschaft', wollen Leistung belohnt sehen, andererseits spüren wir, dass der ‚Leistungsdruck' geradezu die Entwicklung und Entfaltung einer Persönlichkeit stören, im schlimmsten Falle auch zerstören, kann.

Der Umgang mit ‚Leistung' in der modernen Gesellschaft und auch in der Schule ist von Dialektik bestimmt. Zum einen fordern wir eine individuell erbrachte Leistung, diese Leistung beruht aber auf der „Entindividualisierung und Objektivierung." (Kupffer 1996, 6)

Wollen wir Leistung beurteilen oder fordern sogar einen veränderten Leistungsbegriff, kommen wir nicht umhin, uns näher mit dem Phänomen zu beschäftigen, das wir ‚Leistung' nennen.

Leistung ist etwas Wesentliches, im Menschen Angelegtes. Ohne sie ist eine Orientierung in einer Gesellschaft, ist Gesellschaft selbst, nicht möglich.

So wesentlich Leistung ist, so wenig lässt sie sich von politischen und sozialen Zusammenhängen trennen. So ist auch das Bildungsideal jeder Gesellschaft auf das Engste verbunden mit dem, was diese Gesellschaft an Leistungen fordert.

Ich versuche im Folgenden einer historischen „Spur zu folgen".[14] Sie führt durch viele Jahrhunderte von der Antike in die Neuzeit. Im Mittelpunkt meiner Untersuchung steht weniger der Schüler/ die Schülerin als vielmehr der ‚leistende' Mensch. Es sind ‚Streifzüge' durch die Geschichte, die keinen Anspruch auf Vollständigkeit erheben, sondern die Entwicklung von Leistung nachzeichnen wollen.

2 Zum Begriff ‚Leistung'

Um die Geschichte der Leistung und der Leistungsbeurteilung zu untersuchen soll zuerst die Herkunft des Begriffs ‚Leistung' näher betrachtet werden.

Zunächst die etymologische Betrachtung:

> „Das Verb ‚leisten' kommt von dem mhd./ ahd. Leisten und bedeutet im ursprünglichen Sinn: ‚befolgen, erfüllen, ausführen, einer Spur nachgehen'.[15]

In der Brockhaus Enzyklopädie liest man:

> „Grad einer körperlichen oder psychischen Beanspruchung sowie auch deren Ergebnis [16]".

---

[14] Vgl. mit der ethymolog. Bedeutung des Wortes ‚leisten'
[15] Deutsches Wörterbuch (Brockhaus, 1995) unter ‚leisten'
[16] Brockhaus-Enzyklopädie (1990) unter ‚Leistung'

Danach wird differenziert: Es gibt eine *betriebliche Leistung*, eine *physikalische Leistung*, eine *physiologische*, eine *psychologische* und *Leistungspflichten im Recht*. Darauf folgen auf sechs Seiten Begriffe, die mit Leistung beginnen (Brockhaus-Enzyklopädie). So klar also der Begriff ‚Leistung‘ zunächst scheint, so vielfältig sind die Interpretationsmöglichkeiten.

Die Geschichte der Leistung und der Leitungsbeurteilung in der Schule zurück-zuverfolgen ist schwierig, denn der Leistungsbegriff taucht erst mit dem Ausgang des 18. Jahrhunderts als

> „Grundproblem der Schule als einer öffentlich, staatlichen Institution" (Klafki 1985, 211)

auf.

3 Die Antike als Wiege des Leistungsgedankens

Leistung ist aber etwas viel Älteres und etwas viel stärker im Menschen Verwurzeltes, als es die oberflächliche Betrachtung erahnen lässt. Der Ursprung der Leistung liegt schon in Homers Betrachtungen über Erziehung und Bildung. In der „Ilias" beispielsweise geben Peleus und Hippolochos ihren Söhnen Achilleus und Glaukos die Mahnung mit auf den Weg:

> „Immer der erste zu sein und ausgezeichnet vor anderen." (Homer 1948, 205)

Homer sah aber in diesem Wettkampf nicht nur das Messen aneinander. Er sah darin etwas, das den Menschen von den Göttern gegeben wurde. Infolgedessen ist der Wettkampf in der griechischen Antike ein tief religiöses Ereignis:

> „Vernimm, was ich sage, damit einem anderen Helden, der später im Saal bei dir speist, du es sagst, wenn dein Eheweib neben dir sitzt und die eigenen Kinder: Unseres Kön-nens sollst du dann denken und dessen, was Zeus uns als Leistung[17] bestimmt." (Homer 1986, 207)

Man könnte jetzt einwenden, dass Wettkämpfe doch schon viel früher und in vielen Kulturen existiert hätten. Ich erwähne Homer deswegen, weil im Altgriechischen wohl die entscheidende Wende vom körperlichen Wettkampf zum geistigen Wett-kampf stattfand.

> „Der Agon[18], die Schule individueller Leistungsfähigkeit, zunächst zum Erweis körper-licher Tüchtigkeit und Gewandtheit, wird auf das geistige Gebiet übertragen, und an den großen panhellenischen Festen, mit Ausnahme der Olympien, tritt neben den Athleten und Wagenlenker der Dichter und Sänger." (Nestle, 1975, 207)

Platons Schule fügt etwa vierhundert Jahre später die beiden großen Bereiche zu-sammen:

> „Die Erziehung verfällt nach der Tradition in die zwei großen Gebiete der Ertüchtigung des Körpers (Gymnastik) und der Ausbildung des Geistes." (Gigon/ Zimmermann 1975, 123)

Die Erziehung der ‚Wächter‘, die Platon in seinem Hauptwerk behandelt, war eine Auslese der Tüchtigsten aus dem dritten Stand. Infolge noch strengerer Auslese gingen dann die ‚Könige‘ hervor (Gigon/ Zimmermann 1975, 123). Eindeutig findet hier durch Wettkampf der körperlichen und geistigen Art bereits eine Selektion nach Leistung statt.

---

[17] Der Übersetzer benutzt hier schon den Begriff ‚Leistung‘.
[18] Agon = bei den antiken Festspielen ausgetragene Wettkämpfe

Gemein war der Erziehung von Homer und Platon und insgesamt der ganzen Antike, dass die Erziehung zwar zunächst Können und Wissen übermitteln sollte, darüber hinaus und vor allem aber den „ethischen Charakter" bilden sollte. (Gigon/ Zimmermann 1975, 122) Das wird dann wichtig werden, wenn wir den modernen Leistungsanspruch mit dem der Antike vergleichen wollen.

Einen Schritt möchte ich noch in der Antike tun. Es ist ein sehr wichtiger Schritt, was die Entwicklung des Wettkampfs zum geistigen Wettkampf angeht. Aristoteles, Schüler, aber auch Gegner Platons, legte seine Gewichtung eindeutig auf den Geist:

> „Der Mensch ist von Natur zusammengesetzt aus Seele und Körper. Da das Geringere immer dem Besseren als seinem Zwecke dienstbar ist, so besteht also auch der Körper um der Seele willen.
> In der Seele selbst besitzt das eine Vernunft, das andere nicht und ist deshalb auch das geringere. So besteht also das Vernunftlose um des Vernunftbegabten willen.
> Im Vernunftbegabten findet sich endlich der Geist. Der Beweisgang führt also zwingend zu dem Schluß, daß alles um des Geistes willen besteht." (Gigon 1961, 100)

Der Erkenntnisweg vollzieht sich bei Aristoteles vom sinnlich Wahrgenommenen bis zur Wissenschaft, so dass der Wettkampf und die Erziehung in diesen Bereichen eindeutig höher einzustufen sind.

Über die Leistungsbeurteilung in der Antike erfahren wir sehr wenig. Überliefert wurden Preisträgerlisten im Rechnen, Singen, Sport, Deklamation, Schönschreiben aus den Schulen von Pergamon, Magnesia, Chios u.a. Der Fleiß der Schüler wurde durch Wettkämpfe angefacht. Symbolische Preise als Belohnung, aber auch gelegentlich Schläge als Strafe waren die Ergebnisse der Leistung oder eben des Versagens. (Schneider 1989, 5)

4   Das Christentum und die Leistung

Das frühe Christentum stand nicht nur der Leistung, sondern auch der Bildung, zwar nicht ablehnend, aber doch sehr ambivalent gegenüber.

Im Brief an die Korinther tadelt Paulus die Juden, weil sie ein Zeichen fordern und die Griechen, weil sie nach Weisheit fragen.[19] Er sieht dies als ‚Ärgernis‘ und ‚Torheit‘, denn „die göttliche Torheit ist weiser als die Menschen sind, und die göttliche Schwachheit ist stärker als die Menschen sind."[20] Das heißt, Bildung wird nur dann anerkannt, wenn sie die Weisheit Gottes erkennt. Die Leistung ist zwar etwas von Gott Gegebenes und wird deswegen anerkannt, aber nicht besonders belohnt. Beispiel dafür ist das Gleichnis von den Arbeitern im Weinberg[21], in dem der eine Teil den ganzen Tag und der andere nur eine Stunde im Weinberg gearbeitet hat. Beide Parteien werden für ihre Arbeit gleich entlohnt.

Ein weiteres Beispiel dafür, wie wenig die irdische Leistung zählt, findet sich bei Matthäus 13 (36-43) im „Gleichnis vom Unkraut unter dem Weizen". Hier wird Jesus gebeten das „Gleichnis vom Unkraut auf dem Acker" zu deuten. Jesus tut das so:

> „Der Acker ist die Welt. Der gute Same sind die Kinder des Reichs. Das Unkraut sind die Kinder der Bosheit. Der Feind, der es sät, ist der Teufel. Die Ernte ist das Ende der Welt." [22]

---

[19] Der 1. Brief des Paulus an die Korinther (1. Kor. 1.1)
[20] Der 1. Brief des Paulus an die Korinther (1. Kor. 1.1)
[21] Matth. 20, 1-18
[22] Matth. 13, 36-43

Am Ende der Welt wird Gott dann das vom Teufel gesäte Unkraut verbrennen und die Gerechten werden den guten Samen ernten. Hier wird kein Unterschied gemacht, was der Einzelne in seinem Leben vollbracht hat. Es zählt einzig, ob er zur guten Saat Gottes oder zur Saat des Teufels gehört. Andererseits finden sich aber auch Stellen in der Bibel, die eindeutig zur Leistung auffordern. So z.B. bei Paulus im zweiten Brief an Timotheus:

> „So sei nun stark, mein Sohn, durch die Gnade in Christus Jesus und was du von mir gehört hast vor vielen Zeugen, das befiehl treuen Menschen, die da tüchtig sind, auch andere zu lehren." [23]

Immer wieder taucht auch die Aufforderung zur Selbstüberwindung auf, die ebenfalls als besondere Facette von Leistung gesehen werden kann. Das geht soweit, dass Jesus von einem Schriftgelehrten, der ihm folgen will, fordert mit ihm zu kommen, bevor er seinen eigenen Vater begraben hat.[24]

Heinrich Kupffer bezeichnet diese so gegensätzlich wirkende Haltung im Christentum als „Dialektik des Leistungsprinzips". (Kupffer 1996, 5)

Die Bildungsfeindlichkeit des frühen Christentums konnte allerdings dem ‚Bildungs-Christentum' z.B. Justin, Clemens Alexandrius, Gregor von Nyssa u.a. kaum standhalten. (Lexikon der Alten Welt 1990, 468)

Schließlich wurde auch die antike Bildung übernommen, aber

> „ ... freilich nur als Propädeutik vertieften Schriftstudiums. Damit wurde die antike Bildung zur ‚Schulbildung' zum Zweck geistigen Trainings." (Lexikon der Alten Welt 1990, 469)

5 Leistung im Mittelalter

Trotzdem war im Mittelalter im Gegensatz zur Antike ein „Verfall der Schreib- und Lesefähigkeit" zu verzeichnen, auch bei regierenden Fürsten, dem Adel, den Rittern und Kaufleuten. (Tenorth 1988, 52) Wenn ich hier das Mittelalter erwähne, meine ich natürlich jenes der Karolinger, Ottonen usw., nicht das byzantinische, das die Lehren der Antike weitgehend adaptierte.

Olof Gigon schreibt, dass sich die mittelalterliche Kultur des Abendlandes aus drei Elementen aufbaute: der antiken Tradition, deren Klassiker „völlig unangetastet" blieben, dem Christentum und der germanischen Form der Monarchie. (Gigon 1977, 19)

> „Beides: die christliche Form der Theologie und das Gottes-Gnaden-Königtum, sind Dinge, die das Mittelalter grundlegend von der Antike unterscheiden." (Gigon 1977, 20)

Es ist nachvollziehbar, dass aus dieser ‚Mischung' eine relativ bildungs- und leistungsarme Gesellschaft entstehen muss. In der Literatur wird das Mittelalter oft als ‚dunkle' Zeitepoche bezeichnet. Eine Bildung des niederen Volkes gibt es bis zum Ausgang des Mittelalters sowieso nicht. Das Hochmittelalter ist eine „Klerikerkultur". (Tenorth 1988, 54) Leistung ist also nach wie vor zwar erwünscht, allerdings nur im jeweiligen Stand. Die Entlohnung findet, wenn überhaupt, im Jenseits statt.

> „In dieser christlichen Welt sind zwar alle Menschen gleich, aber doch nur vor Gott und erst nach dem Tod, während die ständisch geordnete Welt in der Dreiheit von Betenden, Kriegern und Arbeitenden zugleich als Übergang zur Ewigkeit und als gerechtfertigte Ordnung des Lebens gilt.

---

[23] Der 2. Brief Paulus an Timotheus (2. Tim 1.2.)
[24] Matthäus 8 (18-20)

Die Differenzen des Lebenslaufs, die sich durch das Leben in den Ständen oder die Unterschiede von Stadt und Land ergeben, sind deshalb dem mittelalterlichen Menschen auch völlig selbstverständlich." (Tenorth 1988, 55)

So gab es auch lediglich die Klerikerausbildung und die Ausbildung des jungen Adels zum Ritter. Die „nicht schriftliche" Bildung der jungen Adligen „differenzierte sich in körperliche Tüchtigkeit, musisch-ästhetische Empfindsamkeit und gesellschaftlichen Schliff, dies alles eingeordnet in ein religiös sanktionierendes Tugendsystem." (Blankertz 1982, 16)

Man könnte eine Ausbildung vermuten, die der Ausbildung in der Antike ähnlich ist, zumindest was charakterliche Bildung angeht. Johan Huizinga aber beschreibt die Ritterlichkeit so:

„Betrachtete man sie, wie etwa Commynes, mit nüchternem Wirklichkeitssinn, dann erschien all das hochgerühmte Rittertum so nutzlos und unecht, eine zurechtgemachte Komödie, ein lächerlicher Anachronismus, die wirklichen Triebe, die das Handeln der Menschen und das Los von Staaten und Gemeinschaften bestimmten, lagen außerhalb ihres Bereiches." (Huinzinga 1987, 147)

Ich halte fest, dass im Mittelalter Leistung gefordert wurde. Im Zentrum stand aber nicht eine Leistung in oder an Staat und Gesellschaft, sondern eine Leistung, deren Lohn man erst im Jenseits entgegennehmen konnte.

Über die Leistungsbeurteilung im Mittelalter schreibt Michael Schneider:

„Im Mittelalter war Strafe ein dominierendes Erziehungsmittel. Wer nicht folgte oder willig lernte wurde gezüchtigt, mit dem ‚Esel' bestraft o.ä.. Er musste z.B. die Eselsmütze tragen, den Holzesel reiten usw." (Schneider 1989, 6)

6   Die Wende in Renaissance, Aufklärung und Humanismus

Die Wende brachte das 15. Jahrhundert. Byzanz war über tausend Jahre lang Wahrerin des antiken Erbes gewesen. Als die Türken 1453 die Stadt stürmten, flohen die intellektuellen Griechen mit ihren Bibliotheken in den Westen. Das klassische Altertum wurde wieder entdeckt.

Die geistige Grundlage der Renaissance bildeten der Humanismus und die Schriften Petrarcas. Sein Ruhm stellte sich hauptsächlich infolge seiner Beschäftigung mit dem Altertum ein . Er ahmte Gattungen der lateinischen Poesie nach und schrieb Briefe als Abhandlungen über einzelne Gegenstände des Altertums. (Burckhardt 1985, 142)

Die Grundveränderung, welche die Renaissance (zuerst in Italien) einleitete beschreibt Jakob Burckhardt so:

„Im Mittelalter lagen die beiden Seiten des Bewusstseins – nach der Welt hin und nach dem Inneren des Menschen selbst – wie unter einem gemeinsamen Schleier träumend oder halbwach. Der Schleier war gewoben aus Glauben, Kindesbefangenheit und Wahn; durch ihn hindurchgesehen erschienen Welt und Geschichte wundersam gefärbt, der Mensch aber erkannte sich nur als Rasse, Volk, Partei und Kooperation, Familie oder sonst in irgendeiner Form des Allgemeinen. In Italien zuerst verweht dieser Schleier in Lüfte; es erwacht eine *objektive* Betrachtung und Behandlung des Staates und der sämtlichen Dinge dieser Welt überhaupt; daneben aber erhebt sich mit voller Macht das *Subjektive*; der Mensch wird geistiges *Individuum* und erkennt sich als solches." (Burckhardt 1985, 93)

Dieses Gefühl bildet die Basis für weitere Entwicklungen. In Deutschland ist es die Reformation und die Gegenreformation und später in ganz Europa die Aufklärung.

Der Grundgedanke der Aufklärung lautet, dass der Mensch mittels Vernunft den „Ausgang aus seiner selbstverschuldeten Unmündigkeit" (Kant 1921-1923, 169) finden kann. Selbst Erziehung und Bildung liegen nun in seiner Hand. Rousseau fordert eine Erziehung, die unabhängig von Land und Stand ist. Im Vorwort zum ‚Emile' schreibt er:

> „Andere mögen sich damit beschäftigen, wenn sie wollen, jeder für das Land oder den Staat, den er im Blick hat. Mir genügt es, dass man überall dort, wo Menschen geboren werden, aus ihnen das machen kann, was ich vorschlage, und dass, wenn das geschehen ist, das Beste für sie selbst und andere daraus geworden ist." (Rousseau 1979, 3)

Das Selbstbewusstsein bei Menschen dieser Zeit wächst, nicht zuletzt ausgelöst durch Erfindungen und Entdeckungen. Alles scheint machbar und nun nicht mehr nur in Gottes Gnade zu liegen. Der Höhepunkt dieser Entwicklung liegt in der Französischen Revolution und der Formulierung der Menschenrechte. Auch dort zeigt sich die Dialektik des Leistungsbegriffs:
Alle Menschen sind gleich an Rechten geboren, sie müssen sie nicht erst durch Leistung erwerben. Aber wieviel menschliche Leistung bedarf es (bis in die heutige Zeit!), um die Menschenrechte durchzusetzen und sie aufrecht zu erhalten (vgl. auch Kupffer 1996, 6)?
Ein weiterer Aspekt sollte fortan die Leistung prägen:

> „Auf der einen Seite ist nicht nur die Theologie zu Fall gebracht worden, sondern auch so schien und scheint es wenigstens, jede Art von Metaphysik. Es gilt von nun an als ausgemacht und selbstverständlich, dass das menschliche Wissen (in einer nicht unbedingt aufrichtigen Geste der Selbstbescheidung gegenüber den früheren Spekulationen) strikte auf den Bereich der durch die Sinnesdata vermittelten Erfahrung beschränkt ist. Dies bedeutet, dass das theoretische Denken dem nicht erfahrbaren, sondern nur rational konstatierbaren Allgemeinen keinerlei Realität zubilligt und dass die Praxis des Lebens auf den Hinblick auf eine Zone des Unveränderlichen jenseits der geschichtlichen Veränderlichkeit verzichten muss. Der Mensch bleibt in das Partikulare und Veränderliche eingeschlossen und hat nur die Aufgabe, dieses zu seinem Nutzen zu organisieren." (Gigon 1977, 21f)

Bildung und Leistung müssen also im diesseitigen Leben nützlich und diese Nützlichkeit muss messbar, d.h. erfahrbar sein.
Eine, aus dem Christentum abgeleitete, Dialektik der Leistung und die Beschränkung der Leistung auf den naturwissenschaftlichen Bereich prägen noch heute unseren Leistungsbegriff.

7 Das Leistungsprinzip

7.1 Das Leistungsprinzip in der Schule des 19. Jahrhunderts

An der Wende vom 18. zum 19. Jahrhundert wird die Leistung zum „Grundproblem der Schule" (Klafki 1983, 211). In dieser Zeit wird der Nachweis von bestimmten Leistungen Voraussetzung für Berufsausbildungswege und somit auch für gesellschaftliche Positionen. (Klafki 1983, 212)
Das bedeutet zuerst einmal eine erhebliche Veränderung des Systems. Jemand wird zunächst nach seinen Fähigkeiten beurteilt und nicht nach seinem Herkommen. Dies hebelt die starre ständische Gesellschaftsordnung aus.

> „Die Möglichkeit etwa Offizier oder Jurist oder Beamter im kommunalen oder staatlichen Dienst zu werden, sollte nicht mehr von der adligen Gunst städtischer Patrizier

oder der jeweiligen Landesherrschaft abhängen, sondern von erwiesener, überprüfbarer Leistung, als deren erste Stufe die Schulleistung, der erfolgreiche Abschluss der Schulausbildung galt." (Klafki 1983, 212)

Das Leistungsprinzip enthielt zunächst keinen „spezifisch, innerpädagogischen Sinn", sondern war ein „Ausdruck gesellschaftlicher und politischer Interessen, nämlich den Interessen des Bürgertums" und des sich neu formierenden Staates. (Klafki 1983, 213)

Es ging um Selektion. Die Zeugnisnote, die bereits bei den Jesuiten in anderer Form existierte, wurde so zur Wettbewerbsnote. Durch sie wurden zunächst einmal Leistungen belohnt, diese Leistungen aber zugleich auf bestimmte und mit der Zeit immer mehr auf ökonomische nutzbare Kenntnisse reduziert.

Schließlich sei noch angefügt, dass das Prinzip, das scheinbar Gleichheitsverhältnisse zwischen Adel und Bürgertum schaffte, gleichzeitig Ungleichheiten legitimierte, weil es jeden einzelnen für sich selbst verantwortlich machte.

Das Bildungsideal dieser Zeit abseits des ‚Berufs' war jedoch „geradezu dadurch definiert, dass es sich der unmittelbaren Verwertung und der ökonomischen Nutzung des Menschen" (Tenorth 1988, 123) entzog.

Hartmut von Hentig beschreibt das ‚Außerkraftsetzen' dieses Ideals folgendermaßen:

> „Man hat die Humboldtsche Definition von Bildung stehenlassen, aber emsig neue Verwendungszwecke, Verfahren, Gegenstände und Berechtigungen darunter subsumiert." (Hentig 1996, 50)

7.2   Die Entwicklung zur Leistungsgesellschaft im 20. Jahrhundert

Das wirtschaftliche Handeln spielte bald eine erhebliche Rolle:

> „An die Stelle der genuin politischen Kategorien traten die wirtschaftlichen. Der einzige Antrieb zum öffentlichen Handeln wird die Beförderung des wirtschaftlichen Wohlergehens für alle und jeden Einzelnen; andere mögliche Ziele treten demgegenüber zurück und verschwinden allmählich gänzlich." (Gigon 1977, 22)

Die Industriegesellschaft wird zur Leistungsgesellschaft, für die folgende Leistungsprinzipien gelten:

> „1. Die Produktions- und Fortschrittsfunktion, d.h. die natürlichen und menschlichen Ressourcen einer Gesellschaft werden optimal ausnutzbar
> 2. Der Grundsatz der Gleichwertigkeit von Leistung und Gegenleistung
> 3. Die Funktion der Statuszuweisung und der sozialen Auslese
> 4. Die Allokationsfunktion, d.h. die Zuweisung finanzieller Mittel durch das Leistungslohnsystem" [25]

Den Leistungsprinzipien in einer wachstumsorientierten Konsumgesellschaft fehlen jedoch die Grundlagen, denn nichts kann mehr statisch vorgegeben und nicht mehr veränderbar sein. Es stellt sich also die Frage, welche Rolle Bildung in einem solchen System noch spielen kann.

Bildungsanstalten müssen dann wohl Kulturgüter tradieren; diese Überlieferung findet aber ausschließlich durch Lernen und nicht mehr durch Sozialisation statt. Die Leistung, die in der Schule erbracht werden muss, besteht in der Wiedergabe dieses theoretisch Erlernten.

---

[25] Brockhaus-Enzyklopädie (1990) unter „Leistungsgesellschaft

So schafft der Aufbau des Schulsystems im 19. Jahrhundert ein autonomes Bildungswesen, das die gesellschaftliche Erziehung ersetzt und selbst ein ‚Kulturniveau' definiert:

> „Die Gesellschaft gerät in Abhängigkeit von den Institutionen der Bildung, weil sie nur noch so erreichen kann, dass im ständigen Wandel Dauer möglich wird. Es ist dies die Dauer der institutionellen Bildung gegenüber der Lebenserfahrung eine künstliche Welt, die archaisch wirkt, gerade weil in ihr eigener Wandel, wenn nicht ausgeschlossen, so doch stark verlangsamt wird." (Oelkers 1992, 24)

7.3   Kritik am Leistungsprinzip

Auf die Entwicklung des Leistungsprinzips in der Schule einerseits und die Loslösung der Bildungsinstitutionen von ‚Lebenswirklichkeiten' andererseits reagiert die Pädagogik schon sehr früh. Sie ist

> „...skeptisch gegenüber dem Vorrang des Wissens und klagt immer wieder das ein, was die Schule strukturell ausschließt, nämlich Gesinnung, Elementarität und die Unmittelbarkeit der Verwendung." (Oelkers 1992, 26)

In kritischer Reaktion entsteht 1890 die Reformpädagogik. Der Begriff ‚Reformpädagogik' fokussiert eine Vielzahl von Bestrebungen, die alle eine Kritik am bestehenden Bildungssystem gemeinsam haben, obwohl die ideologischen Unterschiede zwischen ihnen erheblich sind. Das Hauptanliegen aller dieser Bestrebungen liegt darin, die Struktur der pädagogischen Institutionen des 19. Jahrhunderts zu verändern, z.B. „die Hierarchie der sozialen Beziehungen", den „Formalismus der Methode" und „die Distanz des Lebens zur Schule." (Oelkers 1992, 111)

Die Reformpädagogen argumentieren aber nicht nur pädagogisch, sondern auch gesellschafts- und kulturkritisch. Das Kind rückt in den Mittelpunkt der Betrachtungen.

Bei Maria Montessori wird der Erwachsene angeklagt:

> „Das Kind kann sich nicht so frei entwickeln, wie es für ein im Wachstum begriffenes Leben erforderlich wäre, und zwar deshalb, weil der Erwachsene es unterdrückt. Das Kind steht isoliert in der menschlichen Gesellschaft da." (Montessori 1952, 23)

Erziehung soll sich verändern und das Ziel soll sein, das Kind zu einer Persönlichkeit zu erziehen. Peter Petersen:

> „Dort, wo eine Individualität die reinste Ursprünglichkeit aufweist und wo sie zu einer Persönlichkeit geworden ist, dort haben wir den Menschen der reinsten und wirkungskräftigsten erzieherischen Haltung. (...) Die Menschen weisen Ursprünglichkeit deswegen auf, weil sie eben auch biologischer Natur sind, nicht nur Vernunftswesen. Sie sind Geist und Leben. Der Verstand schafft, soweit er eindringt überall die Regel, das Gesetz, das Gleiche; nur in der Natur, im Leben findet sich niemals das Gleiche. Hier ist alles einander höchstens nur ähnlich, niemals aber einander gleich." (Petersen 1931, 138f)

Darum besteht die Leistung eines Schülers bei Peter Petersen auch nicht im Abspulen von gelerntem Wissen, sondern in Erfahren von Lerninhalten. Er erklärt dies an einem Beispiel eines Mädchens, das perspektivisches Zeichnen entdeckt:

> „Der Schüler sieht dann auf einmal, was falsch war; er begreift, worum er, unklar in sich selber, rang und sich an der Zeichnung, dem Bilde bemühte, und wird nun durch eine solche kurze Handlung des Führers[26] frei.(...) Wo dem Schüler nichts ‚dämmert',

---

[26] Mit dem ‚Führer' ist hier der Lehrer gemeint. Der Ausdruck ‚Führer' ist in Deutschland erst nach dem 2. Weltkrieg negativ belegt.

dort darf der Lehrer überzeugt sein, dass seine Belehrungen, dass ein weiteres planvolles keinen Zweck hat; höchstens würde er ihm etwas einreden und ihn zum Nachsprechen dressieren." (Petersen 1931, 192)

Die Leistung, die von einem Schüler oder einer Schülerin erbracht werden soll, ist in ihm oder ihr angelegt und lässt sich nicht erzwingen. Die freie Entfaltung der Persönlichkeit ist wichtig und muss durch die Erziehenden gefördert werden. Diese Entfaltung lässt sich aber nicht beurteilen und noch weniger messen.

Die ‚neuen' Unterrichtsformen z.B. Gruppenunterricht, Gesamtunterricht, Arbeitsgemeinschaften wurden in Privatschulen erprobt, die nicht in das staatliche Schulsystem eingebunden waren. Das Problem der Leistungsbeurteilung in diesem Unterricht gibt es also erst, seit diese Unterrichtsformen Einzug in das staatliche Schulwesen gefunden haben.

8 Leistung im 20. Jahrhundert

Nach den zwei Weltkriegen prägte in Deutschland die „Expansion des Bildungswesens" und der sogenannte „Sputnikschock" die Jahre 1950 bis 1965. (Tenorth 1992, 270)

Kontroverse Diskussionen über die Leistungsgesellschaft und das Leistungsprinzip wurden aber vor allem in den 1970er Jahren geführt. Dass dies in Deutschland besonders heftig erfolgte, hängt eng mit der Diktatur Hitlers zusammen. Die Zweifel an Ergebnis von Leistung und die Ablehnung jeglicher Autoritäten musste besonders hart ausfallen. Die Kritik an Leistung ging bis zur totalen Leistungsverweigerung oder Leistungsverleugnung.

Anhängerinnen und Anhänger der ‚antiautoritären Erziehung' und in der Folgediskussion Anhänger/Innen der ‚Antipädagogik' forderten sogar die Abschaffung der Erziehung überhaupt.

Die Kritik an der ‚Leistungsgesellschaft' wurde und wird mit teilweise stark voneinander abweichenden Begriffen von Leistung geführt. Auffällig ist, dass Leistung in der Industrie nie in Frage gestellt wurde, da hier Leistung eng mit einem für ein kapitalistisches System notwendigen Wachstum gesehen wird.

Da aber die Bewegung der 1970er Jahre die Ansätze der Reformpädagogik initiierte oder wieder aufgriff, gelangten alternative Unterrichtsformen in das staatliche Schulwesen.

Heute begegnet uns die (historische) Dialektik des Leistungsbegriffs. In der Schule bedienen wir uns einer Leistungsbeurteilung, die jener am Anfang des 19. Jahrhunderts beinahe noch entspricht. Auf der anderen Seite wenden wir uns in vermehrten Maß Unterrichtsformen aus der Reformpädagogik zu, weil wir merken, dass eine Ansammlung von Wissen allein in dieser schnelllebigen Zeit nicht alle Probleme lösen kann. Die Schüler und Schülerinnen brauchen also noch andere Fähigkeiten.

Annette Schavan, Kultusministerin von Baden-Württemberg, schreibt:

„Im Mittelpunkt der Schule stehen Kinder und Jugendliche. Jede Veränderung wie auch jede Verteidigung des Status quo muss daran gemessen werden, ob es der Schule damit gelingen kann, wirksame Wege des Lehrens und Lernens zu gestalten. Wege, auf denen die Talente und die Neugierde junger Menschen gefördert werden, ihre Lern- und Leistungsbereitschaft geweckt, ihre Fähigkeit zu lebenslangem Lernen in einer rasch sich wandelnden Welt entfaltet und ihnen Orientierung bei der Entwicklung einer stabilen Persönlichkeit gegeben wird." (Schavan 1998, 9)

Die sich immer schneller wandelnde Welt fordert eine Veränderung der Schule. Neu ist, dass auch die Industrie diese Veränderung verlangt, weil ihre Arbeitnehmer sich immer schneller auf wechselnde Fertigungstechniken einstellen müssen. Hier liegt die Chance sich von dem individualistischen und konkurrenzorientierten Leistungsverständnis zu lösen und den Leistungsbegriff neu zu definieren.

Und zwar nicht nur, um dem Individuum möglicherweise eine Chance auf dem Arbeitsmarkt zu eröffnen. Das ist zwar ein Grund, kann aber nicht der einzige sein, denn sonst wäre der Einzelne hoffnungslos dem Innovationsdruck ausgeliefert. (Hentig 1999, 29)

Es geht auch nicht darum alte Bildungsgrundsätze vollkommen aufzuheben. Hartmut von Hentig beschreibt, wie eine ‚neue Bildung' aussehen könnte:

> „Bildung bezeichnet selbst die Spannung und Brücke zwischen (...) tradierten Idealen und aktuellem Kompetenzbedarf, zwischen philosophischer Selbstvergewisserung und praktischer Selbsterhaltung der Gesellschaft. Ich hätte auch - mit Platons großem Gleichnis sagen können: Bildung ist beides – Aufstieg ans Sonnenlicht und Abstieg in die Höhle. Das eine ist ohne das andere sinnlos und unbekömmlich." (Hentig 1999, 56)

Soll diese Brücke geschlagen werden, dann ist es unabdingbar notwendig die Definition des Leistungsbegriffs für die Schule neu zu überdenken und in die Beurteilung der Lernleistung einzubeziehen.

Kap. III
Die Fallstudien:
Erprobungen neuer Formen der Leistungsbeurteilung in den Sekundarstufen I und II

Kap. III
Die Fallstudien:
Erprobungen neuer Formen der Leistungsbeurteilung in den Sekundarstufen I und II

Thorsten Bohl: Vorbemerkungen und Übersicht

Die im Folgenden dargestellten zehn Fallstudien wurden von den beteiligten Lehrerinnen und Lehrern erstellt. In jeder Fallstudie wird über eine neue Form der Leistungsbeurteilung berichtet. Obwohl nur jeweils eine Beurteilungsform im Mittelpunkt steht, zeigt sich schnell, dass immer mehrere Beurteilungsbausteine berücksichtigt wurden, z.B. Präsentation, Produkt und Selbstbeurteilung. Als zentrale inhaltliche Zielsetzung der Fallstudien hatten wir vereinbart, dass die *Prozesse der Leistungsbeurteilung detailliert nachgezeichnet* werden sollten, d.h. ausgehend von der Unterrichtssituation, über erste Überlegungen und Vorübungen, bis hin zur Durchführung, Nachbereitung und Reflexion über die erprobte neue Form der Leistungsbeurteilung. Der zugrundeliegende Unterricht bzw. die Klassensituation sollte nur insofern beschrieben werden, wie es zum Verständnis der Leistungsbeurteilung notwendig ist.

Zu Beginn jeder Fallstudie wird in einer Übersicht der Rahmen kurz dargestellt, d.h. Unterricht, Beurteilungsbausteine etc. Eine Übersicht über alle Erprobungen zeigt Abb. 10.

Abb. 10: Übersicht über wesentliche Merkmale aller Fallstudien

Fallstudie	Lehrer/ Schulart/ Kl.	Fach/ Fächer	Zugrundeliegender Unterricht (Thema)	Beurteilungsbausteine	Sonstiges	Leistungsdokumentation
1	L1/HS/6	Deutsch, Mathematik, Erdkunde	Stationen- und Wochenplanarbeit (versch. Themen)	Prozess: Lern- und Arbeitsverhalten (Systematische Beobachtung)	Selbstbeurteilung	Fachnoten (+ verbale Beurteilung) ausgefüllter Beobachtungsbogen als Zeugnisbeilage
2	L2/HS/8	Erdkunde	Projektorientierter Unterricht (versch. Themen)	Präsentation: Referat in Partnerarbeit; Produkt: Lernplakat, schriftliches Ergebnis	Selbstbeurteilung	Fachnote
3	L3/RS/7	Deutsch Englisch Mathematik	Still- und Freiarbeit (versch. Themen)	Prozess: Lern- und Arbeitsverhalten (Systematische Beobachtung)	Schülermit- beobachtung	ausgefüllter Beobachtungsbogen als Zeugnisbeilage
4	L4/RS/8	Erdkunde, Deutsch, Englisch	Projektorientierter Unterricht (Thema ‚USA‘)	Präsentation: Gruppen; Produkt: Lernplakat, englischer Text; Prozess: Notenverteilung durch Schüler	Klassenarbeit	Fachnoten
5	L5/Gy/11	Physik	Konzept ‚Schüler unterrichten‘ (versch. Themen)	Produkt: schriftliche Vorbereitung; Präsentation: Unterrichtsstunde	Selbstbeurteilung Schülermitbeurteilung	Fachnote
6	L6/Gy/11	Deutsch	(Gerichts-) Prozess- spiel (Kabale und Liebe)	Prozess: Fremd- und Schülermitbeobachtung; Produkt: Schriftliche Dokumentation; Präsentation: Prozessspiel	Schülermit- beobachtung	Fachnote
7	L7/Gy/5	Deutsch	Projektorientierter Unterricht (Jugendbuch)	Prozess: verbale Beurteilung; Präsentation: Gruppen; Produkt: schriftliche Dokumentation		Fachnote
8	L8/Gy/10	Deutsch	Szenische Interpretation (Maria Stuart)	Präsentation: Varianten Szenischer Interpretation; Produkt: schriftliche Rollenbiographie u. Resümee		Fachnote
9	L9/BS (TG)/13	Mathematik Gk	‚SOL‘ - Selbstorganisiertes (versch. Themen)	Prozess: Selbst- und Fremdbeurteilung; Präsentation: Gruppen; Produkt: schriftliche Dokumentation	Selbstbeurteilung Abstimmungsgespräch Zielvereinbarung Klassenarbeit	Fachnote und Portfolio
10	L10/BS (EG)/11	Biologie Lk	‚SOL‘ - Selbstorgani- siertes Lernen (versch. Themen)	Prozess: Selbst- und Fremdbeurteilung; Präsentation: Gruppen; Produkt: schriftliche Dokumentation	Beobachtung, Selbstbeurteilung Abstimmungsgespräch Zielvereinbarung	Fachnote

1 Fallstudie 1. Claudia Braun: Leistungsbeurteilung im Rahmen der Stationen- und Wochenplanarbeit (HS/ Kl. 6/ D, M, Ek

Fallstudie 1
Claudia Braun:
Leistungsbeurteilung im Rahmen der Stationen- und Wochenplanarbeit

Schule:	Eduard-Spranger-Schule Reutlingen GHS (ESS)
Klassenstufe:	6
beteiligte Lehrkräfte:	Claudia Braun
beteiligte Fächer:	Deutsch, Mathematik, Englisch, Erdkunde (im ersten Durchgang); Deutsch, Geschichte, Kunst (im zweiten Durchgang)
Unterricht:	Stationen- und Wochenplanarbeit
Thema:	verschiedene Themenbereiche aus den beteiligten Fächern
Zeitraum:	November 1999 bis Juli 2000
Beurteilungsbausteine:	Prozessbeurteilung durch systematische Beobachtung

1.1   Schul-Portrait

Die Eduard-Spranger-Schule ist eine Grund- und Hauptschule, an der 46 Lehrkräfte und 3 sozialpädagogische Mitarbeiter und Mitarbeiterinnen arbeiten. 537 Schüler und Schülerinnen besuchen derzeit die Schule. 175 davon sind ausländische Kinder und Jugendliche und 80 kommen aus ausgesiedelten Familien. Die Eduard-Spranger-Schule liegt am Stadtrand von Reutlingen zwischen den Stadtteilen. Das Einzugsgebiet umfasst die unterschiedlichsten Wohngebiete und somit auch die unterschiedlichsten sozialen Schichten und Lebensbedingungen. Hier lernen und leben Schüler und Schülerinnen zusammen, die teilweise (im Grundschulbereich) aus sehr gut situierten Familien kommen und andere, die schon seit Jahren in Übergangswohnheimen leben müssen.

Um den Lebensbedingungen der Kinder und Jugendlichen Rechnung zu tragen und nicht von den Problemen, die sich aus sozialen Grenzsituationen, aber auch aus den hin und wieder überhöhten Ansprüchen der oberen Schichten, an das, was Schule leisten soll, überrollt zu werden, hat sich die Eduard-Spranger-Schule schon seit langen Jahren einem präventivem und kommunikativem Schulkonzept verschrieben. In diesem Zusammenhang arbeiteten viele Kollegen in verschiedensten Projekten und Arbeitsgruppen mit. Die Förderung des Wohlergehens aller an der Schule Beteiligten, sowie die Eröffnung von Erfahrungsräumen für handelndes Tun und für direkte soziale Kontakte erscheint uns gerade in unserer Schulart, wo Arbeitsplätze der Eltern bedroht und tragende familiäre Strukturen immer weniger zu finden sind, wichtiger denn je. Gespräche zwischen allen an der Schule mittelbar und unmittelbar Beteiligten und die Einbeziehung von Experten, sei es aus den Bereichen der Jugendhilfe oder der Berufswelt, erscheint uns unerlässlich. Aus diesem Grunde bietet die Eduard-Spranger-Schule ein Ganztagesangebot und schulbegleitende Schulsozialarbeit an.

1.2   Die Klasse 6a

Zur Situation der Klasse

25 Schüler und Schülerinnen besuchen die Klasse 6a, 9 Mädchen und 16 Jungen. Der Anteil an ausländischen Kindern und an Kindern aus übergesiedelten Familien ist relativ hoch, er liegt bei 70%. Die Familien stammen aus Russland, Kasachstan, Rumänien, Italien, Albanien, Bosnien, Griechenland, der Türkei und aus dem Irak. Das Alter in dieser 6. Klasse schwankt zwischen 11 und fast 14 Jahren und somit befinden sich eigentlich drei Jahrgänge in einer Klassenstufe.

Viele Familien stecken in beruflichen und/ oder familiären Krisen. Arbeitslosigkeit und verdeckte Armut breiten sich aus. Gespräche mit Beratungslehrern, Vertretern des Jugendamtes und anderen Experten sind schon fast alltäglich. Trotz dieses teilweise für die Familien belastenden Hintergrundes, ist das Interesse und Bemühen der Eltern an Schule als Lern- und Lebensort ihrer Kinder deutlich spürbar. Die Elternabende sind gut besucht und dass z. B. ein Vater, der kaum deutsch versteht, regelmäßig kommt, auch wenn er vor Erschöpfung fast einschläft, rechne ich ihm hoch an.

Die Nachfrage nach Einzelgesprächen ist sehr stark. Bei Klassenfesten und anderen Aktivitäten kann ich immer auf Unterstützung rechnen.

Das selbstständige Arbeiten in offenen Formen wird von den Eltern sehr positiv beurteilt. Individuelle Lernwege und differenzierte Leistungsbeurteilungen sind für die Eltern kein Problem, sondern sogar erwünscht, da sie um die Verschiedenartigkeiten der Kinder wissen. Wichtig für sie ist das Verstehen der Vorgänge, die Transparenz, und dass das jeweilige Kind Lernfortschritte erzielt.

Zum Leistungsstand der Klasse

Genauso breit gefächert wie die altersbedingte ist die Heterogenität bezüglich des Leistungsstandes der Lerngruppe. Als sich die Schüler und Schülerinnen in Klasse 5 zusammenfanden, kamen sie nicht nur aus drei verschiedenen Grundschulen, sondern auch aus der Vorbereitungsklasse, der Förderschule und der Sprachheilschule. Selbst bei den regulären Übergängen aus der Grundschule reichte der Leistungsstand von der Schülerin, die wegen einiger Zehntel nicht auf die Realschule kam, bis zu dem Kind, das den Grundschulabschluss gerade noch erreicht hatte.

Eine ganz normale Hauptschulklasse würde ich sagen, mit all den Anfangsschwierigkeit, die in einer so großen Bandbreite liegen. Hinzu kommt, dass während der letzten beiden Jahre 3 Schüler und 2 Schülerinnen die Klasse aus verschiedenen Gründen wieder verlassen haben und 5 Schüler und 4 Schülerinnen dazugekommen sind. Es gab also viel Wechsel. Und doch bildet die Klasse zum jetzigen Zeitpunkt eine feste Gemeinschaft. Der Leistungsstand ist nach wie vor sehr unterschiedlich (es gab zwei Übergänge auf das Gymnasium, aber auch eine Versetzung, die nur durch den Austritt der Schülerin aus Englisch möglich war), aber jeder Schüler, jede Schülerin hat ausgehend von den individuellen Voraussetzungen gelernt, teilweise sogar sehr viel gelernt.

Die Klasse wirkt sehr lernwillig und anstrengungsbereit. Im kommunikativen und sozialen Bereich haben die Schüler und Schülerinnen im Rahmen des Klassenverbandes, aber auch für sich persönlich, eine verhältnismäßig starke Entwicklung durchlaufen.

1.3   Die Arbeit an Stationen als Baustein der Wochenplanarbeit

Zur Begründung

Seit mehr als einem Jahrzehnt sind offene Unterrichtsformen ein fester Bestandteil meines organisatorischen Jahres- und Wochenplanes in der Eingangsstufe der Hauptschule. Im Jahresplan werden projektorientierte Phasen fest verankert. Offene Arbeitsstunden haben im Wochenplan genauso ihren festen Platz wie der lehrerzentrierte Unterricht, der Morgenkreis und der Klassenrat.

Das selbsttätige Lernen der Kinder wurde von diesen selbst, den Eltern und mir stets als Gewinn erlebt und die Selbstwirksamkeit, die der oder die frei Arbeitende erfuhr, erzeugte oft hohe Motivation für schulisches Lernen generell. Freiarbeitsstunden dienten bei mir der Wiederholung und Übung, nicht aber der Erarbeitung von Inhalten.

Vor drei Jahren, als die Klassenstärke der Klasse 6, die ich damals als Klassenlehrerin unterrichtete, auf 32 Schüler angewachsen und die Heterogenität entsprechend groß war, wurde mir sehr eindringlich bewusst, dass ich, wenn ich die Maßgabe des Bildungsplanes ("...die Hauptschule gibt in eigenständiger Weise Hilfen für das individuelle Lernen der Schülerinnen und Schüler......" und an anderer Stelle: "Die Hauptschule sichert einen verbindlichen Grundkanon an Fertigkeiten, Kenntnissen und Fähigkeiten.") (Bildungsplan der Hauptschule 1994, 11) umsetzen wollte, und gleichzeitig meinen Anspruch an Schule nicht aufgeben und den Schülern gerecht werden wollte, nicht nur das Üben, sondern auch das Erarbeiten von Inhalten individuell ermöglichen musste. Ich musste Rahmenbedingungen innerhalb der Unterrichtszeit schaffen, damit Schüler und Schülerinnen sich auf dem Hintergrund ihrer individuellen Lernvoraussetzungen, der jeweiligen Schulbiografien, aber auch im Hinblick auf die angestrebten Ziele, Übergänge und Schulwege, nach eigenem Lerntempo und nach eigenem Vermögen Inhalte des Bildungsplanes erarbeiten und diese festigen können.

Es musste eine Organisationsform sein, die es der gesamten Lerngruppe ermöglicht, ein Fundament von verbindlichen Inhalten zu erarbeiten und dazu ein optionales Additum anbietet, einerseits in einem breiteren inhaltlichem Spektrum, andererseits durch vielfältigere Übungsformen. Schüler und Schülerinnen, die erarbeitete Inhalte verstärkt festigen möchten, sollten dies genauso können, wie diejenigen, die sich mehr Inhalte erarbeiten wollten oder konnten. Wenn lernende Kinder und Jugendliche sich so auf den Weg machen und sich Wissen selbstständig aneignen, dann stellt sich die Frage nach der Wertigkeit von Inhalt und Methode, die zur Zeit häufig diskutiert wird, nicht. Es geht nicht um die von Böttcher/ Hirsch (1999) zur Diskussion gestellte These „Verbindliches Wissen schaffen" oder um das von A. v.d. Groeben (1999) vorgetragene „Plädoyer gegen starre Curricula". Es geht meiner Meinung nach nicht um die Entscheidung Methodenkompetenz und Selbsttätigkeit auf der einen und Erwerb von Bildungsinhalten auf der anderen Seite, sondern es geht um ein Sowohl-als-auch. Eine Arbeitsform, die den geforderten Erwerb sichert, ist meiner Erfahrung nach das Arbeiten an, für einen bestimmten Zeitraum permanent vorhandenen, Stationen/ Arbeitsplätzen.

Stationenarbeit trägt nicht nur den unterschiedlichen Lerntempi und Entwicklungsständen Rechnung, sondern ermöglicht (wenn sie nicht auf die Ebene der bloßen Arbeitsblättervielfalt abrutscht) verschiedene Lernzugänge und optimiert somit Lernen. Stationen können erarbeitend und übend gestaltet und auf einer Laufkarte als Pflicht- und Wahlstation gekennzeichnet werden. Im Klassenverband erarbeitetes fachliches und methodisches Wissen kann so angewandt und gefestigt oder mit Hilfe der Station selbst erarbeitet werden (vgl. Bauer 1997).

Vorerfahrungen im Hinblick auf die Wochenplanarbeit

Mit Beginn des 5. Schuljahres erlernten die Schüler und Schülerinnen über die Arbeit an der Lerntheke und kurzen – höchstens einstündigen- Arbeitsphasen an Stationen in offenen Arbeitsformen zu arbeiten. Dabei lernte das einzelne Kind aus differenzierten Angeboten auszuwählen, die ausgewählte Aufgabe vollständig zu bearbeiten und bei Bedarf in angemessener Weise Hilfe zu holen.

Gleichzeitig wurden feste, ritualisierte ‚Kommunikationsplätze' eingerichtet. Abschlussrunden nach offenen Phasen, Gesprächskreise, Klassenrat und Morgenkreise standen regelmäßig auf dem Wochenplan. In der Abschlussrunde wurde schon bald die Erfahrung gemacht, dass die Arbeitstempi sehr unterschiedlich sein können, aber auch, dass besonders schnell nicht immer besonders gut bedeuten muss. Damit sich möglichst viele Kinder an Gesprächen beteiligen konnten, wurde nicht nur auf die Einhaltung von Kommunikationsregeln geachtet, sondern es wurden Satzmuster und Redewendungen erarbeitet, die Hilfestellung geben und die Gesprächsteilnahme erleichtern.

Gleichzeitig übte die Klasse in Partnerarbeit ein, Arbeitsergebnisse in geringem Umfang vorzustellen. Inhalte und Sprache waren hier genauso wichtig wie das Erlernen von Zuhören und das Weiterhelfen durch Tipps und Ratschläge.

Im 2. Halbjahr des 5. Schuljahres wurde dann ein erster Durchgang des Arbeitens an Stationen durchgeführt und anschließend durch die Klasse und mich ausgewertet. Die Rückmeldungen waren generell sehr positiv, teilweise wurde der Wunsch nach mehr Hilfe oder das Einbeziehen anderer Fächer oder vermehrt andere Lernzugänge gewünscht.

Organisationsform

Vier bis fünf Stunden pro Woche arbeitet die Klasse seit Mitte des 5. Schuljahres mit individuellen Wochenplänen. Seit Beginn dieses Schuljahres besteht die offene Arbeitsphase aus zwei Bausteinen (Arbeit an Stationen; Arbeit mit individuellen Arbeitsplänen), wobei der zweite, der Vollständigkeit halber, wenigstens kurz erwähnt sei.

Arbeiten mit individuellen Arbeitsplänen

Die Inhalte der Stationenarbeit entsprechen den für die Klassenstufen gültigen Bildungsplanvorgaben. Die Schüler und Schülerinnen haben aber auch Defizite aus vorangegangenen Klassenstufen, für deren Aufarbeitung in der Eingangsstufe der Hauptschule Raum gegeben werden sollte.

In Klasse 5 wurde eine Lernstandsbeobachtung in Deutsch und Mathematik durchgeführt. Diese wurde in Klasse 6 durch eine erneute schriftliche Lernstandsbeobachtung in Mathematik ergänzt. Auf Grund der Auswertung wurden individuelle Lernpläne erstellt.

Abb. 11: Elemente der Wochenplanarbeit

Meta-ebene	Wochen-planungs-gespräche				Auswertungs-gespräche	Klassenrat (mit Streit-schlichterge-sprächen)

Handlungsebene:

Arbeiten mit individuellen Arbeitsplänen ↕ ...*im Wechsel mit*... ↕ Arbeit an Stationen

Arbeit in Projekten

Ergänzt durch weiterere Beobachtungen (beispielsweise im Bereich Texte verfassen oder auch Konzentration), arbeiten die Schüler und Schülerinnen zu Beginn jeder Wochenplanstunde mit speziell für ihren Lernweg ausgesuchtem Material ganz gezielt an den jeweiligen Defiziten. Ein besonderer Schwerpunkt liegt in der Festigung der Grundrechenarten, da hier sehr viele Defizite vorhanden sind. Die Materialien sind in Hängemappen untergebracht und im Bereich von Mathematik durch Leittexte angeleitet. Nach ca. 20 Minuten wechseln die Schüler zur Arbeit an den Stationen[27].

Arbeit an Stationen

Die Arbeit an den Stationen, als Teil der Wochenplanarbeit, ist ein mittlerweile sehr differenzierter und weit entwickelter Arbeitsbereich, auch im Hinblick auf eine veränderte Schüler- und Lehrerrolle, an dem die Schüler und Schülerinnen der jetzigen Klasse 6a der Eduard-Spranger-Schule einen maßgeblichen Anteil haben, da sie ihren eigenen Arbeitsbereich durch viele Tipps und kritische Anmerkungen verantwortungsvoll mitgestaltet haben. Eine detaillierte Beschreibung der Stationenarbeit wurde von mir bereits vorgenommen und soll demnächst verbreitet werden. In diesem Zusammenhang möchte ich lediglich die Strukturelemente andeuten, die mir für die Leistungsbeurteilung wichtig erscheinen:

- *Stufenteams:* Die pädagogische Arbeit an unserer Schule ist seit Jahren durch das Organisationsmodell des Stufenteams geprägt. Dies ermöglicht ein klassenübergreifendes Arbeiten, das wir in der Regel bei der Arbeit an Stationen nutzen.
- *Fächerbeteiligung:* Die Fächer, die bei der jeweiligen Stationenarbeit beteiligt sind, geben Stunden in die Wochenplanarbeit ab. Ist beispielsweise Erdkunde mit der Werkstatt/ den Stationen ‚Deutschland' beteiligt, so findet in dieser Zeit

---

[27] Ich möchte Frau S. Henzler an dieser Stelle ganz herzlich für ihre tatkräftige Unterstützung und Mitarbeit in dem Bereich individuelle Arbeitspläne danken.

kein Erdkundeunterricht im Klassenverband statt bzw. bei mehrstündigen Fächern eine Stunde weniger.

- *Schüler als Experten:* Die Schüler sind die Experten der Stationen. Jeder Schüler ist für mindestens eine Station zuständig. Sie bauen sie nicht nur im Klassenzimmer, Flur, Gruppenraum und im kleinen Sprachlabor (Küche) auf und ab, überprüfen sie auf Vollständigkeit und fordern eventuell fehlendes Arbeitsmaterial beim Lehrer nach, sondern sie sind auch die inhaltlichen Experten und Ansprechpartner für die Mitschüler bei Nachfragen. Ihre Aufgabe ist es, den Mitschülern zu helfen, ohne ,nur zu sagen, wie es geht'. Sie haben als erste die Station bearbeitet, überprüft, ob die Anweisungen verständlich, die Aufgabe lösbar sind und das Material vollständig ist. Der Lehrer bekommt darüber Rückmeldung und kann oder muss gegebenenfalls Textstellen ändern.

- *Laufkarten:* Die Kinder arbeiten mit Laufkarten, auf denen sie vermerken, wann sie welche Station bearbeitet haben. Die Arbeitsergebnisse werden im Stationsorder notiert.

- *Regeln:* Während der offenen Arbeit gelten Regeln, die sich die Klasse nach und nach selbst gegeben hat.

- *Rituale:* Zum Abschluss jeder Wochenplanphase findet eine ausführliche Besprechung statt. Jeder berichtet, ohne Wertung und Kommentar, welche Stationen er bearbeitet hat, was er sich für das nächste Mal vorgenommen und ob er bei Bedarf eine Station reserviert hat. Hier im Kreis wird von allen die Arbeitsphase im Hinblick auf Effektivität überdacht und es werden Vorschläge gemacht. Die gemeinsame Arbeit wird weiterentwickelt. Hier ist aber auch der Platz, an dem Schüler und Schülerinnen sich gegenseitig darauf hinweisen, wenn eine Station unordentlich hinterlassen wurde, Arbeitsmaterialien fehlen.

- *Ampel:* Während der Arbeitsphase gibt es eine Ampel, die vom mir auf rot oder grün gestellt werden kann. Grün heißt: Ich bin ansprechbar, aber nur wenn die Experten nicht weiterwissen oder es sonst etwas sehr Wichtiges gibt. Steht die Ampel auf rot, so bin ich nicht ansprechbar. Dann arbeite ich vielleicht mit einer Kleingruppe oder beobachte den Unterrichtsprozess.

1.4   Zur Leistungsbeurteilung im Rahmen der Wochenplanarbeit

Vorerfahrung im Bereich der Leistungsbeurteilung

Die Klasse war mit den konventionellen Formen der Leistungsbeurteilung, den Schulberichten und den Notenzeugnissen, vertraut. Aber es wurde auch noch oft die Frage gestellt: "Was ist eine 3 ?" - "Was heißt 2,5?" Hinzu kamen für die Wochenplanarbeit folgende Beurteilungsbausteine:

- *Texte:* Seit Beginn des 5. Schuljahres konnten die Schüler und Schülerinnen, abgesehen von den sogenannten Klassenaufsätzen, bestimmte Texte in Deutsch, die in freien Arbeitsphasen entstanden sind, zu beliebigen Zeitpunkten zur Benotung abgeben. Die individuelle Abgabe zog auch eine individuelle Rückgabe nach sich. Dieses Vorgehen war für die Klasse und mich eine wichtige Neuerung.

- *Reflexion über erweiterten Lern- und Leistungsbegriff:* Weil im Klassenverband oft über den eigenen Lernprozess und den der gesamten Lerngruppe nachgedacht wurde, setzte sich die Klasse mit einem erweiterten Lern- und Leistungsbegriff auseinander.

- *Abschlusstest:* Im Anschluss an die Arbeit an Stationen, die im 5. Schuljahr stattgefunden hat, erfolgte ein Abschlusstest, der die Inhalte der Pflichtstationen, aber auch frei wählbare Aufgaben aus dem Wahlbereich umfasste.

- *Führerscheinprüfungen:* Seit Beginn des 6. Schuljahres legen die Schüler und Schülerinnen innerhalb des Bausteines ‚Arbeiten mit individuellen Arbeitsplänen' sogenannte Führerscheinprüfungen ab. Den Zeitpunkt der Prüfung bestimmt der Übende selbst, der Inhalt ist durch den Arbeitsplan vorgegeben.

- Insgesamt besteht damit in diesem Schuljahr die Leistungsbeurteilung aus folgenden Elementen (Abb. 12):

Abb. 12: Elemente der Leistungsbeurteilung im Rahmen der Wochenplanarbeit

Führerschein	Stationenarbeiten	Systematische Unterrichtsbeobachtung
in Mathematik zu den Grundrechenarten: • mit Auszeichnung bestanden: 1-1,5 • gut bestanden: 2-2,5 • bestanden: 3-4 • nicht bestanden: schlechter als 4 Führerscheine werden als Test bewertet	mit Pflicht- und Wahlbereichen in Deutsch, Englisch, Erdkunde und Geschichte; Stationenarbeiten werden in Deutsch und Englisch als Klassenarbeiten, in Erdkunde und Geschichte als Test gewertet.	Keine Notenbeurteilung, Beobachtungsbogen wird dem Zeugnis beigelegt.

Es gab zwar Stationen aus dem Bildungsplan Mathematik 6, jedoch keine schriftliche Leistungsbeurteilung in Form einer Stationenarbeit. Dies hat stufeninterne Gründe.

Zur Begründung einer systematischen Beobachtung im Rahmen der Wochenplanarbeit

Unter 3.1. habe ich aufgezeigt, wie inhaltliche und methodische Aspekte bei der Arbeit an Stationen zwangsläufig miteinander verknüpft sind. Aus diesem Grunde hatte ich mir für das 6. Schuljahr zweierlei vorgenommen:

- Zum einen sollten die abschließenden Stationentests nicht nur verbindliche Aufgaben aus dem Pflichtbereich (um ein verlässliches Fundament zu sichern) enthalten und freiwählbare Aufgaben aus dem Wahlbereich, sondern ich wollte auch methodisches Arbeiten in die Leistungsbeurteilung einbeziehen und den Zeitpunkt, den Test zu schreiben, in das Ermessen des Einzelnen legen, wie es bei der Auswertung gewünscht worden war.

- Zum anderen schien mir diese Form allein als Leistungsbeurteilung unzureichend, da sie wichtige Kompetenzen unberücksichtigt ließ, die aber in der Wochenplanarbeit erworben   und angewandt werden müssen, um in diesem Bereich erfolgreich arbeiten zu können. Ich meine interdisziplinäre Fähigkeiten und Fertigkeiten damit, die beobachtbar und für selbstständiges Lernen unverzichtbar sind (wie beispielsweise Arbeitsanleitungen verstehen, und wenn dies nicht der Fall ist, sich Hilfe zu holen), die in Zeugnisnoten aber nur diffus auftauchen und dadurch keinen Aussagewert haben.

Als Lehrerin muss ich aber wissen, auf welchem Lernstand, im Sinne des erweiterten Lernbegriffes, sich der Schüler/ die Schülerin gerade befindet, in welchen Bereichen gefördert aber auch gefordert werden muss, damit ein Lernzuwachs stattfindet, Entwicklung möglich wird. Ich gehe davon aus, dass Schule ein Ort, ein Haus des Lernens ist. Das heißt für mich, dass Kompetenzen erwerbbar sein müssen und dass Schule dazu die Möglichkeit geben muss. Unterricht so zu gestalten, dass auch der Erwerb von interdisziplinären Kompetenzen, von Schlüsselqualifikationen möglich ist, ist eine meiner Aufgaben als Lehrerin. Auf diesem Hintergrund möchte ich dann aber auch beobachten und prüfen, ob ein Erwerb stattfindet. Dies ist meine Ausgangslage für die systematische Beobachtung im Rahmen der Wochenplanarbeit.

1.5   Durchführung der systematischen Beobachtung

Abb. 13: Übersicht über den Ablauf der Erprobung

Okt./ Nov.	Dez./ Jan.	Jan.-März	April/ Mai	Mai	Juni/ Juli	Juli
→	→	→	→	→	→	→
Schaffung und Festigung von Grundlagen	Erarbeitung von Beobachtungskriterien	Phase der ersten systematischen Beobachtung	Phase der ersten Rückmeldung	Phase der Reflexion	Phase der zweiten Beobachtung	Phase der zweiten Rückmeldung

Schaffung und Festigung von Grundlagen

Die Vorbereitungsphase begann nach den Sommerferien zu Beginn des 6. Schuljahres. Da zu diesem Zeitpunkt durch Zuzug und Wegzug eine relativ starke Fluktuation in der Klasse herrschte, war es nötig, grundlegende Elemente der offenen Arbeit nochmals zu üben und zu wiederholen, damit auch für die neu hinzugekommenen Kinder ein derartiges Arbeiten möglich war. Dabei erwies es sich als sehr hilfreich, dass die bereits mit der Arbeitsweise vertrauten Klassenkameraden die ‚Einarbeitung‘, der in diesem Bereich noch Unerfahrenen, übernehmen konnten.

Meine Hauptaufgabe in diesem Zeitraum war es zu planen. Ich organisierte (teilweise mit den Kollegen auf der Stufe) einen Jahresarbeitsplan für die Klasse 6. An dieser Stelle ist es für mich wichtig im Voraus zu planen, welche Inhalte in welcher Organisationsform erarbeitet, welche Voraussetzungen für die einzelnen Arbeitsphasen geschaffen und wo Experten angesprochen werden müssen. Wir einigten uns auf gemeinsame und getrennte Vorhaben und Vorgehensweisen und steckten den Rahmen für das Arbeiten an Stationen ab. Gleichzeitig führte ich in meiner Klasse Lernstandsbeobachtungen in den Fächern Mathematik und Deutsch durch und überdachte die mir bereits vertrauten Schüler und Schülerinnen aufgrund ihrer Leistungen in Klasse 5 auf eventuell nötige Förderung, die ihnen im Rahmen von LIPS-Angeboten, Förderkursen und anderen Betreuungsmaßnahmen zukommen sollten. Bis zu den Herbstferien blieb nun Zeit, das Material für die Stationen und für die individuellen Arbeitspläne zu erstellen. Gleichzeitig führte ich mit den Eltern und Erziehern, die mir noch unbekannt waren, erste informative Gespräche. Auf dem ersten Elternabend stellte ich das Vorhaben, die Arbeit an den Stationen und die Arbeit mit den individuellen Arbeitsplänen als Wochenplanarbeit zu definieren und durchzuführen, sowie die dazu gehörigen Leistungsbeurteilungen vor. Die Resonanz der Eltern war sehr gut, sie versprachen Unterstützung und machten mir Mut den Weg in diese Richtung zu gehen.

In einem ausführlichen Gesprächskreis stellte ich der Klasse dann den groben Jahresplan vor. Er fand auch bei ihnen Zustimmung, wurde aber hinsichtlich gemeinschaftlicher Aktivitäten ergänzt. Die Wochenplanarbeit sollte eine Woche nach den Herbstferien beginnen.

Die Erarbeitung von Beobachtungskriterien

Die Arbeit an den Stationen begann wie geplant, und zwar in der, für die Schüler und Schülerinnen gewohnten, klassenübergreifenden Organisationsform. Die einzelnen Stationen, die von meinem Kollegen und mir erstellt und in freien Arbeitsphasen durch die Experten zunächst erprobt worden waren, wurden von den Klassen gern angenommen, da der Beginn der Arbeit in dieser Form schon voll Freude erwartet worden war.

Die Stationen, diesmal fast 50 an der Zahl, kamen inhaltlich aus den Fächern Deutsch, Mathematik, Englisch und Erdkunde und waren jeweils zu sogenannten Werkstätten zusammengefasst. Komplette Inhalte des Bildungsplanes wurden dadurch abgedeckt. So zum Beispiel die Werkstatt 'Deutschland' in Erdkunde oder Werkstatt 'Verben' in Deutsch. In den Bereichen Englisch und Erdkunde war von Anfang an ein Abschlusstest mit eingeplant, in Deutsch forderten ihn Schüler und Schülerinnen später ein. Trotz des klassenübergreifenden Arbeitens, gab es diesmal für die Klassen zwei Unterschiede:

- Für die eine Klasse war es die praktizierte Form der freien Arbeit, für die andere Klasse *ein* Baustein der Wochenplanarbeit.
- Nur eine Klasse nahm an dem Forschungsprojekt ‚Neue Formen der Leistungsbeurteilung in den Sekundarstufen I und II' teil und sollte somit durch systematische Beobachtung beurteilt werden.

Nachdem erste Schwierigkeiten überwunden waren, arbeiteten auch die neu hinzu gekommenen Schüler und Schülerinnen erstaunlich schnell selbstständig. In dieser Phase, in der ich im Unterricht als Lernberaterin, Moderatorin, Materialbeschafferin und Prozessbeobachterin fungierte, von der konkreten Vorbereitung für die Wochenplanstunden aber entlastet war, begann ich mir im Austausch mit anderen Kollegen und in der Literatur einen Überblick über mögliche Beobachtungskriterien zu verschaffen. Ich bemerkte jedoch recht schnell...

- da für mich kriterienbezogene, systematische Beobachtung ein neues Arbeitsgebiet, eine neue Rolle war, durfte ich mich nicht überfordern, d.h. die Anzahl der Kriterien musste überschaubar, handhabbar bleiben.
- die zu beobachteten Kriterien mussten direkt auf den Prozess innerhalb der Lerngruppe, auf die Anforderungen, Strukturen und Rituale der jeweiligen offenen Unterrichtsform bezogen sein.

Ich überlegte mir deshalb, aus welchen einzelnen Elementen und Anforderungen die Arbeit an den Stationen besteht und grenzte die so gewonnene Vielfalt zunächst einmal immer mehr ein. Es verblieben für mich die drei Elemente

- Stuhlkreis (Verhalten und Mitarbeit),
- Stationenarbeit (Aufbau und Abbau/ Arbeitsanleitungen verstehen und umsetzen/ Hilfe holen und Hilfen geben/ zielgerichtetes Arbeiten) und

- der schriftliche Bereich (das Führen des Stationenordners).

Zur gleichen Zeit leitete ich die Klasse ganz bewusst in den Schlusskreisen zur Reflexion über die Prozesse und Inhalte der Wochenplanarbeit an. Wir überlegten zum einen immer wieder: Aus welchen Bereichen besteht unsere Wochenplanarbeit? Was leistet ihr/ sollt ihr in diesen Bereichen leisten? Was sind Noten und warum gibt es sie? Was wird bewertet und was wird noch nicht bewertet?

Zum anderen führte ich in dieser Zeit die Punktauswertung im Anschluss an die Wochenplanarbeit ein. In regelmäßigen Abständen punkteten die Schüler und Schülerinnen und werteten somit nicht nur die Arbeitsphase aus, sondern wurden - so meine Absicht - zum Nachdenken über eigenes Verhalten anregt. Am 24.11.1999, also ca. drei Wochen nach Beginn der Stationenarbeit, punktete die Klasse folgende Aussagen (Wertungen waren in den drei Kategorien +/ O/ - möglich):

- Ich habe geschafft, was ich mir vorgenommen hatte.
- Die Aufgaben an den Stationen habe ich (mit Hilfe) verstanden.
- Ich konnte ohne Störung von anderen arbeiten.

In den ersten beiden Kategorien fanden sich die meisten Nennungen.

Es folgte dann ein ausführliches Klassengespräch. In der Mitte unseres Stuhlkreises lagen die auf Plakaten aufgeschriebenen einzelnen Bereiche unserer offenen Arbeit. In diesem Gespräch stellte ich den Schülern mein Vorhaben vor, die Stationenarbeit von nun an systematisch zu beobachten. Die Schüler und Schülerinnen äußerten sich dazu meist mit Zustimmung, sahen aber auch Probleme:

"Wenn ich gestört werde, bekomme ich dann eine schlechte Note?" –

"Was passiert, wenn ich etwas nicht verstehe? Kann ich trotzdem Hilfe holen?"

Solche und ähnliche Fragen wurden gestellt. Darauf besprach ich mit der Klasse die Form der Leistungsbeurteilung und legte ihnen einen Beobachtungsbogen vor, der die ihnen schon bekannten drei Bewertungskategorien, aber noch keine Beobachtungskriterien enthielt. Ich stellte nun die Aufgabe in Partnerarbeit zu überlegen, welche Tätigkeiten, welche Fertigkeiten von ihnen im Bereich der Stationenarbeit zu erbringen seien, und was ich denn ihrer Meinung nach beobachten sollte. Die Ergebnisse waren mit meinen Vorüberlegungen fast deckungsgleich, wenn auch manchmal anders formuliert.

"Sie können beobachten, ob wir im Stuhlkreis mitarbeiten"-

"Ob unser Ordner ganz ordentlich ist."-

"Ob wir die angefangenen Arbeit beenden."-

"Ob wir unsere Stationen aufräumen."-

"Ob wir ganz ruhig sind."

Wir besprachen dann, ob es wichtig ist immer ganz ruhig zu sein oder was denn genau damit gemeint ist. Mir wurde an dieser Stelle das erste Mal ganz deutlich, dass es nicht ausreicht die Kriterien zu besprechen und auszuwählen, sondern, dass geklärt werden muss, was damit gemeint ist. Dass Mitarbeit im Stuhlkreis beispielsweise nicht nur heißt, sich immer zu melden, sondern (in diesem Bereich auch) sich in den andern hineinzuversetzen, ihm/ ihr Tipps und Ratschläge zu geben. Auch war es an dieser Stelle ganz wichtig ausdrücklich klarzustellen, dass die Beobachtung keine zusätzliche Disziplinierungsmaßnahme darstellt.

Abb. 14: Merkmalsbogen zur Beobachtung im Rahmen der Stationen- und Wochenplanarbeit

		++	+	o	-	Anmerkung
Stuhl-kreis	Verhalten im Stuhlkreis					
	Mitarbeit im Stuhlkreis					
Stationenarbeit	Aufbau/ Abbau der Station					
	Arbeitsanleitung verstehen und umsetzen					
	Hilfe holen					
	Erklärung geben					
	Zielgerichtetes Arbeiten (auch WPA)					
schriftl.	Führen des Ordners					

Beobachtungsbogen Wochenplanarbeit (WPA) für
_____

im Zeitraum von _____ bis _____

Gespräch mit dem Schüler am _____
Bemerkung:

Bis zur nächsten Wochenplanstunde erstellte ich dann den Beobachtungsbogen (Abb. 14) und legte ihn der Klasse vor. Ein Kriterium wollte ich aufgenommen wissen, das die Klasse nicht genannt hatte, und zwar den Bereich: Hilfe holen. Wir besprachen nochmals, dass Hilfe holen nichts Negatives sei, sondern nötig sei, um im offenen Bereich effektiv arbeiten zu können.

Auch für die anderen Beobachtungskriterien entwickelten wir mündlich Handlungsstrategien. Abschließend erklärte ich den formalen Ablauf, der zu dem damaligen Zeitpunkt wie folgt aussah: Die Beobachtung wird von mir durchgeführt und anschließend besprechen wir in Zweiergesprächen die Beobachtungsergebnisse. Sie werden dann dem Zeugnis beigelegt und sollen auch bei Elterngesprächen mit als Gesprächsgrundlage dienen.

Die Phase der ersten systematischen Beobachtung

Nach den vorangegangenen Planungen und Klärungen fing ich mit der Beobachtung an. Ich überlegte mir, nach welchem System ich die Schüler und Schülerinnen, die ich beobachten wollte, auswählen sollte und entschied mich zunächst dafür immer abwechselnd zwei Mädchen und zwei Jungen zu Hause im Voraus zu bestimmen und diese dann in der folgenden Wochenplanarbeit zu beobachten. Von der Klasse her war das kaum ein Problem, denn sie war es gewöhnt, dass ich bei roter Ampel nicht ansprechbar bin. Zwar fragten am Anfang schon ein paar Kinder: "Beobachten Sie heute wieder?" oder "Werde ich heute beobachtet?", aber die Lerngruppe gewöhnte sich sehr schnell daran. Für mich stellte sich eher das Problem, dass ich mir schon sehr hölzern vorkam, wenn ich mit meinem Ordner, der die Beobachtungsbögen enthielt am Rande des Flures oder in einer Ecke des Gruppenraumes stand um zu beobachten. Hinzu kam die Schwierigkeit, dass die zwei, von mir zur Beobachtung Ausgewählten, gegebenenfalls in verschiedenen Räumen arbeiteten. Und was sollte ich machen, wenn Katharina und Paulina sich heute nicht melden und auch keine Hilfe brauchen?

Einige Male musste ich mir auch selber auf die Zunge beißen, um nicht zu Ali zu gehen und zu sagen: "Streng dich an, heute wirst du beobachtet.!" Mit der Zeit gewöhnte ich mich an meine neue Rolle. Ich trug den Ordner nicht mehr mit mir herum, sondern machte meine Eintragungen an meinem Lehrertisch, beobachtete an den folgenden Tagen, ob Paulina wirklich keine Hilfe holte und Katharina sich wirklich nie meldete.

Meine Erfahrungen in der ersten Phase der systematischen Beobachtung waren außerdem folgende:

- Eine einmalige Beobachtung reicht oft nicht aus. Sie kann eine Bestätigung eines Kenntnisstandes sein, aber auch Erstaunen, Unverständnis oder Zweifel hervorrufen. Dann erschien es mir sinnvoll weiter zu beobachten, nachzufragen oder andere aussagekräftige Informationsquellen aufzusuchen und Gespräche mit dem Betreffenden zu führen.

- Die systematische Beobachtung zwang mich auch die ruhigen, unauffälligen Schüler und Schülerinnen wahrzunehmen. So gewann ich einen wesentlich besseren Kenntnisstand hinsichtlich ihrer Stärken und Defizite im interdisziplinären Bereich.

Die Beobachtungsphase schloss Ende März mit dem Ende der Stationenarbeit ab und die Schüler und Schülerinnen wollten nun natürlich erfahren, was in ihren Beobachtungsbögen steht.

Phase der ersten Rückmeldung

Nach der Beobachtung überlegte ich mir zunächst, in welcher Form ich der Klasse meine Beobachtung zurückmelden sollte. Ich entschied mich wiederum für die Stunden der Wochenplanarbeit. Nach Beendigung der Stationenarbeit arbeiteten die Schüler und Schülerinnen in diesen Stunden an Projekten und ich stellte mir vor, dass ich mühelos nebenher nach und nach mit den Schülern und Schülerinnen einzeln ihre Beobachtung besprechen konnte. Aber dann kamen mir starke Zweifel an meinem Vorgehen.

Ich fragte mich: In welche Situation bringe ich Sechstklässler? Sind die Schülerinnen und Schüler überhaupt in der Lage Beobachtungen zu ‚besprechen'? Oder ‚bespreche' ich dann nicht vielmehr einen stummen Zuhörer?

Und weiter: Wie sieht es in der Schule überhaupt mit einer Rückmeldekultur aus? Wo und in welcher Form (außer in Noten) findet so etwas statt?

Gleichzeitig wurde mir ganz eindringlich deutlich, dass ich jetzt eine sehr wichtige Bestandsaufnahme gemacht hatte, aber den Kindern eine etwaige Verhaltensänderung vorenthalten würde, wenn ich an meinem geplanten Verlauf festhalten würde. Ich entschloss mich, in Abänderung meines ursprünglichen Plans, zu folgendem Vorgehen:

- Bevor das Gespräch zwischen dem Schüler/ der Schülerin und mir stattfinden sollte, sollte jedes Kind zunächst selbst einen Beobachtungsbogen bekommen und diesen seiner Selbstwahrnehmung nach, für sich selber ausfüllen.

- In einem zweiten Schritt wollte ich den von mir Beobachteten meinen ausgefüllten Bogen aushändigen, so dass er/ sie sich anhand beider Bögen auf das Gespräch vorbereiten kann. Mein Beobachtungsbogen sollte in dieser Zeit auch zuhause gezeigt werden.

- Es sollte einen zweiten Beobachtungsdurchgang geben, der eine vom Kind gewünschte Verhaltensänderung zulässt.

Nach diesen Überlegungen nahmen die Gespräche einen guten Verlauf. Erleichtert wurde das Ganze dadurch, und das war für mich sehr erstaunlich, dass die Wahrnehmung der Schüler/ Schülerin sehr oft mit meiner Beobachtung fast identisch war. Die Bögen wurden von der Klasse höchst motiviert und oft detailliert ausgefüllt. Die Spalte Anmerkung wurde im Durchschnitt von den Kindern sogar häufiger ausgefüllt als von mir. Hier versuchten sie ihr Verhalten zu erklären oder zu entschuldigen. In einigen Gesprächen wurde beklagt, dass es nach wie vor schwierig sei, die Anleitungen zu verstehen und dass die Erklärungen der Experten hin und wieder nicht ausreichend seien. Diese Gesichtspunkte waren von meiner Seite aus bei dem nächsten Durchgang verstärkt zu bedenken. Eventuell muss das Expertenwissen vorher genauer überprüft werden.

Das größte Anliegen meinerseits bestand/ besteht jedoch darin Anworten zu finden, Antworten auf die Fragen: „Was kann ich machen, wenn ich arbeiten will und mich nicht konzentrieren kann?" -"Ich probier ja sauber zu schreiben, aber es geht einfach nicht! Was soll ich tun?"

Welche Hilfen kann ich den Fragenden in diesen Fällen geben? Auswahl aus wenigen Stationen, andere Ernährung (aber im Übergangswohnheim?), Einbeziehung eines Beratungslehrers, Schreibkurs Grundschule? Um als Lernberaterin tätig zu sein, brauche ist entsprechendes Wissen.

Vor der nächsten Beobachtung war mir eine Reflexionsphase mit der ganzen Klasse wichtig, um nochmals Handlungsstrategien gemeinsam zu entwickeln und auf Grundlage der Beobachtungsbögen Vorhaben für den kommenden Beobachtungszeitraum zu definieren.

Phase der Reflexion

Mit dieser Phase verband ich eine doppelte Zielsetzung. Zum einen sollte sich die Klasse aus ihren bisherigen Erfahrungen untereinander Lerntipps und Ratschläge zu der Fragestellung geben: "Wie kann ich in der Arbeit an Stationen erfolgreich arbeiten?" Diesmal wollte ich es schriftlich auf Lernplakaten festhalten lassen, damit diese Strategien jederzeit einsehbar wären.

Zum anderen hatte ich, angeregt durch einen Beitrag von H. Bartnitzky (1999), mich dazu entschlossen den Schülern und Schülerinnen sogenannte Selbstbeobachtungsbögen zu geben, auf denen sie ihr Vorhaben eintragen und dann im Anschluss an jede Wochenplanstunde sich selber rückmelden sollten, ob sie ihr Vorhaben umsetzen konnten oder nicht. Damit wollte ich ihnen nahebringen, sich selbst genauer zu beobachten und ihre Selbstwahrnehmung in Bezug zu ihrem Vorhaben zu setzen.

Während der Reflexionsphase arbeitete die ganze Klasse zwei Schulstunden lang sehr konzentriert. Zuerst wurde im Klassenverband der Frage nachgegangen: "Was lernen wir in der Schule alles?" und dann anschließend in Gruppen überlegt: "Wie mache ich es, dass ich konzentriert arbeite, dass meine Erklärungen den anderen wirklich helfen, dass ich meinen Ordner so führe, dass ich daraus lernen kann...?"

Daraufhin beschrieb ich das Ziel und die Vorgehensweise mit dem Selbstbeobachtungsbogen "Mitteilung an mich" (Abb. 15). Wahlweise wurde von Schülerseite ein oder zwei Vorhaben benannt und auf jeweils einen Bogen geschrieben, der bzw. die in den Stationenordner abgelegt wurde(n).

Abb. 15: Bogen zur Selbstbeobachtung

Mitteilung an mich					
Selbstbeobachtung von _____					
Für den neuen Durchgang der offenen Arbeitsphase habe ich mir folgendes vorgenommen:					
Ich _____					
Datum	**+ +**	**+**	**0**	**-**	**Bemerkung**

In den Beobachtungsbogen führte ich für die nächste Beobachtungsphase die Kategorie ++ ein, um in diesem Bereich nochmals besser unterscheiden zu können.

Phase der zweiten systematischen Beobachtung

Dieser Durchgang der Arbeit an den Stationen war klassenintern und umfasste die Fächer Deutsch/ Werkstatt Fabeln, Geschichte/ Werkstatt Römer und Kunst/ Werkstatt Drucktechniken.

Die innere und äußere Organisationsform glich der ersten, die Arbeitsaufträge waren aufgrund des kürzeren Zeitraumes und des Schülerwunsches eingegrenzter.

Die Klasse drängte nach Abschluss der Projektarbeit darauf, mit Stationenarbeit zu beginnen und startete entsprechend motiviert. Die Rolle der Beobachterin war für mich nun fast schon selbstverständlich, für die Klasse sowieso. Ich bemerkte, dass ich auch in anderen freien Arbeitsphasen und/ oder auch in anderen Klassen die Kinder und Jugendliche automatisch nach den in den Beobachtungsbogen aufgenommenen Kriterien beobachtete. In meiner eigenen Klasse kam hinzu, dass ich zwar nicht auf die Vorhaben der Einzelnen achtete, wohl aber die augenblicklichen Beobachtungen - auch wieder wie von selbst - mit den zurückliegenden verglich. Den ganzen Zeitraum über (Mitte Juni bis in die letzte Schulwoche) arbeiteten die Schüler und Schülerinnen meiner Beobachtung nach äußerst zielstrebig, schnell und gerne. Nach jeder Arbeitsphase trafen wir uns wie gewohnt im Stuhlkreis zur

Schlussbesprechung. Zu diesem Zeitpunkt führte ich als Neuerung für die Rückmeldung ein, dass Schüler/ Schülerinnen, wenn sie es wollten, auch über die Umsetzung ihrer Vorhaben berichten konnten. Viele berichteten gerne darüber, andere nie. Der Grundtenor ging aber in die Richtung: "Es klappt schon viel besser!" Meine Beobachtungen bestätigten dies.

Ebenso wurde meine Annahme bestätigt, dass Beobachtung eine besondere Wahrnehmung zwischen Lehrenden und Lernenden, ein gegenseitiges Wohlwollen erfordert.

Dazu eine Beispiel:

> Beispiel: Ich beobachtete R., ein Mädchen aus Albanien. Sie hatte auch sonst noch teilweise Schwierigkeiten zielstrebig zu arbeiten, erscheint heute besonders wenig konzentriert auf ihre Aufgabe. Sie überfliegt die Arbeitsanleitung, lacht, stört ihre Nachbarin, schreibt einige Worte, legt den Kopf auf den Tisch, stört wieder ihre Nachbarin, schreibt wieder einige Worte, legt den Kopf für längere Zeit auf den Tisch. Ich mache mein Kreuz in der entsprechenden Spalte auf ihren Beobachtungsbogen. Als ich wieder hochschaue, kommt Ronja auf mich zu und sagt: "Frau Braun, kann ich eine Weile auf den Hof gehen, mir ist heute gar nicht gut. Mein Vater musste heute Nacht ganz plötzlich nach Albanien, sein Bruder ist gestorben. Das kann ziemlich gefährlich für meinen Vater werden!"

Soll es nicht bei der Beobachtung als solcher bleiben, sondern soll aufgrund der Beobachtung Lernberatung stattfinden, so sind solche Informationen (nicht als Entschuldigung des Verhaltens) für mich als Lehrerin wichtig um zu adäquaten Interpretationen und lernfördernden Ratschlägen zu kommen.

Nach Beendigung der Beobachtungsphase erfolgte natürlich auch diesmal eine Rückmeldung.

Phase der zweiten Rückmeldung

Diese Rückmelderunde fand in zweifacher Form statt. Zum einen bereiteten sich die Schüler und Schülerinnen mit Hilfe ihrer Selbstbeobachtung auf das Gespräch mit mir vor. Es war auffallend, dass sie nun recht unbefangen über ihr Vorhaben und dessen Umsetzung sprachen. Das lag wohl nicht nur daran, dass die meisten von einer positiven Entwicklung berichten konnten, sondern auch an der Tatsache, dass sie mit Rückschlägen in soweit umgehen konnten, als dass sie dafür plausible Erklärungen gefunden hatten.

Zum anderen füllte ich für jedes Kind einen Beobachtungsbogen aus, der eine Zusammenfassung beider Beobachtungsphasen darstellte. Schwierig war für mich dabei manchmal die Bandbreite einer Entwicklung zwischen erster und zweiter Beobachtung, so dass ich hin und wieder mit Pfeilen arbeitete um die Entwicklungen, aber auch Schwankungen in dem betreffenden Bereich, anzudeuten.

Dieser endgültige Beobachtungsbogen wurde mit den Zeugnissen und einem Anschreiben an die Eltern ausgegeben.

1.6   Schlussgedanken und Ausblick

Nach meinen Erfahrungen mit systematischer Beobachtung in diesem Schuljahr, werde ich auch im kommenden Schuljahr während der Arbeit an Stationen oder ähnlichen offenen Arbeitsformen die erprobte Form der Leistungsbeurteilung anwenden. Dabei bin ich mir jedoch bewusst, dass die Beobachtungskriterien dann eventuell andere sein werden. Wie die offenen Arbeitsformen, so muss sich auch die dazugehörige Beobachtung meiner Meinung Schritt für Schritt entwickeln. Ausgangspunkt dafür sollten stets die in diesem Bereich vorhandenen Kompetenzen der Lernenden und Unterrichtenden und das angestrebte Ziel sein. Im Sinne eines Erwerbes muss dann für beide Seiten ein Lernprozess erfolgen, Erfahrungen gemacht, reflektiert und dann der nächste Schritt gegangen werden. Transparenz für alle Beteiligten erleichtert nicht nur den Prozess, sondern gibt meiner Meinung nach, gerade auf Elternseite, viel Rückhalt. Die systematische Beobachtung als eine Form der Leistungsbeurteilung in offenen Arbeitsformen bewährt sich dann, wenn sie eingebettet ist in eine wertschätzende Haltung den Schüler und Schülerinnen gegenüber, sowie in eine Kommunikations- und Rückmeldekultur.

Da aus der Beobachtung eine Lernberatung erfolgen muss, muss ich als Lehrerin die Möglichkeit haben, mich in beiden Rollen fortzubilden, mich in diesem Bereich zu professionalisieren.

Mein Anliegen ist es, vereinfacht gesagt, Unterricht in Eingangsstufe der Hauptschule aus offenen Arbeitsbereichen (Stationenarbeit/ Projektarbeit), aus lehrerzentrierten Phasen und gemeinschaftlichen Kommunikationsplätzen (Wochenkreis/ Klassenrat) zusammenzusetzen und die Schüler dazu zu befähigen sich adäquat daran zu beteiligen und dadurch auch profitieren zu können. Genauso vielschichtig wie die Leistungsanforderungen in diesem Sinne dann sind, genauso vielschichtig muss auch die Leistungsbeurteilung sein. Auf diesem Hintergrund sind für mich systematisch beobachtete Phasen äußerst wertvoll. Wertvoll im Sinne lernfördernder Rückmeldungen, aber auch im Sinne einer ständigen Evaluation und damit Weiterentwicklung von Unterricht.

Meine Erkenntnis nach diesem Jahr ist die, dass Leistungsbeurteilung in offenen Arbeitsformen genauso unabdingbar nötig ist, wie eine damit einhergehende Umgestaltung der Zeugnisse.

1.7   Anhang

Literatur

Bartnitzky, H. (1999): Zeugnisse als lernfördernde Rückmeldung. In: Böttcher, W./ Brosch, U./ Schneider-Petri, H. (Hrsg.): Leistungsbewertung in der Grundschule. Weinheim und Basel: Beltz 1999, S.15-29

Bauer, R. (1997): Schülergerechtes Arbeiten in der Sekundarstufe I: Lernen an Stationen. Berlin: Cornelson

Böttcher, W./ Hirsch jr.E.D. (1999): Verbindliches Wissen schaffen. In: Friedrich Jahresheft Schüler 1999. Themenheft ‚Leistung'. Seele: Friedrich-Verlag, S. 100-102

Groeben, A.v.d. (1999): Vielfältige Leistung durch Individualität. In: Friedrich Jahresheft Schüler 1999. Themenheft ‚Leistung'. Seelze: Friedrich-Verlag, S. 103-105

Anlage

Anlage 1: Beobachtungsbogen der Schülerin A., ausgefüllt von der Lehrerin

		+	o	-	Anmerkung
Beobachtungsbogen Wochenplanarbeit (WPA) für _____ im Zeitraum von _____ bis _____					
Stuhlkr.	Verhalten im Stuhlkreis		X		
	Mitarbeit im Stuhlkreis		X		*etwas schwankend*
Stationenarbeit	Aufbau/ Abbau der Station	X			
	Arbeitsanleitung verstehen und umsetzen	X			
	Hilfe holen	X			
	Erklärung geben	X			
	Zielgerichtetes Arbeiten (auch WPA)		X		
schriftl.	Führen des Ordners		X		*Du solltest dein Arbeitstempo steigern*

Gespräch mit dem Schüler am *11. Mai 2000*
Bemerkung: *s. Vorhaben*

Anlage 2: Beobachtungsbogen der Schülerin A., selbst ausgefüllt

	Beobachtungsbogen Wochenplanarbeit (WPA) für				
	_____				
	im Zeitraum von _____ bis _____				

		+	o	-	Anmerkung
Stuhlkr.	Verhalten im Stuhlkreis		X		_Ich rede manchmal laut_
	Mitarbeit im Stuhlkreis		X		_Ich rede manchmal aber mitarbeiten tu ich auch_
Stationenarbeit	Aufbau/ Abbau der Station	X			_Ich baue immer meine Station auf und ab und auch manchmal von den Anderen die ihre vergessen_
	Arbeitsanleitung verstehen und umsetzen		X		_Ich finde, das habe ich nicht so gut hingekrickt_
	Hilfe holen		X		_Ich habe Hilfe geholt am öftesten bei_
	Erklärung geben	X			_Ich habe vielen eine Erklärung gegeben und habe ein gutes Gefühl_
	Zielgerichtetes Arbeiten (auch WPA)		X		_Ich habe zu wenig Stationen gemacht_
schriftl.	Führen des Ordners	X			_Ich finde mein Ordner sieht gut aus_

Gespräch mit dem Schüler am _____
Bemerkung:

Anlage 3: ‚Mitteilung an mich', Selbstbeobachtung der Schülerin A.

Vorhaben 1

Mitteilung an mich				
Selbstbeobachtung von *A.S.*				
Für den neuen Durchgang der offenen Arbeitsphase habe ich mir folgendes vorgenommen:				
Ich *... werde mir vornehmen im Stuhlkreis nicht mehr reden*				
Datum	**+**	**o**	**-**	**Bemerkung**
21.6.2000	*X*			*Ich habe nicht geredet*
10.07.00		*X*		*Ich habe ein bisschen geredet*
17.7.00		*X*		*Ich habe schon geredet*
18.7.00	*X*			*Ich habe ganz ganz ganz wenig geredet*
19.7.00	*X*			*Ich habe nicht geredet*

Vorhaben 2

Mitteilung an mich				
Selbstbeobachtung von *A.S.*				
Für den neuen Durchgang der offenen Arbeitsphase habe ich mir folgendes vorgenommen:				
Ich *... werde mir vornehmen schneller zu arbeiten und zielgerichteter zu arbeiten*				
Datum	**+**	**o**	**-**	**Bemerkung**
21.6.2000		*X*		*Ich habe am Anfang die Station nicht kapiert*
10.07.00		*X*		*Ich habe immer nur 2 Stationen geschafft*
17.7.00		*X*		*Es ging gerade so*
18.7.00	*X*			*Ich habe 5 Stationen bearbeitet*
19.7.00	*X*			*Ich habe 3 Stationen bearbeitet*

Fallstudie 2
Cornelia Dieckhoff:
Leistungsbeurteilung im projektorientierten Unterricht

Schule:	Eduard-Spranger-Schule Reutlingen GHS (ESS)
Klassenstufe:	8
beteiligte Lehrkräfte:	Cornelia Dieckhoff
beteiligte Fächer:	Erdkunde
Unterricht:	Projektorientierter Unterricht
Thema:	Leben in Trockenräumen, Leben in Polargebieten
Zeitraum:	Dezember 1999 bis Mai 2000
Beurteilungsbausteine:	Präsentation, Produkt (Lernplakat, schriftliche Ausarbeitung)

2.1 Kurzportrait der Schule

Das Kollegium der Schule besteht aus 46 Lehrkräften und zwei sozial-pädagogischen Mitarbeiterinnen. Es gibt 25 Regelklassen und 3 Vorbereitungs- bzw. Förderklassen für ausländische und ausgesiedelte Kinder und Jugendliche.

Die Eduard-Spranger-Schule liegt am Rande der Reutlinger Kernstadt und ist eine Grund- und Hauptschule mit optionalem Ganztages-Angebot. Im Rahmen der schulbegleitenden Sozialarbeit sind zwei Sozialarbeiterinnen als Ansprechpartner in schwierigen Situationen, als Ratgeber bei wichtigen Entscheidungen und als Mitgestalter der Freizeit beschäftigt.

Der Einzugsbereich der Schule ist stark durchmischt: Es gehören dazu Villen, Sozialwohnungen, Eigentumswohnungen, Asylunterkünfte, Übergangswohnheime für Aussiedler und Außenwohngruppen für Kinder und Jugendliche in Trägerschaft von Jugendhilfeinstitutionen. Zum Teil stammen die Kinder und Jugendlichen aus sehr ‚behüteten' Elternhäusern, vor allem in der Grundschule, die Anzahl derer, die eher vernachlässigt sind, nimmt aber zu.

Als Besonderheit kann genannt werden, dass die Eduard-Spranger-Schule bis Februar 2000 Mitglied im ‚europäischen Netzwerk gesundheitsfördernder Schulen' im Rahmen des Europaprojekts ‚opus' war, außerdem beteiligt sie sich am Projekt LIPSA für die Eingangsstufe der Hauptschule.

Außerdem sollte erwähnt werden, dass die Schule versucht präventiv zu arbeiten. Immer wieder werden Experten zu einzelnen Problemen eingeladen, es gibt viele Kontaktpersonen, sei es vom Jugendamt, von den Förderschulen, von der Berufsberatung, mit denen versucht wird, in Gesprächen oder im Unterricht Lösungen zu finden. Auch am Klassenlehrerprinzip wird festgehalten, d. h. der Klassenlehrer/ die Klassenlehrerin versucht viele Fächer in der eigenen Klasse abzudecken, so dass ein enger Bezug zu den Jugendlichen möglich wird.

2.2 Die Klasse 8a

Zum Zeitpunkt der Durchführung des projektorientierten Unterrichts besuchten 21 Schüler und Schülerinnen, davon 5 Mädchen und 16 Jungen, die Klasse. Das Alter der Jugendlichen bewegt sich zwischen 14 und 16 Jahren.

13 Schüler und Schülerinnen mit einer anderen Nationalität oder aus anderen Staaten besuchen die Klasse, es gibt einen Türken, einen Pakistani, zwei Italiener, einen Kroaten, einen Eritreer, eine Eritreerin, eine Griechin, 2 Schüler und 3 Schülerinnen aus Russland bzw. Kasachstan.

6 Schüler stammen aus sehr problematischen, z. T. sozial schwachen und unvollständigen Familien. Davon lebt ein Schüler in einer betreuten Wohngruppe. Einige Eltern sind nicht in der Lage ihre Kinder wenigstens emotional zu unterstützen, viele wissen nicht, womit sich ihre Kinder sowohl in der Schule als auch in der Freizeit beschäftigen. Einige Jugendliche machen, was sie wollen, der Einfluss dieser Eltern auf das Schul- und Freizeitverhalten ihrer Kinder ist sehr gering. Dennoch gibt es auch Eltern, die sich viele Gedanken über ihre Kinder machen und an schulischen Ereignissen interessiert sind. Die meisten Jugendlichen leben in einfachen Familien, die Väter sind Arbeiter und die Mütter meist angelernte Arbeitskräfte.

Entwicklung

Es bestehen große Unterschiede in der körperlichen sowie in der geistigen Entwicklung der Jugendlichen, vor allem bei den Jungen. Ein Junge fällt dabei besonders auf, denn er ist der jüngste, aber körperlich am weitesten entwickelt und sehr verhaltensauffällig.

Verhalten im Unterricht – Arbeitshaltung

Einige Schüler und Schülerinnen arbeiten im Unterricht gut bis sehr gut mit. Sie zeichnen sich aus durch Interesse, qualifizierte Unterrichtsbeiträge, Umsetzung der Arbeitsaufträge, Einhaltung der Klassenregeln und höfliches Verhalten.

Mindestens drei Schüler haben die größten Schwierigkeiten sich zurückzuhalten, können nichts abwarten, schreien im Unterrichtsgespräch heraus, obwohl auch sie die im 7. Schuljahr mit der Klasse erarbeiteten Regeln unterschrieben haben. Sie sind auch häufig unkonzentriert, unruhig (ständiges Aufstehen und zum Waschbecken gehen) und zappelig. Gegenseitige unqualifizierte Kommentare, Beschimpfungen, Beleidigungen und Bloßstellungen sind an der Tagesordnung.

Diese Schüler erfordern viel Zeit und Aufmerksamkeit, weil ihr Verhalten immer wieder angesprochen werden muss, um bei ihnen eine Änderung zu erreichen, aber auch um die übrigen Schüler und Schülerinnen zu schützen.

Leistungsstand

Die Leistungen sind sehr unterschiedlich, es gibt Schüler und Schülerinnen mit Realschul-, aber auch mit Förderschulniveau. Manche Jugendliche sind in der Lage, völlig selbstständig oder im Team zu arbeiten, andere wiederum haben Schwierigkeiten sich selbst zu organisieren, d. h. sie vergessen ständig Materialien, in ihrer Schultasche herrscht Chaos, sie können ihre Zeit nicht einteilen, verlangen sofort Hilfe, wenn sie nicht weiterkommen, ohne sich selbst mit Problemen auseinander zu setzen.

Quereinsteiger

Die Klassenzusammensetzung ändert sich häufig durch abgehende Realschüler und Realschülerinnen oder durch Schüler und Schülerinnen, die aus der Vorbereitungs- bzw. Förderklasse in die Regelklasse wechseln. Die Überwechsler verfügen über andere Voraussetzungen und Arbeitsweisen und es ist viel Geduld und Mühe nötig, um sie in die Klasse zu integrieren.

2.3 Vorüberlegungen zum Unterricht und zur Leistungsbeurteilung

Begründung für offene Arbeitsformen

In den letzten Jahren stellte ich immer wieder fest, dass traditionelle Arbeits- und Unterrichtsformen nicht ausreichen, um den Schülern und Schülerinnen gerecht zu werden. Im Folgenden möchte ich hierfür mehrere Gründe nennen:

Zum einen bestehen unterschiedliche soziale und geistige Voraussetzungen seitens der Schüler und Schülerinnen, zum anderen verfügen sie über unterschiedliche Lerntempi. Wichtig erscheint auch der erweiterte Lernbegriff, den ich näher beschreiben möchte:

Im Hinblick auf die Schnelllebigkeit reicht fachlich-inhaltliches Wissen nicht mehr aus, d.h. was wir jetzt lernen, kann in kürzester Zeit veraltet sein. Das bedeutet aber, dass die Schüler und Schülerinnen fähig sein müssen, sich selbstständig Wissen anzueignen. Dazu gehören Fähigkeiten, über die Jugendliche meist nicht von sich aus verfügen, sondern die vermittelt und geübt werden müssen:

- *methodisch-strategisches Lernen*: z. B. Nachschlagen, Exzerpieren, Organisieren...

- *sozial-kommunikatives Lernen:* Für Teamarbeit und Partnerarbeit sind Eigenschaften wie Empathie, Zuhören, Begründen, Argumentieren, Diskutieren, Präsentieren nötig. Darüber müssen Jugendliche verfügen um beispielsweise im späteren Beruf erfolgreich sein zu können oder ihren Rechten und Pflichten als mündige Bürger nachzukommen.

- *persönliches Lernen:* Junge Menschen müssen lernen Kritik zu ertragen, ein realistisches Selbstbild und Selbstvertrauen zu entwickeln. (Klippert)

Bedeutend sind auch die veränderten Anforderungen der Wirtschaft, die u. a. Soziale Kompetenz, Handlungskompetenz, Verantwortungsbereitschaft von den Schulabgängern verlangt.

Auch der Bildungsplan der Hauptschule unterstützt dies in verschiedener Hinsicht, indem Ziele wie Förderung der persönlichen Entfaltung, Förderung des sozialen Lernens sowie die Förderung des selbstständigen Erfassens von Inhalten ausdrücklich formuliert sind.

Vorwissen der Klasse

Diejenigen der Schüler und Schülerinnen meiner Klasse, welche die 5., 6., und 7. Klasse der ESS besuchten, haben Erfahrungen mit selbstständigem Arbeiten, sei es nun durch Projekte, ‚Freiarbeit' in der 5. und 6. Klasse oder den wöchentlichen Freiarbeitsstunden.

In der 7. Klasse stellte ich fest, dass vielen Schülern und Schülerinnen grundlegende Fertigkeiten und Fähigkeiten fehlten, um Texte zu verstehen und wichtige Informationen zu entnehmen, also mit Texten umzugehen. Beispiele:

- Textmarker benutzen,

- Überfliegendes Lesen,
- Wichtiges unterstreichen,
- Schlüsselbegriffe finden,
- Herausschreiben von Stichwörtern,
- Präzises Beantworten von Fragen.

Feststellen konnte ich dies, als die Jugendlichen sich selbst aus den Sachfächern ein Thema aussuchten und bearbeiteten. So schrieben Einzelne ganze Passagen aus Büchern einfach ab, ohne den Inhalt zu verstehen. Sie verwendeten fachliche Begriffe, die sie auf Nachfrage nicht erklären konnten. Sie suchten nicht die wichtigsten Informationen heraus, sondern beschrieben Nebensächliches langatmig.

Neben dem Fehlen grundlegender Fertigkeiten mit Texten umzugehen, bestanden auch Schwierigkeiten in der Darstellung. Eine Gliederung war bei den wenigsten vorhanden, Überschriften und Abschnitte fehlten. Viele hatten grammatikalische Probleme und machten sehr viele Rechtschreibfehler.

Bezüglich des Vortragens von selbst Erarbeitetem hatten die Schülergruppen nur wenig und nur vereinzelt Erfahrung. Leistungen von Schülern und Schülerinnen wurden bisher vor allem durch Klassenarbeiten erhoben. In der Regel wurden die Arbeiten im Klassenverband zurückgegeben, nachbesprochen und verbessert. Eine persönliche Rückmeldung gab es nur ganz vereinzelt. Etliche Male konnten die Schüler und Schülerinnen kleinere Themen in Gruppenarbeit vor allem in Geschichte bearbeiten. Der Gruppensprecher oder die Gruppensprecherin stellte dann die Arbeit mit Hilfe eines von der Gruppe entworfenen Plakats dar. Manchmal erhielten die Gruppen dafür Noten, die dann als Test zählten.

Einige Jugendliche hatten also Erfahrungen hinsichtlich der Präsentation insoweit, dass sie Gruppenergebnisse den anderen mitteilten. Diese Rolle war von den Schülern und Schülerinnen aber immer freiwillig übernommen worden. Nur ganz wenige waren bereit gewesen, ein Thema zu bearbeiten und der Klasse dann vorzustellen, um ihre Note zu verbessern. Bei den Referaten, die in den letzten Schuljahren angefertigt, von den wenigsten aber präsentiert wurden, konnte nur die schriftliche Ausarbeitung benotet werden.

Vorbereitung der Klasse

Die Schüler und Schülerinnen sollten Methoden erlernen, um mit Texten ökonomisch umzugehen. Dazu wurden die von Klippert (1998) ausgearbeiteten Arbeitsblätter und Texte aus Sprachbüchern benützt und teilweise verändert. Die einzelnen Übungsformen wurden von den Schülern und Schülerinnen sehr gern gemacht, sie hatten Spaß daran, was dadurch erkennbar war, dass sie immer wieder nach diesen Übungsformen fragten und sehr konzentriert bei der Arbeit waren. Die Arbeitsblätter wurden gesammelt und mit Spirale gebunden, so dass die Jugendlichen eine Art ‚Nachschlagwerk' besitzen.

Anfang der 8. Klasse wurde eine Lerneinheit durchgeführt, bei der es vor allem um die Darstellungsform von Erarbeitetem ging. Beispiele:

- Hervorhebungen (Überschriften, Wichtiges)
- Einsatz verschiedener Schriftarten
- Aufteilung des Blattes
- Einsatz von Farben

- Skizzen, Bilder...

Grundlage bildeten wieder die Vorschläge von Klippert (1998). Detailliert wurden sodann im Deutschunterricht die Kriterien für die schriftliche Ausarbeitung eines guten Referats, den Entwurf eines Lernplakats und Präsentation erarbeitet. Den Kriterienkatalog erhielt jeder Schüler und jede Schülerin.

Themen für die Durchführung

In diesem Schuljahr sollten die Jugendlichen ein Thema in Erdkunde bearbeiten und präsentieren. Dabei wurde mir bewusst, dass die Schülerschaft exemplarisch arbeitet und nachher nicht über denselben Wissensstand verfügen kann und dass manche Themenbereiche durch die Referate und Lernplakate der Gruppen nur angerissen werden können. Dennoch halte ich gerade das selbstständige Arbeiten an einem Thema, insbesondere in Sachfächern, für die künftige Schul- und Berufslaufbahn für wichtig. Außerdem weiß man nicht genau, ob die Schülerschaft bei der Vermittlung von Inhalten im traditionellen Frontalunterricht tatsächlich über das gleiche Wissen verfügt.

Voraus ging in Erdkunde das Thema „Klima- und Vegetationszonen der Erde", das traditionell bearbeitet wurde. Die beiden folgenden Lehrplaneinheiten „Leben im Polargebiet" und „Leben in Trockenräumen" wurden nun in Themenbereiche untergliedert (s. Anhang) und sollten von den Schülern und Schülerinnen selbstständig in Partnerarbeit bzw. einer Dreiergruppe bearbeitet werden.

a) Leben im Polargebiet
- Traditionelle Lebensweise der Inuit
- Modernes Leben der Inuit
- Erforschung der Pole
- Streit um die Antarktis
- Gefahren für die Antarktis

b) Leben in Trockenräumen
- Wüste als Naturraum
- Tiere und Pflanzen in der Wüste
- Oasen
- Nomadentum
- Ausbreitung der Wüste
- Kennzeichen, Gefahren und Folgen modernen Lebens

Zu beurteilende Kompetenzen

Partnerpräsentation

Neben der Informationsentnahme aus Texten sollte das Ziel sein, das Gelernte vorzustellen und zu präsentieren. Resultierend aus der schriftlichen Ausarbeitung des Referats erschienen bei der Präsentation die folgenden Kompetenzen wichtig:

Kommunikationskompetenz
- Klare, verständliche Sprache
- in eigenen Worten formulierte Informationen
- kein Ablesen
- Blickkontakt zum Publikum
- Begriffe erklären (auch Fachkompetenz)
- Beantworten von Fragen

Methodenkompetenz
- Zu Beginn das Thema angeben, abgrenzen, damit die Zuhörer wissen, um welche Inhalte es geht.
- Einsatz von Dias, Schaubilder, Folien, Karten, ...
- szenische Darbietung

Herstellung eines Lernplakats

Die Schüler sollten fähig sein, das Wichtigste ihres Themas übersichtlich auf einem DIN A2 großen Plakat darzustellen. Es sollte dabei um die inhaltliche Korrektheit und um eine ansprechende Gestaltung gehen.

Inhalt	Gestaltung
• Festhalten der wichtigsten Informationen	• deutliche, klare Schrift
	• keine Rechtschreibfehler
• Erklären von Begriffen	• Hervorhebungen durch Farben, Schriftart und -größe
• Veranschaulichung durch passende Fotos, Tabellen, Diagramme, ...	• übersichtliche Aufteilung

Schriftliche Ausarbeitung des Referats

Wichtig sollte der Inhalt sowie die Darstellung, Schrift, Gliederung, Sprache und Form sein.

Gewichtung der einzelnen Beurteilungen

Die o. g. Kompetenzen sollten beurteilt werden und die Schüler und Schülerinnen eine Note, die als Klassenarbeit zählt, erhalten. Die Beurteilung sollte aus drei Teilen bestehen (Abb. 16): der schriftlichen Ausarbeitung, der Präsentation und dem Lernplakat (je ein Drittel).

Abb. 16: Gewichtung der Beurteilungsbausteine

Schriftliche Ausarbeitung	Präsentation	Lernplakat
1/ 3	1/ 3	1/ 3

Dazu wurde ein Beurteilungsbogen erstellt, der unter anderem auch dazu dienen sollte, den Schülern und Schülerinnen in mündlicher Form eine Rückmeldung über ihre Stärken und Schwächen zu geben.

Eine Prozessbeurteilung sollte nicht stattfinden, da sich die Schüler nur 3 – 4 Doppelstunden mit dem Thema in der Schule beschäftigten und sich daher auch außerhalb der Schule treffen sollten, wo keine Beobachtung möglich ist. Die punktuelle Beobachtung und die daraus abzuleitende Beurteilung erscheint mir äußerst subjektiv, denn vielleicht beobachte ich die Partner ja gerade in dem Augenblick, in dem einer besonders aktiv, kreativ und kommunikativ ist, zu einem anderen Zeitpunkt aber eher passiv und destruktiv. Die Beobachtung des Prozesses wäre dann eher zufällig.

2.4 Durchführung des projektorientierten Unterrichts

Übersicht

Abb. 17: Übersicht über den Ablauf der Unterrichtseinheit

Oktober 99 bis Dezember 99	Dezember 99 bis Februar 00	Februar 00 bis April 00	nach den Osterferien
• Vorbereitung im Fach Deutsch: Methodentraining	• Arbeitsphase in Partnerarbeit	• Präsentation	• Persönliche Rückmeldung an die Partner

Vorbereitung: Methodentraining im Fach Deutsch

Von Oktober bis Dezember 1999 wurde speziell auch im Fach Deutsch auf das Projekt in Erdkunde mit anschließender Leistungsbeurteilung hingearbeitet. Wie schon oben erwähnt, lernte die Schülergruppe Methoden der Informationsverarbeitung kennen. Außerdem wurde auf die Gestaltung großen Wert gelegt. Grundlage für die Übungen stellten Arbeitsblätter aus dem Buch „Methodentraining" von Klippert dar. Danach bearbeiteten die Schüler und Schülerinnen kürzere Sachtexte als Vorübung zum Referat. Anschließend besprachen wir Vorgehensweisen zum Erstellen eines Referats und eines Lernplakats (Anlage 1), außerdem wurde auf wichtige Merkmale bei der mündlichen Vorstellung der Arbeitsergebnisse eingegangen.

Das Projekt beginnt: Arbeitsphase in Partnerarbeit

Anfang Dezember wurden die Themen (Anlage 2) für die einzelnen Referate, die ja in Partnerarbeit bzw. in einer Dreiergruppe erstellt werden sollten, ausgegeben . Bei der Suche der Partner und Partnerinnen hatten die Jugendlichen freie Wahl, und zwar aus folgendem Grund: Die Paare mussten sich auch außerhalb der Schule treffen, um miteinander zu arbeiten. Ich nahm deshalb an, dass sich die Partner und Partnerinnen zusammenfinden, die gut miteinander auskommen und das Gefühl haben zusammenarbeiten zu können. Die Themen der Referate dagegen wurden nummeriert, auf kleine Zettel geschrieben und jedes Paar zog einen Zettel mit der Nummer, d. h. die Schüler und Schülerinnen konnten sich die Themen nicht frei heraus suchen.

Danach erhielten die Paare bzw. die Dreiergruppe Jurismappen mit Arbeitsmaterialien. Auf der Mappe stand noch einmal das Thema und zusätzlich die wichtigsten Arbeitsschwerpunkte. Die Arbeitsmaterialien waren Kopien, die ich vorher aus verschiedenen Schulbüchern zusammengestellt hatte. Die selbstständige Suche nach Informationsquellen wurde zwar bei der Vorbereitung besprochen, erschien mir aber zum jetzigen Zeitpunkt zu aufwändig und für einige Gruppen zu schwierig. Den Partnern wurde frei gestellt noch zusätzliches Material zu besorgen und einzubeziehen.

Die Arbeit am Referat begann dann mit einer Doppelstunde am 9. Dezember 1999. Bevor die Schüler und Schülerinnen anfingen, wurde im Stuhlkreis besprochen, was zu beachten ist, damit viele Gruppen gleichzeitig im Klassenzimmer und im Gruppenraum gut arbeiten können und sich niemand gestört fühlt.

Nach der ersten Doppelstunde erhielten alle Schüler und Schülerinnen einen Einschätzungsbogen (s. Anhang), um sich und ihre Partner bezüglich Konzentration, Zurechtkommen mit den Texten, Zusammenarbeit mit dem Partner/ der Partnerin, Treffen von Vereinbarungen, dem Partner/ der Partnerin etwas erklären können einzuschätzen und durch Ankreuzen auf einer Pfeilleiste von sehr gut bis schlecht zu bewerten. Außerdem konnten sie in besonderen Kästchen Schwierigkeiten, die bei der Arbeit aufgetreten waren, notieren. Dabei wurden vor allem Probleme bei der Verständigung mit dem Partner/ der Partnerin, Schwierigkeiten beim Zusammenfassen von Texten und Konzentrationsprobleme vermerkt. Der Einschätzungsbogen diente dazu, Schwierigkeiten und Probleme vor der zweiten Doppelstunde anzusprechen und nach Lösungen zu suchen, um die Schwierigkeiten dann zu verringern und ggf. zu beseitigen. Die dritte Doppelstunde fand am 13.01.2000 statt. Danach mussten sich die Schüler und Schülerinnen außerhalb der Schule treffen. Viele benutzten auch die wöchentlichen Freiarbeitsstunden, um das Referat schriftlich mit Hilfe des Computers auszuarbeiten.

Präsentationen

Ab Anfang Februar wurden die ersten Referate in den Erdkundestunden, aber nicht mehr als zwei an einem Tag, von den Partnergruppen gehalten. Dabei wurde ein Zeitraum von 15 bis 20 Minuten nie überschritten. Das letzte Referat wurde erst am 17. 3. präsentiert, bedingt durch Krankheit von einzelnen Schülern und Schülerinnen. Zu diesem Zeitpunkt gaben die Schülergruppen dann auch ihre schriftlichen Ausarbeitungen ab.

Persönliche Rückmeldung der Beurteilungsergebnisse an die Partner

Aufgrund vieler anderer schulischer Veranstaltungen wie Projektwoche, Betriebspraktikum, Londonfahrt, Skischullandheim mussten immer wieder Termine verschoben werden, so dass die Rückmeldung an die Jugendlichen erst nach den Osterferien stattfinden konnte. In Stunden, in denen die Schüler und Schülerinnen selbstständig arbeiteten, rief ich einzeln Partnergruppen zu mir, besprach mit ihnen meine Beobachtungen und begründete dabei auch meine Notengebung. Dabei war der Beobachtungsbogen sehr hilfreich, wir konnten Punkt für Punkt durchgehen, die Jugendlichen konnten nachfragen. Bevor ich jedoch meine Beobachtungen schilderte, ließ ich die Jugendlichen zu Wort kommen. Für mich war interessant, ob sich die Schüler und Schülerinnen ähnlich wie ich oder völlig anders einschätzten, wo sie ihre Stärken bzw. Schwächen sehen, welcher Teil für sie am leichtesten war.

2.5   Zur Leistungsbeurteilung

Beurteilungsbogen

Abb. 18: Kriterien zur Bewertung der Präsentation und des Lernplakats

Name:	Thema des Referats:					

Referat halten	Punkte	0	1	2	3	4
	Thema angegeben und gegliedert					
	Klare, verständliche Sprache					
	Informationen sind verständlich (eigene Worte)					
	Fragen können zufriedenstellend beantwortet werden					
	Zusätzliche Hilfen werden genutzt (Folie, Dias, Schaubild...)					

Lernplakat	Punkte	0	1	2	3	4
Inhalt	Wichtiges festgehalten					
	Begriffe erklärt					
	Passende Fotos, Tabellen, Schaubilder ... verwendet					
Gestaltung	Schrift: deutlich , klar					
	RS-Fehler nicht vorhanden					
	Aufteilung gelungen					
	Farben tragen zur Übersicht bei					
	Überschriften (kurz und treffend)					

Um die Präsentation und das Lernplakat zu bewerten, entwickelte ich eine Art Raster mit den wichtigsten Beobachtungskriterien (Abb. 18), die sich aus den Vorbesprechungen bezüglich des Aufbaus eines Referats und der Erstellung des Lernplakats mit der Klasse ergaben. Ich setzte 0 bis 5 Punkte an, was in Worten schlecht bis sehr gut bedeutet. Bevor das erste Referat gehalten wurde, gab ich diesen Beurteilungsbogen den Gruppen bekannt. Der Beobachtungsbogen sollte und konnte von den Schülern und Schülerinnen ergänzt werden, was aber nicht wahrgenommen wurde. Während der Erstellung des Beurteilungsbogens war mir bewusst, dass es nicht einfach sein würde, in der kurzen Zeit der Präsentation sehr viele Kriterien zu beobachten. Deshalb beschränkte ich mich wie unten zu sehen ist auf 5 bei der Präsentation.

Präsentation

Die Schüler und Schülerinnen trugen ihre Ergebnisse zu zweit (einmal zu dritt) vor. In der Regel befestigten sie vorher ihr Lernplakat an der Tafel, manche benutzten Folien, die Wandkarte und/ oder Dias, einmal gab es eine szenische Darstellung um den Begriff *Inuit* zu erklären.

Während des Vortrags versuchte ich, in der Tabelle den jeweiligen Ausprägungsgrad anzukreuzen. Da sich die Partner und Partnerinnen vorher geeinigt hatten, wer welchen Part vorträgt, trafen nicht alle Kriterien auf jeden zu. So konnte nur eine/ r das Thema angeben und gliedern, nur eine/ r konnte beispielsweise auf der Karte etwas zeigen. Auch Fragen, die vom Publikum gestellt wurden, konnte nur eine/ r beantworten.

Bei Einzelnen reichte das Ankreuzen nicht aus, so dass ich noch Notizen an den Rand schrieb, wenn Besonderheiten aufgefallen waren, z. B. „Eugen spricht zur Tafel, nicht zum Publikum".

Ursprünglich war meine Intention, die Punkte zu summieren und mit Hilfe eines Schlüssels in eine Teilnote umzuwandeln. Das war aus o. g. Gründen nicht machbar. Es war aber möglich, mit den Kreuzen und den stichwortartigen Notizen für jeden eine nicht auf Zehntel genaue Note festzulegen.

Lernplakat

Bei der Bewertung der Lernplakate unterschied ich inhaltliche und gestalterische Kriterien. Auch hier hatte ich eine 5-Punktetabelle (Abb. 18) angelegt, um ankreuzen zu können. Da die Lernplakate in DIN A 2 Format im Klassenzimmer aufgehängt werden konnten, hatte ich die Ruhe und die Zeit, sie mehrmals auf mich wirken zu lassen und sie unter den verschiedensten Gesichtspunkten anzusehen, bevor ich die Kreuze setzte. Mit Hilfe der Tabelle wurden auch hier die Noten festgelegt. So bildeten die beiden Schwerpunkte des Lernplakat den zweiten Teil der Note. Die Teilnote für das Lernplakat war gezwungenermaßen eine Partnernote, da ich nicht feststellen konnte, wer schrieb, wer zeichnete, wer passende Bilder fand oder wer zum Beispiel größeren Einfluss bei der Gestaltung des Plakats hatte.

Schriftliche Ausarbeitung des Referats

Bei der Bewertung der schriftlichen Ausarbeitung unterschied ich Inhalt und Form und setzte jeweils 10 Punkte an, damit konnten die Schüler und Schülerinnen 20 Punkte erreichen, die mit einem Notenschlüssel in die dritte Teilnote umgewandelt wurden. Beim Inhalt stellte ich fest, ob auf die zum Thema gehörigen Punkte eingegangen wurde. Außerdem wurde der Informationsgehalt auf Richtigkeit, Verständlichkeit und Klarheit hin überprüft. Bei der Form achtete ich auf eine sinnvolle Gliederung und Überschriften, auf die Schrift, Sprache und Rechtschreibung. Zusatzpunkte erhielten Gruppen, die noch selbst passende Materialien organisiert und verarbeitet hatten.

2.6   Reflexion

Präsentation

Positiv sehe ich bei der Präsentation Folgendes: Alle Schüler und Schülerinnen wussten, dass sie ihre Ausarbeitungen vortragen mussten, es gab keine Ausweichmöglichkeit. Diese Tatsache erzeugte zumindest bei einer Schülerin, die sich dahingehend auch äußerte, große Ängste. Sie sagte zu mir: „Ich geniere mich vor der Klasse zu stehen und etwas zu sagen". Trotz ihrer Nervosität gelang es ihr, vor die Klasse zu treten und über ihr Thema zu berichten. Schon nach kurzer Zeit war es ihr gelungen, die Unsicherheit zu überwinden, sich zu beruhigen und relativ sicher aufzutreten. Nicht alle Jugendlichen äußerten in dem Maße ihre Befürchtungen, dennoch waren sie zu spüren, aber alle schafften es, vor die Klasse zu treten und einen Teil des Referats zu übernehmen. Die Absprache zwischen den Partnern funktionierte gut, denn jeder/ jede wusste, welchen Part er/ sie zu übernehmen hatte und wo sie sich ergänzen konnten. Viele bemühten sich frei zu sprechen und sich nur an Stichpunkten zu orientieren, was zur Folge hatte, dass diejenigen einfache und verständliche Ausdrucksformen fanden, die das Publikum leichter verstehen konnten. Die Präsentation wurde von den meisten sehr ernst genommen und gut vorbereitet.

Für die Schüler und Schülerinnen war die Präsentation sicher die größte Herausforderung und meiner Meinung nach der größte persönliche Gewinn. Sie bekamen sofort Rückmeldung, wie sie auf andere in einer solchen Situation wirken, da sie die Reaktionen der anderen hörten, sahen und fühlten.

Die Bewertung der Präsentation erzeugte bei mir die meisten Unsicherheiten und war für mich trotz des Beurteilungsbogens am schwierigsten. Als Beurteilende musste ich gleichzeitig beobachten, hören, einschätzen, ankreuzen und evtl. Notizen machen. Daraus resultierte dann eine Eindrucksnote und ich hatte manchmal das Gefühl etwas übersehen oder nicht ganz richtig bewertet zu haben. Auch bei „Informationen sind verständlich" und „Zusätzliche Fragen können zufriedenstellend beantwortet werden" war das Setzen des Kreuzes schwierig, weil mehrere Jugendliche innerhalb ihres Parts beispielsweise am Anfang sehr gut verständliche Erklärungen gaben, zu einem späteren Zeitpunkt aber ungenau informierten.

Lernplakat

Bezüglich des Lernplakats war positiv, dass es völlig selbstständig ohne Hilfe der Lehrerin hergestellt wurde. Allen, außer einer Gruppe, gelang es wichtige Informationen und Begriffe herauszustellen, nur eine Zweiergruppe klebte ihre gesamte schriftliche Ausarbeitung auf das Plakat. Betrachtet man die Gestaltung, gab es doch gravierende Unterschiede. So waren manche Plakate unübersichtlich, enthielten Rechtschreibfehler oder die Schrift war kaum lesbar. Bei anderen Entwürfen war die Aufteilung gelungen, es wurden auffällige Farben verwendet, passende Fotos und Schaubilder wurden zugeordnet.

Die Beurteilung der Plakate war einfacher, da ich sie nicht unverzüglich zu bewerten hatte, es konnte viel Zeit darauf verwendet werden und die Plakate konnten auch miteinander verglichen werden, bevor ich ein Kreuz setzte. Auch Korrekturen waren nachträglich noch möglich.

Schriftliche Ausarbeitung des Referats

Bei der schriftlichen Ausarbeitung des Referats hatten sich fast alle, mit Ausnahme der Dreiergruppe, die keinen Text abgab, obwohl sie mehrmals dazu aufgefordert wurde, sehr bemüht. Die Dreiergruppe erhielt für die Ausarbeitung deshalb die Note 6. Von der Mehrheit erhielt ich einen sauberen computergeschriebenen Text. Viele hatten die Vorgaben berücksichtigt, indem sie z. B. ihr Thema gliederten, Überschriften fanden, die Schriftgröße und -art variierten und manchmal Bilder und Schaubilder einfügten. Textpassagen aus den Kopien oder Büchern einfach zu übernehmen und abzuschreiben unterblieb. Vielmehr gelang es fast allen, Informationen sinnvoll zusammenzustellen und eigene Formulierungen zu finden.

Die Bewertung der schriftlichen Ausarbeitung war relativ einfach, da sie doch einer Aufsatzbewertung am nächsten kommt.

Im Vergleich mit den bisherigen Leistungen der Schüler und Schülerinnen im Fach Erdkunde verbesserten sich 9 Schüler und Schülerinnen, 8 hielten in etwa ihre bisherige Note und 4 verschlechterten sich.

Positiv empfand ich das am Ende durchgeführte Gespräch über die einzelnen Leistungen mit den einzelnen Gruppen. So ließ ich die Schüler und Schülerinnen zuerst berichten, wie sie sich selbst einschätzten und wir konnten danach anhand des Beurteilungsbogens sehen, ob ich Ähnliches beobachtet hatte. Die Punkte, die ich notiert hatte und den Schülern und Schülerinnen mitteilen konnte, waren für die meisten nachvollziehbar. Es war für sie auch wichtig, etwas über ihre Stärken und Schwächen zu erfahren und wir konnten besprechen, was sie besser machen könnten, wo noch mehr Übung nötig wäre. Nur ein Schüler fühlte sich gegenüber seinem Partner von mir falsch eingeschätzt und äußerte dies auch.

Ungünstig war sowohl für mich als auch für die Jugendlichen, dass der Zeitpunkt der Rückmeldung erst nach den Osterferien erfolgen konnte. So hatten sich doch einige Eindrücke, vor allem bei den Schülern und Schülerinnen, verwischt. Außerdem musste ich die Rückmeldung immer in jene Stunden zwängen, in denen die Klasse völlig selbstständig arbeiten konnte, so dass ich mich mit den beiden Partnern befassen konnte.

Insgesamt ist festzustellen, dass die Vorbereitung, Durchführung, Bewertung und die Rückmeldung weit mehr Zeit in Anspruch genommen hat als die im Bildungsplan ausgewiesenen 11 Stunden.

2.7   Ausblick

Auf jeden Fall möchte ich weiterhin neue Beurteilungsformen anwenden, da ich glaube, dass die Schüler und Schülerinnen damit umfassender bewertet werden können. Auch später, beispielsweise im Beruf, werden die Jugendlichen nicht nur Klassenarbeitsnoten erhalten, sondern nach anderen Kriterien beurteilt werden und darauf vorzubereiten ist auch Aufgabe der Schule.

Um die Bewertung zu erleichtern wäre zu überlegen Schüler und Schülerinnen oder einen Kollegen oder eine Kollegin, vor allem bei der Beobachtung der Präsentation, einzubeziehen. Außerdem könnte ein Kassettenmitschnitt oder eine Videoaufzeichnung hilfreich sein. Die Kriterien der Beurteilung müssen meiner Ansicht nach ganz klar herausgearbeitet und je nach Thema und Klientel verändert werden. Die Kriterien in einem Beurteilungsbogen festzuhalten, finde ich weiterhin sinnvoll, wobei ich eine dreiteilige Abstufung für ausreichend halte und lieber noch mehr Raum für Notizen lassen würde.

Da die Vorbereitung, Durchführung und anschließende Bewertung des Projekts sicher mehr Zeit in Anspruch nimmt als der herkömmliche Unterricht, könnte eine Kooperation zwischen Kollegen und Kolleginnen, beispielsweise auf Stufenebene, sehr hilfreich sein.

Auch die Rolle des Lehrers als Beobachter muss geschult und eingeübt werden, damit das Beobachten und anschließende Bewerten keine Unsicherheiten mehr hervorruft.

Wichtig erscheint mir besonders für Hauptschüler und -schülerinnen auch die schrittweise Hinführung zu offenen Arbeitsformen, verbunden mit ständigem Wiederholen gelernter Fertigkeiten und Fähigkeiten, beginnend in der 5. Klasse und unter Einbeziehung sämtlicher Fächer. Eben dies erfordert dann aber verbindliche Absprachen und eine enge Kooperation unter Kollegen und Kolleginnen.

Um Schülern und Schülerinnen einen interessanten und zeitgemäßen Unterricht zu bieten und sie gut auf ihr zukünftiges Leben vorzubereiten, bin ich der Meinung, dass sie mit sämtlichen alten und neuen Formen des Unterrichts und mit der jeweiligen Beurteilung konfrontiert werden sollten. Somit wird zwar weiterhin Wissen vermittelt, aber die Jugendlichen lernen auch sich selbständig Wissen anzueignen und Gelerntes in geeigneter Form weiterzugeben, wobei verschiedene Kommunikationsformen und Methodenvielfalt eine wichtige Rolle spielen. Zudem erfahren sie etwas über ihre persönlichen Eigenschaften, über ihre Stärken und Schwächen.

2.8   Anhang

Literatur

Bildungsplan der Hauptschule für Baden-Württemberg (1994), Lehrplanheft 2

Erdkunde 8, HS Ausgabe A (1996), München: Oldenbourg. S. 10 – 51

Geographie 8, Mensch und Raum, HS Baden-Württemberg (1996). Berlin: Cornelsen, S. 16 – 48

Heimat und Welt, Baden-Württemberg Klasse 8 (1995). Braunschweig: Westermann, S. 18 – 53

Klippert, H. (1998): Methodentraining: Übungsbausteine für den Unterricht. 8. Auflage, Weinheim und Basel: Beltz

Terra Erdkunde Hauptschule Baden-Württemberg 8 (1996). Gotha und Stuttgart: Klett-Perthes, S. 14 – 51

Wortstark 7 (1998), Themen und Werkstätten für den Deutschunterricht, Baden-Württemberg. Hannover: Schroedel, S. 233

Wortstark 9 (1999), Themen und Werkstätten für den Deutschunterricht, Baden-Württemberg. Hannover: Schroedel, S. 242

Anlagen

Anlage 1: Hinweise für Schüler und Schülerinnen zum Erstellen eines Referats mit Lernplakat

1. Vorbereitung und Erarbeitung	2. Arbeitsergebnisse vorstellen
Thema • Fragen zum Thema stellen: was will ich bearbeiten, was interessiert mich, ...? **Materialien besorgen** • Atlas • Lexikon • Computerprogramme → Internet • Länder- und Reisemagazine • Reiseprospekte • Bücher aus der Bücherei • Schulbücher • Zeitungen, Zeitschriften • Tabellen, Schaubilder • Filme, Dias • Befragen von Experten • Ämter • Beratungsstellen • ... **Informationen sammeln** • überfliegendes Lesen • Aussortieren bestimmter Materialien • Wortbedeutungen klären • wichtige Informationen aufschreiben (Stichwortsätze...) **Informationen ordnen** • doppelte Informationen streichen • Ähnliches zusammenfassen • Überschriften finden und Informationen zuordnen **Texte zusammenfassen** • nur wichtige Informationen • Stichworte zu einem Text zusammenfassen (eigene Worte, nicht Sätze abschreiben)	**Lernplakat herstellen** Das Wichtigste festhalten mit Hilfe von... • Bildern, Tabellen, Fotos,... • kurzen Informationstexten • Erklärung von Begriffen, Fachwörtern,... Gestaltung • klare, saubere, deutliche Schrift, (Computerschrift, edding...) • keine Rechtschreibfehler • Farben verwenden, die auch von weitem gut erkennbar sind • Raum gut aufteilen (nicht dicht gedrängt) • Lineal benutzen • genaues Ausschneiden (z. B. aus Zeitschriften) • ... **Referat halten** • Thema angeben, eingrenzen • Informationsquellen angeben (Bücher, Zeitschriften, ..., mit denen du gearbeitet hast) • Gliederungspunkte angeben (Überschriften, Unterpunkte...) • Zusätzliche Hilfen nutzen (Folie, Dias, Schaubilder, ...) • Informationen in eigenen Worten wiedergeben • laut und deutlich sprechen, möglichst nicht ablesen • ZuhörerInnen (SchülerInnen) dürfen Fragen stellen • evtl. kleinen Test, Spiel, Quiz für SchulerInnen vorbereiten

115

Anlage 2: Mögliche Referatthemen im projektorientierten Unterricht

Leben in Trockenräumen	Leben in Trockenräumen
----------------	----------------
Wüste	**Erdöl, Erdgas, Bewässerung in der Wüste**
a) Berichte über die Lage und Größe der Sahara	a) Welches sind die Kennzeichen modernen Lebens?
b) Beschreibe das Klima → Klimadiagramm	b) Wie veränderte sich die Wirtschaftsweise?
c) Unterscheide die Wüstenarten	c) Welche Wege der Bewässerung gibt es?
d) Erkläre die Begriffe Wadi und Schott	d) Gefahren für die Natur und die Menschen?
Benutze auch dein EK-Buch S. 38 – 41	*Benutze auch dein Buch S. 44/45*

Leben in Trockenräumen	Leben in Polargebieten
----------------	----------------
Nomadentum	**Lebensraum der Inuit**
a) Erkläre den Begriff Nomade	a) Beschreibe die Naturerscheinungen:
b) Beschreibe den Tagesablauf der Tuaregs (Essen, Spielen, Unterricht, Arbeit...)	▪ Klima →Klimadiagramm
c) Welche Bedeutung haben die Tiere und das Wasser für die Nomaden?	▪ Naturerscheinungen (Polartag, Polarnacht...)
d) Wie ändert sich die Lebensweise?	b) Erkläre das Wort Inuit
Benutze auch dein Buch S. 42/43	c) Berichte über die traditionelle Lebensweise der Inuit (Lebensweise, Erziehung...)
	d) Was ist ein Iglu?
	e) Was versteht man unter Selbstversorger?
	f) Warum wurden viele Inuit vertrieben?
	Benutze auch dein Buch S. 20 – 23

Leben in Trockenräumen	Leben in Polargebieten
----------------	----------------
Oasen	**Modernes Leben der Inuit**
a) Was ist eine Oase?	a) Berichte über das moderne Wohnen
b) Berichte über das Leben in einer Oase.	b) Wo und was arbeiten sie?
c) Was versteht man unter Stockwerkbau?	c) Wie leben sie?
d) Welche Oasentypen gibt es?	d) Welche Vor- und Nachteile hat das moderne Leben?
e) Welche Bedeutung hat die Dattelpalme?	
Benutze auch dein Buch S. 40/41	*Benutze auch dein Buch S. 24/25*

Leben in Trockenräumen	Leben in Polargebieten
----------------	----------------
Ausbreitung der Wüste	**Antarktis**
a) Berichte über die Nomaden in der Sahelzone	a) Beschreibe die Lage der Antarktis
b) Was bedeutet Sahel?	b) Warum gibt es Streit zwischen den Nationen um die Antarktis
c) Folgen der Überweidung und Tiefbrunnen?	c) Welche Bodenschätze werden dort vermutet?
d) Wie entstehen Wüsten? (Erkläre die Begriffe Wendekreiswüste, Küstenwüste, Binnenwüste)	d) Der Krill ist die Lebensgrundlage der antarktischen Tierwelt. Berichte darüber.
e) Welche Savannenarten gibt es?	e) Inwiefern bedroht der Mensch die antarktische Umwelt?
Benutze auch dein Buch S. 46 – 50	*Benutze auch dein Buch S. 26 -31*

Leben in Trockenräumen	Leben in Polargebieten
----------------	----------------
Die Wüste lebt	**Erforschung der Pole**
a) Beschreibe Tiere und Pflanzen der Wüste	a) Berichte über die früheren Forschungsreisen in die Arktis und Antarktis.
b) Berichte über die Anpassungsformen	b) Beschreibe den Wettlauf zw. Scott u. Amundsen.
c) Erkläre an Beispielen, warum das Dromedar besonders an seine Umwelt angepasst ist.	c) Wie wird Polarforschung heutezutage betrieben?
d) Was sind Safaris?	*Benutze auch dein Buch S. 32 –34*

Anlage 3: Einschätzungsbogen zur Selbst- und Partnerbeurteilung während des Arbeitsprozesses im projektorientierten Unterricht

Thema	Datum	
Name	*Bewertung*	*Name meines Partners*
sehr gut – mittel – schlecht		*sehr gut – mittel – schlecht*
<---------------------->	Konzentration	<---------------------->
<---------------------->	Mit den Texten zurecht kommen	<---------------------->
<---------------------->	Zusammenarbeit mit dem Partner	<---------------------->
<---------------------->	Vereinbarungen treffen	<---------------------->
<---------------------->	Dem Partner etwas erklären können	<---------------------->

Ich hatte Schwierigkeiten bei:	Mein Partner hatte Schwierigkeiten bei:

3 Fallstudie 3. Hanna Daur: Leistungsbeurteilung im Rahmen der Freiarbeit (RS/ Kl. 7/ D, M, E)

Fallstudie 3
Hanna Daur:
Leistungsbeurteilung im Rahmen der Freiarbeit

Schule:	Wilhelm-Hauff-Realschule Pfullingen
Klassenstufe:	7
beteiligte Lehrkräfte:	Hanna Daur, Roland Lausberg
beteiligte Fächer:	Deutsch, Englisch, Mathematik
Unterricht:	Still- und Freiarbeit
Thema:	verschiedene Themen aus den beteiligten Fächern
Zeitraum:	Oktober 1999 bis Juli 2000
Beurteilungsbausteine:	Prozessbeurteilung durch systematische Unterrichtsbeobachtung, weitere Bausteine: Merkmalsbogen, Kurzbericht, Einzelgespräch, Vorhaben, Beiblatt zum Zeugnis

Danksagung

Roland Lausberg unterstützte mich über das ganze Schuljahr 1999/ 00 hinweg in wahrhaft optimaler Weise, Dr. Thorsten Bohl stand immer mit Rat und Tat zur Seite. Dafür danke ich beiden sehr.

3.1   Schulische und unterrichtliche Voraussetzungen

Zur Schule

Wilhelm-Hauff-Realschule Pfullingen

Bei der am Forschungsprojekt beteiligten Schule handelt es sich um eine fast durchgehend fünfzügige Realschule.

Im Schuljahr 1999/ 00 besuchten 843 Schülerinnen und Schüler die Wilhelm-Hauff-Realschule Pfullingen und wurden dort in 29 Klassen von 59 Lehrerinnen und Lehrern unterrichtet. Seit Jahren arbeitet das Kollegium an der Weiterentwicklung von Unterricht. Zum Profil der Wilhelm-Hauff-Realschule gehört schülerorientiertes Unterrichten. So wird seit langem in vielen Klassen eigenverantwortliches Arbeiten in Form von Still- und Freiarbeit geübt. 1995 beschloss die Gesamtlehrerkonferenz, einen selbst gewollten Schulentwicklungsprozess anzustoßen. Dieser wurde von 1997 bis 1999 von der Universität Tübingen wissenschaftlich begleitet. Innerhalb des Schulentwicklungsprozesses entstand ein über alle Klassenstufen konzipiertes Curriculum zum Methoden- und Kommunikationstraining.

Mit der am Forschungsprojekt beteiligten Klasse habe ich in diesem Zusammenhang im fünften Schuljahr systematisch Partnerarbeit trainiert, im sechsten Schuljahr Elemente für Gruppenarbeit erarbeitet und in diesem Jahr einen Methodentag zur Gruppenarbeit durchgeführt.

Das Unterrichtskonzept ‚Still- und Freiarbeit'

Die jetzige Klasse 7b, bestehend aus 14 Schülerinnen und 14 Schülern, unterrichte ich als Klassenlehrerin seit der fünften Klasse in Deutsch und Mathematik, Kollege Roland Lausberg erteilt ebenso lange das Fach Englisch. Seit drei Jahren findet Still- und Freiarbeit zweimal wöchentlich nahezu unverändert statt. Sie wird in einem zweistündigen Block angeboten und beginnt mit einer ungefähr halbstündigen Stillarbeitsphase. Die Schülerinnen und Schüler wählen sich eine Übungsaufgabe aus den Fächern Deutsch, Englisch und Mathematik aus, bearbeiten diese bei absoluter Ruhe eigenständig in Einzelarbeit, kontrollieren das Bearbeitete auf Richtigkeit und tragen die fertiggestellte Aufgabe ins Freiarbeitsheft ein. Je nach Arbeitsdauer holen sie sich noch weitere Aufgaben. Eine etwa einstündige Freiarbeitsphase schließt sich an, in der bei rücksichtsvoller Lautstärke mit Partnern gearbeitet wird: umfangreichere Themen, aktuelle Lernspiele, Klassenarbeitsvorbereitung, Rollenspiele u.a.m..

Für diese Unterrichtsform gelten klare Regeln, wie z.B.: begonnene Arbeiten werden zu Ende geführt, es wird niemand in seiner Arbeit gestört, Hilfe kann in der Freiarbeit angefragt werden, es gilt freie Fach- und Themenwahl und Arbeitsergebnisse werden ins Freiarbeitsheft eingetragen.

Unser Ziel ist es den Schülerinnen und Schülern die Möglichkeit zu geben Material nach persönlichen Lernbedürfnissen zu wählen, im eigenen Tempo zu arbeiten, Selbstkontrolle zu üben, die Erfahrung von Disziplin und Stille zu machen und allein und mit anderen durchaus lustbetont zu lernen. Zugleich haben die Jugendlichen auch die Möglichkeit, Arbeitstechniken fachlich eingebunden zu trainieren und Kooperation zu erlernen bzw. zu pflegen. Sie können erkennen, wie wichtig Verantwortlichkeit für individuelles Lernen ist und eigene Verantwortung dafür übernehmen.

Es geht bei diesem Unterrichtsangebot im Wesentlichen darum, Prozesse des Lernen Lernens, des Leben Lernens und des Zusammenleben Lernens (vgl. Batsching u.a. 1992, Ziele des „Offenen Unterrichts") zu fördern, sie an die inhaltlich-fachliche Lernebene anzubinden und damit einen erweiterten Lernbegriff umzusetzen (vgl. Kap. I).

Um den Wert, den ich dieser Arbeitsform beimesse, auch im Bewusstsein der Schülerinnen und Schüler noch stärker herauszustreichen, wird seit Mitte Klasse 6 am Ende der Freiarbeitszeit ein kurzer Bericht über das, was in der kommunikativen Arbeitsphase getan wurde, ins Freiarbeitsheft geschrieben. Jede Schülerin und jeder Schüler soll am Ende der Arbeit Rechenschaft darüber ablegen, was, wie, warum und mit wem gearbeitet und gelernt wurde.

3.2 Vorbereitung und Vorüberlegungen

Übersicht über den Ablauf der Erprobung

Abb. 19: Übersicht über den Ablauf der Erprobung (systematische Unterrichtsbeobachtung)

Schuljah-res-beginn	Oktober 1999	Nov. 1999 bis Feb. 2000	März/ April 2000	Mai/ Juni 2000	Juli 2000	September 2000
▪ Informati-on der Eltern (und Schü.)	▪ Kl.fahrt: Einstieg in die Refle-xion über indiv. Lernver-halten; ▪ Schü. formulie-ren ihr erstes Vorhaben	▪ Erste Beob-achtungsrunde mit dem ersten und zweiten Beobach-tungsbogen	▪ Erstellen der Kurzbe-richte; erste Gesprächs-runde (Einzelge-spräche); ▪ Schü. formulieren ihr zweites Vorhaben	▪ Zweite Beobach-tungsrunde mit dem dritten Beobach-tungsbogen; ▪ Schüler-mitbeurtei-lung (Schü. beobachten)	▪ Ein ausge-füllter Beobach-tungsbogen wird dem Zeugnis beigelegt	▪ Zweite Gesprächs-runde (Einzelge-spräche)

Beteiligung der Schülerinnen und Schüler

Im Laufe des Schuljahres 1998/ 99 zeichnete sich ab, dass bis zum Ende von Klasse 6 die Freiarbeit eine voll akzeptierte, auch von den Schülern geschätzte Unterrichts-form war, für die es klare Regeln gab. Diese wurden weitestgehend korrekt einge-halten, weil sie auch Freiraum zu persönlicher Entwicklung gewährten. Damit war eine Basis dafür vorhanden, im darauffolgenden Schuljahr in dieser Klasse eine *systematische Beobachtung* des Lern- und Arbeitsverhaltens in der Still- und Freiar-beit zu versuchen.

Noch ungeklärt war für mich zu diesem Zeitpunkt die Frage, in welcher Weise und Intensität die Schülerinnen in den geplanten Beurteilungsprozess mit einbezo-gen werden konnten bzw. mussten. Die Lösung dieser Frage nahm an Dringlichkeit zu, je mehr die konkrete Umsetzung angedacht wurde. Wie konnte jemand über sein Lernverhalten beraten werden, wenn er nicht gelernt hatte, sich zu beobachten und über sein Verhalten zu reflektieren? Wie sollte jemand Beobachtungsergebnisse umsetzen können, wenn er gar keine Wahrnehmung davon hatte, wie er lernt?

Damit schälte sich für den Gesamtansatz einer Leistungsbeurteilung im Rahmen der Freiarbeit eindeutig heraus, dass die Schülerinnen und Schüler von Anfang an in das Verfahren mit einbezogen werden müssen. Soweit es möglich war, sollten sie für Selbstbeobachtung und Beratung sensibilisiert werden, um mit Erfolg beraten werden zu können. Vermutlich hatten die Schülerinnen und Schüler der Klasse 6 über sich und ihr Lernverhalten von sich aus noch nicht oder nur wenig nachgedacht und Rechenschaft abgelegt. Folglich mussten sie dazu angeleitet werden.

Vorbereitung der systematischen Unterrichtsbeobachtung auf einer Klassenfahrt

Eine erste Anleitung zur persönlichen Reflexion des Lernverhaltens fand im Oktober 1999 während einer dreitägigen Klassenfahrt auf die Burg Derneck statt. Sie bestand zum einen aus Einzelgesprächen mit den Schülerinnen und Schülern, in denen ihre verbalen Beurteilungen, die im Zeugnis der Klasse 6 ausgegeben worden waren, besprochen wurden. Auf diese Weise konnten bereits bestehende Aussagen über das individuelle Lern- und Arbeitsverhalten der Jugendlichen berücksichtigt und zur Erstellung persönlicher Absichtserklärungen, sog. Vorhaben, genützt werden. Zum andern füllten alle Schülerinnen und Schüler einen Fragebogen aus, der das persönliche Verhalten beim Arbeiten in der Still- und Freiarbeit beleuchtete. Die Antworten wurden in Gruppen diskutiert und nach ihrer Wichtigkeit bewertet ins Plenum eingebracht. Auf diese Weise wurden mit der Klasse neben dem Verhalten in der Freiarbeit zugleich auch die Gründe dafür, ihre Ziele also, diskutiert.

Auf zwei Punkte möchte ich hier noch gesondert eingehen:

1. Die Erstellung des Fragebogens brauchte mehr Zeit als erwartet. R. Lausberg und ich konnten den Bogen, wie später auch den Merkmalsbogen zur Beobachtung, nicht entwickeln, ohne zuvor nochmals über unsere Ziele der Freiarbeit einerseits und die der zukünftigen Lernberatung andererseits nachzudenken. Für uns wurde Folgendes klar: Freiarbeit hat als Ziel eine Kompetenzerweiterung, die der Persönlichkeitsentwicklung dient. Der Fragebogen allerdings durfte nun nicht auflisten, was z.B. an Fachwissen, Arbeitsmethoden, Gesprächsfähigkeit oder Selbstständigkeit während der letzten zwei Jahre in der Freiarbeit erworben worden war. Er musste Auskunft geben über die Art des persönlichen Umgangs mit den für die Freiarbeit typischen Arbeitsschritten oder Situationen bzw. den sie störenden oder begünstigenden Faktoren.

2. Ein Gespräch über das Ausfüllen des Fragebogens bestätigte die in Kapitel 2.1 geäußerte Vermutung, dass die Schülerinnen und Schüler über ihr Arbeitsverhalten noch wenig nachgedacht hatten. Folgendes wurde dazu geäußert:

   „Habe mir noch nie so überlegt, wie ich arbeite; manches ist mir klargeworden." –

   „Gut, dass wir's geschrieben haben, gesagt hätte ich nicht so viel." –

   „Ich habe gemerkt, was ich falsch gemacht habe." (eigene Notizen v. 17.10.99)

Einordnung der Leistungsbeurteilung in den Unterrichtsablauf

Die außerunterrichtliche Klassenfahrt hatte die Möglichkeit geboten, eine breite Reflexion über das persönliche Lernverhalten eines jeden anzuregen. Dies war einerseits durch das Bewusstmachen des eigenen Arbeitsverhaltens anhand des Fragebogens geschehen, andererseits durch die bereits vorhandene Lerndiagnose der verbalen Beurteilung ergänzt worden. Die Klassenfahrt schloss mit einer Prognose ab: Jede Schülerin und jeder Schüler verfasste schriftlich ein Vorhaben, in dem sie/ er festlegte, auf welche beiden Punkte in den kommenden Wochen besonders geachtet werden sollte, um eine Verbesserung im Lern- und Arbeitsverhalten zu erreichen. Ein möglichst passendes Lernangebot in der Still- und Freiarbeit musste diesen Beschluss stützen.

Das Vorhaben hatte Gültigkeit, solange die erste Beobachtungsphase andauerte. Es wurde in der ersten Gesprächsrunde im März 2000 wieder aufgenommen, auf seine Umsetzung hin überprüft und der nächsten Lerndiagnose gegenübergestellt, dem Kurzbericht, der aus der ersten Beobachtungsrunde resultierte. Und wieder folgte ein Vorhaben des Schülers und ein möglichst genau darauf abgestimmtes Lernangebot, das u.a. eine Veränderung des Materialangebots bedeutete, auf die ich noch gesondert in Kapitel 6.1 eingehe.

Für die Leistungsbeurteilung kristallisierte sich damit ein sich wiederholender, gleichgearteter Ablauf heraus: Zu jeder Beobachtungseinheit gehörte eine Diagnose, eine Prognose und ein pädagogisches Handeln (Besser u.a. 1976, 105). Mit immer wieder neu aktualisierten Zielen konnte das individuelle Lernverhalten innerhalb des Still- und Freiarbeitsangebots konkret verbessert werden.

Organisation der Beobachtungssituation

Zu Beginn des Schuljahres 1999/ 2000 versuchten Kollege Lausberg und ich, aus der Zusammenschau der persönlichen Stundenpläne zwei sinnvolle Freiarbeitseinheiten von je zwei aufeinanderfolgenden Unterrichtsstunden festzulegen. Die Fächer Englisch, Deutsch und Mathematik brachten jeweils eine Wochenstunde in den Freiarbeitspool ein, die vierte Stunde kam aus dem Zusatzbereich.

Die Verteilung konnte nicht optimal gestaltet werden, es kamen nur zwei Tage in Frage, Donnerstag und Freitag jeweils 2. und 3. Stunde. Doch hatte die Planung auch ein Gutes: An beiden Tagen konnte aufgrund entsprechender Hohlstunden eine Stunde mit zwei Beobachtern besetzt werden, und zwar Donnerstag die dritte und Freitag die zweite Stunde. Das bedeutete, dass Kollege Lausberg die gleichen Schülerinnen und Schüler wie ich am Donnerstag in der kommunikativen Freiarbeit und am Freitag in der Stillarbeit beobachten konnte, vorausgesetzt, ich wechselte jeden Donnerstag nach der ersten Phase die zu Beobachtenden. Dies war keine Frage, denn es beinhaltete einen möglichen Zuwachs an Validierung unserer Ergebnisse, wenn wir beide zur gleichen Zeit dieselben Jugendlichen beobachteten und es war mit Sicherheit auch ein wichtiger Beitrag zur selbstkritischen Distanz und zur Begrenzung von Vorurteilen (vgl. Jürgens 1992, 59).

Sowohl der Kollege als auch ich hatten noch keinerlei Erfahrung in systematischer Schülerbeobachtung und so wussten wir am Anfang des Schuljahres nicht, wie lange ein Beobachtungsdurchgang für 28 Schüler dauern würde. Wir legten für den Beginn auf Anraten des Projektleiters maximal vier Personen pro Beobachtungssituation fest, für die Einzelbesetzung durch mich nur drei. Da alle Ergebnisse durch eine Doppelbesetzung an Beobachtern zustande kommen sollten, benötigte ein Durchgang mindestens sieben Schulwochen. Nach jedem Durchgang fand mindestens eine Gesprächsrunde zwischen den Beobachtern und zwischen ihnen und den Schülern statt. Hinzu kamen 28 Beratungsgespräche, wobei zumindest letztere im Interesse der beidseitigen Belastungsbegrenzung innerhalb der Unterrichtszeit organisiert werden mussten. Es war denkbar, einzelne Schülerinnen und Schüler aus der Freiarbeitszeit zum Gespräch herauszunehmen.

Insgesamt konnten demnach im gesamten Schuljahr zwei bis maximal drei Durchgänge zustande kommen. Zu wenig um am Schuljahresende dem Zeugnis ein Ergebnisblatt beizulegen? Wir verneinten die Frage, weil es bei diesem Versuch einer veränderten Leistungsbeurteilung nicht auf die Fülle der Einzelbeobachtungen ankam, sondern auf den bei jeder Schülerin und bei jedem Schüler einsetzenden Prozess einer Optimierung ihres bzw. seines Arbeits- und Lernverhaltens. Folglich mussten auch die Rückmeldephasen von beiden Seiten als Kern der Lernberatung gesehen und mit dem entsprechenden Zeitbedarf eingeplant werden.

Einbeziehung der Eltern der Klasse - Projektplan

Im April 1999 stellte ich den Eltern meiner Klasse 6b in einer Klassenpflegschaftssitzung meine Absicht vor, im Rahmen eines Forschungsprojektes im kommenden Schuljahr in der Still- und Freiarbeit die Jugendlichen hinsichtlich ihres Arbeits- und Lernverhaltens beobachten und ihnen eine individuelle Rückmeldung geben zu wollen, aus der Veränderungen im eigenen Lernverhalten erwachsen könnten. Beobachtungsmöglichkeiten sah ich im Arbeitsverhalten und -tempo, in der Arbeitsplanung und –ausführung sowie in der Konzentrationsfähigkeit, dem Aufgabenverständnis und der Anstrengungsbereitschaft. Dr. Thorsten Bohl informierte über das gesamte Forschungsprojekt, für das die anwesenden Eltern großes Interesse zeigten. Die Teilnahme am Projekt wurde einstimmig befürwortet.

Zu Beginn des neuen Schuljahres wurde dann auf dem ersten Elternabend am 07. 10. 1999 folgende Projektplanung vorgestellt:

- Der dreitägige Klassenaufenthalt auf Burg Derneck vom 17. – 19. Oktober 1999 dient dazu, über Still- und Freiarbeit zu reflektieren, sich mit eigenem Lernverhalten auseinanderzusetzen und zu einem persönlich gefassten Beschluss bezüglich Lernverhalten zu kommen, der als Vorhaben in schriftlich gefasster Form am Ende des Aufenthaltes vorliegt.

- Im November 1999 beginnt die erste Beobachtungsrunde. In den beiden Doppelstunden bin ich als Beobachterin durchgehend anwesend, Roland Lausberg kommt am Donnerstag in der Stillarbeitszeit und am Freitag in der kommunikativen Freiarbeit dazu.

- Nach einem ersten Durchgang werden auf der Basis der Beobachtungsergebnisse Einzelgespräche mit den Jugendlichen geführt, jeweils das auf Derneck gefasste Vorhaben mit einbezogen und jede Schülerin und jeder Schüler aufgefordert, nach der Beratung erneut ein persönliches Vorhaben zu formulieren und schriftlich vertragsähnlich festzuhalten.

- Das Lernangebot für die Freiarbeit der Klasse wird auf die Beobachtungsergebnisse abgestimmt, um eine möglichst weitreichende Lernförderung zu erhalten.

- Für jede weitere Beobachtungsrunde gilt das oben ausgeführte Grundkonzept.

- Vom Projektverlauf hängt ab, inwieweit bereits der Halbjahresinformation oder erst dem Zeugnis zu Schuljahresende Beobachtungsergebnisse schriftlich angefügt werden.

Die Durchführung dieser Lernberatung sollte auf jeden Fall ihren Niederschlag im Schülerzeugnis finden. Es wurde vereinbart, dass zum Schuljahresende schriftliche Beobachtungsergebnisse auf einem separaten Beiblatt zum Zeugnis ausgehändigt werden, auf dessen Existenz unter ‚Bemerkungen' hingewiesen wird. Dieser Beschluss wurde in der Klassenpflegschaft einstimmig gefasst und auch von der Schulkonferenz bestätigt.

Weitere notwendige Rahmenbedingungen

Die Schülerinnen und Schüler der Klasse 7b mussten zu Beginn der ersten Beobachtungsrunde über deren Ziele und die geplante Vorgehensweise gut informiert werden. Zum Verstehen der Beurteilungskriterien gehörte auch, dass sie Gelegenheit hatten, die zu beobachtenden Kompetenzen einzuüben.

Obwohl die Jugendlichen zu uns Beobachtern ein intaktes, vertrauensvolles Verhältnis hatten, bedurfte es mehrfacher Gespräche,um ihnen zu verdeutlichen, dass hier nicht die gewohnte Notengebung stattfand und dass auch ein bestimmtes Verhalten, nur um z.B. dem Lehrer zu gefallen, nicht angemessen war. Schulische Leistungsbeurteilung war in ihren Köpfen untrennbar mit Klassenarbeiten Schreiben und mit Zensierung verknüpft. Dennoch unterstützten die Schülerinnen und Schüler den Leistungsbeurteilungsversuch. Sie versprachen sich von den Beobachtungen eine Verbesserung ihres Lernverhaltens ohne negative Auswirkungen und wir verpflichteten uns, wirklich weiterführende Hinweise zu geben.

Ständige Transparenz tat not, da unter allen am Projekt Beteiligten die bestehende soziale Beziehung weiter existieren musste. Wie konnte sonst systematisch über einen so langen Zeitraum wie ein ganzes Schuljahr auf Lehrerseite möglichst emotionslos beobachtet und auf Schülerseite dies so lange gewährt werden?

3.3   Entwicklung eines Merkmalbogens zur Beobachtung des Lernverhaltens

Versuchter Rückgriff auf Vorlagen

Im Laufe des 6. Schuljahres hatte ich immer wieder den Versuch unternommen, in der mir zur Verfügung stehenden Literatur einen anwendbaren Beobachtungsbogen zu finden. Ich hatte schließlich keine spezielle Ausbildung dafür erhalten, Möglichkeiten einer systematischen Schülerbeobachtung zu erkennen und differenzierte Verfahren dafür zu entwickeln. Allerdings musste ich dabei feststellen, dass ich nicht fündig werden konnte, denn die Kriterien für die Zusammenstellung eines Schülerbeobachtungsbogens orientieren sich notwendigerweise am praktizierten Unterrichtskonzept und seinen Zielen (vgl. Besser u.a. 1976, 106). Das bedeutete, dass die Klasse 7b nur mit Hilfe eines aus dem Freiarbeitskonzept entwickelten Bogens beobachtet werden konnte, der zugleich dem Umstand Rechnung trug, dass wir als unerfahrene Beobachter einen übersichtlich gehaltenen und inhaltlich klar begrenzten Bogen brauchten.

Beobachtungsbereiche der Still- und Freiarbeit

Im September 1999 stellten Kollege Lausberg und ich zusammen, was in unseren Augen bei Still- und Freiarbeit in den Bereichen Arbeits-, Lern- und Sozialverhalten beobachtbar war, und zwar direkt in den Unterrichtsstunden und dann später beim Nachsehen der Hefte:

- Auswahl der Aufgaben (Zeitbedarf, inhaltlich passend, bevorzugtes Lernmaterial),
- Umgang mit dem Material,
- Handhabung von Hilfsmitteln (setzt entsprechendes Aufgabenangebot voraus),
- Heftführung nach Absprache (Datum, Fächersymbol, genaue Selbstkontrolle, aussagekräftiger Kurzbericht),
- Arbeitstempo,
- Anstrengungsbereitschaft, Ausdauer,
- Konzentration,

- soziale Kompetenz (wie wird kooperiert, gemeinsam gelernt, Rücksicht genommen),
- Verantwortung für das Konzept der Freiarbeit, Einhalten der Regeln.

Nach wie vor hatten wir große Unsicherheiten beim Entwickeln der einzelnen Kriterien des Beobachtungsbogens, vor allem im Bereich Sozialverhalten. Wir glaubten, der kommunikativen Freiarbeit durch ständige Beobachtung einen Großteil an Spontaneität und Kreativität zu nehmen, weil sich die Jugendlichen gegängelt fühlen müssten. So verzichteten wir zunächst fast ganz auf den Bereich ,soziale Kompetenz' und strichen auch ,Verantwortung für das Konzept der Freiarbeit', weil hierzu für uns nur schwer Beobachtungen zu machen sind, da diese nicht direkt aus dem Bearbeiten von Aufgaben abzulesen sind.

Gestaltung des ersten Beobachtungsbogens

Abb. 20: Beobachtungsbogen (1. Version)

Name:		Datum:					
		1	2	3	4	5	n.b.
		sehr niedrig	eher niedrig	durch-schnitt-lich	eher hoch	sehr hoch	nicht beob-achtbar
Die Schülerin/ der Schüler...							
1.	entscheidet sich in angemessener Zeit für ein Lernangebot.						
2.	kann schwächeren Schüler/innen Hilfe geben und selbst Hilfe annehmen.						
3.	ist bestrebt, sich nicht von anderen bei der Bearbeitung seiner Aufgaben ablenken zu lassen.						
4.	kommt in angemessener Zeit zu konzentrierter Arbeit.						
5.	bearbeitet gewählte Aufgaben in angemessener Zeit.						
6.	ist bemüht, auch schwierige Lerninhalte durchzustehen.						
7.	führt eine gewissenhafte selbst- ständige Lösungskontrolle durch.						
8.	hält die Still- und Freiarbeitsre- geln ein						
9.	leistet eine gute Heftführung.						
10.	kann einen aussagekräftigen Kurzbericht über die Freiarbeit verfassen.						
Weitere Anmerkungen:							

In der äußeren Gestaltung lehnten wir uns an den von Eiko Jürgens vorgestellten ,Merkmalsbogen zur Lernverhaltensbeschreibung von Schülerinnen und Schülern' an (vgl. Jürgens 1992, 38). Da wir beabsichtigten, den Bogen (Abb. 20) auch unseren Schülerinnen und Schülern zur Selbstbeobachtung in die Hand zu geben, änderten wir die Bewertungsnotation ab, starteten bei 1 statt 0 und ergänzten zur Zahl jeweils eine verbale Kennzeichnung wie ‚eher niedrig', ‚sehr hoch'. Die Notationsweise ++ / + / 0 / - (z.B. von Bendler 1995, 13) wirkte auf uns zunächst sehr restriktiv und schien uns zu wenig positive Entwicklungsmöglichkeit widerzuspiegeln. Wir sind allerdings bereits bei unserem zweiten Merkmalsbogen in vereinfachter Weise auf sie zurückgekommen.

Auf unserem ersten Beobachtungsbogen (Abb. 20) wurden also 10 Kriterien auf einer DIN-A4-Seite so angeordnet, dass neben Name und Datum auch noch ein größeres Feld für Anmerkungen blieb. Wir glaubten, ohne situative Hinweise zum einen oder anderen Beobachtungsergebnis nicht auszukommen.

3.4   Erste Beobachtungsrunde

Problematische Anfangsphase

In der letzten Novemberwoche wurden die ersten sieben Schüler der Klasse 7b anhand des ersten selbsterstellten Merkmalsbogens beobachtet. Erster Eindruck: Wir kamen mit der Beobachtungssituation und dem Bogen nur bedingt zurecht.

In der ersten Phase der Stillarbeit musste ich für mich sofort den Begriff ‚angemessen' (vgl. Abb. 20, Kriterien Nr. 1, 4 und 5) definieren, und zwar für drei verschiedene Situationen. Bei der Aufgabenwahl sollte ‚in angemessener Zeit' nicht zwingend die sofortige Wahl der Aufgabe heißen, es musste möglich sein, in Ruhe ein, zwei Angebote anzuschauen, ggf. auch das Fach zu wechseln. Als nicht angemessen empfand ich ein Hin- und Herpendeln der Schülerinnen und Schüler, andere an der Materialtheke anzusprechen, mehrmals das Fach zu wechseln. Entsprechend galt für Punkt 4, ist Material ausgesucht, wird zum Platz gegangen, ggf. noch Arbeitsmaterial ausgepackt und dann wird gearbeitet, ohne sich ablenken zu lassen. Punkt 5 zu definieren bereitete Mühe. Woher wusste ich, was für die gewählte Englischaufgabe, die ich nicht gestellt hatte, an Zeit angemessen war? Musste ich die Aufgabe mitlesen, versuchen, die Schwierigkeit einzuschätzen? War ruhiges Arbeiten Indiz genug? Dennoch schienen alle Punkte beobachtbar. Punkt 2 bezog sich vor allem auf die zweite Arbeitsphase, die Punkte 5 - 8 erforderten jeweils ein längeres genaues Beobachten und die Punkte 9 und 10 waren später zu erheben

R. Lausberg kam zur kommunikativen Freiarbeit, wir wählten vier neue Schüler aus. Die Materialwahl konnte beobachtet werden, dann aber fehlte es an weiteren Kriterien. Was ist, wenn die Spielanleitung nicht genau gelesen wird, wenn einer fortwährend stört durch unsachliche Kommentare? Ich fing an, situative Anmerkungen auf dem unteren Teil des Bogens zu notieren. Die Beobachtung in dieser zweiten Freiarbeitsphase fiel mir schwer, ich musste mich auf neue Personen einstellen und merkte, dass es an Beobachtungswerkzeug und an Erfahrung fehlte.

Der Kollege bestätigte am nächsten Tag die Erfahrung, dass Stillarbeit durch eindeutigere Beobachtungspunkte deutlich besser zu dokumentieren war und auch ihn die Beobachtung der zweiten Freiarbeitsphase nicht befriedigte. Wir waren dennoch bereit, im momentanen Konzept weiter zu experimentieren, um Beobachtungserfahrung zu sammeln und unseren Bogen für die zweite Runde angemessen verändern zu können.

Erste Selbstbeurteilung durch die Schülerinnen und Schüler

In der darauffolgenden Woche wurde der mit Beobachtungsbeginn im Klassenraum ausgehängte Beobachtungsbogen zur ersten Selbstbeurteilung der Schülerinnen und Schüler eingesetzt. Nach der Einzelarbeit wurde im Plenum über die persönliche Erfahrung beim Ausfüllen gesprochen:

> „Ich finde es gut, wenn wir den Bogen selbst ausfüllen. Wir können dann vergleichen, was der Lehrer meint und was wir meinen." –
>
> „Gut, dass man sich selbst einordnen kann."–
>
> „Ich kann mich selbst schlecht einschätzen, das sollten die Lehrer machen." –
>
> „Ich finde den Bogen nicht gut, der Lehrer sollte einfach so beobachten, ohne Kreuze zu machen, er sollte eher Sätze schreiben zur Person." –
>
> „Der Bogen ist zu grob, auch andere Punkte sind wichtig." –
>
> „Mir fehlt, ob man immer dasselbe Material macht." –
>
> „Mir fehlt, ob man ein Spiel nicht abbricht, sondern durchspielt." (L3/ 1).

Eine ausführliche Gesprächsrunde schloss sich an, in der versucht wurde, die einzelnen Beobachtungspunkte in ihrem Anspruch klar zu definieren, sie, wo es möglich war, durch Beispiele zu erläutern und Schwierigkeiten im Umgang mit ihnen zu besprechen. Auch Schüler fragten, „was ist Durchschnitt?", „was ist normale Zeit?" und berichteten, dass sie bisweilen auch keine Lust mehr haben, bei der Lösungskontrolle nochmals alles durchzuarbeiten oder sich bei schwierigen Aufgaben nicht mehr konzentrieren können.

Zum Abschluss des Gesprächs fragten wir uns, wie wir uns nun in Zukunft verhalten sollten, Schülerinnen und Schüler als auch Lehrerin und Lehrer. Dabei konnten zwei wichtige Beobachtungen gemacht werden. Das war zum einen die große Ernsthaftigkeit, mit der sich alle Schülerinnen und Schüler in das Lernberatungsprojekt einließen,

> „Wir müssen die Still- und Freiarbeitsregeln einhalten." –
>
> „Auf andere Rücksicht nehmen, nicht so laut sein.",

zum anderen ihre persönliche Unsicherheit, ob sie sich in der Beobachtungssituation auch ehrlich zeigen würden,

> „Ich will ja nicht, dass der Lehrer schlecht über mich denkt.".-
>
> „Man passt sich schon an." –
>
> „Wenn sich jemand verstellt, dann kann er sich auch nicht verbessern." –
>
> „Wenn man in der Gruppe ist, dann merkt man das nicht so, dass man beobachtet wird."
>
> „Wenn man Theater spielt, dann kann man sich auch nicht so konzentrieren." –
>
> „Wir sollten versuchen es zuzulassen, wenn wir beobachtet werden." (L3/ 1).

Der zweite Beobachtungsbogen entsteht

Parallel zur Beobachtung mit dem ersten Merkmalsbogen entwickelten wir im Dezember 1999 einen zweiten, der

- die Beobachtungspunkte klar nach der zeitlichen Abfolge gliederte,
- den Bereich der kommunikativen Freiarbeit besser ausdifferenzierte,
- nur noch drei Wertungsabstufungen enthielt,

- bei jedem Einzelpunkt ausreichend Platz bot, spezifische Anmerkungen zu machen.

Wir waren sicher, mit diesem Bogen besser, stressfreier und auch qualitätsvoller arbeiten zu können. Diese Überzeugung brauchten wir dringend, denn mit den bis dahin vorhandenen Beobachtungsbogen getrauten wir uns nicht, Rückmeldungen an die Schülerinnen und Schüler zu geben. Ein bis zwei Beobachtungen ließen noch keine für uns gültigen Aussagen zu. Wir mussten mehrmals beobachtet haben, um zu fundierteren Ergebnissen über das Lern- und Arbeitsverhalten der Jugendlichen zu kommen. Dann erst machte es Sinn, die ersten Berichte zu erstellen und die dazugehörigen Gespräche zu führen.

3.5 Erste Rückmeldungs- und Gesprächsrunde

Verfassen der Kurzberichte

Ende Februar/ Anfang März 2000, also noch innerhalb der ersten Beobachtungsrunde, komplettierten R. Lausberg und ich die Anzahl der ausgefüllten Beobachtungsbögen und erarbeiteten bis Mitte März eine uns damals mögliche Rückmeldeform der Beobachtungsergebnisse.

Obwohl wir mit dem zweiten Merkmalsbogen deutlich besser zurecht gekommen waren, konnten wir uns nicht dazu entschließen, ihn individuell ausgefüllt als Rückmeldung zu verwenden. Wir hatten zu den einzelnen Punkten viele spezifischen Anmerkungen notiert und glaubten nun, diese seien nicht durch ein Kreuz ersetzbar, das die Leistung einem von drei möglichen Bereichen zuordnete. Wir verfassten aus der Zusammenschau aller verfügbaren Beobachtungsbogen für jede Schülerin und für jeden Schüler einen kurzen Text, mit dem wir das persönliche Verhalten in den drei Beobachtungsbereichen Stillarbeit, Freiarbeit und Schriftliches in wichtigen Punkten beschrieben. Die Rückmeldungen (Abb. 21) sollten wertungsfrei sein und so abgefasst, dass der Empfänger auch Möglichkeiten zur persönlichen Weiterentwicklung sehen konnte. Bei dem folgenden Fallbeispiel wurde der Name geändert:

Abb. 21: Beispiel einer schriftlichen Rückmeldung zum Lern- und Arbeitsverhalten in der Still- und Freiarbeit

---

Anne-Katrin,
- *in der Stillarbeit arbeitest du konzentriert und ausdauernd und bist schon mitunter in der Lage, die geeigneten Arbeitsmethoden für die gewählte Aufgabe selbst zu bestimmen.*
- *Die Lösungskontrolle ist nicht immer konzentriert genug; es bleiben Fehler unverbessert.*
- *Dein Heft ist tadellos geführt. Deine Berichte haben an Umfang und Qualität gewonnen.*
- *In der Freiarbeit beteiligst du dich engagiert an Spielen. Du kannst ruhig und sachlich Auskunft geben, aber auch bisweilen über die Bedürfnisse der Mitspielerinnen und Mitspieler wenig sensibel hinweggehen.*

Bei der Erstellung der Texte fiel auf, dass wir die meisten Informationen für unsere Formulierungen aus den spezifischen Anmerkungen schöpften. Sie schienen uns mindestens so wichtig wie das Kreuz in der entsprechenden Spalte, weswegen wir die Erarbeitung eines dritten Bogens ins Auge fassten.

Durchführung der 28 Einzelgespräche

In der Zeit von Ende März bis Mitte April 2000 arrangierten wir ganz bewusst alle Einzelgespräche mit den Schülerinnen und Schülern in den Freiarbeitsstunden. Wir führten sie in zum Klassenzimmer benachbarten Räumen durch, um die Restklasse nicht ganz aus den Augen/ bzw. Ohren zu verlieren und um dennoch das Projekt wenigstens an diesem Punkt von der ständigen Mehrarbeit zu entlasten. Die Jugendlichen bekamen vor dem Gesprächstermin ihre schriftliche Rückmeldung in einem persönlichen Brief ausgehändigt mit der Bitte, sich auf das Gespräch vorzubereiten, indem sie überlegten, was für sie unverständlich war, was ihnen nicht akzeptabel bzw. akzeptabel war und warum. In die Gespräche wurden auch die auf Burg Derneck gefassten Vorhaben mit einbezogen und auf ihre Verwirklichung hin hinterfragt. Die erste Beratungsphase schloss damit ab, dass jede Schülerin und jeder Schüler ein neues Vorhaben formulierte und schriftlich fixierte. Es beinhaltete, auf was während der nächsten Beobachtungsrunde bezüglich des Lernverhaltens verstärkt geachtet werden sollte.

3.6 Zweite Beobachtungsrunde

Der dritte Beobachtungsbogen entsteht

Für die nächste Beobachtungsrunde musste erneut der Merkmalsbogen abgeändert werden.

Wie bereits oben erwähnt, sollte für die spezifischen Anmerkungen so viel Platz wie möglich zur Verfügung stehen, auch benötigte die Kommentierung zur Einhaltung der Regeln nicht mehr Platz als die anderen Beobachtungspunkte. Stärker ins Gewicht fielen allerdings unerwartet eingetretene Veränderungen in der Durchführung der Freiarbeit.

Zweifellos hatte inzwischen bei den Schülerinnen und Schülern das Unterrichtskonzept Freiarbeit einen veränderten Stellenwert erhalten. Das fing damit an, dass die Klasse im April 2000 die bis dahin praktizierte Regelung, nach einem bestimmten rollierenden Verfahren in Gruppen nacheinander an die Materialtheke zu gehen, um einer Überfüllung vorzubeugen und abwechselnd auch als erste wählen zu können, für überflüssig hielt und wir diese abschafften. Es war richtig, niemand trieb sich mehr am Material herum, um nicht arbeiten zu müssen. Auf jeden Fall klappte die Aufgabenauswahl völlig konfliktfrei und der Beobachtungspunkt 1 („ ...entscheidet sich in angemessener Zeit für ein Lernangebot."), der durchaus schwierig zu handhaben gewesen war, konnte ohne Qualitätsverlust gestrichen werden.

Eine weitere inhaltlich wichtige Veränderung betraf die Aufgaben der kommunikativen Freiarbeit. Die Klasse war seit dem Frühjahr vermehrt dazu bereit, sich neben den Lernspielen auch für kooperative Lernangebote ohne Spielcharakter zu entscheiden. Ich unterstützte dies gerne durch entsprechendes Material, was dazu führte, dass in der zweiten Beobachtungsrunde kaum noch Lernspiele gewählt wurden und somit auch die Beobachtungspunkte 6 („ ...bemüht sich den Spielregeln entsprechend zu spielen") und 9 („ ...trägt zur erfolgreichen Spieldurchführung bei."), verändert und allgemeiner auf kooperatives Lernen bezogen werden mussten.

Abb. 22: Merkmalsbogen zur Beobachtung des Lern- und Arbeitsverhaltens (3. Version)

Name:						Datum:
Merkmalsbogen zur Beobachtung des Lern- und Arbeitsverhaltens in der Still- und Freiarbeit						
Der Schüler/ die Schülerin...			**+**	**o**	**-**	**spezifische Anmerkungen**
Stillarbeit	1.	kommt in angemessener Zeit zu konzentrierter Arbeit				
	2.	bearbeitet gewählte Aufgaben in angemessener Zeit				
	3.	ist bemüht, auch schwierige Lerninhalte durchzustehen				
	4.	führt eine gewissenhafte selbstständige Lösungskontrolle durch				
Freiarbeit	5.	lässt sich auf kooperatives Lernen ein				
	6.	kann schwächeren Schüler/ innen Hilfe geben				
	7.	kann selbst Hilfe annehmen				
	8.	lernt situationsgerecht mit anderen zusammen				
schriftl	9.	leistet eine gute Heftführung				
	10.	kann einen aussagekräftigen Kurzbericht über die Freiarbeit verfassen				
Regeln	11.	hält die Still- und Freiarbeitsregeln ein				
Bemerkungen						

Schülerinnen und Schüler werden Beobachter

Die zweite Beobachtungsrunde fand von Mitte Mai bis Ende Juni statt und hatte auch im Durchführungsmodus zwei wichtige Änderungen erfahren: Zum einen füllte jeder Beobachtete für sich selbst am Beobachtungstag einen Merkmalsbogen aus, zum andern war die Zahl der Beobachter von zwei auf vier angestiegen, zwei Schülerinnen bzw. Schüler beobachteten nun ebenfalls. Wie kam es dazu?

Nach Abschluss der ersten Beobachtungsrunde im April zeichnete sich ab, dass sich die geplante zweite Runde nicht sofort anschließen musste, um noch bis zur Zeugnisausgabe fertig zu werden. Wir konnten uns etwas Zeit lassen zur Fortentwicklung des Merkmalsbogens und registrierten dankbar, dass an fünf Terminen Still- und Freiarbeit ohne Beobachtung stattfinden konnte, weil dies uns wieder Zeit für Beratung gewährte. Dadurch kamen in der Freiarbeit zwischen den Jugendlichen und uns Gespräche in Gang, die sich mit dem augenblicklichen Stand unserer Leistungsbeurteilung beschäftigten. Auf Schülerseite hatte man inzwischen wahrgenommen, dass die verabredete Basis eingehalten worden war, dass keine negativen Auswirkungen aus dem Beobachtetwerden resultierten und man fühlte sich mit der ganzen Sache vertraut, so dass einige anfragten, ob denn nicht auch sie zur Beobachtung eingeteilt werden könnten. Wir gingen auf das Schülerangebot gerne ein und klärten ab, wo es aus unserer Sicht eventuell Probleme gab. Das war der Fall, wenn die Freundin ihre beste Freundin beurteilen sollte.

So kam es, dass acht Schülerinnen und neun Schüler der Klasse 7b sich an den Beobachtungen beteiligten. Sie wollten sich neue Erfahrungen aneignen, die sicherlich positive Auswirkungen auf ihr eigenes Lern- und Arbeitsverhalten nach sich ziehen würden.

Wir organisierten die Termine so, dass jeweils vier Jugendliche über eine ganze Freiarbeitseinheit von zwei Mitschülern und mir beobachtet wurden, - R. Lausberg war die Hälfte der Zeit da -, und achteten darauf, dass weder Freunde noch Nebensitzer beobachtet werden mussten. Ein Schüler meldete zurück:

> „Die Arbeit hat Erfahrungen gebracht und war spannend" (Bericht K. v. 29.6.00).

Die Mehrzahl sagte, dass es leichter war, die Personen in der Stillarbeit zu beobachten als in der Freiarbeit. Dazu kamen dieselben Schwierigkeiten wie bei unserem Start:

> „Oft ist es schwer, den Schwierigkeitsgrad oder die ‚angemessene Zeit' zu bestimmen" (Bericht S. v. 16.6.00).

Ein Junge fand das Beobachten sehr gut aus verschiedenen Gründen:

> „- man kann sich in die Lehrer hineinversetzen; man beobachtet aus der Sicht der Schüler; man lernt für sein späteres Leben; es macht Spaß; man lernt sich richtig auszudrücken; man lernt gut zu beobachten" (Bericht P. v. 16.6.00).

Aufarbeiten der Schülerbeobachtungen

Den Schülerbeobachtern wurde im Juli die Gelegenheit gegeben, in kleinen Gruppen ihre Beobachtungen mit denen der Mitbeobachter zu vergleichen. Sie fanden es größtenteils aufregend, weil sie einerseits auf Übereinstimmung hofften, sie aber nicht erwarten durften. Um so erfreuter waren viele, als sie sahen, dass sich die Beobachtungen auffallend oft deckten. Abweichungen wurden z.T. so begründet, dass es im Laufe der zwei Stunden Dinge gäbe, die nur einer beobachte und die von den anderen gar nicht wahrgenommen würden. Wichen die Selbsteinschätzungen stärker von den Ergebnissen der Beobachter ab, so suchten sie häufig nach Erklärungen und meinten u.a., jeder habe sich im Laufe der Zeit vielleicht so manches angewöhnt und merke es nicht mehr.

Insgesamt war der Einsatz von Schülerbeobachtern sehr lohnend. Es war beeindruckend, wie ernst die Schülerinnen und Schüler ihre Arbeit nahmen und wie gewissenhaft sie mit dem Merkmalsbogen arbeiteten.

3.7   Erstellen eines Beiblatts zum Zeugnis

Missglückter erster Versuch

Bereits im Dezember 1999 war bei der Erstellung des zweiten Merkmalsbogens der Gedanke geäußert worden, dass eine Rückmeldung von Beobachtungsergebnissen, wann immer nötig, sinnvollerweise anhand des Bogens erfolgen solle. Nur so könne der Arbeitsaufwand in einem vertretbaren zeitlichen Rahmen bleiben.

Im März 2000 konnten Kollege Lausberg und ich es uns trotzdem nicht vorstellen, unsere Ergebnisse über Kreuze, die wir in die Bogen setzten, mitzuteilen (vgl. 5.1: Verfassen der Kurzberichte). Inzwischen hatten wir mit Merkmalsbogen Nr. 3 (Abb. 22) durchaus zufriedenstellend gearbeitet und begannen Anfang Juli, an unseren Rückmeldungen zu arbeiten.

Für jede Schülerin und jeden Schüler standen uns mittlerweile mindestens acht ausgefüllte Beobachtungsbogen, zwei Selbsteinschätzungen und der Kurzbericht vom März 2000 zur Verfügung. Wir diskutierten einen Fall, legten die Ergebnisse im Bogen fest, waren jedoch mit dem Ergebnis unzufrieden. Wir erarbeiteten in gleicher Weise einen zweiten und einen dritten Fall, waren nach wie vor unzufrieden und formulierten dann kurzerhand für die besprochenen Schüler jeweils einen Fließtext. Diese Arbeitsweise war uns vom Abfassen der verbalen Beurteilungen her sehr vertraut und gab uns Sicherheit in der Beurteilung. So verfassten R. Lausberg und ich in dieser Sitzung zwar ein Drittel unserer Rückmeldungen analog zur Berichtsform im März, unsere Unzufriedenheit war jedoch geblieben.

Zweiter Versuch

Die nächste Arbeitssitzung diente dazu, eine Grundsatzdiskussion darüber zu führen, ob und welche konkreten Auskünfte denn einem ausgefüllten Beobachtungsbogen zu entnehmen sind. Wir nahmen zum ersten Mal wahr, welche große Chance in unserem Bogen lag: Es war sehr wohl möglich, mit den Kreuzen elf klare Aussagen zu individuellem Lern- und Arbeitsverhalten zu machen. Ein Schüler konnte sein Heft gut (+), zufriedenstellend (0) oder unbefriedigend (-) geführt haben, die zutreffende Auskunft gab das Kreuz. Darüber hinaus konnten wir noch in Stichwörtern anmerken, dass z.B. die Schrift nicht in Ordnung war oder seit Mai mehr Sorgfalt auf das Heft verwendet wurde. Solche Zusätze waren nur da einzutragen, wo wir noch eine spezifische Anmerkung machen wollten. Erst als uns bewusst wurde, dass der Bogen keinen Anspruch auf Vollständigkeit und Allgemeingültigkeit hatte, sondern explizit in weitere Beratungsgespräche eingebunden war, konnten wir ihn als Zeugnisbeiblatt nützen.

Wir begannen die Arbeit von vorne, ersetzten die Fließtexte durch ausgefüllte Bogen und lernten diese Form der Rückmeldung schätzen. Sie ließ sich problemlos aus den vorliegenden Bogen entwickeln und brauchte weniger Zeit als ein Kurzbericht nach der ersten Beobachtungsrunde. Die Aussagen waren klar und deckten das ganze Beobachtungsfeld ab. Die fertigen Merkmalsbogen konnten, auf DIN-A5-Format verkleinert, in die Zeugnishefte eingelegt werden und dienen als Grundlage für Einzelgespräche mit den Schülerinnen und Schülern im September 2000. Auf dem aktuellen Zeugnisblatt wurde auf das Beiblatt hingewiesen: „Merkmalsbogen zum Lern- und Arbeitsverhalten liegt bei."

3.8   Rückblick auf die Leistungsbeurteilung

Abschlussrunde mit der Klasse

Im Juli 2000 traf sich die Klasse 7b mit T. Bohl und mir, um über die Still- und Freiarbeit im Hinblick auf das Leistungsmessungsprojekt zu sprechen. Die Schüler gingen in erster Linie auf die zwei verschiedenen Beobachtungssituationen ein. Zum einen wurde man beobachtet:

„Es ist ein komisches Gefühl und ungewohnt, wenn man beobachtet wird." –

„Man strengt sich an, wenn man beobachtet wird."

„Die Beobachtung ist in Ordnung, man wusste, wie man sich verhalten sollte, da der Beobachtungsbogen bekannt war." –

Zum anderen hat man selbst beobachtet:

„Ich fand es schwer selbst zu beobachten und war unsicher, was ich ankreuzen soll." –

„Es ist leichter in der Stillarbeit zu beobachten, in der Freiarbeit wird so viel gemacht, da läuft so viel gleichzeitig, jeder bewegt sich und man muss dann hinterherlaufen." (L3/ 2)

Der Gedanke, dass man durch die Beobachtungssituation dazu verleitet wird sich zu verstellen, wurde erneut genannt, aber auch entschärft mit folgenden Argumenten:

„Wenn man nicht richtig arbeitet und sich verstellt wenn man beobachtet wird, dann kommt das ja raus wenn das Heft korrigiert wird."

„Es ist gut, dass es keine Noten sondern nur eine schriftliche Beurteilung gibt." (L3/ 2).

Die Schülerinnen und Schüler waren mit dem Ablauf des Projektes zufrieden. Sie sahen sich durch das Beobachten nicht ernsthaft beeinträchtigt, sondern eher gehalten sich anzustrengen. Auf die Schülerbeteiligung bei der Beobachtung reagierten sie sehr positiv, einige registrierten befriedigt, dass es am Ende, ganz atypisch für Schule, keine Noten gab und viele waren gespannt auf ihre Bogen.

Schlussbemerkungen

Leistungsbeurteilung im Rahmen der Freiarbeit war ein spannendes Thema und ich machte die folgenden, wichtigen Erfahrungen:

- Die Arbeit war zeitaufwändig. Jede Schulwoche beinhaltete für den Kollegen Lausberg und mich eine Stunde Mehrarbeit, denn jeweils eine Still- und Freiarbeitsstunde pro Woche war mit beiden Beobachtern besetzt. Dazu kamen laufend gemeinsame Arbeitstreffs außerhalb der Unterrichtszeit, verstärkt in der Zeit, in der jeweils die Kurzberichte und Zeugnisbeiblätter erarbeitet werden mussten. 56 längere Einzelgespräche wurden geführt.

- Die Arbeit kollidierte an einem Punkt sehr einschneidend mit meinem Freiarbeitsverständnis. Es beinhaltet, dass während der Stillarbeit keine Hilfe angefragt werden darf, sehr wohl aber in der darauffolgenden Freiarbeit. Diese Unterrichtsphase ist geradezu dafür prädestiniert, individuelle Förderung zu geben, war nun aber durch die Beobachtungsverpflichtung dafür blockiert.

- Die Arbeit machte deutlich, dass ein einmal erstellter Merkmalsbogen nicht unverändert fortgeschrieben werden kann. Es bedurfte jeweils der Anpassung an die sich fortschreitend ändernde Lernsituation, und zwar mehrfach innerhalb des Schuljahres.

- Die Arbeit zeigte, dass Beobachtungspunkte nur dann zufriedenstellend beurteilt werden konnten, wenn der situative Rahmen stimmte. ‚Ist bemüht, auch schwierige Lerninhalte durchzustehen' bedingt z.B., dass in der Schwierigkeit erkennbar gestaffelte Materialien da sind.

- Die Arbeit zog positive Veränderungen in der Durchführung der Still- und Freiarbeit nach sich. Die ständige Beobachtungsatmosphäre führte dazu, dass sich niemand mehr bei der Aufgabenwahl ‚herumtrieb', dass die Lernspiele zunehmend ihren Reiz verloren und gemeinsames Arbeiten in der Gruppe favorisiert wurde.

Was machte diese Arbeit lohnend? Die Tatsache, dass es Arbeit war, die nach meiner Wahrnehmung schon lange anstand und die für ihre Umsetzung lediglich noch einen Impuls von außen brauchte. Sie fügte sich in das bestehende Unterrichtskonzept der Still- und Freiarbeit problemlos ein, mehr noch, sie wertete die Unterrichtsform auf und verlieh ihr eine Ernsthaftigkeit, die sich positiv auf die Schülerinnen und Schüler auswirkte. Die Jugendlichen nahmen dies selbst wahr und wollten an dem Beobachtungsablauf aktiv beteiligt sein, ihre Sache selbst mit in die Hand nehmen. Für mich gilt festzuhalten:

- Solche Arbeit hat prozesshaften Charakter und muss deshalb im Unterrichtsablauf integriert sein.
- Solche Arbeit verstärkt die sozialen Vernetzungen. Sie lebt von den Gesprächen und für sie und in Folge von den Veränderungen und für sie.
- Solche Arbeit kann nur getan werden, wenn sie zeitliche und organisatorische Unterstützung erfährt.

Die zweite Beobachtungsrunde wird im September 2000 in der Klasse 8b mit den Einzelgesprächen abgeschlossen. Darüber hinaus ist daran gedacht, weitere Beobachtungsrunden, an denen auch Schülerinnen und Schüler beteiligt sind, einzurichten. Allerdings sollen diese nicht durch das ganze Schuljahr gehen, sondern epochal anberaumt werden, damit in Freiarbeit auch beraten werden kann.

3.9 Anhang

Literatur

Batsching, H./ Brucher, F./ Deifel-Harter, H./ Neumann, S./ Oeftiger, B./ Seichter, B./ Uttendorfer, J. (1992): Freiarbeit. Ein alternatives Unterrichtskonzept an der Wilhelm-Hauff-Realschule Pfullingen. Pfullingen: Eigenverlag

Bendler, A. (1995): Leistungsbeurteilung in offenen Unterrichtsformen. Qualität ohne Lernkontrolle? In: Pädagogik. 47. Jg./ Heft 3/ 1995, S. 10-13

Besser, H./ Wöbcke, M./ Ziegenspeck, J. (1976): Schülerbeobachtung und Schülerbeurteilung. 36 Thesen zu 7 Aspekten. In: DDS. 68. Jg./ Heft 2/ 1976, S. 104-106

Beutel, S. (1999): Lernberichte. Eine Möglichkeit für die Sekundarstufe? In: Pädagogik. 51. Jg./ Heft 5/ 1999, S. 45-48

Jürgens, E. (1992): Beobachtung, Beschreibung, Beurteilung. Ein Merkmalsbogen zur Lernverhaltensbeschreibung. In: Praxis Schule 5-10. ? Jg./ Heft 2/ 1992, S. 38-40, 57-59

Lütgert, W. (1999): Leistungsrückmeldung. Anforderungen, Innovationen, Probleme. In: Pädagogik. 51. Jg./ Heft 3/ 1999, S. 46-50

Nuding, A. (1997): Beurteilen durch Beobachten. Pädagogische Diagnostik im Schulalltag. Hohengehren: Schneider

Weigert, H./ Weigert, E. (1996): Schülerbeobachtung. Ein pädagogischer Auftrag. Weinheim und Basel: Beltz

Anlage

Anlage 1: Merkmalsbogen zur Beobachtungs des Lern- und Arbeitsverhaltens in der Still- und Freiarbeit – Beilage zum Jahreszeugnis der Klasse 7b zum Ende des Schuljahres 1999/ 2000 – ein Beispiel

Name: *A. M*				Datum: *19.07.00*	
Merkmalsbogen zur Beobachtung des Lern- und Arbeitsverhaltens in der Still- und Freiarbeit					

		Der Schüler/ die Schülerin...	**+**	**o**	**-**	**spezifische Anmer-kungen**
Stillarbeit	1.	kommt in angemessener Zeit zu konzentrierter Arbeit		*X*		
	2.	bearbeitet gewählte Aufgaben in angemessener Zeit		*X*		*schafft sich ‚Pausen'*
	3.	ist bemüht, auch schwierige Lerninhalte durchzustehen	*X*			
	4.	führt eine gewissenhafte selbstständige Lösungskontrolle durch		*X*		*macht zum Teil erst auf Anforderung sinnvolle Lösungskontrollen*
Freiarbeit	5.	lässt sich auf kooperatives Lernen ein		*X*		
	6.	kann schwächeren Schüler/ innen Hilfe geben			*X*	*zum Teil recht lustlos*
	7.	kann selbst Hilfe annehmen		*X*		
	8.	lernt situationsgerecht mit anderen zusammen			*X*	*verhält sich nicht immer den Regeln entsprechend und zeigt wenig Interesse für gemeinsames Lernen*
schriftl.	9.	leistet eine gute Heftführung		*X*		*wenig Sorgfalt bei Korrekturen*
	10.	kann einen aussagekräftigen Kurzbericht über die Freiarbeit verfassen	*X*			*Bericht meist sehr knapp*
Regeln	11.	hält die Still- und Freiarbeitsregeln ein		*X*		

Bemerkungen
Die Ergebnisse dienen als Grundlage für Einzelgespräche mit den Schülerinnen und Schülern im September des kommenden Schuljahres. Sie wurden durch regelmäßige, systematische Beobachtungen während des gesamten Schuljahres 1999/ 2000 erhoben. Zwischenergebnisse wurden Ende März/ Anfang April mit den einzelnen Schülerinnen und Schülern besprochen.

Fallstudie 4
Ulrike Gunsser:
Leistungsbeurteilung im projektorientierten Unterricht

Schule:	Wilhelm-Hauff-Realschule Pfullingen
Klassenstufe:	8
beteiligte Lehrkräfte:	Regine Ellenberg, Ulrike Gunsser, Edgar Reinert
beteiligte Fächer:	Englisch, Erdkunde, Deutsch
Unterricht:	Projektorientierter Unterricht
Thema:	USA
Zeitraum:	November 1999 bis Januar 2000
Beurteilungsbausteine:	Produkt (Lernplakat, englischer Text)
	Präsentation (Gruppenpräsentation)
	Prozess (Notenverteilung des Lernplakats durch die Schüler und Schülerinnen)
	Klassenarbeit in Englisch/ Erdkunde

Vorwort

Projektorientierter Unterricht wird immer wieder in den verschiedenen Klassenstufen mit viel Arbeitsaufwand seitens der Lehrer und Lehrerinnen wie auch seitens der Schüler und Schülerinnen durchgeführt, ohne dass eine Rückmeldung in Form von Noten erfolgt. Die sich aus dieser Unterrichtsform ergebenden Leistungen haben somit häufig keine Zeugnisrelevanz. Die Aussicht, dass nun Klassenarbeiten durch andere Formen der Leistungsbeurteilung ersetzt werden können und damit die Möglichkeit besteht, neben fachlichem Wissen andere Kompetenzbereiche in die zeugnisrelevante Leistungsbeurteilung aufzunehmen, bewog mich dazu, bei diesem Forschungsprojekt im Bereich der Leistungsbeurteilung projektorientierten Unterrichts mitzuwirken.

Zu Beginn meiner Ausführungen möchte ich zunächst all denjenigen herzlich danken, die mich bei meiner Teilnahme an diesem Forschungsprojekt unterstützt haben. Der Schulleitung der Wilhelm-Hauff-Realschule Pfullingen danke ich dafür, dass sie unserem Vorhaben aufgeschlossen und interessiert gegenübergestanden und meinen Kollegen und mir optimale Rahmenbedingungen dafür geschaffen hat. Ohne die enge und vertrauensvolle Zusammenarbeit mit meiner Kollegin Regine Ellenberg und meinem Kollegen Edgar Reinert, die mit großem Engagement die Phase des projektorientierten Unterrichts begleitet haben, wäre ein solches Vorhaben nicht denkbar gewesen. Mit viel Zeit- und Arbeitsaufwand sowie in zahlreichen Gesprächen haben sie mich bei Planung, Vorbereitung, Durchführung und Nacharbeit des Unterrichtsvorhabens unterstützt, ich danke Ihnen ganz herzlich dafür. Auch den Eltern sowie den Schülern und Schülerinnen der Klasse 8c der Wilhelm-Hauff-Realschule danke ich für Ihre Unterstützung und Offenheit, mit der sie der durchgeführten Unterrichtseinheit begegnet sind. Nicht zuletzt möchte ich mich bei Dr. Thorsten Bohl für seine kooperative und fruchtbare Zusammenarbeit bedanken, die ich immer als sehr wohltuend und hilfreich empfunden habe.

4.1   Vorüberlegungen

Zur Schule

Im vergangenen Schuljahr besuchten 843 Schülerinnen und Schüler die Wilhelm-Hauff-Realschule und wurden von 59 Lehrerinnen und Lehrern unterrichtet. Seit Jahren arbeitet das Kollegium an der Weiterentwicklung von Unterricht. Neben Still- und Freiarbeit gehört fächerverbindendes Arbeiten zum Profil der Schule. Die Förderung von eigenverantwortlichem Arbeiten und Teamfähigkeit steht dabei im Vordergrund.

1995 beschloss die Gesamtlehrerkonferenz, an der inneren Schulreform teilzunehmen. Innerhalb des Schulentwicklungsprozesses, der von 1997 bis 1999 von der Universität Tübingen (Abteilung Schulpädagogik) begleitet wurde, entstand ein über alle Klassenstufen konzipiertes Curriculum zum Methoden- und Kommunikationstraining (vgl. Reinert/ Zimmermann 2000).

Vorarbeiten in den vergangenen Schuljahren

Die jetzige Klasse 8c mit 30 Schülern und Schülerinnen führe ich bereits im vierten Jahr als Klassenlehrerin. Schon in der 5. Klasse begannen mein Kollege Edgar Reinert und ich im Team mit der Klasse zu arbeiten. Ein Schwerpunkt unserer Arbeit lag im Bereich des Methoden- und Kommunikationstrainings, ein anderer im Bereich des sozialen Lernens. In jeder Klassenstufe führten wir mit der Klasse eine Phase projektorientierten Unterrichts durch.

In Klasse 5 wurde das Thema ‚Orientierung am neuen Ort' fächerverbindend erarbeitet. In Gruppenarbeit entstanden Wandplakate, die dann der Klasse erläutert wurden. Die sich anschließende Diskussion diente u.a. der erstmaligen Erarbeitung von Kriterien zur Gestaltung von Wandplakaten. So standen die Blatteinteilung, die Schriftgröße, eine klare und übersichtliche Strukturierung sowie die saubere Darstellung des Plakats im Vordergrund der Besprechungen. Daneben wurde auf dieser Klassenstufe eigenverantwortliches Arbeiten im Rahmen von Still- und Freiarbeit eingeübt.

In Klasse 6 wurden kommunikative Fertigkeiten und soziale Kompetenz - besonders im Rahmen des Deutschunterrichts - geschult. Weiterhin stand ein fächerverbindender projektorientierter Unterricht zum Thema ‚Vulkane' auf dem Programm In Einzelarbeit eigneten sich die Schüler und Schülerinnen grundlegendes Fachwissen in Form von Pflicht- und Wahlaufgaben an, anschließend vertieften sie ein Themengebiet in Gruppenarbeit. Die Ergebnisse jeder Gruppe wurden der Klasse präsentiert, ein von der Gruppe erstelltes Produkt, z.B. das Modell eines Schichtvulkans oder ein Wandplakat unterstützte die jeweilige Präsentation. Neben den von den Gruppen erarbeiteten Produkten wurden die einzelnen Präsentationen intensiv besprochen. Auftreten, Sprache, Art des Vortragens und Umgang mit Medien waren nur einige Punkte, auf die näher eingegangen wurde.

Im Rahmen des Erdkundeunterrichts der Klasse 7 erstellten die Schüler und Schülerinnen einen Steckbrief zu einer tropischen Frucht ihrer Wahl, die der Klasse in einem Kurzvortrag vorgestellt wurde. Im Plenum diskutierten wir mit der Klasse neben Medieneinsatz die Sprache, die Gliederung des Vortrags, die Darstellung des gewählten Themas und den Inhalt. Die schriftliche Ausarbeitung des Steckbriefs untersuchte ich auf eine vorhandene Gliederung, inhaltliche Vollständigkeit sowie auf eine saubere und übersichtliche Darstellung. Die Schüler und Schülerinnen erhielten eine schriftliche Rückmeldung über ihre Leistung.

Außerdem stand in Klasse 7 das Thema ‚Schullandheim' auf dem Programm, das als Projekt durchgeführt wurde. Die Schüler und Schülerinnen holten selbstständig Angebote und Informationen zu Hin- und Rückreise sowie möglichen Programmpunkten ein. Gemeinsam wurde das Programm diskutiert und festgelegt. Zu den einzelnen Programmpunkten bereiteten Gruppen jeweils kurze Einführungen in Form von Referaten vor. Die Schüler und Schülerinnen organisierten Ausflüge sowie ein Stadtspiel und sorgten auch für die Abendgestaltung, so z.B. für die Durchführung einer Nachtwanderung. Selbst die Dokumentation des Schullandheimaufenthalts in Form einer Broschüre und eines Videofilms, der im Rahmen eines Elternabends vorgeführt wurde, lag in der Hand von Schülern und Schülerinnen.

In Klasse 8 übten wir im Hinblick auf das bevorstehende USA-Projekt einzelne methodische Kompetenzen verstärkt. So wurde zu Beginn des Schuljahres die Visualisierung von Texten in einer kleinen Unterrichtseinheit nochmals explizit trainiert. Die Schüler und Schülerinnen erarbeiteten dabei im Fach Erdkunde das Leben der Inuit in Gruppenarbeit anhand eines Textes, stellten den Textinhalt auf einer Folie oder einem Wandplakat dar und trugen die Ergebnisse mit dessen Unterstützung der Klasse vor. An diesen Produkten wiederholten wir nochmals Kriterien wie Farbeinsatz, Schriftart und -größe sowie Strukturierung. Jeder Schüler und jede Schülerin erhielt nach Abschluss der Arbeit eine schriftliche Rückmeldung, in der ich nochmals auf die Beobachtungen bezüglich des Wandplakats bzw. der Folie, den Inhalt, meine Beobachtungen während der Gruppenarbeit und die Präsentation einging.

Auch im Bereich der Selbstbeurteilung arbeiteten wir in diesem Schuljahr mit der Klasse. Wenige Wochen vor Beginn des Projekts mussten Schülergruppen z.B. im Fach Deutsch zu einem gegebenen Text eine Inhaltsangabe verfassen, diese in Reinschrift bringen und schließlich der Klasse vortragen. Für diese Aufgabe wurde zu Übungszwecken eine Gruppennote erteilt, die die jeweilige Gruppe so aufteilen musste, dass der Durchschnitt der Einzelnoten der erteilten Note entsprach. Diese Übung wurde von Rundgesprächen begleitet, in denen die Vorgehensweise sowie die Beurteilungskriterien durchgesprochen und diskutiert wurden. Hervorgehoben wurde dabei die Tatsache, dass ein Lehrer oder eine Lehrerin nur das fertige Produkt, nicht aber den Prozess der Entstehung sehen und beurteilen kann, so dass dies durch die Schüler und Schülerinnen geschehen muss.

Nachdem nun in jeder Klassenstufe projektorientierter Unterricht gelaufen war, der neben fachlichem Wissen auch Elemente aus den Bereichen der Methoden-, Sozial- bzw. Kommunikationskompetenz umfasste und der mit viel Arbeits- und Zeitaufwand der Lehrer und Lehrerinnen sowie der Schüler und Schülerinnen verbunden war, jedoch keinerlei Rückmeldung in Form von Noten für die Klasse gebracht hatte, stand es in meinen Augen sachlogisch an, in der 8. Klassenstufe mit dieser Klasse ein Projekt durchzuführen, das Zeugnisrelevanz aufwies.

Entwicklung der Beurteilungsbausteine unter Berücksichtigung der Vorerfahrungen der Schüler und Schülerinnen

In einem gemeinsamen Gespräch mit den beteiligten Kollegen waren wir uns schnell einig, dass nun ein nächster Schritt an der Reihe war. Als unterrichtlicher Rahmen bot sich das im Bildungsplan für die 8. Klasse vorgesehene fächerverbindende Thema ‚Die Vereinigten Staaten von Amerika – ein Land voller Gegensätze' an. Bei der Behandlung dieser Unterrichtseinheit sollten neben dem Fachwissen auch Methodenkompetenzen sowie die Fähigkeit, in Gruppen zu arbeiten, in die Leistungsbeurteilung einzelner Fächer einfließen. Bezüglich der zu erarbeitenden Inhalte wollten wir weitgehend die Schüler und Schülerinnen berücksichtigen. Anknüpfend an den Projektgedanken durfte deshalb sowohl thematisch als auch methodisch der Rahmen nicht zu eng gesteckt werden. Der Gedanke einer Vorgabe von Themengebieten wurde also verworfen, die Schüler und Schülerinnen sollten bei der Festlegung der zu erarbeitenden Themengebiete mitentscheiden dürfen. Problematisch war jedoch, dass Inhalte des Bildungsplans nicht einfach übergangen werden konnten. Eine Steuerung von Lehrerseite bzw. eine Ergänzung der Projektarbeit durch Phasen lehrerzentrierten Unterrichts mussten deshalb in Erwägung gezogen werden. Ich hatte zunächst Schwierigkeiten, mich von meiner anfänglichen Vorstellung, Pflicht- und Wahlaufgaben in Einzelarbeit bearbeiten zu lassen, zu lösen; ich wollte sichergehen, dass alle Schüler und Schülerinnen der Klasse ein grundlegendes Fundamentum fachlichen Wissens erhielten. Wir einigten uns schließlich darauf, dass die Schüler und Schülerinnen ein selbst gewähltes Thema, aus den im Vorfeld gesammelten Themenbereichen, in *Gruppenarbeit* bearbeiten sollten und die Ergebnisse der Gruppenarbeit mit Unterstützung eines zu erstellenden Wandplakats präsentiert werden mussten.

Zusammensetzung der einzelnen Beurteilungsbausteine

Der schwierigste Punkt, mit dem wir uns im Laufe der Vorüberlegungen auseinandersetzen mussten, war die Frage, was denn wie beurteilt werden kann und wie die Noten in den beteiligten Fächern aufgenommen werden sollten. Auch hier wurden in gemeinsamen Gesprächen verschiedene Varianten durchgesprochen. Zunächst gingen wir von drei Bereichen aus, die wir beobachten und beurteilen wollten. Es ging um die Beobachtung und Beurteilung des *Gruppenarbeitsprozesses*, die Beurteilung dessen, was schließlich als Ergebnis der Gruppen dastehen sollte, also um das *Produkt*, und es ging um die *Präsentation* der Gruppenergebnisse. Wir einigten uns schnell darauf, dass das Produkt in Form eines von jeder Gruppe zu erstellenden Wandplakats in die Beurteilung aufgenommen werden sollte.

Der fachliche Anspruch

Nun stellte sich die Frage nach der Relevanz der im Bildungsplan vorgesehenen Fachinhalte in Englisch und Erdkunde. Wie sollten diese geprüft und in die Beurteilung aufgenommen werden? Wir planten zunächst, das Fachwissen der Schüler und Schülerinnen im Anschluss an die Präsentationen mit Hilfe eines Fragebogens schriftlich abzuprüfen; diese Variante wurde jedoch verworfen. Um dem fachlichen Anspruch gerecht zu werden, entschieden wir, dass eine englische Zusammenfassung zum gewählten Thema im Umfang eines DinA4 - Blattes von jeder Gruppe als Teil des Wandplakats anzufertigen ist. Grundlage dafür sollten englische Texte zum jeweiligen Thema sein. Inhaltliche Fragen auf Englisch und Deutsch im Anschluss an jede Präsentation sollten uns zeigen, dass sich die Gruppe ein umfangreiches Wissen zu ihrem Thema erarbeitet hat.

In der Diskussion wurde allerdings mehrfach die Frage angesprochen, wie wir denn sicherstellen können, dass *alle* Schüler und Schülerinnen der Klasse ein Grundwissen in den von den Gruppen erarbeiteten und vorgestellten Themengebieten haben. Besonders meine Kollegin im Fach Englisch und ich mit dem Fach Erdkunde hatten Schwierigkeiten, uns davon zu lösen, das von den verschiedenen Gruppen vorgestellte Fachwissen nicht bei allen abzuprüfen. Wir wollten sichergehen, dass alle Schüler und Schülerinnen einen abprüfbaren Wissenszuwachs in allen Themenbereichen aufzuweisen hatten. So beschlossen wir, zwei bis drei Wochen nach Beendigung des projektorientierten Unterrichts, anstelle des zunächst geplanten Fragebogens, eine englisch-erdkundliche Klassenarbeit zu schreiben. In dieser Klassenarbeit sollten zu allen Themengebieten Aufgaben gestellt werden, die ein Grundwissen abprüfen.

Die Anfertigung und Beurteilung eines Arbeitsprozessberichts der Schüler und Schülerinnen wurde nicht nur aus arbeitsökonomischen Gründen schnell verworfen. Worin wäre der Unterschied zu einem herkömmlichen Bericht gelegen, der als Aufsatz im Fach Deutsch ohnehin zu schreiben ist?

Die Beurteilung des Gruppenprozesses

Im Rahmen der Diskussion um die Beurteilung des Gruppenprozesses stellte sich zunehmend die Frage, was machbar sei. Ist es möglich, während der Arbeitsphase etwa acht Gruppen mit je drei bis vier Schülern und Schülerinnen so intensiv zu beobachten, dass eine anschließende Beurteilung möglich wird? Sind wir nicht überfordert, wenn wir neben Beratungen und Hilfestellungen, die in der Arbeitsphase bei den Schülern und Schülerinnen unweigerlich nötig werden, die Gruppenprozesse beobachten und unsere Beobachtungen festhalten müssen? Soll die Prozessbeurteilung in Form von Noten erfolgen oder ist auch eine verbale Beurteilung denkbar? Im Zuge dieser Diskussion waren wir zunächst der Ansicht, dass es möglich sei, pro Unterrichtsstunde eine Gruppe schwerpunktmäßig zu beobachten. Dabei wäre es von Vorteil, wenn in jeder Projektstunde zwei Kollegen/ innen gleichzeitig die Klasse betreuen könnten. So wäre die Situation für alle Beteiligten entspannter, die Beobachtung einzelner Gruppen und die nötigen Beratungen könnten aufgeteilt werden. Diese aufwendige Form des Teamteachings während der gesamten Phase projektorientierten Unterrichts war jedoch nicht durchgängig möglich. Eine Beurteilung des Gruppenprozesses durch die Lehrer/ innen schied daher aus.

Mit dieser Entscheidung kam die Frage auf, ob die Schüler und Schülerinnen einer Gruppe in der Lage sein würden, ihren Gruppenprozess zu reflektieren, sich gegenseitig zu beurteilen und ihre Notenentscheidung zu begründen. Als problematisch sahen wir an, dass sich die Jugendlichen bei ihrer Arbeit nicht in einer Beobachterrolle befinden, sondern in der Teilnehmerrolle, was unter Umständen eine sachliche und distanzierte Betrachtung erschwert. Stellt die Selbstbeurteilung nicht eine Überforderung für einen Achtklässler oder eine Achtklässlerin dar? Auch das Einbeziehen persönlicher Beziehungen zu einzelnen Gruppenmitgliedern konnte Probleme mit sich bringen. Es ist für einen Schüler oder eine Schülerin unter Umständen nicht einfach, dem/ r besten Freund/ in, der/ die Gruppenmitglied ist, eine schlechte Note zu erteilen, selbst wenn diese begründet werden kann. So entschieden wir, dass bei einer Selbstbeurteilung durch die Schüler und Schülerinnen unsere Beobachtungen als Lehrer/ innen gegebenenfalls miteinfließen sollten.

Ein weiteres Problem war zu bedenken: Eine Gruppenarbeit konnte in unseren Augen nur mit einer Gruppennote beurteilt werden. Eine solche ist jedoch rechtlich nicht zulässig und hätte bei den Schülern und Schülerinnen unter Umständen auch Missfallen ausgelöst, denn warum sollten ein sonst leistungsstarker Schüler und eine leistungsstarke Schülerin eine schlechtere Note als gewohnt erhalten, nur weil er/ sie vielleicht in einer schwächeren Gruppe mitgearbeitet hat? Eine Lösung dieses Problems sahen wir in der Vergabe einer Gruppennote und einer sich daran anschließenden Aufteilung dieser Gruppennote in individuelle Noten durch die einzelnen Gruppenmitglieder.

Vier Maßnahmen sollten die Selbstbeurteilung des Gruppenprozesses durch die Schüler und Schülerinnen begleiten:

- die Schüler und Schülerinnen erhielten genaue Kriterien in Form eines Beobachtungsrasters (vgl. 3.3),

- die Schüler und Schülerinnen erhielten Gelegenheit, sich zu ihren Beobachtungen fortlaufend Notizen zu machen, die ihnen bei Notenvergabe und Begründung helfen sollten,

- die Noten mussten gegenüber uns Lehrern und Lehrerinnen genau begründet werden,

- wir Lehrer und Lehrerinnen trugen auf Karteikarten unsere Beobachtungen ein, um gegebenenfalls Argumentationshilfen in der Hand zu haben.

Die Gruppenprozessnote als Verteilung der Lernplakatnote durch die Schüler und Schülerinnen

Ich machte mir nochmals Gedanken über die Prozessbeurteilung. Es erschien mir nach wie vor schwierig, als Lehrer/ in in einem Zeitraum von drei bis vier Wochen etwa acht Gruppen so intensiv zu beobachten, dass die Gruppenprozesse angemessen beurteilt werden können. Ich zog bei meinen Überlegungen in Betracht, dass wir Kollegen und Kolleginnen einer Doppelbelastung ausgesetzt sind, da wir zum einen die Beobachtungsaufgabe, zum anderen die Beratungsaufgabe wahrzunehmen haben. Die Doppelbelastung war schließlich der Grund dafür, dass wir beschlossen, unsere Prozessbeurteilung wegzulassen.

Stattdessen entschieden wir uns für einen anderen Weg. Zunächst sollten sich die Schüler und Schülerinnen gegenseitig in der Gruppe auf Grund des Kriterienkatalogs (Abb. 27, S. 155) beurteilen; die individuell erstellten Bewertungen wurden in der Gruppe besprochen. Das Ergebnis dieses Gesprächs - von allen Gruppenmitgliedern akzeptierte Einzelnoten ('Vornoten') - sollten den Lehrern/ innen mitgeteilt werden, so dass ein Vergleich mit deren Beobachtungen möglich wurde. In einem zweiten Schritt wollten wir als beteiligte Lehrer/ innen die Lernplakate auf der Grundlage des Kriterienkatalogs (Abb. 26, S. 153) bewerten. Diese Note sollte als eine Art 'Orientierungsnote' an die Gruppe zurückgegeben werden. In einem dritten Schritt hatten die Gruppenmitglieder diese 'Orientiertungsnote' so aufzuteilen, dass der Durchschnitt der Einzelnoten dieser entsprach. Basis hierfür waren die gemeinsam in der Gruppe festgelegten 'Vornoten'. Nur in begründeten Ausnahmefällen sollte ein Abweichen von den hier sichtbar werdenden Leistungsunterschieden zwischen den Gruppenmitgliedern akzeptiert werden. So verknüpften wir Prozess und

Produkt und machten die Beurteilung für uns durchführbar. Die sich so ergebende Note sollte in das Fach Deutsch einfließen, da in beiden Kriterienkatalogen Kompetenzen zum Tragen kommen, die der Lehrplan dieses Faches ausdrücklich fordert.

Die Beurteilung der Präsentation

Bezüglich der Präsentationsnote herrschte bei mir zunächst noch Unsicherheit darüber, wie sie in die einzelnen Fächer einfließen sollte. So war in meinen Augen die Präsentation von Ergebnissen eine in allen Fächern geforderte Kompetenz, die auch in allen Fächern ihren Niederschlag finden sollte, nicht nur im Fach Deutsch. Der Vorschlag, die Präsentationsnote als Einzelnote in alle beteiligten Fächer einfließen zu lassen, wurde sofort akzeptiert.

Die erarbeitete Beurteilungsstruktur

Nachdem nun festgelegt war, welche Bestandteile in die Beurteilung einfließen sollten, mussten wir uns Gedanken darüber machen, ob wir für die einzelnen Leistungen Einzel- oder Gruppennoten erteilen wollten und mit welcher Gewichtung diese einzelnen Noten in die Fachnoten eingehen sollten, denn in jedem der beteiligten Fächer sollte eine Klassenarbeitsnote durch eine Projektnote ersetzt werden.

Da verschiedene Kompetenzbereiche in allen beteiligten Fächern gleichermaßen wichtig waren, legten wir folgende Beurteilungsstruktur fest (Abb. 23):

Abb. 23: Gewichtung und Verteilung der einzelnen Beurteilungen

Deutsch	50% Präsentation (Einzelnote)	50% Erstellen eines Lernplakats (Gruppennote, die sich die Gruppenmitglieder auf Grund gegenseitiger Einschätzung selbst aufteilen)
Erdkunde	50% Präsentation (Einzelnote wie Deutsch)	50% Klassenarbeit (Einzelnote)
Englisch	25% Englische Zusammenfassung auf dem Lernplakat (Gruppennote) 25% Englische Fragen im Rahmen der Präsentation (Einzelnote)	50% Klassenarbeit (Einzelnote wie Erdkunde)

4.2   Projektdurchführung

Übersicht über die Unterrichtseinheit

Abb. 24: Übersicht über den Ablauf der Unterrichtseinheit

1 Woche	Herbstferien (1 Woche)	1 Woche	4 Wochen	Weihnachtsferien	zwei Wochen später
→	→		→		→
• Sammeln thematischer Aspekte mit der Klasse • Gruppenbildung	• Beschaffung von Informationsmaterial durch die Schüler und Schülerinnen		• Auswerten der Informationen in Gruppenarbeit • Gestalten des Lernplakats • engl. Zsfsg • Präsentation		• Klassenarbeit in Englisch/ Erdkunde

146

Gruppenbildung und Themenwahl

In der Woche vor den Herbstferien 1999 erfolgte in einer dreistündigen Unterrichtsphase die Einführung in das Projekt ‚USA' sowie die Zusammenstellung der für die Gruppenarbeit zur Auswahl stehenden Themengebiete durch meinen Kollegen Herrn Reinert und mich.

In einer ersten Brainstorming-Phase sammelten wir die von den Schülern und Schülerinnen genannten Themenbereiche, notierten diese auf Karten und hängten sie, soweit wie möglich inhaltlich geordnet, an die Tafel. Jeder Themenvorschlag wurde seitens der Schüler und Schülerinnen kurz erläutert, zum Teil von uns ergänzt, so dass eine inhaltliche Vorstellung aller Themen gesichert war. Am Ende dieser Brainstorming-Phase hatten wir 36 Karten angeheftet. Wir stellten fest, dass die Themenvorschläge der Schüler und Schülerinnen häufig nicht mit inhaltlichen Vorgaben des Bildungsplans übereinstimmten. Von besonderem Interesse waren Themen aus den Bereichen Musik, Jugend und amerikanischen Städten. In der sich anschließenden Phase entwickelten mein Kollege und ich nun eine thematische Struktur. Wir suchten Oberbegriffe für die verschiedenen Themenbereiche. Dies war nicht einfach, denn wir wollten sowohl die Schülerinteressen als auch die Inhalte des Bildungsplans berücksichtigen. So war beispielsweise Musik allein kein Thema, das die Fächer Englisch, Deutsch und Erdkunde betraf, Musik in Verbindung mit den ‚blacks' aber schon. Diesem Thema wurden auch die Begriffe ‚Einwanderer' und ‚Sklaverei' zugeordnet. Es kamen also neue Aspekte hinzu. So ergab sich zum Beispiel aus den Karten Hurrikan, Tornado, Blizzard das Themengebiet ‚Wirbelstürme', aus den Karten Miami, Chicago, San Francisco, Los Angeles das Themengebiet ‚Großstädte'. Wir formulierten 15 Themengebiete mit erläuternden Anmerkungen und hängten diese im Klassenraum aus.

Der Themensammlung schloss sich die Information der Schüler und Schülerinnen über den zeitlichen Ablauf des Projekts und die zu erbringenden Leistungen sowie ihre Beurteilung an. Die Schüler und Schülerinnen sollten sich bis zum Ende der Woche für die Bearbeitung eines Themengebietes entscheiden. Dabei sollte darauf geachtet werden, dass sich Gruppen mit vier Gruppenmitgliedern bildeten. Um bereits ein Meinungsbild zu erhalten, welche Themen von besonderem Interesse sein würden, ließen wir am Ende der Unterrichtsphase punkten. Jeder Schüler und jede Schülerin erhielt einen Klebepunkt, der beim jeweiligen Lieblingsthema ohne Angabe des Namens gesetzt wurde. Es sollten sich reine Interessengruppen ergeben, bei denen persönliche Präferenzen nicht mit ins Spiel gebracht werden sollten. So erkannten die Schüler und Schülerinnen, ob ihr Lieblingsthema auch Mitschüler und Mitschülerinnen interessiert und sich somit eine Gruppe bilden kann, ob vielleicht das Interesse zu groß ist und man sich eventuell eine Alternative überlegen muss oder ob man keinen weiteren Interessenten hat und dann über eine Alternative nachdenken muss. Bis zum Ende der Woche sollten sich alle in eine ausgehängte Liste eintragen.

Fünf Gruppen fanden sich problemlos. Als wir uns als Lehrerteam darauf einigten, von der strikten Vorgabe einer Viergruppe abzusehen und auch Dreiergruppen zuzulassen, ergab sich auch die sechste Gruppe zügig. Fünf Schülerinnen hatten Schwierigkeiten: Eine Schülerin hatte ein Themengebiet gewählt, das bei keinem Mitschüler und keiner Mitschülerin auf Interesse gestoßen war; je zwei Schülerinnen hatten sich für Themengebiete entschieden, von denen sie nicht abweichen wollten.

Die Schüler und Schülerinnen waren zunächst sehr fixiert auf die von ihnen gewählten Themen.

Für die Wahl der Themengebiete standen in unseren Augen an erster Stelle die persönlichen Beziehungen zu Mitschülern und Mitschülerinnen, die sich ebenfalls für dieses Thema entschieden hatten. Auch leicht und üppig zu findendes Informationsmaterial beeinflusste die Themenwahl. Erst an dritter Stelle, so stellten wir fest, stand das wirkliche Interesse an einem Thema. Die Gruppenbildung wurde in der Klasse diskutiert, die Schülerinnen führten Beweggründe für ihre Wahl an, unsere Beobachtungen wurden hierbei bestätigt. Im gemeinsamen Gespräch erklärten sich schließlich einige Schülerinnen bereit, von ihrer ursprünglichen Wahl Abstand zu nehmen und zu einem anderen Thema zu wechseln. So ergaben sich schließlich acht Gruppen zu den folgenden Themen:

1. Indianer	5. Großstädte
2. American way of life (Jugend)	6. New York
3. Naturkatastrophen	7. Washington – die Hauptstadt
4. Wirbelstürme	8. Die Schwarzen und ihre Musik

Damit waren Themenwahl und Gruppenzusammensetzung abgeschlossen.

Beschaffung und Sichtung des Informationsmaterials

In den folgenden zwei Wochen hatten die Schüler und Schülerinnen Gelegenheit, Informationsmaterial zu ihrem Themenbereich zu suchen. Sie beschafften sich dieses auf unterschiedliche Art und Weise und in unterschiedlicher Menge. Wir nahmen Gruppen wahr, die sich mit Bergen von Büchern aus der Stadtbibliothek eingedeckt hatten, andere hatten Reisebüros abgeklappert, wieder andere hatten die elterlichen Buch- und Lexikonbestände durchgesehen, einige hatten auch das Internet zu nutzen gewusst. Nur wenige hatten den Atlas als Informationsmaterial für sich entdeckt, noch weniger Schüler und Schülerinnen das Englischbuch, Tageszeitungen oder Zeitschriften.

Die eigentliche Arbeitsphase begann mit der Sichtung des mitgebrachten Materials in den einzelnen Gruppen, wobei Materialfülle, Qualität und Materialvielfalt deutlich variierten. Einige Gruppen hatten sehr viele Bücher zum Thema ‚USA' mitgebracht, sie hatten dabei unterschiedliche Quellen, aber häufig keine Vorauswahl bezüglich ihres Themas getroffen. Die Schüler und Schülerinnen hatten zum Teil Mühe, das mitgebrachte Material systematisch auf zu ihrem Thema passende Inhalte zu untersuchen. Die Materialfülle führte dabei zu Schwierigkeiten. Informationsmaterial wurde zum Teil wenig strukturiert und ziellos durchkämmt. Andere Schüler und Schülerinnen hatten ihre mitgebrachten Materialien in eigener Vorarbeit auf passende Inhalte untersucht und kenntlich gemacht. Manche hatten bereits Material zuhause durchgearbeitet, handschriftlich zusammengefasst und es wohl geordnet in einem separaten Projektordner abgelegt.

Eine Gruppe ging sehr systematisch bei der Materialsichtung vor. Die Gruppenmitglieder berichteten der Reihe nach über das von ihnen mitgebrachte Material und seine Tauglichkeit für das zu erarbeitende Thema. In dieser Gruppe beobachteten wir bereits einen hohen Grad an Methoden- und Sozialkompetenz.

Eine andere Schülergruppe hatte ausschließlich Informationsmaterial aus einer Quelle, nämlich dem Internet. Hier lagen zu Beginn der Arbeitsphase wenige Blätter auf dem Tisch; die Schüler dieser Gruppe wussten nicht, wie sie nun ihre Arbeit beginnen sollten. Es herrschte Ratlosigkeit und planloses Vorgehen. So begannen die Gruppenmitglieder mit dem Durchlesen der Blätter und dem Unterstreichen von Sätzen und ganzen Passagen ohne vorherige Absprache. Auffallend war, dass drei der vier Schüler in dieser Gruppe zu Beginn des Schuljahres neu in die Klasse gekommen waren. Ihnen fehlten offensichtlich die notwendigen Kompetenzen, die wir in den vergangenen Schuljahren erarbeitet hatten. Wir waren uns dieser Problematik von Anfang an bewusst, wollten jedoch in die freie Themen- und Gruppenwahl nicht eingreifen. Diese Gruppe erhielt in der Arbeitsphase deutlich mehr Beratung als die anderen Gruppen.

Unser Augenmerk galt auch der Verwendung von englischem Textmaterial, das hinzugezogen werden sollte. Wir beobachteten, dass solches aus eigenen Recherchen praktisch nicht vorhanden war und dass das von uns in dieser Phase sparsam eingegebene Material nur ungern hinzugezogen wurde.

Beobachtungen während der Gruppenarbeitsphase

Im Anschluss an die Materialsichtung begannen die Schüler und Schülerinnen mit der Erarbeitung ihres Themas. Hier stellten die einen zunächst einen schriftlichen Arbeitsplan auf, sie überlegten sich genau ihre Vorgehensweise und die nötigen Arbeitsschritte, teilten sich anschließend ihre Arbeit auf. Einige Gruppen machten sich zunächst den inhaltlichen Rahmen ihres Themas klar und formulierten Fragen an ihr Thema, um daraufhin eine Struktur zu finden. Sie teilten anschließend ihre Arbeit auf. Wir nahmen Gruppen wahr, die arbeitsteilig vorgingen, sich aber immer wieder in ihrer Gruppe trafen, um sich gegenseitig über ihren Arbeitsstand zu informieren. Hier fanden zum Teil sehr fruchtbare Diskussionen auf sachlicher Ebene statt. Es wurde argumentiert, erklärt, erläutert, geholfen und beraten. In manchen Gruppen lief der Prozess sehr strukturiert ab, jedes Gruppenmitglied nahm an der gemeinsamen Arbeit teil und brachte sich ein. Nicht in allen Gruppen gelang jedoch der Gruppenprozess in der Form, dass gemeinsam an einer Sache gearbeitet wurde, zum Teil fehlte zunächst jegliche Linie bezüglich der Vorgehensweise und der Strukturierung des Themas

Wir stellten einen hohen Grad an Arbeitsintensität und Motivation fest. Die meisten Gruppen nutzten die ihnen zur Verfügung stehende Zeit intensiv. Die Gruppen führten ihre Diskussionen in der Regel zu fachlichen Inhalten, die in ihrem Themenbereich lagen. Bei der Qualität des erarbeiteten fachlichen Wissens stellten wir jedoch im Laufe der Zeit erhebliche Unterschiede fest. So gab es Gruppen, die sich sehr intensiv in ihr Thema eingearbeitet hatten, sie wussten nicht nur oberflächlich Bescheid, auch Hintergrundwissen konnte hier vorausgesetzt werden. Diese Gruppen hatten ihr Material sehr genau ausgewählt, sie konnten wichtige Informationen erkennen und zusammenfassen. Manche Gruppen verloren sich im Detail, sie sahen nicht mehr die entwickelte Struktur. Andere Gruppen arbeiteten mit Textmaterial, das unverständlich war, sie hatten so auch Probleme, ihr Thema inhaltlich zu durchdringen. Auch Informationsmangel führte zu einer oberflächlichen Bearbeitung des Themas. Die Bereitschaft, sich bei auftretenden Problemen durchzubeißen, war nicht bei allen gegeben. Einige Schüler und Schülerinnen waren schnell frustriert, kostbare Zeit ging so verloren. Auch unsere Beratungshinweise wurden unterschiedlich aufgenommen und teilweise zögerlich oder gar nicht umgesetzt. Im Vordergrund dieser Phase standen Strukturierungshilfen, die wir gaben, indem wir die Schüler und Schülerinnen aufforderten, die 'W-Fragen' an ihr Thema zu stellen. Reichte diese Hilfestellung nicht aus, so erarbeiteten wir mit der Gruppe gemeinsam eine

Struktur des Themas: Welche Aspekte sind bei dem Thema zu beachten? Wie kann man sie gliedern?

Gestaltung der Lernplakate und Vorbereitung der Präsentationen

Nachdem die Themenbereiche inhaltlich erarbeitet waren, schloss sich die Gestaltung der Wandplakate an. Bei der Gestaltung gab es Schwierigkeiten, wenn nicht zuvor eine Skizze angefertigt worden war. Hier fehlte häufig eine konkrete Vorstellung über die Platzverteilung. Probleme gab es dabei mit der Gliederung der großen Papierfläche, die auf den ersten Blick viel Platz bot, nachher aber dann doch zu klein war, um alles unterzubringen, was man unbedingt auf dem Plakat haben wollte. Viele Gruppen entwarfen zunächst eine Skizze, in gemeinsamen Gesprächen wurde die Gestaltung erarbeitet. Im Vordergrund standen gestalterische Elemente, z.B. Bilder. Über die Bedeutung der Bilder wurde jedoch nicht immer nachgedacht. Farben und Verbindungslinien wurden meist gezielt eingesetzt. Die Schüler und Schülerinnen teilten ihre Arbeit auf und wussten sehr genau, wer wo seine Stärken hatte. Schwierigkeiten traten schließlich auf, als den Gruppen klar wurde, dass nun noch eine englische Zusammenfassung ihres Themas als Teil des Wandplakats anzufertigen war. Hier wurde deutlich, dass es den Gruppen an englischem Textmaterial fehlte und dass die Schüler und Schülerinnen sich nur ungern an diesen Teil der Arbeit heranmachten, der zweifellos Mühe und Anstrengung erforderte. Sie hatten größte Mühe, ihr Thema auf einer DinA4-Seite inhaltlich zu umreißen, die Erarbeitung der englischen Texte kostete Mühe, die sie nicht alle aufbringen wollten. Viele Schülergruppen wichen auf deutsche Texte aus, schrieben eine deutsche Zusammenfassung und übersetzten diese wörtlich. Besonders schwierig waren dabei die zu wissenschaftlich verfassten Texte. In dieser Phase war sehr viel Beratung erforderlich. Die Schüler und Schülerinnen gaben sich sehr viel Mühe bei der Gestaltung ihrer Plakate, sie hatten Freude an dieser Phase des Projekts. Es wurde sauber und in der Regel übersichtlich gearbeitet, die Schüler und Schülerinnen hatten gute Ideen und arbeiteten zum Teil sehr kreativ.

Der Plakaterstellung folgte nun die Vorbereitung der Präsentationen. In dieser Phase übten die Schülergruppen in verschiedenen Räumen. Es wurde in den Gruppen sehr genau vereinbart, wer welchen Teil zu übernehmen hatte. Auch für die Präsentationen hatten die Schüler und Schülerinnen gute Ideen, die beeindruckten.

Präsentation der Projektergebnisse

An zwei Nachmittagen trafen wir uns alle, und je vier Gruppen präsentierten ihr Thema. Neben den Lernplakaten und verschiedenen Anschauungsmitteln - z.B. eine Puppe mit Indianertracht, Tageslichtprojektor, Wandkarten und ein Wandplakat in Form der Freiheitsstatue -, sahen wir eine Präsentation, die aus einer Folge von Szenen bestand, welche schauspielerisch gekonnt dargeboten wurden. Wir erlebten einen sicheren und kreativen Umgang mit Medien. Die vortragenden Schüler und Schülerinnen zeigten einen unterschiedlichen Entwicklungsstand in der Art ihres Vortragens, alle sprachen jedoch ohne schriftliche Vorlage. Auffallend war bei einigen die Haltung - die Hände in den Hosentaschen, den Blick auf den Boden -, andere hatten ihren Blick in die Zuhörerschaft gerichtet, sie bewegten sich frei und ungezwungen. Die einen hatten ihre Passagen auswendig gelernt, andere waren in ihrem Thema verhaftet, sie sprachen frei und in eigenen Worten. Dies wirkte sehr lebendig. Viele Schüler und Schülerinnen konnten in ihrem Vortrag auf ihr Wandplakat

Bezug nehmen oder benutzten es sogar als Gedächtnisstütze. Inhaltlich zeigte sich sehr deutlich, wer sich gründliches Fachwissen verschafft hatte und wer mehr an der Oberfläche schwamm. Was wir bereits in der Erarbeitungsphase festgestellt hatten, wurde hier bestätigt. Auch die anschließenden Fragen auf deutsch und englisch zu dem erarbeiteten Thema zeigten nochmals, wer in der Gruppe, auch über seinen Teil hinausgehend, Bescheid wusste. Für alle Schüler und Schülerinnen war die Präsentation ein aufregender Teil, sie waren nervös und hatten Lampenfieber. Wir registrierten eine durchgehend äußerst aufmerksame und interessierte Zuhörerschaft, welche die ihr im Vorfeld ausgeteilten Fragen zu jedem Thema pflichtbewusst beantwortete. Diese Fragen sowie die entsprechenden Informationen sollten die Grundlage für die anstehende Klassenarbeit bilden.

4.3   Durchführung der Beurteilung

Beurteilung der Präsentationen

Grundlage für die Beurteilung der Präsentationen war der unten abgebildete Bewertungsbogen (Abb. 25) der sechs Beobachtungsfelder enthielt und pro Schüler und Schülerin eine Spalte vorsah. Die Beurteilung eines jeden Feldes sollte die traditionelle Notenskala im Blick haben. Der Bewertungskatalog wurde nicht aus der Literatur übernommen, sondern von Herrn Reinert aufgestellt und im Team diskutiert. Er orientierte sich an dem, was mit der Klasse bisher schon gearbeitet worden war und welche Ziele bei dieser langjährigen Arbeit von uns verfolgt wurden. Die Kriterien waren der Klasse nicht neu, sie waren vielmehr in den vorangehenden Projekten sowie in kleineren Unterrichtseinheiten immer wieder geübt worden. Da alle drei am Projekt beteiligten Kollegen bei den Präsentationen der Gruppen anwesend waren, konnte jeder von uns einen solchen Bogen pro Gruppe ausfüllen. Die Beobachtungen wurden anschließend ausgetauscht und diskutiert, so dass wir zu einem einheitlichen Ergebnis und damit zu einer Note fanden.

Wir waren während der Präsentationen überfordert, alle sechs Beobachtungsfelder bei allen Schülern und Schülerinnen im einzelnen wahrzunehmen und sofort zu beurteilen, wir sahen uns lediglich in der Lage, einzelne, jeweils hervorstechende Felder herauszugreifen und genauer zu beurteilen. Auch die Beurteilung nach der traditionellen Notenskala war in der kurzen Präsentationszeit von etwa 10-15 Minuten nicht zu machen. So formulierten wir unsere Beobachtungen zu einzelnen Beobachtungsfeldern stichwortartig.

Nach den Präsentationen tauschten wir zu dritt unsere Anmerkungen und Eindrücke aus und kamen schließlich so zu einer für uns befriedigenden Notengebung. Die Einzelnoten, die mit jeweils 50 % in die Fächer Deutsch und Erdkunde einflossen, wurden also argumentativ und nicht rechnerisch festgelegt. Wir stützten uns dabei auf unsere Beobachtungen, die Kriterien des Bewertungsbogens dienten dabei als Beobachtungsgrundlage. Wir stellten fest, dass bei den einzelnen Präsentationen die Gruppenprozesse deutlich wurden, denn je besser eine Gruppe zusammengearbeitet hatte, desto überzeugender war auch ihre Präsentation. Es wurden einander ‚Bälle zugeworfen', der eine wusste genau, was der andere in seiner Gruppe tat. Zum Teil beobachteten wir eine Abfolge genau abgesprochener Elemente. Auch sonst ruhigere oder schwächere Schüler und Schülerinnen wurden zum Teil sehr gut in den Prozess eingebunden. Interessant wäre an dieser Stelle die Antwort auf die

Frage, wie diese Jugendlichen in einer leistungsschwachen Gruppe abgeschnitten hätten. Diese Antwort bleibt leider offen, da es einen solchen Fall bei uns nicht gab.

Abb. 25: Beobachtungsbogen zur Beurteilung der Präsentation

		Schüler 1						...
		1	2	3	4	5	6	
Inhalt des Vortrages	▪ gründliche oder oberflächliche Erarbeitung? ▪ Wesentliches oder Nebensächliches (Auswahl)?							
Darstellung des Themas	▪ strukturiert oder ungeordnet? ▪ verständlich oder unklar?							
Sachkenntnis	▪ eigene Formulierungen oder lediglich abgeschrieben? ▪ Werden Fragen zum Thema richtig beantwortet?							
Vortrag	▪ frei oder abgelesen? ▪ Flüssig in vollständigen Sätzen oder stockend in unvollständigen Sätzen?							
Anschaulichkeit	▪ Beispiele ▪ Erläuterungen/ Visualisierung? ▪ Einbeziehung des Lernplakats? ▪ Wurden weitere Medien sinnvoll eingesetzt?							
Gesamteindruck	▪ ansprechend oder langweilig ▪ sicher oder unsicher?							
Was fiel sonst noch auf?								

Für uns Lehrer und Lehrerinnen war die Arbeit im Team ausgesprochen hilfreich und fruchtbar. Wir empfanden die gemeinsame Beurteilung sehr befriedigend, durch den Dialog hatten wir ein Sicherheitsgefühl und sind der Ansicht, dass die Beurteilung durch die drei Meinungen an Objektivität gewonnen hat.

Die Präsentation jeder Gruppe umfasste neben dem eigentlichen Vortrag auch eine kurze Fragerunde. So stellten wir jedem Gruppenmitglied im Anschluss an die Präsentation zunächst ein bis zwei Fragen auf deutsch, die uns zeigen sollten, ob jedes Gruppenmitglied über das bearbeitete Thema Bescheid weiß und sich über das Vorgetragene hinaus Fachwissen erarbeitet hat.

Dem deutschen Teil schlossen sich englische Fragen an. Die Note, die sich aus der englischen Fragerunde ergab, stellte 25 % der Englischnote dar und sollte neben dem inhaltlichen Bereich auch die Ausdrucks- und Reaktionsfähigkeit in der Fremdsprache widerspiegeln. Im Nachhinein müssen wir deutlich hervorheben, dass die Schüler und Schülerinnen hierbei eigentlich einer Prüfungssituation ausgesetzt waren. Die Anforderung war in unseren Augen sehr hoch, die meisten haben diese Situation jedoch erstaunlich gut gemeistert. Aus heutiger Sicht würden wir diesen Teil nicht mehr direkt an die Präsentationen anschließen, da dabei die Gefahr des ,Schubladendenkens' besteht; gemeint ist damit die Trennung der einzelnen Fächer, die ja bei einem fächerverbindenden Projekt gerade aufgehoben werden sollte.

Weiterhin würden wir die Beschaffung des englischen Textmaterials nicht mehr allein den Schülern und Schülerinnen überlassen, sondern eine Vorauswahl treffen, um sicherzugehen, dass eine niveaugerechte Grundlage an Material vorhanden ist. Viele Schülergruppen hatten zu schwieriges Textmaterial, das dem Niveau einer achten Klasse Realschule nicht angemessen war. Auch der Problematik, dass zu manchen Themen so gut wie gar kein passendes fremdsprachiges Informationsmaterial vorhanden war, würden wir heute anders begegnen. In diesem Fall müsste man klären, ob eine solche Themenwahl dann noch sinnvoll wäre.

Ich möchte an dieser Stelle noch auf die Mitteilung der Präsentationsnote eingehen, die ich jedem Schüler und jeder Schülerin persönlich bekannt gegeben und begründet habe. Diese Art der Notenmitteilung war für mich neu und ungewohnt. In einem persönlichen Gespräch habe ich jedem Schüler und jeder Schülerin die Note begründet, stand für Fragen bereit und hatte die Möglichkeit, individuelle Stärken und Schwächen hervorzuheben. Diese Art der Notengebung war für alle sehr befriedigend. Die Schüler und Schülerinnen empfanden es als angenehm und hilfreich, im persönlichen Gespräch über ihre Note informiert zu werden und schätzten die Analyse der Note sehr. Für mich war es besonders im schwächeren Notenbereich nicht immer leicht, dem Schüler oder der Schülerin gegenüber zu sitzen und ihm oder ihr ins Gesicht zu sagen, dass die erbrachte Leistung nicht oder nicht in ausreichendem Maße unseren Anforderungen entsprach. Hier war in meinen Augen viel Einfühlungsvermögen und eine sensible Vorgehensweise erforderlich.

Beurteilung der Lernplakate

Abb. 26: Kriterienkatalog zur Beurteilung der Lernplakate

Wodurch zeichnet sich ein gutes Lernplakat aus?		
Inhalt	Vollständigkeit	• Sind alle notwendigen Information zum Thema angesprochen?
	sachliche Richtigkeit	• Sind die dargestellten Inhalte sachlich richtig?
	Verständlichkeit	• Werden die Informationen und Zusammenhänge für Leser und Betrachter klar?
	Rechtschreibung	• Stimmt die Rechtschreibung?
Darstellung	Gliederung	• Wurde der Platz genutzt? Ist eine klare Gliederung erkennbar?
	Zusammenhang	• Wurden Zusammenhänge und Beziehungen zwischen einzelnen Informationen verdeutlicht?
	Visualisierung	• In welchem Maße wurde versucht, Informationen bildlich darzustellen anstatt mit Worten?
	Darstellungsmittel	• Wurden angemessene Darstellungsmittel gewählt (z.B. Karten, Diagramme)?
Gestaltung	Sauberkeit	• Wurde das Plakat sauber gestaltet?
	Größe der Elemente	• Wurden die Zeichnungen in ausreichender Größe angefertigt? Wurde die Schriftgröße richtig gewählt?
	Farbgebung	• Wurden die Farben gezielt eingesetzt? Wurden Farbkontraste berücksichtigt?

Ich schließe nun die Beurteilung des von jeder Gruppe erstellten Lernplakats an, das die Grundlage der noch fehlenden 50 % der Deutschnote bildete. Auch bei dieser Beurteilung arbeiteten wir im Team. Anhand des abgebildeten Kriterienkatalogs (Abb. 26), der mit den Schülern und Schülerinnen durchgesprochen war, gingen wir an zwei Nachmittagen die einzelnen Plakate durch. Vorteilhaft war hier der nicht vorhandene Zeitdruck, man hatte die Ruhe, sich die Einzelheiten genau anzusehen.

Die aufgestellten Kriterien waren der Klasse auch hierbei nicht unbekannt, sie waren in vorangegangenen Projekten, besonders in Klasse 6 (Vulkanprojekt), geübt und in verschiedenen Unterrichtsphasen immer wieder aufgegriffen worden.

Wir gingen bei jedem Lernplakat die drei Kriterienfelder durch und kamen jeweils zu einer Note für Inhalt, Darstellung und Gestaltung des Plakats. Der Durchschnitt ergab dann die Gesamtnote für die Gruppe.

Prozessbeurteilung durch die Schüler und Schülerinnen

Es galt anschließend, diese Note in der Gruppe durch die Gruppenmitglieder aufzuteilen. Allerdings gaben wir diese Note nicht sofort in die Gruppe ein. Wir forderten vielmehr von jeder Gruppe eine vorangehende Selbsteinschätzung ihres Gruppenprozesses, den die Schüler und Schülerinnen mit Hilfe ihrer Aufzeichungen reflektieren sollten. Die Gruppenmitglieder sollten sich auf Grund des abgebildeten Kriterienkatalogs (Abb. 27, S. 155) Noten geben, bevor sie die Note für das Lernplakat kannten, und diese mit Begründung bei meinem Kollegen abliefern.

Alle Gruppen erhielten eine schriftliche Rückmeldung über die Beurteilung ihres Lernplakats, die neben der erteilten Note eine kurze Begründung enthielt. Anschließend mussten die von den Schülern und Schülerinnen fixierten ‚Vornoten‘ an die von uns erteilte Note für das Lernplakat angepasst werden, so dass der Durchschnitt der Einzelnoten der erteilten Note entsprach. Das war ein Prozess, der nicht allen leicht fiel, besonders nicht denjenigen im Notenbreich ‚ausreichend‘.

In einigen Fällen gab es deutliche Differenzen zwischen der von uns erteilten Note und den von den Schülern und Schülerinnen selbst festgelegten Noten. Hier kam es teilweise zu heftigen Diskussionen. Manche Schüler und Schülerinnen hatten das subjektive Empfinden, viel gearbeitet zu haben, sich viel Mühe gemacht zu haben und nicht die in ihren Augen angemessene Note bekommen zu haben. In diesen Fällen war es wichtig, ein Gespräch mit der Gruppe zu führen, die Argumente der Gruppenmitglieder anzuhören, unsere Argumente anzuführen und schließlich in einer Diskussion zu einem befriedigenden Ergebnis zu kommen. Wir bemühten uns, diesen Schülergruppen Einsicht in unsere Sichtweise zu geben, unsere Aufzeichnungen auf den Karteikarten unterstützten uns dabei.

In einigen Gruppen ging die Selbstbeurteilung sehr sachlich vonstatten. Die Schüler und Schülerinnen argumentierten anhand ihrer Aufzeichnungen sachbezogen und kamen zügig zu einer Einigung. Nicht immer konnten die vorgegebenen Kriterien angewendet werden; so wurde z.B. ausreichendes Material als positiv bewertet, das Material in seiner Qualität aber nicht hinterfragt. Wenig Schwierigkeiten bei der Notenverteilung gab es unseren Beobachtungen zu Folge bei den guten bis sehr guten Gruppen. Probleme gab es in einer leistungsschwachen Gruppe, in der nicht sachbezogen eingeschätzt wurde, sondern persönliche Präferenzen im Vordergrund standen.

Uns war die Tatsache, dass wir ein Produkt, nämlich das Lernplakat, die Schüler und Schülerinnen jedoch ihren Gruppenprozess bewerten, klar und wir fragten uns zunächst, ob dies so pädagogisch sinnvoll ist. Als Lehrer und Lehrerinnen wären wir allerdings - wie bereits oben ausgeführt - überfordert gewesen, neben dem Beratungsprozess einen Beurteilungsprozess zu vollziehen. So war unsere Entscheidung, den Prozess durch die Schüler und Schülerinnen selbst beurteilen zu lassen, in unseren Augen trotz der auftretenden Schwierigkeiten richtig. Die Selbstbeurteilung der

Gruppe führte zu einer Reflexion der Gruppenmitglieder über ihren Gruppenprozess. Die Schüler und Schülerinnen schafften es, Unterschiede zu machen. Es stellt sich allerdings die Frage, welche persönlichen Beziehungen eine Rolle spielten und ob bzw. wie die Kriterien griffen. Es war unseren Beobachtungen zu Folge mehr ein Eindruck und Einschätzen ohne auf die vorgegebenen Kriterien zu achten, die lediglich ein Anhaltspunkt waren. In der Nacharbeit machten wir uns Gedanken darüber, wie dieser Problematik begegnet werden könnte. Uns kam die Idee einer Halbzeit-Bewertung, also einer Art Zwischenbilanz am Ende der verschiedenen Arbeitsphasen, z.B. der ersten Phase ‚Materialsichtung'. Eines ist jedoch klar: Die Schüler und Schülerinnen schätzten es sehr ein Mitspracherecht zu haben und damit ernst genommen zu werden.

Abb. 27: Kriterien zur Beurteilung der Fähigkeit ‚In Gruppen ein Lernplakat herstellen' (Entwurf Edgar Reinert)

	Note 1	Note 2	Note 3	Note 4	Note 5	Note 6
Beschaffung von Informationsmaterial	S. hat vielfältiges, brauchbares Material beschafft	S. hat viel brauchbares Material beschafft	S. hat einige brauchbare Materialien beschafft	S. hat wenige, brauchbare Materialien mitgebracht	S. hat wenige Materialien mitgebracht	S. hat sich an der Materialbeschaffung nicht beteiligt
Beitrag zu inhaltlich und sprachlich richtiger Gestaltung des Lernplakats	S. ist äußerst sachkundig u. hat viele sehr gute Gestaltungsvorschläge gemacht	S. hat sich an den Überlegungen zur Gestaltung aktiv beteiligt und gute Vorschläge gemacht	S. machte brauchbare Vorschläge zur Gestaltung und beteiligte sich an der Verbesserung von Beiträgen	Die Beiträge des S. zum Lernplakat waren inhaltlich richtig, bedurften aber sprachlicher Verbesserung	Die Beiträge des S. zum Plakat waren inhaltlich lückenhaft und wiesen sprachliche Fehler auf	Die Beiträge des S. zum Lernplakat wiesen Lücken und Fehler auf
Verhalten während der Gruppenarbeit/ Teamfähigkeit	S. verhielt sich bei der GA immer hilfsbereit und achtete darauf, dass alle zu Wort kamen und mitarbeiteten	S. verhielt sich bei der GA immer hilfsbereit und rücksichtsvoll	S. hielt sich bei der GA an die vereinbarten Regeln und erledigte die ihm zugeteilten Aufgaben ordentlich	S. erledigte die ihm zugeteilten Aufgaben, ging aber wenig auf Vorschläge anderer ein	S. arbeitete fast nur allein, ohne sich um Absprachen in der Gruppe zu kümmern; zuweilen wurden andere gestört	S. beteiligte sich kaum aktiv an der Gruppendiskussion und – arbeit und störte zuweilen die anderen
Beitrag zu sauberer und übersichtlicher Darstellung	S. trug sehr viel zur sauberen, übersichtlichen Gestaltung des gesamten Lernplakats bei	S. trug zur sauberen, übersichtlichen Gestaltung des Lernplakats bei	S. hat seine Beiträge für das Lernplakat sauber angefertigt	S. hat seine Beiträge für das Lernplakat einigermaßen ordentlich angefertigt	S. hat seine Beiträge für das Lernplakat ohne grafische Hervorhebung angefertigt	S. hat seine Beiträge für das Lernplakat unsauber abgeliefert

Besondere Aspekte bei der Leistungsbeurteilung im Fach Englisch

Ein Teil des Lernplakats stellte die ein DinA4-Blatt umfassende Zusammenfassung des bearbeiteten Themas in englischer Sprache dar. Dieser Teil des Projekts bereitete den Schülern und Schülerinnen durchweg am meisten Probleme. Neben der Schwierigkeit geeignetes Material zu finden, gab es sprachliche Hürden sowie Unklarheiten über den geforderten Inhalt. Ursprünglich war geplant, dass jede Gruppe zu ihrem Thema englisches Textmaterial sucht und dieses zunächst bearbeitet. Wir waren zu Beginn guten Mutes, da uns die Mehrheit der Gruppen rückmeldete, sie hätten ausreichend Material zur Verfügung. Mit der Zeit bemerkten wir jedoch, dass es bei der Informationssuche Schwierigkeiten gab und wir legten geeignetes Textmaterial bereit. Problematisch war es jedoch auch für uns, Material zu speziellen erdkundlichen Themen wie z.B. ‚Wirbelstürme' zu finden.

In einem zweiten Schritt sollten die Gruppen das vorhandene Material durchgehen, fremde Wörter klären und eine inhaltliche Zusammenfassung formulieren. Weil diese Arbeit eine anstrengende Sache war, stellten viele Schüler und Schülerinnen dies vorerst zurück. Als die Zeit knapp wurde, nahmen viele Gruppen ihre deutschen Texte, fassten diese zusammen und übersetzten die Zusammenfassung auf englisch. Diese Übersetzungsaufgabe war natürlich ein zu hohes Niveau, die Schüler und Schülerinnen waren überfordert. Für uns zogen wir daraus die Konsequenz, in Zukunft englisches Material zu den verschiedenen Themen bereitzustellen, das zum einen thematisch geeignet, zum anderen dem sprachlichen Niveau einer achten Klasse Realschule angepasst ist. Das von uns verfolgte Ziel, sich selbst Informationsmaterial beschaffen zu können, hatten die Schüler und Schülerinnen ja bereits bei der Suche nach geeignetem deutschen Informationsmaterial erreicht.

Beim Abfassen der englischen Texte mussten wir häufig unterstützend eingreifen, sowohl bei der Strukturierung als auch im sprachlichen Bereich. Aus den Hilfestellungen ergab sich dann auch die Frage, inwieweit die von uns geleistete Unterstützung in die Beurteilung einfließen sollte. Diese Frage stellte sich übrigens nicht nur in Bezug auf den zu verfassenden englischen Text, sondern musste übergreifend auch für die anderen Bereiche geklärt werden. Bei der Notenfindung für das Lernplakat wurde deshalb auch berücksichtigt, inwiefern eine Gruppe von uns geleistete Hinweise bei Beratungen aufnehmen und umsetzen konnte.

Auf Grund der aufgetretenen Schwierigkeiten machten wir bei der Beurteilung der englischen Texte inhaltlich Abstriche, im Vordergrund standen Satzbau, Ausdruck und Rechtschreibung.

Die Klassenarbeit zum Projektende

Nach einer fünfwöchigen Pause wurde zum Abschluss des projektorientierten Unterrichts eine Klassenarbeit geschrieben, die zu jedem Gruppenthema eine englische und eine deutsche Aufgabe umfasste. Grundlage der Vorbereitung hierfür waren den Schülern und Schülerinnen vor den Präsentationen ausgeteilte Fragenkataloge, die während der Präsentationen beantwortet wurden. Mit einem Durchschnitt von 2,9 fiel die Klassenarbeit im Vergleich zu anderen Klassenarbeiten in den Fächern Englisch und Erdkunde völlig normal aus. Bereits während der Projektphase wurde uns jedoch klar, dass bei dieser Unterrichtsform zwar das Fachwissen bedeutend war, andere Kompetenzbereiche aber im Vordergrund standen, die in Form einer Klassenarbeit weder abgeprüft werden konnten noch sollten. Im Nachhinein war die Klassenarbeit für die Schüler und Schülerinnen ein Stressfaktor, der von unserer Seite aus auch nicht mehr begründbar war. Auch für meine Kollegin und mich war diese Klassenarbeit nochmals zusätzlicher Aufwand, der eine nicht zu rechtfertigende Belastung darstellte. Der anfängliche Wunsch, das Fachwissen in einer Klassenarbeit abzuprüfen, rührte von unserem Bedürfnis her, allen Schülern und Schülerinnen ein gleiches Basiswissen auf allen Themengebieten zu vermitteln. Wir unterschätzten zunächst die hohen Anforderungen, die unser Unterrichtsvorhaben im Sozial- und Methodenkompetenzbereich an die Klasse stellte; auch wurde uns erst allmählich klar, dass es bei einem solchen Vorhaben nicht um Vollständigkeit bezüglich eines bestimmten fachlichen Wissens gehen kann. Für uns war die Erkenntnis, dass wir uns bei projektorientiertem Unterricht von der traditionellen, auf das Fachwissen ausgerichteten Klassenarbeit lösen müssen ein Lernprozess, der sich im Unterrichtsverlauf entwickelte.

4.4 Schlussgedanken

Im Rückblick sehen wir in dem schülerorientierten Zugriff auf das Thema ‚USA' und der freien Themenwahl einen maßgeblichen Beitrag zur Motivation der Schüler und Schülerinnen, die beim überwiegenden Teil über den langen Zeitraum von vier Wochen anhielt. Allerdings muss man klar hervorheben, dass unsichere Schüler und Schülerinnen mit der offenen Unterrichtsform und der offenen Aufgabenstellung, wie wir sie durchgeführt haben, Schwierigkeiten hatten. Auch Schüler und Schülerinnen, die neu in die Klasse kamen, hatten erhebliche Probleme. Sie benötigten genauere Aufgabenstellungen und Strukturhilfen. Hier versuchten wir aus der Beratung heraus genaue Vorgaben mit der jeweiligen Gruppe zu erarbeiten. Vorsichtiges Vorgehen, um solche Gruppen nicht zu gängeln und damit einen Motivationsverlust zu provozieren oder sogar Unlust und Frustration hervorzurufen, war hier angesagt.

Wir nahmen aber auch wahr und bekamen von Schüler- und Elternseite dies ebenfalls so rückgemeldet, dass die Belastung der Schüler und Schülerinnen in dieser Zeit sehr hoch war. Über einen Zeitraum von vier Wochen (zehn Stunden pro Woche) wurde intensiv und konzentriert an einem komplexen Thema gearbeitet. Einige Schüler und Schülerinnen strengten sich nach eigener Aussage mehr an als im ‚normalen' Unterricht, erhielten zum Schluss dann aber eine schlechtere Note, als sie gedacht hatten. Sie mussten lernen, dass projektorientierter Unterricht nicht nur Freude bedeutet, sondern auch sehr hohe Anforderungen in verschiedenen Kompetenzbereichen darstellt, denen sie nicht immer im erhofften Maße gerecht wurden. Für Frau Ellenberg, Herrn Reinert und mich bedeutete diese Unterrichtsphase ebenfalls eine hohe Belastung. So waren zahlreiche zusätzliche Termine für Absprachen im Vorfeld, z.B. bezüglich der Vorgehensweise, der Themenauswahl, der Kriterienkataloge usw. erforderlich. Weitere zusätzliche Termine für die verschiedenen Beurteilungen und für die Reflexion schlossen sich an. Auch während des Unterrichts waren wir gefordert. Die Unterrichtssituation war sehr komplex. Wir mussten einzelne Gruppen beraten, organisieren, beobachten und erziehen. Nicht immer fiel es uns leicht, einer Gruppe auf Anforderung geeignete Hilfen zu geben oder unvorbereitet ein Thema zu strukturieren. Für die verschiedenen Beratungssituationen hätten wir ein breites Repertoire an möglichen Hilfen im Hintergrund gebraucht. Als sehr hilfreich erwiesen haben sich die ‚W-Fragen' sowie das Aufstellen eines Vorgehensplans. Immer wieder sahen wir uns dem Spannungsfeld ausgesetzt, wie weit eine Beratung gehen muss und wie wir diese in die Beurteilung einfließen lassen sollten. Deutlich wurde im Laufe dieses projektorientierten Unterrichts, dass ein solch umfangreiches Vorhaben gut und intensiv sowie über einen langen Zeitraum hinweg vorbereitet werden muss, bevor man die einzelnen Elemente mit Noten beurteilen kann. Unsere gemeinsame Arbeit mit dieser Klasse seit fast vier Jahren war uns hierbei sehr hilfreich. So stellen wir abschließend fest, dass diese Art des Unterrichtens neben aller Belastung den Schülern und Schülerinnen sowie uns Lehrern und Lehrerinnen Freude bereitet hat, dass sie aber so nicht einfach auf andere Klassen übertragen werden kann, da zunächst die notwendigen Voraussetzungen geschaffen werden müssen.

4.5 Literatur

Reinert, E./ Zimmermann, K.: Methodenkompetenz im Unterricht?! – Ein Werkstattbericht zur Schulentwicklung an der Wilhelm-Hauff-Realschule Pfullingen. In: Lehren und Lernen. 26. Jg./ Heft 1/ 2000, S. 11-25

5 Fallstudie 5. Michael Kuhn: Leistungsbeurteilung im Rahmen des Unterrichtskonzepts ‚Schülerunterricht' (Gy/ Kl. 11/ Phy)

Fallstudie 5
Michael Kuhn:
Leistungsbeurteilung im Rahmen des Unterrichtskonzepts ‚Schülerunterricht'

Schule:	Eugen-Bolz-Gymnasium Rottenburg
Klassenstufe:	11
beteiligte Lehrkräfte:	Bernd Kopetschke, Michael Kuhn
beteiligte Fächer:	Physik
Unterricht:	Schülerunterricht
Thema:	Mechanik/ Wärmelehre (kompletter Lehrplaninhalt)
Zeitraum:	gesamtes Schuljahr 1999/ 2000
Beurteilungsbausteine:	schriftliche Ausarbeitung, Schülerunterricht

Zur Schule

Das Eugen-Bolz-Gymnasium ist eine sehr große Schule (ca. 1350 Schülerinnen und Schüler, über 100 Lehrerinnen und Lehrer) mit weitem Einzugsgebiet.

Für den Fachbereich Physik wirkt sich die Größe der Schule auf zweierlei Art aus: Sehr positiv und angenehm ist die gut organisierte, mit vielen, für kleinere Schulen oft unerschwinglichen Geräten ausgestattete Lehrmittelsammlung, die auch für Schülerpraktika einiges zu bieten hat.

Eher negativ bewerte ich die recht große Zahl an gleichzeitig unterrichtenden Kollegen und die hohe Belegungsdichte der Fachräume. Beides führt zu vielen ‚Reibungsverlusten', da viel Zeit für die rein technische Organisation des Unterrichtsablaufs erforderlich ist, die dann für eher didaktisch-methodische Diskussionen oder die Entwicklung einer ‚gemeinsamen Linie' nicht mehr zur Verfügung steht.

5.1   Planung und Vorbereitung

Einleitung

Seit dem Schuljahr 1997/ 98 versuche ich in bescheidenem Umfang neben den klassischen Notenbestandteilen ‚Schriftliches' und ‚Mündliches' unter der Rubrik ‚Sonstiges' auch solche - alternative - Schülerleistungen zu erfassen und mit in die Zeugnisnote einfließen zu lassen, die keiner der beiden ersten Kategorien so richtig zuzuordnen sind. Im Rahmen des Forschungsprojektes können nun ein bis zwei *Klassenarbeiten* durch neue Beurteilungsformen *ersetzt* werden. Aus bisherigen Erfahrungen war klar, dass dabei einige Schwierigkeiten auftauchen könnten. Die Teilnahme am Forschungsprojekt war für mich daher eine willkommene Möglichkeit, diesen Schwierigkeiten aktiv zu begegnen.

Der nachfolgende Bericht entstand in enger Zusammenarbeit mit einem Fachkollegen über das gesamte Schuljahr hinweg. Es wurde bewusst Wert darauf gelegt, das erarbeitete Konzept in zwei verschiedenen elften Klassen parallel zu erproben, um neben den eigenen Erfahrungen auch einen direkten Vergleich zu haben. Viele unserer Erkenntnisse haben sich im Laufe der Erprobung und in vielen Diskussionen immer wieder gewandelt bzw. verfeinert. Diese Prozesshaftigkeit zeichnet der

160

Haupttext chronologisch nach, wohingegen die Zusammenfassung nur noch das Resultat, d.h. unser ‚fertiges‘ Unterrichts- und Beurteilungskonzept darstellt.

Die folgenden Abschnitte beschreiben die Entstehung des Unterrichts- und Beurteilungskonzepts bis zu dem Zeitpunkt, an dem Schülerinnen und Schüler mit einbezogen wurden..

Grundsätzliche Vorüberlegungen und Ideen

Der laut Bildungsplan in Physik Klassenstufe 11 zu vermittelnde Lehrstoff ist zeitlich dicht gedrängt und recht hierarchisch aufgebaut. Darüber hinaus ist der überwiegende Teil der Inhalte eine wichtige Grundlage für die Grund- und Leistungskurse in den Klassenstufen 12 und 13. Da somit kaum Zeit für zusätzliche Themen bleibt, ohne dass verbindliche Inhalte stark gekürzt werden, muss sich das Unterrichtskonzept und auch die daran gekoppelte Leistungsbeurteilung an diesen Vorgaben orientieren.

Weiterhin sollte ein Unterrichtskonzept nicht nur im Rahmen eines Forschungsprojektes mit hochmotivierten Lehrkräften sondern auch im ‚normalen‘ Unterricht mit realistischem Zeitaufwand durchführbar sein.

Trotzdem muss die Art des Unterrichts Gelegenheiten bieten, dem Schüler andere, ‚neue‘ Leistungen abzuverlangen und diese geeigneter zu beurteilen, als es mit der herkömmlichen Methode ‚Klassenarbeit‘ möglich ist.

Für unsere konkrete Situation ist es nun einerseits erforderlich, dass die Leistungsbeurteilung, wie immer sie auch gestaltet sei, auf alle Fälle in einer Ziffernnote mündet, die genauso wie die Klassenarbeiten in die Jahresendnote einfließt. Der wesentliche Unterschied bei dieser Ersatznote ist, dass die Beurteilungskriterien sich am erweiterten Lernbegriff (vgl. Kap. I.1) orientieren.

Andererseits wäre eine alternative Leistungsbeurteilung recht mager und wenig ‚alternativ‘, wenn die Ziffernnote das einzige ‚Ergebnis‘ der Beurteilung bliebe. Es würde in diesem Fall der Aspekt fehlen, dass die Leistungsbeurteilung nicht nur selektiv sein sondern die Schülerinnen und Schüler auch persönlich weiterbringen soll (pädagogische Funktion).

Sicherlich sind die unter ‚Mögliche Dokumentationsformen‘ (siehe 2. Tagungsprotokoll, S.46) vorgeschlagenen Verfahren sinnvoll und beschreiben eine Schülerleistung wesentlich umfangreicher und detaillierter als eine Note. Wir sind aber der Überzeugung, dass einige dieser Dokumentationsformen für eine ‚normale‘ (Klassenstärke ca. 30 Schülerinnen und Schüler) kaum/ nicht praktikabel, d.h. nicht ohne erheblichen zeitlichen Mehraufwand im und außerhalb des Unterrichts zu bewerkstelligen sind. Ist eine Lehrkraft nicht zu solchem Mehraufwand bereit, *kann* dies - so zeigen Erfahrungen mit den Verbalbeurteilungen in Klassenstufe 5/ 6 an unserer Schule – zu einer Standardisierung mit vorgefertigten Formulierungen führen, die im Extremfall ohne jegliche individuelle Abänderung durch Anklicken am PC entstehen – womit wir wieder bei einer Art Ziffernnoten wären!

Wir verzichten daher auf jegliche Verbalbeurteilung in *schriftlicher Form*. Stattdessen haben wir versucht, einen Ablauf (siehe S. 169) zu entwickeln, der es mit vertretbarem zeitlichen Aufwand ermöglicht, die Leistungsbeurteilung in mündlicher Form im Rahmen eines kurzen Gesprächs mitzuteilen.

> Fazit: Das der Leistungsbeurteilung zugrunde liegende Unterrichtskonzept sollte unter dem Motto stehen: ‚Keine im normalen Schulalltag nicht bewältigbaren Highlights, aber Gelegenheiten, aus dem (lehrerzentrierten) Schulalltag auszubre-

chen'. Die Leistungsbeurteilung selbst sollte zwei Komponenten haben: Die pädagogische mündet in ein beratendes Gespräch, die selektive in eine Ziffernnote.

Nach diesen grundsätzlichen Gedanken versuchten wir genauer einzugrenzen, welche Leistungen denn nun gefordert und beurteilt werden sollten, die über die ,normalen' fachspezifischen hinausgehen.

Abb. 28: Mögliche alternative Zielsetzungen

Der Schüler soll ...	Mögliche Konkretisierung
... die wesentlichen Erkenntnisse der letzten ein bis zwei Unterrichtsstunden knapp und strukturiert zusammenfassen können (mit Vorbereitung und ggf. kleinem Stichwortzettel)	In jeder Schulwoche ist ein Schüler für das ,Resümee der Vorwoche' verantwortlich, für das ihm 5 Minuten zur Verfügung stehen.
... eine Übungsaufgabe ordentlich und strukturiert vorstellen können. Dazu gehört insbesondere, nicht jeden Rechenschritt auszuführen, sondern Unwesentliches zu überspringen und zentrale Ansätze und Lösungsschritte ausführlich darzulegen.	Ein Großteil der Hausaufgabenbesprechung könnte übers Jahr hinweg so realisiert werden
... einen Versuch knapp und verständlich beschreiben können. Hierbei ist v.a. die klare Trennung zwischen Beschreibung, Beobachtung und Erklärung wichtig.	Ein im Unterricht gezeigter Versuch wird nicht in Form eines Tafelanschriebs fixiert; stattdessen bekommt ein Schüler die Aufgabe, dies zu übernehmen (=> Kopie für die Klasse). Die ,gesparte' Zeit kann für die Diskussion über die ,Produkte' verwendet werden.
... unter schriftlicher Anleitung (z.B. Planarbeit) oder selbständig (z.B. nach einem Lehrervortrag im ,Universitäts-Stil') einen Heftaufschrieb erstellen können.	Gleiches Prinzip wie bei der Versuchsbeschreibung. Variante: Jeder Schüler bzw. mehrere Schülergruppen müssen einen eigenen Aufschrieb erstellen.
... sich ein (nicht zu komplexes) Thema selbstständig erarbeiten und mitschülergerecht und unter Einhaltung genauer zeitlicher Vorgaben präsentieren können. Hierzu gehört auch der sichere Umgang mit Standard-Präsentationstechniken (Tafel, OH-Projektor, PC).	Ein Schüler hält ein Referat oder einen ,Schülerunterricht' (s.u.) über ein kleines, in sich abgeschlossenes Teilthema des Lehrplans.
... allein oder in der Kleingruppe ein Praktikum vorbereiten, organisieren (Verteilung der Aufgaben), zielstrebig durchführen und strukturiert auswerten können.	Die Schülerinnen und Schüler erhalten eine etwas offenere Aufgabenstellung, die mit Hilfe des (vorgegebenen) Materials sowie ggf. eigener Ideen gelöst werden soll.
... eine fachbezogene Exkursion bzw. einen Teil derselben allein oder in einer Kleingruppe vorbereiten können.	Schülerinnen und Schüler wählen Inhalte einer Studienfahrt aus. Jeder Schüler übernimmt Vorbereitung und Organisation eines Programmpunkts (Führung vor Ort).

Die viel zitierten Schlüsselqualifikationen bieten hierbei zwar einen Anhaltspunkt, sie sind jedoch m.E. zu allgemein formuliert und in vielen Punkten zu wenig aussagekräftig. Stattdessen wären speziell für das Fach Physik v.a. die in Abb. 28 genannten Qualifikationen wünschenswert.

Auswahl der Lernziele und der zu beurteilenden Schülerleistungen

Die in Abb. 28 angeführte Auflistung stellt eine Sammlung von *Ideen* dar, die sich unter keinen Umständen in *einem* Schuljahr in *einer* Klasse realisieren lassen. Vielmehr war es für uns wichtig, ganz bewusst nur *wenige* Aspekte herauszugreifen, die Klasse gezielt auf diese vorzubereiten und zunächst im Lehrerteam und anschließend mit den Schülerinnen und Schülern griffige Beurteilungskriterien dafür zu erarbeiten.

Nach reiflichem Abwägen haben wir uns für die Konzentration auf zwei Zielsetzungen entschieden, die sich in einigen der genannten Punkte wiederfinden: *Selbständiges Erarbeiten eines Sachverhalts sowie Präsentation der Ergebnisse.*

Der Leitgedanke war dabei immer, von den Inhalten her so nahe wie möglich an den Vorgaben des Bildungsplans zu bleiben (keine ‚Extrawürste') und gleichzeitig möglichst viel Aktivität und Verantwortung auf die Schülerinnen und Schüler zu verlagern. Hieraus ergab sich fast organisch unser Konzept des ‚Schülerunterrichts', mit der daran angepassten Leistungsbeurteilung; beide beteiligten Kollegen hatten im letzten bzw. vorletzten Schuljahr bereits in kleinerem Umfang Erfahrungen mit dieser Form des Unterrichtens und Beurteilens in Klassenstufe 11 gesammelt.

Die beiden nachfolgenden Teilkapitel beschreiben unser Konzept in der Form, wie wir die Schülerinnen und Schüler zu Beginn des Schuljahrs damit konfrontiert haben. Eine Verfeinerung einzelner Teilaspekte findet sich in Kapitel 5.2 (S. 166ff) wieder.

Unterrichtskonzept: ‚Schülerunterricht'

Ausgangspunkt und Grundlage des Konzepts sind ein nach den Vorgaben des Bildungsplans erstellter und aus den vergangenen Jahren bewährter Stoffverteilungsplan, der ohne wesentliche Kürzungen abgearbeitet wird. Der Hauptunterschied zum herkömmlichen Unterricht ist der, dass ein nicht unbedeutender Teil von Schülerinnen und Schülern unterrichtet wird, der restliche Stoff ganz konventionell vom Lehrer.

Die Themen des Bildungsplans wurden nun systematisch daraufhin untersucht, ob sie – mit entsprechender Hilfestellung – auch von einer Schülerin oder einem Schüler unterrichtet werden könnten. Dabei wurde genau darauf geachtet, dass zentrale Lernziele, die Voraussetzung für einen großen Teil des weiteren Verständnisses sind, und sehr schwierige Themen, die einen Schüler bei der Vorbereitung höchstwahrscheinlich überfordern würden, dem „normalen" Unterricht des Lehrers vorbehalten blieben.

> *Konkrete Beispiele*: ‚Das Hooksche Gesetz' (als Wiederholung aus der Mittelstufe eher leicht) oder ‚Kurvenfahrt eines Zweiradfahrers' (eher als schwierig einzustufen) sind Themen, die ein Schüler bewältigen kann. Die ‚Erarbeitung der Grundgleichung der Mechanik', ein zentrales Thema, auf dem ein Großteil des weiteren Lehrstoffs aufbaut, würde *jeden* Schüler absolut überfordern, nicht zuletzt deshalb, weil der Überblick auf das Folgende nicht vorhanden ist.

Geeignete Themen sollten außerdem im Wesentlichen folgende Anforderungen erfüllen:

- Das Thema sollte in sich (einigermaßen) abgeschlossen sein.
- Es sollte möglichst wenig an zentralen Inhalten, die der Vortragende unbedingt als Vorwissen braucht, in den Stunden kurz vor dem Schülerunterricht behandelt werden.
- Um auszuschließen, dass nach einem misslungenen Schülerunterricht in den nachfolgenden Stunden ein ‚Loch' entsteht, sollte möglichst wenig auf dem vom Schüler unterrichteten Stoff aufbauen.
- Das Thema sollte nicht zu sehr in eine feste zeitliche Reihenfolge von Unterrichtsinhalten eingebunden sein. Durch ein zeitlich eher flexibles Thema vermeidet man Durcheinander und Leerlauf, falls durch Krankheit, Unterrichtsverlegung, etc. eine Stunde nicht zum geplanten Zeitpunkt stattfinden kann.

- Das Thema sollte weder zu anspruchsvoll noch zu trivial gewählt werden um anschließend eine faire Leistungsbeurteilung durchführen zu können (s. u. ,Grundgerüst zur Leistungsbeurteilung' und ,Auswertung, S. 172ff).
- Keines der Themen sollte den Zuhörern ,unwichtig' erscheinen.

Aus den genannten Punkten ergibt sich fast zwangsläufig, dass für Schülerunterricht in erster Linie *Endgewerke'*, d.h. Vertiefungen und Ergänzungen zu einem bereits von den Grundlagen her abgeschlossenen Thema, oder *Inseln'*, d.h. kleinere, eher isolierte Themenkomplexe in Frage kommen. Die an die Schülerinnen und Schüler ausgegebenen Themenlisten sind in der Anlage 1 beigefügt.

> Zusammengefasst: Das Unterrichtskonzept ,Schülerunterricht' beinhaltet, dass der Lehrer die Struktur und die absolut notwendige Grundausstattung liefert, welche die Schülerinnen und Schüler vervollständigen, mit Inhalt füllen und mit Extras ausstatten.

Im Allgemeinen ist nicht zu erwarten, dass die Schülerinnen und Schüler bereits Vorerfahrungen mit der neuen Unterrichtsform haben, d.h. wissen, wie sie ihre ,Unterrichtsstunde' (geplant waren zwischen 15 und 30 Minuten, je nach Thema) aufbauen sollen und welche weiteren Anforderungen an ,Schülerunterricht' gestellt werden. Dies ist eines der Lernziele! Aus diesem Grund ist zu Beginn des Schuljahrs eine ,Modellstunde' geplant, in welcher der Lehrer ein inhaltlich sehr leicht verständliches Thema im Stile eines ,Schülerunterrichts' vorstellt. Anschließend wird über diesen Vortrag offen diskutiert, wobei die Schülerinnen und Schüler bereits die Gelegenheit haben, erste Selbst- und Mitbeurteilungen einzuüben.

In den darauffolgenden zwei bis drei Wochen erhalten die Schülerinnen und Schüler die Möglichkeit, sich im Rahmen einer Übungsphase für einen Probeunterricht (ohne Note aber mit anschließender Diskussion im Klassenverband) freiwillig zu melden. Die Besprechungen dieser Probeunterrichtsstunden bilden die Grundlage für die gemeinsame Festlegung der Beurteilungskriterien (Abb. 29, S. 170). Erst wenn diese Übungsphase abgeschlossen ist, beginnt der eigentliche, beurteilte Schülerunterricht.

Die konkreten Anforderungen an die Schülerinnen und Schüler, genaue terminliche Vorgaben und zeitliche Abläufe werden im nächsten Abschnitt detailliert beschrieben.

Grundgerüst zur Leistungsbeurteilung

Vor der Feinabstimmung mit den Schülern haben wir uns im Lehrer-Tandem im Wesentlichen auf folgende *Grundstruktur* geeinigt:

Anforderungen

- Der Schüler muss termingerecht (s.u.) eine *Grobgliederung* und eine *schriftliche Ausarbeitung* abgeben. Erste dient als Gesprächsgrundlage und als Sicherheit, dass der Schülerunterricht in die ,richtige Richtung' läuft. In letzterer soll der Schüler oder die Schülerin auf ca. zwei Seiten zeigen, dass er oder sie sich mit dem Thema ausführlich (ggf. tiefergehend als dann im eigentlichen Vortrag zum Ausdruck kommt) auseinandergesetzt und die wesentlichen Inhalte herausgearbeitet hat. Außerdem soll er oder sie einen kurzen Abriss über den Verlauf seines oder ihres Unterrichts, eine grobe Zeiteinteilung und einen Überblick über verwendete Materialien, Medien und Experimente geben.

- Im *Schülerunterricht* selbst, soll das erarbeitete Wissen den Mitschülerinnen und Mitschülern vermittelt werden.

Aspekte der Beurteilung

- Alle Beurteilungskriterien werden zusammen mit den Schülerinnen und Schülern erarbeitet, diskutiert und auch im Verlauf der Übungsphase ggf. modifiziert. Insbesondere wird die *Gewichtung der Teilleistungen* gemeinsam festgelegt. Die Schülerinnen und Schüler erhalten die endgültige Version dieser Kriterien vor dem ersten beurteilten Schülerunterricht schriftlich ausgeteilt (vgl. Anlage 2).

- Die schriftliche Ausarbeitung beurteilt der Lehrer in eigener Regie; Grobgliederung und Vorgespräche gehen nur im Zusammenhang mit der Beurteilung der selbständigen Arbeitsfähigkeit zu einem sehr kleinen Teil in die Gesamtnote ein.

- Der Schülerunterricht wird aus drei verschiedenen Gesichtspunkten beurteilt:

  Fremdbeurteilung: Anhand der Kriterienliste legt der Lehrer seine Note fest.
  Schülermitbeurteilung: Die Mitschüler erteilen auf freiwilliger Basis und anonym (Handzettel direkt nach dem Vortrag) eine Note und können diese auch in kurzen Kommentaren (positiv/ negativ) begründen.
  Selbstbeurteilung: Jeder Schüler soll seine eigene Leistung im Rahmen eines Beratungsgesprächs selber kommentieren und sich eine Note geben.

- Die Gesamtnote für den Vortrag entsteht auf der Grundlage dieser drei Noten im Rahmen des Gesprächs zur Beratung und Leistungsbeurteilung. Dieser sicherlich diskussionsbedürftige Weg der Notenfindung ist ein Versuch, inwieweit das Prinzip der kommunikativen Validierung (vgl. theoretische Strukturierung) in extremster Form auch auf der Lehrer-Schüler-Ebene praktizierbar ist. Der Aspekt wird in der Auswertung aus S. 176ff aufgegriffen und genauer erörtert.

Zeitlicher Ablauf

(1) Mit der Vergabe des Themas wird ein festes Datum vereinbart, zu dem spätestens die Grobgliederung abzuliefern ist.

(2) Bis zur Grobgliederung steht der Lehrer jederzeit als Berater zur Verfügung, wobei jedoch erwartet wird, dass der Schüler oder die Schülerin in erster Linie selbstständig arbeitet und sich Materialien besorgt. Die Grobgliederung wird nur besprochen, wenn der Schüler oder die Schülerin noch Fragen hat, wenn grobe Fehler oder Lücken enthalten sind oder wenn der Lehrer den Eindruck hat, der Unterricht könnte in eine völlig verkehrte Richtung laufen.

(3) Eine Woche nach der Abgabefrist für die Grobgliederung muss die schriftliche Ausarbeitung abgegeben werden. Diese wird vom Lehrer benotet, die Note wird erst bei der Endbesprechung mitgeteilt.

(4) Der genaue Termin für das Abhalten des Schülerunterrichts wird gemeinsam festgelegt. Dabei wird einerseits Rücksicht auf Termine des Schülers genommen (Klassenarbeiten, etc.), andererseits muss der Termin in den aktuellen Unterrichtsgang passen, ohne dass zu viel Stückwerk entsteht.

(5) Der Schüler hält seinen Unterricht und steht für Rückfragen zur Verfügung; der Lehrer protokolliert mit und notiert Beobachtungen.

(6) Die Mitschüler benoten und kommentieren den Vortrag (Handzettel).

(7) Der Lehrer überlegt und notiert sich seine Vortragsnote. Erst danach (!) wertet er die Schülerkommentare und –benotungen aus.

(8) Lehrer und Schüler vereinbaren einen Gesprächstermin (möglichst bald nach dem Abhalten des Unterrichts!), bei dem zuerst der Schüler oder die Schülerin die Gelegenheit hat, seine oder ihre eigene Leistung zu beurteilen (verbal und als Ziffernnote). Anschließend findet eine Beratung statt (Wo liegen Stärken und Schwächen? Was lief gut, was weniger und warum? ...). Ganz am Ende werden die Einzelnoten besprochen und die Gesamtnote festgelegt.

5.2   Erprobung der Beurteilung

In diesem zweiten großen Kapitel wird die Forschungsphase beschrieben, die sich von der Übungsphase über die gemeinsame Erstellung, Ergänzung und Verbesserung der Kriterien bis hin zum eigentlichen Schülerunterricht erstreckt. Ich gehe dabei exemplarisch vor und beschreibe aus Raumgründen einige ausgewählte Unterrichtsstunden von Schülerinnen und Schülern.

Information der Schülerinnen und Schüler und Übungsphase

Bereits bei der Bekanntgabe der Notenbildung in einer der ersten Stunden des Schuljahrs wurden die Schülerinnen und Schüler darüber informiert, dass und auf welche Art eine der sechs vorgeschriebenen Klassenarbeiten des Schuljahrs durch eine alternative Leistungsbeurteilung ersetzt werden würde. Sowohl die Schülerinnen und Schüler als auch deren Eltern hatten keine Einwände.

In eine der nächsten Stunden fiel dann der ‚Musterunterricht des Lehrers in Schülerrolle‘ mit anschließender Diskussion über Anforderungen an einen guten Schülerunterricht und Bewertungskriterien. Die hierbei auftretenden Argumente und Ideen wurden protokolliert und im Lehrerteam diskutiert und geordnet. Das Resultat dieser Diskussionen ist in folgender Liste zusammengestellt:

(1) Wie war der *Gesamteindruck*? (Formulierung in Worten!!)

(2) Haben die Zuhörer (habe ich) vom Vortrag profitiert? Konnte ich den Stoff mitverfolgen/ verstehen oder muss ich ihn mir anderweitig aneignen? (*Verständlichkeit*)

(3) Wurde die zugrundeliegende Physik richtig erklärt? *(Sachliche Richtigkeit)*

(4) Wurden Medien (Tafel, OH, Versuche, ...) angemessen eingesetzt? (*Methodik*)

(5) Haben die Zuhörer (falls nötig) anschließend eine gute schriftliche Zusammenfassung (Mitschrieb oder Kopie; nicht mehr als eine Seite!)? (*Ergebnissicherung)*

(6) War der Vortrag sachlogisch gegliedert? Wurden die drei Vortragsblöcke (Wiederholung - Pflichtstoff - Erweiterung) deutlich voneinander abgegrenzt? (*Strukturierung*)

(7) Bleibt das Thema an der Oberfläche oder geht es in die Tiefe? (*Intensität*)

(8) Wie wurde das Ganze präsentiert: interessant/ langweilig; Auftreten, Sprache, Stimme, Motivation, Show (*Präsentation*)

Die Schülerinnen und Schüler erhielten nun die Themenliste (vgl. Anlage 1) mit der Bitte, dass sich ein paar Freiwillige bereit erklären, einen unbenoteten Probeunterricht zu halten (nur mit Grobgliederung, ohne schriftliche Ausarbeitung, um die Zusatzbelastung in Grenzen zu halten), der direkt im Anschluss offen im Klassenverband diskutiert und beurteilt würde. Grundlage für diese Beurteilung sollte die oben genannte Schlagwortliste sein.

Ganz deutlich und mit Zustimmung aller wurde vorher vereinbart: Bei der Kritik gibt es zwar *keine Tabus* (der Vortragende ist einverstanden, dass alles angesprochen und ausdiskutiert wird), es muss jedoch stets die absolute *Fairness* gegenüber dem ‚freiwilligen Versuchskaninchen' im Vordergrund stehen. Zusätzlich erhielten die Schülerinnen und Schüler die Aufgabe, während der Testvorträge die Beurteilungskriterien zu überdenken und ggf. zu verändern oder zu ergänzen sowie sich zu überlegen, mit welcher Gewichtung der mündliche Vortrag im Verhältnis zur schriftlichen Ausarbeitung in die Gesamtnote einfließen solle.

Gleich der erste Schülerunterricht offenbarte, wie wichtig diese Übungsphase war. Fachlich fast ohne Fehler, war der Vortrag gründlich misslungen, obwohl sich der Schüler viel Mühe gegeben hatte: Keine erkennbare Struktur, viel, schnell und fast ohne Denkpausen gesprochen, Wesentliches nicht akzentuiert, Tafelanschrieb unübersichtlich und für fast niemanden verständlich, ... Erfreulich war für mich dabei, dass sich die Mitschüler in sehr sozialer Weise an die obige Vereinbarung hielten. Es wurde zwar deutlich angesprochen, was alles daneben gegangen war, gleichzeitig kam aber auch sehr konstruktive Kritik, z.B. wie man manche Panne mit sehr wenig Abänderungen hätte beseitigen können. Nach sehr fruchtbarer Diskussion, bei der die Schülerinnen und Schüler auch für das Fach Physik sicherlich einiges gelernt haben (!), meldete sich dann der vortragende Schüler mit der Bitte, ob er nicht versuchen könne, den gleichen Vortrag – mit all den diskutierten Verbesserungsvorschlägen – nochmals zu halten. Obwohl dies auf Kosten nicht eingeplanter Unterrichtszeit ging, stimmte ich natürlich zu. Die zweite Version war dann zwar nicht ‚sehr gut', aber doch um Größenordnungen besser, und ich denke, dass viele Schülerinnen und Schüler von dieser Wiederholung profitiert haben.

Im Anschluss daran war nur noch ein Schüler zu einem Übungsunterricht bereit. Dieser lief von der äußeren Form her bis auf kleinere Kritikpunkte sehr ansprechend, dafür gab es hier Diskussionsbedarf, was den fachlichen Inhalt und die Verständlichkeit für die Zuhörer betraf.

In der Parallelklasse wurden ebenfalls zwei Übungsvorträge gehalten und ähnliche Beobachtungen hinsichtlich der Anfangsschwierigkeiten gemacht. Dort wurden zusätzlich verstärkt Kurzwiederholungen (der letzten beiden Stunden) eingesetzt, die ebenfalls als Übung für einen Schülerunterricht angesehen werden können.

Insgesamt bleibt festzuhalten, dass für mich vielleicht noch ein bis zwei weitere Übungsvorträge sinnvoll gewesen wären. Aber auch auf der Grundlage der oben angesprochenen Vorträge wurde bestimmt einen Überblick vermittelt, was erwartet und auf welchen Kriterien die Beurteilung beruhen würde.

Überarbeitung von Beobachtungstechnik und Beurteilungskriterien

Während der Übungsphase war es für uns als Lehrer wichtig, ein effizientes Vorgehen für eine möglichst umfassende Beobachtung des Vortragenden zu entwickeln. Dabei experimentierten wir mit verschiedenen Techniken.
Vorläufige Erkenntnis:

> Einen idealen Beobachtungsbogen, der zu allen Fällen passt, scheint es nicht zu
> geben. Praktikabel erscheinen einfach strukturierte Gedankenstützen mit wenigen
> Kriterien.

In einer weiteren Besprechung im Lehrerteam ging es darum, die bisher entwickelten Beurteilungskriterien zu überdenken und zu überarbeiten.

Von Schülerseite war die Anmerkung gekommen, manche der Beurteilungs-
punkte (Richtigkeit, Angemessenheit der Experimente) seien von Schülerinnen und
Schülern nicht immer beurteilbar. Was die Gewichtung der Einzelleistungen betrifft
waren sich die Schülerinnen und Schüler einig, dass die schriftliche Ausarbeitung
einen großen Teil der eigentlichen Arbeit ausmacht, die entsprechend gewürdigt
werden sollte. Wir haben uns dahingehend auf die Gleichwertigkeit von schriftlicher
Ausarbeitung und Vortrag geeinigt.

Ein weiterer Wunsch der Schülerinnen und Schüler war es, eine schriftliche Zusammenstellung der zu beachtenden Punkte bei schriftlicher Ausarbeitung und Vortrag sowie der Kriterien zur Leistungsbeurteilung zu bekommen (vgl. Anlage 2).

Für uns als Lehrer war der praktische Wunsch vorhanden, die gesamte Schülerleistung und sämtliche Termine auf einen Blick, d.h. übersichtlich auf einer einzigen
Seite, dokumentiert zu haben. Außerdem war recht schnell klar, dass man nicht
jedes Einzelkriterium mit einer Note versehen und hinterher das arithmetische Mittel
bilden konnte. Dies würde im Extremfall zu absurden Zensuren führen, die mit der
Realität nichts mehr zu tun haben. Wir haben uns daher zunächst auf die beiden
folgenden Grenzfälle geeinigt:

(1) Ein Vortrag, der vom fachlichen Inhalt her perfekt, was die Darbietung und alle
    nicht fachlichen Anforderungen anbetrifft aber mehr oder weniger unbrauchbar
    ist, sollte nicht mit einer Note schlechter als 2,5 bewertet werden.

(2) Andererseits kann ein Vortrag, der fachlich absolut nichts hergibt, in allen ande-
    ren Kriterien jedoch blendend abschneidet nicht mehr ausreichend sein, d.h.
    sollte maximal mit der Note 4,5 benotet werden.

Danach kamen wir überein, jedes der aufgestellten Kriterien mit einem Bewertungs-
zeichen (++ ; + ; 0 ; - ; --) zu versehen, um auf einen Blick zu erkennen, in welche
Notenkategorie der Schülerunterricht fällt. Danach wird eine Eindrucksnote gebildet
und überprüft, ob diese Note der Gesamtheit der Kriterien standhalten kann. Ergebnis dieser Überlegungen ist der im nächsten Abschnitt abgebildete Übersichtsbogen,
der insbesondere folgende Aufgaben erfüllen soll:

(1) Gedächtnisstütze für die Notenfindung

(2) Grundlage für das Beratungsgespräch

(3) Vorgabe für die Schülerinnen und Schüler: Sie wissen, was gefordert und beur-
    teilt wird.

Exemplarische Beschreibung des Schülerunterrichts und dessen Beurteilung

Die meisten der von den Schülern gehaltenen Unterrichtssequenzen waren in Aufbau und Ablauf einander sehr ähnlich und damit auch bei der Beurteilung gut miteinander vergleichbar. Es soll daher an dieser Stelle ein einziges Beispiel herausge-
griffen werden, an dem sich der Ablauf der Beurteilung aufzeigen lässt. Alle Abwei-

chungen von den ‚normalen' Vorträgen werden im darauffolgenden Abschnitt erörtert.

Beschreibung des typischen Ablaufs anhand eines Beispiels

Thema: Kurvenfahrt eines (Motor-) Radfahrers

Es handelt sich hier um ein theoretisches, vom Vorstellungsvermögen und Abstraktionsgrad her recht schwieriges Thema, das auch als solches angekündigt war. Grobgliederung und schriftliche Ausarbeitung wurden termingerecht abgeliefert in zwei kurzen Pausenbesprechungen wurden kleinere Fragen bzw. Unstimmigkeiten geklärt.

Die schriftliche Ausarbeitung des Schülers wurde anhand der Kriterien auf dem Übersichtsbogen durchgearbeitet und Punkt für Punkt mit einer Wertung versehen. Zusätzlich wurden Details zur Begründung der Bewertung oder Bemerkungen, die für das Beratungsgespräch von Bedeutung sein könnten, in Stichworten notiert.

Sowohl die Verbalkommentare als auch die Bewertungskurzzeichen deuten an, dass es sich, von einer Ausnahme abgesehen, um eine gründliche Vorbereitung handelt, die voll den gestellten Anforderungen entspricht und ansatzweise auch darüber hinausgeht. Hieraus wurde die erste Teilnote 2+ festgelegt. Bei dem nach demselben Verfahren beurteilten Schülerunterricht wird schon aus einem raschen Blick auf die Kurzbewertungen und noch augenfälliger aus den verbalen Kommentaren deutlich, dass dieser Teilaspekt der Bewertung ‚gut' nicht mehr in allen Punkten standhalten kann. Andererseits taucht aber auch kein einziger nennenswerter Aspekt auf, der schlechter als ‚zufriedenstellend' wäre. Diese Eindrücke wurden in der zweiten Teilnote 2,5 zusammengefasst.

Bis zu diesem Stadium des Beurteilungsprozesses, der vom reinen Korrekturaufwand mit ca. 20 Minuten zu veranschlagen war (in einzelnen Ausnahmefällen ist erheblich mehr Zeit nötig!), ähnelt die Beurteilung noch stark der traditionellen Form: Der Lehrer bewertet in fast klassischer Weise eine schriftliche und eine mündliche Teilleistung. Neu dabei ist allerdings, dass einerseits auch nicht-fachliche Aspekte mit einfließen und dass die Beurteilungskriterien von den Schülern und Schülerinnen mit gestaltet sind. Der entscheidende und sicherlich diskussionsbedürftigste Teil der Beurteilung setzt aber jetzt ein, wenn der bislang bestehende und in zwei Ziffernnoten manifestierte Eindruck im *Beratungsgespräch* validiert wird.

Für das vorliegende Fallbeispiel möchte ich die Schülerselbstbeurteilung mit dem Originalzitat für sich sprechen lassen:

> „Ich würde mir selber so etwa eine 2 geben – vielleicht mit einem kleinen Minus wegen ein paar Kleinigkeiten, die danebengingen". (eigene Notizen zum Beratungsgespräch am 13.03.00)

Auf die Rückfrage nach der Begründung für die Note und den ‚Kleinigkeiten' wurde geantwortet:

> „Nach dem, was wir festgelegt haben, denke ich, dass mein Vortrag den Anforderungen voll entspricht. Zwischendurch bin ich mal mit den Folien ins Schleudern gekommen und hab' etwas nicht gleich gefunden und am Ende wurde es in der Klasse so ruhig, da hatte ich den Eindruck, dass nicht alles so ganz verstanden wurde. Aber ich hab ja nachgefragt und alle haben genickt". (eigene Notizen zum Beratungsgespräch am 13.03.00)

Name:	Thema: Kurvenfahrt eines *(Motor-) Radfahrers*	

Grobgliederung	Abgabetermin: *18.02.00*	

Schriftliche Ausarbeitung		Abgabetermin: 25.02.00 Note:	**2 +**
Hinter-grundwissen	Erarbeitet? Probleme erkannt?	*Schwieriges Thema gut aufgearbeitet* *Zentrale Schwierigkeiten erkannt*	+ +
	Richtig? Vollständig?	*Im Wesentlichen o.k.; kleinere Ungenauigkeiten (logische Abfolge der Skizzen; Bezeichnungen)*	+
Planung des Ablaufs	Stoffumfang, Schwierigkeitsgrad	*Recht viel; könnte je nach Ausgestaltung zu lang werden* *Schwächere Schüler könnten überfordert sein; insges. o.k.*	+
	Auswahl der Beispiele und Aufgaben	*Sehr gezielt! Zwar in enger Anlehnung an ein Fachbuch aber gut auf den Vortrag angepasst*	+
	Auswahl der Medien und Experimente	*Standard (OH, Tafel) sinnvoll geplant; wird das angedachte Experiment tatsächlich durchgeführt? (nein)*	+
	Gliederung; sachlogischer Aufbau	*Sehr gut strukturiert*	+ +
	Zeiteinteilung	*Fehlt (vergessen? War mdl. doch besprochen!)*	-
Sonstiges	Selbstständigkeit Eigeninitiative	*Arbeitet fast vollständig selbständig und fragt nur bei konkreten Problemen gezielt nach;*	+
	Kreativität	*keine besonderen Extras*	0
	Form der Darstellung Formalia erfüllt?	*Sehr ordentlich und übersichtlich; alle Anforderungen vollständig erfüllt; kleiner Formfehler bei Quellenangabe*	+ +

Vortrag Note:	Termin: *09.03.00*	**2,5**
Inhalt vollständig und richtig?	*Erläuterung für die „Entstehung" von F_Z etwas „wackelig";Angriffspunkt d. Kräfte unglücklich gewählt; Rest o.k*	0+
Struktur (Rahmen, Betonung des Wesentlichen	*Wie in Ausarbeitung; kommt nur für die Zuhörer nicht immer so gut zum Ausdruck*	+
Verständliche, schülergerechte Darstellung	*Schülergerecht, aber haben wirklich alle die schwierige Materie verstanden? Bei Formeln mehr Zeit lassen!*	0
Beherrschung von Medien und Experimenten	*Wohlsortierter Anfang, gute Handhabung; kleines Chaos zwischendurch; es passen 2 Folien auf den OH!!*	+
Mitschrieb, Arbeitsblätter, Hausaufgaben	*Handout am Ende; Form: Indices tieferstellen (geht auch mit dem PC!); vielleicht etwas weniger Text!*	0+
Zeitplan eingehalten	*Hervorragendes Timing; nie gehetzt, nie getrödelt*	+ +
Präsentation (Sprache, Auftreten, Motivation)	*Sehr ruhig und sachlich; Zeit gelassen (++!!); elegant geredet ohne Kunstpausen; Publikum anschauen!*	+
Reaktion auf Rückfragen	*Gab es keine*	

	Eigenbewertung des Schülers (Vortrag):	**2 (-)**
	Bewertung durch die Klasse (Vortrag):	**2,42**
	Endnote (Gesamt):	**2**

Im Anschluss an dieses Statement des Schülers wurde der Beurteilungsbogen komplett durchgesprochen und Bewertungen und Nebenbemerkungen des Lehrers im Einzelnen begründet und diskutiert. Hier zeigte sich meiner Ansicht nach ein Vorteil dieser Beurteilungsform: Im Gespräch über den faux pas beim Umgang mit den Folien an einer Stelle des Vortrags ergab es sich quasi von selbst und ohne dauerndes „Man hätte hier besser ...", dass der Schüler erkannte, wie sich das Problem von selbst erledigt hätte, wenn er einfach eine der Folien etwas länger bzw. gleichzeitig mit einer anderen auf dem OH-Projektor hätte liegen lassen.

Zum Abschluss des Gesprächs wurde dem Schüler die Durchschnittsnote der Beurteilung durch die Mitschüler mitgeteilt (ohne weitere Begründung, s.u.). Die vier vorliegenden Noten spiegeln alle eine recht eindeutige Tendenz („gut mit kleinen Abstrichen") wider. Da ich in Klassenarbeiten nur ganze und halbe Noten vergebe und das Thema als schwierig einzustufen ist, wurde zur Zufriedenheit beider Seiten die Endnote 2 festgelegt.

Anmerkung zu den Beurteilungen der Mitschüler: Um die Anonymität auf alle Fälle zu wahren, verzichte ich bewusst darauf, dem zu beurteilenden Schüler Einzelheiten zu den Kommentaren zu nennen. Neben der Durchschnittsnote nenne ich höchstens noch je eine grundsätzliche positive und negative Tendenz, die keinem Einzelschüler zuzuordnen sind. Im vorliegenden Fall war dies vor allem, das von den meisten sehr positiv gesehene Bemühen, einen schwierigen Sachverhalt langsam und schülergerecht zu erläutern. Kritikpunkte kamen bei diesem Vortrag eher vereinzelt vor und deckten sich mit den von mir gemachten Beobachtungen.

Beispiele für von der Norm abweichenden Verläufen

Ich möchte in diesem Abschnitt drei Beispiele für Schülervorträge nennen, die zwar nach dem gleichen Ablauf wie in obigem Beispiel beschrieben beurteilt wurden, bei denen jedoch Besonderheiten auftraten, die im Rückblick und der kritischen Auseinandersetzung mit dieser Form der Leistungsbeurteilung (vgl. S. 172ff) bemerkenswert sind:

Beispiel 1: Thema ‚Satellitenbahnen'
Der eigentliche physikalische Kern des Themas, die Beschreibung und Begründung wie und auf welchen Bahnen sich ein Satellit bewegen kann, wurde durchschnittlich bis gut und mit ‚normalem' Zeitaufwand bearbeitet. Gleichzeitig haben die beiden referierenden Schüler das Ganze eingebunden in eine ansprechende Power-Point-Präsentation mit hohem Unterhaltungswert und viel Hintergrundinformation zum Thema Geschichte der Satelliten. Als Ergebnissicherung wurde eine selbst produzierte CD mitgeliefert. Beides wurde bei der Notenvergabe mit berücksichtigt.

Beispiel 2: Thema ‚Entwicklung des physikalischen Weltbilds'
Dieses Thema scheint insofern weniger physikalisch, als dass statt Formeln und Herleitungen jetzt geschichtliche und philosophische Aspekte im Mittelpunkt stehen. Der Schüler, der das Thema mit viel Mühe und Aufwand sehr umfassend bearbeitet hatte, wurde in der Beurteilung der Mitschüler etwas abgewertet, weil „das überhaupt nichts mit Physik zu tun hatte" (L5/ 1). Auch hierauf musste bei der Ermittlung der Gesamtnote eingegangen und gegengesteuert werden.

Beispiel 3: Thema ‚Keplersche Gesetze'
Bei diesem Vortrag trat das Problem auf, dass der äußere Rahmen zwar sehr ansprechend gestaltet, der Inhalt jedoch lücken- und teilweise fehlerhaft war, was die Mitschüler jedoch nicht immer erkennen konnten. Zusätzlich kamen ‚Sympathieeffekte' ins Spiel: Obwohl ein sehr treffender Kommentar („... schien einiges im Vortrag selber nicht geblickt zu haben ...", Quelle: Notiz eines Mitschülers nach dem Vortrag vom 17.03.00) notiert war, wurde trotzdem die Ziffernnote 3 vergeben. Auf diese Weise standen am Ende des Beurteilungsgesprächs folgende Teilnoten im Raum: Ausarbeitung: 4+; Vortrag: 4; Eigenbewertung: ca. 3; Bewertung der Klasse: 3. Es bleibt sicherlich eine diskussionsbedürftige Frage, ob man in diesem Fall die Schülersicht hintenan stellen darf/ muss, um eine ‚ordentliche' Beurteilung zu gewährleisten oder ob, wie in

diesem Fall geschehen, eine Kompromisslösung (Note 3,5) gerechter' bzw. gerechtfertigter ist.

Bei allen drei Beispielen wird deutlich: Bei der vorliegenden Art der Beurteilung von Schülerleistungen können immer wieder Fälle auftreten, bei denen Schülerinnen und Schüler mit Leistungen aufwarten, die nicht unbedingt erwartet oder gefordert waren bzw. nicht immer genau in das vorgefertigte Beurteilungsraster passen. Zwar lässt das von uns gewählte mehrschrittige Beurteilungsverfahren die Einbeziehung solcher Besonderheiten durchaus zu. Allerdings besteht hier in viel stärkerem Maße als z.B. bei der Korrektur einer Klassenarbeit die Gefahr, sich durch solche Zusatzaspekte blenden zu lassen. Die Frage der Vergleichbarkeit und gerechten Beurteilung muss hier genauer diskutiert werden (s.u.).

5.3   Reflexion und Auswertung

In diesem letzten Kapitel sollen zunächst die Schülerinnen und Schüler zu Wort kommen, ehe in den darauffolgenden Abschnitten einige zentrale der vorne angesprochenen Aspekte genauer unter die Lupe genommen werden.

Resonanz und Akzeptanz bei Schülern und Eltern

Nachdem einige Schülerunterrichtsstunden stattgefunden hatten, haben wir die Schülerinnen und Schüler nach ihrer Meinung zu den neuen Formen der Unterrichtsgestaltung und der Leistungsbeurteilung befragt. Im Folgenden versuche ich, die Gesamtheit der Antworten auf vier Leitfragen kurz zusammenzufassen und durch typische Zitate zu ergänzen (Eigene Notizen vom 09.05.00 und 20.07.00):

Was haltet ihr insgesamt von dem laufenden Schulversuch?
Gesamteindruck: Die neuen Lernziele und auch deren Beurteilung werden als wichtig, interessant aber sehr arbeitsintensiv eingeschätzt.
* „Es ist wichtig, dass man lernt, etwas zu präsentieren, da dies im Beruf auch oft nötig ist".
* „In einer Klassenarbeit hätte ich bei gleichem Aufwand eine bessere Note erhalten".

Was empfindet ihr als positiv, gewinnbringend, ...?
Es wurde positiv empfunden, dass (im Fach Physik) zu Beginn des Schuljahrs ein Grundgerüst mit Rahmenbedingungen, Zeitplan für die Vorträge, Anforderungskatalog, Musterunterricht, ... vorgegeben wurde und dass das Lernen für den Einzelnen nachhaltiger ist.
* „Man wusste von Anfang an genau, was auf einen zu kommt, es gab klare Bedingungen".
* „Der Vortragende identifiziert sich mit dem Thema und hat langfristig mehr von seiner Arbeit als beim Lernen auf eine Klassenarbeit."

Was empfindet ihr als negativ, unnütz, lästig, ...?
Kritik konzentrierte sich hauptsächlich auf die Effektivität für die Zuhörer, Probleme bei der gerechten Benotung und die Überstrapazierung durch alternative Formen in mehreren Fächern.
* „Unterricht durch Schüler bringt weniger als der vom Lehrer. Die scheinbar konzentrierte Atmosphäre trügt, denn man ist halt solidarisch mit dem Vor-

tragenden, will ihn nicht in Schwierigkeiten bringen und fragt bei Verständnisproblemen manchmal lieber nicht nach."

- „Einer stellt einen sehr schwierigen Zusammenhang nur mittelmäßig dar, ein anderer ein einfaches Thema sehr gut. Wer bekommt die bessere Note?"
- „Es wird auf die Dauer zu viel, wenn man jede Woche in verschiedenen Fächern Referate hört."

Welche Verbesserungsvorschläge würdet ihr machen?
Gewünscht wird v.a. eine Abstimmung zwischen den Fächern sowohl was die Zahl der alternativen Leistungsmessungen als auch die Kriterienkataloge angeht.

- „Nur eine alternative Leistungsmessung pro Schuljahr!"
- „Ein Schüler sollte wählen können, in welchem Fach er seine alternative Leistung erbringt. Er möchte sich in einem Fach in ein Thema einarbeiten, das ihn interessiert."
- „Statt in jedem Fach ein bisschen sollte zentral zu Beginn des Schuljahrs in einem Fach ein intensives und fundiertes Erarbeiten der benötigten Techniken (Gliederung, Vortragsstile, Rhetorik, ...) vermittelt werden."

Die Eltern standen Erprobungen zu neuen Formen der Leistungsbeurteilung fast immer sehr positiv gegenüber. Es gab zwar zu Beginn noch kritische Nachfragen bei den Elternpflegschaften, in beiden Klassen wurde aber der Antrag auf Ersetzung einer Klassenarbeit durch eine alternative Leistungsbeurteilung einstimmig angenommen. In einer Klasse kam sogar von Elternseite die Anregung, solche Formen breiter einzusetzen. Allerdings bestand hier der Wunsch, sich im Kollegium abzusprechen, um die Schülerinnen und Schüler nicht mit mehreren Referaten, Planspielen usw. gleichzeitig zu überfordern.

Organisation und Planung

Soll das langfristig, d.h. über das ganze Schuljahr hinweg, angelegte Konzept mit üblichen Klassenstärken von 30 oder mehr Schülern erfolgreich sein, sollte man folgende Punkte beachten:

- Es wäre hilfreich, wenn die Schülerinnen und Schüler bereits mit Schülerunterricht oder zumindest einer Vorstufe dazu vertraut sind.

- Die genaue Vorstellung des Vorhabens bei den Schülern sollte nach Möglichkeit in der ersten Schulwoche stattfinden; die Schülerinnen und Schüler sollten auch zu diesem Zeitpunkt bereits die Liste mit den möglichen Themen erhalten.

- Die Themen sollten einigermaßen gleichmäßig über das Schuljahr verteilt werden. Dabei ist es wichtig, ausreichend Zeitpuffer vorzusehen, um unvorhersehbare Stundenausfälle auffangen zu können, ohne dass sich dadurch der Zeitplan für den Schülerunterricht allzu sehr verschiebt.

- Die Probephase sollte vier bis fünf Wochen nach Schuljahresbeginn abgeschlossen sein. Trotzdem darf eine genaue Information der Schülerinnen und Schüler nicht zu kurz kommen!

- Alle Schülerinnen und Schüler sollten sich bis spätestens zu den Herbstferien verbindlich für ein Thema entschieden haben. Nach den Erfahrungen in diesem Schuljahr ist dies für einen reibungslosen Ablauf wesentlich förderlicher, auch wenn ein Schüler u.U. ein Thema aussuchen muss, von dem er nicht genau weiß, ob es ihm liegt. Man läuft andernfalls aber Gefahr, dass einige Schülerinnen und Schüler ihren Part doch auf die lange Bank schieben und am Schuljahresende ein unnötiges und für alle Beteiligten unangenehmes Gedränge entsteht.

Als ungemein positiv und gewinnbringend empfanden wir die Zusammenarbeit im Lehrer-Tandem. Durch den ständigen Austausch der Erfahrungen war das Stadium des sicheren Umgangs mit der neuen Beurteilungsform schneller erreicht, anfängliche Unsicherheiten ließen sich im Gespräch rascher abbauen. Darüber hinaus führte die gemeinsame Vorbereitung des Gesamtablaufs und die Verwendung einzelner Informationsblätter in beiden Klassen zu einer Reduzierung des Zeitaufwands für beide Kollegen (s. folgendes Kapitel).

Zeitaufwand und Arbeitsbelastung

Betrachtet man zunächst die Schülerinnen und Schüler, so lässt sich eindeutig feststellen, dass sowohl der Zeitaufwand als auch die Intensität der Beschäftigung mit dem Thema deutlich höher ist als beim Lernen für eine Klassenarbeit. Die meisten Schülerinnen und Schüler sind zwar der Meinung, dass sich dieser Mehraufwand – sofern die Methode nicht überstrapaziert wird – lohnt, dass man aber bei vergleichbarem Zeitaufwand in einer Klassenarbeit wahrscheinlich besser abgeschnitten hätte.

Etwas differenzierter muss der Vergleich für den Lehrer betrachtet werden. Legt man den ersten Durchlauf zugrunde, bei dem das Konzept ausgearbeitet, Arbeitsblätter erstellt und Erfahrungen gesammelt werden müssen, liegen Aufwand und Belastung sicherlich mindestens um einen Faktor 3-4 höher als im konventionellen Fall. Sollen sich alternative Lern- und Beurteilungsformen auf breiter Front durchsetzen, ist dies mit derartiger Mehrbelastung sicherlich nicht tragbar und würde m. E. höchstwahrscheinlich scheitern.

Geht man allerdings davon aus, dass gewisse Grundstrukturen (wie z.B. dieser Bericht) bereits vorgedacht, manche Erfahrung bereits gesammelt und ein Fundus an Arbeitsmaterialien bereits vorrätig ist, kann der Vergleich schon etwas positiver ausfallen. Ich möchte versuchen, mit der Gegenüberstellung in Abb. 30 eine grobe Abschätzung vorzustellen. Beiden Fällen zu Grunde gelegt ist eine Klassenstärke von 30 Schülern.

Abb. 30: Vergleich des Arbeitsaufwandes

Konventionell: Klassenarbeit		Alternativ: Schülerunterricht	
Arbeitsschritt	Zeit	Arbeitsschritt	Zeit
Klassenarbeit vorbereiten [H] (Aufgaben aussuchen, Arbeitsblatt erstellen, durchrechnen, Punkteverteilung)	3-4 h	Vorbereitung zu Schuljahresbeginn [H] (Bestehendes Konzept an aktuellen Terminkalender anpassen, d.h. v.a. die Themen übers Schuljahr verteilen)	3 h
Klassenarbeit korrigieren [H] (30 Hefte à 16 Minuten)	8 h	Vorbesprechungen [S] (30 Schüler à 20 Minuten)	10 h
Organisatorisches [S] (Hefte einsammeln, Verbesserung stichprobenartig kontrollieren)	1 h	Korrektur [H] (Schriftliche Ausarbeitung; Vortrag; 30 Schüler à 20 Minuten)	10 h
		Beratungsgespräch [S] (30 Schüler à 12 Minuten)	6 h
gesamt	12-13 h	gesamt	29 h
Anm.: H = Arbeit zu Hause; S = Arbeit an der Schule			

Der Vergleich zeigt, dass die alternative Beurteilungsform zwar immer noch mehr als doppelt so viel Zeit in Anspruch nimmt, aber es wird doch deutlich, wie sich die Schwerpunkte verschieben! Im einen Fall sitzt man stundenlang vor Heften, um 30 Mal die gleichen Aufgaben durchzukämmen, im anderen Fall hat man für jeden Schüler mehr als 20 Minuten Zeit für eine individuelle Beratung! Zieht man weiterhin in Erwägung, dass es durchaus denkbar ist, durch einen Schülerunterricht *zwei* der sechs vorgeschriebenen Klassenarbeiten wegfallen zu lassen, hat die alternative Beurteilungsform eine praktikable Dimension erreicht. Dieser Punkt ist zwar recht umstritten, weil vielen Kollegen dadurch das Gewicht der Klassenarbeiten übermäßig abgeschwächt zu sein scheint. Ich möchte jedoch zwei Gründe anführen, warum mir diese Maßnahme für zukünftige Jahre durchaus gerechtfertigt erscheint:

- Der o.a. Mehraufwand gegenüber einer Klassenarbeit für alle Beteiligten legt auch eine stärkere Gewichtung nahe. Schließlich werden neben der Einarbeitung mindestens zwei Leistungen, die schriftliche Ausarbeitung und der Vortrag, verlangt.

- In der ‚klassischen' Notengebung werden Schwankungen des Verhältnisses von schriftlichen (Klassenarbeiten) zu mündlichen (‚Eindrucksnoten') Leistungen von Lehrer zu Lehrer zwischen 90:10 bis zu 60:40 allgemein als ‚normal' akzeptiert, obwohl rein rechnerisch die damit verbundenen Verschiebungen in der Gewichtung *einer* Klassenarbeit viel größer und willkürlicher sind, als bei der vorgeschlagenen Ersetzung *einer* alternativen Leistungsmessung durch *zwei* Klassenarbeiten.

Abschließend soll noch erwähnt werden, dass sich die Qualität der Arbeit ändert. Eine Klassenarbeit ist im Normalfall eine sehr punktuelle Belastung: Entwurf, Korrektur und Rückgabe fallen zeitlich sehr eng zusammen; nicht selten wird ein Wochenende oder eine lange Nacht dazu verwendet, ‚das notwendige Übel hinter sich zu bringen'.

Dem gegenüber ist der Arbeitsaufwand für die Beurteilung von Schülerunterricht zeitlich wesentlich entzerrter. Viele Gesprächstermine und auch die Korrektur einzelner Ausarbeitungen können in Hohlstunden oft auch ‚nebenbei' erledigt werden. Allerdings setzt die Vielzahl von Terminen, Klein- und Kleinstarbeiten auch eine gut strukturierte Zeiteinteilung und Organisation voraus. Jeder Kollege wird hier seine eigene Auffassung haben, welche Art der Belastung für ihn selber die erträglichere ist.

> *Fazit*: Leistungsbeurteilung von Schülerunterricht erfordert gegenüber der Korrektur einer Klassenarbeit einen deutlich höheren Aufwand, der nicht punktuell, sondern über das Schuljahr verteilt anfällt. Dieses Ungleichgewicht lässt sich durch die Reduzierung der Anzahl der Klassenarbeiten ausgleichen.

Beobachtungsphase und Beobachtungstechniken

Ein guter Teil der oben angesprochenen zeitlichen Belastung lässt sich sicherlich durch eine rationelle Beobachtungstechnik während des Schülerunterrichts auffangen.

Wir haben mit verschieden ausführlichen Beobachtungsbogen experimentiert und festgestellt, dass es schwierig bis unmöglich ist, sich auf mehr als drei bis vier Kriterien gleichzeitig genau zu konzentrieren, ohne dabei den Vortrag als Ganzes aus den

Augen zu verlieren. Wir sind daher zu folgendem Verfahren übergegangen, das sich für die anschließende Auswertung recht gut bewährt hat:

- Während des Vortrags wird der chronologische Ablauf in ganz wenigen Stichworten festgehalten (mit Zeitangaben) – der genaue Ablaufplan ist ja aus der schriftlichen Ausarbeitung bekannt. Abweichungen hiervon werden natürlich fest gehalten.

- Ausführlich mitgeschrieben wird auch das, was der Vortragende den Zuhörern als Ergebnissicherung diktiert, an die Tafel oder auf eine Folie schreibt. Dies (Inhalt und benötigte Zeit!) ist oft wichtig für das Beratungsgespräch.

- Alle Auffälligkeiten positiver und negativer Art werden zunächst ohne Kategorisierung im Ablaufprotokoll notiert. Als Gedankenstütze stehen dabei die Aspekte *S*truktur, *I*nhalt, *M*edien und *P*räsentation (SIMP) im Hintergrund.

- So früh wie möglich nach dem Vortrag (in einer Hohlstunde oder am Nachmittag) wird der Mitschrieb ausgewertet, d.h. in das Übersichtsblatt eingetragen.

Nach einigen Beobachtungen entwickelt man Routine darin, nur das so kurz wie möglich aufzuschreiben, was man für die anschließende Auswertung als Erinnerungshilfe benötigt *und alles andere wegzulassen(!!!)*

Leistungsbeurteilung und Notenbildung

Zunächst sei nochmals festgestellt, dass wir es nach wie vor für sinnvoll erachten, die alternative Leistungsbeurteilung in eine Ziffernnote münden zu lassen (Ersatz für eine Klassenarbeit), zu der eine von der Note losgelöste, den Schüler in seinem Lernfortschritt unterstützende Beratung hinzukommt.

Weiterhin möchten wir bemerken, dass es uns ein Anliegen war und auch gelungen ist, den Ernstcharakter der neuen Form der Leistungsmessung deutlich herauszustellen. Den Schülerinnen und Schülern sollte von Anfang an klar sein, dass es sich hier wirklich um eine Leistungsbeurteilung von der Wertigkeit einer Klassenarbeit handelt und keineswegs um eines der leider oft typischen ‚Jahresendreferate‘ das sich im Notenbereich ‚besser als 2,5‘ bewegt und ‚auf alle Fälle nach oben zieht‘.

Eine in diesem Zusammenhang naheliegende Fragestellung ist sicherlich der Vergleich der bei der alternativen Leistungsbeurteilung erzielten Ergebnisse mit den restlichen Klassenarbeiten im Schuljahr. Es lässt sich feststellen, dass die Noten im Durchschnitt in der ansonsten leistungsstärkeren Klasse etwa gleich, in der leistungsschwächeren Klasse etwas besser ausfielen als bei Klassenarbeiten. Mögliche Gründe hierfür könnten sein:

- Die schlechten Noten (mgh, unbfr) fielen weg, da im Gegensatz zu einer Klassenarbeit keine Schülerin und kein Schüler unvorbereitet zum Schülerunterricht kam.

- Die Motivation war insgesamt höher, auch bei schwächeren Schülern, da jede Schülerin und jeder Schüler die Möglichkeit hatte, sich ein Thema auszuwählen.

- Der mit Klassenarbeiten verbundene Zeitdruck fiel weg. Viele Schülerinnen und Schüler arbeiten zu Hause wesentlich ruhiger und erfolgreicher.

- Es ist nicht auszuschließen, dass sich manche Schülerinnen und Schüler bei der Vorbereitung und Ausarbeitung externe Hilfe holten, was die eigentliche Schülerleistung natürlich etwas verfälschen würde.

176

Auf der anderen Seite war zu bemerken, dass in der Reproduktion (Klassenarbeit) gute bis sehr gute Schülerinnen und Schüler sich oft sehr anstrengen mussten, ihre sonstige Note zu halten, was zeigt, dass bei der neuen Art der Leistungsmessung durchaus andere Qualitäten und Fähigkeiten verlangt werden.

Ein heikler Punkt ist sicherlich der Versuch, die kommunikative Validierung in dieser extremen Form einzusetzen und die Schülerinnen und Schüler nicht nur an den Kriterien, sondern auch an der Notenfindung selbst zu beteiligen. Es ist bestimmt ein ‚gewagtes Spiel‘ und eine große Anforderung an einen Schüler, seine Note in gewissen Grenzen selbst mitzubestimmen. Genauso kritisch, wenn auch auf anderer Ebene, ist der Versuch, die Mitschüler in die Bewertung einzubeziehen. Beides ist in den bisherigen Fällen zu meiner Zufriedenheit gelaufen und ich denke, dass das Verfahren durchaus legitim ist, wenn die Schülerinnen und Schüler von vornherein auf die Spielregeln vorbereitet sind und sich darauf einlassen. Wichtig sind v.a. zwei Punkte:

- Eine vergebene Note ist nicht willkürlich, sondern muss mit den gemeinsam erstellten Kriterien und den Definitionen für eine Note begründbar sein.
- Bei offensichtlich absichtlichem Missbrauch der Notengewalt (Mitschüler drücken eine Note unbegründet nach oben oder unten; Schüler schlägt eigentlich gegen seine Überzeugung für die eigene Leistung eine wesentlich bessere Note vor, um ‚im Schnitt‘ eine bessere Gesamtnote zu erhalten) behält sich der Lehrer vor, die Schülermeinung zu überstimmen.

Es bleibt zum Abschluss die Vergleichbarkeit bzw. die ‚Gerechtigkeit‘ der Noten zu diskutieren, die nach unserem Beurteilungsverfahren entstanden sind (vgl. auch die Schülerkommentare S. 172f).

Da jeder Schüler ein anderes Thema bearbeitet, kann der Vergleich zwischen einzelnen Schülern nicht auf der inhaltlichen Ebene angesetzt werden. Um hier Gerechtigkeit walten zu lassen, muss selbstverständlich der Schwierigkeitsgrad des gewählten Themas mit berücksichtigt werden. Andererseits sind die über den Inhalt hinaus gehenden Kompetenzen, die beim Schülerunterricht gefordert werden, sehr wohl für alle Schülerinnen und Schüler gleich und stellen daher auch ein einheitliches Beurteilungskriterium dar.

Die Gratwanderung zwischen den nach klaren Kriterien sicher zu beurteilenden Kompetenzen und Grenz- und Ausnahmefällen, zwischen mit Schülern besprochenen und vom Lehrer festgelegten Entscheidungen wird sich nicht umgehen lassen. Wichtig ist hierbei nur, dass die Schülerinnen und Schüler die letztendlich getroffenen Entscheidungen als nachvollziehbar und gerecht empfinden.

5.4 Anhang

Anlage 1: Themenliste für Schülerunterricht

Thema	Zeitraum
Freier Fall als Anwendung von F = m*a	3. Woche
Versuche an der Rollenfahrbahn mit großer beschleunigender Masse	3. Woche
Ziffernregeln zum Runden von Rechenergebnissen	4. Woche
Reibung und Beschleunigung im Straßenverkehr	4. Woche
Reibungsausgleich bei der Rollenfahrbahn	5. Woche
Schlittenfahrt (Anwendung von Reibung und Kräfteaddition)	6. Woche
Hooksches Gesetz	7. Woche
********** Herbstferien **********	
Senkrechter Wurf nach unten (Bewegungsgleichungen, Flugzeit, ...)	3. Woche
Schiefer Wurf (Begründung der Flugbahn anhand einer Simulation)	4. Woche
Maximale Fallgeschwindigkeit verschiedener Körper in Luft	5. Woche
Einfluss des Luftwiderstands und der Geschwindigkeit auf den Benzinverbrauch	5. Woche
Ermittlung des cw-Werts durch Experiment und Simulation	7. Woche
********** Weihnachtsferien **********	
Vertikale Kreisbewegung einer Milchkanne	2. Woche
Kurvenfahrt eines (Motor-) Radfahrers	2. Woche
Lehrvideo zu „Physik auf dem Jahrmarkt"	3. Woche
Entwicklung des physikalischen Weltbilds	5. Woche
Satellitenbahnen	6. Woche
Keplersche Gesetze	7. Woche
********** Fasnetsferien **********	
Anwendungen des Energieerhaltungssatzes	2. Woche
Bungee-Jumping	3. Woche
Leistung und Wirkungsgrad einer Bohrmaschine	4. Woche
Billard und andere Stöße	4. Woche
Messgeräte und Einheiten für den Druck	5. Woche
********** Osterferien **********	
Die Kelvin-Temperaturskala	1. Woche
Das Gesetz von Boyle-Mariotte	2. Woche
Funktionsweise und Aufbau eines Stirlingmotors	3. Woche
Typen und Entwicklung der Dampfmaschinen	3. Woche
Wärmepumpe und Kühlschrank	4. Woche
Messung der Solarkonstante	4. Woche
********** Pfingstferien **********	
Thermische Nutzung der Sonnenenergie	1. Woche
Verschiedene Wärmekraftmotoren	1. Woche
Die Physik des Treibhauseffekts	2. Woche

Anlage 2: ‚Schülerunterricht' - Informationen zu Anforderungen und Bewertung

1. Die schriftliche Ausarbeitung (50%)	

Aufbau:	• Thema, Name des Schülers, Datum der Abgabe
	• Zielsetzung (‚In einem Satz'): Kurze Beschreibung dessen, was der Vortrag vermitteln, d.h. der Mitschüler und die Mitschülerin lernen sollen.
	• Darlegung des benötigten physikalischen Hintergrunds
	• Detaillierte Planung des Vortrags (in Stichworten: Was kommt nacheinander; welche Medien und Materialien bzw. Versuche werden benötigt; Zeitplanung); dabei klare Gliederung in drei Abschnitte:
	   - Wiederholung (sehr kurz)
	   - das eigentliche Thema (‚Pflichtprogramm')
	   - Vertiefung und Erweiterungen (‚Kür')
	• Quellenangabe

Bewertung:	• Wurden Grobgliederung und schriftliche Ausarbeitung termingerecht abgegeben? • Hat sich der Schüler oder die Schülerin das nötige Hintergrundwissen erarbeitet und Probleme erkannt? • Wurde das benötigte Hintergrundwissen vollständig und richtig dargestellt? • Zeigte der Schüler oder die Schülerin Selbstständigkeit, Eigeninitiative, Kreativität...? • Sinnvolle Planung des Ablaufs des Vortrags (Stoffumfang und Schwierigkeit; Zeiteinteilung; Auswahl von Unterthemen, Beispielen, Aufgaben, Experimenten, Medien... und deren Anordnung) • Gute Darstellung
2. Der Vortrag (50%)	
Bewertung:	• Haben die Zuhörer vom Vortrag profitiert? • Wurde die zugrunde liegende Physik richtig und verständlich erklärt? • Wurden Medien (Tafel, Projektor, Experimente, Computer) sinnvoll eingesetzt? • Konnten die Zuhörer mitschreiben bzw. haben sie brauchbare Arbeitsblätter erhalten? • Wurde der Zeitrahmen eingehalten? • Wurde der Vortrag ansprechend präsentiert (Auftreten, Sprache, Motivation der Hörer,...)
Für die Bewertung werden folgende Notendefinitionen benutzt:	

Für die Bewertung werden folgende Notendefinitionen benutzt:

sehr gut	Der Vortrag entspricht den Anforderungen in ganz besonderem Maße
gut	Der Vortrag entspricht voll den Anforderungen
befr.	Der Vortrag entspricht im Allgemeinen den Anforderungen
ausr.	Der Vortrag besitzt einzelne Mängel, entspricht aber insgesamt noch den Anforderungen
mgh	Der Vortrag entspricht den Anforderungen nicht, vermittelt aber noch gewissen Grundkenntnisse
ungd	Der Vortrag entspricht den Anforderungen in keiner Weise.

6   **Fallstudie 6. Wolfgang Pasche: Leistungsbeurteilung in einem Gerichtsprozessspiel (Gy/ Kl. 11/ D)**

Fallstudie 6
Wolfgang Pasche:
Leistungsbeurteilung in einem Gerichtsprozessspiel

Schule:	Eugen-Bolz-Gymnasium Rottenburg
Klassenstufe:	11
beteiligte Lehrer:	Wolfgang Pasche, Hans Huber
Fach:	Deutsch
Unterricht:	Projektorientierter Unterricht/ Prozessspiel
Thema:	Friedrich Schiller ‚Kabale und Liebe‘
Zeitraum:	1. März bis 18. April
Beurteilungsbausteine:	Prozess (Gruppenarbeitsprozess), Präsentation (Prozessspiel/ Unterrichtsgestaltung), Produkt (schriftliche Entwürfe)

6.1 Voraussetzungen: die Situation an der Schule

Am Eugen-Bolz-Gymnasium Rottenburg unterrichten zur Zeit 115 Lehrer etwa 1350 Schülerinnen und Schüler in 53 Klassen. Es ist damit eine der größten Schulen in Baden-Württemberg. Die große Zahl an Menschen führt zu einer sehr beengten Situation, zumal die Schule ursprünglich vierzügig für etwa 750 Schülerinnen und Schüler geplant war. Daher müssen etliche Klassen ausgelagert und an sechs verschiedenen Standorten unterrichtet werden. Das dürfte sich demnächst ändern, da eine neue Schule im Bau ist, die ab dem Schuljahr 2000/ 2001 bezogen werden kann.

Der Unterricht, der hier beschrieben werden soll, ist durch diese äußere Situation massiv geprägt: so ist es nur sehr schwer möglich gewesen, Ausweichräume für Gruppenarbeitsphasen zu finden. Außerdem musste durch das ständige Wandern von einem Unterrichtsgebäude zum anderen mit einem Verlust an Unterrichtszeit gerechnet werden. Es hat sich aber auch als äußerst schwierig erwiesen, mit anderen Klassen und Kollegen zu kooperieren; Teamteaching konnte so nur in Ausnahmefällen stattfinden. Unter diesen Umständen war es fast unmöglich, Stunden zu tauschen oder den Stundenrhythmus zu verändern. Unter 'normaleren' Verhältnissen ließe sich, so ist zu vermuten, dieses Projekt wesentlich geschmeidiger durchführen.

6.2 Unterrichtssituation

Die Klasse 11, in der dieses Projekt durchgeführt wurde, weicht mit ihren 29 Schülerinnen und Schülern nicht von anderen Klassen ab. Die 16 Schülerinnen und 13 Schüler liegen in den bislang geschriebenen Arbeiten mit einem Schnitt von 2,7 exakt auf dem gleichen Niveau wie andere 11.Klassen, die ich in den Jahren zuvor unterrichtet habe. Typisch erscheint auch, dass es eine Gruppe von etwa vier bis fünf Schülern gibt, die dem Deutsch- (insbesondere dem Literatur-)unterricht äußerst skeptisch gegenüberstehen.

Ich habe die Klasse in diesem Schuljahr neu übernommen und kannte die Schülerinnen und Schüler vorher nicht. Kontakt zu bekommen, war am Anfang nicht ganz einfach, zumal der Deutschunterricht in den vorhergehenden Jahren kein besonders geschätztes Fach gewesen ist. Das Verhältnis zum Deutschunterricht, auch zu mir als Deutschlehrer, hat sich vor allem durch die Methode der Schülermitbeurteilung und die Form des Prozessspiels (s. dazu Kapitel 6) verändert. Das Selbstbewusstsein der Schüler in Bezug auf die Kompetenzen, die im Literaturunterricht benötigt werden, ist deutlich gewachsen und beeinflusst auch die nachfolgenden Unterrichtseinheiten.

Im Rahmen dieses Projekts wurde das Prozessspiel von zwei Kollegen teilweise parallel in zwei elften Klassen unterrichtet, so dass ein stetiger Austausch von Informationen und konzeptionellen Ideen möglich war.

6.3 Jahresplanung/ 'Schülerinnen- und Schülerkonto'

Das Drama ‚Kabale und Liebe' ist im baden-württembergischen Lehrplan durch die Arbeitsbereiche ‚Sprechen und Schreiben', ‚Sprachbetrachtung' und ‚Literatur' abgedeckt. Explizit im Lektüreverzeichnis aufgeführt, gehört es zum Kanon der in Klasse 11 behandelten Themen.

Im Rahmen des Forschungsprojektes bestand am Eugen-Bolz-Gymnasium die Möglichkeit, nach Absprache mit den Eltern, ein bis zwei der insgesamt sechs vorgeschriebenen Klassenarbeiten durch eine alternative Leistungsbeurteilung zu ersetzen. Die Zustimmung der Eltern zu diesem Experiment zu erhalten, war kein Problem, im Gegenteil: sie waren dankbar dafür, dass das Klassenarbeitsritual wenigstens partiell durchbrochen werden kann.

Ebenso leicht waren die Schüler davon zu überzeugen, eine Klassenarbeit zu ersetzen. Auch ihre Bereitschaft lässt sich begründen: vordergründig, weil sie Referate als probates Mittel kennen, um kurz vor Zeugnisabgabe ihre Noten zu verbessern - was auch bedeutet, dass sie diese zusätzlichen Leistungen per se als notensteigernd betrachten -, dahinter steht aber auch das Bedürfnis, die eigene Leistungsfähigkeit anders als in Klausuren auszutesten und die Erkenntnis, dass Klassenarbeiten außerhalb der Schule zu einer aussterbenden Gattung gehören.

Zu Beginn des Schuljahres habe ich den Schülerinnen und Schülern ein ‚Konto' vorgelegt, das vier verschiedene Varianten einer alternativen Notengebung vorstellt, aus denen sie ihren Beitrag wählen konnten (Abb. 31).

Damit sollte erreicht werden, dass jeder seine Entscheidung treffen konnte, die Notenfindung sich über das Schuljahr verteilte und nicht auf ein Vorhaben konzentriert war. Dieses Verfahren hat sich sehr bewährt, weil es die einzelnen Unterrichtseinheiten entlastet. Es bedarf allerdings einer übersichtlichen Planung, die für die Schülerinnen und Schüler jeweils abrufbar ist, um zu gewährleisten, dass die gewählte Entscheidung auch tatsächlich eingelöst wird.

Abb. 31: Das Schülerinnen- und Schülerkonto

Schülernamen	Referat	Freie Meinungsrede	Rollenübernahme im Prozessspiel	Vorbereitung des Unterrichts
....			X	

Das Prozessspiel ist ein Unterrichtsmodell, das alltagstauglich ist: es verlangt zwar ein Umdenken im Zugriff auf Literatur, lässt sich aber in den Deutschunterricht integrieren, ohne die Strukturen aufzulösen. Wenigstens ein grob strukturierter Jahresplan ist allerdings unabdingbar, um die Klasse inhaltlich wie methodisch darauf vorzubereiten. In diesem Schuljahr sollte eine erste Einheit mit der Analyse von Liebesgedichten aus verschiedenen Epochen einen Basiskurs für die Interpretation von Lyrik bieten. Anhand von Einzelbeispielen war es möglich, einen Längsschnitt durch die Literaturgeschichte zu legen, auf die literarischen Besonderheiten der Epochen, ihre historischen wie gesellschaftlichen Bedingungen aufmerksam zu machen.

Der kursorische Überblick wurde anschließend durch einen ersten Themenschwerpunkt ergänzt, der wesentliche Aspekte der Epoche ‚Aufklärung' behandelte. Dabei wurde auf die Lektüre einer Ganzschrift verzichtet und lediglich mit kurzen Prosatexten (Aphorismen, Fabeln) bzw. Ausschnitten aus Lessings ‚Emilia Galotti' und ‚Nathan der Weise' gearbeitet.

Die Epoche ‚Sturm und Drang' wurde eingehender untersucht, um die wichtigsten thematischen Aspekte dieser Zeit, die besonderen ästhetischen Merkmale, aber auch die gesellschaftlichen, wirtschaftlichen und politischen Voraussetzungen zu erarbeiten, die den deutschen Partikularismus in der zweiten Hälfte des 18.Jahrhunderts bestimmen.

Eine dritte Unterrichtseinheit zum Thema ‚Freie Meinungsrede' hatte eine doppelte Funktion: sie sollte den Schülerinnen und Schülern die Bedeutung verbaler und nonverbaler Anteile bei mündlichen Vorträgen vor Augen führen und sie zu einer eigenen Präsentation führen. Alle Beteiligten hatten im Verlauf dieser Einheit einen Text von drei bis fünf Minuten Länge vorzubereiten. Er sollte frei, d.h. lediglich mit Hilfe eines Stichwortzettels, vorgetragen werden. Damit war eine Fertigkeit erarbeitet, die in die Rhetorik der juristischen Argumentation während der Gerichtsverhandlung einfließen sollte.

6.4   Vorbereitung der Klasse auf die zu beurteilenden Kompetenzen

Für das Prozessspiel, das hier im Vordergrund steht, war es ebenso wichtig, zu diesem Zeitpunkt bereits eine Beurteilung der einzelnen Redebeiträge durch die Schülerinnen und Schüler selbst vornehmen zu lassen. Die Meinungsreden wurden dafür in einem Beobachtungsbogen mit sieben Kriterien erfasst (Abb. 32, S. 185).

Die Merkmale dieses Schemas ergaben sich aus einem Unterrichtsgespräch; gemeinsam mit den Schülerinnen und Schülern wurde dabei auch die unterschiedliche Gewichtung der einzelnen Aspekte (10% bzw. 20%) festgelegt. Die Qualität der Schülerreden wurde in vier verschiedenen Stufen durch einfaches Ankreuzen bewertet. Auch diese Skalierung kam auf Vorschlag der Schülerinnen und Schüler zustande, nachdem sie festgestellt hatten, dass eine Reduzierung auf lediglich drei, zu stark auf eine mittlere Beurteilung lenke, fünf Rubriken unpraktikabel seien.

Für dieses Verfahren wurden zwei Unterrichtsstunden benötigt: eine erste, in der die allgemeinen Beobachtungskriterien für freie Meinungsreden erarbeitet wurden, eine zweite, in der gemeinsam das Schema für die Beurteilung entwickelt wurde.

Jeder Redebeitrag wurde dann anschließend nach diesem Schema (Abb. 33, S. 185) bewertet. Dabei teilte sich die Klasse in Gruppen von drei bis vier Schülerinnen und Schüler, die jeweils ein Kriterium beobachteten. Diese Gruppen wechselten von Rede zu Rede, so dass jeder Schüler im Verlauf der Unterrichtseinheit alle acht Kriterien durchlaufen konnte. Nach jedem Beitrag wurden die Gruppenentscheidungen abgefragt, mussten sich ihre Qualitätsurteile legitimieren lassen und am Ende zu einer Gesamtnote zusammengefasst werden. Nach diesem Durchgang ging ich nur noch auf wesentliche Defizite bzw. gut eingelöste Kriterien der einzelnen Reden ein, nahm Stellung zur Entscheidung der Klasse und begründete meine eigene Notenfindung.

Abb. 32: ‚Kabale und Liebe'- Prozessbeiträge - Formular zur Schülermitbeurteilung

Name	Argumen-tation	Sprache	Sach-wissen	Gliede-rung	Gestik / Haltung	Mimik	Interesse
	Vernünftig, treffend, überzeu-gend - unlogisch, Thesen oder Argumente nicht annehmbar	Verständ-lich in Artikulati-on, Wort-wahl, Satzbau und Tempo - unverständ-lich, unan-gemessen, weder Pausen noch Varianten	Fundiertes Wissen, gute Frage-stellung und Schwer-punktset-zung - ungenau, schlecht vorbereitet	Klar er-kennbar, zielgerichtet - nicht nachvoll-ziehbar, ungeschickt, assoziativ	Unter-streicht die Aussage, öffnet sich den Zuhö-rern - blockiert, verschlos-sen, abge-wandt, steif, übertrieben	Mit natürli-chem Ausdruck, entspannt, freundlich - gekünstelt, angespannt, unfreund-lich, ohne Ausdruck	Geweckt, anregend, Zuhörer überzeugt - Zuhörer gelangweilt, persönliche Distanz
	20%	**20%**	**20%**	**10%**	**10%**	**10%**	**10%**
	+ + - - + +	+ + - - + +	+ + - - + +	+ + - - + +	+ + - - + +	+ + - - + +	+ + - - + +

Die Bewertung der Schüler und meine Bewertung gingen gleichgewichtig in die Endnote ein. Hatten die Schülerinnen und Schüler diese ‚Freie Meinungsrede' als ihre Alternative zur Klassenarbeit gewählt, mussten sie zusätzlich eine schriftliche Ausfertigung ihres mündlichen Beitrags abliefern. Er konnte die Thesen der Rede ergänzen, argumentativ untermauern oder Rückfragen der Klasse aufnehmen. Dieser schriftliche Teil ging zu 50% in die Endnote ein; er wurde vom Lehrer alleine bewertet.

Abb. 33: Zusammensetzung der Noten bei der ‚freien Meinungsrede'

25%	Meinungsrede	Schülerbeurteilung
25%	Meinungsrede	Lehrerbeurteilung
50%	schriftlicher Teil	Lehrerbeurteilung

Für Schülerinnen und Schüler wie für mich selbst war diese Form der Mitbeurteilung ein erster Versuch. Entsprechend vorsichtig gingen alle Beteiligten zu Beginn des Schuljahres damit um. Die Schülerinnen und Schüler sahen die Notenfindung zunächst als genuinen Teil der Lehrerrolle, für die sie sich nicht verantwortlich fühlten - es gab unter ihnen große Bedenken, ob sie dafür kompetent seien und nicht die Gelegenheit zu Gefälligkeits- bzw. Antipathienoten ergreifen würden. Auch ich war mir unsicher, ob der Versuch erfolgreich verlaufen würde, war ich doch im vorhergehenden Schuljahr damit in einer anderen 11.Klasse gescheitert. Sie hatte sich schlicht geweigert, sich an der Notengebung zu beteiligen, weil die Schülerinnen und Schüler Bedenken hatten, dadurch das Klima in der Klasse negativ zu beeinflussen.

Außerdem war unklar, ob die Notengebung so zulässig sei und durch die ständige Kommunikation über Noten nicht die Bewertung eine im Verhältnis zum Inhalt zu große Bedeutung erhalten würde. Diese Bedenken konnten relativ schnell zerstreut werden. Nach anfänglichem Zögern und einigen Skrupeln hat sich bald gezeigt, dass dieses Verfahren sich mehrfach bewährt. Es hat zu einer deutlichen Aktivierung der Schülerinnen und Schüler beigetragen; sie waren motiviert, an einem Unterricht teilzunehmen, der ihre eigene Leistungsbeurteilung ernst genommen hat und sie waren kritisch in ihrer Beurteilung. Es gab keine Bevorzugung bzw. Benachteiligung Einzelner.

Allerdings muss auch darauf hingewiesen werden, dass diese Einheit wesentlich mehr Zeit beanspruchte, als ursprünglich eingeplant war. Maximal drei dieser Redebeiträge konnten in einer Unterrichtsstunde gehalten werden, weil die jeweils anschließende Aussprache aufwändig war. Andererseits hat die gesamte Klasse sich an diesem Verfahren beteiligt und dadurch hochkonzentriert am Unterricht teilgenommen.

6.5   Zur Unterrichtsmethode ‚Prozessspiel'

Das Prozessspiel stellt eine besondere Variante unterrichtsbezogener Spielformen dar, die in den letzten Jahren zwischen didaktischen Rollenspielen und Planspielen diskutiert worden sind. Beim *Rollenspiel* geht es in erster Linie darum, mit Verhaltensweisen zu experimentieren, sie auf ihre Bedingungen hin durchsichtig zu machen und damit die allgemeine kommunikative Kompetenz zu erhöhen. Das *Planspiel* soll dagegen Strukturen und Prozesse in größeren institutionellen Konflikten durchschaubar werden lassen. Es ist dabei nicht unbedingt nötig, das Rollenverhalten der Konfliktbeteiligten auch spielend zu realisieren (so kann z.B. die Kommunikation zwischen den Beteiligten auch auf den Austausch schriftlich fixierter Spielzüge reduziert bleiben, vgl. Bohse 1982, 205-267, ibs. 214-217.).

Das Prozessspiel bildet daher eine flexible Mischform beider Spielvarianten, weil Anteile des Planspiels zwar im Vordergrund stehen, Elemente des Rollenspiels aber in jeweils funktionalem Anteil eingesetzt werden können:

- die simulierte Gerichtsverhandlung verlangt wie das Planspiel eine schrittweise Analyse und Bewertung des zugrunde liegenden Konflikts;
- am Beginn des Prozessspiels liegt analog zur Planspielvorbereitung der Schwerpunkt bei der Bearbeitung schriftlichen Materials (Hintergrundinformationen, Positionen der Prozessbeteiligten, Fakten zum Konflikt ...);
- die gespielte Verhandlung lässt dann aber das Rollenspiel der Beteiligten stärker in den Vordergrund treten. Diese Inszenierung des Prozessablaufs erhält als Abschluss des gesamten Spiels eine besondere Bedeutung. Sie verlangt eine präzise Vorbereitung und gewinnt dennoch eine eigengesetzliche Dynamik. Das Geschehen lässt sich im Vorfeld nur begrenzt planen: die Schülerinnen und Schüler müssen sich auf divergierende und unsichere Situationen einstellen und darin spontan und flexibel handeln.

Simulative Unterrichtsverfahren haben charakteristische Vorzüge gegenüber einem traditionellen Unterricht: der aktionsbezogene Charakter erhöht die Motivationsintensität der Gruppe und verleiht dem Unterrichtsgegenstand eine größere Realitäts- und Handlungsnähe. Der Erwerb von Wissen wird durch die Konfrontation mit erlebnishaften Erfahrungen emotional aufgeschlossen; in diesem Sinn zielt die Dramatisierung und Theatralisierung im Spiel auf eine Erhöhung seines Ereignischarakters. Im darstellenden Spiel wird die Fähigkeit verlangt, sich mit Körper und Stimme auf eine Rolle einzulassen und sie nicht nur inhaltlich auszufüllen.

Es besteht im spielerischen Zugang auch die Chance, abstrakten Leistungsdruck und unkooperatives Konkurrenzverhalten in einen sachbezogenen Wettbewerb zu verwandeln. Der Streit der Parteien und Positionen in einem Prozessspiel stellt die Schülerinnen und Schüler mit ihren angenommenen Rollen von vornherein in einen Wettbewerbszusammenhang (vgl. Lindenhahn 1981, 81-90).

Gegen dieses Verfahren können berechtigte Zweifel eingebracht werden: so könnte man darauf verweisen, dass bei einem solchen Vorgehen die literarische Qualität des Dramas aus dem Blick gerät. Stoff und Gehalt, historischer Interessenkonflikt und latente Aktualität lassen sich im Prozessspiel herausarbeiten - wo aber bleibt die stilistische Besonderheit, wo die dramaturgische Technik des Stücks? Wird nicht das Artefakt zu einem bloßen Mittel der Spielpädagogik reduziert?

Dieser Einwand kann nur partiell aufgefangen werden. Im vorliegenden Projekt wurde eine Expertengruppe gebildet, die sich speziell mit der sprachlichen Form, der Sprache des Dramas, der Biographie des Autors und der Wirkung des Stücks beschäftigte. Diese Gruppe kam im Anschluss an den Prozess zu Wort und hat mit der eigenen Gestaltung zweier Unterrichtsstunden ihr Thema vorgestellt. Zugegebener Weise ist das nur ein schwacher Versuch, die Defizite dieses Modells aufzufangen. Es ist jedoch kaum möglich, in einer Unterrichtseinheit alle denkbaren Aspekte der Literaturanalyse aufzunehmen. In diesem Fall wurden die Schwerpunkte nicht primär auf die Vermittlung eines Wissensstoffes gelegt. Analytische Verfahren rutschen daher an den Rand; im Vordergrund steht die sinnlich-anschauliche Qualität des Prozessspiels.

6.6 Angestrebte Kompetenzen

An dieser Stelle soll lediglich auf einige der übergeordneten Kompetenzen verwiesen werden, die mit der Methode des Prozessspiels eingelöst werden sollen. In der Terminologie wird dabei auf eine Systematik zurückgegriffen, die Klippert (1994, 31) entwickelt hat:

Inhaltlich-fachlich:	Methodisch-strategisch:
▪ die Funktion von Literatur als ‚Organon' der Geschichte erkennen ▪ die Aktualisierungsebenen literaturhistorischer Stoffe und Probleme erfassen lernen ▪ die sozialen und ästhetischen Dimensionen eines literarischen Werks der Vergangenheit erfassen	▪ den Dramentext aus der Sicht einer Person bzw. einer Funktion kennen ▪ ein bestimmtes Rollenverhaltens gestisch-mimisch umsetzen ▪ situationsgerechtes Sprachverhalten einüben ▪ kollektive Handlungsvollzüge organisieren ▪ eine Rollenbiographie nach Leitfragen erfassen ▪ ein Plädoyer bzw. Urteil schreiben
Sozial-kommunikativ:	Affektiv:
▪ über Rollen und ihre Ausgestaltung in Gruppen sprechen, korrigieren, urteilen ▪ in der Rolle kommunizieren, auf Funktionsvorgaben reagieren ▪ in der Gruppe Rollenverhalten entwickeln und präsentieren	▪ kognitive Erfassung und emotive Stellungnahme verbinden ▪ Empathie (Einfühlung und Antizipation von fremdverhalten) ausbilden ▪ Aktionsbezogenes, kooperatives Verhalten fördern[28]

---

[28] Zum handlungsorientierten Ansatz im Literaturunterricht sei an dieser Stelle nur auf eine Auswahl von Titeln verwiesen: Fingerhut 1987, 581-611; Meyer 1987, Bd.1, 116ff.; Bd.2, 396ff.; Haas, Menzel, Spinner 1994, 17-25; Schuster 1994, 94-99; Pädagogik H.12, Dez. 1995; Haas 1997, 167-169; Friedrich Jahresheft 15/1997; Felder 2000, 38-44.

6.7 Verlauf der Unterrichtseinheit

Abb. 34: Übersicht über die Unterrichtseinheit ‚Kabale und Liebe'

Erster Zugang zu Sprache und Thematik	lehrerzentriert	eine Stunde
Vorstellung der Methode	lehrerzentriert	eine Stunde
Prozessvorbereitung/ Gruppenarbeitsphase	7 Gruppen, Schülerbeobachtung	fünf Stunden
Prozess		zwei Stunden
Bearbeitung weiterer inhaltlicher Zielsetzungen nach dem Prozess	Unterrichtsgestaltung durch Schüler	drei Stunden
Auswertung		zwei Stunden

Einführung in Text und Methode

Zunächst ging es darum, den Schülerinnen und Schülern einen ersten Zugang zu diesem in seiner Sprache und Thematik heute doch sehr fremd anmutenden Stück zu ermöglichen. Dafür wurde ein sehr kleinschrittiges Verfahren gewählt, das sich ‚von außen nach innen' den Konflikten des Stücks nähert: über den Dramentitel, seinen Untertitel und das Personenverzeichnis konnte die doppelte Problemstruktur - Abhängigkeiten in der gesellschaftlichen Hierarchie und in den Geschlechterverhältnissen - festgehalten werden.

In einem zweiten Schritt wurden die Schüler an einem Fallbeispiel mit den Aufgaben und Zuständigkeiten der Prozessbeteiligten konfrontiert. In diesem Zusammenhang erhielten die Schülerinnen und Schüler auch einen stichwortartigen Überblick über die Phasen einer Strafgerichtsverhandlung. An dieses Rollenspiel schloss sich die Planung des Prozessspiels an..

Die Prozessvorbereitung

Nach den Vorplanungen konnte schnell Einigkeit über die Gruppenbildung erzielt werden. Die Klasse teilte sich nach eigenen Vorstellungen in die acht Gruppen auf, die für das Prozessspiel benötigt werden (Richter/ Staatsanwälte/ Verteidiger/ Angeklagte/ Zeugen/ Sachverständige (Soziologen bzw. Familienforscher)/ Presse). Die allgemeinen Vorstellungen von den Aufgaben der einzelnen Gruppen, wie sie in der Planungsstunde von der Klasse geäußert wurden, fasste ich auf einem Arbeitsblatt (Anlage 1) zusammen. Die erste und wichtigste Aufgabe bestand darin, den Dramentext gründlich zu lesen und aus der Textkenntnis sukzessive eine Argumentationsfolge für das Anklage- bzw. Verteidigungsplädoyer, die damit zusammenhängenden Funktionen der Zeugen sowie ein Konzept des Richterkollegiums für seine Verhandlungsführung und das abschließende Urteil zu erstellen. Die Arbeitsaufträge wurden bewusst ganz allgemein gehalten, damit den Schülerinnen und Schülern ein möglichst großer Spielraum für eigene Lösungsschritte offenblieb. Sie erhielten Formulare, die dem procedere eines realen Prozessgeschehens entnommen sind. Damit sollten sie in den Sprachgebrauch und das Argumentationsverfahren der Justiz eingeführt werden.[29]

---

[29] Die Arbeitsmaterialien für die einzelnen Gruppen wurden aus der folgenden Sekundärliteratur zusammengestellt:
- Familienforscher: Möller 1969, 9-29 u. 53-76
- Soziologen: Brunkhorst-Hasenclever 1983, 135-138; Müller 1987, 74-77; Lindenhahn 1996, 63-74

Die Schülerinnen und Schüler mussten mit diesem - teilweise sehr umfangreichen -Material selbstständig umgehen. Sie konnten seinen Informationswert nicht nur per se zur Kenntnis nehmen, sondern hatten ihn für ihr Erkenntnisinteresse zu nutzen. In diesem aktiv-produktiven Umgang mit wissenschaftlicher Literatur können sie ein gezieltes, nach bestimmten Interesseschwerpunkten ausgerichtetes Aufschlüsseln der Texte einüben.

Für diese Phase war eine Arbeitszeit von vier bis fünf Unterrichtsstunden vorgesehen, in der die Gruppen autonom tätig sein sollten. Tatsächlich haben die Schülerinnen und Schüler fünf Stunden benötigt, zusätzlich haben sie einiges an Arbeit außerhalb der Unterrichtszeit erledigt.

Spezialaufträge

Zwei der insgesamt sieben Arbeitsgruppen wurden mit Spezialaufträgen versehen: Die *Pressegruppe*, die mit ihrer Berichterstattung den Prozess begleiten sollte, hatte in der Vorbereitungsphase keinen eigenen inhaltlichen Beitrag. Diese vier Schülerinnen und Schüler wurden daher als Beobachtergruppe eingesetzt. Sie erhielten den Auftrag, mit einem Beobachtungsbogen (Abb. 35), der vom Lehrer erstellt worden war, die Arbeit der anderen Gruppen zu beobachten und ihre Ergebnisse in einem Ankreuzverfahren (analog zu Abb. 32, S. 185) festzuhalten. Zusätzlich sollten sie ihre Eindrücke schriftlich formulieren.

Abb. 35: ‚Kabale und Liebe' - Beobachtungsbogen für die Gruppenarbeit

Name: _____

Rolle: _____ (Richter, Staatsanwalt, Angeklagter, Zeuge oder Gutachter)

Beteiligung am Thema	Berücksichtigung anderer	Eigenes Leitungsverhalten	Redeverhalten
beteiligt sich gut ↔ beteiligt sich kaum;	spricht andere an ↔ kümmert sich nicht um andere;	leitet das Gespräch ↔ ist Mitläufer;	redet in ganzen Sätzen ↔ redet bruchstückhaft;
---------	---------	---------	---------
bleibt beim Thema ↔ schweift ab;	geht auf Vorredner ein ↔ redet nur seinen Kram;	bringt eigene Gedanken ↔ plappert nur nach;	redet überzeugend ↔ schwafelt nur;
---------	---------	---------	---------
ist bei der Sache ↔ hört kaum zu		bringt das Gespräch voran ↔ ist eher ein Hemmschuh;	redet in Maßen ↔ redet zu viel;
	macht anderen Mut ↔ schreckt andere ab;		
	---------	---------	---------
	bezieht andere ein ↔ denkt nur an sich selbst	ist kompromissbereit ↔ ist rechthaberisch	redet knapp und präzise ↔ redet umständlich
׀ ׀ ׀ - --	׀ ׀ ׀ - --	++ + - --	++ + - --

In einem gemeinsamen Vorgespräch wurde diskutiert, wie lange sie jeweils bei einer Gruppe bleiben, wie viele Beobachter sich auf eine Gruppe konzentrieren sollten. Von besonderer Bedeutung war ihre Arbeit bei den Schülerinnen und Schülern, die ihre Tätigkeit als Alternative zur traditionellen Leistungsbewertung einbringen wollten (vgl. dazu das ‚Schülerinnen- und Schülerkonto', S. 183).

- Staatsanwaltschaft / Verteidiger / Richter: StGB der Bundesrepublik Deutschland; Witschi, 1998; Hemmer/Wüst 1998, 21ff

In ihrer Entscheidung war die Gruppe autark. Sie hatte sich darauf festgelegt, stets mit allen Mitgliedern in die Arbeitsgruppen zu gehen, wobei sich die einzelnen Beobachter auf je ein Kriterium konzentrieren konnten. Maximal fünf bis zehn Minuten wurden pro Gruppe eingeplant, so dass alle Schülerinnen und Schüler im Verlauf einer Unterrichtsstunde besucht werden konnten. Auf diese Weise sollte gewährleistet werden, dass alle Gruppen im Verlauf dieser Arbeitsphase an vier verschiedenen Zeitpunkten beobachtet werden konnten.

Eine zweite Sonderfunktion bekam die *Spezialgruppe für Literaturfragen* (s. S. 186f). In einem Gruppengespräch wurde diskutiert, welche Fragen des literarischen Produktions- und Rezeptionsprozesses ausführlicher zu behandeln bzw. welche Informationen notwendig seien, um das Theaterstück als Kunstwerk zu verstehen. Als Aufgabenfelder kristallisierten sich dabei folgende Bereiche heraus: die Untersuchung der Sprache in "Kabale und Liebe", die Biographie des Autors, inhaltliche und ästhetische Einflüsse, die Bedeutung der Erstaufführung in Mannheim und die Wirkungsgeschichte des Dramas auf den deutschen Bühnen.

Mit ihren Ergebnissen sollten sie im Anschluss an den Prozess den Unterricht in einer zusätzlichen Arbeitsphase selbsttätig gestalten. Dafür entwickelten sie Arbeitspapiere und legten ein Unterrichtsverfahren fest.[30]

Da sie an der Verhandlung selbst aber nicht beteiligt waren, erhielten sie die Aufgabe, während des Prozessverlaufs das Verhalten der Beteiligten zu beobachten und ihre Erfahrungen zu protokollieren. Als Beobachtungsschema wurde dafür der gleiche Bogen verwendet, der bereits in der vorhergehenden Unterrichtseinheit zur ‚freien Meinungsrede‘ (Abb. 32, S. 185) eingesetzt worden war.

Während in der Literaturgruppe fünf von sieben Schülerinnen und Schülern ihre Leistungsbeurteilung festgelegt hatten, traf das bei der Pressegruppe für keinen einzigen zu. Das war so nicht vorhergesehen, erwies sich aber als vorteilhafte Variante. Grund dafür ist, dass von dieser Gruppe - abgesehen von der Presseberichterstattung - keine eigenständige bewertbare Leistung vorliegt, es sei denn, man wollte auf einer Metaebene auch die Beobachtergruppe selbst wieder beurteilen.

Lehreraktivitäten

Als Lehrer war ich in dieser Phase der Prozessvorbereitung in mehreren Rollen gleichzeitig beschäftigt: ich hatte die *Organisation* des Unterrichts zu übernehmen, musste versuchen, Gruppenarbeitsräume zur Verfügung zu stellen, was nur unter Schwierigkeiten möglich war (s. S. 182), Kopien herzustellen, die Arbeit der Schülerinnen und Schüler zu koordinieren bzw. auf ihre Funktionalität für das Endprodukt hin zu überprüfen ... Ebenso war ich für die *inhaltliche Betreuung* zuständig, sollte neues Zusatzmaterial finden, auf konkrete Detailfragen antworten ("Wo befindet sich der Hofmarschall in dem Augenblick, als ...") und Interpretationsfragen erörtern ("Müsste nicht auch der Herzog, der nie selbst auftritt, zur Verantwortung gezogen werden?"). Als *Beurteilender* hatte ich die Aufgabe, ebenso wie die Beobachtergruppe und mit dem gleichen Schema, die Gruppen zu beobachten und zu bewerten.

---

[30] Das Material der Expertengruppe für Literaturfragen bestand aus den folgenden Texten: Gellhaus / Oellers 1999,77-84; Müller 1987, 78-95;Landestheater Tübingen 1979/80; Landeszentrale für politische Bildung Baden-Württemberg 1983, 13-16.

Die Verbindung unterschiedlicher Funktionen zeitgleich wahrzunehmen, bedeutete, dass die Konzentrationsfähigkeit in diesen Stunden enorm gefordert war. Die Belastung habe ich jedoch nicht als unerträglich empfunden - im Gegenteil: weil der Stundenverlauf nicht vorhersehbar und die Diskussionen ertragreich waren, entstand bei der Klasse wie auch bei mir ein gemeinsames Interesse daran, wie das Prozessspiel sich weiter entwickeln würde.

Es soll aber auch auf Defizite hingewiesen werden. Sie ergaben sich v.a. im Bereich der Bewertung. Mein Ziel, alle Gruppen mehrfach selbst zu beobachten, ließ sich nicht realisieren. Daher war die Beurteilung des Arbeitsprozesses durch die Beobachtergruppe teilweise dichter und mit mehr konkreten Untersuchungsmomenten versehen als meine eigene. Ich habe ihre Tätigkeit als deutliche Entlastung meiner eigenen Rolle empfunden.

Einige Probleme ergaben sich durch die Konstruktion dieses Spiels auch für die Schülerinnen und Schüler: die Aktualisierung des Dramengeschehens für die heutige Rechtslage fiel ihnen mitunter schwer. So sollte die Machtfülle des Präsidenten unter obrigkeitsstaatlichen Verhältnissen in ein demokratisches Rechtssystem eingefügt werden.

Auch methodisch wurde einiges verlangt: sie mussten flexibel reagieren, wenn Anklagepunkte unklar waren oder sich änderten. So waren die Prozessbeteiligten ständig genötigt, sich aufeinander zu beziehen, im Gespräch zu bleiben und die eigene Strategie zu aktualisieren. Sie mussten die eigene Position adäquat verändern, Verfahrensschritte vorbereiten und die Taktik der jeweils anderen Seite mit einkalkulieren - was nicht unbedingt zur Planbarkeit des Unterrichts beitrug, dafür aber den Risikocharakter des Spiels herausstellte und wohl auch dem Überraschungseffekt einer realen Gerichtsverhandlung entspricht.

Durch die aktive Beteiligung an diesem Prozessspiel wurde tendentiell eine Rollennivellierung zwischen Lehrern und Schülerinnen und Schülern erreicht, was sich sowohl für die Arbeit an den Lerninhalten als auch das soziale Klima in der Klasse als günstig erwies. Sobald die Schülerinnen und Schüler sich diesen Modus der Literaturinterpretation zueigen gemacht hatten, konnte der Lehrer, was das Erzeugen von Leistungsmotivation anging, völlig in den Hintergrund treten. Die projektorientierte Form schuf ein intensives Arbeitsklima: Da keiner bei dem vor einem geladenen Publikum ablaufenden Prozess ‚versagen' und die Aktivsten an einem Gelingen interessiert waren, war der Erfolg des Projekts so gut wie sicher. Auch diejenigen, die nicht direkt im Prozessspiel beurteilt wurden, haben aktiv und motiviert mitgearbeitet, um damit ihre Mitschüler/innen zu unterstützen. Allerdings hätte es unter diesem Erfolgsdruck ebenso zu Denk- und Handlungsblockaden kommen können.

Besondere Aspekte der Schülerbeobachtung

Unterschiedliche Einschätzungen gab es, was die Bewertung von Gruppenarbeit betraf: die meisten Schüler fanden es positiv, dass die Gruppenarbeitsergebnisse im Vordergrund der Bewertung standen, nicht das Wissen Einzelner. Das traf jedoch gerade nicht für einen Schüler zu, der im traditionellen Deutschunterricht besonders gute Noten erzielt hatte und jetzt damit konfrontiert war, dass er seine Kenntnisse in einen Gruppenprozess einbringen musste. Ihm wurde von der Beobachtergruppe vorgehalten, dass er mit seinem Wissen die anderen Gruppenmitglieder dominiert und sie mit ihren Vorstellungen nicht zu Wort habe kommen lassen. Sie haben mit dieser Begründung seine Beteiligung an der Gruppenarbeit abgewertet, obwohl die inhaltliche Argumentation dieses Schülers sehr fundiert war.

Der Konflikt wurde zwar am Ende der Unterrichtseinheit mit der Klasse ausführlich diskutiert, konnte letztlich aber nicht gelöst werden. Auch in den Gesprächsrunden, die im Anschluss an das Prozessspiel mit Teilen der Beobachtungsgruppe geführt wurden, kam diese Problematik zur Sprache:

GL (Gesprächsleitung): Gab es irgendeine Situation, die schwierig war, bei der ihr unterschiedliche Meinungen hattet?

S2 (Schüler): Ja, aber das lag, glaube ich, auch an den Kriterien. Zum Beispiel gibt es ein Kriterium, ob man die Leute einbezieht oder ob man ein ‚Hemmschuh' ist, sozusagen. Und da gab es einen, auf den beides zutraf. Da wussten wir dann nicht, was wir für eine Note geben sollten, weil er einerseits viel gebracht hat und andererseits keinen Teamgeist hatte. Dann haben wir darüber diskutiert, was man da jetzt geben soll.

S3: ... und wie man das Kriterium überhaupt anwenden soll. Wenn er das Gespräch leitet, ist das ja gut. Wenn er zuviel macht, ist es wieder schlecht, auch wenn er viele gute Sachen bringt.

GL: Wie habt ihr euch in diesem Fall geeinigt?

S3: Wir haben ihn eher schlecht beurteilt. In diesem einen Fall war es auch sehr krass. Er hat zwar viel gewusst, aber er hat die Gruppe überrannt. Die anderen kamen überhaupt nicht zu Wort. Und das haben wir ihm halt abgezogen, weil das nicht der Sinn war der Gruppenarbeit. (...)

GL: Habt ihr im Nachhinein Probleme gekriegt mit eurer Beurteilung? Gab es Kritik?

S: Mit einem.

S: Mit zwei. Einer hat nachgefragt, wie die Note zustande kommt.

S: Der war aber mit seiner Note zufrieden. Er wollte nur wissen, wie sie zustande kam. Der andere hat die Note kritisiert.

GL: Konntet ihr eure Note begründen?

S: Wir haben sie in der Klasse diskutiert. Wir haben gesagt, wie wir das gesehen haben. Er hat gesagt, dass er das nicht so sieht. Dann hat er sich danach noch persönlich beim Lehrer beschwert.

GL: Das heißt, ihr habt euch nicht geeinigt. Er hat nicht eingesehen, dass das, was ihr gemacht habt, okay war?

S: Er hat gesagt: "Es könnte vielleicht so sein, aber ich sehe das anders."

S: Er hat es von einem völlig anderen Gesichtspunkt aus gesehen als wir. Die Klasse hat es wie wir gesehen.

GL: Steht das jetzt noch irgendwie im Raum?

S: Ich weiß nicht. Wir haben ja auch den Rest seiner Gruppe befragt, wie sie das gesehen haben und die waren auch unserer Meinung. Für mich ist das erledigt.

GL: Ihr habt danach nicht mehr mit ihm geredet?

S: Nein, er ist zu Herrn X [dem Deutschlehrer] gegangen und dann war nichts mehr.

(L6/ 2/ S. 7)

Von besonderer Bedeutung erschien mir während dieser Phase die Tätigkeit der Beo- bachtergruppe und die Reaktion der anderen Schülerinnen und Schüler auf ihre Anwesenheit. Die Tatsache, dass an der Notenfindung Mitschüler beteiligt waren und nicht der Lehrer allein, war für die Klasse zwar insgesamt nach der Unterrichtseinheit zur ‚freien Meinungsrede' nichts Neues mehr. Trotzdem - dass dieses Verfahren auch auf die Gruppenarbeit ausgedehnt wurde, war ein bis dahin unbekannter Aspekt.

Überraschend war daher die Selbstverständlichkeit, mit der die Schülerinnen und Schüler auf die Pressegruppe reagiert haben. Es war offensichtlich weder für sie noch für die Beobachter selbst ein Problem in dieser Weise in den Unterricht einzugreifen. Nach einer anfänglichen Irritation über die Anwesenheit von Beobachtern haben die Gruppen nicht mehr auf sie reagiert und ihre Arbeit weiter betrieben.

Auch die Schülerinnen und Schüler der Pressegruppe waren sich ihrer besonderen Verantwortung sehr bewusst. Sie haben sich sehr präzise auf ihre Tätigkeit vorbereitet und wurden von den anderen als ‚Spezialisten' akzeptiert - ohne dafür in besonderer Weise vorbereitet gewesen zu sein. Die vier Schülerinnen und Schüler hatten sich mehr oder minder zufällig für ihre Rolle als ‚Presse' entschieden und erst im folgenden Unterrichtsgespräch von ihrer besonderen Funktion erfahren. Die beiden männlichen Mitglieder gehören von ihren Notenvorgaben her zu den eher schwächeren Schülern im Deutschunterricht; hier fühlten sie sich offenbar gefordert, weil sie verantwortlich für die Benotung ihrer Mitschüler waren und die eigene Einschätzung auch legitimieren mussten.

Dabei war sich die Gruppe sehr wohl über ihre ,Machtposition' - dieser Begriff wurde von einem Mitglied in dem Auswertungsgespräch gebraucht - bewusst, die sie durch ihre Notengebung in den Händen hatte. Dieses Wissen hat die Schülerinnen und Schüler darin bestärkt, sich mehrfach und sehr genau den einzelnen Gruppen zuzuwenden, sich über das Problem, leistungsadäquate Noten zu geben und von Sympathie oder Antipathie abzusehen, Gedanken zu machen - eine Vorstellung, die Schülern üblicherweise fremd ist, weil sie nicht damit konfrontiert werden, selbst Einfluss auf Schulnoten zu nehmen. Die Funktion von Noten, ihre Entstehung und Zusammensetzung geraten damit zum Gegenstand einer intensiven Auseinandersetzung, sie werden nicht mehr nur passiv erlitten oder aktiv bekämpft.

Einige Voraussetzungen erscheinen unabdingbar dafür, dass dieses Konzept so realisiert werden konnte wie vorgesehen:

- die gute Beziehungsstruktur und Homogenität innerhalb der Klasse,
- die Vorerfahrungen im Umgang mit den Beurteilungskriterien,
- das Vertrauensverhältnis zwischen Klasse und Lehrer, und
- die regelmäßige Diskussion und Reflexion über die Leistungsbeurteilung.

Wesentlich war zunächst die große Homogenität innerhalb der Klasse. Es gibt hier offensichtlich kein Mobbingverhalten, das sich in der Notengebung ausgewirkt hätte. Dazu kam die Sicherheit im Umgang mit den Beurteilungskriterien, die in der vorhergehenden Unterrichtseinheit erworben waren. Ein dritter Punkt war das Vertrauensverhältnis, das sich im Lauf dieser Einheiten zwischen Lehrer und Klasse herausgebildet hatte. Wichtig war auch nicht zuletzt, dass die Noten immer breit diskutiert wurden und sich die Ergebnisse im oberen Notenbereich bewegten. Das lag nicht etwa daran, dass Gefälligkeitsnoten vergeben wurden, sondern war in einem stärkeren Engagement der Schülerinnen und Schüler für dieses Unterrichtsverfahren und den daraus resultierenden guten Leistungen begründet.

Im Nachhinein waren es dieser Gruppenarbeitsprozess und seine Beobachtung durch die Pressegruppe, die den nachhaltigsten Eindruck in der Klasse hinterlassen haben. Für die Beurteilung des Gesamtprojekts erschien den Schülerinnen und Schülern dieser Aspekt am bedeutendsten zu sein. Darauf wurde auch in den beiden Gesprächsrunden verwiesen, die - unter Ausschluss des Deutschlehrers - im Anschluss an das Projekt geführt wurden:

GL: Ihr habt jetzt alles ganz schnell auf diese Gruppenarbeit bezogen, bei der eure Mitschüler euch beobachtet haben. Ist das für euch der wesentlichste Teil der Beurteilung?
S2: Ja schon, weil da die Beobachter jedesmal daneben saßen.
S3: Ich habe das gar nicht gemerkt, dass uns da jemand beurteilt hat. (...)
GL: Es gibt andere Klassen, die wollten nicht von ihren Mitschülern beobachtet werden. Das war bei euch offensichtlich kein Problem.
S1: Am Anfang waren wir auch kritisch. Dann haben wir uns aber überlegt und in unserer Klasse gibt es eigentlich keine richtigen Antipathien.
S2: Bei uns wird auch nicht gemobbt oder so etwas. Die Klasse ist sehr loyal.
GL: Ihr würdet das auf eure bestimmte Klassensituation zurückführen?
S3: Ja, schon. Außerdem hat man das schon bei der freien Rede angetestet und dann hatten wir keine Bedenken mehr.
GL: Ihr habt es angetestet. Aber ihr hättet ja schon vor der freien Rede sagen können, dass ihr das nicht machen wollt.

S4: Wir waren auch kritisch. Aber wir haben dann über die Vor- und Nachteile gesprochen. Wir sind darauf gekommen, dass so viel genauer beobachtet werden kann und nicht nur die Lehrermeinung zählt. Und dann fanden wir es ganz gut. Und selbst wenn es jemand gibt in der Klasse, der einen nicht leiden kann, gibt es doch wieder andere, die einen mögen. Es war kein Problem.

S2: Der Lehrer hätte auch eingegriffen, wenn er gemerkt hätte, dass offensichtlich zu schlechte Noten gegeben wurden.

S4: Vor allem haben wir das nachher noch in der Klasse diskutiert, ob die Punkte so gerechtfertigt waren oder nicht und dann hat sich auch teilweise noch etwas geändert.

S2: Außerdem waren die Noten immer besser als die vom Lehrer und dann war die Stimmung gleich ganz gut.

GL: Und hat das Ganze auch mit der Person eures Lehrers zu tun? Habt ihr entsprechendes Vertrauen, das mit der Person zu machen?

S1: Das würde ich nicht bei allen Lehrern machen.

S4: Es kommt darauf an, wie man sich mit den Lehrern versteht. Das würde nicht bei jedem Lehrer klappen.

S2: Manche würden erst gar nicht auf die Idee kommen so etwas zu machen.

S1: Es muss das Vertrauen da sein, dass der Lehrer eingreift, wenn unfair benotet wird.

S2: Und der Herr X ist jemand, der einen auch mal machen lässt, und bei dem man die eigene Meinung sagen kann.

S1: Er fordert das sogar richtig heraus.

(L6/ 1/ S. 1 u. 4f)

Der Prozess gegen den Präsidenten, Wurm, Miller und andere

Der Prozess fand vor Schülerinnen und Schülern einer Parallelklasse statt. Diese Präsentation wurde zum funktionalen Schlusspunkt des Projekts und hat damit das Interesse aller Gruppen noch einmal auf diesen Punkt fokussiert. Als Zeitrahmen war eine Doppelstunde für das ganze Gerichtsverfahren vorgesehen; er konnte aber nur eingehalten werden, weil das Richterkollegium einen präzisen Verlaufsplan ausgearbeitet hatte, der auch straff eingehalten wurde.

Das Urteil fiel unerwartet für alle Beteiligten aus: das Gericht hielt die Höchststrafe von zehn Jahren Haft für Präsident von Walter angemessen. Der Bericht des Gerichtsreporters lässt die Überraschung aller Beteiligten spüren; er macht en passant auch auf Defizite der Verhandlungsführung aufmerksam: die Zeugen und Angeklagten standen mit dem Rücken zum Publikum, was zur Folge hatte, dass ihre Aussagen kaum verständlich waren. Auch die etwas schleppende Beweisaufnahme führte zu einer spürbaren Ermüdung der im Gerichtssaal anwesenden Öffentlichkeit.

Bei einer Wiederholung des Prozessspiels müssten auch solche inhaltlich nebensächlichen Aspekte beachtet werden, weil sie den Erfolg der gesamten Präsentation beeinträchtigen können. Allerdings sollte auch darauf geachtet werden, dass die Inszenierung dieses Gerichtsverfahrens nicht durch vorhergehende Proben einstudiert wirkt, da sonst sein Improvisationscharakter, die Spontaneität des Spiels verloren geht, von der doch das gesamte Projekt lebt.

Auch diese Phase des Prozessspiels wurde durch eine Beobachtergruppe - die Spezialisten für Literaturfragen - begleitet. Die Gruppe hat sich dafür entschieden, ihren Beobachtungsbogen (Abb. 32, S. 185) für die eigene Arbeit zu verändern. So fielen die Kriterien ‚Gestik/ Haltung‘, ‚Mimik‘ und ‚Interesse‘ ersatzlos weg, weil die Schülerinnen und Schüler meinten, das könne man bei einer Gerichtsverhandlung schlecht beurteilen. Die Kategorie ‚Sachwissen‘ wurde durch den Terminus ‚Rollenidentifikation‘ mit den Unterbegriffen ‚Vorbereitung‘, ‚Flexibilität‘, ‚Glaubwürdigkeit‘ ersetzt, ‚Argumentation‘ und ‚Sachwissen‘ zusammengefasst und unter den Aspekten ‚Glaubwürdigkeit‘, ‚Überzeugung‘, ‚Strategie‘ beurteilt.

194

Nicht in jedem Fall war ich mit den Veränderungen einverstanden. So hätte ich die ausgeschiedenen Kriterien durchaus relevant für die Beurteilung juristischer Argumentation gehalten. Dies ließ sich aber nicht mehr ändern, weil es sich hier um eine einmalige Beobachtung handelte, macht aber deutlich, dass die Vorbereitungsgespräche an dieser Stelle nicht fundiert genug waren. Auch darauf wäre bei einer Neuaufnahme des Verfahrens zu achten.

Die Tätigkeit der Beobachtergruppe war für die Klasse deutlich weniger spektakulär als während der Prozessvorbereitung: zum einen fiel sie weniger auf, da die Gruppe ja wie alle anderen Teilnehmer auch im Publikum saß, zum anderen waren die Schülerinnen und Schüler das Verfahren mittlerweile auch gewöhnt und zudem primär mit ihrer Rolle im Prozess beschäftigt.

Bearbeitung weiterer inhaltlicher Zielsetzungen nach dem Prozess

Diese Phase des Unterrichts war vom Prozess selbst deutlich abgekoppelt. Dass sie nicht als Fremdkörper wirkte, hing damit zusammen, dass die Schüler bereits ihre vorhergehenden Deutschstunden weitgehend autonom gestaltet hatten und diese Methode auch jetzt beibehielten. Die Expertengruppe für Literaturfragen bereitete ihre Arbeitsergebnisse so auf, dass sie damit den Unterricht von vier Stunden selbst durchführte.

Im Vordergrund der Bewertung dieser Unterrichtsstunden stand das didaktisch-methodische Vorgehen, die inhaltliche Kompetenz wurde vorausgesetzt. Wesentliches Kriterium war die Frage, wie weit die Klasse in das Unterrichtsgeschehen einbezogen und nicht nur von vorne ‚beschallt' wurde. Dabei waren die Schülerinnen und Schüler sehr anspruchsvoll in ihren Erwartungen. Sie mussten in ihrer Haltung vom Lehrer eher gebremst werden; er machte darauf aufmerksam, dass die Ausbildungszeit für Lehrer, das Studium und das Referendariat, nicht von ungefähr einige Jahre Zeit beansprucht.

Auswertung

Die Auswertungsphase dieser Unterrichtseinheit war aufwändig. Über vier Stunden verteilt begann sie mit einem ausführlichen Klassengespräch, das eine Doppelstunde beanspruchte; daran schlossen sich zwei Gespräche mit Schülergruppen an, die Herr Bohl als Projektleiter führte. Die Diskussion mit der gesamten Klasse wurde mit einer ‚Blitzlichtrunde' eröffnet, in der die Schülerinnen und Schüler ihre Eindrücke von der Unterrichtseinheit in einem Satz zusammenfassen sollten. Anschließend wurden die verschiedenen Beurteilungsbausteine mit der folgenden Übersicht noch einmal präsentiert.

Daraus ergaben sich für jeden in der Klasse maximal fünf Teilnoten (Abb. 36, S. 196). Das traf, wie schon beschrieben, so nicht auf die Beobachtungsgruppen zu: die Pressegruppe hatte nur ein schriftliches Produkt abgeliefert und war weder in der Prozessvorbereitung noch während des Verfahrens selbst beurteilt worden; die Literaturgruppe war während der Arbeitsgruppenphase, in der sie den Unterricht und die Arbeitsblätter für die Klasse vorbereitet hatte, besucht worden, nicht aber während des Gerichtsverfahrens, weil sie in dieser Phase selbst als Beobachter tätig waren:

Abb. 36: Benotung im Rahmen des Prozessspiels zu ‚Kabale und Liebe‘

Prozessnote	Gruppenarbeit	• Beobachtung durch Schüler u. Schülerinnen (Pressegruppe)	12,5%
		• Beobachtung durch Lehrer	12,5%
Präsentation	Gerichtsprozess	• Beobachtung durch Schüler u. Schülerinnen (Literaturgruppe)	12,5%
		• Beobachtung durch Lehrer	12,5%
Produkt	schriftlicher Teil	• Benotung durch Lehrer	50%

Die unterschiedliche Differenzierung in der Notenfindung war innerhalb dieses Konzepts unumgänglich. Sie war weniger problematisch, weil die Zahl der Schülerinnen und Schüler, die im Prozessspiel ihre alternative Leistungsbeurteilung festgelegt hatten, auf sieben beschränkt war. Für sie lagen mindestens je drei Teilnoten vor. Die Skala differierte in der Klasse zwischen den Noten -1- und -4-; der Notenschnitt lag mit 2,1 deutlich über den sonst üblichen Werten. Die unterschiedlichen Teilnoten hatten in einzelnen Fällen durchaus den Effekt, dass ein Schüler eine schlechte Beurteilung in einem Bereich durch eine bessere in einem anderen kompensieren konnte. Darauf verweist auch der folgende kurze Ausschnitt aus dem Abschlussgespräch:

GL: Bei euch gab es ja auch keine schlechte Note. Es hätte auch die Situation auftreten können, dass die Gruppe jemandem für die Gruppenarbeit eine Fünf gegeben hätte und dann wäre die ganze Sache schwieriger. Derjenige würde wahrscheinlich nachfragen bei der Gruppe und würde sich ungerecht behandelt fühlen.
S4: In einzelnen Abschnitten haben ja schon manche schlecht abgeschnitten. M. hat bei der ersten Beobachtung sehr schlecht abgeschnitten, weil sie nichts gemacht hat. (...)
S1: Letztendlich war sie in der Gruppenarbeit aber nie besonders gut. Sie hat aber einen Bericht geschrieben und das wieder aufgewertet, weil der für sie auch mit gezählt hat und da hat sie schon gearbeitet.

(L6/ 1/ S. 6)

Die Zufriedenheit der Klasse mit dem Projekt hängt natürlich mit der überdurchschnittlich guten Notengebung zusammen. Beides - das Gefühl, erfolgreich abgeschnitten zu haben und das Bewusstsein, viel Arbeit investiert zu haben, - kommt in den Äußerungen der Schülerinnen und Schüler zum Ausdruck (L6/ 1):

"Es hat Spaß gemacht, war aber sehr arbeitsintensiv."

"Der Aufwand ist auf jeden Fall viel höher als für eine Arbeit oder normalen Unterricht."

"Für unsere Gruppe war das Prozessspiel kein so enormer Aufwand, aber was die anderen Gruppen alles gemacht haben, z.B. recherchiert oder zu Hause etwas vorbereitet. Ähnlich wie bei Referaten. Da muss man auch so viel zu Hause tun."

Diese Arbeitsintensität war es aber auch, die von den Schülerinnen und Schülern einschränkend vorgebracht wurde, wenn es um die Beurteilung des Projekts insgesamt ging. Diese differenzierte Sicht wird auch aus diesem Gesprächsausschnitt deutlich:

> GL: Ich möchte noch einmal nachfragen. Du hast gesagt, du findest es nicht so gut, wenn man überall beurteilt. Geht es dir um die Unterrichtsform oder um die Beurteilung?
> S: Mir geht es hauptsächlich um die Arbeit. Der Aufwand ist auf jeden Fall viel höher als für eine Arbeit oder normalen Unterricht. (...)
> GL: Die Konsequenz wäre Referate und Prozessspiel wegzulassen.
> S: Ja, wenn es nach mir ginge, schon.
> S alle: (Protest) Toll!
> S: Ich finde das gut. Da kann man was lernen.
> S: Klar ist das stressiger. Aber wenn du später mal arbeitest und du kannst das nicht, kannst du nur sagen, das haben wir in der Schule nicht gemacht. Gerade das mit der Rede, sich vor die Klasse hinzustellen und etwas zu sagen, das macht man nicht so oft. Da ist man dann aufgeregt und wenn man sich vorstellt, dass man das vor ganz fremden Leuten machen müsste. (...)
> S: Außerdem finde ich es nicht schlimm, dass da ein bisschen mehr Arbeit damit verbunden ist. Man beschäftigt sich intensiver mit einem Thema und das hilft einem selbst. Im Unterricht mache ich halbherziger mit, als wenn ich mich dahin setze, mich mit dem Thema konzentriert auseinandersetze. Das bringt mir selbst viel mehr, als wenn ich im Unterricht sitze und dann eine Arbeit darüber schreibe.
> S: Bei der Arbeit setzt man sich zwei Tage vorher hin, hämmert sich was in den Kopf rein. Dann schreibt man die Arbeit und dann hat man es wieder vergessen.
> (L6/ 2/ S. 7f)

Mehr als ein weiteres Projekt mochten sie sich im Laufe eines Schuljahres nicht zumuten. Diese Vorbehalte sind ernst zu nehmen, vor allem, wenn sich die Formen eines handlungsorientierten Unterrichts im Bereich der alternativen Leistungsbeurteilung auch in anderen Fächern durchsetzen und die Klassen mehrfach in einem Schuljahr damit konfrontiert werden.

Einhellig waren die Projektteilnehmer davon überzeugt, dass die Beurteilung selbst ein wesentlicher Teil des Prozessspiels war. Noten sind offensichtlich ein nicht zu vernachlässigender Faktor, um die Ernsthaftigkeit des Engagements aufrecht zu erhalten. Deutlich lässt sich das an einer Schüleräußerung wie der folgenden erkennen (L6/ 2):

> "Vor allem war es gut, dass manche das so richtig benoten ließen als alternative Leistungsmessung. Und da wollte ich dann auch nicht das Ganze in den Sand setzen, indem ich irgendeinen Blödsinn rede. Da hat sich jeder aus Loyalität angestrengt."

Skepsis zeigten einige Schülerinnen und Schüler am Ende des Projekts, ob sie durch diese projektorientierte Form des Umgangs mit Literatur den Problemen des Dramas wirklich näher gekommen seien oder lediglich an einzelnen Figuren, ihren Handlungsmotivationen und Konflikten gearbeitet hätten. Einer überwiegend geäußerten Zustimmung – "‚Kabale und Liebe' wurde einem so viel näher gebracht als nur übers Lesen" / "Es ist eine sehr gute Alternative zur konventionellen Unterrichtsmethode" -stand vorsichtige Zurückhaltung gegenüber - "Es war gut, aber wissen wir nun über ‚Kabale und Liebe' Bescheid?" / "Wie viele haben das ganze Buch gelesen? Durch das Prozessspiel entstand auch ein falsches Bild vom Buch, von bestimmten Rollen. Im Buch ist Wurm eindeutig der Böse, aber das kam nicht rüber." (L6/2)

Mir selbst war ebenso wenig klar, ob nicht das inhaltlich-fachliche Lernen durch die anderen Kompetenzen überlagert worden ist. Kognitive Fähigkeiten, das ist ein häufig zu hörender Vorbehalt gegen diese handlungsorientierten Formen des Unterrichts, würden aufgegeben zugunsten pragmatisch-strategischer, sozialer, affektiver Kompetenzen.

Um zu überprüfen, ob diese Bedenken tatsächlich tragen, habe ich an das Ende des gesamten Projekts eine traditionelle Klassenarbeit gestellt. Sie würde vermutlich in ähnlicher Weise die Erarbeitung einer Ganzschrift im Unterricht üblicher Weise abschließen: eine von zwei zentrale Szenen des Dramas (die gescheiterte erste Intrige [II,6] bzw. der Dramenschluss [V,8]) sollte bearbeitet werden. Das Ergebnis war überzeugend: Insgesamt ergab sich daraus ein durchschnittliches Ergebnis von 2,3 - es lag leicht unter dem Durchschnitt, der sich durch die Kombination schriftlicher und mündlicher Teilnoten aus dem Projekt ergab, aber deutlich über dem, den die Klasse bei Aufsätzen zu anderen Einheiten in meinem Unterricht erreicht hat.

Das Ergebnis bestärkt die Vermutung, dass auch inhaltlich mehr gelernt wird, wenn es gelingt, die Klasse von einem Projekt zu überzeugen, das sie durch eigenes Handeln mit einem Unterichtsthema konfrontiert. Das ist keine neue Erkenntnis, sie wird aber noch immer zu wenig in der Schule umgesetzt.

Deutlich sollte allerdings am Schluss noch einmal darauf aufmerksam gemacht werden, dass dieser Effekt nicht ohne Kosten erreicht werden kann: der zeitliche Aufwand, die Intensität und zugleich geringere Planbarkeit des Unterrichts von Lehrer- wie Schülerseite stehen dem gewohnten Vorgehen gegenüber. Der Nutzen allerdings ist unbestreitbar.

6.8   Anhang

Literatur

Bohse, J. (1983): Inszenierte Dramenlektüre: Der Prozess gegen Karl von Moor und Moritz Spiegelberg. In: Annegrit Brunkhorst-Hasenclever, Friedrich Schiller "Kabale und Liebe. Stuttgart: Klett

Haas, G. (1982): Modelle zu erzählerischen und dramatischen Texten in den Sekundarstufen I und II. Stuttgart: Reclam

Felder, E (2000) "Alles, was recht ist!" - Juristisches Argumentieren. In: Praxis Deutsch 160/ März 2000, S.38-44

Friedrich Jahresheft 15/ 1997: "Lernmethoden - Lehrmethoden. Wege zur Selbstständigkeit"

Gellhaus, A./ Oellers, N. (1999): Schiller - Bilder und Texte zu seinem Leben. Köln-Weimar-Wien: Böhlau

Haas, G. (1997): Handlungs- und produktionsorientierter Literaturunterricht. Theorie und Praxis eines "anderen" Literaturunterrichts für die Primär- und Sekundarstufe. Seelze: Kallmeyer

Hemmer, K.E. / Wüst,A. (1996): Assessor-Basics. Würzburg

Klippert, H. (1998): Teamentwicklung im Klassenraum. Weinheim: Beltz

Landestheater Tübingen (1997/ 80): Programmheft zur Inszenierung von Friedrich Schiller "Die Räuber". Tübingen

Landeszentrale für politische Bildung Baden-Württemberg (1983): SCHILLER - ein Schwabe in Sachsen und Thüringen, S.13-16. [Die deutsche Frage im Unterricht H.1, Dezember 1983]

Lindenhahn,R. (1981): Der Fall Woyzeck. Eine Gerichtsverhandlung als inszenierter Leseprozess in Kl.11. In: Der Deutschunterricht 2/ 1981, S.81-90

Lindenhahn, R. (1996):Sturm und Drang. Texte - Übungen. Berlin: Cornelsen

Meyer, H. (1987): Unterrichtsmethoden Bd.1/ 2. Frankfurt/ Main:Scriptor 1987

Müller, H.G. (1987): Friedrich Schiller "Kabale und Liebe". Stuttgart: Klett

Möller, H. (1969): Die kleinbürgerliche Familie im 18.Jahrhundert. Berlin: de Gruyter

Pädagogik H.12 "Offener Unterricht, Dezember 1995

Schafarschik, W. (1980): Friedrich Schiller. Kabale und Liebe. Stuttgart Reclam

Schuster, K. (1994): Das Spiel und die dramatische Form im Deutschunterricht. Hohengehren: Schneider

StGB der Bundesrepublik Deutschland

Witschi, B. (1998): Spielwelt Deutsch. Modelle für einen integrativen Deutschunterricht an der Mittelschule. Zürich: Helbing&Lichtenhahn

Anlage

Anlage 1: Friedrich Schiller "Kabale und Liebe - Ein Prozess - Allgemeine Arbeitsanweisungen zur Gruppenarbeit

Gruppe 1: Richter	Gruppe 5: Angeklagte / Zeugen
▪ Untersucht und beurteilt die Taten der Angeklagten im Sinne des StGB. ▪ Erarbeitet den typischen Verlauf einer Gerichtsverhandlung (evtl. zusätzliche Informationen einholen über Fernsehsendungen, eigene Prozessbeobachtung ...) ▪ Erstellt nach Rücksprache mit den anderen Gruppen einen genauen Fahrplan des Prozesses ▪ VERFASST DAS URTEIL!	▪ Stellt alle wichtigen "Angaben zur Person" zusammen (Name / Vorname / Geburtsdatum / -ort / Staatsagehörigkeit / Religion / Familienstand / Kinder / erlernter Beruf / evtl. Vorstrafen / finanzielle Situation) ▪ Geht dann in einem zweiten Teil auf euer Rollenprofil ein (Wie fühlt ihr euch? Was geht in euch vor, wenn ihr an den Prozess denkt? Wie seid ihr erzogen worden? Wie ist euer Verhältnis zum anderen Geschlecht? Wie seht ihr eure Zukunft? ...) ▪ SCHREIBT EINE ROLLENBIOGRAPHIE
Gruppe 2: Anklage	**Gruppe 6: Presse-/Medienberichterstatter**
▪ Stellt anhand des Dramentextes den Tatbestand fest (Delikte der Angeklagten). ▪ Sucht aus dem handelnden Personenkreis die Zeugen der Anklage und besprecht euch mit ihnen. ▪ Untersucht die Beweggründe der Angeklagten und wertet sie im Sinne der Anklage. ▪ SCHREIBT EIN PLÄDOYER!	▪ Bereitet euch auf den Skandalprozess vor. ▪ SCHREIBT eine GERICHTSREPORTAGE UND KOMMENTIERT DAS Urteil ▪ Zusatzaufgabe: Beurteilt die Gruppenarbeit nach dem vorgegebenen Schema
Gruppe 3: Verteidigung	**Gruppe 7: Literaturexperten**
▪ Stellt anhand des Dramentextes den Tatbestand fest (Delikte der Angeklagten). ▪ Sucht aus dem handelnden Personenkreis die Zeugen der Anklage und besprecht euch mit ihnen. ▪ Untersucht die Beweggründe der Angeklagten und wertet sie im Sinne der Anklage. ▪ SCHREIBT EIN PLÄDOYER!	▪ Stellt für die Klasse ein Informationshandblatt über die Biographie Schillers zusammen. ▪ Geht auf die stofflichen Einflüsse auf "Kabale und Liebe" ein. ▪ Untersucht die Sprache von "Kabale und Liebe". ▪ Geht auch auf die Wirkung des Theaterstücks ein. ▪ GESTALTET nach dem Prozess DEN UNTERRICHT ZU DIESEN THEMEN. ▪ Zusatzaufgabe: Beurteilt während des Prozesses die Beteiligten nach dem Schema zur freien Rede.

Gruppe 4: Gerichtssachverständige	
1.) Soziologen ▪ Untersucht die politischen und sozialen Zustände zur Zeit des ausgehenden 18.Jahrhunderts. ▪ Überlegt, welche sozialen Bedingungen Einfluss auf das Handeln der Anklagten gehabt haben könnten. ▪ Ordnet die Angeklagten nach den Erkenntnissen eurer Untersuchungen soziologisch ein. ▪ FASST EURE ERGEBNISSE IN EINEM SCHRIFTLICHEN GUTACHTEN ZUSAMMEN!	*2.) Familienforscher* ▪ Charakterisiert die Familienvorstellungen des ausgehenden 18.Jahrhunderts. ▪ Geht dabei ibs. auf die Rolle des Familienvaters und der Frauen in bürgerlichen Familien ein. Beschreibt auch die Einflüsse der Kirche. FASST EURE ERGEBNISSE IN EINEM SCHRIFTLICHEN GUTACHTEN ZUSAMMEN!
	Für alle gilt: **Die Materialien sind nur als Anregung für die Lösung der Aufgabenstellung gedacht. Ihr müsst sie überprüfen, ob die enthaltenen Aussagen für euren speziellen Arbeitsauftrag verwendet werden können.** **Die primäre Quelle ist der Schillertext!!**

Fallstudie 7
Dorothea Schulz:
Leistungsbeurteilung im projektorientierten Unterricht

Schule:	Eugen-Bolz-Gymnasium Rottenburg
Klassenstufe:	5
beteiligte Lehrerinnen:	Dorothea Schulz, Renate Witte
Fach:	Deutsch
Unterricht:	Projektorientierter Unterricht
Thema:	Max von der Grün: Vorstadtkrokodile
Zeitraum:	Januar 2000 bis März 2000
Beurteilungsbausteine:	Prozess (Verbalbeurteilung), Produkt, Präsentation

7.1 Projektorientierter Unterricht

Zur Schule

Im Schuljahr 1999/2000 besuchen 1347 Schülerinnen und Schüler das Eugen-Bolz-Gymnasium. Derzeit unterrichten dort 115 Lehrer, einschließlich Referendare. Das relativ große Einzugsgebiet der Schule erstreckt sich bis in Randgemeinden aus dem Kreis Freudenstadt. Aufgrund der hohen Schülerzahl und kommender geburtenstarker Jahrgänge wird im Schuljahr 2000/2001 ein zweites städtisches Gymnasium in Rottenburg eröffnet werden, was für das Eugen-Bolz-Gymnasium u.a. eine Entlastung und Verkleinerung bedeuten wird.

Unterrichtsgegenstand

Der Bildungsplan für das Gymnasium (Deutsch, Klasse 5) führt im Arbeitsbereich 2 unter den zu behandelnden Textarten auch das Jugendbuch auf. Den Schülerinnen und Schülern soll vermittelt werden, inhaltliche Probleme von Texten zu erfassen, um dadurch etwas über die Lebenssituationen anderer Menschen zu erfahren und Bezüge zu eigenen Erfahrungen herzustellen.

Vor diesem Hintergrund ist die Wahl des Jugendbuches 'Vorstadtkrokodile' von Max von der Grün zu sehen. Es geht darin um die Erlebnisse einer Gruppe von Kindern, deren Erkennungszeichen ein Krokodil ist. Wer eine gefährliche Mutprobe besteht, kann Mitglied der Bande werden, aber auch Kurt, ein querschnittsgelähmter Junge, wird aufgenommen. Die Bande trägt dazu bei, dass eine Serie von Einbrüchen aufgedeckt wird und die Täter - obwohl zunächst Ausländerkinder verdächtigt wurden - identifiziert werden können. Das Buch bietet somit eine Vielzahl an Themen, die sich ausgesprochen gut sowohl zur Behandlung im traditionellen Unterricht, als auch für eine erweiterte projektorientierte Arbeit mit Schülern eignen. (Ausländerproblematik, Kriminalität, Behinderung, Vorurteile).

Zum Unterricht (Unterrichtsmethode, Vorbereitung der Gruppenarbeit)

Ich habe eine projektorientierte Auseinandersetzung mit dem oben genannten Jugendbuch angestrebt, um Themen, die zum Teil auch über das Buch hinausgehen, von Schülergruppen eigenständig erarbeiten und vorstellen zu lassen.

Wenn Schülerinnen und Schüler in Gruppen arbeiten, kann immer wieder die Erfahrung gemacht werden, dass diese Methode sowohl förderlich für das soziale Lernen (Entwicklung von Teamfähigkeit, Eigeninitiative und Verantwortung) ist, als auch die Möglichkeit bietet, kreatives Potential zur Entfaltung zu bringen. Schülerinnen und Schüler haben zudem Spaß an dieser Arbeit.

Schon die Ankündigung ein Buch zu lesen, stieß auf sehr viel spontane Zustimmung in der Klasse. In Absprache mit der Teampartnerin, welche die Lektüre auf gleiche Weise in einer 6. Klasse behandelte, bekamen die Schülerinnen und Schüler das Buch vor den Weihnachtsferien mit dem Auftrag ausgeteilt, es über die Ferien zu lesen. Dieser Weg wurde gewählt, um im Unterricht nicht mehr allzu viel Zeit mit Lesen bzw. mit der Erarbeitung des Inhalts zu verbringen. Ich habe die Klasse gleich darüber informiert, dass die Arbeit mit dem Buch projektorientiert stattfinden sollte und dass diese Projektarbeit etwas ganz Besonderes darstellt, weil sowohl die Arbeit in den Gruppen als auch die Vorstellung der Ergebnisse (mündlich und schriftlich) beobachtet und benotet werden, weil die benoteten Resultate eine Klassenarbeit ersetzen sollen. Von Schülerseite wurde sofort kritisch ein zu erwartendes Problem angesprochen:

> "Was ist, wenn ein Schüler in der Gruppe nur Mist baut? Bekommen dann alle eine schlechte Note?" (Eigene Notizen vom 14.12.1999)

Ich habe versucht zu erläutern, dass der Verlauf der Gruppenarbeit so genau wie möglich beobachtet werde um herauszufinden, wer gut mitmacht und wer die Arbeit weniger ernst nimmt. Entsprechend könnten die Noten dann auch unterschiedlich ausfallen, um niemanden zu benachteiligen. Interessant zu beobachten war, dass die Bestrebungen der Klasse sehr schnell dahin gingen Gruppen zu bilden, und zwar nach dem Kriterium 'Freundschaft', obwohl gleich gesagt wurde, dass dies noch Zeit habe.

Anfang Januar schloss sich eine zweiwöchige Erarbeitungsphase der Lektüre nach 'klassischem' Muster an. Verschiedene Themen - z.B. das Thema Vorurteile gegenüber Behinderten - die sich auch gut zur Diskussion im Unterricht eignen, wurden exemplarisch anhand von Textstellen aufgegriffen und vertieft. Ich habe immer wieder betont, dass diese Phase der Vorbereitung der anstehenden Gruppenarbeit diene.

Eine Themenliste gab ich schon frühzeitig aus. Die Schülerinnen und Schüler sollten Zeit haben, sich mit den Themen vertraut zu machen und sich möglichst selbstständig bei der Gruppenbildung und der Themenwahl einigen. Mit der Teampartnerin war abgesprochen, dass sich die Gruppen frei und nach Sympathie bilden durften. Auch die Gruppengröße wurde nicht einheitlich festgelegt. Lediglich der Rahmen war den Schülerinnen und Schülern vorgegeben: zwei bis vier Mitglieder pro Gruppe. Die Themenliste für die Gruppenarbeit, die dem Anhang beigefügt ist, enthielt drei Arten von Aufgaben:

a) kreative Aufgabenstellungen wie z.B. das Dialogisieren einer Textstelle

b) Buchvorstellungen (Jugendbücher, die Themen wie Behinderung und Kriminalität aufgreifen)

c) Erkundungsthemen (Wie behindertengerecht ist Rottenburg ausgestattet?)

Im Vorfeld der Gruppenarbeit fiel besonders das spontane Intersse auf, das die Erkundungsthemen hervorriefen, die dann auch ausgelost werden mussten. Die kreativen Themen wurden hingegen mit mehr Zurückhaltung aufgenommen. Was die Gruppenbildung anbelangt, musste der Übereifer mancher Schülerinnen und Schüler sofort stark gebremst werden. Befreundete Kinder wollten zusammenarbeiten und hätten am liebsten möglichst sofort eine Zustimmung dafür gehabt. Die Entscheidung, die Klasse am Gruppenbildungsprozess zu beteiligen, hat sich u.a. auf dem Hintergrund dieser Beobachtung als sinnvoll erwiesen, da viele Kinder in der Unterstufe stark an (oftmals aus Grundschulzeiten herrührenden) Freundschaften hängen.

Ablauf der Unterrichtseinheit (Überblick, Ablauf der Gruppenarbeit)

Abb. 37: Übersicht über die Unterrichtseinheit

1.	Lektüre des Buches	Leseauftrag	Weihnachtsferien
2.	Behandlung von Schwerpunktthemen in Unterricht	Textarbeit, Personencharakterisierung, Interpretation, Diskussion	2 Wochen
3.	Gruppenarbeit	arbeitsteilig	2 bis 3 Wochen
4.	Präsentation	in Gruppen vor dem Plenum	1 Woche
5.	Reflexion	im Plenum und mit einer kleinen Schülergruppe	2 Stunden

Die Gruppenarbeitsphase erstreckte sich über zwei bis drei Wochen. Zunächst begannen alle Gruppen sehr motiviert mit der Arbeit. Die Sozialform schaffte Abwechslung und regte die Schülerinnen und Schüler ganz offensichtlich zur eigenständigen Arbeit und Ideenbildung an. Dies konnte ich z.B. in einer Gruppe bestehend aus drei Jungen beobachten. Alle drei Jungen, die vorher nicht unbedingt Freunde waren, hatten das Jugendbuch von Hansjörg Martin 'Die Sache im Supermarkt' bereits gelesen und planten sofort eifrig dessen Präsentation, in die einige 'Effekte' eingebaut werden sollten. Andere Gruppen, vor allem diejenigen, die sich für ein kreatives Thema entschieden hatten, arbeiteten anfangs ruhiger, da sie mehr Schreibarbeit leisten mussten. Der anfängliche Arbeitseifer war auch daran zu erkennen, dass die Gruppen, welche die Erkundungsthemen bearbeiten wollten, bereits viel vorgearbeitet hatten, bevor die Gruppenarbeit überhaupt begann. Allerdings konnte auch beobachtet werden, dass die Arbeit in den 'Erkundungsgruppen' nach den ersten Gruppenarbeitsstunden weniger intensiv und produktiv verlief, obwohl diese Themen zunächst auf viel größeres Interesse stießen und per Losverfahren Schülergruppen zugeteilt worden waren, die gerne kognitiv arbeiten. Eventuell eignen sich diese Themen nur bedingt für eine Gruppenarbeit im Schulunterricht, weil erstens die eigentliche Erkundung (Befragung) nicht in der Schule stattfinden kann und auch oft nicht am Schulvormittag stattfinden muss. Zweitens reizt an solchen Themen der Freiraum, den die Gruppe sich zu schaffen hofft, eben weil man aus der Schule herauskommt und eigenständig einen Auftrag zu erfüllen hat. Das damit verbundene Befragen und Sammeln von Fakten scheint zunächst überschaubar und motivierend, die inhaltliche Auswertung und Interpretation wird dann aber häufig als schwierig empfunden.

Die Dialoggruppen arbeiteten hingegen größtenteils viel konzentrierter und produktiver zusammen, nicht nur in der Phase des Dialogschreibens, sondern auch anschließend beim Einstudieren der Szenen. Dies lag einerseits wohl daran, dass der Arbeitsauftrag ein gewisses Maß an Schreibarbeit erforderte. Andererseits konnten diese Gruppen auch beim Proben kreativ sein und ihre eigenen Ideen entwickeln. Insgesamt konnte ich feststellen, dass die Gruppen, die kreative Aufgaben bearbeiteten, i.d.R. besser allein zurechtkamen als Gruppen, die auch kognitiv arbeiten mussten.

7.2   Leistungsbeurteilung

Vorüberlegungen

Eigene Vorerfahrungen

Im Schuljahr 1998/ 1999 habe ich im Rahmen des Französischunterrichts mit einer 6. Klasse (F1) einen Versuch zur alternativen Leistungsbeurteilung mit projektartigem Charakter durchgeführt. Thema war die Situation beim Einkaufen *"dans l'épicerie de M. Saïd"*. In Gruppenarbeit wurde von den Schülerinnen und Schülern ein Lernplakat angefertigt. Im Anschluss hatte jede Gruppe die Aufgabe, einen kleinen Dialog in der Zielsprache zu entwerfen (Verkaufsgespräche) und dabei die vorher im Unterricht eingeführte Grammatik (Mengenangaben etc.) und Lexik zu verwenden. Diese Dialoge wurden von den Gruppen einstudiert und präsentiert.

Beurteilt wurden das Lernplakat (Gruppennote) und die Individualleistung jeder einzelnen Schülerin und jedes einzelnen Schülers bei der Präsentation, wobei besonders die Kriterien Aussprache, verwendeter Wortschatz und Grammatik sowie die Körpersprache eine Rolle spielten. Jede Schülerin und jeder Schüler erhielt am Schluss eine Gesamtnote, die eine Klassenarbeit ersetzte, bestehend zu 50% aus der Gruppennote für das Lernplakat und zu 50% aus der während der Präsentation gemachten Note.

Vorerfahrungen (mit) der Klasse

16 von 29 Schülerinnen und Schüler berichteten, sie hätten bereits in der Grundschule kleine Referate gehalten und somit etwas Übung im Auftreten vor der Klasse. Bei diesen Referaten handelte es sich nach Aussage der Kinder um Buchvorstellungen, die Präsentation eines Tieres oder einer Pflanze bzw. frei gewählte Sachthemen wie den Modellbau oder die Lichtgeschwindigkeit. In der Grundschule wurden zudem von vielen Schülerinnen und Schülern Gedichte auswendig vor der Klasse vorgetragen oder kleine Theaterszenen vor einem Publikum vorgespielt. 11 Schülerinnen und Schüler der Lerngruppe gaben aber an, mit kleinen Präsentationen und neuen Formen der Leistungsbeurteilung noch keinerlei Erfahrung gemacht zu haben. Aus diesem Grund schien es notwendig, vor Projektbeginn mit der Klasse eine Übungsphase einzuschieben mit dem Ziel, die Schülerinnen und Schüler in einige wichtige Regeln des Referierens und Auftretens vor der Klasse einzuweisen. Jede Schülerin und jeder Schüler hatte die Möglichkeit am Anfang einer Unterrichtsstunde der Klasse ein Thema ihrer bzw. seiner Wahl, z.B. ein Ferienerlebnis, ein Hobby, ein Sachthema oder ein Jugendbuch, vorzustellen. Auf eine Benotung wurde dabei bewusst verzichtet, um die Anspannung, der die Kinder bei dieser Übung vor der Klasse ausgesetzt waren, nicht noch zusätzlich zu erhöhen. Im Anschluss an jeden Vortrag wurde aber etwa fünf Minuten lang im Plenum besprochen, was gelungen war und in welchen Bereichen die Vortragstechnik noch verbessert werden könnte. Die Kinder konnten sich spontan äußern und mitteilen, was ihnen gut gefallen hat, was weniger gut war und auch Fragen stellen, wenn sie etwas nicht verstanden hatten. Mit der Zeit entwickelten die Schülerinnen und Schüler ein Gespür für gutes Auftreten und Referieren und häufig gemachte Fehler, z.B. das Wort 'also' als 'Einleitung', wurden eher vermieden. Zweck der Übung war, jede Schülerin und jeden

Schüler einmal in die Lage versetzt zu haben, vor der Klasse zu stehen und sich zu bewähren, bevor das eigentliche Projekt startete.

Entwicklung des Bewertungsbogens

Vorgesehen war, die Leistung in drei Bereichen der Projektarbeit zu beurteilen (Abb. 38). Benotet werden sollten *der Arbeitsprozess, das schriftliche Ergebnis* und *die Präsentation* der Gruppenarbeit. Aus diesen drei Teilnoten - die Note für das schriftliche Ergebnis war als Gruppennote geplant - sollte die individuelle Gesamtnote für jede Schülerin und jeden Schüler ermittelt werden. In Zusammenarbeit mit der Teampartnerin wurde dafür ein Bewertungsbogen entwickelt, der diese drei Bereiche berücksichtigt. Dabei schien es uns angemessen, nicht zu viele, doch aber gut zu beobachtende Kriterien aufzustellen und diese altersgerecht und möglichst verständlich zu formulieren.

Teile des Bewertungsbogens sollten bei der Beobachtung des Arbeitsprozesses und der Präsentation als Grundlage dienen, so dass es sinnvoll erschien, sich in der jeweils kurzen Zeit, die für eine Beobachtung mit anschließender Benotung zur Verfügung steht, auf wenige, aber klar formulierte Beobachtungskriterien konzentrieren zu können. Altersgerechte Formulierungen wählten wir deshalb, weil die Klasse vor der Gruppenarbeit mit dem Bewertungsbogen vertraut gemacht wurde (der Bewertungsbogen ist dem Anhang beigefügt).

Bei der Beobachtung des *Arbeitsprozesses* sollte auf das Verhalten der einzelnen Schülerinnen und Schüler innerhalb der Gruppe geachtet werden, wobei auch die Verantwortung, die jedes Gruppenmitglied bei der Arbeit zeigt, beachtet werden sollte. Diese zwei Kriterien waren zunächst deshalb von Bedeutung, weil sie sehr wichtig für das Gelingen eines gemeinsamen Ergebnisses sind. Da eine fruchtbare Gruppenarbeit auf gute Ideen von allen Beteiligten angewiesen ist, wurde das Kriterium Kreativität aufgenommen. Schließlich kann Gruppenarbeit nur dann erfolgreich verlaufen, wenn sich die Gruppenteilnehmer weitgehend selbstständig mit ihrer Aufgabe beschäftigen.

Die Bewertung des *schriftlichen Ergebnisses* warf bei der Entwicklung des Bewertungsbogens weniger Probleme auf. Ähnlich wie etwa beim Aufsatz sollten natürlich der Inhalt und die sprachliche Qualität bewertet werden. Zudem war auch hier die Kreativität gefragt, da jede Gruppe die Aufgabe hatte, selbstständig und eigenverantwortlich Ideen zu ihrem Thema zu entwickeln. Auf die äußere Darstellung wurde ebenfalls Wert gelegt, um ein wichtiges Lernziel zu unterstützen: das sorgfältige Arbeiten im schriftlichen Bereich, wenn es sich anbietet auch mit dem Computer.

Abb. 38: Überblick über die Kriterien des Bewertungsbogens

a)	Der Arbeitsprozess in der Gruppe	Gruppenverhalten Verantwortung Kreativität Selbstständigkeit	verbale Beurteilung
b)	Das schriftliche Ergebnis	Inhalt Sprache Kreativität Darstellung	Note
c)	Die mündliche Präsentation oder Darstellung vor der Klasse	Sprachliche Bewältigung Auftreten Optische und akustische Aufbereitung (Requisiten, Medien)	Note

Bei der *Präsentation* der Gruppenergebnisse sollte auf drei zentrale Aspekte geachtet werden. Selbstverständlich waren die Schülerinnen und Schüler angehalten, sprachlich überzeugend aufzutreten und den Vortrag mit unterstützender Gestik und Mimik zu unterstreichen. Dies wurde, wie bereits ausgeführt, vor der Behandlung des Jugendbuches geübt. Aber auch die Unterstützung der Präsentation durch geeignete Medien oder Requisiten sollte sich auf die Benotung positiv auswirken können. Bei der Bewertung der Präsentation wurde es nicht angestrebt Fachkompetenz zu beurteilen, weil diese bereits bei der Bewertung des schriftlichen Ergebnisses eine zentrale Rolle spielt.

Durchführung der einzelnen Beurteilungen

Erfahrungen mit dem Bewertungsbogen

Zu erwarten bzw. zu befürchten war von Anfang an, dass die Bewertung des *Arbeitsprozesses* besonders schwer durchzuführen sein würde, da jeder einzelne Schüler und jede Schülerin jeder Gruppe nach den oben genannten Kriterien beobachtet werden sollte, und das möglichst mehrmals. Es zeigte sich dann auch sehr schnell, dass genau dieser Bereich der Bewertung die meisten Schwierigkeiten machte, wohl auch deshalb, weil hier bisher keine Erfahrungen vorzuweisen waren. Die Bewertungsbereiche *schriftliches Ergebnis* und *Präsentation* bereiteten mir hingegen weniger Kopfzerbrechen, da sie von den Kriterien her nicht so komplex angelegt sind und man sich, zumindest was die Bewertung der schriftlichen Leistungen betrifft, an der üblichen Praxis gut orientieren kann.

Aus diesem Grund gehe ich im Folgenden zunächst näher auf die Schwierigkeiten bei der Bewertung eines Gruppenarbeitsprozesses ein.

Schwierigkeiten bei der Bewertung des Arbeitsprozesses und Konsequenzen

Ich habe versucht, die Gruppen bzw. jeden einzelnen Schüler und jede Schülerin einer Gruppe systematisch bei der Arbeit nach dem oben dargestellten Beobachtungsraster zu beobachten und diesen Vorgang mehrmals zu wiederholen, um für das Arbeitsverhalten dann eine Note erteilen zu können. Sehr schnell konnte ich feststellen, dass die Gruppen unterschiedlich zu arbeiten begannen, was auch an den Themen lag. Die Themenliste enthält, wie bereits erwähnt, kreative Themen, Erkundungen, die zum Teil gar nicht im Klassenzimmer durchgeführt werden konnten und parallele Buchvorstellungen. Manche Gruppen kommunizierten sehr viel, andere weniger. Es zeigte sich im weiteren Verlauf der gezielten Beobachtung, dass sich das *nonverbale Gruppenverhalten* und die *Selbstständigkeit* eines Schülers oder einer Schülerin relativ gut beobachten lassen, was auch daran liegt, dass hier bereits der Gesamteindruck, den man von einer Gruppe hat oder gewinnt, einbezogen werden kann. Man sieht aus ein paar Metern Entfernung, ob und wie häufig sich ein Schüler oder eine Schülerin ablenken lässt oder ob konzentriert in der Gruppe gearbeitet wird. Dabei spielt es keine Rolle, ob die Gruppenarbeit still verläuft oder ob ein Gespräch stattfindet. *Verantwortung* und *Kreativität* innerhalb einer Gruppe, das heißt die im Gespräch stattfindende Auseinandersetzung mit einem Thema, lassen sich hingegen schwerer beobachten und bewerten. Um hier stichhaltige Aussagen über einzelne Schülerinnen und Schüler machen zu können, müsste man bei der Gruppe dabeisitzen und/ oder diese permanent befragen und eine Gruppe über einen längeren Zeitraum hinweg wiederholte Male begleiten. Dies ist aber bei 29 Schülerinnen und Schülern und 9 Gruppen nicht realisierbar. Wer welche Idee eingebracht hat oder gerade einbringt, kann zufällig mit etwas Glück in Erfahrung gebracht werden, gegebenenfalls durch Nachfrage. So erlebte ich es zum Beispiel bei einer Gruppe, die ich gerade nicht gezielt beobachtete, dass 'plötzlich' eine gute Idee im Raum stand und ich nach meiner Meinung gefragt wurde. Als ich wissen wollte, von wem die Idee kam, waren alle Jungen etwas überrascht und leicht verunsichert. Eine Befragung der Gruppe ist aber auch problematisch, weil sie den Arbeitsprozess unterbricht und eine künstliche Atmosphäre schafft. Sowohl die Schülerinnen und Schüler als auch der Lehrer könnten gehemmt sein, da jeder weiß, dass es um eine Note geht. Viele kreative Prozesse, die in einer Gruppe ablaufen, bekommt man andererseits so schnell aber nicht mit, auch wenn man sich längere Zeit auf eine Gruppe konzentriert. In diesem Zusammenhang ist auch der zwangsläufig höhere Lärmpegel ein Problem. Was die Verantwortung einer Schülerin oder eines Schülers für seine Gruppe betrifft gilt Ähnliches. Äußerungen diesbezüglich, die nicht zum Arbeitsthema gehören, lassen sich genauso schwer 'einfangen' wie Ideen.

Die Ergiebigkeit des Arbeitsprozesses lässt sich außerdem auch meistens am Ergebnis der Präsentation ablesen. Wenn eine Gruppe eigenverantwortlich und engagiert gearbeitet hat, wird dieses entsprechend gut ausfallen. Zu befürchten wäre eine Überschneidung der zu benotenden Bereiche Prozess und Präsentation.

Eine Gefahr liegt auch darin, dass man das Vorwissen, welches man bereits von den Leistungen einer Schülerin oder eines Schülers hat, während der Beobachtung zu stark im Kopf behält und sich später bei der Bewertung ungewollt davon leiten oder manipulieren lässt. Somit könnten Verhaltensweisen und Fähigkeiten benotet werden, die nicht direkt etwas mit dem Thema oder der momentanen Situation zu tun haben. Dies wiederum könnte zu Ungerechtigkeiten führen. Das Positive an alternativen Möglichkeiten der Leistungsbeurteilung ist es ja gerade, dass Schülerinnen und Schülern, die z.B. in der Rechtschreibung (Diktat) eher schwach sind, andererseits aber, z.B. was die Teamfähigkeit betrifft ihren Klassenkameraden weit voraus sein können, eine Chance erhalten.

Aus der Beobachtung des Arbeitsprozesses ergab sich insgesamt Folgendes:

> Nonverbales Gruppenverhalten kann man besser beobachten als die verbale Auseinandersetzung innerhalb der Gruppe mit einem Thema.
>
> Für eine funktionierende Gruppenarbeit sind Verantwortungsbewusstsein und Kreativität zwar wichtige Voraussetzungen, deshalb wurden diese Kriterien in den Bewertungsbogen aufgenommen, sie lassen sich jedoch - wenn überhaupt - nur punktuell (zufällig) beobachten und entsprechend schwer benoten.
>
> Für eine Gruppenarbeit kann man eine verbale Beurteilung oder eine Gruppennote (Eindrucksnote) geben, ausgehend von Beobachtungen zum Gruppenverhalten und zur Selbstständigkeit der Gruppe. Unter den gegebenen Voraussetzungen kann man unmöglich jede einzelne Schülerin und jeden einzelnen Schüler fair benoten. Außerdem scheint das 'Zerlegen' oder Aufteilen einer Gruppe in ihre einzelnen Mitglieder zum Zwecke der Beurteilung auch deshalb heikel, weil es dem ursprünglichen Ziel der offenen Unterrichtsform, der Förderung des *gemeinsamen* Handelns, widerspricht.

Aus den oben gemachten Erwägungen heraus schien es mir angemessener, für den Arbeitsprozess lediglich eine als Rückmeldung für die Schülerinnen und Schüler gedachte verbale Beurteilung der Arbeit innerhalb der Gruppe zu geben, die sich auf das bezieht, was auch tatsächlich in der Kürze der Zeit beobachtet wurde. Ich bin also von der ursprünglich vorgesehenen Notengebung für den Arbeitsprozess abgerückt und habe meine Beobachtungen, die Lob, aber auch konstruktive Kritik enthielten, für die Gruppen schriftlich zusammengefasst (vgl. die beiden Beispiele im Anhang). Dabei brauchte nicht jedes Kriterium bedacht werden. Manches konnte offen bleiben. Es gab eben auch Gruppen, die sehr selbstständig und ohne viel Fragen an den Lehrer ihren Dialog entwarfen und einstudierten. Bei diesen Gruppen war es schwer, etwas zur Verantwortung der einzelnen Schülerinnen und Schüler zu sagen. Alle verhielten sich verantwortungsbewusst und arbeiteten selbstständig, aber wer hier wen ansporrnte oder ob es überhaupt nötig war einzelne Gruppenmitglieder ständig anzuspornen, das entzog sich meiner Beobachtung. Ich habe den Bewertungsbogen daher überarbeitet und reduziert. Benotet wurden am Ende der Unterrichtseinheit das schriftliche Ergebnis jeder Gruppe (Gruppennote) zu 50% und die Präsentation (Individualnote) ebenfalls zu 50%. Die Schülerinnen und Schüler bekamen außerdem eine schriftliche Beurteilung ihrer Zusammenarbeit in der Gruppe.

Zur Bewertung des schriftlichen Produkts

Die schriftlichen Ergebnisse der einzelnen Gruppen fielen themenbedingt sehr unterschiedlich aus. Dennoch bereitete die Bewertung im Vergleich mit den anderen Beurteilungsbausteinen weniger Schwierigkeiten. Die zuvor aufgestellten Kriterien konnten problemlos angewandt werden. Sprachliche Richtigkeit, inhaltliche (die Aufgabenstellung betreffende) Aspekte sowie Ideenreichtum können (wie etwa beim Deutschaufsatz) an einem schriftlich fixierten Gruppenarbeitsergebnis gut nachgeprüft werden, nicht zuletzt auch deshalb, weil man sich für die Bewertung und teilweise erforderliche Vergleiche die nötige Zeit nehmen kann.

Etwas schwieriger ist es mit der Bewertung der äußeren Darstellung. Manche Gruppen versahen ihr schriftliches Ergebnis zusätzlich mit Anschauungsmaterial wie Prospekten und Folien, die auch während der Präsentation eingesetzt wurden. Andere Gruppen gaben die schriftliche Ausarbeitung ihrer Theaterszene mit dem Computer geschrieben und farblich ansprechend gestaltet ab. Hier muss man aufpassen, dass man nichts bewertet, was später bei der Präsentation noch einmal bewertet werden könnte, und dass man bei aller Anerkennung der äußeren Darstellung die hauptsächlich zu bewertende Fachkompetenz nicht aus dem Blick verliert.

Zur Bewertung des schriftlichen Produkts soll an dieser Stelle nicht mehr gesagt werden, da sie sich im Wesentlichen nicht von traditionellen Formen der Leistungsbeurteilung unterscheidet.

Zur Bewertung der Präsentation

Zunächst möchte ich kurz einige für mich wichtige Beobachtungen während der Präsentationen der einzelnen Gruppen wiedergeben, um dann auf die besondere Situation, in der sich der Lehrer während der Beurteilung einer Präsentation befindet und damit verbundene Probleme zu sprechen zu kommen.

Die 'Theatergruppen' haben sich alle große Mühe gegeben ihr Thema ansprechend und überzeugend darzubieten. So hat Gruppe 1 (Die Mutprobe) z.B. sehr lebhaft und anschaulich dargestellt, wie Hannes seine Mutprobe absolviert und wie ihm von einer frei erfundenen Figur geholfen wird. Diese Gruppe ist sehr selbstständig auf die Aufgabenstellung eingegangen, obwohl es während der Gruppenarbeitsphase bezüglich mancher Fragen auch Uneinigkeit gab und ein Mädchen aus der Gruppe längere Zeit krank war. Die Gruppe hat es aber immer wieder geschafft sich zu einigen und vor allem gelang es ihr auch sehr gut, das kranke Mädchen nach der langen Fehlzeit zu integrieren und an den letzten Proben teilnehmen zu lassen. Die Gruppe hat viel Teamgeist, Rücksichtnahme und Verantwortungsbewusstsein bewiesen, und das ließ sich am guten Ergebnis auch ablesen. Die 'Erkundungsgruppen' zeigten qualitativ sehr unterschiedliche Resultate. Besonders überzeugend fiel die Präsentation von Gruppe 8 (Behindertenausstattungen) aus. Das Viererteam war gut aufeinander eingespielt und wusste genau, was es vermitteln wollte. Auch der Medieneinsatz (OHP) wurde gut bewältigt. Die Zweiergruppe (Gruppe 9), die voller Eifer an die Durchführung einer Fragebogenaktion herangegangen war, hat in kurzer Form die Ergebnisse derselben präsentiert, erzielte aber (auch aufgrund der Vortragstechnik) eher durchschnittliche Resultate. Schon in der Gruppenarbeitsphase hatte sich gezeigt, dass der Elan der beiden Mädchen mit der Zeit etwas nachließ, und das Ergebnis hat diesen Eindruck widergespiegelt. Auch die 'Buchgruppen' zeigten sehr unterschiedliche Resultate. Die Präsentation des Buches 'Rolltreppe abwärts' von zwei Mädchen fiel eher dürftig aus. Die Schwierigkeiten (Krankheit, vergessene Unterlagen, Probleme sich zu einigen), die das Team während der Gruppenarbeit hatte, spiegelten sich in der Präsentation des Ergebnisses wider. Die bereits erwähnte Dreiergruppe, die schon während der Gruppenarbeit sehr engagiert und motiviert an der Präsentation ihres Jugendbuches arbeitete, hat hingegen eine anschauliche, vielseitige und unterhaltsame Präsentation dargeboten, die allerdings stellenweise kleine Unsicherheiten im sprachlichen Ausdruck und im Auftreten aufwies, die auf die Nervosität der Jungen zurückzuführen waren. Zum Beispiel fiel ein Junge immer wieder aus der Rolle und lachte an Stellen, an denen zwar das Publikum, nicht aber er hätte lachen dürfen. Es schien mir angemessen, diese Nervosität bzw. deren Auswirkungen mit zu beurteilen, weil hier ja Fähigkeiten wie ein guter sprachlicher Ausdruck und überzeugendes Auftreten bewertet werden sollten. Beides kann durch zu starke Nervosität beeinträchtigt werden, wie auch in traditionellen Klassenarbeiten Nervosität dazu führen kann, dass eine Schülerin oder ein Schüler nicht die gewünschte Leistung erbringt. Diese kleinen Unsicherheiten beeinflussten somit den Gesamteindruck, den ich von der Präsentationsleistung gewonnen hatte und wirkten sich leicht auf die Notengebung aus.

Ich konnte feststellen, dass die selbstständigeren und harmonierenderen Gruppen die überzeugenderen Ergebnisse präsentiert haben. Diejenigen Gruppen, die schon während des Arbeitsprozesses und in der Vorbereitungsphase mehr Unterstützung und Betreuung brauchten und deren Arbeitsstil teilweise zu wünschen übrig ließ, schnitten bei der Präsentation weit schlechter ab. Es handelte sich hier aber auch um eher schwache und unsichere Schülerinnen und Schüler. Diese Beobachtung trifft hauptsächlich auf Zweiergruppen zu, was zeigt, dass eine größere Gruppe nicht unbedingt dazu neigen muss, sich mit 'privaten' Angelegenheiten zu verzetteln, sondern sehr kreativ werden kann.

Die Beurteilung der szenischen Darbietungen war mit Hilfe des Bewertungsbogens gut durchführbar, weil keine Gruppe mehr als vier Mitglieder hatte und somit jede überschaubar war. Ich ließ auch jedes Team seine Szene zweimal vorführen. So hatte ich die Gelegenheit meine Notizen zu vervollständigen und die Schülerinnen und Schüler hatten die Chance, beim zweiten Durchgang noch sicherer und überzeugender aufzutreten, da sich die anfängliche Nervosität meist schon verloren hatte. Auch die Beurteilung der Referatgruppen war mit wenig Schwierigkeiten verbunden. Da jedes Teammitglied einzeln zu Wort kam, konnte ich mich ganz auf die jeweilige Referentin oder den jeweiligen Referenten konzentrieren und mir auf dem Bewertungsbogen Notizen machen. Schwierig kann eine Bewertung dann werden, wenn Gruppen ihre Aufgaben nicht gleichmäßig verteilt haben und einzelne Mitglieder während der Präsentation nur sehr wenig zum Einsatz kommen. Um dieses Problem zu vermeiden ist es ratsam, bereits während der Vorbereitungsphase bei den einzelnen Gruppen nachzuhaken um sicherzustellen, dass auch jedes Mitglied seinen angemessen umfangreichen Teil bei der Präsentation übernimmt.

Im Vergleich mit der Beurteilung des schriftlichen Produkts erfordert die Beurteilung einer Präsentation mehr Geistesgegenwart und Schnelligkeit vom Lehrer. Man muss dem Vortrag der Schülerinnen und Schüler sehr konzentriert folgen und gleichzeitig die gemachten Beobachtungen möglichst detailliert protokollieren. Später lässt sich ein einmal gewonnener Eindruck nicht mehr auf seine Richtigkeit überprüfen. Die während der Präsentation gemachten Notizen müssen reichen, um zu einer sicheren Note zu gelangen. Durch diese Tatsache ließ ich mich zunächst unter Druck setzen. Ich konnte aber beobachten, dass mit zunehmender Erfahrung der Druck nachließ und ich 'lockerer' an die Beurteilung der Präsentationen heranging.

Auswertung

Der Team-Test

Um die Schülerinnen und Schüler im Anschluss an die Präsentationsphase noch einmal zur Reflexion über ihre Arbeit in den Gruppen anzuregen, wurde ein Team-Test durchgeführt, der drei Fragen enthielt:
1. Was hat jedes Teammitglied Neues gelernt und zum Gelingen des Ergebnisses beigetragen?
2. Wie wurden die Rollen für die Teamarbeit verteilt, wie wurde mit Fehlern umgegangen und wie wurden Schwierigkeiten überwunden?
3. Was haben wir für die nächste Teamarbeit gelernt? Was werden wir beim nächsten Mal genauso, was werden wir anders machen?

Jede Gruppe füllte einen Fragebogen gemeinsam aus. Bei der Auswertung stellte sich heraus, dass vier Punkte für die Schülerinnen und Schüler von besonderer Bedeutung waren. Immer wieder wurde der *Zusammenhalt* innerhalb der Gruppe erwähnt, der häufig als positiv erfahren werden konnte. Dies lag wohl auch daran, dass die meisten Gruppen sich aus befreundeten Kindern zusammensetzten. Die Entscheidung, dass die Schülerinnen und Schüler die Gruppen selber bilden konnten, erwies sich in der Rückschau als richtig, da sie mehrmals auch von ihnen selbst für gut befunden worden war. Manche Gruppen bestätigten aber auch, dass eine gute Zusammenarbeit nicht immer ganz einfach ist. Besonders in den Zweiergruppen musste gelernt werden sich zu einigen. Ein weiterer wichtiger Faktor war der *Spaß*, der durch das Arbeiten in Gruppen erlebt werden konnte. Es wurde aber auch wiederholte Male auf den *gegenseitigen Respekt* verwiesen, der notwendig ist, um eine Gruppenarbeit sinnvoll zu gestalten. Viele Schülerinnen und Schüler haben erkannt, dass es wichtig ist, auf andere zu hören und nicht nur den eigenen 'Dickkopf' durchzusetzen. Manche haben gesagt, dass das Arbeiten allein oft einfacher sei. Die letzte Erfahrung, die immer wieder gemacht werden konnte, war die *Überwindung von Aufregung* dadurch, dass die Gruppe hinter einem stand und zusammenhielt.

Nachdem die Schülerinnen und Schüler ihre Noten und schriftlichen Beurteilungen bekommen hatten, wurde eine abschließende Besprechung zum Projekt und zur Leistungsbeurteilung durchgeführt. Einige Tage vorher erhielt die Lerngruppe drei Fragen als Vorbereitung auf das Gespräch, mit denen sich die Kinder zu Hause gedanklich beschäftigen sollten:

1. Was hat dir gut, was weniger gut gefallen?
2. Welche Tipps würdest du anderen Lehrern/ Schülern geben?
3. Was würdest du beim nächsten Mal gerne besser können?

Die Abschlussbesprechung dauerte 45 Minuten, wobei die erste Frage am längsten diskutiert wurde. Im Folgenden sollen die wichtigsten Ergebnisse dieser Besprechung zusammengefasst werden, da sie zeigen, wie Schülerinnen und Schüler auf (noch) neue und ungewohnte Formen der Leistungsbeurteilung reagieren.

Zu Frage 1:

Gut kam die Sozialform und das damit verbundene freie, zeitlich flexiblere Arbeiten an. Die Möglichkeit in verschiedene Räume auszuweichen, wurde von den Schülerinnen und Schülern honoriert, obwohl auch offen kritisiert wurde, dass es - wenn der Lehrer einmal nicht da war - in einigen Gruppen wohl manchmal etwas chaotisch zuging. Die Regelung, dass die Schülerinnen und Schüler sich ihr Thema und auch die Gruppe frei aussuchen konnten, fand ebenfalls Anklang. So erklärte ein Schüler während des abschließenden Gesprächs im Plenum (L7/ 1/ S. 1):

> "Ich fand es gut, dass man sich aussuchen durfte, mit wem man arbeiten wollte. In der Grundschule hat dies die Lehrerin bestimmt. Da gab es immer Stress. Ich habe (...) jetzt meine Gruppenmitglieder näher kennengelernt."

Die für Schülerinnen und Schüler einer 5. Klasse noch ungewohnte Herausforderung, bei einer Präsentation vor der Klasse zu stehen und sich zu bewähren, wurde rückblickend positiv gewertet, obwohl viele Kinder sich nach eigenen Angaben überwinden mussten und nervös waren. Der Nutzen, den man aus dieser Übung für die Zukunft ziehen kann, wurde jedoch erkannt (L7/ 1/ S.1):

> "Ich fand es gut mal vor der Klasse zu stehen. Das braucht man später, wenn man in höheren Klassen ist oder wenn man zum Beispiel Lehrerin werden will".

Die Notengebung hingegen wurde kontrovers diskutiert und teilweise bemängelt. Viele Schülerinnen und Schüler fanden es nicht gut, dass es Noten gab, da der Eindruck vorherrschte, alle hätten es gut gemacht und sich bemüht. Aus diesem Gefühl heraus berührte es die Kinder teilweise unangenehm, wenn ein Gruppenmitglied für die Präsentation eine bessere Note erhielt als der Partner oder umgekehrt. So meinte ein Kind (L7/ 1/ S.2):

> "Es war nicht das Beste, dass es Noten gegeben hat. Alle machen es gut und bemühen sich. Dann ist es blöd, wenn einer aus der Gruppe eine bessere Note erhält."

Auch hier wurde wieder die starke Solidarität spürbar, die sich im Laufe einer Gruppenphase entwickeln kann. In diesem Zusammenhang kam der Vorschlag auf, die Schülerinnen und Schüler aussuchen zu lassen, ob sie eine Klassenarbeit schreiben oder eine Präsentation machen wollen, eine Idee, über die es sich lohnt, näher nachzudenken, da sie eine noch größere Differenzierung nach den Kriterien 'Interesse' und gegebenenfalls 'Leistungsvermögen' zur Folge hätte.

Der Abstand zwischen den einzelnen Noten wurde überraschenderweise als zu groß empfunden, obwohl keine Gesamtnote schlechter als 3- ausfiel und innerhalb einer Gruppe die endgültigen Noten maximal eine halbe Note auseinanderlagen. Insgesamt wurde es als schwierig bezeichnet, in einer Gruppe zu arbeiten und dann auch noch eine Note dafür zu bekommen. Dies sei ein Nachteil, besonders dann, wenn es sich um eine eher schwache Gruppe handele.

Manchen Schülerinnen und Schülern hätte die schriftliche Beurteilung gereicht, da sie ihnen noch einmal vor Augen führte, was gut lief und welche Phasen der Arbeit aus der Sicht eines Außenstehenden als problematisch angesehen wurden. In diesem Sinne wurde sie als bereichernde Ergänzung zur Note betrachtet. Eine Schülerin äußerte sich dazu folgendermaßen (L7/ 1/ S.2):

> "Normalerweise findet keine schriftliche Beurteilung statt. Nun hatten wir beides, Noten und eine schriftliche Beurteilung, das war gut."

Manchem stellt sich hier vielleicht die Frage, ob man den Schülerinnen und Schülern nicht mehr entgegenkäme, wenn man einfach eine noch differenziertere schriftliche Beurteilung für die Bereiche Gruppenarbeit und Präsentation erstellen würde und auf eine Note ganz verzichtet. Letztendlich geht es ja darum, im Sinne eines erweiterten Lernbegriffs (vgl. Kap. I.1) bestimmte Schlüsselqualifikationen wie Teamfähigkeit oder Kommunikationskompetenz zu vermitteln bzw. von unten herauf einzuüben. Und mit einer schriftlichen Bewertung der Leistung in den zwei genannten Bereichen, die sowohl betont, was gut war als auch vermerkt, was beim nächsten Mal besser gemacht werden könnte, ist bei jüngeren Schülerinnen und Schülern vielleicht mehr gewonnen als mit einer (begründeten) Note. Allerdings ist es das Ziel unseres Projekts, Leistungen eines erweiterten Lernbegriffs im positiven Sinne, das heißt um die Leistungen zu würdigen, selektionswirksam zu machen. Dies spricht gegen eine schriftliche Beurteilung ohne Note als einzige Rückmeldung.

Aufgrund der Schüleräußerungen kann man zusammenfassend feststellen, dass die Schülerinnen und Schüler ganz offensichtlich in projektorientierten Arbeitsphasen den weniger starken direkten Leistungs- und Zeitdruck, der auf ihnen lastet, genießen und dass sie die Möglichkeit schätzen, sich frei für ein Thema ihres Interesses und für eine ihnen sympathische Gruppierung zu entscheiden. Gleichzeitig spornt sie die Möglichkeit eigenverantwortlichen und freien Arbeitens an, was viele gute Ergebnisse beweisen. Schwächere Schülerinnen und Schüler können in solchen Arbeits- und Lernzusammenhängen aber auch Enttäuschungen erleben, die vielleicht umso größer sind, je motivierter und engagierter sich auch solche Kinder mit ihrem Thema auseinandergesetzt haben. Dies hängt mit den Erwartungen zusammen. Eine Sache, die grundsätzlich erst einmal Spaß macht, wird weniger schnell mit mittelmäßigen oder schlechten Leistungen in Verbindung gebracht, wie dies etwa bei einer Klassenarbeit der Fall sein kann.

Was die Notengebung anbelangt, herrschen aber noch große Unsicherheiten und Ängste. Viele Schülerinnen und Schüler identifizieren sich stark mit ihrer Gruppe und fühlen sich innerhalb derselben gleichrangig und gleichgut wie ihre Mitschüler, da ja an einem gemeinsamen Ziel gearbeitet wird. Aus dieser Identifikation mit der Gruppe heraus wurde eine differenzierende Notengebung teilweise als ungerecht empfunden. Daher werden Notenunterschiede, die innerhalb einer Gruppe vorkommen, auch wenn sie begründet sind, schwerer akzeptiert als bei einer traditionellen Klassenarbeit, die jeder alleine zu bewältigen hat. Die Selbsteinschätzung vieler Kinder, z.B. was eine gelungene Präsentation betrifft, stimmt zudem mit der Einschätzung des Lehrers nicht immer überein. Dies liegt mit Sicherheit an den begrenzten Erfahrungen, die Schülerinnen und Schüler (und auch Lehrer) mit neuen Formen der Leistungsbeurteilung haben und daran, dass die Kriterien, nach denen benotet wurde, bei Schülerinnen und Schülern nach einiger Zeit nicht mehr präsent sind. Die Benotungskriterien müssen demnach gerade in jüngeren Klassenstufen immer wieder thematisiert werden.

Zu Frage 2:

Im Zusammenhang mit der Notengebung und den damit verbundenen oben erwähnten Unsicherheiten und Ängsten wurde es von einem Schüler als wichtig erachtet, dass niemand bevorzugt wird. Wie sich während des Klassengesprächs herausstellte, waren die Kriterien für die Benotung in diesem Fall aber nicht mehr präsent.

Die Angst vor Ungerechtigkeiten oder Benachteiligungen ist bei vielen neuen Formen der Leistungsbeurteilung vielleicht aber deshalb größer, weil die gesamte Lerngruppe - zumindest bei der Präsentation - die Ergebnisse der anderen zur Kenntnis nehmen und einschätzen kann, wenngleich auch nicht immer unter strikter Berücksichtigung der vorher besprochenen Kriterien. Dies ist bei einem Aufsatz natürlich nicht der Fall.

Ein weiterer Aspekt ist folgender: Je vielfältiger die Themen sind, desto schwieriger ist natürlich auch eine vergleichbare Benotung. So bietet sich der Einsatz des Tageslichtprojektors z.B. nicht bei jedem Thema oder Teilthema gleichermaßen an, kann aber die Benotung einer Präsentation stark beeinflussen. Die unterschiedlichen Ergebnisse der einzelnen Gruppen fielen auch den Schülerinnen und Schülern auf und es wurde angeregt, in zukünftigen ähnlichen Gruppenarbeitsphasen vergleichbarere Themen zu vergeben, um dann auch 'einheitlichere' Resultate zu gewährleisten (L7/ 1/ S. 3):

> "Vielleicht sollte man nur Theater spielen oder nur eine Buchvorstellung machen. Es war sehr unterschiedlich, was die einzelnen Gruppen gemacht haben",

Dieser Vorschlag hat natürlich seine Berechtigung, viele Möglichkeiten und Themen würden so aber auf der Strecke bleiben und die Themenvielfalt, die das Projekt erst interessant gemacht hat, wäre nicht mehr gegeben.

Zu Frage 3:

Hier wurden fast ausschließlich Vorsätze geäußert, die eine verbesserte Präsentationsfähigkeit betreffen. Vor allem hoffen die Schülerinnen und Schüler, bei der nächsten Gelegenheit weniger aufgeregt zu sein und den Vortrag gekonnter mit Gestik und Mimik zu unterstreichen. Auch bezüglich des Gruppenklimas wurden Vorsätze geäußert: Man sollte möglichst keinen Streit in der Gruppe anfangen.

Vergleich der Projektnoten mit den vorhergehenden Klassenarbeitsnoten

Vor der Durchführung der alternativen Leistungsbeurteilung wurden schon zwei Klassenarbeiten geschrieben. Im ersten Aufsatz wurde ein Klassendurchschnitt von 2,5 erzielt, die anschließende Grammatikarbeit erbrachte einen Schnitt von 2,1. Der Durchschnitt der aus dem Projekt resultierenden Noten belief sich auf 2,2, liegt also im Bereich dessen, was zu wünschen und zu erwarten war. Die Noten der meisten Schülerinnen und Schüler wichen kaum von den Klassenarbeitsnoten ab. Es gab aber auch vereinzelt deutliche Schwankungen nach oben oder unten. Dies soll an zwei Beispielen erläutert werden.

Eine Schülerin (ein kluges und ruhiges Mädchen, das kritisch und differenziert denkt und argumentiert und bereits in der Grundschule ein Kurzreferat zur Lichtgeschwindigkeit gehalten hat, in der Vorbereitungsphase dann das Thema Relativitätstheorie präsentierte, der Vater ist Physiker) hatte im Aufsatz eine 2 und in der Grammatikarbeit eine 1-2. Sie hatte im Rahmen des Projekts in einer Zweiergruppe das Thema *Vorurteile gegen Behinderte* bearbeitet und zusammen mit der Partnerin eine Fragebogenaktion durchgeführt. Die Präsentation der Ergebnisse lief nicht so gut, was dann auch zu einer eher bescheidenen 3+ führte. Die Schülerin hat aber in der Reflexionsphase die eigenen Defizite selber sehr gut erkannt und einschätzen können:

> "Ich habe es beim Vortragen selbst gemerkt, was ich nicht so gut gemacht habe. Wenn das dann in der Kritik kam, dann war ich darauf eingestellt". (L7/ 2/ S.5)

Im Team-Test schrieb sie als Vorsatz für das nächste Mal:

> "Man sollte sich so viel wie möglich zum Üben treffen. Man sollte möglichst ausführlich berichten und die Nervosität überwinden."

Ein eher schwacher Schüler, der seit Beginn des Schuljahres in vielen Fächern u.a. auch in Deutsch und Französisch mit großen Schwierigkeiten zu kämpfen hat, erreichte im Aufsatz eine 4 und in der Grammatikarbeit eine 5-6. Er war in der Gruppe, die das Jugendbuch von Hansjörg Martin 'Die Sache im Supermarkt' vorstellen wollte. Der oben kurz beschriebene Verlauf der Arbeit in dieser Gruppe bewirkte bei dem Schüler aus der Sicht des außenstehenden Beobachters einen deutlichen Motivationsschub, und trotz genereller großer Schwierigkeiten, z.B. beim Vorlesen oder freien Sprechen, trat er bei der Präsentation so überzeugend auf, dass er auf eine 2- kam. Dieses Beispiel zeigt, dass offene Unterrichtsformen, verbunden mit einer Leistungsbeurteilung gerade auch für schwächere Schüler eine Chance sein können. Allerdings wurde die Notengebung in diesem Fall von einem anderen Jungen aus der Gruppe als sehr ungerecht empfunden. Er sagte:

> "Also, ich finde die Note, die der X. bekommen hat, überhaupt nicht o.k. für das, was er gemacht hat. Er hat sich fast um alles gedrückt und er hat eine 2-, die beste Note aus unserer Gruppe." (L7/ 1/ S. 6)

In der abschließenden Reflexion wurde deutlich, dass der betreffende Schüler während der Gruppenarbeit wohl wenig Motivation gezeigt hat und oft angefeuert werden musste. Diese Beobachtungen konnte ein Außenstehender nicht machen, zumal die Gruppe oft in einen anderen Raum ausweichen durfte, was noch einmal deutlich macht, wie viel einem bei der Betreuung und Beobachtung von Gruppenarbeit entgehen kann. Deutlich sollte auch geworden sein, dass die Form, in der eine Schülerin oder ein Schüler sich bei einer alternativen Leistungsbeurteilung präsentiert, die vorausgegangenen bzw. zu erwartenden Leistungen nicht immer widerspiegelt.

7.3   Fazit

Zeitaufwand und Lehrerrolle

Die Vorbereitung und Durchführung des beschriebenen Projektes erforderte aufgrund noch fehlender Routine meinerseits einen höheren Zeitaufwand. Die konkrete Vorbereitungs- und Nachbereitungsarbeit erfolgte aber nicht ausschließlich am

Schreibtisch zu Hause, sondern beschäftigte mich über einen längeren Zeitraum hinweg immer wieder intensiv. Im Unterricht, vor allem während der Gruppenarbeitsphase, war ich nicht nur als Vermittlerin von Wissen gefordert, sondern auch als Beobachterin und Beraterin. Nicht nur die Vorgehensweise während der Planung und Durchführung des Projekts änderte sich folglich im Vergleich zu literarischen Unterrichtseinheiten mit anschließender traditioneller Leistungsbeurteilung, die neue Form der Leistungsbeurteilung fand zu verschiedenen Zeitpunkten statt, was das ganze Verfahren zeitlich in die Länge zog. Letztendlich änderte sich auch die Lehrerrolle. Das Vermitteln von Wissen stand für mich bei der Durchführung dieses Projektes vor allem während der ersten zwei Wochen im Vordergrund, als wir in der Klasse schwerpunktartig einige wichtige Themen aus dem Buch besprachen. In dieser Zeit übten und lernten die Schülerinnen und Schüler zum Beispiel auch wichtige Techniken der Texterschließung, wie z.B. das Unterstreichen zentraler Textstellen im Hinblick auf eine bestimmte Fragestellung. Während der Gruppenarbeitsphase war ich hauptsächlich damit beschäftigt, die einzelnen Gruppen zu beraten und den Arbeitsprozess zu organisieren. Das Lehren trat in den Hintergrund. Gleichzeitig begann ich während der Zeit, in der ich beobachten konnte, die Gruppen auch zu beurteilen. Dieser Aspekt der Lehrerrolle kam dann noch stärker in der Phase der Präsentationen zum Vorschein.

Überlegungen für zukünftige Bewertungen von Projekten

Entscheidend ist es, sich im Vorfeld einer Projektphase eingehend Gedanken über die Bewertungskriterien zu machen. Bewährte oder bereits erprobte Bewertungsbögen können als Anregung dienen, niemals aber unverändert übernommen werden, da jede Lerngruppe anders ist und auch jedes Thema mit Sicherheit andere Schwerpunktsetzungen erfordert. Viele Bewertungskriterien werden sich aber immer wieder anwenden lassen.

Wichtig wird es über diese anfänglichen Versuche hinaus für die Zukunft sein, in jeder Klasse und Klassenstufe von unten herauf immer wieder auch kleine Übungssituationen zu schaffen, die nicht unbedingt eine Klassenarbeit ersetzen müssen, damit in der Oberstufe grundlegende Präsentationstechniken beherrscht und auch auf andere Fächer übertragen werden können. So hatten die Schülerinnen und Schüler der Klasse 5g im Biologieunterricht bereits wieder die Gelegenheit, kleine Referate über Tiere vorzubereiten und dem Plenum vorzutragen. Im Französischunterricht übten sie sich im szenischen Spiel mit dem Ziel, vor einem größeren Publikum aufzutreten. (vor Viertklässlern und deren Eltern beim 'Schnuppernachmittag'). Auch in solchen Situationen kann Nervosität entstehen und muss überwunden werden. Je häufiger sich Schülerinnen und Schüler jedoch damit auseinandersetzen, desto sicherer und souveräner werden sie im Auftreten. Entscheidend wird es auch sein, alle Fächer bei der Einübung von Präsentationstechniken einzubeziehen und deren Anwendung in den Unterrichtsalltag zu integrieren.

Stellt sich bei den Schülerinnen und Schülern mit der Zeit die notwendige Routine ein, wird dies auch zur Folge haben, dass die Kriterien, etwa bezüglich eines gelungenen Referats, mit größerer Selbstverständlichkeit berücksichtigt und umgesetzt werden und auch bei der Beobachtung im Plenum eine noch wichtigere Rolle spielen können. So bleibt zu wünschen, dass neue Formen der Leistungsbeurteilung zu einem festen Bestandteil unseres Schulalltags werden und diesen nicht nur abwechslungsreicher gestalten, sondern den Schülerinnen und Schülern durch neue

Schwerpunktsetzungen im Unterricht auch Kompetenzen mit auf den Weg geben, die ihnen für ihre Zukunft hilfreich sein werden.

7.4 Anhang

Anlage 1: Max von der Grün: *Vorstadtkrokodile*
Themenliste für die Gruppenarbeit

Sucht euch bitte eins der folgenden Themen aus, sprecht euch untereinander ab und bildet Gruppen von 2 bis höchstens 4 Schülerinnen/ Schülern.

1. Die Mutprobe Verändert diese Begebenheit so, dass Hannes nicht - wie im Buch - von der Bande im Stich gelassen wird, sondern dass die Jungen und Maria ihm auf irgend eine Art helfen. Schreibt eine Theaterszene. Textstelle: Seite 7 - 13	**7. Alle Menschen machen Fehler** Stellt die Fehler mehrerer Personen im Roman vor und erfindet andere Handlungsverläufe. Überlegt euch eine sinnvolle Präsentation. Wollt ihr Plakate herstellen? Folien? Eine Diskussion über die Fehler inszenieren?
2. Kurts Aufnahme in die Krokodilerbande Schreibt eine Theaterszene. Textstelle: Seite 33 - 36	**8. Thema Behinderung: Behindertenausstattungen** (für Rottenburger Schüler) Geht auf Erkundung in die Stadt und findet heraus, ob öffentliche Gebäude (Banken, Rathaus, Restaurants, das EBG) behindertengerecht ausgestattet sind. Wie funktioniert ein Rollstuhl? Welche Hilfsmittel gibt es für Behinderte? Stellt eure Ergebnisse und Verbesserungsvorschläge der Klasse vor.
3. Auf dem Minigolfplatz Schreibt eine Theaterszene. Textstelle: Seite 98 - 102	**9. Thema Behinderung: Der Umgang mit Behinderten in unserer Gesellschaft.** Erstellt einen Fragebogen und führt eine Fragebogenaktion durch. Wertet die Aktion aus und stellt die Ergebnisse der Klasse vor.
4. Vorurteile gegen die Italiener Wie wird in Olafs Familie über die Einbrüche gesprochen? Schreibt eine Theaterszene. Textstelle: Seite 37 - 41	**10. Thema Behinderung: Buchvorstellung.** Peter Härtling: 'Das war der Hirbel'
5. Eine Fortsetzung der Geschichte Entwerft einen eigenen Schluss. Wie geht es weiter? Präsentation: Spielen, z.B. kann auch ein Erzähler auftreten, Bildergeschichte, mit einem Fortsetzungstext versehen ...	**11. Thema Jugendkriminalität: Buchvorstellung** Noack: 'Rolltreppe abwärts', oder Hansjörg Martin: 'Die Sache im Supermarkt', oder Irene Rodrian: 'Blöd, wenn der Typ draufgeht'. In diesen Jugendbüchern geht es auch um Jugendkriminalität.
6. Erfindet eine weitere Figur. Stellt dar, welche Rolle sie in der Geschichte spielen könnte. Spielt die Begegnung(en) oder lasst andere Figuren aus dem Buch darüber berichten.	

Anlage 2: Max von der Grün: *Vorstadtkrokodile*
Bewertungsbogen

Name: ....

1. Schriftliches Ergebnis		2. Präsentation	
1. **Inhalt**	Auf die Fragestellung seid ihr ☐ ausgezeichnet ☐ angemessen ☐ nicht so gut eingegangen	**1.** **Sprachliche** **Bewältigung**	Dein sprachlicher Ausdruck vor der Klasse ist ☐ sehr überzeugend ☐ gut ☐ noch nicht so gut
2. **Sprache**	Ihr habt euer schriftliches Ergebnis ☐ fehlerfrei ☐ weitgehend richtig ☐ mangelhaft verfasst	**2.** **Auftreten**	Deine Körpersprache (Gestik, Mimik...) ist ☐ ausgeprägt und unterstützend ☐ nicht immer deutlich ☐ noch verbesserungswürdig
3. **Kreativität**	Ihr habt euer Thema ☐ sehr ideenreich ☐ angemessen ☐ etwas langweilig gestaltet	**3.** **Optische und** **akustische** **Aufbereitung**	Zur Unterstützung dieser Präsentation hast du ☐ tolle und sinnvolle ☐ angemessen ausgewählte ☐ zu wenig/ unpassende Requisiten etc. eingesetzt
4. **Darstellung**	Ihr habt euer schriftliches Ergebnis ☐ sehr ansprechend ☐ befriedigend ☐ schlampig präsentiert		

Zusätzliche Bemerkungen:

....

....

....

....

....

Noten: Schriftliches Ergebnis _____

              Präsentation _____

Gesamtnote _____

Anlage 3: Max von der Grün: Vorstadtkrokodile
Beobachtungen für die Bewertung des Arbeitsprozesses während der Gruppenarbeit

Schüler(in): ....

1. Gruppenverhalten	☐ ist viel ☐ wenig ☐ selten von der Gruppe abgelenkt	3. Kreativität	☐ hat viele ☐ wenige ☐ keine wesentlichen Ideen eingebracht
2. Verantwortung	spornt die Gruppe ☐ oft ☐ selten ☐ nie an	4. Selbstständigkeit	☐ kann gut ☐ nur mit Mühe ☐ noch nicht so gut allein arbeiten

Anlage 4: Zwei Beispiele für die verbale Beurteilung des Arbeitsprozesses während der Gruppenarbeit

---

Gruppe 8/ Thema: Stadterkundung: Ist Rottenburg behindertengerecht ausgestattet?

Ihr habt von Anfang an in eurer Gruppe sehr selbstständig, zielstrebig und eigenverantwortlich zusammengearbeitet und euch eure Aufgaben klar zugeteilt. Unterstützung von meiner Seite war gar nicht nötig, denn ihr wusstet genau, wie ihr vorgehen wolltet.

Am Ergebnis konnte man erkennen, dass ihr nicht nur die Gruppenarbeitsstunden in der Schule genutzt habt, sondern euch auf eigene Initiative hin auch nachmittags getroffen habt, um die gemeinsame Arbeit voranzutreiben und eine überzeugende Präsentation zu liefern.

Ich hatte den Eindruck, dass ihr euch alle gleichermaßen für das Gelingen der Arbeit eingesetzt habt und zu einem richtigen Team zusammengewachsen seid. Wenn sich die Gelegenheit einmal wieder bietet, nehmt sie wahr und macht weiter so! Ihr habt gute Arbeit geleistet!

Gruppe 11/ Thema: 'Rolltreppe abwärts'

Eure Arbeit in der Gruppe kam recht langsam in Gang, was zunächst auch daran lag, dass S. krank war und das Buch erst einmal lesen musste.

Aber auch später während der gemeinsamen Gruppenarbeitsstunden habt ihr relativ lange gebraucht, um ein Konzept zu finden. Erst wolltet ihr den Inhalt des Buches kapitelweise zusammenfassen, dann hattet ihr euch eigentlich für eine Überblickszusammenfassung entschieden. Schließlich blieb es bei der schriftlichen Wiedergabe des ersten Kapitels. Schön wäre eine kleine Theaterszene gewesen - die Idee dazu hattet ihr ja - aber bis auf den kurzen Rollenwechsel beim Vorlesen ist daraus leider nichts geworden.

Mit eurer Arbeit seid ihr eher stockend vorangekommen – T., du hast dich etwas beim Malen 'verzettelt' - und in einer Stunde konntet ihr dann gar nichts machen, weil die Materialien nicht zur Hand waren.

Insgesamt hatte ich den Eindruck, dass ihr nicht so recht zusammengearbeitet habt, und dass ihr euch manchmal auch nicht so gut einigen konntet. Ihr habt zu sehr nebeneinander her gearbeitet und die Gruppenarbeitsstunden nicht so genutzt, wie es möglich gewesen wäre. Bemüht euch das nächste Mal, von Anfang an zügig zur Sache zu kommen und keine Zeit zu vertrödeln, und fühlt euch beide verantwortlich für das Ergebnis eurer Gruppenarbeit.

---

8 Fallstudie 8. Klaus Wegele: Leistungsbeurteilung bei einer Szenischen Interpretation (Gy/ Kl. 10/ D)

Fallstudie 8
Klaus Wegele:
Leistungsbeurteilung bei einer Szenischen Interpretation

Schule:	Eugen-Bolz-Gymnasium Rottenburg
Klassenstufe:	10
Lehrer:	Klaus Wegele
Fach:	Deutsch
Unterricht:	Szenische Interpretation
Thema:	Friedrich Schiller, Maria Stuart
Zeitraum:	Dezember 1999 bis Februar 2000
Beurteilungs- bausteine:	Produkt: Schriftliche Rollenbiographie, Schriftliches Resumee Präsentation: Spielen eines Rollenmonologs, Spielen von Szenenausschnitten, Erarbeiten und Spielen einer Schlussszene in der Gruppe

8.1   Voraussetzungen: Schule, Klasse, Lehrer, Thema

Zur Schule

Das Eugen-Bolz-Gymnasium in Rottenburg ist mit ca. 1350 Schülern und ca. 100 Lehrern eines der größten Gymnasien im Land. Im laufenden Schuljahr 1999/ 2000 werden 53 Klassen unterrichtet, das sind also durchschnittlich 6 Klassen pro Stufe. Von den Räumlichkeiten her ist die Schule eigentlich vierzügig; durch Auslagerung in Dependancen wird diese seit Jahren bestehende Überbelegung bewältigt. Trotzdem gilt für alle Klassen - mit Ausnahme der Klassen 5 und 6 - , dass sie keinen eigenen Klassenraum haben, dass sie nicht nur zum Fachunterricht in Fachräume wechseln, sondern eigentlich ständig ‚wandern‘. Der Deutschunterricht in der 10 Klasse, über den hier berichtet wird, findet an drei Tagen (in zwei Einzel- und einer Doppelstunde) in drei verschiedenen Räumen statt. In der Regel sind in der Kernunterrichtszeit auch alle Räume belegt, Gruppenräume zum Ausweichen existieren nicht. Die Räume sind schlecht ausgestattet, es gibt z.B. keine abschließbaren Schränke, in denen Unterrichtsmaterialien aufbewahrt werden könnten.

Dadurch, dass in Klasse 10 jeweils im Mai die „Zentralen Klassenarbeiten" („ZK") in Deutsch, Mathematik und einer Fremdsprache geschrieben werden, besteht auch ein größerer Druck, den entsprechenden Stoff behandelt und geübt zu haben, was ebenfalls zu geringerer Flexibilität beiträgt.

Im Rahmen des Forschungsprojektes können nach Zustimmung der Klassenpflegschaft in den Hauptfächern bis zu zwei (von sechs) Klassenarbeiten durch andere Beurteilungsformen ersetzt werden. Da die Fachschaft Deutsch für die Klasse 10 verbindlich festgelegt hat, dass der Praktikumsbericht des einwöchigen Berufsorientierungspraktikums („BOGY") eine Klassenarbeit ersetzt, ist hier der Spielraum schon begrenzt, da eine weitere Klassenarbeit eben die „ZK" ist, die ausreichend auch durch Klassenarbeiten vorbereitet sein muss.

Zur Klasse

Die Klasse, in der der Unterrichtsversuch unternommen wurde, gehört dem mathe-
matisch-naturwissenschaftlichen Zug an und hat deshalb vier Stunden Deutsch pro
Woche. Für die ZK wichtige Schreibformen wie die ‚Erörterung' waren in der 9.
Klasse gut vorbereitet worden, so dass es vertretbar schien, die geplante Szenische
Interpretation in dieser Klasse durchzuführen. Bei der Bekanntgabe der Notengebung zu Beginn des Schuljahres (‚Transparenzerlass') wurde die Klasse erstmals
über das Vorhaben informiert, die Zustimmung der Eltern wurde auf dem ersten
Elternabend im Oktober eingeholt. Im Anschluss gab es weitere Erklärungen in
einem Gespräch mit der Klasse. Da die Klasse die Unterrichtsmethode der Szenischen Interpretation nicht kannte, mussten die Erklärungen aber eher abstrakt bleiben. Es gelang jedoch in den ersten Monaten des Schuljahres, ein Verhältnis des
Vertrauens zwischen der Klasse und mir aufzubauen, das den Schritt auch auf unbe-
kanntes Terrain möglich machte.

Die Klasse besteht aus 28 Jugendlichen, davon 16 Mädchen und 12 Jungen. Es ist
von den Leistungen her eher eine schwächere Klasse, zum Halbjahr gab es eine
Reihe von gefährdeten Schülerinnen und Schülern; einige werden voraussichtlich
mit der Mittleren Reife das Gymnasium verlassen. Auffallend ist ein starker Unterschied zwischen Jungen und Mädchen; während sich die Jungen in der Mehrzahl im
Unterricht sehr bedeckt halten, teilweise sogar blockieren, herrscht bei den Mädchen
eine große Offenheit und sehr erfrischende Direktheit. Gegensätze in den Einstellungen gehen jedoch über Geschlechtergrenzen hinaus. Bei einem Teil der Klasse
herrscht die Ansicht, dass man möglichst jede Anstrengung vermeiden solle, bei
einem anderen Teil ist im Gegenteil eine sehr große Leistungsorientierung zu spüren. Dies wird auch von den Jugendlichen als Problem gesehen, so wenn in einem
der Auswertungsgespräche gesagt wird, es gebe Schüler, die seien „gegen alles
andere, die (seien) immer gegen Arbeiten" (L8/ 3/ 12).

Lehrer

In den letzten Jahren habe ich häufig die Klassen 9 und 10 unterrichtet und dabei
auch mit der Methode der Szenischen Interpretation gearbeitet. Im vorhergehenden
Schuljahr gab es einen Vorlauf zum hier besprochenen Versuch mit gleicher Methode, gleichem Thema und ähnlichen Beurteilungsformen ebenfalls in einer 10.Klasse;
auf diesen Erfahrungen und auf Erfahrungen in anderen Klassen konnte ich aufbau-
en.

Ein persönliches Interesse von mir, das sich auch in meinen schulischen Arbeits-
schwerpunkten niederschlägt, ist Schultheater. Ich leite an der Schule zwei Theater-
Arbeitsgemeinschaften; für das Oberschulamt halte ich als ‚Theaterlehrer' Fortbildungen ab und biete Beratung an, besonders auch mit dem Schwerpunkt ‚Szenisches
Interpretieren'.

Ein wichtiger Impuls für diesen Versuch mit den neuen Beurteilungsformen war
für mich die bundesweite Diskussion um die Einführung eines eigenen Fachs „Darstellendes Spiel" („DS") als drittes künstlerisches Fach neben Musik und Bildender
Kunst[31]. In einer Mehrzahl der Bundesländer gibt es dazu inzwischen zumindest
Ansätze. Nicht so in Baden-Württemberg; hier wird in den letzten Jahren immerhin

---

[31] Einen Zwischenstand dieser Diskussion findet man z.B. in der Dokumentation zum „Schultheater der
Länder" 1995

in den amtlichen Verlautbarungen betont, wie wichtig DS als methodischer Ansatz sei, z.B. eben im Deutschunterricht. Wenn DS Fach ist, muss es Noten geben; dazu gibt es inzwischen auch genügend Praxiserfahrung. Für mich war der Unterrichtsversuch in dieser 10. Klasse eine Gelegenheit, eigene Erfahrungen zu sammeln mit der Benotung von darstellendem Spiel.

Zum Thema

Der Lehrplan Deutsch am Gymnasium sieht vor, dass in Klasse 9 oder 10 eine Drama von Schiller oder Goethe gelesen werden muss. Dabei ist Schillers *Maria Stuart* eine Möglichkeit. Für die Jugendlichen dieser Altersstufe ist es sicherlich eine sehr schwierige Lektüre; allein die Sprache ist für viele eine fast unüberwindliche Hürde, wenn sie nicht durch einen entsprechenden methodischen Unterrichtsansatz Hilfestellungen bekommen. Schiller hat in diesem Drama sehr viel Geschichte aufgearbeitet, eine Geschichte, die den Schülerinnen und Schülern sehr fremd bleibt, da ihnen in vielerlei Hinsicht die Voraussetzungen für das Verständnis fehlen. Durch die Anteilnahme an persönlichen Schicksalen können aber auch heutige Zehntklässler angesprochen werden. Von daher ist die Wahl der Unterrichtsmethode der Szenischen Interpretation sicherlich zu rechtfertigen, denn genau das ist ihr zentraler Ansatz.

8.2   Zur Unterrichtsmethode: ‚Szenische Interpretation'

Allgemeines

Der Begriff ‚Szenische Interpretation' hat sich seit einigen Jahren in der didaktischen
Diskussion für alle Ansätze eingebürgert, die, ausgehend von Arbeitsweisen von Theater und Theaterpädagogik, Literatur dadurch verstehbar machen wollen, dass sie sie in Szene setzen (vgl. Kunz, Schau, Scheller). Die Szenische Interpretation ist handlungsorientiert; sie fordert auf, Texte in konkrete Haltungen und Handlungen von Figuren in einem konkreten Raum umzusetzen. Sie ist produktionsorientiert; die gewonnene Texterkenntnis wird in einer theatralen Form gezeigt. Dabei werden die Einengungen der üblicherweise im Literaturunterricht vorherrschenden kognitiv-analytischen und auf Sprache konzentrierten Arbeitsweise aufgehoben; Körpersprache, Motorik, sinnliche Wahrnehmung werden zu notwendigen Ergänzungen (vgl. Schau 1996, 23), man kann zu Recht mit Albrecht Schau (1996, 15ff) von Ganzheitlichkeit sprechen.

Betont werden muss besonders im Hinblick auf die Beurteilungsformen, dass Szenische Interpretation einen sehr individuellen Textzugang ermöglicht und fordert und damit die Beschäftigung mit dem Text ‚umleitet' in eine Beschäftigung mit sich selbst; so Ingo Scheller:

> „... Sie versucht, mit Mitteln des szenischen Spiels einen Prozess in Gang zu bringen und zu intensivieren, in dem Schüler und Schülerinnen bei der Auseinandersetzung mit den im Text gestalteten fremden Lebensmustern und Szenen eigene Erlebnisse, Empfindungen und Verhaltensmuster entdecken können....". (Scheller 1996, 22)

Auch Marcel Kunz sieht Szenische Interpretation

„...als Möglichkeit eines anderen, stimulierenden, sensibilisierenden und individualisie-
renden Zugangs zu Texten..." (Kunz 1997, 12)

und rechtfertigt dies u.a. mit dem Verweis auf neuere Interpretationsansätze aus dem
Blickwinkel der Rezeptionstheorie: „Lesen ist Neuerfindung", „Interpretation .... ist
die Summe aller individuellen Leseerfahrungen und – reaktionen". (Kunz 1997, 13).

Szenische Interpretation der Maria Stuart

Als Ausgangspunkt habe ich für die Unterrichtseinheit das Modell von Ingo Scheller
zu Maria Stuart (Scheller 1995, 61ff)[32] benutzt. In seiner didaktischen Analyse cha-
rakterisiert er seinen Unterrichtsvorschlag:

> „ Der folgende Vorschlag ...... gilt dem Privatdrama hinter dem Historiendrama, ohne
> dass die historischen Hintergründe ignoriert werden. Er fragt nach den Personen, den
> widersprüchlichen Haltungen, nach den Wünschen, Gefühlen und Identitätskrisen hinter
> den öffentlichen Rollen, die die beiden Frauen spielen. Ihm geht es dabei auch darum,
> Elisabeth und Maria als Projektionsfiguren aus der Perspektive jener Menschen zu zei-
> gen, die von ihnen abhängig sind, die aber auch durch ihre Erwartungen den Hand-
> lungsspielraum und die Selbstbilder der Königinnen beeinflussen." (Scheller 1995/ II,
> 61ff)

Nach Schellers Modell erhält jede Schülerin und jeder Schüler eine Person aus
dem Drama als ‚Rolle' zugewiesen. Mit dieser Rolle sollen sie sich auseinandersetzen. Dies bedeutet zunächst, dass sie sich über sie informieren müssen, dass sie den
Text ‚parteiisch' lesen. Zu jeder Rolle gibt Scheller einen kurzen ‚Rollentext',
Textstellen zur ‚Einfühlung' und zur ‚Sprechhaltung' sowie einen Katalog mit ‚Fragen zur Einfühlung'.
Der ‚Rollentext' gibt eine Kurzinformation zur Rolle, auch mit notwendigen historischen Zusammenhängen; die angegebenen Textstellen erlauben mit der Hilfe
des Fragenkatalogs die Erstellung einer ‚Rollenbiographie'. Darunter versteht man
einen Text in ‚Ich-Form', in dem neben den Fakten, die der Text liefert, auch individuelle Sichtweisen möglich und erwünscht sind, so dass eine Figur entseht. Die ‚Ich-
Form' soll die Identifikation mit der Rolle fördern.
Wenn die Schülerinnen und Schüler ihre Rollen kennengelernt haben, können sie
in den einzelnen Szenen/ Textstellen als ‚Schauspielerinnen und Schauspieler' eingesetzt werden. Es kann erwartet werden, dass sie, wenigstens aus der Sicht ihrer
Rolle, verstehen, wie z.B. die Beziehung zwischen zwei Personen ist. Sie sollen dies
dann durch äußere Haltungen, d.h. durch Körperhaltungen, deutlich machen. Diese
äußere Haltung kann besonders gut beobachtet werden, wenn sie in der Form des
‚Standbildes' ‚eingefroren' ist. In der Erweiterung kann in einem solchen Standbild
natürlich ganz konkret gezeigt werden, wie z.B. zwei Personen zueinander im Raum
stehen, oder auch wie insgesamt sich die Personenkonstellation im Raum entfaltet.
Solche lebenden Bilder, auch als ‚Tableau' bezeichnet, sind jeweils sehr eindrückli-
che Momentaufnahmen aus dem Drama[33].
In diesen verschiedenen Formen der Standbilder lassen sich die Figuren dann
wiederum in ‚Rollengesprächen' (vgl. Scheller 1998, 51; Kunz 1997, 80) befragen.
Die Fragen gelten in der Regel dann schon nicht mehr dem Text und dem äußeren
Geschehen, sondern sind Fragen nach dem ‚Subtext', worunter man die nicht-
ausgesprochenen Gedanken und Gefühle einer Figur versteht. Hier ist also wieder-

---

[32] Die Seitenzahlen des Schillertextes beziehen sich bei Scheller auf die Reclam-Ausgabe, während im
Unterricht eine Ausgabe des Klett-Verlags benutzt wurde
[33] Zu den einzelnen Methoden vgl. Scheller 1995/I und Scheller 1998, 80

um individuelles Textverständnis gefragt, darüber hinaus die Fähigkeit sich entsprechend auszudrücken.

8.3   Zu erwerbende Kompetenzen

Vorstellungen des Bildungsplans Baden-Württemberg

Sowohl in den allgemeinen Zielen des Deutschunterrichts als auch in seinen Hinweisen zum Arbeitsbereich Literatur legt der Bildungsplan des Landes Baden-Württemberg sehr viel Wert auf die individuelle Auseinandersetzung mit Literatur und wünscht ausdrücklich auch kreative Zugänge. Von daher ist meines Erachtens das Verfahren der Szenischen Interpretation ausreichend legitimiert.

Trotzdem wurden und werden solche Verfahren im Unterricht nur selten benutzt, und wenn, dann nur „als Belohnung oder kreative Nische, ... als didaktische Raffinesse..." (Kunz 1997, 12), eben nicht als Alltag, in dem gerade nicht genügend (Zeit-) Raum für sie vorhanden ist. Dies wird verstärkt durch die bisherige Praxis der Leistungsbeurteilung, besonders der zentralen Prüfungen in Baden-Württemberg; die Anforderungen in der Zentralen Klassenarbeit der Klasse 10 wie im Abitur ließen bis vor kurzem eben nur kognitiv-analytische Interpretation von Literatur oder sachlich-rationale Erörterung zu. In Klasse 10 gibt es immerhin seit 1999 das „Gestaltende Interpretieren", womit kreative Textzugänge gemeint sind; auch im Abitur soll es eingeführt werden. Möglicherweise gehen von diesen Anforderungen Impulse auf den Unterricht und die entsprechenden Leistungsbeurteilungen aus.

Kompetenzen nach dem erweiterten Lernbegriff

Die Diskussion um den erweiterten Lernbegriff ist auch in die ‚Innere Schulentwicklung' in Baden-Württemberg eingeflossen und wird ihre Auswirkungen auf die neuen Lehrpläne, die mit der ‚Reform der Reformierten Oberstufe' nötig werden, haben. Die Begriffe der *‚Schlüsselqualifikationen'*, der *‚Basiskompetenzen'* stehen im Zentrum. Es ist abzusehen, dass das Fach Deutsch dabei einen besonders großen Anteil an Verantwortung bekommen wird. Dies wird einerseits zu einer Beschränkung der fachspezifischen Inhalte führen, aber auf der anderen Seite die Legitimation geben zu neuen Unterrichtsformen einschließlich neuer Formen der Leistungsbeurteilung.

Darstellendes Spiel, auch in seiner eingeschränkten Form der Szenischen Interpretation, unterstützt durch seine Arbeitsweise den Erwerb von Schlüsselqualifikationen m.E. in ganz besonderer Weise. Hartmut von Hentig behauptet in seinem Essay „Bildung",

> „dass das Theaterspielen eines der machtvollsten Bildungsmittel ist, die wir haben: ein Mittel, die eigene Person zu überschreiten, ein Mittel der Erkundung von Menschen und Schicksalen und ein Mittel der Gestaltung der so gewonnenen Einsicht" (v. Hentig 1996, 119).

Er geht sogar so weit zu sagen:

> „Ich traue mir die Einrichtung einer alle Bildungsansprüche befriedigenden Schule zu, in der es nur zwei Sparten von Tätigkeiten gibt: Theater und science. Es sind die beiden Grundformen, in denen der Mensch sich die Welt aneignet: subjektive Anverwandlung und objektivierende Feststellung." (v. Hentig 1996, 119f)

226

Für den Unterrichtsversuch wurden vier Lernbereiche unterschieden, wie im allgemeinen Kapitel I ausgeführt wird.

Mit welchen Inhalten lassen sich diese Bereiche speziell bei der gewählten Unterrichtsmethode der Szenischen Interpretation füllen? Dazu die folgende Zusammenstellung:

Inhaltlich-fachliches Lernen
- Kenntnis und Verständnis des Drameninhalts (Personen, Ort, Zeit, Handlung)
- Drama und Autor, Einordnung in literarische Epoche
- Wie funktioniert ein Drama? Fachbegriffe, z.B. zum Aufbau des klassischen Dramas

---

Dieser Bereich unterscheidet sich so nicht von traditionellen Unterrichtsformen, allerdings verschieben sich die Schwerpunkte. Die letzten zwei Punkte rücken aus dem Unterrichtszentrum mehr an den Rand, werden als Voraus- bzw. Zusatzinformation geliefert.

Methodisch-strategisches Lernen
- Dramentext aus der Sicht einer Person lesen
- Verfassung einer Rollenbiographie nach Leitfragen
- Verfassen und Vortragen eines inneren Monologs in Spielsituationen
- Standbilder bauen: innere Haltungen durch äußere Haltungen ausdrücken, Beziehungen zu anderen Figuren definieren
- Mit Subtexten das Innere einer Figur erforschen
- Szenen gestalten vom Text her und in der Improvisation
- Resumee verfassen

Die Rollenbiographie und das Resumee sind schriftliche Formen, die als solche den SchülerInnen nicht völlig fremd sind. Sie können in Hausarbeit ,am Tisch' erledigt werden. Für den inneren Monolog gilt das in der Vorbereitung zwar auch, in der Präsentation gehört er aber wie die anderen Punkte schon in den Bereich des Darstellenden Spiels und ist sehr eng geknüpft an den Bereich des persönlichen Lernens.

Sozial-kommunikatives Lernen
- Über Rollen und ihre Gestaltung in Gruppen bzw. in der Klasse sprechen, beurteilen, korrigieren
- In der Rolle kommunizieren, auf Haltungen reagieren, Spielangebote wahrnehmen, sich in eine Szene, ein Bild einordnen
- In der Gruppe Szenen entwickeln und präsentieren

Dadurch, dass die Schülerinnen und Schüler die Rollen des Dramas übernehmen, wird die Kommunikation meistens nicht nur über einen Gegenstand außerhalb gehen, sondern jeweils auch den Spieler bzw. die Spielerin betreffen. Dies fordert einen sehr sensiblen Umgang miteinander, wenn nicht schnell alles abgeblockt werden soll.

- Auf die Rolle bezogen: Identifikation und Empathie, aber auch Distanz zulassen; Werthaltungen übernehmen und wieder abgeben; sich für eine Figur engagieren
- Auf sich selbst bezogen: Vertrauen auf die Ausdrucksfähigkeit der Körpersprache, sich zeigen, persönliche Gedanken und Gefühle zulassen und ins Spiel einbringen
- Auf die MitspielerInnen bezogen: Nähe zulassen, sich behaupten in der Rolle, verschiedene Sichtweisen akzeptieren

Der mögliche Einwand, dass sich die Schülerinnen und Schüler gerade hinter ihren Rollen verstecken könnten und so für ihre Persönlichkeit nichts lernten, trifft in der Praxis überhaupt nicht zu. Allein die Tatsache, dass sie im Spiel mit ihrem Körper im Blick sind, ist für sie beunruhigend, weil in der gymnasialen Schulrealität ungewohnt. Besonders bei den ersten Versuchen ist sehr viel Ich-Stärke verlangt, gerade auch bei sonst verbal sehr selbstbewussten Jugendlichen. Sie sind tatsächlich affektiv gefordert.

Die Szenische Interpretation verlegt das Schwergewicht des Lernens vom kognitiven Bereich durch ihre sehr auf Praxis ausgerichteten Methoden stark auf den sozial-kommunikativen und affektiven Bereich. Dadurch sollten die Schülerinnen und Schüler am Ende z.B. nicht nur mehr über ein Drama von Schiller wissen, sondern sollten als Einzelperson und als Gruppe ihre Position auf bestimmte im Stück angesprochene allgemeine Haltungen und Probleme gefunden haben und sie darstellen und vertreten können. Darüber hinaus ist das Ziel nicht eine Qualifikation als Schauspieler oder Schauspielerin, sondern Selbstbewusstsein, ein im guten Sinne starkes Auftreten: Eigenschaften und Fähigkeiten, die über den Unterricht und die Schule hinausweisen.

8.4   Verlauf der Unterrichtseinheit

Ich erläutere zunächst den Verlauf des Unterrichts in seinen einzelnen Phasen, soweit sie zum Verständnis der Beurteilung notwendig sind. Die Leistungsbeurteilung selbst wird im folgenden Kapitel 5 ausführlich beschrieben. Die Unterrichtseinheit war in drei Phasen angelegt:

Phase 1:   Einführung
Phase 2:   Durchführung der Szenischen Interpretation
Phase 3:   Auswertung

Phase 1: Einführung in Thema und Methode

In der ersten Phase erarbeiteten sich die Schüler und Schülerinnen in Partnerarbeit einerseits eine Grundwissen; anhand von zwei von mir erstellten Lernplakaten informierten sie sich über den Stoff des Theaterstücks exemplarisch an den historischen Personen Maria und Elisabeth und über den Autor Friedrich Schiller und seine Zeit.

Andererseits wurden sie durch spielpraktische Übungen in die Arbeitsweise eingeführt. Dazu musste jeweils der Klassenraum zu einem ‚Spielraum‘ umgeräumt werden. Im Kreis wurden verschiedene Körperhaltungen ausprobiert, z.B. Männer-haltungen/ Frauenhaltungen, Haltungen von überlegenen und von unterlegenen Personen. Dabei wurden Arbeitsbegriffe erklärt und eingeführt, z.B. das Standbild. Improvisierte Begegnungen verschiedener Typen auf einer Parkbank ließen erste Szenen entstehen.

Mit diesen Techniken wurde erstmals im Spiel Bezug genommen auf den Text: Es wurden Standbilder gebaut, die erste Vorstellungen von Maria bzw. Elisabeth deutlich machten; in einer Zweier-Improvisation wurde der Satz „Das Weib ist nicht schwach" (II,3) erprobt. Eine Gruppenarbeit, bezogen auf die Hinrichtung Marias, fasste das Gelernte zusammen.

Im nächsten Schritt wurden die Rollen verteilt. Die von Scheller vorgeschlagenen Sätze zu den Sprechhaltungen lagen für sieben ausgewählte Rollen je vierfach auf Papierstreifen im Raum aus. Die Schülerinnen nahmen sich die Streifen, probierten die Sätze im Spiel aus und legten sich schließlich auf einen Satz fest. Sie hatten dabei keine weitere Information als männlich oder weiblich, wobei galt, dass Mäd-chen auch männliche Rollen übernehmen durften bzw. sogar mussten angesichts der Überzahl der Männerrollen bei Überzahl der Mädchen in der Klasse, während um-gekehrt ein Verbot bestand. Aus praktischen Gründen waren die folgenden sieben Rollen von mir ausgewählt worden: Elisabeth(1), Maria(2), Burleigh(3), Leicester(4), Shrewsbury(5), Paulet(6), Mortimer(7). Zunächst sollten die Rollen, auch im Hinblick auf die Beurteilungen, ungefähr gleichwertig sein; weiter ließ sich bei der Zahl von 28 SchülerInnen in der Klasse die Zahl von sieben Rollen gut auf vier Gruppen, ‚Besetzungen‘ genannt, aufteilen. Nach der Wahl der Rollen wurden diese vier Besetzungen zusammengestellt, sie blieben für die ganze Arbeit in dieser Zusammensetzung stabil.

Erst jetzt erhielten die Schülerinnen den Schillertext mit der ‚Erlaubnis‘ zur Lektüre. Jede/ r wurde mit einer Rollenkarte nach der Vorlage bei Scheller (I.Scheller, 1995 II, S. 64 ff) versorgt, die Rollentext, Angaben zu für die jeweilige Rolle besonders wichtige Textstellen und die Fragen zur Einfühlung enthielten.

Damit war erstens die Aufgabe verbunden, eine schriftliche *Rollenbiographie (1.Beurteilung)* zu erstellen. Zweitens sollten die Schülerinnen und Schüler auf der Grundlage dieser Rollenbiographie einen kurzen ca. 2-3minütigen *Rollenmonolog (2.Beurteilung)* vorbereiten, der vor der Klasse vorzuspielen war. Beide Aufgaben mussten erklärt werden, da sie für die Klasse ganz neu waren.

Am Ende dieser ersten Phase wurde mit der Hilfe eines Übersichtsblatts (Abb. 39, S. 231) der Klasse das System der fünf Beurteilungen genauer vorgestellt.

Für die ersten Phase wurden fünf Stunden verwendet, sie waren so gelegt, dass da-nach mit den Weihnachtsferien eine längere Lektüre- und Arbeitsphase ohne Unter-richt möglich war.

Phase 2: Durchführung der Szenischen Interpretation

Im folgenden Teil kann nur im Überblick der Ablauf des Unterrichts gezeigt wer-den. Es sollte klar werden, an welchen Stellen die Beurteilungen stattgefunden ha-ben und wo exemplarisch verschiedene Arbeitstechniken ihren Platz gefunden ha-ben.

Nach den Ferien wurde vorausgesetzt, dass alle den Text, auf die zugeteilte Rolle bezogen, kennen. Die schriftlichen Rollenbiographien wurden dazu eingesammelt und korrigiert *(1.Beurteilung)*. Es folgte dann die eigentliche Szenische Interpretation, bei der mit unterschiedlichen Vorgehensweisen am Text entlang die Dramenhandlung und die innere Entwicklung der Figuren erarbeitet wurden. An passenden Stellen wurden die Rollenmonologe eingebaut, die von Maria und Elisabeth z.B. bei der Behandlung der ersten beiden Aufzüge. Prinzip dabei war, dass die je vier gleichen Rollen zusammen ihren Auftritt hatten. Eine zu ihrer Rolle passende Musik rahmte die Monologe ein und leitete über. Am Ende bekamen sie eine Rückmeldung von der Klasse, an der auch ich mich beteiligte. Anschließend beurteilte ich die Monologe für mich *(2.Beurteilung)*.

Das Vorhaben, die Schülerinnen bei der szenischen Arbeit begleitend zu beurteilen *(3.Beurteilung)*, erwies sich als schwierig. Versucht wurde es bei der zentralen Szene im III. Aufzug, der Begegnung der Königinnen. Die Szene war von mir in vier Teile, für jede Besetzung einen, gegliedert, die jeweils markiert waren durch Sätze von Maria und Elisabeth. Zu diesen Sätzen bauten diese zunächst ein Zweier-Standbild mit den beiden Königinnen auf, das dann Zug um Zug zu einem Tableau mit der ganzen Besetzung ergänzt wurde. Auf diese Weise entstanden vier Bilder der inneren Haltungen der Figuren, in denen jeweils deutlich wurde, wie sich die Beziehung zwischen Maria und Elisabeth entwickelt hatte und wie dies von den anderen Figuren bewertet wurde. Die Figuren wurden in diesem Tableau von mir in der Form von Rollengesprächen befragt, wie sie die eigene Situation und die der anderen in diesem Moment sahen. Auf diese Weise wurde sowohl ihr Textverständnis abgefragt, als auch beobachtet, ob ihre äußere Haltung stimmig war. Die innere Entwicklung in dieser Szene, die den Höhepunkt des Dramas ausmacht, konnte so gut analysiert werden.

Sowohl aus inhaltlichen als auch aus ganz praktischen zeitlichen Gründen wurde der vierte Aufzug stark zusammengefasst und auf Leicester konzentriert, verbunden mit den entsprechenden Rollenmonologen. Die äußere Handlung wurde in einer improvisierten Szene von außen – sozusagen als Botenbericht - betrachtet. Dazu schlüpften die Schülerinnen und Schüler für einen Moment aus ihren „steifen" höfischen Rollen in die von Dienstboten und Kneipengängern, die erzählen durften, wie ihnen der Schnabel gewachsen war, was ihnen sichtlich Spaß machte. Der große Elisabeth-Monolog (IV/ 10) wurde von den Elisabeths nur vorgelesen ohne weitere szenische Vertiefung

Der V. Aufzug und damit der Ausgang des Dramas wurde in Form einer Gruppenarbeit behandelt. Die vier Besetzungen hatten den Auftrag, in einer Gruppenszene darzustellen, wie das Drama für eine für ihre Gruppe festgelegte Figur endet und wie die anderen Figuren dazu stehen. Ausgewählt wurden neben Maria und Elisabeth Leicester und Mortimer (damit auch den IV.Aufzug noch einmal einbeziehend). Es entstanden zum Teil sehr eindrucksvoll gespielte eigenständige Szenen, die zeigten, dass das Drama verstanden worden war *(4.Beurteilung)*. Damit war die Phase der szenischen Arbeit beendet. Der geplante Zeitraum von drei-vier Wochen (15 Stunden), konnte, z.B. wegen einer Erkrankung von mir, nicht eingehalten werden.

Phase 3: Auswertung

Am Ende folgte noch eine schriftliche Aufgabe, nämlich ein Resumee *(5.Beurteilung)* zum Drama im Umfang von 1-2 Seiten zu verfassen. Zweck dieses

Resumees sollte sein, einerseits das Verständnis noch einmal abzusichern, andererseits aber am Ende auch wieder Distanz zur Rolle zu schaffen und zu einem Gesamtblick zu kommen. Deshalb sollte das Resumee auch nicht mehr in der Rolle in Ich-Form geschrieben werden. Es gab auch Gelegenheit zu einem persönlichem Urteil.

In der Klasse wurde im Anschluss in verschiedenen Schritten mit Fragebögen die Unterrichtseinheit ausgewertet. Soweit diese Auswertung die Unterrichtsmethode betrifft, wird sie in Kapitel 6 mit den wichtigsten Ergebnissen vorgestellt, Soweit sie die Leistungsbeurteilung betrifft, wird dies im folgenden Kapitel 8.5 betrachtet.

Zur Auswertung gehörten ebenfalls Gespräche mit der gesamten Klasse bzw. mit einer ausgewählten Gruppe mit dem Leiter des Forschungsprojektes Herrn Bohl. In größerem zeitlichem Abstand gab es noch Gelegenheit, auf einem Elternarbeit die Einheit vorzustellen.

8.5   Leistungsbeurteilung

Allgemeine Überlegungen

Üblicherweise erfolgt im Deutschunterricht der Mittel- und Oberstufe die Leistunsgbeurteilung am Ende einer Unterrichtseinheit durch einen Aufsatz, nach einer Lektüre in der Regel durch einen Interpretationsaufsatz. Dabei prüft dieser Aufsatz nur einen Teil der im Unterricht durch verschiedene Methoden eingeübten Kompetenzen, umgekehrt wirken sich Fähigkeiten im sprachlichen Bereich, die ab der Mittelstufe immer weniger geübt werden, stark auf die Beurteilung aus. Die Diskrepanz zwischen den im Unterricht geübten und den im Aufsatz verlangten Kompetenzen droht sich zu vergrößern, wenn mit sogenannten ‚neuen Unterrichtsformen‘ gearbeitet wird.

Abb. 39: Beurteilungsbausteine

Vorbemerkung: Für die Beurteilungen 1 – 5 wird jeweils ein Punktergebnis festgelegt, daraus die Gesamtpunktzahl errechnet. Die Umrechnung in Schulnoten geschieht erst nach Abschluss der Unterrichtseinheit. Jede/ r erhält ein Ergebnisblatt mit allen Einzelergebnissen.	
Beurteilung 1	**Schriftliche Rollenbiographie** (ca. 1 Seite, Donnerstag 13.1.2000) Unteraspekte 1) Textkenntnis – bzw. –verständnis, sinnvolle Verwendung der Fragen 2) Individuelle Ausgestaltung der Rolle, ausgehend von Fragen oder darüber hinaus 3) Form (Ich-Form, Sprache)
Beurteilung 2	**Rollenmonolog** (ca. 2 Minuten, ab Donnerstag 13.1.) Unteraspekte 1) Herausarbeitung von ausgewählten Grundzügen, ausgehend vom Text 2) Individuelle Gestaltung durch Wahl der Spielsituation, konkretes Handeln, Haltung 3) Darstellung (Ausgangsbild, Mittelbild, Schlussbild; in der Rolle bleiben...)
Beurteilung 3	**Szenen- bzw. Dialoganalyse** durch Spiel eines Szenenausschnitts
Beurteilung 4	**Gesamtverständnis des Dramas aus der Rolle heraus**
Beurteilung 5	**Schriftliches Resumee** zum Inhalt des Dramas aus der Sicht der Rolle und allgemein (ca. 1 – 2 Seiten)
Punktesystem 4 Punkte 3 Punkte 2 Punkte 1 Punkt 0 Punkte	über die Anforderungen hinausgehend Anforderungen gut erfüllt Anforderungen im Ganzen erfüllt Anforderungen zu einem wichtigen Teil nicht erfüllt Anforderungen zum überwiegenden Teil nicht erfüllt bzw. Leistung verweigert

Im Falle der Szenischen Interpretation zu Maria Stuart hätte es bedeutet, dass die szenische Arbeit ‚Spiel' geblieben wäre, wenn die Leistungsbeurteilung sich in der Form eines Aufsatzes nur auf das Inhaltlich-Fachliche beschränkt hätte. Die anderen Lernbereiche, wie auf S. 227f beschrieben sind, blieben dann ohne Konsequenz in Form einer Note. Zwar zeigen eigene frühere Erfahrungen mit der Methode, dass eine Klasse ein Drama, das in dieser Form behandelt worden ist, sehr gut kennt und sehr wohl in der Lage ist, darüber zu schreiben, besonders etwa in der Form einer ‚Literarischen Erörterung'. Im Unterricht werden aber dann sehr viele und gute Leistungen gezeigt, die nicht beurteilt werden und in diesem Sinne also für diejenigen, die sie erbracht haben, verloren gehen. Die sogenannte ‚mündliche Note' kann hier auch keinen ernsthaften Ersatz bieten.

Aus diesen Gründen habe ich eine Form der Leistungsbeurteilung versucht, die an mehreren Stellen des Unterrichts Leistungen erfasst und in einer Punkteskala bewertet; fünf Beurteilungen sollten vorgenommen werden. Dabei sollten schriftliche, mündliche und spielpraktische Leistungen berücksichtigt werden. Der Klasse wurde am Ende der 1.Phase ein Überblicksblatt (Abb. 39, S. 231) vorgelegt.

Es lassen sich also schriftliche sowie mündliche und spielpraktische Leistungen unterscheiden. Die schriftlichen Leistungen werden im Kapitel 5.2 vorgestellt, die mündlichen und spielpraktischen Leistungen in den Kapiteln 5.3 – 5.5. Für alle fünf Beurteilungen gab es drei Teilkriterien, die prinzipiell gleich waren:
1. Textkenntnis und Textverständnis
2. Persönlicher Zugang, individuelle Ausgestaltungsidee
3. Formale Gestaltung

Die drei Kriterien wurden dann für jede Aufgabe noch einmal konkret gefüllt, wie dies im Blatt oben bei den ersten beiden Beurteilungen zu sehen ist.

Für jede der Beurteilungen legte ich mir ein Übersichtsblatt (Abb. 40) an, auf dem für jede Leistung die Punkte vermerkt wurden. Als Messskala wurde ein Punktesystem von 0 bis 4 Punkten benutzt; für jede Beurteilung gab es demnach maximal 12 Punkte. Die Summen der fünf Beurteilungen ergaben dann zusammen eine Gesamtpunktzahl, die in Schulnoten umgerechnet wurde. Auf einem besonderen Bewertungsblatt, das in Kapitel 5.6 vorgestellt wird, wurde jedem Schüler bzw. jeder Schülerin das differenzierte Ergebnis, ergänzt durch einen kurzen verbalen Zusatzkommentar, mitgeteilt.

Abb. 40: Muster für ein Beurteilungsblatt (Beurteilung 2: Rollenmonolog)

Name	Textkenntnis 4 3 2 1 0	Gestaltung 4 3 2 1 0	Darstellung 4 3 2 1 0	Summe	Bemerkung
Maier, Peter	3	2	4	9	
Müller, Maria	4	4	3	11	
Schulz, Willi	2	2	0	4	verspätet

Die schriftlichen Leistungen: Beurteilungen 1 und 5

Zwei schriftliche Leistungen waren gefordert, zum einen am Ende von Phase 1 die Rollenbiographie (Beurteilung 1), zum anderen in Phase 3 das Resumee (Beurteilung 5). Beide Schreibformen waren für die Klasse neu.

Die Ergebnisse der Rollenbiographie waren eine gute Grundlage für die weitere Arbeit in Phase 2. Textkenntnis und –verständnis, bezogen auf die eigene Rolle, waren durchweg gut bis sehr gut. Mehr als die Hälfte hatte schon in dieser Phase einen deutlich erkennbaren eigenen Zugang zu der Rolle; die Form (Ich-Form, Ausdruck, Stil, Rechtschreibung, Grammatik) entsprach zu ungefähr je einem Drittel besonders, gut oder im Ganzen gut den Anforderungen.

Die Aufgabe zum schriftlichen Resumee war bewusst offen gehalten, sollte doch hier die Möglichkeit bestehen, sich auf der Grundlage der gründlichen Beschäftigung mit dem Drama frei dazu zu äußern. Diese Offenheit wurde von Schülerseite zunächst eher als Bedrohung empfunden und nichts als Chance zu Selbstständigkeit, die dann auch honoriert wird. Die Ergebnisse zeigen ein anderes Bild: Praktisch alle haben die Aufgabe ordentlich erfüllt, einige Ergebnisse sind ganz hervorragend. SchülerInnen, die es in Klassenarbeiten nicht schaffen, einen umfangreichen Aufsatz durchgehend stringent zu gestalten, erreichten bei dieser kleinen Form passable Ergebnisse.

Im Sinne einer weiteren Notendifferenzierung wurde mit dem Resumee wenig erreicht. Auch deshalb würde ich bei einem weiteren Versuch auf diese Aufgabe verzichten und, wenn überhaupt, nach einer Aufgabe suchen, die organischer mit dem Unterrichtsprozess verbunden ist. Um die Distanzierung von der Rolle zu erreichen, wäre z.B. ein Perspektivwechsel in der szenischen Arbeit gegen Ende denkbar oder eine Schlussbetrachtung aller Figuren in der Art eines „Museumsspiels", wie es Kunz (1997, 38) vorschlägt.

Die Beurteilung 1 fand bei der Klasse im Abschlussfragebogen 2 (s. Anhang) die höchste Zustimmung, Beurteilung 5 dagegen die geringste Zustimmung. Ein Grund für diese Tendenz könnte sein, dass die Klasse zu diesem Zeitpunkt die – weitgehend gute – Beurteilung für die Rollenbiographie schon erhalten hatte, während das Resumee noch in Korrektur war. Ein anderer Grund dürfte darin liegen, dass es eben die letzte zu erbringende Leistung war und eine gewisse Erschöpfung, auch des Themas, gegeben war. Dies wird im Fragebogen 2 deutlich (s. Anhang), wenn mehr als die Hälfte der Befragten der Meinung sind, dass es zu viele Beurteilungen gab.

Für mich als Lehrer war die Beurteilung der beiden schriftlichen Leistungen auf der einen Seite natürlich sicherer Boden, auf dem meine Korrekturerfahrung zur Geltung kam. Auf der anderen Seite ist die Bewertung offener Schreibformen[34] ein Thema für sich, auf das aber hier nicht intensiver eingegangen werden kann, da das Hauptinteresse auf der Bewertung von Darstellendem Spiel liegen soll.

Die Rollenmonologe (Beurteilung 2)

Die Schülerinnen und Schüler hatten sich mit den Rollenbiographien gut in ihre Figuren eingearbeitet. Die Rollenmonologe gingen einen Schritt darüber hinaus. Auf den Schiller-Text bezogen musste Textkenntnis und –verständnis durch eine Reduzierung auf das Wesentliche gezeigt werden. Während in der Rollenbiographie mit einer Fülle von Informationen gearbeitet werden konnte, musste hier konzentriert und gewichtet werden, um beim ersten Kriterium die volle Punktzahl zu erreichen. Als zweites Kriterium musste dazu neben der eigenen Interpretation eine Spielidee kommen: In welcher Situation zeige ich meine Figur, was für eine Tätigkeit soll sie

---

[34] zu diesem Thema z.B. Praxis Deutsch, 26.Jg./Heft 155/1999; besonders die Beiträge von U.Abraham/Ch.Launer, Beantwortung und Bewertung kreativer schriftlicher Leistungen, ebenda S.43ff; und Y.Greven, Die Rollenbiographie als bewerteter Text im Offenen Unterricht, S.47ff

ausführen? Drittens musste die Situation dann tatsächlich gespielt werden, dazu mussten Haltungen eingenommen werden, Gestik und Mimik sowie das Sprechen gestaltet werden. Bei 2. und 3. wurde also ‚Theater' bewertet, nämlich Qualität der Inszenierung und schauspielerische Qualität.

Besonders diese letzte Anforderung war für die Schüler und Schülerinnen zunächst bedrohlich und stieß auf starke Vorbehalte, die sich sinngemäß so äußerten: „Wir sind keine Schauspieler!".

Als der Termin für die erste Rollenmonologe (Maria und Elisabeth) anstand, kam es quasi zu einer kollektiven Verweigerung der Klasse. In einem Krisengespräch wurde das Problem gründlich diskutiert. Ein wichtiges Argument war, dass einige sich vor der Klasse nicht so zeigen wollten. Dieses Sich-Zeigen gehört nach oben aufgeführten Lernbereichen zum vierten Lernbereich, für die szenische Interpretation also zum zentralen Lernbereich. Einsichtig erschien der Klasse dann der Verweis, dass damit gelernt werden kann, auch bei anderen Anlässen sicher aufzutreten, daneben dann der Gedanke, dass Dramenfiguren ja für die Bühne gedacht seien. Wichtig war auch der Punkt, dass sie tatsächlich ihre eigene Sicht gestalten konnten und sollten, also nicht an einer ‚richtigen' Darstellung gemessen würden. Trotzdem blieb der Bewertung gegenüber der Vorbehalt, dass sie nicht in der Theater-AG seien. Ich definierte daraufhin noch einmal genau, welche Erwartung ich in Bezug auf ihr Spiel hatte, und zeigte dabei, dass es nur um die Techniken ging, die wir bisher schon geübt und bei der Szeneninterpretation angewendet hatten. Am Ende der Diskussion stand der gemeinsame Entschluss, es zu wagen; eine Gruppe meldete ihren Auftritt dann auch direkt für den nächsten Tag an.

Die ersten Auftritte waren eine gute Erfahrung, welche die Bedenken bei den meisten aus dem Weg räumte. Ein fester äußerer Rahmen gab Halt und Schutz: Die vier Protagonisten richteten sich an ihren Spielorten, den Zuschauern gegenüber, ein. Eine Musik vom Tonband, die im Stil passend zu den einzelnen Rollen von mir ausgesucht worden war, sorgte zunächst einmal für eine Atmosphäre, die den Auftritt erleichterte. Dann kam der erste der vier Monologe, anschließend zur Überleitung wieder Musik; nach dem letzten Monolog gab wiederum die Musik Zeit, das Gesehene kurz zu reflektieren. Die Monologe wurden beklatscht und jeweils in einer Rückmelderunde von ca. 5 Minuten sehr sensibel besprochen. Dazu blieben diejenigen, die gespielt hatten, vor der Klasse sitzen und hörten sich an, was zu ihrer Darstellung gesagt wurde. Die Schülerinnen und Schüler machten die Erfahrung, dass sie nicht in ihrer Person abgewertet wurden, umgekehrt aber der darstellerische Mut sehr positiv bewertet wurde. Wenn Mitschülerinnen bestätigten, dass sie durch eine plötzliche Wendung des Sprechens richtig erschrocken seien oder durch eine Haltung regelrecht Mitleid erregt worden sei, so machte dies die Spieler und Spielerinnen stolz. Aber auch konkrete Verbesserungsvorschläge, z.B. nicht immer die Haare aus dem Gesicht zu streichen, konnten gut akzeptiert werden. Ich musste in diesen Rückmelderunden immer weniger sagen, da sich recht schnell eine ‚Rückmeldekultur' herausbildete.

Beim Abschlussfragebogen fanden mehr als die Hälfte die Bewertung des Rollenmonologs gut. Der Aussage „Als Zuschauer konnte ich Unterschiede in den Leistungen, z.B. bei den Präsentationen der Rollenmonologe, feststellen" hat niemand widersprochen, eine Person war unentschieden, drei stimmten eher zu und 22 stimmten ganz zu. Und obwohl nur 6 der Meinung war, dass ihnen das Spielen vor der Klasse leicht gefallen sei, waren 23 der Meinung, dass das Auftreten eine gute Übung für andere Situationen sei.

Für mich als Lehrer waren die Monologe gut zu bewerten. Außer dem An- und Ausschalten der Musik hatte ich in der Situation keine andere Funktion und konnte mich ganz auf das Beobachten konzentrieren. Dadurch, dass jeweils vier Personen direkt nacheinander die gleiche Rolle spielten, waren direkte Vergleichsmöglichkeiten gegeben. Das eigene Urteil wurde durch die Rückmelderunde vertieft, andere Sichtweisen aus der Klasse konnten integriert, Missverständnisse geklärt werden. Zwar wurde mir von den Schülerinnen und Schülern die nötige Sachkompetenz in Bezug auf Darstellendes Spiel zugebilligt, diese kann jedoch von der Natur der Sache her nicht zu einer absoluten Beurteilung führen, sondern es müssen soziale Bezugsnormen einbezogen werden, was durch die Vierergruppen möglich war. Eine Schülermitbeurteilung, die denkbar wäre, wurde in diesem Versuch nicht angestrebt.

Der Ablauf konnte in den meisten Fällen so eingerichtet werden, dass mir etwas Zeit zum Festhalten der Eindrücke blieb. Wenn dann nach der Stunde in Ruhe die Beurteilung erfolgte, war der Eindruck noch sehr frisch, die Bilder blieben präsent bis in einzelne besonders ausdrucksvolle Haltungen und Gesten. Diese möglichst direkte Beurteilung ist allerdings wichtig, da natürlich die Leistungen „flüchtig" waren. Bei den Rollenmonologen, die ja planbar waren, wäre theoretisch natürlich eine Tonband- oder Videoaufnahme möglich gewesen; abgesehen vom größeren Aufwand, der im Alltag nicht zu leisten wäre, hätte dies aber wohl wiederum die Hemmschwelle beim Spielen erhöht.

Gerade bei der Darstellung gab es auch die größte Differenzierung bei der Punktezuteilung: von 4 Punkten bis zu 1 Punkt gut gestreut. Denkbare 0 Punkte wegen Verweigerung, wenn sich einzelne Schüler aus ihrer Alltagshaltung überhaupt nicht herausbewegten, wurden dann doch nicht gewagt. Insgesamt gab es bei der Beurteilung 2 Ergebnisse zwischen 6 und 12 Punkten.

Ohne die ‚Krisensitzung' und ohne die Rückmelderunden wäre diese Form der Beurteilung sicherlich nicht so glatt gelaufen. Dies verweist auf die Notwendigkeit für die neuen Beurteilungsformen, auch wenn es mit mehr Zeit- und Energieaufwand verbunden ist, eine gemeinsame Plattform von Beurteilern und Beurteilten zu schaffen. Und dies wohl nicht nur beim ersten Mal; zumindest beim Beurteilen von Darstellendem Spiel scheint Vertrauen eine Grundvoraussetzung zu sein.

Arbeit an Szenen (Beurteilung 3)

Diese 3. Beurteilung wurde am Ende nicht in die Note einbezogen. Dazu gab es verschiedene Gründe. So musste die Arbeitsweise in mehreren Stunden erst eingeführt werden, bevor benotet wurde. Als es dann so weit war, kam es durch Krankheit zu Unterrichtsausfall und in der Folge zum Zwang der Stoffkonzentration, um den Zeitrahmen der Unterrichtseinheit einigermaßen einzuhalten.. Daneben war es schwierig, bei 28 Klassenmitgliedern entsprechend viele gleichwertige Spielsituationen zu schaffen. Bei einem Versuch im Vorjahr in einer Klasse mit 14 Schülerinnen und Schülern war dies kein großes Problem. Während die Rollenmonologe ja klar definierte ‚Prüfungssituationen' waren, kam es hier, eher entsprechend einer ‚mündlichen Note', auf laufende Beobachtung an.

Wichtigster Einwand gegen diese Beurteilung dürfte aber sein, dass der Lehrer als Spielleiter sich bei der szenischen Interpretation in einer Mehrfach-Funktion befindet. Er muss, sozusagen als Animateur, für die Entstehung der Szenen sorgen, die Spielerinnen und Spieler zum Spieleinsatz motivieren, was bei denjenigen, die nicht gerne spielen wollten, heißt, dass Widerstände zu überwinden sind. Steht eine Gruppe dann z.B. in einem Standbild, so muss er es auf seine Aussage hin erfassen, evtl. noch Impulse zur Präzisierung geben, anschließend mit den zuschauenden Gruppen ein Interpretationsgespräch führen; eventuell geht er zu einzelnen Personen im Standbild und verhilft im Rollengespräch zu tieferem Verständnis. Er fragt nach den Gründen für eine ablehnende Haltung, zunächst auf die gestellte Szene bezogen, dann aber zurückgehend nach den biographischen Gründen.

Hier ist kaum Zeit und Raum für eine gezielte und systematische Beobachtung, die als Grundlage für eine korrekte Beurteilung dienen könnte. Dies ginge nur durch genaue Definition einzelner Situationen, so wie es bei der Königinnen-Szene im III.Akt durchgeführt wurde. Wollte man dies mehrmals machen, so würde dadurch der praktische Ablauf mehr von der Erfordernis Beurteilungssituationen zu schaffen, als von den inhaltlichen Anforderungen bestimmt.

Bei nur schlaglichtartigen Beobachtungen hat sich auch die Differenzierung in die drei Kriterien Textkenntnis, gestalterische Idee und konkrete Darstellung nicht durchführen lassen. Bei der genannten Szene wurde dann als Versuch nur eine Gesamtpunktzahl vergeben. Dies war machbar. Denkbar wäre auch, ähnlich wie bei der mündlichen Note, in einer gewissen Regelmäßigkeit besonders auffällige - im positiven wie im negativen Sinne - Beiträge zu notieren und in die Gesamtbeurteilung einfließen zu lassen, vorausgesetzt, dafür ist vorher im Sinne der Transparenz ein Platz vorgesehen.

Ebenfalls schwierig erscheint mir hier eine Beteiligung der Schülerinnen und Schüler im Sinne von Rückmeldung wie bei den Monologen. Zu schnell muss hier beobachtet und erfasst werden, was sie wohl überfordert, außerdem würde eine ständige Unterbrechung der Arbeit sehr schnell die dramaturgische Spannung der szenischen Arbeit zerstören.

Immerhin fühlten sich die Schülerinnen und Schüler in der Mehrzahl nicht dauernd beobachtet und benotet; 14 von 25 fanden diese Beurteilung gut, 6 waren unentschieden, nur 5 urteilten negativ. Eine Schülerin fügte folgende Bemerkung auf dem Fragebogen hinzu:

> „So eine Bewertung fand ich gut. Beim Vorspielen kam man nicht dauernd auf die Idee, was für eine Note man bekommen könnte, sondern man hat sich auf seine Rolle konzentriert." (L8/ 4)

Gruppenarbeit Schlussszene (Beurteilung 4)

Bei der vierten Bewertung, die hier betrachtet wird, war die Beobachtungssituation wieder klar: Jede der vier Besetzungen bekam einen inhaltlich unterschiedlichen, von der Form der verlangten Szene jedoch gleichen Arbeitsauftrag[35]. Die kleine Szene konnte in Ruhe beobachtet, mit der Klasse wiederum besprochen werden und im Anschluss vom Lehrer selbst beurteilt werden, vorläufig beim Wechsel von Gruppe zu Gruppe und nach der Stunde dann in Ruhe. Von daher treffen hier auch die Erfahrungen aus der Beurteilung der Rollenmonologe (S. 233f) zu.

Die Probleme, die sich hier ergaben, lagen in der Gruppenbewertung:

> „Wie gesagt, ich fand die Benotung in Gruppen nichts so gut - weil nicht alle dasselbe Interesse hatten und man konnte es nicht ausarbeiten." (L8/ 4).

Dieser Kommentar einer Schülerin, in deren Gruppe die Zusammenarbeit nicht gut geklappt hatte und deren Ergebnis mit 2 Punkten nur als befriedigend benotet wurde,

---

[35] siehe Anlage

weist auf den kritischen Punkt hin. Da nicht der Gruppenprozess, sondern nur das Ergebnis beachtet wurde, konnten desinteressierte Schüler die anderen zu schlechteren Noten bringen. Geschehen ist dies nur in einer Gruppe; in den anderen Gruppen hatte sich im Laufe der Unterrichtsarbeit eine positive Dynamik entwickelt. Von diesen Gruppen wird in den Auswertungsgesprächen berichtet, dass man sich im Laufe der Arbeit immer mehr gegenseitig geholfen habe, dass man sich Tipps gegeben habe, es wird von engagiertem Mitarbeiten gesprochen. Die zunächst Desinteressierten habe man mitgezogen, sie in einzelnen Fällen auch innerhalb der Gruppe zur Rede gestellt. Hier hat sich also die gemeinsame Arbeit positiv auf die Arbeitshaltung eher demotivierter Gruppenmitglieder und damit am Ende auch auf deren Noten ausgewirkt.

Die Arbeit in den Gruppen hat die befragten Schüler auch unabhängig von den Beurteilungen zu einem sehr kritischen Blick auf Mitschüler bewegt und von daher auch für das Klima in der Klasse Positives bewirkt. Ich vermute, dass die zahlreichen Gruppenarbeiten während der Unterrichtseinheit, die unbewertet blieben, nicht zu einer solchen Zuspitzung geführt hätten. Die Beurteilung der Gruppenarbeit wirkte hier als Auslöser. Denkbar wäre in diesem Zusammenhang, mehrere Gruppenergebnisse im Laufe der szenischen Arbeit zu bewerten und so bei einmaligen Schwierigkeiten in einer Gruppe einen Lernprozess anzustoßen. Möglicherweise ließe sich bereits diskutierte Problem der Einzelbeobachtung (S. 235f) in einer zu großen Klasse umgehen. Sinnvoll wäre dann zwar sicherlich auch, den Gruppenprozess selbst in Augenschein zu nehmen und mit geeigneten Instrumenten auch zu beurteilen. Allerdings hätte man dann eine weitere Dimension, die Arbeit würde am anderen Ende wieder komplexer.

Die Dokumentation der Leistungen im Bewertungsblatt

Zu den einzelnen Beurteilungen wurden von mir, wie beschrieben, in Punkten die Leistungen der einzelnen Schüler erfasst. In tagebuchartigen Notizen wurden dazu weitere Details in Erinnerung gehalten. Beides ging in das „Bewertungsblatt" ein (Abb. 41, S. 238), dass jeder Schüler und jede Schülerin am Ende bekam.

Differenziert wurde darauf informiert, wie die einzelnen Leistungen, in Punkten gefasst, vom Lehrer beurteilt worden waren. Um jedoch stärker auch einen persönlichen Aspekt einbringen zu können, bekam jeder bzw. jede in ein oder zwei Sätzen auch noch einen kleinen Kommentar, der z.B. etwas betonte, das im Punkteschema nicht erfasst wurde, teilweise im Sinne einer konkreten Lernberatung, häufiger im Sinne einer Bestätigung und Ermutigung.

Dieses Blatt wurde im Wesentlichen positiv aufgenommen. Für 19 von 24 Befragten beim Fragebogen 3 war das Bewertungsblatt verständlich, für 16 war die differenzierte Punkteverteilung hilfreich, für 13 war die Umrechnung von Punkten in Noten hilfreich, jeweils bei nur wenigen Negativnennungen.

Der Wunsch, noch mehr und noch genauer die Note erklärt zu bekommen, wird zwar von 8 Befragten geäußert, bedeutet aber bei den meisten nicht, dass sie ihre Noten nicht akzeptieren, was sich mit den Aussagen zur Frage der ‚Gerechtigkeit' der Beurteilung belegen lässt. Eine solche noch größere Differenzierung stößt sehr schnell auf ganz praktische Grenzen, da ja zum Beispiel eine Vorspielleistung faktisch nicht mehr vorliegt, sondern nur aus der Erinnerung bzw. aus Notizen noch einmal besprochen werden kann. Sinnvoller wäre da, in kurzer Distanz zur Leistung auch über die Beurteilung zu sprechen; das aber wäre nicht ohne wesentlich mehr Zeitaufwand zu schaffen.

Friedrich Schiller: Maria Stuart		
Szenische Interpretation		
Bewertungsblatt für		
Bewertung 1	Schriftliche Rollenbiographie		
	1) Du hast den Dramentext, bezogen auf deine Rolle, verstanden	3	
	2) Du bringst eine eigene Sicht der Rolle ein	2	
	3) Du hast den Text angemessen gestaltet	2	7
Bewertung 2	Vortrag eines Rollenmonologs		
	1) Du hast die wesentlichen Züge deiner Rolle erfasst	4	
	2) Du hast eine passende Spielsituation gewählt und gestaltet	3	
	3) Du hast die Figur gut dargestellt	2	9
Bewertung 3	Mitarbeit bei der szenischen Arbeit		
	> nur eine Eindrucksnote, wird nur als Entscheidungshilfe bei Unklarheiten verwendet		(3)
Bewertung 4	Gestaltung einer Schlussszene in der Gruppe		
	1) Dein Text hat die Sicht deiner Figur richtig getroffen	4	
	2) Eure Gruppe hat eine überzeugende Szene gestaltet	3	
	3) Du hast in dieser Szene deine Figur gut dargestellt	3	10
Bewertung 5	Schriftliches Resümee		
	1) Du hast das Drama in seinen Grundzügen richtig erfasst	3	
	2) Dein Resümee lässt ein eigenes Urteil erkennen	2	
	3) Du hast den Text sprachlich angemessen gestaltet	3	8

	Gesamtsumme	34
Datum,	Note	3
Unterschrift	Klassendurchschnitt	2,4

Handschriftlicher Zusatzkommentar, Beispiel:
Du hast es immer mehr verstanden, deine Rolle zu verstehen und dies auch zu zeigen.
Das Schlussresümee stellt nicht ganz zufrieden.

4 Punkte: über die Anforderungen hinausgehend
3 Punkte: Anforderungen gut erfüllt
2 Punkte: Anforderungen im Ganzen erfüllt
1 Punkt: Anforderungen zu einem wichtigen Teil nicht erfüllt
0 Punkte: Anforderungen zum überwiegenden Teil nicht erfüllt bzw. Leistung verweigert

8.6   Fazit

Der Zeitaufwand, der sich aus dem hier versuchten Beurteilungsverfahren ergeben hat, erscheint mir ein wichtiger Aspekt. Durch Reduzierung der Zahl der Beurteilungen könnte zwar ein Freiraum geschaffen werden, um die Beurteilungen noch stärker in der Kommunikation mit den Schülerinnen und Schülern zu erstellen. Trotzdem würde in der Summe mehr Unterrichtszeit dafür verwendet werden müssen. Ein Aufsatz wird in zwei Stunden geschrieben und in einer Stunde besprochen, die Korrektur liegt außerhalb der Unterrichtszeit ist; es bleibt also mehr Zeit für die fachlichen Inhalte. Aber durch die Stärkung der Schülerbeteiligung entsteht nicht nur eine größere Akzeptanz der Note, sondern auch ein Blick für die Kriterien. Wer bei der Note mitreden will, muss sich mit dem, was benotet wird, auch beschäftigen, und zwar in allen Lernbereichen, im Fall der hier vorgestellten Szenischen Interpretation also auch mit Kriterien für darstellerische Leistungen, für Kompetenz in der Gruppenarbeit usw. Ich würde deshalb auch nicht sagen, dass die Leistungsbeurteilung nur ein notwendiges Übel ist, ohne das die Szenische Interpretation viel mehr

Spaß machen würde; im Gegenteil, sie erhält dadurch ein Gewicht und eine Ernsthaftigkeit, die ihr von Kritikern oft abgesprochen wird.

Was den Zeitaufwand für mich als Lehrer betrifft, so möchte ich von einer Verlagerung der Arbeit sprechen. Der erhebliche Zeitaufwand bei der Korrektur eines Aufsatzes in einer Klasse mit 28 Schülern entfällt. Dafür entstehen in der Vor- und Nachbereitung der Stunden zusätzliche Arbeitsgänge durch das Beurteilungsverfahren. Ich könnte mir jedoch vorstellen, dass sich dies auch wieder in praktikablem Rahmen hält, wenn man z.B. entsprechende Schemata zur Beurteilung wiederverwenden kann. Für mich persönlich ist es im Vergleich zu einer Aufsatzkorrektur auf jeden Fall viel ansprechender, eine Schülerleistung in einer Spielsituation direkt zu beurteilen.

Die Bewertung der Versuchseinheit durch die Schüler war insgesamt sehr positiv und das wohl nicht nur wegen des Notenschnitts von 2,4, der sich sicherlich auch aus dem Versuchscharakter ergibt. Die Fragebogen und Auswertungsgespräche ergeben hier ein durchaus differenziertes Bild (L8/ 4), wie es ja in den Kapiteln 5.2 bis 5.6 ja schon dargestellt wurde (S. 233f und S. 237f).

Die Bewertung der Unterrichtsmethode war bei der Mehrheit positiv. Jeweils 19 bzw. 20 von 28 unterstützten Aussagen wie:

> „Die Beschäftigung mit dem Drama über das Spielen hat mir ein gutes Verständnis des ganzen Dramas ermöglicht."

> „Die Identifikation mit einer Figur hat mir die Lektüre leichter gemacht."

> „Die Arbeitsweise hat mir Spaß gemacht." (s. Anhang, Fragebogen 1)

Einzelne Äußerungen sind besonders positiv:

> „Ich fand diese Art und Weise total klasse. Man lebt schon fast in der Rolle." (s. Anhang Fragebogen 1)

Insgesamt gab es aber auch im Klassengespräch Rückmeldungen mit ähnlichem Tenor, auch z.B., dass mehr hängen geblieben sei als im normalen Unterricht. Dagegen stehen natürlich auch kritische Stimmen. Ein Punkt bei diesen war, dass diese Form des Unterrichts den SchülerInnen doch mit mehr Arbeit, Anstrengung und Engagement verbunden zu sein schien. Daneben hatten vor allem die Jungen Probleme mit dem Spielen, was schon im Verlauf des Unterrichts deutlich zu sehen war. Während einzelne Jungen bei einer totalen Ablehnung blieben, veränderten andere ihre Haltung und fanden es am Ende durchaus eine Erfahrung wert.

Bei allen Fragebogen und Gesprächsrunden zeigte sich, dass die Wertung von Unterrichtsmethode und Leistungsbeurteilung sich bei den Schülerinnen und Schülern stark vermischte. Da die Methode in der Klasse völlig neu war, beanspruchte sie sehr viel Zeit in der Diskussion. Will man also die Form der Leistungsbeurteilung für sich überprüfen, so wäre sicherlich ein Versuch mit einer Lerngruppe, welche die Unterrichtsmethode schon kennt, sinnvoll.

8.7   Literatur

Bundesarbeitsgemeinschaft für das Darstellende Spiel in der Schule e.V. und Körberstiftung Hamburg (1995) (Hrsg.): 10 Jahre Schultheater der Länder

Greven, Y. (1999): Die Rollenbiographie als bewerteter Text im Offenen Unterricht. In: Praxis Deutsch, 26.Jg./ Heft 155/ 1999, S.47 - 50

Hentig, H.v. (1996): Bildung. Ein Essay. München und Wien: Hanser

Kunz, M. (1989): Spiel-Raum. Literaturunterricht und Theater. Überlegungen, Annäherungen und Modelle. Zug/ Schweiz: Klett und Balmer

Kunz, M. (1997): Spieltext und Textspiel. Szenische Verfahren im Literaturunterricht der Sekundarstufe II. Seelze-Velber: Kallmeyer'sche Verlagsbuchhandlung

Schau, A. (1996): Szenisches Interpretieren. Ein literaturdidaktisches Handbuch. Stuttgart: Klett

Scheller, I. (1995): Wir machen unsere Inszenierungen selber (I + II). Oldenburg: ZpB der C.v.Ossietzky Universität, 5. Aufl.

Scheller,I. (1996): Szenische Interpretation. In: Praxis Deutsch, 23.Jg./ Heft 136/ 1996, S.22 – 32

Scheller,I. (1998): Szenisches Spiel, Handbuch für die pädagogische Praxis. Berlin: Cornelsen/ Scriptor

Fallstudie 9
Martin Herold:
Leistungsbeurteilung im Rahmen des Konzepts ‚Selbstorganisiertes Lernen'

Schule:	Steinbeisschule Reutlingen Technisches Gymnasium
Jahrgangsstufe:	13
beteiligte Lehrkräfte:	Martin Herold
beteiligte Fächer:	Mathematik Grundkurs
Unterricht:	Selbstorganisiertes Lernen
Thema:	Wahlthemen: Wahrscheinlichkeitsrechnung, Statistik, komplexe Zahlen
Zeitraum:	Vorbereitung der Klasse in den Kursen 12/ 1, 12/ 2 und 13/ 1
	Forschungszeitraum: Januar bis Mai 2000
Beurteilungsbausteine:	Prozessbeurteilung, Selbst- und Fremdbeurteilung, Ergebnisbeurteilung, Präsentation, Test, Portfolio

9.1   Einführung

Beschreibung der Schule

Die Fallstudie 9 wurde am Technischen Gymnasium der Ferdinand-von-Steinbeis-Schule Reutlingen durchgeführt. Die Ferdinand-von-Steinbeis-Schule ist eine gewerbliche Berufsschule für die Berufsfelder Metall- und Elektrotechnik mit über 1700 Schüler und Schülerinnen. Die ca. 80 Schülern und Schülerinnen des technischen Gymnasiums kommen aus dem gesamten Landkreis Reutlingen. Sie werden von ca. 20 Lehrerinnen und Lehrern unterrichtet.

Kurzbeschreibung der erprobten Leistungsbeurteilung

Das Forschungsprojekt bezieht sich auf eine Klasse 13 des Technischen Gymnasium in Reutlingen im Fach Mathematik Grundkurs 13.2 mit 20 Schülern (keine Schülerinnen).

Das Thema ‚Leistungsbeurteilung' steht im Kontext einer umfangreichen und konsequenten Vermittlung von sozialen und methodischen Fähigkeiten (Schlüsselqualifikationen). Der Unterricht wurde nach den Prinzipien von SOL – Selbstorganisiertes Lernen (Herold/ Landherr 2001) geplant und durchgeführt. Die Schüler bekamen zu Anfang des 2. Schulhalbjahres einen Arbeitsauftrag, der über 16 Wochen in eigener Regie fachlich, methodisch und sozial in kooperativen Lernformen organisiert wurde.

Die methodischen und sozialen Kompetenzen, die für einen SOL-Unterricht nötig sind, stützten sich auf eine 2-jährige, zielorientierte Ausbildung im Rahmen des normalen Unterrichts, ohne Einschränkung der fachlichen Lehrplaninhalte. Die Ausbildung ging von einfachen Literaturarbeiten über kurzphasige Gruppenarbeiten und speziellen Methodentrainings, die anfänglich streng lehrerorganisiert sind, bis hin zu Arbeitsplanung, Zeitmanagement, Zielevaluation, Selbst- und Fremdbeurteilung.

Die Leistungsbeurteilung setzt sich zusammen aus:

Abb. 42: Beurteilungsbausteine

1.	Prozessbeurteilung	Individualbeurteilung durch den Schüler
		Individualbeurteilung durch den Lehrer
2.	Prozessbeurteilung	Gruppenbeurteilung durch die Schüler
3.	Ergebnisbeurteilung	Gruppenbeurteilung durch den Lehrer
		Individualbeurteilung durch den Lehrer

Lehrer und Schüler verwenden dazu gemeinsam erstellte Beurteilungsbögen (siehe Anlage) mit einem Punktesystem, das nach dem 60- (bzw. 90-) Punkte-Schlüssel für die Grund/ Leistungskurse der gymnasialen Oberstufe in eine Note umgerechnet und in die Fachnote integriert wird.

Damit die vielfältigen Einzelleistungen aus den Bereichen Methoden- und Sozialkompetenz durch die Vermischung zur Fachnote nicht verloren gehen, werden diese getrennt von der Zeugnisnotation in einer Sammelmappe (Portfolio), die von den Schülern eigenverantwortlich geführt wird, dokumentiert.

9.2 Methodisch-didaktischer Hintergrund

Das Unterrichtskonzept „SOL"

Voraussetzung für dieses Verfahren zur Leistungsbeurteilung ist die systematische Reduktion der (verbalen) Lehreraktivität der Wissensvermittlung hin zu einer Beraterfunktion im Rahmen selbstorganisierter Lernprozesse (siehe Abb. 44, S. 244; vgl. Herold/ Landherr 2001).

Unter dem Begriff selbstorganisiertes Lernen (Herold/ Landherr 2001) verstehe ich die Fähigkeit, aufgrund eines vorausgegangenen intensiven und zielorientierten Methoden- und Gruppentrainings, einen Lernprozess im Wechsel zwischen individuellen und kollektiven Phasen selbst organisieren zu können. Ein vom Lehrer organisiertes Unterrichtsarrangement mit neuen Unterrichtsformen und variablen Arbeitstechniken wird nach dieser Definition nicht als selbstorganisiertes Lernen bezeichnet.

Ich möchte dies an einem Beispiel einer lehrerorganisierten Unterrichtsplanung mit schüleraktiven Elementen erläutern. Zeit: Eine Doppelstunde mit 5 Minuten Pause. Geplanter Unterrichtsablauf: 5 Minuten Motivation und Hinführung zum Unterrichtsthema, 15 Minuten fragend-entwickelndes Unterrichtsgespräch zum ersten Lernziel, danach 15 Minuten schüleraktive Arbeitsphase, z.B. Erstellen einer individuellen Mindmap zur Strukturierung des vermittelten Lernstoffs, Abschluss der ersten Unterrichtseinheit und Hinführung zum zweiten Teilziel mit Hilfe eines 10minütigen fragend-entwickelnden Unterrichtsgesprächs. 5 Minuten Pause. 10 Minuten Lernzielkontrolle durch Testfragen und Anwendungsaufgaben. 15 Minuten ABC-Methode (Gugel, 1997) zur individuellen Vorbereitung der Lernenden auf das 3. Teilthema, das in weiteren 15 Minuten fragend-entwickelnd mit der Klasse erarbeitet wird. 5 Minuten Zusammenfassung und Ausblick auf die nächste Stunde als Lehrervortrag.

Abb. 43: Verlauf eines lehrerorganisierten Unterrichts mit schüleraktiven Elementen

Zeit(min)	Unterrichtsablauf
05	Motivationsphase
15	Fragend-entwickelnd zu TZ 1
15	Mindmap erstellen lassen
10	Fragend-entw. Abschluss und TZ 2
05	Pause
10	Lernzielkontrolle
15	ABC-Methode
15	Fragend-entwickelnd TZ 3
05	Lehrervortrag

In dieser Planung sind zwar schüleraktive Elemente eingebaut, die Organisation und der strukturelle Ablauf der Stunden liegt jedoch in der Hand des Lehrenden.

Abb. 44: Veränderte Lehrerfunktion im Rahmen eines SOL-Prozesses

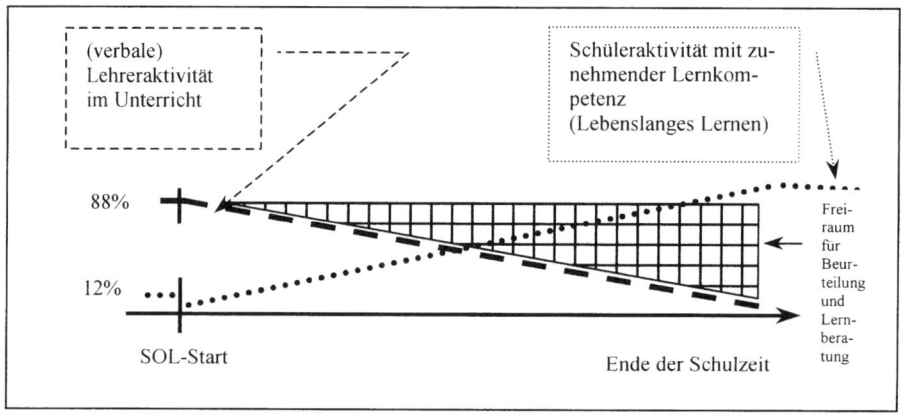

Ein selbstorganisierter Lernprozess beginnt mit einem Arbeitsauftrag, der Vorgabe eines Zeitfensters, einer Zieldefinition und einer Ergebniserwartung. Der sinnvolle Einsatz bestimmter Lern- und Arbeitsmethoden, die Organisation des gesamten Arbeitsprozesses sowie die Planung individueller und kollektiver Lernphasen bleiben jedoch den Lernenden überlassen. Eine notwendige Voraussetzungen für das Gelingen solcher SOL-Prozesse ist selbstverständlich eine umfassende Sozial- und Methodenkompetenz der Schülerinnen und Schüler, die im Rahmen einer zielorientierten Ausbildung erworben und geübt werden muss.

SOL-Unterrichtsarrangements bieten den Lehrenden aufgrund ihrer Konstruktion den zur Beobachtung und Beurteilung besonderer Lernleistungen (LEU 1998) notwendigen Freiraum. Dazu ist es notwendig, dass die verbale Lehreraktivität im Unterricht, die nach unterschiedlichen Schätzungen je nach Fach und Lehrerpersönlichkeit bei durchschnittlich 88% liegt, zugunsten eigenverantwortlicher Schüleraktivitäten zurückgenommen wird. Der entstehende Handlungsspielraum ist unbedingte Voraussetzung für eine sinnvolle und machbare erweiterte Leistungsbeurteilung. In Abb. 44 soll dies verdeutlicht werden.

Vorbereitung der Schüler

Ich habe den Kurs nach der 11. Jahrgangsstufe übernommen, in welcher der Mathematikunterricht im wesentlichen in traditionell fragend-entwicklender Unterrichtsform stattgefunden hat.

Da in unserer Schule jeweils in der 12. Jahrgangsstufe ein fächerübergreifendes Projekt nach SOL-Prinzipien durchgeführt wird, wurden die Schüler systematisch auf selbständige Individual- und Gruppenarbeit vorbereitet (Näheres zu diesem Projekt siehe unter ,www.fvs.rt.bw.schule.de'- ,Projekte').

So konnte ich zu Beginn der Jahrgangsstufe 12 auf grundsätzliche Kenntnisse in der Gruppen-Organisationsform „Gruppenpuzzle", im „Sandwichprinzip" (Wechsel zwischen kollektiven und individuellen Lernphasen, vgl. Wahl, 1996) sowie auf Erfahrungen mit sozialen Prozessen aufbauen.

Es ist zu beachten, dass in einer frühen SOL-Phase die Schüler nicht in der Lage sind und auch nicht sein müssen, die methodische Vielfalt zielorientiert und der jeweiligen Lernsituation angepasst einsetzen zu können. Auch sollte anfangs auf eine Bewertung sogenannter „besonderer Lernleistungen (Seminarkurs 1998)" verzichtet werden. Im Vordergrund steht zunächst das Verstehen und Üben neuer Lernmethoden. Jede Methode muss bezüglich ihrer Zielsetzung, ihrer Anwendungsmöglichkeit und ihrer Grenzen erklärt und, um Missverständnisse zu minimieren, nach ihrer Durchführung evaluiert werden.

Ich möchte dies exemplarisch an einer zur Vorbereitung von Gruppenarbeitsprozessen sehr hilfreichen Methode erläutern. Das Kartenmemory, vgl. auch Fiederle, 1994, mit dem Ziel, methodischen Grundsätze effektiver Gruppenarbeit kennenzulernen, braucht mit Vorbereitung und Evaluation ca. eine Unterrichtsstunde und kann wie folgt ablaufen:

Von der Lehrerin oder vom Lehrer werden 30 Karten mit zentral wichtigen Begriffen aus vorangegangenen Unterrichtseinheiten vorbereitet und auf drei verschiedene Arten den Schülerinnen und Schülern präsentiert: 10 Begriffe – optisch, 1 Minute Pause zur Speicherung, 10 Begriffe – akustisch, 1 Minute Pause zur Speicherung, 10 Begriffe - optisch und akustisch, 1 Minute Pause zur Speicherung

Das Ziel der ersten Übung ist es, sich möglichst viele Begriffe zu merken und sie anschließend zu Papier zu bringen.

Nach der Präsentation notieren die Teilnehmer alle Begriffe, die sie noch wissen in beliebiger Reihenfolge. Die Merkfähigkeit liegt dabei im Schnitt bei 10 bis 12 Begriffen. Nach etwa drei bis vier Minuten stellt sich bei den Teilnehmerinnen und Teilnehmern eine deutliche Unsicherheit ein, da man offensichtlich von der eigenen Merkfähigkeit enttäuscht ist. Nach alter Gewohnheit wird versucht, beim Nachbarn noch das eine oder andere Wort zu entdecken, "das man eigentlich noch gewusst hätte".

In dieser Spannungsphase gibt die Lehrerin oder der Lehrer die Aufforderung sich in Dreiergruppen zusammenzusetzen und eine gemeinsame Liste zu erstellen. Nach einer kurzen Gruppenbildungsphase entsteht eine entspannte und sehr engagierte Gruppenarbeit, die nach weiteren 5 - 10 Minuten beendet werden kann.

Nach der Feststellung, dass in den Dreiergruppen erstaunlicherweise fast alle Begriffe zusammengestellt werden konnten, liest die Lehrerin oder der Lehrer nochmals alle Begriffe vor. Dabei sollen die Gruppen durch Handzeichen andeuten, wenn sie (die Gruppe) einen Begriff nicht aufgeschrieben haben. Die Phase wird als sehr amüsant empfunden, da der eine oder andere Begriff, den "man eigentlich hätte wissen müssen", oft von allen Gruppen nicht memoriert wurde.

Diese Runde wird nun ausführlich besprochen und evaluiert: Durch gezielte Fragen werden die Teilnehmerinnen und Teilnehmer aufgefordert die einzelnen Phasen des Memorys zu reflektieren. Übereinstimmend wird festgestellt, dass das Aufschreiben der Begriffe allein gegen Schluss sehr viel Stress erzeugt, weil die eigenen Erwartungen an die Merkfähigkeit total überschätzt werden. Die Aufforderung, dann in eine Dreiergruppe zu gehen, wird als ‚Erlösung' empfunden. Die Gruppenbildung geschieht völlig emotional und erstaunlich schnell, Empfindlichkeiten oder Vorbehalte scheint es dabei nicht zu geben.

Bei der Erstellung einer gemeinsamen Begriffsliste stellen die Schülerinnen und Schüler fest, dass *jeder* einen individuellen Beitrag leisten kann und dass jeder Beitrag das Gruppenergebnis verbessert. Ohne besonderen Kommentar des Lehrers wird sehr schnell resümiert, dass dies eine wesentliche Voraussetzung für konstruktive Gruppenarbeit sein muss.

Eine weitere wichtige Erkenntnis ist die, dass man sich in einer Gruppe problemlos outen kann ("wir haben den Begriff auch nicht!"), während eine Handzeichenrunde zu den individuellen Memorylücken sehr unangenehm sein würde und schließlich zu Verweigerungshaltungen führen könnte.

Den Abschluss dieser Übungsphase bildet eine Zusammenfassung wichtiger Organisationsregeln für Gruppenarbeit. Gruppenarbeit muss so organisiert werden dass...

- jeder Teilnehmer einen individuellen Beitrag leisten kann,
- jeder Beitrag das Gruppenergebnis eindeutig verbessert,
- die Gruppe einen Schutzraum für Individuen bietet,
- individuelle Schwächen durch das Gruppenergebnis gedeckt werden können.

Es ist *nicht* das Ziel dieser Übung, die fachliche Exaktheit jedes Schülerbeitrags sicherzustellen, es geht auch nicht darum, den Eindruck zu vermitteln, fachliche Individualleistungen könnten durch Gruppenarbeit ersetzt werden. Das Ziel ist lediglich, einige Organisationsprinzipien für Gruppenarbeit zu erkennen und Übertragungsmöglichkeiten für Unterrichtssituationen aufzuzeigen.

An dieser Stelle sei mir eine Bemerkung zum Thema „Vermittlung von Fachwissen, übervolle Lehrpläne, Zeitdruck, zentrales Abitur, usw." erlaubt.

Da methodische und soziale Kompetenzen genauso wie fachliche Kompetenzen vermittelt, geübt und erworben werden müssen, muss in dieser Phase die Fachwissensvermittlung zwangsläufig etwas in der Hintergrund gedrängt werden. Dies äußert sich dadurch, dass der übliche Stoffverteilungsplan nicht eingehalten werden kann. Lehrende und Lernende haben gelegentlich das Gefühl mit dem Stoff nicht fertig zu werden, vergleichbaren Klassen hinterher zu hinken.

Die Erfahrung mit SOL gibt zwei Dinge zu bedenken:

1. Methodisches und soziales Lernen kann nicht im „luftleeren Raum" stattfinden, d.h. es ist immer mit Fachlernen verknüpft.

2. Methodisches und soziales Lernen und der Erwerb nicht-fachlich-inhaltlicher Kompetenzen braucht ein eigenes Zeitbudjet, das sozusagen zuerst bewusst investiert werden muss, damit es sich zu einem späteren Zeitpunkt wieder ausbezahlen kann. Die Erfahrung mit *konsequent geplanten* und *langfristig angelegten* Unterrichtsarrangements bestätigen diese Einschätzung.

3. Die größte Schwierigkeit besteht jedoch darin, dass die Lehrerin/ der Lehrer seine eigene Aktivität zurücknehmen muss und damit die Sicherheit verliert, in einer bestimmten, in exakte Lehrschritte eingeteilte Unterrichtszeit, von ihm definierte „Lernportionen" verabreichen zu können. (Herold/ Landherr 2001)

Schon nach wenigen Wochen war bei den Lernenden ein erweitertes und auf ein Zielverständnis begründetes Methodenrepertoire erkennbar, so dass mit Übungen zur Beobachtung und Einschätzung nichtfachlicher Kompetenzen begonnen werden konnte.

9.3   Leistungsbeurteilung im Rahmen von SOL

Grundsatz

Da es nach unserer Überzeugung nicht richtig sein konnte, personale Kompetenzen, die den Schüler aufgrund seiner Umgebung oder Herkunft prägen, beurteilen zu wollen, haben wir für uns den folgenden Grundsatz formuliert:
‚Wir können (und müssen) alle Kompetenzen der Schülerinnen und Schüler bewerten, wenn

- wir sie vorher vermittelt haben,
- wir einen Qualitätsmaßstab festgelegt haben,
- wir die Beurteilungskriterien offengelegt haben.'

Leistungsbeurteilung am Beispiel ‚Teamfähigkeit'

Ich möchte diesen Grundsatz am Beispiel ‚Teamfähigkeit' erläutern. Teamfähigkeit ist *eine* unserer über die fachlich-inhaltlichen Leistungen hinausgehende besondere Lernleistung. Den Begriff besondere Lernleistung verwende ich im Sinne der Definition in „Seminarkurs der gymnasialen Oberstufe" (LEU 1998).

Teamfähigkeit kann nicht ‚an sich' beurteilt werden, weil möglicherweise jeder etwas anderes darunter versteht (vgl. S. 30).

Es ist deshalb notwendig, dass Lehrende und Lernende einen gemeinsamen Blick für die Ausprägungsformen der Teamfähigkeit entwickeln, dass die Schüler sie üben und schrittweise verbessern können. Die Ausbildung erlernbarer Teamkompetenzen muss deshalb zum Unterrichtsthema gemacht werden.

Mit der Teamübung ‚Kugelbahn', die übrigens im Kurs 13.1 mit Auswertung gut zwei Unterrichtsstunden beanspruchte, lernten die Schüler die Vor- und Nachteile der Teamarbeit kennen, erkannten fördernde und behindernde Faktoren und lernten das Prinzip der Arbeitsteilung und Ergebniszusammenführung kennen.

Der Arbeitsauftrag lautete: In 6er oder 7er Gruppen soll mit Hilfe eines sehr begrenzten Materialangebots eine Kugelbahn gebaut werden, die nach Fertigstellung gemäß folgender Kriterien bewertet wird:

- Funktionalität: Die Kugel soll nach *möglichst langer* Laufzeit das Ende der Kugelbahn erreichen
- Design: Die Kugelbahn soll optisch ansprechend sein
- Stabilität: Die Kugelbahn soll transportabel sein.

Die Aufgabenverteilung wurde im Prinzip vorgegeben:

- Ein interner Beobachter, der während der gesamten Bauzeit bei der Gruppe bleibt und die Aktivitäten der einzelnen Gruppenmitglieder anhand eines vorbereiteten Beobachtungsbogen dokumentiert. Er kommuniziert nicht mit der Gruppe, er berät und kommentiert nicht. Er beobachtet nur.

- Ein externer Beobachter, der die Aktivitäten seiner Gruppe von einem entfernten Ort, zusammen mit den Externen der anderen Gruppen, mit Hilfe des selben Bogens beschreibt. Die externen Beobachter dürfen sich absprechen und können sich beraten.

- Das eigentliche Bauteam, das den Arbeitsauftrag in vorgegebener sehr knapper Zeit ausführen muss.

Nach der Fertigstellung der Projekte und der Siegerehrung wurden die Beobachtungsbögen der internen und externen Beobachter zunächst innerhalb der einzelnen Gruppen besprochen.

Im Plenum leiteten wir daraus Kriterien für die Beobachtung von Teamprozessen bei fachbezogenen Gruppenarbeiten ab. Ein erster Selbst-Beobachtungsbogen wurde entwickelt und bei der nächsten Gruppenarbeitsphase auf seine „Unterrichtstauglichkeit" überprüft.

In einer anschließenden Evaluationsrunde stellen die Beteiligten fest, dass zu viele Kriterien notiert wurden. Die verbleibenden 2 bis 3 beobachtbaren und von allen nachvollziehbare Kriterien bildeten die Grundlage für den ersten Beobachtungsbogen. (Siehe z.B. Anlage 1 Seite 11 A 1, A 2 und B 3)

Danach wurde zwischen Lehrer und Schüler ein Vertrag ausgehandelt. In einer Zieldefinition, die sich zunächst nur auf eine angestrebte Note bezog, wurde ein Zusammenhang zwischen Notenwunsch und Engagement hergestellt (Anlage 1, 1. Seite oben).

9.4   Verlauf des Forschungsprojektes

Nach Festlegung des zu bearbeitenden Fachthemas, dessen Einführung mit Hilfe eines Advance Organizers (Herold/ Landherr 2001) stattfand, nach der Verteilung der Arbeitsthemen, der Arbeitsaufträge und einer verbindlichen Zeitplanung durch den Lehrer begann eine weitere Gruppenarbeit in Form eines vom Lehrer zeitlich und logistisch vorbereiteten Gruppenpuzzles. Beachte: das Ziel dieser Phase ist nicht die Selbstorganisation eines Lernprozesses, sondern die Selbstbeobachtung der vorher festgelegten Kriterien für besondere Lernleistungen.

Zu fest vereinbarten Terminen wurden die Selbst-Beobachtungsbögen dem Lehrer vorgelegt. Sie bildeten die Grundlage für einen nicht in die Benotung eingehenden Zwischenbericht (Anlage 1, Zwischenbericht mit Lernberatung' angekreuzt).

Die wesentlichen Elemente des Zwischenberichts sind die Lernberatung und die Zielvereinbarung zur Verbesserung der Lernergebnisse.

Durch die Begründungszeilen ist es dem Lehrer, der durch Beobachtung der Klasse als externer Beobachter meist nur eine vage Vorstellung des Gruppengeschehens hat, möglich, die Selbstbewertung des einzelnen Schülers bzw. der einzelnen Schülerin nachzuvollziehen.

Die Lernberatung und die gemeinsame Zielvereinbarung gibt dem Verfahren aufgrund seiner Transparenz und Berechenbarkeit eine hohe Akzeptanz.

Ein Abgleich mit dem in der Vereinbarung genannten Ziel des Schülers schloss die individuelle Lernberatung im Rahmen des Zwischenberichts ab. Der Zeitbedarf dieser Lernberatung lag jedesmal bei ca. einer Unterrichtseinheit.

In einer zweiten Arbeitsphase wurden weitere Beobachtungsbögen geführt, die schließlich zum Abschluss einer bestimmten Lerneinheit als Bewertungsbogen (Anhang 1, Beurteilung angekreuzt) einer Notengebung zugeführt wurde.

Diese Übungen zur Selbstbeobachtung wurden, parallel zur Erweiterung der Methoden- und Sozialkompetenz wiederholt eingesetzt, erweitert und vervollständigt, wobei jede Phase mit einer Feedbackrunde abgeschlossen wurde (Herold/ Landherr 2001).

Als Ergebnis dieses successiv entwickelten Beurteilungsverfahrens entstanden die Beobachtungsblätter der Anlage 2, in der die Blöcke A und B von den Schülern selbst gestaltet und nach Absprache mit dem Lehrer gruppenspezifisch geführt wurden. Inhaltlich waren sie aufgrund der vorangegangenen Übungen sehr eng an die Formulierungen der Anlage 1 angelehnt .

Sämtliche Zwischenberichte und Endbeurteilungen wurden von den Schülern eigenverantwortlich in einem Portfolio gesammelt. Die dokumentierten Punktzahlen wurden nach einem vorher festgelegten Punktesystem in eine Note umgerechnet, die, wie alle anderen im Laufe eines Schuljahres erteilten Zensuren, zu einer Zeugnisnote weiterverarbeitet wurden. Der Vorteil des Portfolios ist, dass der Prozess der Kompetenzerweiterung und die Details der Notenentstehung durch die Verrechnung in eine Zensur nicht verloren geht.

9.5   Erfahrungen

Ich praktiziere seit vielen Jahren die Unterrichtsform SOL in Kombination mit der Beurteilung besonderer Lernleistungen. Insofern waren für mich die Erfahrungen aus diesem Projekt nicht grundsätzlich neu. Auf drei Punkte möchte ich näher eingehen:

Punkt 1:

Meine frühere Vorstellung, gemäß dem Vorbild der industriellen Ausbildungs- und Bewertungsverfahren bei der Beurteilung von Handlungskompetenz eine strikte Trennung zwischen methodischer, sozialer und fachlicher Kompetenz vorzunehmen, erscheint mir zunehmend unpraktikabel und pädagogisch unangemessen.

Ich möchte dies zunächst am Beispiel der Fachkompetenz erläutern: In Anlehnung an Klippert (Klippert 2000, 42) zählt zur ‚Fachkompetenz' in erster Linie Fachwissen, Strukturwissen, Kritik- und Urteilsfähigkeit, Problembewusstsein und Problemlösefähigkeit. Dazu kommen die Beherrschung elementarer Lern- und Arbeitstechniken, die Fähigkeit zur überzeugenden Kommunikation und Argumentation, die Fähigkeit und Bereitschaft zur konstruktiven und regelgebundenen Zusammenarbeit in Gruppen sowie der Aufbau spezifischer Persönlichkeitsmomente wie Selbstvertrauen, Selbstwertgefühl, Eigeninitiative und Durchhaltevermögen.

Bei der Beurteilung dieser Kompetenzen ist eine Trennung in Methoden-, Sozial- und Fachkompetenz wenig sinnvoll, da sie bei den Lernenden nie getrennt vorkommen und auch nie getrennt beobachtet werden können. Fachkompetent zu sein bedeutet eben nicht Fachwissen zu besitzen *oder* überzeugend argumentieren zu können. Vielmehr bedeutet Fachkompetenz eine konsequente *Und*-Verknüpfung der genannten Komponenten.

Wenn in einem unserer Beobachtungsbögen das Kriterium „ich habe die Gruppenarbeit durch Ideen und Vorschläge vorangebracht" auftaucht, so setzt dies zunächst gruppenmethodische Kompetenz voraus. Sonst wären Vorschläge zur Verbesserung der Gruppenarbeit nur schwer möglich. Die Fähigkeit, eine Gruppe als soziales Gefüge voranzubringen, ist jedoch eine eindeutig soziale Kompetenz.

So haben wir (Lehrer und Schüler) uns entschlossen, die mit der Klasse erarbeiteten Kriterien als solche, ohne Trennung in Methoden- und Sozialkompetenz, in die Beobachtungsbögen aufzunehmen und dem Leser des Portfolios die Gewichtung der Komponenten selbst überlassen.

Punkt 2:

Das eigenverantwortliche Führen des Portfolios macht vielen Schülern und Schülerinnen anfänglich große Probleme. Das Gefühl selbstverantwortlich zu sein, die Tatsache, dass das Portfolio nicht mit dem Notenbuch des Lehrers verwechselt werden darf, die Möglichkeit zur Dokumentation des eigenen Lernfortschritts, wirken anfänglich für viele, insbesondere gewissheitsorientierte Schüler/ Schülerinnen (Huber 1999) eher verunsichernd.

Erst wenn der Schüler/ die Schülerin gelernt hat, dass es *sein/ ihr Portfolio* ist, mit dem er/ sie *seine/ ihre Kompetenzen* und *sein/ ihr Können* über die Fachnote hinaus darstellen kann, wird die eigentliche Bedeutung des Portfolios nachvollziehbar.

Da auch in diesem Schuljahr die Portfolios oft lückenhaft und wenig sorgfältig geführt wurden, ist allen Beteiligten klar geworden, dass ergänzende Strukturierungshilfen notwendig gewesen wären. Aus diesem Grund werden im nächsten Schuljahr die Mappen (Portfolios) in der Schule verbleiben, so dass jedes neue Beobachtungsblatt, jede wichtige Notiz oder Information, jeder Arbeitsauftrag und jedes Gruppenergebnis direkt abgelegt werden kann. So erhoffe ich mir umfassendere und lückenlosere Sammlungen, die erst später, also gegen Ende der Schulzeit auf die wesentlichen und aussagenkräftigen Seiten reduziert werden.

Die Rückmeldungen früherer Schüler und Schülerinnen über den ‚Einsatz' der Portfolios bei Vorstellungsgesprächen, Bewerbungen und ähnlichen Anlässen ist durchweg sehr positiv.

Insgesamt bin ich der Überzeugung, dass, wenn unser Unterricht zunehmend erweiterte Kompetenzen fördert und fordert, es nicht nur eine nette Geste ist, diese zu bewerten, sondern dass wir zunehmend in die Pflicht genommen werden, den durch schulisches Lernen erworbenen Fähigkeiten eine ganzheitliche Würdigung zu geben.

Punkt 3:

Im Punkt 3 komme ich zu einem Problem, das mich in jedem vergleichbaren Projekt am meisten beschäftigt. Die abschließende Evaluationsrunde, die diesmal nicht von mir selbst sondern vom Projektleiter mit meinen Schülern durchgeführt wurde, hat wieder die Erkenntnis unterstrichen, dass Schüler trotz Transparenz, Absprachen und manchem Vertrauensvorschuss von seiten des Lehrers auffallend viel Energie zum Unterlaufen des Systems, d.h. zur Täuschung verwenden, indem sie versuchen, nicht oder nur mangelhaft erbrachte eigene Leistungen, immer wieder mit großzügigen Punktzahlen zu bewerten. Entsprechende Zitate aus Schülerbefragungen und Evaluationsrunden wie „man kann's ja mal versuchen" oder „ das kann der Lehrer sowieso nicht überprüfen" können diese These belegen.

Obwohl ich mit den Schülern und Schülerinnen in regelmäßigen Abständen die Prinzipien und die Notwendigkeit einer Vertrauensbasis und der Selbstverantwortung besprochen habe und obwohl ich nur in ganz offensichtlichen Fällen Schülerselbstbeurteilungen korrigieren ließ, scheint das Vertrauen der Schüler in das beschriebene Bewertungssystem nicht oder noch nicht stabil gewesen zu sein.

Für mich ergibt sich daraus erneut und verstärkt die Notwendigkeit, neben guten Fachergebnissen, die Erziehungsziele wie Offenheit, Selbstverantwortung und gegenseitiges Vertrauen, eben Mündigkeit für und in einer offenen Gesellschaft, weiterhin intensiv zu verfolgen.

Nach meiner Einschätzung ergänzen und bedingen sich das Unterrichtskonzept „SOL (selbstorganisiertes Lernen)" und neue Formen der Leistungsbeurteilung in besonders idealer Weise. Für Lernende und Lehrende ergeben sich dadurch Chancen und Perspektiven für eine neue Lehr-Lernkultur, mit denen wir den Herausforderungen unserer Zeit wirkungsvoll begegnen können.

9.6   Anhang

Literatur

Fiederle, X. (1994): Train the Trainer, Lehrtraining für Dozenten, Manuskript

Gugel,G. (1997): Methodenmanual I: Neues Lernen. Weinheim und Basel: Beltz

Huber, G.L. (1999): Finden oder suchen? Lehren und Lernen in Zeiten der Ungewissheit. Schwangau: Ingeborg Huber

Herold, M./ Landherr, B. (2001): SOL – Selbstorganisiertes Lernen. Hohengehren: Schneider

Klippert, H. (2000): Pädagogische Schulentwicklung. Weinheim und Basel: Beltz

Landesinstitut für Erziehung und Unterricht (1998): Seminarkurs der gymnasialen Oberstufe. FTH 400. Stuttgart: E.Kurz &Co

Wahl, D. (1996) Lehrveranstaltungen lerngerecht gestalten. Heidelberger Hochschuldidaktischer Kurs, Manuskript

Anlagen

Anlage 1: Beurteilung fachlicher und überfachlicher Leistungen im Rahmen eines SOL-Unterrichtsarrangement

In selbstorganisierten, kooperativen Lernprozessen wird von den Schülerinnen und Schülern wesentlich mehr verlangt als die Erweiterung der Fachkompetenz. So müssen Gruppenarbeiten organisiert, Arbeitsaufträge verteilt und Ergebnisse zusammengeführt werden. Die Arbeit im Team muss effektiv, zielorientiert und für alle Gruppenmitglieder sinnvoll sein.

Mein Ziel: In dieser Lerneinheit möchte ich die Note .... erreichen.

Dafür werde ich folgenden Einsatz bringen:

Zur Beobachtung und Beurteilung der gelernten Kompetenzen vereinbaren wir folgendes:

Beobachtet und bewertet wird...

Im Block A: der Lernprozess - Eigenbeurteilung, individuell, mit Bestätigung des Lehrers

im Block B: der Lernprozess - Gruppenbeurteilung, mit Bestätigung des Lehrers

für Block A und B gilt: Zur Leistungsermittlung werden Punkte vergeben. Die Bewertung wird mit Beispielen untermauert

im Block C: das Produkt (lt. Arbeitsauftrag) - Gruppenbeurteilung, Fremdbeurteilung (Lehrer)

im Block D: das fachliche Lernergebnis - individuell, Test, Fremdbeurteilung (Lehrer)

Punktesystem für Block A,B und C:
0   trifft nicht zu oder Beispiele können nicht genannt werden
1   soweit in Ordnung, Beispiele genannt
2   sehr gute Leistung, treffend begründet

(Begründung, ggf. auf der Rückseite)

Wir sind mit den Vereinbarungen und dem Beurteilungsblatt einverstanden:

Datum: Schüler: Lehrer:

Bemerkungen zum Beurteilungsblatt (folgende Seite):

1. Jede Punkteverteilung muss in der Begründungszeile explizit erläutert werden. So genügt es zum Beispiel bei Block A 3. nicht, 2 Punkte zu notieren. In der Begründungszeile muss auf einen (beigelegten) Zeitplan mit entsprechendem Kommentar zum Verlauf und dem Ergebnis der Zeitüberwachung verwiesen werden. Rückfragen zum besseren Verständnis können jederzeit beim Verfasser oder bei der Gruppe eingebracht werden.

2. Die o.g. Kriterien sind von der speziellen Klasse mit entsprechenden Vorübungen entwickelt worden. Sie wurden ausführlich diskutiert, ihre Verständlichkeit individuell bestätigt und aus einem Pool von Vorschlägen auf eine überschaubare Zahl reduziert. Insofern ist dieser Bogen ‚Eigentum' der Klasse. Er kann nicht auf andere Klassen übertragen werden.

Block A: **Lernprozess –** **Eigenbeurteilung,** **individuell mit** **Beestätigung des** **Lehrers**	1. Ich habe von der Gruppe folgende Aufgaben übernommen, selbstständig oder in der Kleingruppe bearbeitet und termingerecht der Gruppe zur Verfügung gestellt. ... 2. Ich habe methodische Vorschläge zur Verbesserung der Gruppenarbeit eingebracht. ... 3. Ich war aktiv an der Zeitplanung und Zeitüberwachung beteiligt ... 4. Ich war immer pünktlich und habe nie gefehlt ... **Punkte (max 8) Block A** ___
Block B: **Lernprozess –** **Gruppenbeurteilung** **mit Bestätigung des** **Lehrers**	1: Wir haben den Arbeitsauftrag erfüllt ... 2. Wir haben die fachlichen Inhalte selbstständig und ohne fremde Hilfe erarbeitet ... 3. Wir haben für jede Arbeitsphase ein Ziel formuliert und seine Erreichung überprüft. Die Überprüfung hatte Konsequenzen. ... **Punkte (max 6) Block B** ___
Block C: **Produkt (lt. Ar-** **beitsauftrag) –** **Gruppenbeurtei-** **lung, Fremdbeur-** **teilung (Lehrer)**	1. Das Infoblatt enthält die geforderten Elemente: Übersicht, Literaturhinweise, markierte Merksätze, kurze Texte und Visualisierungen. ... 2. Der fachliche Inhalt ist fehlerfrei und verständlich ... 3. Der Gesamteindruck ist gut ... **Punkte (max. 6) Block C** ___
Block D: **Fachliches Lerner-** **gebnis – individuell,** **Text, Fremdbeur-** **teilung (Lehrer)**	Ergebnis des Fachtests: **Punkte (max. 20) Block D** ___ **Gesamtpunktzahl (max 40)** ___
Die Note wird nach dem angegebenen Punkteschlüssel berechnet.	
Ergebnis der Lernberatung/ Zielformulierung	
Gesamtnote:	Datum/ Unterschrift
© Herold	

Anlage 2: Bewertungsbogen für die SOL-Einheit MGK 13.2 vom Jan. bis Mai 2000 nach den Vorlagen und Ideen der einzelnen Arbeitsgruppen:

TG 13 Mathematik - GK Name:_____

☐ Zwischenbericht mit Lernberatung ☐ Beurteilung

Block A: Prozess- beurteilung	Selbstbeurteilung: Bewertungsbogen (mit Bestätigung des Lehrers) **Punkte (max. 45) Block A**	___
Block B: Prozess- beurteilung	Fremdbeurteilung nach vereinbarten Beurteilungskriterien, Beurteilungsblatt: Prozessbeobachtung und Zwischenbericht **Punkte (max. 10) Block B**	___
Block C: Präsentation	Gruppenbeurteilung (insg. 10 P) <ul><li>Themen- und Personenübersicht, inhaltliche Zusammenhänge (2)</li><li>Gesamtdarstellung (Anschaulichkeit, Ideen, Zusammenfassung) (2)</li><li>Timing (1)</li><li>Gruppenverhalten (Absprachen, Kontrolling, Hilfestellung) (2)</li><li>Plakat (2)</li><li>Diskussion (Initiierung, Leitung, Abschluss) (1)</li></ul> Individualbeurteilung (insg. 10 P) <ul><li>Inhalt, fachliche Tiefe, fehlerfrei (2)</li><li>angemessener Medieneinsatz (1)</li><li>Sprache, Fachsprache, Erklärungen, freie Ergänzungen (2)</li><li>Bezug zum und Übersicht über das Gesamtthema (2)</li><li>Timing, Einhaltung der Redezeit (1)</li><li>Engagement bei Problemen, Rückfragen, Diskussion (2)</li></ul> **Punkte (max 20) Block C**	___
Block D: Manuskript	Gruppenbeurteilung <ul><li>Fachliche Tiefe, fehlerfrei, Anwendungsbeispiele, Abgrenzung (6)</li><li>Gesamtdarstellung, Gesamteindruck (2)</li><li>Formale Aspekte: Vorgaben, Inhaltsverzeichnis, Literaturangaben, Zitate (3)</li><li>Gestaltung: Deckblatt, Textgestaltung, Überschriften, Strukturie- rung, Visualisierungen (4)</li></ul> **Punkte (max 15) Block D**	___
	Punkte: Note:	

Anm.:
- Notenberechnung nach dem 90-Punkte-Schlüssel
- Diese Note zählt wie eine Klassenarbeit
- Die zweite Note ist eine fachliche Note (Klausurnote)

90-85	84-80	79-74	73-69	68-64	63-60	59-55	54-50	49-46	45-41	40-37	36-32	31-27	26-22	21-17	16-0
15	14	13	12	11	10	09	08	07	06	05	04	03	02	01	00

Fallstudie 10
Birgit Landherr:
Leistungsbeurteilung im Rahmen des Konzepts ‚Selbstorganisiertes Lernen‘

Schule:	Laura-Schradin-Schule Reutlingen
Klassenstufe:	12
beteiligte Lehrkräfte:	Birgit Landherr
beteiligte Fächer:	Biologie (Leistungskurs)
Unterricht:	Fachunterricht im Leistungskurs
Thema:	Nervenzellen, Zentralnervensystem des Menschen, vegetatives System
Zeitraum:	März bis Mai 2000
Beurteilungsbausteine:	Prozess, Produkt, Präsentation

10.1   Vorüberlegungen

Kurzbeschreibung der Laura-Schradin-Schule

Die Laura-Schradin-Schule ist eine berufliche hauswirtschaftliche Schule mit ca. 700 Schülerinnen und Schülern, 70 Lehrerinnen und Lehrern und 12 verschiedenen Schularten. Eine davon ist das Berufliche Gymnasium der Ernährungswissenschaftlichen Richtung als dreijährige Vollzeitschule mit Klasse 11 – 13 (zweizügig) mit dem Ziel der allgemeinen Hochschulreife.

Das Unterrichtskonzept

Die dem Forschungsprojekt zugrundeliegende Unterrichtskonzeption ist das selbstorganisierte Lernen („SOL"). Dies bedeutet in Kurzfassung, dass die Lernenden im Rahmen der durch das staatliche Schulsystem vorgegebenen Rahmenbedingungen wie Lehrpläne, Zentralabitur etc. ihre Lernprozesse in zunehmendem Maß eigenständig ordnen und strukturieren sollen. Der Individualität der Lernprozesse wird ein möglichst großer Spielraum eingeräumt. Dieser Spielraum wird ständig erweitert, so dass die Aktivitäten der Lernenden immer mehr zunehmen und die Lehrenden zunehmend in eine Lernberaterrolle eintreten können. Der dabei frei werdende zeitliche Spielraum soll dazu genutzt werden, die für dieses Unterrichtskonzept erforderlichen neuen Formen der Leistungsbeurteilung durchzuführen.

Die Klasse

Am Forschungsprojekt ist der Biologie-Leistungskurs der Jahrgangsstufe 12 beteiligt. Der Kurs bestand zu Beginn des Schuljahres 99/ 00 aus 23 Schülerinnen und Schülern, seit Januar 2000 sind zwei weitere Schülerinnen dazu gekommen. Da beide nicht zum Abitur zugelassen wurden, können sie die Klasse 12 ab Kurs 12.2 wiederholen.

Eine Besonderheit in der Zusammensetzung des Kurses ist bezüglich der Herkunftsschulen der Schülerinnen und Schüler zu sehen, da insgesamt 6 Schüler aus dem benachbarten Wirtschaftsgymnasium kommen. Insgesamt sind die Kursteilnehmer aus 6 unterschiedlichen Klassen und 2 Schultypen zusammengesetzt, wobei die Lehrplaninhalte in der vorausgehenden Klasse 11 für alle Schüler dieselben waren.

Vorbildung der Schülerinnen und Schüler

Biologie wird in Klasse 11 zweistündig unterrichtet und soll die aus vielen unterschiedlichen Schularten - vom Gymnasium bis hin zur Werkrealschule - stammenden Schüler auf denselben Kenntnisstand bringen.

Insgesamt unterrichteten 5 Kollegen in Klasse 11 im Biologieunterricht, ich selbst habe alle Schüler erst ab Klasse 12 übernommen. Dadurch entstand die Schwierigkeit, die Schüler zunächst selbst persönlich kennen lernen zu müssen, die für den Leistungskurs relevanten Unterrichtsinhalte aus Klasse 11 teilweise wiederholen zu müssen und den Schülerinnen und Schülern auch eine notwendige Eingewöhnungszeit in meinen Unterrichtsstil einzuräumen.

Von mir üblicherweise bereits in Klasse 11 eingesetzte neue Unterrichtsformen waren so größtenteils unbekannt und mussten ebenfalls neu vermittelt und trainiert werden. Daraus resultierte eine mehrwöchige Einarbeitungsphase mit überwiegend konventionellem lehrerzentriertem Unterricht.

Formen der Leistungsbeurteilung innerhalb des Forschungsprojektes im Biologie-LK 12

Die folgenden Angaben beziehen sich auf die Beurteilungsbögen in der Anlage 1.

Alle dort enthaltenen Fragen zum Beurteilungsprozess sind mit den Schülerinnen und Schülern des Biologie-Lk 12 vor Beginn des Forschungsprojektes entwickelt und abgestimmt worden. Die Beurteilungsbögen sind somit nicht auf andere Klassen übertragbar und haben nur beispielhaften Charakter. Die Beurteilung wird in 4 Blöcke (A – D) aufgeteilt:

- *Prozessbeurteilung* (Block A und B) in Form von individuellen Selbstbeurteilungen und gemeinsamen Beurteilungen der Arbeit in der Gruppe während selbstorganisierter Lernphasen. Das Ziel dieser Beurteilungsphase ist, dass die Schülerinnen und Schüler ihre individuellen Arbeitsbeiträge, ihr Engagement etc. während der Unterrichtszeit durch die in den Beurteilungsbögen formulierten Kriterien beobachten und selbst beurteilen sollen. Die einzelnen Angaben müssen durch die Schülerinnen und Schüler jeweils mit Beispielen belegt und begründet werden. Die Schlüssigkeit dieser Angaben wird durch die Lehrerin überprüft. Fehlende oder unvollständige Angaben oder Begründungen führen zu einer Rücksprache mit der Schülerin oder dem Schüler.

  Beispiel: Block A, Frage 1: „Ich habe folgende Fachthemen selbständig erarbeitet und dabei die genannte Literatur verwendet". Bei dieser Frage müssen die erarbeiteten Themen aufgeführt und die dabei verwendete Literatur angegeben werden. Dabei ist es nicht ausreichend, beispielsweise das ‚Internet' als Literaturquelle anzugeben, verlangt wird die Ausformulierung der vollständigen Internetadresse.

- *Ergebnisbeurteilung* (Block C und D) in Form von Fremdbeurteilungen durch die Lehrerin bei besonderen Lernleistungen wie beispielsweise Präsentationen,

Kolloquien, Lernskripten etc. Diese Beurteilung unterteilt sich wiederum in einen individuellen Anteil und einen Gruppenanteil.

- Entwicklung eines *Portfolios* als besondere Nachweismöglichkeit für überfachliche Qualifikationen in Eigenverantwortung durch die Schülerinnen und Schüler

Pro Beurteilungsblock können mehr als die in der Gesamtpunktesumme angegebene maximale Punktzahl erreicht werden. Dies ist absichtlich so berechnet, da ich davon ausgehe, dass nicht bei jeder angegebenen Fragestellung jeder Schüler oder jede Schülerin einen Beitrag geleistet hat und somit die pro Beurteilungsblock mögliche Höchstpunktzahl erreichen kann. Beispiel: die bei der individuellen Prozessbeurteilung erreichbaren Gesamtpunkte betragen in der Gesamtpunktesumme 24 Punkte, während die in Klammern bei den Einzelfragen angegebenen maximalen Wertungen die Summe von 26 Punkten ergeben. Der Gesamtheit der einzelnen Prozess- und Ergebnisbeurteilungen liegt der 60-Punkte-Schlüssel der KMK zugrunde, mit dessen Hilfe die Leistungen in eine Note bzw. in das in der Oberstufe übliche 15-Punkte-System umgerechnet werden können.

Sämtliche, im folgenden beschriebenen Kompetenzen gehen in die Fachnote mit ein. Eine Trennung in die einzelnen Kompetenzen erachte ich für nicht machbar und auch nicht sinnvoll. Die von den Schülerinnen und Schülern bei der von mir gewählten Unterrichtsorganisation und Aufgabenstellung erbrachten Leistungen bilden Einheiten, bei denen einzelne Leistungsschwerpunkte in unterschiedlichen Kompetenzbereichen zwar erfasst werden können, die aber trotzdem nicht von der Gesamtleistung abtrennbar sind. Dies möchte ich an einem Beispiel begründen: in einer Schülergruppe soll eine Arbeitsablaufplanung inklusive der Aufteilung des Gesamtarbeitsauftrages auf die einzelnen Gruppenmitglieder erfolgen.

Bei der Bearbeitung dieser Aufgabe fallen einzelne Schülerinnen und Schüler durch gute methodische Vorschläge auf, die von anderen Gruppenmitgliedern aufgegriffen und zu einer noch besseren Lösung weiterverarbeitet werden. Ein weiterer Schüler provoziert durch gezielte Zwischenfragen einen Konflikt, der allerdings am Ende der Planungsarbeit zu neuen und sehr kreativen Ideen und einem besseren Verständnis der Gruppenmitglieder untereinander führt.

An diesem Beispiel wird ersichtlich, dass die Trennung der einzelnen Kompetenzen äußerst schwierig ist: wo beginnt die Methodenkompetenz und was ist unter Sozialkompetenz einzuordnen?

Die der Leistungsbeurteilung zugrundeliegenden Kompetenzen

Grundlage der Beurteilung ist der Pädagogische Leistungsbegriff (S. 27ff). Bei der Festlegung der zu beurteilenden Kompetenzen gehe ich vom Grundsatz aus, dass nur bewertet werden kann, was auch erlernbar ist. Somit werden persönliche Eigenschaften, die nur sehr schwer oder nicht änderbar sind, *nicht* in die Leistungsbeurteilung mit einbezogen. Hierher gehören zum Beispiel Schüchternheit oder Temperament. Beurteilbare Kompetenzen (LEU 1998) sind:

- Soziale Kompetenz, z.B. monologische und dialogische Kommunikation, Arbeiten in der Gruppe, Konflikt- und Kompromissfähigkeit.

- Methodenkompetenz , z.B. Erstellen von Arbeitsplänen, präsentieren und vermitteln.

- Personale Kompetenz, z.B. Selbständigkeit, Leistungsbereitschaft, problemlösendes Denken.
- Fachkompetenz, z.B. Abituraufgaben lösen können.

10.2 Organisation des Unterrichts und dabei bewertete besondere Lernleistungen

Folgend werden die drei verschiedenen Unterrichtsphasen beschrieben, die während der Dauer des Forschungsprojektes durchgeführt wurden und die sich durch eine zunehmende Beteiligung der Schülerinnen und Schüler bei der Beurteilung ihrer Leistungen kennzeichnen lassen.

Abb. 45: Übersicht über Unterrichtseinheiten und Beurteilung

Fächerübergreifender Unterricht (EG-Projekt)	Übungseinheit SOL	Lerneinheit SOL
Nov. – Dez.99	März 2000	April – Mai 2000
Präsentation Plakat Klassenarbeit	Prozessbeurteilung Ergebnisbeurteilung Skripterstellung Klassenarbeit	Prozessbeurteilung Ergebnisbeurteilung: Präsentation

Fächerübergreifender Unterricht vom 15.11.99 bis 3.12.99 ("EG-Projekt")

Organisation des Unterrichts und Arbeitsaufgaben

Alle Schülerinnen und Schüler der Jahrgangsstufe 12 nahmen an diesem Unterricht verpflichtend teil, bis auf wenige Ausnahmen waren alle Unterrichtsfächer beteiligt. Für einen Zeitraum von 3 Wochen wurde der übliche Fachunterricht aufgelöst, bestimmte Fächer wurden in sogenannte Lerninseln zusammengefasst, beispielsweise wurden die Fächer Ernährungslehre/ Chemie, Biologie, Englisch und Französisch zu einer solchen Lerninsel zusammengelegt. Grundlage für eine Lerninselkombination bilden die Lehrplaninhalte, die fächerübergreifend zu einer übergeordneten Aufgabenstellung kombiniert werden. Insgesamt gab es 3 Lerninseln, auf welche die Schülerinnen und Schüler der Jahrgangsstufe 12 gleichmäßig aufgeteilt wurden. Je nach gewählten Kursen mussten von den Schülerinnen und Schülern die pro Lerninsel gestellten Arbeitsaufträge in relativ selbstorganisierten Lernphasen bearbeitet werden. Der zeitliche Umfang für das Durchlaufen einer Lerninsel betrug eine Woche, alle 3 Lerninseln mussten dabei in einem rollierenden System von den Lernenden durchlaufen werden. (Herold/ Landherr/ Huber 1997)

Die Unterrichtsinhalte des Bio-Lk-Lehrplanes wurden fächerübergreifend mit den Inhalten der Chemie, Ernährungslehre, Englisch und Französisch zum Thema "Ionen/ Wasser-und Salzhaushalt/ Eisenstoffwechsel" verknüpft.

Die Unterrichtsinhalte in den Fächern Biologie/ Chemie/ Ernährungslehre mussten sich die Schülerinnen und Schüler zunächst selbst erarbeiten und dann in einer fächerübergreifenden Themenstellung in einem Schülerteam vor den restlichen Lerninselmitgliedern präsentieren.

Die Präsentationen und die dafür zu erstellenden Lernplakate wurden von den beteiligten Kolleginnen und Kollegen ebenfalls im Team beurteilt.

Im Rahmen dieser fächerübergreifenden Unterrichtsphase wurden ausschließlich Ergebnisbeurteilungen als Fremdbeurteilung durchgeführt. Beurteilt wurden die von der Gruppe erstellten Lernplakate sowie die Präsentationen der einzelnen Schülerinnen und Schüler.

Die Schülerinnen und Schüler übten vor Beginn des fächerübergreifenden Unterrichts in einzelnen Fächern gezielt, wie man eine Präsentation in einer Gruppe durchführt und plant. Visualisierungstechniken und Visualisierungsgrundsätze wurden ebenfalls im vorab besprochen und geübt.

Eine generell für alle Fächer gültige Zusammenfassung der Beurteilungskriterien lag den Schülern aber vor Beginn des EG-Projektes nicht schriftlich vor.

In der folgenden Tabelle sind die von den Schülerinnen und Schülern während der Projektphase zu erbringenden Leistungen und deren Gewichtung aufgezeigt (Abb. 46).

Abb. 46: Beurteilungskriterien und Gewichtung während der Projektphase

1.	*Präsentation* im Team	25% (Individualleistung)
2.	*Erstellung eines Plakates*, das die fächerübergreifende Themenstellung verdeutlicht und während der Präsentation eingesetzt werden musste	25% (Gruppenleistung)
3.	*Konventionelle Klassenarbeit*	50% (Individualleistung)

Die Gewichtung von individueller Leistung zu Gruppenleistung liegt bei 75 : 25. Sehr gute Schülerinnen und Schüler werden so durch schwächere Teammitglieder nicht zu stark in ihrer Endnote abgewertet, während andererseits die leistungsschwächeren Schüler nicht ungerechtfertigt durch die guten Schüler profitieren. Durch diese Gewichtung könnte auch eine Motivation für gute bis sehr gute Schüler entstehen, ihr Wissen weiterzugeben, ohne dadurch selbst zu stark notenmäßig benachteiligt zu werden.

Bei der Bewertung der Präsentationen der oben beschriebenen Lerninsel im Lehrerteam gab es durch das Fehlen zuvor gemeinsam abgesprochener Präsentationskriterien und deren Gewichtung in der Endnote unterschiedliche Einschätzungen bezüglich einzelner Leistungsanteile beim Finden einer gemeinsamen Note. Beispielsweise war nicht genau im vorab geklärt, inwieweit kleinere fachliche Unsicherheiten die Endnote beeinflussen. Es wurde auch offensichtlich, dass für diese Formen der Leistungsbeurteilung eine gewisse Routine seitens der Lehrerinnen und Lehrer erforderlich ist.

Nach Durchführung der fächerübergreifenden Unterrichtsphase wurde wieder im regulären Stundenplan in Fächern unterrichtet. Dies bedeutet im Leistungskurs 5 Unterrichtsstunden pro Woche, die folgendermaßen aufgeteilt wurden: montags und freitags je eine Doppelstunde, am Dienstag eine Einzelstunde.

Während der Zeit von Dezember 1999 bis März 2000 wurden noch mehrere kleinere Unterrichtseinheiten in Form von selbstorganisierten Lernphasen durchgeführt. Die Bewertung erfolgte weitgehend konventionell über Klausuren.

Selbstorganisierte Übungseinheit im Fachunterricht vom 03. – 24.3.2000

Organisation des Unterrichts und Aufgabenstellung

Die 25 Schülerinnen und Schüler arbeiteten während dieser über 12 Unterrichtsstunden dauernden Übungsphase in 5 Kleingruppen mit jeweils 5 Personen, deren Zusammensetzung nach emotionalen Aspekten erfolgte. Pro Gruppe wurde ein Teamleiter bestimmt, der für die Organisation und Koordination der Arbeit in der Gruppe verantwortlich war.

Die Arbeitsaufgabe bestand in der Erstellung einer schriftlichen Zusammenfassung des Themas (Neuromuskuläre Synapsen / Zentrale Synapsen – Erregungsübertragung, Codierung der Information; Wirkung von Nervengiften) von maximal 5 Seiten („Skript"), einer Visualisierung der Zusammenhänge sowie einer Arbeitsablaufplanung in der Gruppe.

Meine Rolle als Lehrerin bestand während dieser Zeit darin, weitgehend in den Hintergrund zu treten und die Schülerinnen und Schüler nur dann zu unterstützen, wenn sie selbst um Hilfestellung baten oder wenn bei Unstimmigkeiten oder offensichtlichen Fehlplanungen mein Eingreifen erforderlich war.

Ziele der Übungseinheit und Leistungsbeurteilung

- In 12 Unterrichtsstunden während der Unterrichtszeit die Arbeitsaufträge erfüllen
- Die gestellten Aufgaben in einer Gruppe termingerecht und vollständig bearbeiten
- Während dieser Zeit die eigene Arbeit nach Bewertungsblock A (s. Anlage 1) beurteilen
- Die Arbeit in der Gruppe nach Bewertungsblock B (s. Anlage 2) beurteilen.

Ziel des Forschungsprojektes ist es, eine Klassenarbeit durch eine besondere Lernleistung zu ersetzen. Dies soll hier im Rahmen einer ca. 20 Unterrichtsstunden umfassenden Unterrichtseinheit geschehen, die von den Schülern weitgehend selbst organisiert werden soll. Die dabei eingesetzten Unterrichtsformen sollen auch die kooperativen Fähigkeiten der Schülerinnen und Schüler fördern. Die insgesamt dabei erwarteten und zu beurteilenden Kompetenzen sind bei Kapitel 10.1 beschrieben.

Aus den langjährigen bisherigen Erfahrungen bei selbstorganisierten Unterrichtseinheiten ist klar geworden, dass eine alleinige Bewertung der in den einzelnen Arbeitsgruppen ablaufenden Prozesse durch den Lehrer nicht möglich ist. Dies ist vor allem dann der Fall, wenn es eine größere Anzahl von Arbeitsgruppen gibt. Es war und ist mir unmöglich, Gruppenbeobachtungen so lange und so präzise durchzuführen, dass die Beobachtungen und die daraus resultierenden Beurteilungen den Leistungen jedes einzelnen Schülers und jeder Schülerin gerecht werden. Zusätzlich werden durch die Beobachtungen Lern- und Arbeitsprozesse blockiert und verfälscht, da die Anwesenheit von Lehrenden von vielen Lernenden als störend und behindernd empfunden wird .

Eine Lösung dieses Problems sehen wir im Rahmen der Selbstbeurteilung der Schülerinnen und Schüler, dies bezüglich sowohl der in der Gruppe ablaufenden und bewertbaren Prozesse als auch die individuell zu bewertenden Leistungen, die jeder Schüler auch bei Gruppenarbeit erbringt.

Da unsere Schülerinnen und Schüler die Leistungsbewertung in Form von Selbstbeurteilungen im konventionellen Unterricht weder kennen gelernt noch trainiert haben, ist eine Übungseinheit ohne Bewertungsdruck dringend erforderlich. Konkret bedeutet dies, dass die Schülerinnen und Schüler...

- mit dem Lehrer gemeinsam die entsprechenden Bewertungskriterien entwickeln,
- diese wurden im Anschluss an die EG-Projektphase von den Schülern während der Unterrichtszeit erarbeitet und von mir dann in entsprechende Bewertungsbögen eingearbeitet. Die dafür verwendeten Grundmuster wurden mit Herrn STD Dr. Herold gemeinsam entwickelt (s. Anlage 1).
- diese in einer Übungsphase ausprobieren (als sog. „Zwischenbericht" auf den Beurteilungsbögen vermerkt).
- im Rahmen einer Evaluation die verwendeten Beurteilungsbögen durch die gemachten Erfahrungen ergänzen, verändern und weiterentwickeln.

Die den Schülerinnen und Schülern zur Verfügung stehende Unterrichtsplanung ist in der folgenden Tabelle dargestellt (Abb. 47). Themen, Aufgaben und Vorgehensweise bei der Bearbeitung des Auftrages lagen den Lernenden ebenfalls vor.

Abb. 47: Unterrichtsplanung Biologie Leistungskurs 12.2/ März 2000 (Übungseinheit)

Datum	Ablaufplanung	Mitzubringen
Fr, 3.3.	Einführung in die Thematik/ Aufgabenstellung	
Mo, 13.3	Planung der Arbeitsschritte/ Aufgabenteilung etc.	1,2
Di, 14.3.	Arbeit laut Planung	1,2
Fr, 17.3.	Arbeit laut Planung/ TL-Bericht	1,2
Mo, 20.3.	Arbeit laut Planung/ Lehrerfragestunde	1,2
Di, 21.3.	Arbeit laut Planung	1,2
Fr, 24.3.	Fertigstellung / Abgabe der Aufgabenergebnisse	1,2
Mo, 27.3.	Abgabe der Beurteilungsbögen/ Abschlußbesprechung	
Anm.: 1 = Schroedel , 2 = eigene Literatur		

Nachdem mit den Schülerinnen und Schülern die Beurteilungskriterien zur Prozess- und Ergebnisbewertung ausführlich besprochen worden waren, wurden die Beurteilungsbögen vor Beginn der Übungsphase den einzelnen Gruppen ausgeteilt. So war klargestellt, dass sowohl die zu beurteilenden Tätigkeiten während der Arbeitsphase als auch die zu erbringenden Ergebnisse im Detail bekannt waren. Die Schülerinnen und Schüler wurden auch dazu ermuntert, laufende Selbstbeobachtungen durchzuführen, um damit das Ausfüllen der Beurteilungsbögen erst im nachhinein und nur aus der Erinnerung heraus zu vermeiden.

Ergebnisse und Schwierigkeiten, Evaluation der Übungsphase

Wie aus der Unterrichtsplanung ersichtlich ist, wurde eine Doppelstunde zur Abschlussbesprechung/ Evaluation eingeplant und auch verwendet. Im Einzelnen wurden dabei folgende Schwierigkeiten der Schülerinnen und Schüler diskutiert:

- *Planungsprobleme*: es wurde u.a. versäumt, die für die Skripterstellung notwendigen Absprachen bezüglich der Form zu besprechen (Schriftart, Nummerierung, Deckblatt etc.), außerdem arbeiteten die Schülerinnen und Schüler weitgehend alleine an ihren einzelnen Teilaufgaben und versäumten bereits in der Arbeitsplanung, genügend Zeit für die Zusammenführung der Themen und deren gemeinsame Diskussion einzuplanen. An dieser Stelle wird offensichtlich, dass es den Lernenden wesentlich leichter fällt, gemeinsam zu bewältigende Arbeitsaufträge in Einzelarbeit aufzuteilen und zu bearbeiten, als diese dann notwendigerweise in der Gruppe zu diskutieren und zu einem gemeinsamen Gesamtergebnis zusammenzuführen.

- *Bewertungsprobleme*: es fiel den Schülerinnen und Schülern sehr schwer, die einzelnen Angaben in den Bewertungsbögen mit Beispielen zu belegen. Hierzu ein konkretes Beispiel (s. Anlage 1, Frage 2): „Ich habe methodische Vorschläge zur Verbesserung der Arbeit in der Gruppe gemacht und durchgesetzt". Sehr häufig vorkommende Antworten wie: „Wir haben alle gemeinsam überlegt, wie die Gruppenarbeit verbessert werden kann" zeigen auf, dass es Schwierigkeiten gibt, die eigene Leistung von der Gruppenleistung zu trennen und dass die eigenen Leistungen oftmals nur wenig bewusst sind.

Diese Schwierigkeiten führten zur Erstellung und ausführlichen Besprechung einer sogenannten „Musterplanung", in welcher die oben beschriebenen Problemstellungen berücksichtigt wurden sowie zu einer ausführlicheren Darstellung und Präzisierung der Fragen in den Bewertungsbögen. Beispielsweise wurden einzelne Fragen durch konkrete Beispiele ergänzt.

Im Folgenden wird die Musterplanung als Hilfestellung für die nächste Arbeitsphase dargestellt (Abb. 48):

Abb. 48: Musterplanung für die Gruppenarbeit

Datum	Ablaufplanung	Mitzu-bringen
Fr, 3.3.	Einführung in die Thematik/ Aufgabenstellung	
Mo, 13.3	Einlesen in Themen: • 45 Min: Aufteilen der Themen lt. Aufgabenblatt auf Einzelpersonen: nur durchlesen, groben Überblick verschaffen; alle lesen Thema 1 • 20 Min.: (alle) mit Organizer Themenüberblick verschaffen • 15 Minuten: Themenaufteilung endgültig, Zeitplan erstellen (s.u.)	1,2
Di, 14.3.	Einzelarbeit: jeder arbeitet an seinem Thema	1,2
Fr, 17.3.	Internetarbeit/ erste Kurzfassung erstellen	1,2
Mo, 20.3.	• 45 Min: Erste Austauschrunde gemeinsam, Kurzdiskussion der Themen / Skriptlayout besprechen (Schriftart, Deckblatt etc., Aufgabenteilung beschließen) • 45 Minuten: Weiterarbeit am Skript	1,2
Di, 21.3.	Weiterarbeit am Skript	1,2
Fr, 24.3.	Zusammenfassung: Skript gemeinsam fertigstellen, Austausch der Themeninhalte (Diskussion)	1,2
M, 24.3.	Abschlußbesprechung	
Anm.: 1 = Schroedel , 2 = eigene Literatur		

Selbstorganisierte Lerneinheit im Fachunterricht Biologie vom 3.4. – 9.5.2000

Organisation des Unterrichts und Aufgabenstellung

Nach der Evaluation und entsprechenden Änderungen der Beurteilungsbögen wurde die in der Übersicht als Lerneinheit SOL beschriebene Unterrichtsphase durchgeführt, deren Bewertung als Ersatz einer konventionellen Leistungsbeurteilung im Sinne einer Klausur durch eine neue Form der Leistungsbeurteilung dienen soll. Der Arbeitsauftrag bestand darin, dass die Schülerinnen und Schüler in Kleingruppen zum Thema Rückenmark/ Gehirn/ Vegetatives Nervensystem anhand eines Lernskriptes, das von mir erstellt worden war, eine Präsentation in der Gruppe vorbereiten mussten sowie sämtliche dafür notwendigen Arbeitsablaufschritte selbst planen und organisieren mussten.

Leistungsbeurteilung

Die Leistungsbeurteilung wurde anhand der bereits in der Übungsphase verwendeten und danach veränderten Beurteilungsbögen durchgeführt. Die einzige Änderung im Vergleich zur Übungsphase bestand in dieser Unterrichtskonzeption im von den Lernenden zu erstellenden Ergebnis: statt der Erstellung eines Skriptes sollten die Schülerinnen und Schüler nun eine gemeinsame Präsentation vorbereiten und durchführen.

Die Vorbereitung darauf fand bereits während der unter Kap. 10.2 beschriebenen fächerübergreifenden Unterrichtsphase statt. Im Unterschied dazu waren den Schülerinnen und Schülern nun allerdings die Beurteilungskriterien für die Bewertung der Präsentation bereits vor Beginn der Unterrichtseinheit bekannt.

Die hier eingesetzten Beurteilungsbögen sind der Anlagen 1 zu entnehmen. Die Beurteilung besonderer Lernleistungen teilt sich demnach in vier Blöcke auf:

Abb. 49: Beurteilungsbausteine für die besonderen Lernleistungen

Block A	Prozessbeurteilung	individuell	max.24 Punkte
Block B	Prozessbeurteilung	Gruppe	max. 8 Punkte
Block C	Ergebnisbewertung	individuell	max.20 Punkte
Block D	Ergebnisbewertung	Gruppe	max. 8 Punkte
Anm.: In der Summe aller Punkte ergeben sich die 60 Punkte laut KMK-Schlüssel.			

Die Gewichtung zwischen individueller Leistung und Gruppenleistung errechnet sich folgendermaßen:

- Individuell (A + C)   max. 44 Punkte
- Gruppe (B + D)   max. 16 Punkte

Somit ergibt sich eine Gewichtung von Individuell : Gruppe von ca. 75 : 25. Jeder Schüler und jede Schülerin erhielten einen abschließenden Beurteilungsbogen, der als Nachweis für das selbstgeführte Portfolio dienen soll. (siehe Anlage 2)

10.3 Reflexion zur Durchführung der Leistungsbeurteilung und des Unterrichts

Aus der Sicht der Schülerinnen und Schüler[36]

- Schülerinnen und Schüler empfinden das relativ selbstorganisierte Arbeiten in Gruppen im Vergleich zum konventionellen Unterricht als anstrengender, da die Verantwortung gegenüber den Mitgliedern der Gruppe einerseits als motivierend, andererseits aber auch als belastend empfunden wird.

- Der Schwerpunkt im konventionellen Unterricht liegt eher in der kurzfristigen Vorbereitung auf die Klassenarbeiten, während die hier durchgeführte Unterrichts- und Beurteilungsform laufende Mitarbeit und Motivation fordere.

- Es besteht eine hohe Übereinstimmung darin, dass die angewandten neuen Formen der Leistungsbeurteilung zu den veränderten neuen Unterrichtsformen passen. Es besteht auch weitgehend die Einsicht, dass dabei für das spätere Leben wichtige Kompetenzen erlernt werden können, wie beispielsweise die Fähigkeit, vor Publikum frei sprechen zu können oder sich neue Fachinhalte selbst anhand eigener Literatur und weiterer Informationsquellen erarbeiten zu können.

- Die Schülerinnen und Schüler sind an Rückmeldungen über ihren Leistungsstand interessiert, auch und vor allem welche Leistungen in der neuen Leistungsbeurteilungsvielfalt zu verbessern sind und wie die Verbesserungen erreicht werden könnten; allerdings nur als Empfehlung und nicht in Form von Noten. Dies bezieht sich vor allem auf bislang noch wenig in der schulischen Leistungsbeurteilung berücksichtigte Kompetenzen wie beispielsweise sprachlicher Ausdruck bei einem Vortrag oder Lebendigkeit der Darstellung bei einer Präsentation.

- Dem grössten Teil der Lernenden macht Gruppenarbeit in Form selbstorganisierter Lernprozesse mehr Spaß als konventioneller Unterricht – allerdings nicht als alleinige Form des Unterrichts

- Die neuen Formen des Unterrichts und der Leistungskontrolle führen bei einigen Schülerinnen und Schülern zum Wunsch nach mehr Kontrolle des fachlich Gelernten und der Arbeitsphasen der Gruppen durch die Lehrerin. Hintergrund dabei ist die Unsicherheit darüber, ob das selbst erarbeitete Wissen auch denjenigen Lerninhalten entspricht, die später in der schriftlichen Abiturprüfung gefordert werden.

Bewertung aus meiner Sicht

- Für die meisten Schülerinnen und Schüler sind die in diesem Projekt angewandten Arbeits- und Sozialformen noch nicht selbstverständlich, die Selbstbeurteilung größtenteils neu und die damit verbundene Selbstbeobachtung völlig ungewohnt. Auch die Tatsache, dass eine Leistungsbeurteilung nicht in Form einer üblichen Klausur erfolgt, die lediglich Fachinhalte abfragt, führt zu beinahe ungläubigem Erstaunen auf der Seite der Jugendlichen. Der mit den neuen Formen der Leistungsbeurteilung verbundene Vertrauensvorschuss, der vor allem bei der

---

[36] Quelle: L10/ 1; sowie eigene schriftliche Evaluation nach Beendigung) der unter 2.3 beschriebenen Unterrichtskonzeption.

individuellen Prozessbewertung unabdingbar ist, wird von den Schülerinnen und Schülern sehr unterschiedlich erlebt und bewertet: „weshalb vertraut sie uns eigentlich – ich glaube ihr nicht, dass sie es ehrlich meint" oder „ ich schreibe alles rein, was mir dazu einfällt, auch wenn ich die angegebenen Leistungen nicht erbracht habe" bis hin zu „ich möchte das in mich gesetzte Vertrauen nicht enttäuschen und fülle die Beurteilungsbögen ehrlich aus" (eigene Notizen vom 15.5.00) waren einige typische Reaktionen. Diese Aussagen beziehen sich vorwiegend auf die individuelle Prozessbeurteilung.

- Die Schülerinnen und Schüler sind es nicht in umfassendem Maß gewohnt die Unterrichtszeit als echte Arbeitszeit zu nutzen. Ich habe häufig bei vielen Gruppen ein beinahe typisches Verhalten während der Unterrichtszeit beobachten können: die Arbeit wird auf die Zeit außerhalb des Unterrichts verschoben. Die Zeit in der Schule wird vielmehr zu sozialen Kontakten und fachfremden Tätigkeiten genutzt, die zur Erfüllung der Arbeitsaufträge nur wenig beitragen.

- Die Fähigkeit zur Selbstbeobachtung und der daraus folgenden Beurteilung der eigenen Leistungen muss noch sehr stark gefördert werden. Eine einmalige Erprobungsphase ist trotz ausführlicher Besprechung und einer nicht bewerteten Übungsphase der anzuwendenden Beurteilungs- und Beobachtungskriterien nicht ausreichend. Hier wurde offensichtlich, dass 11 Schuljahre in konventionellen Unterrichtsformen das Verhalten geprägt haben und eine Umstellung auf neue Formen der Leistungsbeurteilung -basierend auf einem pädagogischen Leistungsbegriff- nicht nur durch deren Einführung in einem einzelnen Unterrichtsfach problemlos erreicht werden kann.

- Aus langjähriger Erfahrung, die auch sehr deutlich während dieser Forschungsprojektarbeit erneut bestätigt wurde, zeigt sich, dass bislang im konventionellen Unterricht sehr unauffällige oder auch introvertierte Schülerinnen und Schüler während schülerzentrierter Unterrichtsformen gänzlich neue und unerwartete Leistungen zeigen. Sie erfüllen die Arbeitsaufgaben sehr motiviert und entwickeln teilweise hochkreative Lösungen. Ebenso zeigen sich bislang als gut bis sehr gut eingeschätzte Schülerinnen und Schüler eher demotiviert. Insgesamt ergibt sich immer wieder ein neues Leistungsbild mit unerwarteten Leistungsbeiträgen – dies sowohl in positiver als auch in negativer Hinsicht. Die Gesamtleistung des Kurses lag bei dieser neuen Form der Leistungsbeurteilung ca. 2 Punkte über den bislang üblichen Klausurschnitten.

- Die im Abitur geforderte Leistung deckt sich nicht mit der bei handlungsorientierten Unterrichtsformen erbrachten Leistungsvielfalt: es ist im Abitur unerheblich, welche sozialen und/ oder methodischen Kompetenzen während der Schulzeit zusätzlich zum Fachwissen noch erworben wurden. Neue Formen der Leistungsbeurteilung während der Unterrichtszeit erfordern konsequenterweise auch eine veränderte Form der Leistungsbeurteilung im Abitur.

Fazit

Die neuen Formen der Leistungsbeurteilung fügen sich nicht reibungslos in den bisherigen Schulalltag ein. Eine konventionelle Klassenarbeit ist auch wesentlich schneller zu korrigieren, als die Beurteilungsbögen in ihrer Aussagenvielfalt korrekt zu erfassen, immer wieder Rücksprache mit den Schülerinnen und Schülern zu halten und dann eine den unterschiedlichsten Leistungen möglichst gerecht werdende Note zu vergeben.

Trotzdem empfinde ich diese Form der Leistungsbeurteilung als Bereicherung, die der individuellen Leistungsvielfalt der Schülerinnen und Schüler wesentlich gerechter wird als die bislang übliche Leistungsbeurteilung und die den Mehraufwand auf jeden Fall rechtfertigt.

10.4   Anhang

Literatur

Landesinstitut für Erziehung und Unterricht (Hrsg.) (1998): Seminarkurs auf der gymnasialen Oberstufe. Methoden und Beispiele. Stuttgart

Herold, M./ Landherr, B./ Huber, G.L. (1997): Fraktale Lernorganisation in der gymnasialen Oberstufe: Ergebnisse eines Schulversuchs. Vortrag auf der 6. Tagung der Fachgruppe Pädagogische Psychologie in der Deutschen Gesellschaft für Psychologie. Frankfurt am Main

Anlage (Beurteilungsbögen)

Anlage 1: Beurteilungsbogen

Name	
☐ **Zwischenbericht**	☐ **Endnote**

Individualbewertung - Prozessbeurteilung

Zur Leistungsermittlung werden Punkte vergeben. Die Bewertung wird mit Beispielen untermauert. Die Begründungen werden in die Freiräume(*) eingetragen. Die Zahlen in Klammern bedeuten maximale Punktzahl.

Punktesystem zur Leistungsbeurteilung:

0 nicht vorhanden oder fehlende Beispiele
1 soweit in Ordnung, Beispiele teilweise nur schwer zu nennen
2 gute bis sehr gute Leistung, passende Beispiele sind genannt
3 hervorragende Leistung, passende Beispiele und verbale Ergänzungen, Sonderpunkte

A. **Prozessbeur-teilung:** **Individuell** **(Selbstbe-wertung)**		
	1. Ich habe folgende Fachthemen selbständig erarbeitet und dabei die genannte Fachliteratur verwendet:	(2)
	2. Ich habe eigene Visualisierungsvorschläge erarbeitet.	(2-3)
	3. Ich habe komplexe Sachverhalte für meine MitschülerInnen auf das Wesentliche gebracht und verständlich erklärt (mein Wissen weiter-gegeben).	(2-3)
	4. Ich habe von der Gruppe folgende Aufgaben übernommen, selbststän-dig oder in der Kleingruppe bearbeitet und termingerecht der Gruppe zur Verfügung gestellt (Z.B. Teamleiter, Internetrecherche, Literatur-beschaffung, Textarbeit, Scannen,...):	(2-3)
	5. Ich habe methodische Vorschläge zur Verbesserung der Gruppenarbeit eingebracht und durchgesetzt:	(2-3)
	6. Ich habe darauf geachtet, dass die Vorschläge aller Gruppenmitglieder gehört und in den Gruppenprozess eingebracht werden konnten:	(1)
	7. Ich habe die Arbeit in der Gruppe immer wieder auf die Zielorientie-rung überprüft (Bezieht sich vorwiegend auf die inhaltlich/ organisato-rische Seite).	(2)
	8. Ich habe dafür gesorgt, dass die Arbeitszeit in der Schule zielorientiert genutzt wurde und habe meine MitschülerInnen zur Arbeit motiviert.	(2)
	9. Und das ist mir noch wichtig:	(2)
	10. Ich habe während der SOL-Phase nie (selten, oft) gefehlt:	(2)
	11. Ich habe die Übungsaufgaben bearbeitet und folgende zusätzlichen Aufgaben (z.B. Abiaufgaben) gelöst:	(2-3)
	Punkte (max 24) Block A	_____

B. Prozessbe- urteilung Gruppen- bewertung (Selbstbe- wertung)	■ Zeitmanagement: wurde die zur Verfügung stehende Zeit optimal genutzt (z.B. Anteil Privatgespräche, Pausenregelungen etc.)?	(1)
	■ Einhaltung von Absprachen inkl. Anwesenheit, Pünktlichkeit : haben die Gruppenmitglieder die vereinbarten Absprachen eingehalten, so dass andere Gruppen/ Personen davon nicht behindert wurden?	(2)
	■ Arbeitsteilung: gerecht, sinnvoll ?	(2)
	■ Konfliktfähigkeit: konnte trotz Konfliktpotential die Arbeitsaufgabe erfüllt werden ?	(1)
	■ Selbstständigkeit/ Effektivität: konnte die Gruppe relativ selbststän- dig und an der Arbeitsaufgabe orientiert ihre Aufgabe erfüllen?	(2)
	Punkte (max 8) Block B	____

C. Ergebnis- bewertung : Individual- beurteilung (Lehrerbe- urteilung): Präsentation, Skript, Kolloqui- um....	■ Fachliche Richtigkeit, Vollständigkeit, Schwerpunktsetzung	(3)
	■ Inhalte wurden auf das Wesentliche reduziert, eigene Formulierun- gen.	(2)
	■ Der vorgegebene Umfang wurde eingehalten (Zeit, Seitenzahl...).	(2)
	■ Sachlogische Gliederung	(2)
	■ Die Fachsprache wurde korrekt benutzt.	(2)
	■ Quellenangaben sind vollständig.	(1)
	■ Inhalt und Visualisierung sind optimal aufeinander abgestimmt.	(3)
	■ Hohe Verständlichkeit	(3)
	■ Die äußere Form ist ansprechend und entspricht den fachspezifischen Angaben.	(3)
	■ Nachfragen konnten beantwortet werden.	(1)
	Punkte (max. 20) Block C	___

D. Ergebnis-bewertung: Gruppe	■ Fachkompetenz der Gruppe: Fachliche Richtigkeit, Vollständigkeit (Plakate, Präsentation....)	(3)
	■ Präsentation (Darstellung, fachliche Richtigkeit, Anschaulichkeit, Ideen, Medien...)	(3)
	■ Schlüssigkeit der Absprachen untereinander: z.B. Aufteilung, Einteilung, Überleitungen der Teilpräsentationen...	(2)
	Punkte (max. 8) Block D	____

Bemerkungen zum Abstimmungsgespräch:

_____

_____

_____

_____

_____

_____

Zielvereinbarungen:

_____

_____

_____

_____

_____

Die Note ergibt sich nach dem 60-Punkte-Schlüssel der KMK-Vorgabe

Anlage 2: Bewertung der Gruppenarbeit im Biologie-Leistungskurs 12.2 (als Nachweis für Portfolio)

Name	

Thema	**Rückenmark, Gehirn und Vegetatives Nervensystem**
Ziele	• Planen von gemeinsamen Arbeitsprozessen in einer Gruppe • Lernen mit Hilfe eines Skriptes • Visualisierung von biologischen Abläufen, die hochgradig zu vernetzen sind • zeitliche Arbeitsablaufplanung in der Gruppe • Erarbeitung und Durchführung einer gemeinsamen Präsentation
Dauer	4 Wochen (je 5 Stunden Unterricht pro Woche) im April/ Mai 2000

Block 1: **Prozess-** **beurteilung**	Selbstbeurteilung und Fremdbeurteilung	Individuell Gruppe	_____ _____	(max. 24 P) (max. 8 P)
Block 2: **Ergebnisbewer-** **tung**	Fremdbeurteilung	Individuell Gruppe	_____ _____	(max 20 P) (max 8 P)
		Summe	_____	
		Note (lt. KMK):	_____	

Empfehlungen/ Bemerkungen:

_____

_____

_____

_____

_____

_____

_____

Reutlingen, den _____   Unterschrift Lehrerin: _____

Kap. IV
Thorsten Bohl:
Analyse der Fallstudien

Kap. IV
Thorsten Bohl:
Analyse der Fallstudien

Vorbemerkungen

In diesem Kapitel versuche ich, übereinstimmende bzw. unterschiedliche Merkmale bestimmter Themenbereiche neuer Formen der Leistungsbeurteilung herauszuarbeiten. Grundlage hierfür ist das gesamte Datenmaterial des Forschungsprojektes (S. 57). Unter ‚Themenbereichen' sind Aspekte gefasst, die sich im Laufe der Erprobungen als wesentlich herausgestellt haben. Die Beurteilungsformen sind im Detail sehr unterschiedlich, wie sogleich dargestellt wird, daher treffen bestimmte Themen auch nur für bestimmte Erprobungsformen zu.

Die Analyse beginnt jedoch nicht erst mit diesem Bericht, manche Erkenntnisse zeigten sich bereits frühzeitig, andere erst gegen Ende des Forschungsprozesses. Eine wichtige Vorbereitung der Analyse war die vierte Tagung im Forschungsprojekt, auf der zentrale Themen neuer Beurteilungsformen benannt und vertieft wurden. Diese Themen wurden nach Durchsicht des gesamten Datenmaterials ergänzt, wodurch das thematische Gerüst für diese Analyse entstand.

Obschon die Themen relativ getrennt voneinander benannt werden können, so überschneiden sie sich häufig während einer analytischen Betrachtungsweise:

- Beispielsweise muss das Thema ‚Unterrichtsbeobachtung' im Kontext von Prozessbeurteilung betrachtet werden, die Kompetenz ‚Beobachtung' ist jedoch auch als eigener Themenbereich wichtig.

- Die Unterrichtsbeobachtung durch Mitschülerinnen und Mitschüler könnte sowohl unter der Überschrift ‚Schülermitbeurteilung' als auch unter der Überschrift ‚Prozessbeurteilung' dargestellt werden.

Bei Überschneidungen nehme ich im Folgenden immer nur *eine* ausführliche Darstellung vor und verweise auf sie. Gegebenenfalls muss der Leser/ die Leserin daher einige Seiten überspringen. Wiederholungen lassen sich jedoch nicht grundsätzlich vermeiden.

1   Eine erste Orientierung: Mögliche Beurteilungsbausteine und –variationen

1.1   Kurzcharakterisierung der zugrundeliegenden Unterrichtskonzepte – erste Konsequenzen für die Leistungsbeurteilung

Im Forschungsprojekt wurden zehn Beurteilungsformen untersucht, die sich in vier Gruppen zusammenfassen lassen (Abb. 50):

Abb. 50: Zusammenhang zwischen Unterrichtskonzepten und erprobten Beurteilungsformen

Gruppe	Beurteilung - Unterrichtskonzept	Fallstudien
1	Beurteilungsformen, die sich auf regelmäßig wiederkehrende, jedoch nicht blockartige Unterrichtssequenzen (i.d.R. Einzelstunden) im Rahmen des normalen Fachunterrichts beziehen.	F5
2	Beurteilungsformen, die sich auf einen projektorientierten Unterricht beziehen, der zeitlich begrenzt (i.d.R. über mehrere Wochen oder Monate) verläuft, der normale Fachunterricht ist dabei in den beteiligten Fächern weitgehend außer Kraft gesetzt.	F2, F4, F6, F7, F8,
3	Beurteilungsformen, die nahezu im gesamten Schuljahr stattfinden, weil die zugrundeliegende Unterrichtsform (Freiarbeit bzw. Wochenplanarbeit) durchgängig zu bestimmten Wochenstunden stattfindet.	F1, F3
4	Beurteilungsformen, die sich auf einen längeren Schuljahresabschnitt beziehen, weil der zugrundeliegende Unterricht (‚SOL‘) konsequent und konzeptionell fundiert auf selbstorganisiertes Lernen umgestellt wurde.	F9, F10

Die vier Gruppen unterscheiden sich in einigen wesentlichen Merkmalen, die für die jeweils angewandte Leistungsbeurteilung bereits vorentscheidend ist. Als Vergleichskriterien verwende ich hier die Merkmale ‚stabil‘ bzw. ‚dynamisch/ eher instabil‘.

Die *erste Gruppe* (Konzept ‚Schüler unterrichten Schüler‘) muss genauer betrachtet werden: Im Rahmen dieses Konzepts übernehmen ein oder zwei Schülerinnen und Schüler jeweils eine Unterrichtsstunde. Hier ist in der einzelnen Situation zwar eine gewisse Instabilität vorhanden, diese kann jedoch durch den Lehrer relativ leicht aufgefangen werden, er kann notfalls eingreifen und klären. Entscheidend ist hier, dass keine projektartige Arbeitsphase im Unterricht stattfindet und alle nichtreferierenden Schülerinnen und Schüler zuhören, die Situation also nicht dynamisch oder instabil ist.

Der projektorientierte Unterricht der *zweiten Gruppe* muss hingegen als dynamisch gekennzeichnet werden. In einem dynamischen und komplexen Projekt, das bereits definitorisch nur begrenzt planbar ist, erweist sich der Unterrichtsverlauf als instabil. Dies zwingt Lehrkräfte zu permanenter Präsenz und Beratungsbereitschaft, um unsichere Situationen aufzufangen. Die Beobachtung des Prozesses ist hier äußerst problematisch, daher wurden durchgängig Produkt und Präsentation bewertet, der Prozess, wenn überhaupt, lediglich auf ‚Umwegen‘, z.B. als ergänzende Verbalbeurteilung oder durch Schülerinnen und Schüler.

Die dritte Gruppierung, die sich auf Freiarbeit bzw. Wochenplanarbeit bezieht, unterscheidet sich in einer für die angewandte Leistungsbeurteilung wichtigen Hinsicht: Dieser Unterricht kann in seiner äußeren und inneren Struktur als ‚stabil‘ bezeichnet werden. Der äußere organisatorische Rahmen (Regeln, Aufgaben, Lernumgebung, Wochenstunden, Ablauf etc.) ist für die Schülerinnen und Schüler bekannt und wiederkehrend. Während des Unterrichts sind die Lehrkräfte hier *eher*, jedoch nicht vollständig, von organisatorischen oder verlaufsentscheidenden beratenden Funktionen entlastet, bzw. können diese eher ausgliedern, z.B. außerhalb des Unterrichts oder in bestimmte Unterrichtsphasen. Durch die Stabilität des äußeren Rahmens ist hier eher Freiheit für eine prozessorientierte Beurteilung in Form einer systematischen Beobachtung des Lern- und Arbeitsverhaltens möglich.

Die *vierte Gruppe* unterscheidet sich hier nochmals: Der Prozess ist zwar auch dynamisch, aber stabiler, weil Schülerinnen und Schüler explizit ihr Lernen alleine organisieren. Dieser Schritt ist allerdings nur aufgrund einer konzeptionell fundierten und jahrelangen Vorbereitung möglich. Durch die Konzeption wird auch die vielfältige Leistungsbeurteilung abgesichert: Prozessbeurteilung (Selbst- und Fremdbeurteilung), Produktbeurteilung und Präsentationsbeurteilung. Zudem werden hier die Beurteilungskriterien und Zielformulierungen durch Schülerinnen und Schüler größtenteils selbst formuliert.

Zur besseren Einordnung in Überlegungen bezeichne ich im Folgenden die erste, zweite und vierte Gruppe als ‚im weiten Sinne (i.w.S.) projektorientierte Konzepte‘. In allen drei Konzepten arbeiten Schülerinnen und Schüler selbstständig und themenzentriert über einen längeren Zeitraum. Der Arbeitsprozess mündet durchweg in eine Präsentation und ist von weiteren Wahlfreiheiten (Themenwahl, Gruppenwahl, Zeitplanung, Zielsetzung u.a.), aber auch von Vorgaben gekennzeichnet. Der Arbeitsprozess steht damit im Spannungsfeld von Freiheit und Lenkung.

Diese kurze Beschreibung führt bereits zu einigen Merkmalen der jeweils angewandten Leistungsbeurteilung. Die wesentlichen Beurteilungsbausteine präzisiere ich nun.

1.2 Zur Konfiguration möglicher Beurteilungsbausteine: Prozess-, Produkt- und Präsentationsbeurteilung als Lehrer- oder Schülerbeurteilung

Trotz der unterschiedlichen Unterrichts- und Beurteilungskonzeptionen kristallisieren sich drei wesentliche Beurteilungsbausteine heraus, die für neue Formen der Leistungsbeurteilung charakteristisch sind: Prozessbeurteilung, Produktbeurteilung, Präsentationsbeurteilung. Diese drei Beurteilungsbausteine können in einem Unterricht, der auf dem erweiterten Lernbegriff beruht, grundsätzlich durchgeführt werden. Alle im Forschungsprojekt erprobten Beurteilungen können darunter gefasst werden:

Prozess	Gruppenarbeitsprozess, Lern- und Arbeitsverhalten einzelner Schülerinnen und Schüler u.a.
Produkt	Lernplakat; verschiedene Formen schriftlicher Texte: verschriftlichte Referate, ausführliche Dokumentationen bestimmter Themen u.a.
Präsentation	Szenische Interpretation, Einzelvortrag, Gruppenpräsentation, Rollenspiel, Gerichtsprozessspiel u.a.

Die drei Bausteine könnten auch, bezogen auf die Leistungsbeurteilung, anders definiert werden, die Begriffe sind also nicht überschneidungsfrei, z.B. kann ein

Lernplakat im Rahmen einer Präsentation beurteilt werden (z.B. ‚Anwendung geeigneter Medien‘), während es hier unter ‚Produkt‘ gefasst wird.

Im nächsten Schritt kann gefragt werden, *wer* beurteilt bzw. wer beurteilt *wird*, daraus ergeben sich drei Varianten: *Erstens* ist die Fremdbeurteilung durch die Lehrkraft zu nennen, *zweitens* können Schülerinnen und Schüler sich selbst beurteilen und *drittens* können Schülerinnen und Schüler ihre Mitschülerinnen und Mitschüler beurteilen[37].

Aus diesen insgesamt sechs genannten Bausteinen ergibt sich die folgende Matrix (Abb. 51):

Abb. 51: Mögliche Beurteilungskonfigurationen

Beurteilungsbausteine	Fremdbeurteilung (Lehrer/ in)	Schülerselbst-beurteilung	Schülermit-beurteilung
Prozessbeurteilung			
Präsentationsbeurteilung			
Produktbeurteilung			

Diese insgesamt neun Variationen sind denkbar. Die Matrix gibt lediglich *mögliche* Konfigurationen wieder, nicht jede Beurteilung kann alle neun Felder abdecken, dies wäre bei weitem zu komplex. In Abb. 52 wird die Matrix nun auf die zehn Fallstudien angewandt.

Abb. 52: Konfiguration der erprobten Beurteilungsformen

Fallstu-dien	Fremdbeurteilung (Lehrer/ in)										Schülerselbstbeurteilung										Schülermitbeurteilung									
	1	2	3	4	5	6	7	8	9	0	1	2	3	4	5	6	7	8	9	0	1	2	3	4	5	6	7	8	9	0
Prozess	x		x		x	x		x			x	x	x	x				x	x		x	x	x		x				x	x
Produkt		x		x	x	x	x	x	x																					
Präsen-tation		x		x	x	x	x	x	x						x										x	x				

Die Bausteine ‚Produkt‘ und ‚Präsentation‘ wurden bei allen Erprobungen beurteilt, außer in den Fallstudien 1 und 3, bei denen durch systematische Unterrichtsbeobachtung in der Freiarbeit bzw. Wochenplanarbeit ausschließlich der Arbeitsprozess beurteilt wurde. Produkt und Präsentationen wurden zudem *immer* durch Lehrkräfte beurteilt, während die Beteiligung der Schülerinnen und Schüler sich fast ausschließlich auf den Beurteilungsbaustein ‚Prozess‘ bezieht. Dies ist auf den ersten Blick erstaunlich, da die Beurteilung des Arbeitsprozesses sicherlich schwieriger ist als die Beurteilung eines Produktes oder einer Präsentation. Die Gründe hierfür wurden bereits angedeutet und werden im Kap. IV.2.2 (S. 281) nochmals aufgegriffen.

---

[37] Eine denkbare vierte Variante, die Beurteilung von Lehrkräften durch ihre Schülerinnen und Schüler ist für unser Thema nicht relevant, da es um die Beurteilung von Schülerleistungen geht.

1.3 Weitere Variationen

Jeder der drei Beurteilungsbausteine wurde im Projekt von verschiedenen Lehrkräften unterschiedlich realisiert. Die Felder der Matrix können zudem noch in weiterer Hinsicht ausdifferenziert werden:

- *Einzel- oder/ und Gruppenbeurteilung?* Jedes Feld d.h. jede mögliche Beurteilung kann zudem als Einzelbeurteilung oder als Gruppenbeurteilung durchgeführt werden[38]. Dies ist eine grundsätzliche Möglichkeit, im Forschungsprojekt wurde aus pädagogischen Gründen in einigen Fällen eine Gruppennote erteilt, die allerdings in keinem Fall mit der Endnote identisch war. Es kam also immer eine Individualnote hinzu, so dass die Endnote eine individuelle Leistung dokumentierte, keine Endnote war also eine Gruppennote. Eine geringe Gewichtung der Gruppenleistung wirkt motivierend, gleichzeitig ist der Einfluss der Gruppenleistung auf eine Einzelnote eher gering.

- *Note oder/ und verbale Beurteilung?* Diese beiden Varianten können ebenfalls auf alle Felder der Matrix bezogen werden, auch in Mischformen. Im Projekt zeigten sich hier durchgängig Mischformen (Kap. IV.5.2, S. 336).

- *Fachspezifisch oder fächerübergreifend?* Hier wurden im Projekt beide Varianten durchgeführt, fächerübergreifende Beurteilungen jedoch nur in drei Fällen. Grundsätzlich sind jedoch alle Beurteilungsbausteine auch fächerübergreifend denkbar. Die Entscheidung ‚fachspezifisch oder fächerübergreifend?‘ ist für Sekundarstufen weitreichend, da die Kooperation mit Kolleginnen und Kollegen im Unterrichtsalltag aufwändig ist und die Rückführung der fächerübergreifenden Leistungen in fachspezifische Noten problematisch ist, zuweilen (zwangsläufig) künstlich wirkt (Kap. IV.5.2, S. 338f).

- Fachlich-inhaltliche Leistungen, methodisch-strategische Leistungen, sozialkommunikative Leistungen und/ oder persönliche Lernleistungen? Diese Frage bezieht sich auf die vier Lernbereiche des erweiterten Lernbegriffs. In den Fallstudien zeigt sich ein Querschnitt durch alle vier Lernbereiche, wobei der Bereich der persönlichen Lernleistung am seltensten direkt beurteilt, jedoch sehr häufig thematisiert wurde. In allen Fällen war die Frage der fachlich-inhaltlichen Leistung wichtig, d.h. die nicht-fachlich-inhaltlichen Lernleistungen waren immer eng mit dem jeweiligen Inhalt verknüpft und wurden nicht ‚inhaltsleer‘ beurteilt. Zudem zeigt sich, dass die vier Lernbereiche bei zunehmender Konkretisierung zumeist nicht mehr trennbar sind, z.B. innerhalb von Beobachtungsbögen (Kap. IV.4.3, S. 323).

- *Welche Bezugsnorm wird verwendet?* Die Bezugsnorm kann sachlich (formuliertes Lernziel), sozial (Klasse) oder individuell (Leistungsfähigkeit des Einzelnen) sein. Im Forschungsprojekt wurde vorwiegend eine Mischung aus sachlicher und sozialer Bezugsnorm, zuweilen auch eine individuelle Bezugsnorm angewandt.

- *Wie werden die einzelnen Bausteine und Kriterien gewichtet?* Hier zeigten sich bei allen zehn Fallstudien sehr unterschiedliche Gewichtungen. Tendenziell werden Bausteine, deren Beurteilung als relativ einfach angesehen wird, eher höher

---

[38] An dieser Stelle sei nicht die rechtliche Problematik einer Gruppennote diskutiert (vgl. Fußnote 8 auf Seite 40 sowie S. 348).

gewichtet, andere, eher problematische Beurteilungen (z.B. Prozessbeurteilung, Gruppenbeurteilung) werden niedrig gewichtet, damit der Noteneinfluss nicht zu stark wird, gleichzeitig wird trotz einer niedrigen Gewichtung die Bedeutung der jeweiligen Leistung dokumentiert.

Die Beurteilungen sind insgesamt also komplex. Bereits der zugrundeliegende Unterricht ist wesentlich differenzierter, schülerorientierter und vielschichtiger als (Frontal-) Unterricht, er setzt in allen Fallstudien an einem erweiterten Lernbegriff an. Die Leistungsbeurteilung besteht zumeist aus verschiedenen Bausteinen, zusätzlich kombiniert mit Verfahren der Schülerselbst- und/ oder –mitbeurteilung und weiteren Variationsmöglichkeiten.

Die Komplexität der Beurteilung kommt besonders im Vorfeld der eigentlichen Beurteilung zum Tragen, wenn die einzelnen Beurteilungsbausteine festgelegt werden und die gesamte Beurteilung konzipiert wird. Die Komplexität nimmt um ein Vielfaches zu, wenn fächerübergreifend gearbeitet wird, und zwar dann, wenn dies die Kooperation unter mehreren Fachlehrerinnen und Fachlehrern bedeutet. Eine fächerübergreifende Beurteilung, die von einer einzelnen Lehrkraft getragen werden kann, weil alle Fächer von ihr unterrichtet werden (wie häufig in der Hauptschule), erhöht eher die Flexibilität. Die verfügbaren Ressourcen, insbesondere zeitlicher Art, können dann flexibler eingesetzt werden.

Jeder durchgeführte Beurteilungsbaustein hat einen eigenen Kriterienkatalog zur Folge. Dadurch entsteht innerhalb *einer* Beurteilungskonzeption rasch eine Vielzahl an Kriterienkatalogen, z.B. für die Präsentationsbeurteilung, für die Prozessbeurteilung und für die Produktbeurteilung (F4). Diese Menge muss während der Durchführung der Beurteilung verarbeitet werden, was insbesondere auch für Schülerinnen und Schüler nicht einfach ist, da Komplexität und Grad der Ausdifferenzierung die Aufnahmefähigkeit zuweilen überfordert.

1.4 Zum Umgang mit der Komplexität: Umfang reduzieren und flexibel gewichten

Durch die Komplexität der Beurteilung, verursacht durch die zahlreichen Variationsmöglichkeiten, war es in mehreren Erprobungen notwendig, eine deutliche Reduzierung vorzunehmen: Zum einen wurde die Anzahl der Beurteilungsbausteine reduziert, z.B. dadurch, dass die Prozessbeurteilung nicht in die Note einging (F7), zum anderen wurde die Anzahl der Kriterien innerhalb eines Beurteilungsbausteines ganz erheblich reduziert oder eine lediglich punktuelle Berücksichtigung akzeptiert (F1, F2, F3, F4, F5, F6, F8). In allen Fällen wurde, zum Teil in mehreren Schritten, die Komplexität so lange reduziert, bis sie personell und situationsspezifisch verarbeitbar war.

Die Aufteilung der Leistungsbeurteilung in verschiedene Bausteine erhöht zwar die Komplexität, wirkt andererseits jedoch stabilisierend: Besonders die Beurteilung eines Produktes wird als relativ einfach durchführbar empfunden, die Beurteilung einer Präsentation wird ebenfalls als machbar angesehen, auch wenn erst einige Erfahrungen gesammelt werden müssen. Die schwierige Prozessbeurteilung erhält also, sofern sie überhaupt notenrelevant wird, kein zu großes Gewicht. Über mehrere Beurteilungsbausteine ist zudem ein breites Leistungsspektrum beurteilbar, wodurch einzelne Kriterien, die nicht beurteilt werden konnten, eher aufgefangen werden. Die einzelnen Bausteine können sich auch gegenseitig ergänzen und stabilisieren, z.B.

wenn die Verschriftlichung einer Unterrichtsstunde (F5) oder eines Referates (F2) vorliegt und manches nachgelesen werden kann.

Nach dieser ersten Orientierung über grundsätzlich mögliche Beurteilungsvariationen betrachte ich nun die drei Bausteine Prozess, Produkt und Präsentation genauer.

1.5   Zusammenfassung

(1) Der Zusammenhang zwischen den erprobten Beurteilungsformen und dem zugrundeliegenden Unterricht kann in vier Gruppen präzisiert werden. Als Vergleichskriterien bieten sich die Merkmale ,stabil' bzw. ,dynamisch/ eher instabil' an. Das Unterrichtskonzept einer Gruppe lässt sich als ,stabil' bezeichnen (F1, F3), die anderen Gruppen sind in unterschiedlicher Hinsicht eher dynamisch/ instabil.

(2) Durch die Erprobungen ziehen sich die drei Beurteilungsbausteine ,Prozess', ,Produkt', ,Präsentation'. Diese Bausteine sind charakteristisch für neue Beurteilungsformen. Im Forschungsprojekt wurden die drei Bausteine unterschiedlich konkretisiert.

(3) Jeder Beurteilungsbaustein kann als Fremdbeurteilung (Lehrkraft), Schülerselbstbeurteilung oder Schülermitbeurteilung realisiert werden. Damit sind neun mögliche Beurteilungen beschrieben.

(4) Die aus neun Feldern bestehende Matrix kann durch weitere Variationen ergänzt werden: Einzel- oder Gruppenbeurteilung? Note oder verbale Beurteilung? Fachspezifische oder fächerübergreifende Beurteilung? Fachlich-inhaltliche Leistung, methodisch-strategische Leistung, sozial-kommunikative Leistung oder persönliche Leistung? Bezugsnorm? Die entstehenden Beurteilungsvarianten können unterschiedlich gewichtet werden.

(5) Neue Formen der Leistungsbeurteilung sind sehr komplex. Zur alltagstauglichen Anwendung muss die Komplexität reduziert werden: Beurteilungsbausteine reduzieren, Kriterienanzahl gering halten, Kriterien klar definieren, unsichere Beurteilungen (z.B. Prozessbeurteilung, Gruppenbeurteilung) tendentiell geringer gewichten.

2 Auswertung der zentralen Beurteilungsbausteine ‚Prozess', ‚Produkt' und ‚Präsentation'

2.1 Zum Zusammenhang zwischen Prozess, Produkt und Präsentation

Führt ein guter Arbeitsprozess automatisch zu einem guten Produkt bzw. zu einer guten Präsentation? Diese Kausalität ist wahrscheinlich, jedoch nicht zwangsläufig, was unterschiedliche Gründe haben kann:

- Eine Gruppe kann mangelhaft arbeiten, das schriftliche Produkt kann jedoch gut sein, z.b. dann, wenn ein engagierter Schüler die Aufgabe übernimmt die schriftliche Ausarbeitung einer Präsentation zuhause fertig zu stellen.
- Eine Gruppe kann nach sozialen und kooperativen Kriterien sehr engagiert, bemüht und gut arbeiten, nach einem sachlichen Maßstab ist ihr Ergebnis jedoch nur zufriedenstellend.

In umgekehrten Fällen kann eine doppelte Bewertung stattfinden: Ein sehr guter Gruppenarbeitsprozess kann eine ausgezeichnete Präsentation zur Folge haben. Dann wird die Gruppe eine sehr gute Bewertung für den Prozess und die Präsentation erhalten. Wenn jedoch beide Bewertungen schlecht sind, dann können einzelne Schülerinnen und Schüler doppelt bestraft werden, weil sie z.B. in einer Gruppe mit einer schwierigen Beziehungsstruktur arbeiten mussten. Eine doppelte Bewertung desselben Sachverhaltes kann ganz konkret dadurch zustande kommen, dass z.B. ‚Fachliches Wissen' im Rahmen einer Präsentation bewertet wird *und* als Kriterium der schriftlichen Dokumentation (z.B. Verschriftlichung eines Referates) definiert ist.

Auch wenn die drei Bausteine also getrennt formuliert und unterschiedlich definiert sind, kommt es zu Überschneidungen bei den zugrundeliegenden Leistungen. Welche Konsequenzen sind daraus zu ziehen?

- Die einzelnen Beurteilungskriterien können dahingehend überprüft werden, ob Überschneidungen erkennbar sind.
- Der Leistungsanspruch ist bei jedem Beurteilungsbaustein zu klären und das Spannungsfeld (unterschiedliche Bezugsnorm) aufzuzeigen.
- Der Anteil der Gruppenbewertung ist tendenziell eher gering zu halten, um individuelle Leistungen zu schützen.
- Der Arbeitsprozess sollte größtenteils in der Schule stattfinden, damit Konflikte beobachtbar sind und eine stärkere Lernberatung greifen kann.
- Eine klare Aufgabenteilung, entsprechende Zielformulierung und Nachweispflicht über die einzelnen geleisteten Aufgaben sind hilfreich.

2.2 Prozessbeurteilung

Vorbemerkungen

‚Prozessbeurteilung' ist ein gängiges Schlagwort und wird vielfach gefordert, z.B. im Rahmen eines pädagogischen Leistungsbegriffes (Jürgens 1992; Klafki 1993;

Kap. I.2) oder im Kontext neuer Beurteilungsformen. Die Bedeutung der Prozessbeurteilung ist einleuchtend: Nicht nur das Ergebnis einer Arbeit soll beurteilt werden, sondern der Entstehungsprozess. Über die Analyse und Beurteilung dieses Prozesses erhofft man sich eine genauere Auskunft über die Leistungsstärke und den Beitrag Einzelner. Prozessbeurteilung steht zudem im engen Zusammenhang mit der Bewertung von Gruppenarbeit: Verschiedenste Varianten eines projektorientierten Unterrichts verlaufen in der Regel arbeitsteilig in Kleingruppen, eine Bewertung des Prozesses bezieht sich daher zumeist auf die Bewertung des Arbeitsverhaltens der einzelnen Gruppenmitglieder bzw. einzelner Gruppen.

Diejenige Person, die den Prozess beurteilt, muss während des Prozesses anwesend sein. Sieht man von schulalltagsfernen Varianten (z.B. Videoaufnahme, Prozessbeobachtung durch Dritte) ab, dann erweist sich die *direkte Beobachtung des realen Arbeitsprozesses* als die wesentlichste Variante. Dabei kann die systematische und die punktuelle Beobachtung unterschieden werden (Abb. 53), die beide anhand bestimmter Kriterien durchgeführt werden.

Abb. 53: Prozessbeurteilung durch Unterrichtsbeobachtung

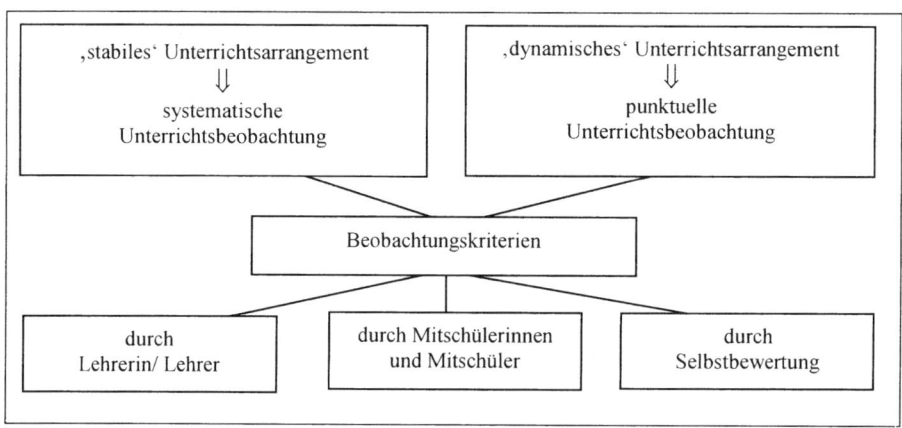

Die Beobachtung kann nun grundsätzlich von der Lehrkraft vorgenommen werden oder auch von Schülerinnen und Schülern. Wenn Schülerinnen und Schüler den Arbeitsprozess beobachten (und später bewerten), ergeben sich zwei Möglichkeiten. Zum einen die Beobachtung und Bewertung des Arbeitsprozesses der *eigenen* Gruppe, d.h. auch des eigenen persönlichen Arbeitsprozesses (F4). In diesem Fall müssen entsprechende Freiräume geschaffen werden, damit sie in Ruhe und unter Anleitung darüber reflektieren können. Zum anderen die Beobachtung und Bewertung des Arbeitsprozesses *anderer* Gruppen. In diesem Fall müssen die beobachtenden Schülerinnen und Schüler von anderen Arbeitspflichten freigestellt werden (F6).

Die Beobachtungen und/ oder Bewertungen können ausführlich schriftlich (z.B. in einem längeren Bericht) oder nur kurz (z.B. als Note mit einer kurzen Begründung) vorgestellt werden.

Erprobte Varianten

Im Forschungsprojekt wurden folgende Varianten der Prozessbeurteilung durchgeführt[39] (Abb. 54):

Abb. 54: Prozessbeurteilung – erprobte Varianten

1.	Als systematische und langfristige Unterrichtsbeobachtung durch Lehrerinnen und Lehrer	F1, F3
2.	Als punktuelle Unterrichtsbeobachtung durch Lehrerinnen und Lehrer	F4, F6, F7, F8, F9, F10
3.	Als Mitbewertung der Gruppenmitglieder durch Schülerinnen und Schüler, indem eine vorgegebene Note der Lehrkräfte unter den Gruppenmitgliedern selbst aufgeteilt wird	F4
4.	Als Selbstbewertung und Bewertung der Gruppenmitglieder durch Schülerinnen und Schüler	F9, F10
5.	Prozessbeurteilung als Unterrichtsbeobachtung durch Mitschüler und Mitschülerinnen	F3, F6

Im Folgenden erläutere ich diese fünf erprobten Varianten. Überschneidungen mit anderen Themenbereichen (z.B. ‚Beteiligung von Schülerinnen und Schüler' Kap. IV.3; ‚Beobachtung' Kap. IV.4) sind dabei unvermeidlich.

Prozessbeurteilung als systematische und langfristige Unterrichtsbeobachtung durch Lehrerinnen und Lehrer

Merkmale

Eine systematische Unterrichtsbeobachtung als Grundlage einer Prozessbeurteilung wurde in den Fallstudien 1 und 3 durchgeführt. Beide Erprobungen beruhen auf einer stabilen Unterrichtssituation. Schülerinnen und Schüler arbeiten weitgehend selbstständig. Die Rolle der beiden Lehrerinnen ist daher verändert: Die Lernprozesse müssen nicht regelmäßig gelenkt oder organisiert werden. Zwar fallen organisatorische Arbeiten (z.B. Materialsichtung) an, diese beanspruchen in der Regel jedoch nicht die gesamte Zeit oder können außerhalb der Unterrichtszeit durchgeführt werden. Eine wichtige Aufgabe ist die Beratung der Lernenden. Gerade in diesen stabilen Unterrichtskonstellationen bleibt (im Gegensatz zu einem eher lehrerzentrierten Unterricht) Zeit und Ruhe um individuelle Lernberatungen durchzuführen. Die Beratung ist daher ein wichtiges Merkmal der Unterrichtskonzeption. Die Anwesenheit einer Lehrkraft, die tendenziell bereit ist, um bei Bedarf zu beraten, führt bereits zu einer Beobachtung des Unterrichtsgeschehen und der Arbeitsprozesse der einzelnen Lernenden oder der Lerngruppen. Diese Beobachtung ist allerdings nicht systematisch. Eine systematische und langfristige Unterrichtsbeobachtung weist andere Merkmale auf, diese lassen sich, ausgehend von den Erfahrungen der beiden Fallstudien, wie folgt charakterisieren:

- Die systematische Beobachtung spielt in der Konzeption des Unterrichts über das gesamte Schuljahr hinweg eine wichtige Rolle, sie benötigt dementsprechen-

---

[39] Darüber hinaus sind weitere Varianten möglich, z.B. indem Schülerinnen und Schüler den Gruppenarbeitsprozess schriftlich detailliert beschreiben und bewerten, ähnlich bei Goetsch 1994b.

de Ressourcen, z.B. zeitlicher, persönlicher, organisatorischer, räumlicher, konzeptioneller Art.

- Schülerinnen und Schüler sind über den Zweck und die Folgen der Unterrichtsbeobachtung genau informiert.
- Die Unterrichtsbeobachtung fügt sich in vielfältiger Hinsicht an den zugrunde-liegenden Unterricht an (z.B. pädagogischer Leistungsbegriff, Menschenbild, Passung Unterrichtsarrangement – Beobachtungskriterien).
- Die Beobachtung erfolgt mittels eines Beobachtungsbogens.
- Der Beobachtungsbogen wurde gemeinsam mit den Schülerinnen und Schülern erarbeitet, zumindest sind die Kriterien bekannt und verständlich.
- Während der verfügbaren Unterrichtszeit ist die Lehrerrolle (für sich selbst und gegenüber den Schülerinnen und Schüler) eindeutig definiert, d.h. es ist offenkundig, ob nun beobachtet wird oder nicht.
- Die Unterrichtsbeobachtung vollzieht sich in Phasen; in der Regel ist eine Phase beendet, wenn alle Schülerinnen und Schüler mit demselben Beobachtungsbogen mindestens einmal beobachtet wurden.
- Nach einer bestimmten Zeit, in der Regel nach einem Beobachtungsdurchgang, erfolgt eine Auswertungs- und Reflexionsphase, in der die Ergebnisse individuell besprochen werden und gemeinsam über die Unterrichtsbeobachtung reflektiert wird.
- Die Beobachtung zielt auf eine langfristige Verbesserung des Lern- und Arbeitsverhaltens in Bezug auf die formulierten Kriterien.

Zur situativen Organisation der Beobachtungssituation

Die relativ große Freiheit in einer stabilen offenen Lernsituation genügt noch nicht um systematisch beobachten zu können. Sowohl für die Lernenden als auch für die Lehrkräfte ist es notwendig, klare Regeln und Bedingungen herzustellen. Dies kann z.B. dadurch erfolgen, dass eine Ampel im Klassenzimmer auf grün (Beratung) oder auf rot (Beobachtung bzw. nicht ansprechbar) gestellt wird oder über einen vereinbarten Zeitraum hinweg ausschließlich beobachtet wird. Es kann jedoch schnell zu einem Spannungsfeld mit der Beratungsaufgabe kommen. Auch wenn das Spannungsfeld organisatorisch geklärt ist, fällt es nicht leicht die Beratungsfunktion völlig abzulehnen:

> „Ich kann das nicht so klar in zeitliche Phasen trennen. Ich finde Beratung geht vor Beobachtung, die Schüler kommen zuerst. Meine Schüler arbeiten sehr selbstständig und helfen sich gegenseitig, aber wenn sie dann kommen, dann brauchen sie auch dringend eine Beratung." (TT1/ S. 3)

> „Ich sage dann ‚Entschuldige, du musst dich noch gedulden, ich komme in zehn Minuten." (TT1/ S. 3)

Offensichtlich sind Kompromisse notwendig. Die konzentrierte Beobachtung wird jedoch unterbrochen, sobald die Lehrkraft angesprochen wird. Das Umschalten von einer konzentrierten Beobachtung zu einer Beratung lenkt daher von der Beobachtung ab, die vorher beobachtete Situation kann nicht nahtlos weiterbeobachtet werden. Gerade weil hier Kompromisse notwendig sind, ist die Trennung der Rollen zu vereinbaren, sonst leidet die Beobachtung darunter.

Die Beobachtung sollte in Ruhe und ohne Zeitdruck stattfinden. Es empfiehlt sich daher, nur wenige Schülerinnen und Schüler in einer Unterrichtsstunde zu beobachten, wobei die Zahl vier schon hoch ist. Bei der Frage, ob die ausgewählten Schülerinnen und Schüler darüber informiert werden sollten, wenn sie beobachtet werden, wurden im Projekt unterschiedliche Wege begangen. Offensichtlich merken jedoch die Schülerinnen und Schüler schnell, ob sie heute beobachtet werden oder nicht, auch wenn die Namen nicht vorher genannt wurden.

Zur langfristigen Organisation der Beobachtung

Die systematische Unterrichtsbeobachtung ist aufwändig. Dies lässt sich allein quantitativ benennen: Bei einer Klasse von 30 Schülerinnen und Schüler sind bei drei Beobachtungsdurchgängen 90 Einzelbeobachtungen notwendig. Bei drei Schülerinnen und Schüler pro Unterrichtsstunde sind für eine Beobachtungsrunde mehrere Wochen notwendig, vorausgesetzt pro Woche sind mehrere Unterrichtsstunden verfügbar. Zeitdruck ist ein schlechter Gefährte bei jeder Beobachtung, daher ist es sinnvoll hier konsequent und großzügig zu planen und von Beginn an genügend Zeit zu disponieren.

Nach unseren Erfahrungen ist es sowohl für Lehrkräfte als auch für Schülerinnen und Schüler nicht günstig, permanent zu beobachten bzw. beobachtet zu werden. Entlastung und Abwechslung wirkt motivierend, zudem muss nach einer Beobachtungsrunde zunächst Zeit für die individuelle Beratung und Reflexion eingeplant werden. Daher ist es eine gute Regelung, nach einigen Wochen Beobachtung wieder einige Wochen beobachtungsfrei zu arbeiten und z.B. der Lernberatung wieder mehr Zeit zu gewähren:

> „Zur Zeit merke ich, dass es gut ist eine Beobachtungspause zu haben. Die Beratung kommt in den Freiarbeitsstunden zu kurz, wenn man ständig durch die Beobachtung belastet ist. Für mich ist die Konsequenz daraus, entsprechende Zeiträume einzuplanen, z.B. im November und Dezember beobachte ich verstärkt, dann mache ich eine Pause. Es ist wichtig, zeitlich und organisatorisch klar gegliederte Abschnitte zu haben." (TT 1/ S. 3)

Abb. 55: Phasen der systematischen Unterrichtsbeobachtung

1	2	3	4	5	6a	7a	8	evtl. Abschluss
Schuljahresplanung	Akzeptanz und Beteiligung sichern (Schü., Eltern, Koll.)	Vorbereitung (Kriterien und Organisation mit Schü. klären)	Probelauf: Beobachtungen als Übung für Lehrkräfte und Schü.	Reflexion und Weiterentwicklung	Beobachtungsrunde	Auswertung, Reflexion und Weiterentwicklung	Beobachtungspause	Zeugnisbeilage

Unabdingbar ist daher eine weitsichtige Schuljahresplanung, besonders wenn die Beobachtungsergebnisse in das Schuljahreszeugnis einfließen sollen, z.b. durch Beilage eines ausgefüllten Beobachtungsbogens (F1 und F3). Die notwendigen Beobachtungsrunden müssen dann rechtzeitig beendet werden. Der Ablauf (Abb. 55, S. 285) präzisiert wesentliche Phasen einer systematischen Unterrichtsbeobachtung.

Sofern bei der systematischen Unterrichtsbeobachtung kooperiert wird, muss die Abstimmung noch präziser erfolgen, regelmäßige Besprechungstermine müssen dann eingeplant werden.

Spezifische Merkmale des Beobachtungsbogens im Rahmen einer systematischen Unterrichtsbeobachtung

Der Beobachtungsbogen ist in vielfältiger Hinsicht der sinnlich fassbare und kognitiv präzisierte Mittelpunkt der systematischen Unterrichtsbeobachtung. Er unterscheidet sich teilweise von anderen Beobachtungsbögen, z.B. für eine Präsentation oder von anderen Kriterienkatalogen. Diese Unterschiede stelle ich nun dar, generelle Hinweise zum Beobachtungsbogen sind im Kap. IV.4 (S. 321ff)dargestellt.

Der zugrundeliegende offene Unterricht ist hinsichtlich seiner Ziele und Regeln sehr ausdifferenziert und vielschichtig. Welche Kriterien (aus den potentiell sehr vielen) sollen nun durch die Aufnahme in den Beobachtungsbogen aufgewertet werden? Dabei geht es um eine sehr starke Reduktion auf einige wesentliche Merkmale. Bei der Umsetzung des Unterrichts beachtet man verschiedene Entscheidungsfelder (z.B. schriftliche Leistungen, Stillarbeit, Stuhlkreis, Regeln etc.), so dass auch geklärt werden muss, welcher Bereich im Beobachtungsbogen erwähnt werden soll (Kap. IV.4, S. 322ff). Damit ist eine mittel- bis langfristige Entscheidung getroffen, welche Zielsetzungen bzw. Leistungserwartungen diagnostiziert werden, an welchen die weitere Lernberatung und damit auch das weitere pädagogische und unterrichtliche Handeln ansetzt.

Schülerinnen und Schüler verändern sich im Laufe des Schuljahres, sie werden reifer und älter, manche Lernarrangements oder –materialien verlieren an Bedeutung, werden durch andere ersetzt. Daher verändert sich auch der Beobachtungsbogen, er ist nicht für das gesamte Schuljahr gültig.

> Beispiel: Ein Computer wird im Klassenzimmer installiert. Dadurch ergeben sich neue Beobachtungskriterien, z.B. zum kooperativen Verhalten bei Partnerarbeit (F3).

Der Beobachtungsbogen dokumentiert die unterrichtliche Entwicklung. Sofern die Beobachtung Auswirkungen auf den Unterricht hat (und dies ist ja wünschenswert), beeinflusst der Bogen wiederum das Unterrichtsarrangement. Zwei Beispiele verdeutlichen dies:

> Beispiel: Lernspiele verloren an Bedeutung und wurden durch kooperatives Arbeiten ersetzt, das Kriterium ,... trägt zur erfolgreichen Spieldurchführung bei...' wurde dadurch hinfällig (F3/ Kap. III.3.8)

> Beispiel: Das Kriterium ,... ist bemüht auch schwierige Lerninhalte durchzustehen' hatte eine optische Kennzeichnung des Lernmaterials nach Schwierigkeitsgraden zur Folge, sonst wäre das Kriterium kaum beobachtbar gewesen (F3/ Kap. III.3.8)

Bei der Beurteilung einer Präsentation verändert sich der Beobachtungsbogen im Laufe der Beurteilungsphase nicht, im Sinne einer vergleichbaren Leistungsbeurteilung ist er zumeist einheitlich. Über das Schuljahr hinweg gesehen ist dies bei der systematischen Beobachtung anders.

Trotz inhaltlicher Veränderungen kann durch die Beobachtungsbögen alleine die Lern*entwicklung* eines einzelnen Schülers/ einer einzelnen Schülerin kaum dokumentiert werden, es sei denn, der Bogen enthält Raum um verbale Anmerkungen einzufügen, die explizit eine Entwicklung beschreiben (z.B. ‚Das Führen deines Ordners hat sich im letzten halben Jahr gebessert‘). Durch Ankreuzen innerhalb einer bestimmten Skalierung ist alleine noch keine Entwicklung dokumentiert. Der Beobachtungsbogen ist daher zwar Mittelpunkt einer Lernstandsdiagnose, er muss jedoch durch weitere schriftliche oder mündliche verbale Beurteilungen ergänzt werden.

Sofern die Unterrichtsbeobachtung über einen langen Zeitraum hinweg durchgeführt wird, z.B. über ein Schuljahr hinweg, erweist sich der Beobachtungsbogen in einer weiteren Hinsicht als sehr bedeutsam: Trotz inhaltlicher Veränderungen wird kein anderes schulisches Medium unter den beteiligten Lehrkräften, Schülerinnen und Schülern und Eltern derart konstant ‚herumgereicht‘ und ‚bearbeitet‘. Eine weitere Aufwertung kommt dann zustande, wenn der Beobachtungsbogen dem Zeugnis beigelegt wird. Die Wahrnehmung vieler Personen ist wiederkehrend auf den Inhalt des Bogens und seinen pädagogischen und methodisch-didaktischen Kontext gerichtet. Der Beobachtungsbogen im Rahmen einer systematischen Unterrichtsbeobachtung ist daher unvergleichlich gut als Grundlage unterschiedlicher Kommunikationsprozesse geeignet und eröffnet erhebliche Lernentwicklungschancen.

Folgen der systematischen Unterrichtsbeobachtung

Die Bereitschaft von Schülerinnen und Schülern an einer systematischen Unterrichtsbeobachtung teilzunehmen, zwingt die beobachtenden Lehrkräfte zu einer detaillierten Diagnose *und* weiterführend zu konkreten Handlungsempfehlungen, die von den Lernenden als persönlich gewinnbringend empfunden werden. Eine Unterrichtsbeobachtung, die zu negativen Ergebnissen führt und daher auch negativ besetzt würde, wäre für Schülerinnen und Schüler langfristig nicht akzeptabel. Die Beobachtung würde als disziplinierend empfunden, dies ist eine Gefahr, die nicht von der Hand zu weisen ist und den beteiligten Lehrerinnen immer bewusst war:

> „Mein Anliegen ist natürlich die Weiterentwicklung der Schülerinnen und Schüler, nicht eine Disziplinierung." (TT1/ S.1)

Systematische Beobachtung könnte als vollständige Kontrolle empfunden werden. Daher ist eine gute Beziehungsstruktur in der Klasse und gegenüber den Lehrkräften ebenso unabdingbar wie regelmäßige Reflexion über den Beobachtungsprozess und Transparenz des gesamten Beurteilungskonzepts. An dieser Stelle zeigt sich die Bedeutung eines pädagogischen Leistungsbegriffs (Kap. I.2), der bereits wesentliche Prämissen verdeutlicht.

Durch die verschiedenen Beobachtungskriterien wird im Unterricht ein gemeinsames und den Unterrichtsverlauf stabilisierendes, weil Orientierung und Struktur bietendes, Netz ausgebreitet. Insbesondere für unsichere, ‚gewißheitsorientierte‘ (Huber 1999) Schülerinnen und Schüler bieten die vereinbarten Beobachtungskriterien eine starke Strukturierungshilfe, an der sie sich orientieren können. Für manche Schülerinnen und Schüler sind daher wenige Kriterien hilfreicher und motivierender als viele.

Die systematische Unterrichtsbeobachtung verändert den Blick auf das Unterrichtsgeschehen *und* verändert das Geschehen selbst. Die Beobachtung beeinflusst den Unterricht über die formulierten Kriterien hinaus: Die Beobachterinnen und Beobachter (Lehrkräfte oder Schülerinnen und Schüler) nehmen wesentlich mehr Aspekte wahr, als auf ihren Bögen vermerkt sind. Dies ist denjenigen, die beobachtet werden, bewusst, wodurch ihr Verhalten tendentiell auf wesentlich mehr Aspekte ausgerichtet ist als lediglich auf die vermerkten Kriterien. Darüber hinaus sind auf einem Beobachtungsbogen auch bei relativ wenigen Kriterien sehr schnell wesentliche Bereiche des Unterrichts (z.B. Ordner, Stuhlkreis, Regeln) thematisiert, die dann in ihrer Ganzheit wahrgenommen und gemeinsam reflektiert werden. Auch dies belegt, dass es sinnvoll ist, eher mit wenigen Kriterien zu arbeiten.

Lehrkräfte lernen ihre Schülerinnen und Schüler besser kennen. Die systematische Beobachtung bewirkt neue Perspektiven und Erkenntnisse, auch bei Lehrkräften, die bereits seit vielen Jahren und mit großem Engagement offenen Unterricht durchführen. Dies sei an einem Beispiel verdeutlicht:

> „Über die Beobachtung habe ich Schüler anders gesehen. Manche Schüler spielen etwas vor, sie scheinen die ‚Tragenden' zu sein, sind es aber nicht. Dafür habe ich andere so erlebt. Auch ohne Sprachkompetenz haben sich manche durchgebissen. Bisher, ohne die systematische Beobachtung, habe ich eher auf die Sprache geachtet, da waren eher Schüler im Blickpunkt, die sich verbal geäußert haben." (TT 1/ S. 2)

Für die im Forschungsprojekt beteiligten (sehr erfahrenen) Lehrerinnen, die eine systematische Unterrichtsbeobachtung erprobten, hat sich der Blick auf den Unterricht verändert. Ihr Fazit ist grundsätzlich bemerkenswert positiv:

> „Was macht diese Arbeit lohnend? Die Tatsache, dass es Arbeit war, die nach meiner Wahrnehmung schon lange anstand und die für ihre Umsetzung lediglich noch einen Impuls von außen brauchte. Sie fügte sich in das bestehende Unterrichtskonzept der Still- und Freiarbeit problemlos ein, mehr noch, sie wertete die Unterrichtsform auf und verlieh ihr eine Ernsthaftigkeit, die sich positiv auf die Schülerinnen und Schüler auswirkte." (F3/ S. 18)

> „Bei mir gibt es keinen Weg zurück, ich kann mir eine unsystematische Beobachtung ohne Kriterienkatalog nicht mehr vorstellen, das bleibt sonst viel zu zufällig." (TT 1/ S. 2)

Dieses positive Fazit kann jedoch nicht darüber hinweg täuschen, dass die Arbeit organisatorisch aufwändig, anspruchsvoll und anstrengend ist. Dies wird in den beiden Fallstudien detailliert erläutert. Eine Entlastung bei zunehmender Routine ist in gewisser Hinsicht zu erwarten, derzeit jedoch nicht absehbar.

Zur Sichtweise der Schülerinnen und Schüler

Wie äußern sich Schülerinnen und Schüler zu einer systematischen Unterrichtsbeobachtung? Hier sind unterschiedliche Sichtweisen erkennbar, auch innerhalb der beteiligten Klassen. Manche Schülerinnen und Schüler lassen sich durch die Beobachtung nicht ablenken und fühlen sich nicht gestört:

> „GL: Wenn ihr bei der Stationenarbeit seid und eure Lehrerin füllt die Beobachtungsbögen aus, bekommt ihr das dann mit? Du hast vorher gesagt, dass du das gar nicht mitbekommen hast.
> S: Ich bemerke das eigentlich gar nicht, wenn sie mich beobachtet. Ich sehe sie dann im Klassenzimmer oder sie kommt mal durch und fragt. Ich habe nie bemerkt, dass sie mich anguckt.
> S: Ich habe nur zweimal bemerkt, dass sie mich angeguckt hat.
> S: Sie hat viele Augen.

GL: War dir das dann unangenehm, als du das gemerkt hast?
S: Nein.
GL: Wie ging es euch?
S: Ich habe einfach an den Stationen weiter gemacht.
GL: War es euch auch nicht unangenehm?
S: Nein. Na gut, vielleicht fängt man mal kurz an zu lachen. Aber sonst..."
(L1/ 1/ S. 4; Anm: GL= Gesprächsleiter t.b.)

„Es ist wie früher auch, ich habe keine Probleme mit der Beobachtung." (L3/ 2/ S. 2)

Für andere Schülerinnen und Schüler ist es nicht leicht die Beobachtungssituation zu akzeptieren:

„Es ist ein komisches Gefühl und ungewohnt, wenn man beobachtet wird." (L3/ 2/ S. 2)

„Vor allem schämt man sich da auch irgendwie. Wenn man merkt, der Lehrer beobachtet einen jetzt, dann guckt man, dass man das schnell macht." (L3/ 4/ S. 2)

„Man fühlt sich unsicher, wenn jemand die ganze Zeit hinter einem steht und in den Text schaut." (L3/ 4)

„Ich konnte mich bei der Stillarbeit fast gar nicht konzentrieren (...) weil ich mich beobachtet fühle und nicht weiß, ob ich etwas falsch mache." (L3/ 4/ S. 2)

Die skeptischen Einschätzungen mancher Schülerinnen und Schüler können unterschiedlich interpretiert werden. Zunächst ist die systematische Unterrichtsbeobachtung gegenüber der vorherigen Unterrichtssituation stärker leistungs*fordernd*. Schülerinnen und Schüler haben das Gefühl mehr leisten zu müssen, womit sie sicherlich richtig liegen, schließlich sind die genauen Kriterien definiert, die Beobachtung vereinbart etc. Vorher waren zwar die Regeln bekannt, die genaue Leistungserwartung jedoch ungewisser. Der mögliche Gewinn der Beobachtung, eine Verbesserung des Lernverhaltens, ist in der konkreten Situation nicht greifbar, sondern eher ungewiss und fern. Die gesamte Unterrichtssituation wird tendentiell stärker strukturiert und (aus Sicht mancher Schülerinnen und Schüler) kontrolliert. Daraus resultieren eine Unsicherheit und Druck, schließlich will man nicht negativ auffallen. Dieser Druck wird besonders spürbar, wenn die beobachtenden Personen (besonders wenn es Lehrkräfte sind), sehr nah herantreten und aus kürzester Distanz beobachten. Dies ist zuweilen notwendig, um eine Aussage zu bestimmten Beobachtungskriterien treffen zu können (z.B. ‚...ist bemüht auch schwierige Lerninhalte durchzustehen.', s. F3).

Manche Lernenden strengen sich insgesamt mehr an als vorher. Zum Teil nehmen sie dies sogar quantitativ wahr:

„GL: Arbeitet ihr intensiver in der Still- und Freiarbeit seit dieser Bogen angewandt wird?
S: (alle) Ja
GL: Könnt ihr vielleicht ein Beispiel nennen, wo sich etwas verändert hat?
S: Man hat sich für die Aufgaben eher Zeit gelassen. Früher hat man vielleicht nur ein Arbeitsblatt in der Stunde bearbeitet. Wenn man weiß, dass man beobachtet wir d macht man mehrere.
(...)
S: Früher habe ich in Stillarbeit ein Matheblatt geschafft, heute schaffe ich schon vier."
(L3/ 4/ S. 3)

„Die Still- und Freiarbeit ist schwieriger geworden" (L3/ 2/ S. 1)

„Wenn man zum Beispiel eine Aufgabe hat, die man nicht lösen kann, versucht man das viel öfter, als wenn man nicht beobachtet würde. Da will man das unbedingt schaffen und arbeitet viel konzentrierter. Man schaut auch nicht in die Luft, sondern man hat echt etwas zu schaffen." (L3/ 3/ S. 2)

Offensichtlich wurde der offene Unterricht in dieser Fallstudie 3 von manchen Schülerinnen und Schüler *vor* der Unterrichtsbeobachtung nur wenig mit Anstrengung und Leistungserbringung assoziiert. Um nicht missverstanden zu werden: Dies ist zunächst keine qualitative Bewertung oder Abwertung. Im Kontext unseres gesamten Forschungsprojektes ist dies jedoch eine exemplarische Situation, sie zeigt die veränderte Sichtweise auf Unterricht im Zuge einer konsequenten Anwendung des erweiterten Lernbegriffs. Diese Veränderung wird von manchen Lernenden deutlich wahrgenommen, ist nicht zwangsläufig positiv besetzt und bewirkt zuweilen ein unsicheres Gefühl.

Ein wichtiges Thema für Schülerinnen und Schüler ist die Frage, inwiefern ein bestimmtes Lernverhalten vorgetäuscht wird, um bei der Unterrichtsbeobachtung eine positive Einschätzung zu erlangen. Dies wurde mehrfach thematisiert, in beiden Klassen letztlich jedoch als nicht möglich und als wenig sinnvoll angesehen. Einige Zitate belegen dies:

„Wenn sich jemand verstellt, dann kann er sich auch nicht verbessern." (L3/ 1/ S. 3)

„Er weiß ja auch gar nicht, was er falsch gemacht hat, wenn er sich verstellt." (L3/ 1/ S. 3)

„Wenn man nicht richtig arbeitet und sich verstellt, wenn man beobachtet wird, dann kommt das ja raus, wenn das Heft korrigiert wird." (L3/ 2/ S. 2)

„Es ist auffällig, wenn man sich nachher wieder anders verhält." (L3/ 1/ S. 3)

„Verstellen konnte man sich nicht. (...) Unsere Lehrerin kennt uns ja schon zwei Jahre lang." (L1/ 1/ S. 4)

Die Gefahr, dass ein Verhalten vorgetäuscht und dann unberechtigterweise als insgesamt zu positiv eingeschätzt wird, ist zwar vorhanden, scheint jedoch zumindest während unserer Erprobungen nicht handlungsleitend oder offenkundig gewesen zu sein.

Prozessbeurteilung als punktuelle Unterrichtsbeobachtung durch Lehrerinnen und Lehrer

Im Gegensatz zur systematischen Unterrichtsbeobachtung beruht diese Variante auf einem projektorientierten Unterricht, der durch seine dynamische und instabile Situation weit weniger Ruhe und Freiraum zum Beobachten lässt. Die punktuelle Unterrichtsbeobachtung findet über einige Wochen hinweg statt und dient vorwiegend als Ergänzung und Absicherung einer Prozessbeurteilung durch Schülerinnen und Schüler.

Eine punktuelle Unterrichtsbeobachtung lässt sich durch folgende Merkmale beschreiben:

- Die Unterrichtssituation lässt nur wenig Zeit für eine ruhige Beobachtung, die Beobachtung hat neben anderen Aufgaben (z.B. Beratung, Erziehung, Organisation, Moderation) eine gleichwertige oder eher zweitrangige Funktion.

- Beobachtet wird in frei werdenden Zeiträumen, die im Vorhinein nicht genau bestimmbar sind.

- Der Anspruch wird relativiert: Nicht alle Schülerinnen und Schüler können einmal oder mehrfach beobachtet werden. Der Eindruck kann daher zufällig sein.

- Die Beobachtung wird nicht immer sofort mittels eines genauen Beobachtungsbogens durchgeführt, möglich sind auch freie Notizen oder spätere Aufzeichnungen,
- trotzdem ist die Beobachtung kriteriengebunden: D.h. klare Kriterien zur Beurteilung sind formuliert und bekannt.
- Die Beobachtung zielt nicht primär auf eine langfristige Entwicklung des Lernverhaltens, sondern auf die kurzzeitige Überprüfung einer bestimmten Leistungserwartung.

Die Beobachtung während eines projektorientierten Unterrichts war im Rahmen unseres Forschungsprojektes wahrscheinlich die für Lehrkräfte dichteste und anstrengendste Situation.

> „Die Verbindung unterschiedlichster Funktionen zeitgleich wahrzunehmen, bedeutet, dass die Konzentrationsfähigkeit in diesen Stunden enorm gefordert war. (...) Mein Ziel, alle Gruppen mehrfach selbst zu beobachten, ließ sich nicht realisieren. Daher war die Beurteilung des Arbeitsprozesses durch die Beobachtergruppe [Schülerinnen und Schüler – t.b.] teilweise dichter und mit mehr konkreten Untersuchungsmomenten versehen als meine eigene." (F6/ Kap. III.6.7)

> „Wichtigster Einwand gegen diese Beurteilung dürfte aber sein, dass der Lehrer als Spielleiter bei der szenischen Interpretation sich in einer Mehrfach-Funktion befindet." (F8/ Kap. III.8.5) [derselbe Lehrer in einem anderen Gespräch – t.b.:] „... in der Unterrichtssituation musste ich mehrere Sachen gleichzeitig machen. Das war sehr interessant, kann man auf die Dauer aber nicht allzu oft machen: Anleiten, beobachten, beurteilen, alles gleichzeitig. Da ist man zu 200 Prozent da..." (T4/ AG 1/ S. 3)

Diese Erfahrungen hängen mit der veränderten Rolle von Lehrkräften zusammen (S. 340ff), die in komplexen Unterrichtssituationen eine multiple und flexible Vorgehensweise unter Handlungs- und Zeitdruck verlangt und keine Ruhe für eine konzentrierte und längere Beobachtung lässt. Wenig verwunderlich ist daher, dass in verschiedenen Fallstudien eine ursprünglich vorgesehene, alleinige und kontinuierliche Beobachtung als Prozessnote innerhalb eines projektorientierten Unterrichts wieder ‚zurückgezogen‘ wurde (F4, F2, F7) oder aufgrund entsprechender Erfahrungen erst gar nicht beabsichtigt war (F9, F10). In anderen Fällen (F5, F6) wurde eine punktuelle Beobachtung durchgeführt, die dann die Prozessbeurteilung durch Schülerinnen und Schüler ergänzte und absicherte. Für diesen Zweck kommt der punktuellen Beobachtung eine wichtige Funktion zu: Lehrkräfte können damit ihrer Schutzfunktion gerecht werden, die notwendig ist, damit z.B. nicht einzelne Schülerinnen oder Schüler von anderen willkürlich oder realitätsfern beurteilt werden.

Wenn im unterrichtlichen Geschehen nur wenig Zeit bleibt, dann ist eine zeitnahe und strukturierte Nachbereitung umso wichtiger. Zu Hause können z.B. Eindrücke notiert werden, die nächste Stunde wird dadurch vorbereitet, dass bestimmte Schülerinnen oder Schüler festgelegt werden, über die noch keine Beurteilung vorliegt.

Eine Gefahr bei der punktuellen Beobachtung liegt darin, dass durch mangelnde Beurteilungssituationen auf vergangene Erfahrungswerte zurückgegriffen wird oder einzelne Wahrnehmungen überbewertet werden. Dies kann zu ungerechtfertigten Beurteilungen führen, da nicht die jeweils geforderte Leistung beurteilt wird.

Prozessbeurteilung als Aufteilung einer vorgegebenen Note durch eine Schülergruppe

Diese Variante wurde in der Fallstudie 4 erprobt.[40] Sie wurde im Grunde aus der Not geboren: Die beteiligten Lehrerinnen und Lehrer, die gemeinsam das Projekt ‚USA' durchführten, sahen sich nicht der Lage während der Arbeitsphasen eine systematische Beobachtung als Prozessbeurteilung durchzuführen:

> „Wir hatten in unserem Projekt ursprünglich geplant durch Beobachtung zu einer Prozessnote zu kommen. Aber das ging nicht. Wir mussten während des Prozesses Hilfen geben, strukturieren, beurteilen und beobachten. Das war zu viel. Dann haben wir es so gemacht: Wir haben das Produkt (Lernplakat) beurteilt, die Gruppe hat dann diese Note unter ihren Mitgliedern selbst aufgeteilt. Das hat in vielen Gruppen gut geklappt, aber es gab auch Probleme. Im Vorfeld hatten wir die Kriterien besprochen, die Schülerinnen und Schüler sollten sich zudem ständig Notizen machen." (TT2/ S. 1)

Die Lehrerinnen und Lehrer bewerteten also das Produkt (Lernplakat) und gaben diese Note an die Gruppe zurück. Die Gruppenmitglieder sollten diese Note untereinander aufteilen, und zwar je nach Leistung im Gruppenarbeitsprozess. Die entstandenen Noten mussten dann im Durchschnitt wieder der eingegebenen Lernplakatnote entsprechen. Während also die Lernplakatnote eine Gruppennote war, wurde durch die Aufteilung der Schülerinnen und Schüler daraus eine Einzelnote. Diese Aufteilung (zum exakten Vorgehen F4/ Kap. III.4.1 und 4.3) wurde durch vier Maßnahmen begleitet: (1) Genaue Kriterien zur Beurteilung wurden in einem Raster vorgegeben, (2) im Projektverlauf erhielten die Schülerinnen und Schüler regelmäßig Zeit um sich Notizen zu machen, (3) die entstandene Notenaufteilung musste gegenüber den Lehrkräften begründet werden, (4) die Lehrkräfte führten parallel dazu eine punktuelle Beobachtung durch und notierten ihre Ergebnisse auf Karteikarten, so dass sie gegebenenfalls korrigierend eingreifen und argumentieren konnten.

Dieses Vorgehen ist komplex. Allerdings birgt es erhebliche Lerneffekte, gleichzeitig beinhaltet es einige kritische Aspekte.

Zunächst zu den Nachteilen dieses Verfahrens. Schülerinnen und Schülern fällt es nicht leicht, mit den vorgegebenen Kriterien zu arbeiten und diese auf ihre konkrete Gruppensituation anzuwenden. Bei manchen der vorgegebenen Kriterien war dies einfacher (z.B. ‚Beitrag zur Beschaffung von Informationsmaterial'), bei anderen war es schwieriger (z.B. ‚Verhalten während der Gruppenarbeit'). Es kann nicht ausgeschlossen werden, dass Freundschafts- oder Beziehungsaspekte einen positiven oder negativen Einfluss hatten. Das Festlegen der Noten in einem kommunikativen Prozess der Gruppenmitglieder stößt zudem an Grenzen: Die kommunikativen Fähigkeiten und möglicherweise die Hierarchie innerhalb der Gruppe bzw. Klasse verhindert, dass alle Schülerinnen und Schüler sich im selben Maße einbringen können. Es kann zu gegenseitiger Unterstützung bzw. Solidarisierung kommen. Daher ist eine Schutzfunktion durch Lehrerinnen und Lehrer (die durch die punktuelle Beobachtung geleistet werden konnte) unumgänglich. Das sprachliche Verbalisieren einer schlechte Note gegenüber einem Mitschüler oder einer Mitschülerin dürfte zudem emotional nicht für alle einfach sein, es fällt sicher nicht leicht, einem Freund oder einer Freundin deutlich zu sagen, dass man seine bzw. ihre Leistung nicht be-

---

[40] Die Variante beruht auf einem Vorschlag eines Mitarbeiters von Heinz Klippert (Frank Müller) und wurde während einer Fortbildung zum Thema ‚Teamentwicklung' an der Wilhelm-Hauff-Realschule Pfullingen vorgestellt.

friedigend fand. Die Beziehungen der Gruppenmitglieder können dadurch belastet werden. Diese Belastung müssten Lehrkräfte als Teil ihres Berufsverständnisses ertragen, für Schülerinnen und Schüler ist dies schwierig.

Die bisher genannten Nachteile waren nach unseren Beobachtungen zwar vorhanden, jedoch nicht allzu gewichtig.

Die größte Problematik dieses Verfahrens scheint darin zu bestehen, dass es sehr leicht ist, eine gute oder sehr gute Note unter den Gruppenmitgliedern zu verteilen, aber äußerst schwierig ist, eine schlechte Note zu verteilen. Wenn eine Gruppe für ihr Lernplakat aus guten Gründen die Note 4 erhält, dann wird es problematisch diesen Durchschnitt nach der Verteilung einzuhalten. Sobald ein Gruppenmitglied besser gearbeitet hat und z.B. die Note 3 erhält, muss ein anderes Gruppenmitglied mit der Note 5 ‚bestraft‘ werden um wieder den Durchschnitt zu erzielen. Damit wird den Gruppenmitgliedern eine zu große Verantwortung zugewiesen, die beteiligten Lehrkräfte müssen in diesem Fall deutlicher eingreifen. Dies ist auch möglich, da sich bereits während des Gruppenprozesses bestimmte Leistungen abzeichnen und eine stärkere Beratung einsetzt (zur Lernberatung s. S. 341).

Ein weiterer Nachteil liegt in der unterschiedlichen Bezugsnorm: Die Lernplakatnote beruht auf einer sachlichen Bezugsnorm nach bestimmten Kriterien. Die Individualnoten beruhen jedoch zum einen auf der individuellen Leistungsfähigkeit, zum anderen ganz deutlich auf dem Engagement und der Anstrengung. Insgesamt kann es daher zu einer deutlichen Überschätzung der Gruppenleistung kommen:

> „Bei uns war es so. Wir haben uns alle ziemlich gut eingeschätzt, weil wir alle gut mitgearbeitet haben. Wir haben dann die Gruppennote von den Lehrern bekommen. Die Note war ziemlich schlecht. Dann mussten wir für jeden eine Note ‚machen‘ und das konnten wir nicht, weil wir uns einfach besser eingeschätzt haben. Und wir haben auch alle gut mitgearbeitet, daher konnten wir es nicht verstehen." (Schülerin - L4/ 1/ S. 5)

Die Anstrengungen eines Arbeitsprozesses entsprechen nicht zwangsläufig der entstandenen Produktleistung. Eine hohe Anstrengung führt nicht unbedingt zu einem nach sachlichen und normierten Kriterien als ‚gut‘ befundenen Produkt. Allerdings: Diese Problematik ist nicht für neue Beurteilungsformen spezifisch, sondern gilt auch für andere Beurteilungen. Sie offenbart sich in unserem Zusammenhang jedoch deutlicher.

Nun zu den Vorteilen dieses Verfahrens. Die Lernenden sind von Beginn an sensibilisiert, den Gruppenprozess nach bestimmten Kriterien wahrzunehmen. Sie reflektieren regelmäßig über die Arbeit ihrer Gruppe. Dabei zeigt sich schnell, dass die Schülerinnen und Schüler in der Lage sind, deutliche Unterschiede innerhalb ihrer Gruppe wahrzunehmen und die Leistungen differenziert einzuschätzen. Die Gruppenmitglieder arbeiten zudem fast immer gemeinsam, waren zumindest über die Arbeiten der anderen informiert, auch wenn sie in anderen Räumen oder außerhalb der Schule arbeiteten. Dies könnte von Lehrkräften nicht geleistet werden. Die Schülerinnen und Schüler verfügen damit über eine breitere Beurteilungsgrundlage als ihre Lehrkräfte. Dies kann als ein Beitrag zur Verringerung von Subjektivität bei der Beurteilung interpretiert werden. Insgesamt fühlen sich Schülerinnen und Schüler äußerst wertgeschätzt und ernst genommen: *Ihre* Meinung zählt und nicht diejenige der Lehrerinnen und Lehrer, die passiv entgegengenommen werden muss:

> „Aber dann ist es auch wieder fatal für die Schüler, wenn der Lehrer einfach benotet. Dann fühlt sich jeder ungerecht behandelt, weil keiner so recht die Note bekommt, die er sich vorstellt. Da hat man dann praktisch überhaupt nichts zu sagen." (Schüler - L4/ 1/ S. 4)

Bereits die Beteiligung bei der Notenvergabe wird, ungeachtet der verschiedenen Probleme, als positiv bewertet. Die Notenverteilung verlief fast in allen Gruppen erfolgreich, der Grad der Unzufriedenheit war sehr gering und wäre bei der Notenverteilung durch die Lehrerinnen und Lehrer wahrscheinlich nicht geringer gewissen. Trotz der Vorbereitung im vorangegangenen Unterricht würden weitere Erfahrungen das Verfahren der Notenverteilung sicherlich stabilisieren und zumindest einige Problemfelder verringern.

Insgesamt kann dieses Verfahren als schwierig, in unserer Erprobung aber als erfolgreich bezeichnet werden. Es muss in verschiedener Hinsicht begleitet werden. Dann können die Problembereiche begrenzt und erhebliche Lernchancen eröffnet werden. Unbedingte Voraussetzung ist dabei eine stabile und vertrauensvolle Beziehungsstruktur gegenüber den Lehrkräften und innerhalb der Klasse. Der Gruppenprozess und die Verteilung der Noten muss von den Lehrkräften kritisch begleitet und mit den Schülerinnen und Schülern regelmäßig thematisiert und reflektiert werden.

Prozessbeurteilung als Selbstbewertung und Mitbewertung der Gruppenmitglieder durch Schülerinnen und Schüler

Diese Variante wurde in den Fallstudien 9 und 10 durchgeführt, beruhend auf einem vollständig auf ‚Selbstorganisiertes Lernen' umgestellten Unterricht. Die Prozessbeurteilung ist daher nur im Kontext dieses Unterrichtskonzepts verständlich. Schülerinnen und Schüler entstammen der Oberstufe beruflicher Gymnasien und wurden langfristig und systematisch vorbereitet. Die Prozessbeurteilung wurde ergänzt mit der punktuellen Beobachtung des Arbeitsprozesses durch die beteiligten Lehrkräfte. Genauere Erläuterungen sind in den Kapiteln zur Schülerselbstbewertung (S. 311ff) und zur Schülermitbewertung (S. 316ff) bzw. in den betreffenden Fallstudien 9 und 10 enthalten.

Prozessbeurteilung als Unterrichtsbeobachtung durch Mitschülerinnen und Mitschüler

In zwei Fallstudien (F3, F6) begaben sich Schülerinnen und Schüler selbst in eine beobachtende Rolle. Dies ergab, für beide Seiten, höchst interessante Erfahrungen. In einem Fall (F6) resultierte aus dieser Beobachtung eine Note, die zu 25% in die Endnote einging, im anderen Fall gingen die Beobachtungen in eine Zeugnisbeilage (Beobachtungsbogen) ein. Auch im Rahmen einer dynamischen Projektsituation (F6) ist die Unterrichtsbeobachtung durch Schülerinnen und Schüler leistbar: Sie sind von anderen Aufgaben entlastet, d.h. sie sind zu bestimmten Zeiten ausschließlich für die Unterrichtsbeobachtung zuständig und leisten daher eine unabdingbare Ergänzung für die punktuelle Beobachtung der Lehrkräfte.

Diese Variante der Prozessbeurteilung beinhaltet zwei Themenbereiche, die in anderen Kapiteln ausführlich dargestellt werden:

Zum ersten ist die Kategorie ‚*Beobachtung*' wichtig. Ebenso wie für Lehrkräfte gibt es hier hemmende und förderliche Situationen, z.B. Handhabbarkeit der Kriterien (Was heißt ‚angemessene Zeit'?), Entscheidung über die Beurteilung (Was ist ‚gut'?), Reduzierung der Komplexität (nur wenige Kriterien ins Auge fassen). Diese Probleme sind nicht verwunderlich, allerdings ließen sich die beteiligten Schülerinnen und Schüler davon nicht grundsätzlich beirren. Besonders in der Fallstudie 6 kamen die Schülerinnen und Schüler auf recht souveräne und begründete Weise zu ihren Urteilen. Allerdings ist darauf zu achten, dass nicht zu viele Kriterien beobachtet werden, besonders zu Beginn, wenn erste Erfahrungen gesammelt werden. Sehr hilfreich ist auch die gemeinsame Besprechung mit Mitschülerinnen und Mitschülern, die ebenfalls beobachteten.

Zum zweiten ist dies eine Form der Schülermitbeurteilung und wird daher im Kap. IV.3.5 (S. 316ff) thematisiert.

Welche Anlässe begründeten die Beteiligung von Schülerinnen und Schüler an der Unterrichtsbeobachtung? In der Fallstudie 3 (Systematische Unterrichtsbeobachtung in der Still- und Freiarbeit) war es Wunsch der Schülerinnen und Schüler, nun auch selbst zu beobachten. Sie hatten inzwischen Erfahrungen mit der systematischen Unterrichtsbeobachtung durch Lehrkräfte und mit der Selbstbeurteilung gesammelt. In der Fallstudie 6 (Unterrichtsmethode ‚Gerichtsprozessspiel‘) entstand die Beobachtung aufgrund guter Erfahrungen mit der Beteiligung von Schülerinnen und Schülern bei der Beurteilung einer vorausgehenden freien Meinungsrede, war also insofern eine progressive Beteiligung der Schülerinnen und Schüler. Offensichtlich ist eine stärkere Beteiligung von Schülerinnen und Schülern relativ schnell möglich, wenn sie einmal ernsthaft begonnen hat und die daraus resultierenden Erfahrungen positiv sind. Ein Schritt nach vorne (hin zu mehr Beteiligung) wird dann eher akzeptiert bzw. auch eingefordert.

Die aktive Teilnahme an der Unterrichtsbeobachtung wurde von den Schülerinnen und Schülern durchweg positiv bewertet, sie bewirkt schnell einen Perspektiven- und Rollenwechsel:

> „Es ist toll, dass auch Schüler beobachten.“ (L3/ 1/ S. 2)

> „Wenn ich beobachte, finde ich das richtig gut, weil man mitkriegt, wie die anderen arbeiten. Man kann auch rausfinden, wie der Lehrer sich fühlt.“ (L3/ 3/ S. 3)

Vorwiegende Beurteilungskriterien bei der Prozessbeurteilung

Im Gegensatz zur Produktbeurteilung und zur Präsentationsbeurteilung ist es nicht möglich, quer durch alle erprobten Prozessbeurteilungen gemeinsame Kriterien herauszuarbeiten. Bei der Prozessbeurteilung ist die Breite der angewandten Kriterien groß. Tendentiell werden vorwiegend methodische Leistungen (z.B. ‚Beitrag zur Beschaffung von Informationsmaterial‘, ‚Zielformulierung und Zielkontrolle‘), aber auch soziale (z.B. ‚Verhalten bei der Gruppenarbeit) und kommunikative (z.B. Redeverhalten in der Gruppe) Leistungen überprüft.

Die Auswahl und Konfiguration der Kriterien einer Prozessbeurteilung wird im Kap. IV.4 (S. 321ff) näher erläutert.

2.3   Produktbeurteilung

Erprobte Varianten

Im Forschungsprojekt wurden folgende Produkte beurteilt:

Abb. 56: Produktbeurteilung – erprobte Varianten

1.	Lernplakat	F2, F4
2.	Verschriftlichung einer Präsentation (Referat, Schülerunterricht, Rollenbiographie, Gruppenpräsentation)	F2, F5, F7, F8, F9, F10
3.	Aus einer Präsentation resultierende schriftliche Produkte (z.B. schriftliches Gerichtsurteil, schriftliches Resümee)	F6, F8

Insgesamt sind also zwei Gruppen erkennbar: Zum einen die Beurteilung eines Lernplakats, zum anderen die Beurteilung eines schriftlichen Textes[41].

Erfahrungen

Der Beurteilungsbaustein ‚Produkt' wurde von allen im Forschungsprojekt beteiligten Lehrkräften als relativ leicht durchführbar angesehen. Insbesondere die Beurteilung der Texte ähnelt in hohem Maße einer Aufsatz- oder Klassenarbeitskorrektur. Persönliche Erfahrungswerte und subjektiv stabile Beurteilungskriterien werden herangezogen. Nicht alle Produkte erfüllen unsere Definition ‚neuer' Beurteilungsformen, da zum Teil nur fachlich-inhaltliche Leistungen beurteilt werden. Bei einigen schriftlichen Texten gehen die Beurteilungskriterien jedoch darüber hinaus, weil auch die Gestaltung beurteilt wird, also nicht nur die fachlich-inhaltliche bzw. sprachliche Qualität.

Der Stellenwert des Produkts im Rahmen neuer Formen der Leistungsbeurteilung darf nicht unterschätzt werden. Für Lehrkräfte und Lernende ist das Produkt ein die Gesamtbeurteilung stabilisierendes Element:

- Die Beurteilung selbst ist mit klaren und vereinbarten Kriterien gut machbar.
- Die Beurteilung ist ausgezeichnet nachvollziehbar, weil das Produkt für alle ersichtlich als Medium vorliegt, d.h. es verflüchtigt sich nicht wie eine beobachtete Situation.
- Das Produkt dokumentiert das sinnvolle Zusammenspiel zwischen methodischen, sozialen, kommunikativen Leistungen und dem jeweiligen Themengebiet.

Es ist daher nicht verwunderlich, dass in allen i.w.S. projektorientierten Unterrichtskonzeptionen ein Produkt beurteilt wurde.

Mögliche Beurteilungskriterien eines Produkts am Beispiel von Lernplakaten

Lernplakate sind ausgezeichnet als Ergebnis eines Arbeitsprozesses geeignet. Die wesentlichen Inhalte eines Themas können darauf präzisiert werden, gleichzeitig

---

[41] Grundsätzlich sind noch weitere Produkte denkbar: Künstlerische Produkte (z.B. Skulpturen), Videofilme, Diaserien u.v.a.m.

muss die Gestaltung durchdacht sein, insbesondere deshalb, weil die Lernplakate in der Regel innerhalb der Präsentation vorgestellt werden. Die abgebildeten Elemente müssen also ansprechend und gut erkennbar bzw. lesbar sein. Damit ergeben sich (Abb. 57) zwei wesentliche Kriterien für die Beurteilung von Lernplakaten (F2, F4): Inhalt und Gestaltung.

Abb. 57: Wesentliche Kriterien zur Beurteilung eines Lernplakats

Kriterien	Beispiele
Inhalt	▪ Sind wesentliche Inhalte erfasst? ▪ Wurden die Texte selbstständig verfasst? ▪ Sind die Inhalte sachlich richtig? ▪ Sind wichtige Begriffe erklärt? ▪ Sind Zusammenhänge und Strukturen erkennbar? ▪ Sind Rechtschreibung und Grammatik korrekt?
Gestaltung	▪ Sind die Überschriften treffend und gut lesbar? ▪ Sind die Schriftgrößen sinnvoll eingesetzt? ▪ Ist die Anordnung übersichtlich? ▪ Sind Farben sinnvoll eingesetzt? ▪ Sind Visualisierungen (Bilder, Grafiken, Tabellen etc.) sinnvoll eingesetzt? ▪ Ist das Lernplakat sorgfältig und sauber bearbeitet worden?

Eine wichtige Vorentscheidung ist die Frage, ob das Lernplakat so gestaltet werden muss, dass alle darauf abgebildeten Texte auch aus größerer Distanz (letzte Sitzreihe) noch lesbar sind. Dann ist es kaum möglich, längere Sachverhalte ausführlich zu beschreiben. Die Themen müssen dann sehr präzise und mit Visualisierungen versehen dargestellt werden.

Die dargestellten Kriterien können direkt als Note (je eine Note für Gestaltung und Inhalt) oder zunächst in einem Zwischenschritt in verschiedenen Skalierungsformen (z.B. 0 bis 4, vgl. F2) beurteilt werden.

Die Beurteilung eines Lernplakates ist im Vergleich zur Prozess- oder Präsentationsbeurteilung weniger schwierig: Das Plakat liegt vor, man kann es in Ruhe und mehrfach anschauen und gemeinsam mit Kolleginnen und Kollegen beurteilen. Bei Anwendung der Kriterien zeigen sich deutliche Leistungsunterschiede, die entstehenden Noten lassen sich gut begründen. Die Beurteilung eines Lernplakates dauert ca. 15 Minuten. Da ein Lernplakat jeweils aus einer Arbeitsgruppe stammt, müssen nicht 30, sondern ca. 10 Lernplakate beurteilt werden.

Die entstehenden Noten können ausgezeichnet gemeinsam mit den Schülerinnen und Schüler besprochen werden: Die Beurteilungskriterien liegen vor, die Lernplakate können im Klassenzimmer ausgehängt werden, Unterschiede werden offenkundig, Problemfelder können besprochen werden.

Zentrale Problemfelder bei der Beurteilung eines Produkts

Vernachlässigung der ‚harten‘ inhaltlichen Arbeit zugunsten der Gestaltung

Wie auch bei der Beurteilung von anderen schriftlichen Produkten kristallisiert sich beim Lernplakat eine zentrale Problematik heraus: Haben die Schülerinnen und Schüler während ihres selbstständigen Arbeitsprozesses den Kern ihres Themas erfasst? Dies zeigt sich besonders dadurch, dass Texte selbstständig und mit eigenen

Worten erstellt und nicht kopiert oder abgeschrieben wurden. Auch die anderen o.g. Kriterien zum Inhalt sind hilfreich: Wurden Begriffe korrekt erklärt? Wurden Sachverhalte richtig beschrieben? Manche Schülerinnen und Schüler neigen dazu, kopierte Texte direkt auf das Plakat zu kleben und umgehen dadurch die anstrengende und schwierige Textbearbeitung. Entsprechende Techniken sind daher frühzeitig einzuüben: Texte lesen, Texte zusammenfassen u.a.

Bei der Beschaffung von Informationsmaterial wird zunehmend mit dem Computer gearbeitet. Dadurch werden Texte über Internet oder über entsprechende Programme (z.B. Microsoft Encarta) abgerufen, ohne dass diese kritisch auf Brauchbarkeit und Verständlichkeit geprüft werden: über Computer abgerufene Texte werden häufig per se als gut und verwendbar eingestuft, vor allem dann, wenn die Aufmachung/ Visualisierung bzw. die Überschrift auf den ersten Blick hohe Brauchbarkeit suggeriert.

Bei einer Präsentation besteht die Möglichkeit durch entsprechende Fragen die fachlich-inhaltlichen Kenntnisse zu überprüfen, bei einem Lernplakat ist dies nicht möglich. Die Freude an der ganzheitlichen Gestaltungsarbeit und der Charme eines schön gestalteten Lernplakats lenken leicht von den Inhalten ab. Erst die harmonische Balance zwischen Inhalt und Gestaltung zeichnet ein gutes Lernplakat aus.

Gruppenleistung - aber Einzelnote?

In allen unseren Erprobungen (Ausnahme F5) entstand das Produkt aus einer Gruppenleistung, d.h. individuelle Anteile sind kaum unterscheidbar. Bei schriftlichen Dokumentationen (ausführlichen Texten) ist es noch möglich, die individuellen Anteile zu kennzeichnen. Bei Lernplakaten ist dies unsinnig. Das Produkt wird also in aller Regel als Gruppenleistung abgegeben und kann sinnvollerweise auch nur als Gruppenleistung beurteilt werden. Die rechtliche Problematik einer Gruppennote ist bekannt und wird an anderer Stelle diskutiert (S. 348). Im Forschungsprojekt wurden zwei Wege begangen:

- Die Leistung wurde als Gruppennote dokumentiert, hatte dann jedoch nur einen geringeren Anteil an der Endnote, so dass die Endnote trotzdem als individuell bezeichnet werden kann.

- Die Produktnote (Lernplakatnote) wurde an die Gruppe zurückgegeben und unter den Gruppenmitgliedern aufgeteilt. Die Schülerinnen und Schüler gaben sich dadurch eine individuelle Prozessnote, je nach Anteil am Produkt. Der Durchschnitt der Prozessnoten musste wieder der Produktnote entsprechen (F4, Kap. III.4.2).

2.4 Präsentationsbeurteilung

Erprobte Varianten

Bei allen i.w.S. projektorientierten Unterrichtskonzepten findet eine Präsentation statt, allerdings haben diese unterschiedlichen Charakter (Abb. 58).

Abb. 58: Präsentationsbeurteilung – erprobte Varianten

1.	Referat über ein Thema in Partnerarbeit	F2
2.	Präsentation eines Projektthemas in Gruppenarbeit	F4
3.	Ein Schüler oder eine Schülerin hält eine Unterrichtsstunde zu einem bestimmten Thema.	F5
4.	Ein Gerichtsprozess mit verschiedenen Rollen (Anwalt, Richter, Zeuge etc.) wird durchgeführt	F6
5.	In verschiedenen Gruppenpräsentationen werden Themenbereiche vorgetragen, die mit einem Jugendbuch zusammen hängen: Kleine Theaterstücke, Referate in Gruppen- und Partnerarbeit, Vorstellung ähnlicher Bücher u.a.	F7
6.	Verschiedene szenische Darstellungen werden alleine oder in Gruppen präsentiert: Rollenmonologe, Spielen einer Szene.	F8
7	In Gruppenarbeit erfolgt die Präsentation eines Themenbereiches	F9, F10

Alle Präsentationen wurden vor der Klasse und vor einem oder mehreren Lehrkräften durchgeführt. Das Klassenzimmer wird zur Bühne, die Mitschülerinnen und Mitschüler sind die Öffentlichkeit, sie nehmen dabei unterschiedliche Rollen ein. Die Präsentationen sind das Ergebnis eines längeren Arbeitsprozesses, der in der Regel kooperativ, also mindestens zu zweit, durchgeführt wird. Dies hat Auswirkungen auf die Leistungsbeurteilung: Jede Präsentation ist daher in gewissem Maße auch eine Gruppenleistung, die auch als solche beurteilt werden kann. Bei jeder Präsentation muss daher der Individual- und der Gruppenanteil geklärt werden.

„Da steht man einfach vorne" – Sichtweise von Schülerinnen und Schüler

Für Schülerinnen und Schüler ist jede Art der Präsentation vor der Klasse nicht einfach, auch für ältere Schülerinnen und Schüler, die bereits über eine gewisse Erfahrung verfügen. Der Rollenwechsel (i.w.S. zu ‚lehren') sowie der Perspektivenwechsel (*vor* den Mitschülerinnen und Mitschüler zu stehen) bewirken eine gewisse Nervosität:

> „S4: Ich fand eigentlich die Präsentation am schwierigsten. Da steht man einfach so vorne, so oft hatten wir das ja auch nicht gemacht. (...) Man musste sich überwinden um etwas zu sagen." (L7/ 2/ S. 2)

> „S3: Also man ist aufgeregt bevor man da vorne steht, da bin ich schon aufgeregt. Weil da denkt man, ‚Was wolltest du jetzt eigentlich sagen?' Aber wenn du dann da stehst, dann hast du eigentlich keine Probleme, dann kannst du reden, du musst ja nicht auf die Leute schauen." (L4/ 1/ S. 8)

Schülerinnen und Schüler befürworten die Durchführung und Beurteilung von Präsentationen, trotzdem sind sie im Vorfeld nervös, was sich fast immer nach einer gewissen Vortragszeit bessert. Präsentationen wirken höchst motivierend. Da in der Regel alle Schülerinnen und Schüler präsentieren, ist das Verständnis für Probleme, z.B. Nervosität, groß. Präsentationen werden daher sehr ernst genommen und haben eine hohe Akzeptanz. Die Überwindung der schwierigen Anfangssituation ist ein wertvoller Beitrag zur Identitätsbildung und Persönlichkeitsentwicklung. Im Rückblick wird eine Präsentation daher zumeist positiv beurteilt, auch unabhängig von der Beurteilung. Eine Präsentation wird als eine gute Vorbereitung für das spätere Berufsleben und als wertvolle persönliche Erfahrung angesehen. Das gesamte Präsentationsarrangement beleuchtet bereits im Vorfeld den Arbeitsprozess und motiviert als Ziel und Ergebnis der Anstrengungen.

Die für viele Schülerinnen und Schüler neue und herausfordernde Situation wirkt sich auf die Beurteilung aus, Aspekte des pädagogischen Leistungsbegriffs sind zu berücksichtigen:

- Die Erwartungen dürfen nicht zu hoch sein. Inwiefern kann man z.B. von einem Schüler erwarten, dass er eine gute Unterrichtsstunde durchführt (F5)? Eine Leistung, die bekanntermaßen eine lange Ausbildungszeit benötigt, sofern man dies professionell machen möchte.

- Die Beurteilung muss immer offen sein für eine individuelle Bezugsnorm, z.B. sind manche Schülerinnen und Schüler sehr nervös – dies darf nicht negativ bewertet werden, sonst ist hier eine Stigmatisierung zu befürchten. Die Beurteilung und Beratung muss daher Perspektiven eröffnen.

- Die vereinbarten Leistungserwartungen bzw. Kompetenzen müssen im vorherigen Unterricht und innerhalb einer gewissen Zeitspanne erwerbbar sein. Nur dann können sie auch erwartet und beurteilt werden. Dies ist ein Spannungsfeld, eine scharfe Trennlinie (Was ist innerhalb eines gewissen Zeitraumes erlernbar?) kann nicht gezogen werden.

Wie bei allen Varianten neuer Beurteilungsformen wird der Bewertungsprozess stabilisiert, wenn die Kriterien gemeinsam erarbeitet wurden und allen vorliegen.

Mögliche Beurteilungskriterien bei einer Präsentation

Trotz der unterschiedlichen Präsentationsvarianten im Forschungsprojekt zeigen sich ähnliche Beurteilungskriterien. Die folgenden Abbildungen zeigen daher *eine* Möglichkeit, wie Präsentationkriterien konkretisiert werden können. Die einzelnen Kriterien sind in ähnlicher Weise in den entsprechenden Fallstudien enthalten. Ich unterscheide bei diesen Vorschlägen zwischen einer Individualbeurteilung (Abb. 59) und einer Gruppenbeurteilung (Abb. 60).

Abb. 59: Mögliche Kriterien zur Beurteilung einer Präsentation (Individualbeurteilung)

Kriterien	Beispiele	
Medieneinsatz	•	sinnvoll, ästhetisch, und mit Inhalt abgestimmt?
	•	kompetenter und angemessener Umgang mit den eingesetzten Medien?
Inhalt	•	fachlich kompetent und richtig?
	•	wesentliche Inhalte erfasst?
	•	anschauliche Darstellung?
Gliederung	•	Phasen erkennbar und sinnvoll?
	•	erkennbare Überleitungen?
Auftreten	•	kreativ, motivierend?
	•	sprachlich verständlich?
	•	freie Rede (nicht abgelesen oder auswendig gelernt)?
	•	angemessene Körpersprache (Gestik, Mimik)?

Abb. 60: Mögliche Kriterien zur Beurteilung einer Präsentation (Gruppenbeurteilung)

Kriterien	Beispiele
Gliederung	<ul><li>Einstieg: Übersicht und Aufgabenteilung</li><li>Sinnvolle Aufteilung der individuellen Anteile</li><li>Abschluss: motivierend, diskussionseinleitend?</li><li>Gesamtstruktur sinnvoll?</li><li>Zeiteinteilung sinnvoll und eingehalten?</li></ul>
Auftreten	<ul><li>Absprachen innerhalb der Gruppe erkennbar?</li><li>Zusammenhang zwischen den einzelnen Anteilen erkennbar (z.B. Querverweise, thematischer Gesamtzusammenhang)?</li></ul>

Die entstehende Endnote kann nun eine Individualbeurteilung (z.B. zu 75%) und eine Gruppenbeurteilung (z.B. zu 25%) enthalten, es ist jedoch auch möglich nur eine Individualnote zu vergeben (F4). Im Forschungsprojekt wurden unterschiedliche Varianten realisiert.

Fachlich-inhaltliche Leistungen erkennen, aber nicht überbewerten

Fachlich-inhaltliche Leistungen sind Teil des erweiterten Lernbegriffs. Sie stehen zwar bei unserer Leistungsbeurteilung nicht im Vordergrund, gleichwohl ist ihre Beurteilung beständiges Thema innerhalb der Erprobungen. Bei nicht-fachlich-inhaltlichen Kriterien sind in der Regel deutliche Leistungsunterschiede beobachtbar. Die fachlich-inhaltliche Kompetenz ist zuweilen nicht sofort erkennbar. Es ist durchaus möglich, dass ein Schüler/ eine Schülerin sich auf die Darstellung seines Themas konzentriert und hierfür einige Sätze genau vorbereitet hat. Häufig ist der Redeanteil auch relativ kurz, so dass über die Inhalte nur schwer eine beurteilende Aussage möglich ist. Durch Nachfragen zeigt sich jedoch schnell, wie gut ein Themengebiet durchdrungen wird. Allerdings sind solche divergierenden Situationen, in denen man die Frage verstehen, einordnen, unter Zeitdruck und vor der Klasse beantworten muss, für Schülerinnen und Schüler nicht einfach[42]. Vor Fragen, die nicht vorbereitet werden können, haben sie großen Respekt, dies zeigte sich in mehreren Gesprächen:

> „Vor den englischen Fragen habe ich gezittert. Da habe ich gedacht, ‚Hoffentlich fragt sie mich etwas Gutes, hoffentlich weiß ich es gleich.‘" (Schüler – L4/ 1/ S. 4)

> „Es war eigentlich ganz o.k., am Anfang waren alle ziemlich aufgeregt. Die größte Angst war eigentlich davor, dass die Leute Fragen stellen, die man nicht beantworten kann. (...) Ansonsten waren wir alle ziemlich aufgeregt, auf jeden Fall, aber mit der Zeit ging es dann." (L2/ 1/ S. 2)

Die Präsentation ähnelt schnell einer Prüfungssituation – bei deutlich größerer Öffentlichkeit (die Klasse). Für Lehrkräfte ist es daher wichtig, einfühlsam abzuschät-

---

[42] Divergierende Situationen treten beim Gerichtsprozessspiel (F6) zwangsläufig auf. Dies macht u.a. die Faszination dieses Unterrichtskonzepts aus: Da der Gerichtsprozess nur begrenzt planbar ist (keiner weiß z.B. genau wie der Staatsanwalt argumentieren wird) muss die Vorbereitung flexibel sein. In der Gerichtsverhandlung zeigt sich schnell, wer flexibel, situationsangemessen und fachkompetent agieren kann. Für die Beurteilung ist dies erleichternd, für manche Schülerinnen und Schüler, die z.B. zurückhaltend sind, kann dies allerdings auch belastend sein.

zen, ob weiteres Nachfragen nur ein Bloßstellen vor der Klasse ist – und damit für einzelne Schülerinnen und Schüler verletzend sein kann.

Die Beurteilung einer Präsentation bedeutet, dass explizit nicht-fachlich-inhaltliche Leistungen beurteilt werden. Trotzdem ist es für Lehrkräfte manchmal nicht leicht, den Stellenwert fachlich-inhaltlicher Leistungen zu relativieren, gerade bei (in diesem Sinne) leistungsschwachen Schülerinnen und Schülern. Die Gewichtung von fachlich-inhaltlicher Leistung auf der einen und nicht-fachlich-inhaltlicher Leistung (z.B. Auftreten, Gestaltung, Medieneinsatz etc.) auf der anderen Seite ist daher eine wichtige Vorentscheidung, die nicht im Nachhinein beliebig verändert werden kann, etwa dann, wenn eine gute Präsentation gezeigt wurde, aber der fachlich-inhaltliche Anteil kaum vorhanden bzw. äußerst schwach war.

Eine Präsentation ist ‚flüchtig' – stabilisierende Maßnahmen sind daher notwendig

Die Präsentation ist als Beobachtungssituation ‚flüchtig': Präsentationsarrangement und –ablauf sind in der Regel einmalig und nicht wiederholbar. ‚Verpasste' Momente, z.B. weil man durch störende Schülerinnen und Schüler abgelenkt ist, verfälschen das Bild und bewirken eine tendenziell ungerechtere Beurteilung, sie sind nicht mehr korrigierbar. Zudem bewirken sie hohe Stressmomente bei Lehrkräften. Vorbereitung, Durchführung und Nachbereitung müssen daher durchdacht und geplant werden. Die folgenden Aspekte (Abb. 61) zeigen, wie die Beobachtung einer Präsentation stabilisiert werden kann.

Abb. 61: Mögliche Maßnahmen zur Erleichterung der Präsentationsbeurteilung (für beobachtende Lehrkräfte)

	Maßnahme	Beispiel
Vorbereitung	▪ Akzeptanz herstellen	▪ Mit Klasse und Eltern über Sinn und Zweck reflektieren, Problemfelder aufzeigen
	▪ Präsentationstechniken besprechen, verschriftlichen und einüben.	▪ Einstieg in die Präsentation: Zuhörer werden begrüßt, die Gruppe wird vorgestellt, der Ablauf und Aufgabenverteilung werden beschrieben
	▪ Beurteilungsfreie Probephase(n) organisieren: Gelegenheit zum Einüben der Präsentation und der Beobachtung schaffen.	▪ Probepräsentationen mit reduzierter Komplexität werden durchgeführt, z.B. Erläutern einer Hausaufgabe, Kurzreferat.
	▪ Erfahrungen reflektieren und auswerten	▪ Probepräsentationen werden im Stuhlkreis besprochen, auch die Schwierigkeiten bei der Beobachtung reflektieren
	▪ Beurteilungskriterien gemeinsam besprechen und festlegen	▪ Erfahrungen fließen in einen Kriterienkatalog ein.
	▪ Mit Kolleginnen und Kollegen besprechen	▪ Z.B. in einer anderen Klasse hospitieren, Kriterienkatalog zur kritischen Beurteilung weitergeben
	▪ Vorbesprechung mit der Präsentationsgruppe arrangieren	▪ Zeitplan, Aufgabenverteilung, Themenauswahl, Medieneinsatz u.a. besprechen
	▪ Beobachtungsdurchführung vorbereiten	▪ Bögen beschriften, sich mit Kriterien vertraut machen, Fragen vorbereiten.

Durchführung	• Rahmenbedingungen klären	• Aufgaben der Zuhörerinnen und Zuhörer, Zeitplan, Raumeinteilung, auf Ruhe bestehen
	• Materialbedarf klären	• Hat jede Gruppe die notwendigen Materialien?
	• Eigene Beobachtungsbedingungen klären	• Beobachtungbögen (mit Raum für Anmerkungen!) genau anordnen, Stifte bereitlegen, vorbereitete Fragen bereitlegen.
	• bei unklaren Situationen eingreifen	• Sachverhalt nochmals erklären lassen, bestimmte Teile wiederholen lassen, Fragen stellen, Folie nochmals auflegen lassen etc.
	• Vieles notieren	• Beobachtungen wahrnehmen und beschreiben, nicht zu früh beurteilen
	• Übergänge nutzen	• Vor der nächsten Präsentation Zeit einplanen für Notizen
	• Zeitrahmen bestimmen	• Präsentation beginnt und endet erst nach Aufforderung
	• einen geeigneten Ort wählen	• Das gesamte Klassenzimmer sollte überblickbar sein, gleichzeitig muss der Blick zu den Akteuren gut sein.
	• Fragen durch Mitschülerinnen und Mitschüler zulassen	• Zeit zum Fragen lassen, Denkanstöße geben
Nachbereitung	• ggf. Bewertungen der Mitschülerinnen und Mitschüler einziehen	• Z.B. durch schriftliche Notizen, oder durch mündliche Besprechung
	• Urteil der Akteure einbeziehen	• Hierfür etwas Zeit lassen, nicht direkt nach der Präsentation
	• zeitnah über Präsentationen reflektieren	• Beurteilungen festlegen, unklare Beurteilungen notieren und ggf für die nächste Beurteilung verändern
	• Bekanntgabe	• Ggf. erst alle Präsentationen abwarten, wenn möglich Bekanntgabe in Gesprächen organisieren.

Auch die Organisation der Präsentation muss beachtet werden. Innerhalb einer Unterrichtsstunde sind nur wenige Präsentationen möglich. Jede Präsentation muss kurz vorbereitet (Medien, Stuhlanordnung etc.) und nachbereitet (Fragen, Abbau etc.) werden. Daher ist eine gewisse Übergangzeit notwendig. Günstig ist sicherlich die Durchführung an einem oder zwei Nachmittagen, was allerdings erheblichen Aufwand verlangt. Eine Motivation kann die Einladung weiterer Gäste, z.B. die Parallelklasse, sein. Dies ist allerdings mit Vorsicht zu sehen: Wenn eine Leistungsbeurteilung ansteht, können zusätzliche Gäste verunsichernd wirken. Zudem ist die Gefahr vorhanden, dass die Präsentation als ‚Show' missverstanden wird und die Gäste von einer sehr sachbezogenen Präsentation enttäuscht sein könnten. Die Gäste müssten dementsprechend vorbereitet werden.

Die einen präsentieren ... und was machen die anderen?

Der Fokus der Präsentation liegt bei den Akteuren. Daher wird schnell vergessen, welche Rolle die anderen Schülerinnen und Schüler einnehmen können. Im Forschungsprojekt wurden unterschiedliche Varianten erprobt:

- *Zuhören (F10):* Die Klasse hat keine weiteren Aufgaben, alle Anwesenden hören zu. Im Anschluss können sie über die Präsentation reflektieren und ihre Sichtweise einbringen.

- *Zuhören und Vorbereiten einer Klassenarbeit (F4, F9):* Eine wesentliche Vorentscheidung besteht darin, ob die präsentierten Fachinhalte in irgendeiner Form für Mitschülerinnen und Mitschüler notenrelevant werden, ob also beispielsweise im Rahmen einer Klassenarbeit Fragen dazu gestellt werden. Dann erhält die Präsentation einen hohen Ernstcharakter, was sich positiv auswirken, aber auch problematisch sein kann, falls die präsentierenden Jugendlichen damit überfordert sind. Sie würden dann explizit die Rolle ihrer Lehrerinnen und Lehrer einnehmen. Die Aufmerksamkeit der Zuhörerinnen und Zuhörer könnte dann, z.B. in Form von Arbeitsblättern oder schriftlichen Fragen, auf den später zu prüfenden Inhalt gelenkt werden.

- *Gezielt beobachten bzw. mitbeurteilen (F6, F5):* Schülerinnen und Schüler beurteilen ebenso wie die Lehrkraft die Präsentation. Sie können dazu denselben Beobachtungsbogen verwenden, eventuell ist es jedoch sinnvoll, die Kriterien aufzuteilen (Reduzierung von Komplexität), so dass jeder einzelne sich lediglich um wenige Kriterien bemühen muss. In diesem Fall muss geklärt werden, ob die Mitbeurteilung notenrelevant ist, ob sie also möglicherweise das Urteil der Lehrkraft negativ beeinflussen kann, was Schülerinnen und Schüler vermeiden möchten.

Im Anschluss an eine Präsentation findet in aller Regel eine Fragerunde statt. Hier verhalten sich Schülerinnen und Schüler häufig sehr zurückhaltend, weil sie durch schwierige Fragen an die präsentierenden Akteure keine schlechtere Note provozieren möchten. Dies ist sicherlich verständlich. Hier ist zu klären, weshalb Fragen sinnvoll sein können (z.B. als Chance die Kompetenz zu zeigen) oder der Stellenwert der Antworten muss geklärt werden (z.B. Antworten auf Fragen von Klassenkameraden werden nicht beurteilt).

Unabhängig von der Rolle zeigt sich bei der Präsentationsbeurteilung ein Unterschied zur traditionellen Beurteilung: Alle Schülerinnen und Schüler sehen dieselbe Präsentation, alle erhalten dadurch einen subjektiven Eindruck über die Leistung, die Wahrnehmung variiert. Die Beurteilung durch einen Schüler kann deutlich anders sein als diejenige der Lehrkraft: Das Urteil der Lehrkraft steht deshalb möglicherweise eher zur Disposition als bei einer traditionellen Beurteilung, bei der lediglich die Lehrkraft alle Leistungen überblickt. Dies spricht ein weiteres Mal dafür, gemeinsam die Kriterien festzulegen um damit auch ein einheitliches und vertrauensvoll erstelltes Beurteilungsraster zu verwenden.

2.5   Zusammenfassung

Zur Prozessbeurteilung

(1) Jeder Unterrichtsprozess ist vielschichtig, viele Schülerinnen und Schüler arbeiten gleichzeitig an verschiedenen Orten, an unterschiedlichen Aufgaben, in unterschiedlichen Kooperationsformen. Die Komplexität muss über konkrete Beurteilungskriterien reduziert werden.

(2) Prozessbeurteilung kann über eine systematische oder eine punktuelle Unterrichtsbeobachtung realisiert werden. Im Vorfeld der Prozessbeurteilung ist genau zu eruieren, inwiefern Freiräume zur Beobachtung möglich sind. Die Beobachtung bedarf einer gut organisierten und strukturierten Durchführung.

(3) Eine systematische Unterrichtsbeobachtung benötigt einen stabilen unterrichtlichen Rahmen, der Ruhe und Freiraum zur Beobachtung lässt, z.B. während der Freiarbeit oder Wochenplanarbeit. Eine punktuelle Unterrichtsbeobachtung beruht auf unregelmäßigen Beobachtungen, die dadurch weitaus zufälliger sind als bei einer systematischen Beobachtung. Die punktuelle Beobachtung kann im Rahmen eines i.w.S. projektorientierten Unterrichts durchgeführt werden.

(4) Für Schülerinnen und Schüler kann eine Beobachtung während des Unterrichts disziplinierend und kontrollierend wirken. Die Beteiligung der Schülerinnen und Schüler ist daher unabdingbar und muss in verschiedener Hinsicht geleistet werden: Aufklärung über Sinn und Zweck der Beobachtung, gemeinsame Erstellung der Beurteilungskriterien, regelmäßige Auswertung und Reflexion u.a.. Die Ergebnisse der Beobachtung müssen für Schülerinnen und Schüler entwicklungsfördernde Perspektiven beinhalten, sonst ist die Akzeptanz auf Dauer gefährdet.

(5) Schülerinnen und Schüler können ihren Arbeitsprozess selbst beurteilen oder den Arbeitsprozess mitbeurteilen. Beides kann zu fruchtbaren Situationen führen, beinhaltet jedoch auch Spannungsfelder: Willkür und Beliebigkeit müssen minimiert werden, Schülerinnen und Schüler müssen vor Fehlurteilen geschützt werden. Begleitende Maßnahmen durch die Lehrkraft sind daher notwendig (S. 313).

(6) Sofern aus der Beobachtung des Lern- und Arbeitsprozesses eine Note entsteht, empfiehlt es sich, diese nur als Teil einer Gesamtnote zu bewerten, um die schwierige Prozessbeurteilung nicht zu stark zu gewichten.

(7) Bei einer längeren Prozessbeurteilung empfiehlt sich ein Zwischenbericht mit beratender, nicht beurteilender Funktion: Die Wahrnehmungen werden angeglichen, Defizite benannt, Perspektiven eröffnet u.a. Dadurch ist eine einheitliche Sichtweise gewährleistet, spätere Missverständnisse bleiben eher aus.

Zur Produktbeurteilung

(8) Das Produkt stabilisiert die Beurteilung anderer Bausteine (Präsentationen, Prozesse). Die Beurteilung fällt zudem relativ leicht: Das Produkt (z.B. schriftliche Dokumentation, Lernplakat) liegt als Dokumentation vor und kann in Ruhe beurteilt werden. Dabei sind die beiden Kriterien ‚Gestaltung‘ und ‚Inhalt‘ gleichermaßen wichtig.

(9) Schülerinnen und Schüler vernachlässigen zuweilen die anstrengende inhaltliche Arbeit (Thema durchdringen und Texte mit eigenen Worten verfassen), weil die Gestaltung attraktiv ist und gerne gemacht wird.

(10) Fast jedes Produkt, das aus einem projektorientierten Arbeitsprozess entsteht, ist eine Gruppenleistung. Die individuellen Anteile können nur selten abgegrenzt werden. Die Gruppenleistung wird daher zumeist, trotz rechtlicher Be-

denken, als Gruppennote dokumentiert, in der Regel jedoch mit einem geringen Gewicht innerhalb der Endnote.

Zur Präsentationsbeurteilung

(11) Die Beurteilung einer Präsentation ist ein wichtiger Baustein, der bei allen i.w.S. projektorientierten Unterrichtskonzepten durchgeführt wurde.

(12) Das Klassenzimmer wird zur Bühne, die Klasse zur Öffentlichkeit: Eine Präsentation ist eine Herausforderung für Schülerinnen und Schüler, für manche ist dies eine belastende Situation. Die Beurteilung muss daher Aspekte des pädagogischen Leistungsbegriffs berücksichtigen.

(13) Bei der Beurteilung sind Einzel- und Gruppenleistungen zu unterscheiden. Die genauen Beurteilungskriterien können erheblich variieren. Mögliche Kriterien einer Individualbeurteilung können ‚Medieneinsatz‘, ‚Inhalt‘, ‚Gliederung‘ und ‚Auftreten‘ sein. Zur Beurteilung der Gruppenleistungen könnten die Kriterien ‚Gliederung‘ und ‚Auftreten‘ geeignet sein.

(14) Präsentationen sind ‚flüchtig‘, d.h. sie sind in der Regel einmalig und nicht ohne Weiteres wiederholbar. Die Beobachtung einer Präsentation muss daher geplant werden. Bei der Beobachtung selbst müssen die Rahmenbedingungen so gestaltet sein, dass Ruhe und Konzentration möglich sind, die Lehrkraft muss gegebenenfalls flexibel reagieren, z.B. um das fachlich-inhaltliche Wissen auch wirklich überprüfen zu können.

(15) Die Zuhörerinnen und Zuhörer können verschiedene Aufgaben übernehmen. Sie können Beobachtungsaufgaben durchführen, sie können sich auch auf die fachlichen Inhalte konzentrieren und dadurch eine weitere Leistungsüberprüfung, z.B. in einer Klassenarbeit, vorbereiten. In jedem Fall ist die genaue Aufgabe zu klären.

(16) Sofern Mitschülerinnen und Mitschüler ebenfalls beobachten, muss geklärt werden, welche Relevanz dies für die Beurteilung hat. Dies gilt ebenfalls für Fragen, die an die präsentierenden Akteure gestellt werden: Können dadurch schlechtere Noten entstehen, z.B. bei falscher Antwort?

3 Sichtweise und Beteiligung von Schülerinnen und Schülern

3.1 Vorbemerkung

Die Beteiligung von Schülerinnen und Schülern bei der Erstellung der Beurteilungskriterien, bei der Durchführung der Leistungsbeurteilung, bei der Reflexion über die Beurteilung wurde auf unterschiedliche Weise praktiziert. Die Beteiligung variiert auch von Situation zu Situation, von Klasse zu Klasse oder von Schuljahr zu Schuljahr:

- Beispielsweise ist die Schülermitbeurteilung in Zeiten einer Abschlussprüfung ein heikles Thema. In diesen Zeiten distanzieren sich Schülerinnen und Schüler eher von der Schülermitbeurteilung, da sie die Verantwortung verständlicherweise scheuen.

- Jeglicher Unterricht und jede Beurteilung ist in die jeweilige Klassensituation eingebettet, die sich bekanntermaßen dynamisch entwickeln kann.

- In manchen Klassen wird eine Schülermitbeurteilung akzeptiert und gerne ausprobiert, in einer anderen Klasse (beim selben Lehrer) wird dies abgelehnt.

Die Akzeptanz neuer Formen der Leistungsbeurteilung sowie die Beteiligung von Schülerinnen und Schülern bei der Beurteilung ist also nicht zeitlich unbefristet, sondern muss immer wieder aufs Neue hergestellt werden, auch wenn dies bei positiven Erfahrungen zunehmend leichter wird.

3.2 Akzeptanz neuer Beurteilungsformen durch Schülerinnen und Schüler

Auf einen ersten generellen Blick lässt sich sagen: Die Akzeptanz neuer Formen der Leistungsbeurteilung ist hoch, und zwar bei den allermeisten der beteiligten Schülerinnen und Schüler. Die Hintergründe müssen allerdings genauer betrachtet werden, sie stehen in engem Zusammenhang mit dem zugrundeliegenden Unterricht.

Akzeptanz des zugrundeliegenden Unterrichts

Der zugrundeliegende Unterricht ist beliebter als der ‚normale' sonstige Unterricht. Allerdings: Dieses Fazit kann derzeit relativ leicht gezogen werden, weil ein veränderter Unterricht im Sinne des erweiterten Lernbegriffs eher eine Ausnahme darstellt und daher als belebend anerkannt wird. Dort, wo auf diese Weise häufiger unterrichtet wird, z.B. relativ häufig Präsentationen durchgeführt werden, äußern sich Schülerinnen und Schüler auch kritisch:

> „Ich möchte noch etwas allgemein zu den alternativen Leistungsmessungen sagen. Das ist jetzt ja irgendwie ‚in' geworden, weil wir das jetzt fast in jedem Fach haben und ich bin da nicht so richtig glücklich damit, weil es auf jeden Fall viel anstrengender ist als eine Arbeit." (Schüler – L6 / 2/ S. 5)

Der zugrundeliegende Unterricht ist zwar beliebter, er ist jedoch auch anstrengender als ein gängiger lehrer- und lernstoffzentrierter Frontalunterricht. Der Aufwand, die Anstrengung und die Leistung, die erbracht werden müssen, sind höher. Manche Schülerinnen und Schüler, die den hohen Aufwand scheuen, würden aus diesen

Gründen gerne auf einen derart veränderten Unterricht verzichten, befinden sich allerdings ganz deutlich in der Minderheit. Der Großteil befürwortet einen veränderten Unterricht und die angestrebten Kompetenzen. Einige Zitate von Schülerinnen und Schüler verdeutlichen dies:

> „Man lernt selbstständig zu arbeiten, nicht abhängig zu sein von jemandem." (L2/ 1/ S. 3)

> „Klar ist das stressiger. Aber wenn du später mal arbeitest und du kannst das nicht, kannst du nur sagen, das haben wir in der Schule nicht gemacht. Gerade das mit der Rede, sich vor die Klasse hinzustellen und etwas zu sagen, das macht man nicht so oft. Da ist man dann aufgeregt und wenn man sich vorstellt, dass man das vor ganz fremden Leuten machen müsste." (L6/ 1/ S. 6)

> „Teamarbeit ist mittlerweile etwas sehr Wichtiges, für später, für das Berufsleben (L8/ 3/ S. 7)

Allerdings sind Schülerinnen und Schüler dagegen, eine neue Beurteilungsform, die im Rahmen eines projektorientierten Unterrichts stattfindet, häufiger als zwei Mal im Schuljahr durchzuführen. Der Aufwand wird sonst bei weitem als zu hoch eingeschätzt. Warum ist der Aufwand höher? Dies hat verschiedene Gründe, die mit der Leistungserwartung und der Leistungsbeurteilung zusammenhängen.

Akzeptanz neuer Formen der Leistungsbeurteilung

Die Leistungserwartungen sind komplex und umfangreich, hier muss allerdings auf die unterschiedlichen zugrundeliegenden Unterrichtskonzeptionen hingewiesen werden (Kap. IV.1.1): Bei manchen Konzeptionen findet die Leistungserbringung ausschließlich innerhalb des Unterrichts in vorbereiteter Umgebung statt (F1, F3). Dadurch entfallen besonders anstrengende Eigenleistungen (s.u.). Andere i.w.S. projektorientierte Konzeptionen, in denen ganze Themenbereiche selbstständig bearbeitet und anschließend präsentiert werden, bedürfen zu bestimmten Zeiten besonderer Anstrengungen. Im Folgenden beschränke ich mich auf diese i.w.S. projektorientierten Konzeptionen. In diesem Unterricht bearbeiten die Lernenden selbstständig im Unterricht und zu Hause alleine, zu zweit oder in Gruppen bestimmte Themenbereiche. Dadurch ergeben sich folgende, in ihrer Gesamtheit als anstrengend empfundene Eigenleistungen:

- Die Materialsuche muss zuweilen selbst geleistet werden.
- Das Material muss vorsortiert werden, es ist i.d.R. nicht didaktisch aufbereitet.
- Die Inhalte müssen weitgehend selbstständig erarbeitet werden, die anstrengende Aneignung des Wissens wird im Unterricht nicht durch die Lehrkraft erleichtert.
- Es handelt sich ausschließlich um ganze Themenbereiche, die komplett erarbeitet werden müssen, es genügt also nicht, ausschnittweise und bruchstückhaft, wie möglicherweise für eine Klassenarbeit, zu lernen.
- Die Leistungserwartungen sind komplex: Arbeitsprozess, Präsentation, Produkt – verschiedene Bausteine werden beurteilt und müssen daher vorbereitet werden.
- Die Präsentation vor der Klassenöffentlichkeit zwingt dazu, sich gut vorzubereiten, eine schlechte Leistung wird sonst als tendenziell blamabel vor den Augen der Mitschülerinnen und Mitschüler empfunden: Man will zeigen, was man kann.
- Weil nicht alleine gearbeitet wird, müssen aufwändige Absprachen unter den Gruppenmitgliedern getroffen werden. Die Gruppendynamik kann zu zusätzli-

chen Leistungen führen, z.B. besonderes Präsentationsmaterial, es kann jedoch auch sein, dass Gruppenprozesse schwierig sind, was als ebenfalls anstrengend empfunden wird.

- Die Motivation ist außergewöhnlich hoch: Nun werden besondere Leistungen gefordert, dies beinhaltet die Chance die normalen, inhaltlich-kognitiven Lernleistungen auszugleichen und dadurch den Notendurchschnitt zu verbessern. Diese Möglichkeit wollen sich Schülerinnen und Schüler nicht entgehen lassen.

- Eine Reihe ‚besonderer Leistungen‘ fallen an, die nicht auf den ersten Blick ersichtlich sind, weil sie nicht direkt beurteilt werden: Layoutarbeit mit Computern, schriftliche Vorbereitung auf eine mündliche Präsentation (z.B. Stichwortzettel), Einüben einer Präsentation, Konsultieren von Experten oder Eltern u.a.

- Der Umgang mit manchen ‚Methoden‘ ist für Schülerinnen und Schüler neu, z.B. die Vorbereitung einer Präsentation. Mangelnde Erfahrungswerte und Routine erzeugen Unsicherheit, die mit höherem Einsatz kompensiert wird.

Die zugrunde liegenden Leistungserwartungen sind also hoch, die Anstrengung zumeist ebenfalls, zwei Zitate verdeutlichen dies:

> „Ich gebe den Rat an andere Schüler: Man sollte das nicht zu locker sehen. Es ist stressiger als eine Arbeit zu schreiben.“ (Schüler - L8/ 1/ S. 1)

> „Wenn wir eine Klassenarbeit schreiben, dann haben wir schon alles erklärt bekommen, wir müssen es halt nur verstehen und ein bisschen lernen. Aber wenn man ein solches Thema bekommt und man gar nichts darüber weiß, um was es überhaupt geht, dann musst du selber das herausfinden, von dem du denkst, das ist das Wichtigste. Du bekommst ja nichts vorgelegt. Deshalb haben wir auch mehr Zeit gebraucht.“ (Schülerin - L2/ 1/ S. 5)

Der hohe Aufwand ist Lehrerinnen und Lehrern nicht immer bewusst, da sie häufig nur einen Ausschnitt des Arbeitsaufwandes miterleben *und* die sich ergebende Leistung nach ihren Maßstäben nicht zwangsläufig gut ist. Bei einem schlechten Ergebnis wird daher auch eher ein geringer Aufwand vermutet. Trotz dieses Aufwandes ist die Akzeptanz neuer Beurteilungsformen sehr hoch: Wenn schon der Aufwand hoch und die Leistungen vielfältig sind, dann möchte man dies auch honoriert haben, in aller Regel auch als Note (zu Ausnahmen s. S. 337):

> „Wenn man das schon mal macht. Sonst würde absolut niemand in der Gruppe etwas machen und sagen ‚Das wird ja sowieso nicht benotet, das ist doch mir egal.‘ Solche Kommentare würden gleich kommen. Ich denke nicht, dass es sinnvoll ist, wenn man schauspielern muss und dafür keine Note bekommt.“ (Schüler - L8/ 3/ S. 9)

> „Ich finde, so ein Projekt sollte schon benotet werden. Wir haben in MUM [‚Mensch und Umwelt – t.b.] einmal ein Projekt gemacht zur Zuckerrübe. Wir haben uns dabei wirklich angestrengt und haben gedacht es wird benotet. Nachher wurde es doch nicht benotet. Wir hatten eine super Präsentation und waren schon enttäuscht. Daher denke ich, ein Projekt kann auch einmal nicht so gut verlaufen, wie bei unserer Gruppe jetzt. Ich finde es aber ziemlich gut, wenn es benotet wird.“ (Schülerin – L4/ 1/ S. 10)

Schülerinnen und Schüler sind, dies ist zu berücksichtigen, bei ihrer Forderung nach einer Benotung neuer Beurteilungsformen durch ihre bisherigen Schulerfahrungen geprägt. Ihre Kenntnis über andere Dokumentationsformen ist gering, beschränkt sich auf verbale Beurteilungen in der Orientierungsstufe.

Als ein Argument *für* neue Beurteilungsformen wird immer wieder genannt, dass durch die Beurteilungsvielfalt die unterschiedlichen Leistungsfähigkeiten anerkannt würden:

> „Wenn jemand zum Beispiel im Deutschunterricht nicht so gut ist, bei einer Präsentation ist er dafür gut, dann kann er eine schlechtere Arbeit in Deutsch wieder ausgleichen." (Schüler – L7/ 2/ S. 1)

In diesem Verständnis sind neue Beurteilungsformen ein Beitrag zu mehr Beurteilungsgerechtigkeit, weil unterschiedliche Fähigkeiten beurteilt werden.

Es gibt auch kritische Stimmen gegenüber neuen Formen der Leistungsbeurteilung generell. In manchen Klassen sprachen sich einzelne Schülerinnen und Schüler dagegen aus, einige Argumente seien exemplarisch genannt:

- Eine Schülerin lehnte Gruppenarbeit grundsätzlich ab, da in der entscheidenden Abschlussprüfung individuell und rein inhaltlich-kognitiv geprüft wird (F10).
- Ein sehr leistungsstarker Schüler befand, dass er im traditionellen Unterricht bessere Noten erhalten würde (F6).
- Für einen Schüler war der Aufwand zu groß, er wollte lieber weniger lernen, eine Klassenarbeit schreiben und gegebenenfalls eine schlechtere Note in Kauf nehmen (F8).

Neue Formen der Leistungsbeurteilung werden also nicht durchweg von allen Schülerinnen und Schülern positiv gesehen, die kritischen Stimmen sind jedoch selten.

Die insgesamt sehr hohe Akzeptanz ist auch auf die stärkere Beteiligung (Selbstbeurteilung, Mitbeurteilung, gemeinsame Erstellung der Kriterien, gemeinsame Reflexion) von Schülerinnen und Schülern zurückzuführen. Im Vergleich zur traditionellen Beurteilung ist der Grad der Beteiligung und der Transparenz wesentlich höher, der Anspruchshorizont ist klarer, eine Identifikation mit der Beurteilungskonzeption und der Vorgehensweise fällt daher leichter.

3.3 Beteiligung von Schülerinnen und Schüler bei der Kriterienerstellung und Reflexion über die Beurteilung

In allen Fallstudien wurden Schülerinnen und Schüler bei der Erstellung der Kriterien und bei der Reflexion über die erprobte Beurteilung beteiligt, allerdings in unterschiedlicher Art und Weise.

Diese Beteiligung bei der Erstellung der Beurteilungskriterien ist ein gemeinsamer Prozess zwischen Lehrkräften und ihren Schülerinnen und Schülern: Weder werden die Beurteilungskriterien komplett vorgegeben, noch werden sie komplett durch die Schülerinnen und Schüler erstellt.

Bei Beurteilungsformen, deren zugrundeliegender Unterricht über einen langen Zeitraum hinweg durchgeführt wird (F1, F3, F9, F10) oder deren zugrundliegender Unterricht im Laufe eines Schuljahres oder im Laufe mehrerer Schuljahre in ähnlicher Konzeption durchgeführt wird (F5, F4, F6), erfolgt die Beteiligung in zunehmendem Maße.

Die Anfangsphase ist zumeist geprägt von einer eher lehrerzentrierten Vorgehensweise, d.h. erste Vorschläge zur Leistungsbeurteilung und zu den Beurteilungskriterien werden vorgestellt. Bei zunehmendem Umgang und zunehmender Erfahrung mit den Beurteilungskriterien nimmt dann auch die Beteiligung der Schülerinnen und Schüler zu. Zum Teil wird auch lediglich ein Beurteilungsbaustein (z.B. Präsentation) vorgegeben und dann wird gemeinsam überlegt, welche Kriterien wichtig sind. Wesentlich ist, das grundsätzliche Verständnis für die zugrundeliegende Unterrichtskonzeption und die darauf aufbauende Leistungsbeurteilung zu fördern: Die Frage nach dem Sinn und Zweck wird also thematisiert.

In der gewünschten Ausführlichkeit kann häufig nicht diskutiert werden, weil der Zeitaufwand hoch ist. Die Diskussion mit Schülerinnen und Schülern erfordert daher eine gute methodische Vorbereitung, z.B. mit Metaplantechnik, damit die Zeit effektiv genutzt wird. Trotzdem kann es, wie auch im sonstigen Unterricht vorkommen, dass aus alltäglichen und unterschiedlichen Gründen nur wenig Zeit zur Verfügung steht. Dies ist problematisch, weil es zu Missverständnissen bei der späteren Durchführung der Beurteilung führt, z.B. wenn Beurteilungskriterien nicht verstanden wurden.

Theoretische Vorklärungen, z.B. Diskussionen über bestimmte Kriterien oder Kriterienkataloge, stoßen vor allem bei jüngeren und (in Bezug auf neue Unterrichts- und Beurteilungsformen) unerfahrenen Schülerinnen und Schüler an Grenzen der Aufnahmefähigkeit und des Verständnisses. Sie brauchen zunächst praktische Erfahrungswerte.

Daher empfiehlt sich immer eine beurteilungsfreie Erprobungsphase, in der bei reduzierter Komplexität (z.B. arbeitsteilige Beobachtungsaufgaben bei einer Präsentation, nur wenige Kriterien) erste Erfahrungen gesammelt werden können. Besonders notwendig ist dies bei Selbst- und Mitbeurteilung, damit der ‚Ernstfall‘ geprobt werden und zunehmend Sicherheit aufkommen kann. Nach der Erprobungsphase ist wiederum eine Reflexionsphase notwendig, ebenso nach der Durchführung der Leistungsbeurteilung. Die Reflexion mit Schülerinnen und Schülern beschränkt sich keinesfalls nur auf den Beginn der Unterrichtsphase, sie muss regelmäßig und mehrfach stattfinden.

Unerlässlich ist daher eine weitsichtige Unterrichtsplanung (S. 333), in der Freiräume für Beteiligungs- und Reflexionsphasen eingefügt werden.

3.4 Schülerselbstbeurteilung

Erprobte Varianten

Bei der Schülerselbstbeurteilung beurteilen die Schülerinnen und Schüler ihre eigene Leistung. Im Forschungsprojekt wurden die folgenden Varianten erprobt:

Abb. 62: Schülerselbstbeurteilung – erprobte Varianten

1.	Selbstbeurteilung mittels des verwendeten Beobachtungsbogens	F1, F3
2.	Selbstbeurteilung mittels eines Bogens ‚Mitteilung an mich‘	F1
3.	Beurteilung des eigenen Arbeitsprozesses anhand bestimmter Kriterien im Rahmen eines projektorientierten Unterrichts	F2
4.	Beurteilung des eigenen Arbeitsprozesses im Rahmen einer Beurteilung des Gruppenarbeitsprozesses	F4
5.	Selbstbeurteilung der Präsentation im Rahmen des Konzepts ‚Schülerunterricht‘	F5
6.	Selbstbeurteilung des Lernprozesses im Rahmen des Konzepts ‚Selbstorganisiertes Lernen‘	F9, F10

Bei einer notenrelevanten Schülerselbstbeurteilung kann die Beurteilung bzw. Note zum Teil erheblich beeinflusst werden. Im Forschungsprojekt war der Anteil der Selbstbeurteilung, sofern sie notenrelevant war, eher gering. Die Schülerselbstbeurteilung verändert jedoch den Beurteilungsprozess, Schülerinnen und Schüler werden als Subjekte respektiert, ihre Meinung wird wertgeschätzt und hat Ernstcharakter. Dies motiviert und führt zu einer Veränderung der Einflussmöglichkeiten. Und: Schülerinnen und Schüler nehmen ihre Leistung völlig anders wahr. Ihr Blick wird häufig überhaupt erst auf den Prozess der Leistungserbringung gerichtet, sie lernen diesen anhand von Kriterien wahrzunehmen und zu beurteilen – ein schwieriges Unterfangen, das selbst für Erwachsene nicht einfach ist. Durch die Wahrnehmung des eigenen Arbeits- und Lernprozesses eröffnen sich neue Lernchancen, weil Schwierigkeiten eher erkannt und damit tendentiell eher behoben werden können. Zudem bekommen Schülerinnen und Schüler eher ein Gespür für ihren Lernprozess.

Innerhalb der einzelnen Erprobungen zeigte sich immer wieder ein zentrales Thema: Wie auch bei der Schülermitbeurteilung gibt die Lehrkraft bei der Selbstbeurteilung den Lernenden die Möglichkeit, die eigene Note zu beeinflussen. Dies kann man einen Vertrauensvorschuss nennen, den die Schülerinnen und Schüler positiv aufgreifen. Das bedeutet, dass sie ihre eigene Leistung kritisch und konstruktiv reflektieren können, sie können dies jedoch auch missbrauchen. In dieses Spannungsfeld begibt man sich. Es wird natürlich vor allem dann evident, wenn die Selbstbeurteilung in einer Note mündet (F5, F9, F10). Ich stelle daher anhand dieses Spannungsfeldes einige wesentliche Erfahrungen mit der Selbstbeurteilung dar. Dabei fokussiere ich den Blick auf diejenigen Erprobungen, bei denen die Selbstbeurteilung Einfluss auf die Endnote hatte.

„Absolut hart und durchdiskutiert", „wahrheitsgemäß notiert" oder „gnadenlos überbewertet"? – Erfahrungen mit der notenrelevanten Selbstbeurteilung durch Schülerinnen und Schüler

Bei den erprobten notenrelevanten Modellen der Selbstbeurteilung wurde in einer Fallstudie eine Präsentation bewertet (F5), in zwei anderen der Arbeitsprozess (F9, F10). Dies ist ein wichtiger Unterschied: Eine Präsentation wird auch von der Lehrkraft *vollständig* beobachtet und beurteilt, während ein Arbeitsprozess nur *teilweise* von der Lehrkraft beobachtet werden kann. Ein Teil des Arbeitsprozesses findet in der Schule, in der Regel in verschiedenen Räumen statt, so dass die Lehrkraft nicht alle Gruppenarbeitsprozesse gleichzeitig verfolgen kann. Zudem findet zumeist ein nicht unerheblicher Teil der Arbeit zuhause statt – hier haben Lehrerinnen und Lehrer überhaupt keinen Einblick.

Die Selbstbeurteilung eines Arbeitsprozesses ist also einerseits sinnvoll und notwendig, weil die Lehrkraft die Beobachtung nicht leisten könnte, andererseits geht damit ein Verlust an Kontrollmöglichkeiten einher.

In allen Fällen lagen gemeinsam erarbeitete, bekannte und klare Beurteilungskriterien vor, auf die sich alle beziehen konnten bzw. mussten.

In der Fallstudie 5 (Selbstbeurteilung im Rahmen einer Präsentation) verlief die Selbstbeurteilung wie folgt: Hier hatten die Schülerinnen und Schüler die Möglichkeit sich selbst eine Note für die Präsentation zu geben, die dann in die Endnote der Präsentation einfloss. Die Fremdbeurteilung des Lehrers und die Selbstbeurteilung der Lernenden werden in einem Einzelgespräch zusammengeführt (als weiterer Teil kam die Schüler*mit*beurteilungsnote dazu). Beide Seiten begründen ihre Note. Aus Sicht der Schülerinnen und Schüler hängt hier fast alles davon ab, wie überzeugend sie ihre Argumente vortragen können. Der Lehrer behält es sich explizit vor, bei einer unbegründeten oder unrealistischen Note korrigierend einzugreifen, was ihm relativ leicht fällt, da er, wie oben bereits gesagt, die Präsentation gesehen hat. Die Endnote wird argumentativ ermittelt. Die Selbstbeurteilung ist hier also, obwohl sie sehr hoch gewichtet ist, relativ stabil eingebettet, Beliebigkeit und Willkür sind weitgehend ausgeschlossen, ohne dass der Ernstcharakter genommen wird.

Bei der Selbstbeurteilung des Arbeitsprozesses in den Fallstudien 9 und 10 ist die gemeinsame Beurteilungsgrundlage, der Arbeitsprozess, wesentlich instabiler. Die Lehrkraft muss hier stärker dem Urteil der Schülerinnen und Schüler vertrauen, weil der Einblick in den Arbeitsprozess relativ gering ist. Die verbleibenden Kontroll-möglichkeiten der Lehrkräfte sind die folgenden:

- Punktuelle Beobachtung während des Arbeitsprozesses in der Schule.
- Vorlage von Zwischenberichten mit eindeutiger Aussage, ob Zielformulierungen erreicht wurden.
- Die Selbstbeurteilung muss begründet werden.
- Der Zusammenhang zwischen Arbeitsprozess und Präsentation bzw. Produkt gibt einen gewissen Einblick in die Arbeitsweise.
- Vorerfahrungen führen zu Vermutungen, auf welche Weise bestimmte Gruppen bzw. Schülerinnen und Schüler arbeiten werden.

Hinzu kommt: Die jeweilige Arbeitsgruppe fungiert als Korrektiv, weil sich nicht alle Gruppenmitglieder beliebig beurteilen können. Die Selbstbeurteilung zählt zudem insgesamt nur zu einem Fünftel der Endnote, die Einflussmöglichkeiten sind also begrenzt.

Die notenrelevante Selbstbeurteilung vollzieht sich in einem Spannungsfeld. Dies zeigt sich in den durchgeführten Gesprächen mit den Schülerinnen und Schülern. Grob betrachtet entsteht folgendes Bild:

- Die Selbstbeurteilung kann sehr sorgfältig und vertrauensvoll durchgeführt werden.
- Die Selbstbeurteilung kann ‚mit List und Tücke‘ durchgeführt werden, um möglichst zu einer hohen Punktzahl zu gelangen.

Dieses Spannungsfeld begleitet die durchgeführten, notenrelevanten Selbstbeurteilungen. Es zeigt sich deutlich in den Diskussionen mit den Schülerinnen und Schülern:

„S1: Ich kann da reinschreiben, was ich will, dann bekomme ich eine bessere Note."

„S2: Aber du kannst da nicht viel reinschreiben, was du nicht gemacht hast. Du arbeitest ja mit dem Lehrer zusammen und er sieht deine Leistung, deine Präsentation, deine Skripte, deine Arbeiten..." (...)

„S3: Aber ich habe alles wahrheitsgemäß hingeschrieben, weil ich den anderen gegen-über fair bleiben wollte."

„S1: Ich weiß nicht, ob unsere Lehrerin das merkt, ob jemand wirklich die Wahrheit ge-schrieben hat oder etwas übertreibt." (L10/ 1/ S. 5)"

(...)

„S2: Andererseits animiert der Bogen auch, wenn ich in der Gruppe etwas beigetragen habe, kann ich das da eintragen und das wird dann auch belohnt. Das ist eine Motivati-on. (...)

S1: Ich finde nicht, dass der Bogen eine Motivation ist. Es geht nur um die Note, die man da bekommt. Da zieht jeder seinen Vorteil daraus.

S3: Der Lehrer setzt da auch Vertrauen in die Schüler und ich denke schon, dass man das Richtige einträgt, weil man das Vertrauen nicht missbrauchen will.

S1: Das Vertrauen ist auch bei einer normalen Arbeit da und trotzdem schreibst du ab, oder?

S2: Aber hier ist die Arbeit wirklich frei. In der Klassenarbeit wird man überwacht.

S3: Ich glaube, wenn man in den Bogen nur Gutes schreibt, bringt das wirklich nichts. Das könnte man bei einem Lehrer machen, der einen noch nicht kennt. Unsere Lehrerin kennt ja die normalen Leistungen und sie hat schon ein Projekt mit uns gemacht. Da kann Sie schon sehen, wer im Unterricht nicht so gut und im Projekt vielleicht besser ist. Da kann Sie es dann auch glauben. Sie hat auch wirklich nachgefragt: ‚Wie war das jetzt genau?‘" (L10/ 1/ S. 6)

Das Spannungsfeld zeigt sich auf fast identische Weise in der anderen Fallstudie:

"S2: Ich finde Block A [individuelle Selbstbeurteilung des Lernprozesses– t.b.] eigentlich sehr gut, weil wir auch mal was in den Ferien gemacht haben und das kriegt der Lehrer gar nicht mit. Der kriegt nur das mit, was wir in der Schule machen. Wir haben eigentlich den größten Teil daheim gemacht, wir haben das aufgeteilt und Listen gemacht zum Abhaken...und ich finde gut, dass auch die Mühe, die man sich daheim gemacht hat, benotet wird.

S1: Ich finde, dass man das noch stärker kontrolliert einführen müsste. Was mir aufgefallen ist, dass viele Schüler dabei sind, die sich gnadenlos überbewerten. Die sagen beispielsweise, sie brauchen zehn Punkte und geben sich dann dementsprechend die Punkte. Sie denken ich kann mir das Maximale geben, es wird sich schon keiner beschweren. Das finde ich die Gefahr dabei.

S4: Aber du musst doch begründen, warum du dir die Punkte gibst.

S1: Aber du kannst auch eine Begründung erfinden.

S3: Die anderen Gruppenmitglieder müssen es aber bestätigen.

S1: Wenn in der Gruppe keiner ist, der sagt, du hast einen Vogel, das geht nicht so, dann sagen die alle ‚okay‘ und dann sind halt alle im Schnitt drei Punkte besser.

S4: Wenn du allerdings sagst, du hast für das Manuskript zehn Punkte und der Lehrer schaut sich das an und das ist gar nichts, dann weiß er auch, dass das keine zehn Punkte wert ist.

S1: Aber er ist auf jeden Fall kaum runtergegangen.

S4: Du kannst damit auf jeden Fall Punkte holen.

S1: Am Beispiel von ... ich will ja hier niemand verpetzen: Der hat sich selbst viel mehr Punkte gegeben als wir und der hat eine Seite vom Manuskript gemacht, gerade mal ein bisschen Einführung. Und dass der dann viele Punkte kriegt...

S2: Aber du kannst doch sagen: Moment mal, ich finde das nicht in Ordnung, dass du dir drei Punkte gegeben hast und dann kann man das in der Gruppe diskutieren. Und wenn in der Gruppe alle sagen, er hat nur einen Punkt verdient, dann kann er sich keine drei geben... haben das so gemacht."

(...)

"S3: Man muss auf jeden Fall mehr kontrollieren. Da versucht sich jeder durchzuschummeln.

S11: Aber ich glaube mehr Kontrolle kann man gar nicht machen, so dass es noch vernünftig bleibt. Wie sollte man das noch mehr kontrollieren?" (L9/ 1/ S. 5)

Die Schülerinnen und Schüler sprechen beide Seiten des Spannungsfeldes an, es ist ihnen bekannt und sie gehen unterschiedlich damit um bzw. haben unterschiedliche Ansichten, insbesondere zum Thema ‚Freiheit vs. Kontrolle‘.

314

Trotz permanenter Reflexionsphase, ausführlicher Vorbereitung und Begründung dieser Selbstbeurteilung kann nicht ausgeschlossen werden, dass manche Schülerinnen und Schüler die Selbstbeurteilung zu ihren Gunsten beeinflussen. Um nicht missverstanden zu werden: Der Sinn der Selbstbeurteilung ist damit nicht in Frage gestellt. Die Absicherungsmaßnahmen könnten *möglicherweise* ergänzt werden, dies löst das Spannungsfeld jedoch nicht grundsätzlich.

Wie lässt sich der Missbrauch mancher Schülerinnen und Schüler erklären? Zunächst muss konstatiert werden, dass neue Beurteilungsformen, in diesem Fall als Selbstbeurteilung, von Täuschungsversuchen nicht ausgeschlossen sind, auch wenn diese nach unseren Gesamterfahrungen im Forschungsprojekt selten vorkommen, wahrscheinlich deutlich seltener als bei der traditionellen Beurteilung. Durch die kontinuierliche Reflexion und Transparenzherstellung werden sie jedoch weitaus häufiger thematisiert. Zwei Erklärungsversuche scheinen mir hier wesentlich:

Der ‚geheime Lehrplan‘ (Zinnecker 1975) greift in dieser Situation besonders. Neben dem, was Lehrerinnen und Lehrer explizit, vielfach begründet und vorbereitet beabsichtigen, vollzieht sich im ‚Hintergrund‘ eine andere Entwicklung. Die institutionellen und selektiven Mechanismen und Schulerfahrungen beeinflussen das Handeln der Schülerinnen und Schüler. Gehandelt wird nicht aufgrund formulierter Prinzipien, sondern aufgrund wirkungsvoller Mechanismen. Eine gute Note ist wirkungsvoller als eine ehrliche Beurteilung. Die Schülerinnen und Schüler sind geprägt von mehr als zehn Jahren ‚Schulsystem‘, d.h. sie kennen die Mechanismen genauestens, neue Beurteilungsformen passen dabei nicht immer ins ‚Getriebe‘, z.B. dann, wenn die Abschlussprüfung mit ihren individuellen und kognitiven Aufgaben ihren Schatten vorauswirft.

Ein weiterer Erklärungsversuch: Die Fähigkeit der Schülerinnen und Schüler ihren eigenen Lernprozess *in seiner Gesamtheit und Differenziertheit* zu reflektieren, kritisch zu durchleuchten und exakt zu beurteilen, ist noch nicht zur Genüge vorhanden – trotz langer Vorbereitung. Dies führt zu unsicheren Selbstbeurteilungssituationen, die möglichst weitgehende Verbesserung der Selbstbeurteilungsnote bietet hingegen eine klare Orientierung. Die Begründung für eine gute Selbstbeurteilung kann oberflächlich schnell gefunden werden: Jeder Lernende spürt Anstrengungsmomente während des Arbeitsprozesses, die dann als Leistung argumentativ hervorgehoben werden können. Je genauer die Beurteilungskriterien geklärt sind, desto leichter wird eine einheitliche Sichtweise. Anders formuliert: Wenn Unklarheit besteht, werden Interpretationsspielräume größer und es fällt, bei besten Vorsätzen, schwer gerecht zu beurteilen. Ein Schüler präzisiert dies:

> „S1: Das fand ich auch immer das Schwierigste an der Sache: Zu wissen, was ist eigentlich benotenswert. Was ist selbstverständlich? Was gibt einen Punkt? Was gibt zwei oder drei Punkte? Wie gut muss ich sein? (...) Eine Gruppenarbeit, die so ‚lala‘ war, war die jetzt noch gut oder schon schlecht?" (L9/ 1/ S. 7)

Beide Erklärungsversuche weisen auf den hohen Stellenwert eines kommunikativen Validierungsprozesses hin, in welchem der gesamte Lernprozess mit den entworfenen Kriterien durchleuchtet wird. Auch die Validierung unter den Gruppenmitgliedern spielt eine wichtige Rolle:

> „S2: In den Gruppen, in denen ich war, ging es eigentlich relativ gut ab. Vor allem in der ersten, als wir uns alle zum ersten Mal selbst beurteilt haben. Da gab es zu jeder Note eine richtige Diskussion. Das wurde richtig hart auseinander genommen, was jeder gemacht hat. Wir hatten auch keinen Punkt, an dem wir besser bewertet wurden, als wir uns selbst beurteilt haben. Wir haben uns eher zu hart benotet. Die Noten, die da raus gekommen sind waren absolut hart und von allen durchdiskutiert." (L9/ 1/ S. 7)

Ein gelungener und „harter" Validierungsprozess stabilisiert den Beurteilungsprozess, ohne dass der Lehrer eingreifen muss. Sowohl unter den Gruppenmitgliedern als auch mit den Lehrkräften ist die Validierung zwar wichtig, gleichzeitig zeitaufwändig und organisatorisch nicht immer einfach herstellbar. Gerade die Zitate aus den Fallstudien 9 und 10 zeigen, wie schwierig der Beurteilungsprozess werden kann: In beiden Fallstudien wurde langfristig begleitet, konzeptionell fundiert und mit hohem Anspruch und Differenzierungsgrad beurteilt, dadurch konnte ein sehr hohes Maß an Schülerbeteiligung erreicht werden, der Missbrauch kann trotzdem nicht ausgeschlossen werden.

Insgesamt sind die Erfahrungen mit der Selbstbeurteilung positiv, der Missbrauch durch einen Teil der Schülerinnen und Schüler kann prinzipiell nicht ausgeschlossen, jedoch durch verschiedene Maßnahmen (s.o.) deutlich eingeschränkt werden. Da der reale Anteil an der Endnote relativ gering ist, bleibt der Einfluss begrenzt, ohne dass die Selbstbeurteilung ihren Ernstcharakter verliert.

3.5   Schülermitbeurteilung

Erprobte Varianten

Die Schüler*mit*beurteilung, bei der Schülerinnen und Schüler ihre Klassenkameraden beurteilen, wurde im Forschungsprojekt in verschiedenen Varianten (F2, F3, F4, F5, F6, F9, F10) erprobt.

Abb. 63: Schülermitbeurteilung – erprobte Varianten

1.	Beurteilung des Arbeitspartners im Rahmen eines projektorientierten Unterrichts	F2
2.	Systematische Beobachtung von Mitschülerinnen und Mitschüler im Rahmen von Still- und Freiarbeit	F3
3.	Beurteilung der Gruppenmitglieder bei der Aufteilung einer vorgegebenen Note	F4
4.	Beobachtung und Beurteilung von referierenden Mitschülerinnen und Mitschüler im Rahmen des Konzepts ‚Schülerunterricht'	F5
5.	Systematische Beobachtung von Mitschülerinnen und Mitschüler bei der Vorbereitung des ‚Gerichtsprozessspieles' in Arbeitsgruppen	F6
6.	Beurteilung der Gruppenmitglieder im Rahmen der Prozessbeurteilung im Konzept ‚Selbstorganisiertes Lernen'	F9, F10

Ebenso wie bei der Selbstbeurteilung gibt die Lehrkraft bei der Schülermitbeurteilung einen Vertrauensvorschuss, dieser kann von Schülerinnen und Schülern aufgegriffen werden und zu pädagogisch und lernbiografisch wertvollen Momenten führen. Eine von Lehrerinnen und Lehrern häufig genannte Befürchtung ist jedoch, dass die Beurteilung nicht ‚gerecht' durchgeführt wird, unabhängig von der Notenrelevanz. Daher greife ich dieses Spannungsfeld im Folgenden auf und beschreibe wesentliche Erfahrungen.

„Fairness" und „Machtposition" – Erfahrungen mit der notenrelevanten Mitbeurteilung durch Schülerinnen und Schüler

Innerhalb der Klassen, die noch kaum Erfahrung mit der Schülermitbeurteilung hatten, wurde recht früh thematisiert, wie mit der Beobachtung von Freunden bzw. Freundinnen umzugehen sei, oder anders formuliert: Wie ist mit der Gefahr umzugehen, dass man Mitschülerinnen und Mitschülern, zu denen man kein so gutes Verhältnis hat, ‚eine reindrücken' könnte? Der folgende Auszug aus einer Diskussion zeigt dies:

> „Schüler: Das Problem bei den Schülern ist natürlich, wenn man jemand nicht leiden kann. Man sagt dann zwar, dass man trotzdem fair beurteilt, aber selbst ich habe bei einem aus der Klasse Schwierigkeiten gehabt etwas einzutragen, weil er ein guter Freund ist.
>
> GL: Du hast als einem Mitschüler von dir ein ‚Minus' gegeben und das war schwierig. Kannst Du sagen, warum dies schwierig war?
>
> Schüler: Er hat einen Fehler gemacht, okay. Aber es ist ein guter Freund und ich habe gleich gedacht, dass ich ihm eins ‚reingewürgt' habe.
>
> GL: Hat sich dein Freund beschwert?
>
> Schüler: Nein." (L3/ 4/ S. 2f)

Für die beurteilenden Schülerinnen und Schüler scheint eine vorauseilende Unsicherheit zu bestehen, dass ihre Beurteilung nicht als fair anerkannt wird, sondern auf die Beziehungsstruktur zurückgeführt würde. In dieser Klasse (F3) war es für manche der Schülerinnen und Schüler offensichtlich leichter, wenn sie bei der Unterrichtsbeobachtung nicht ihre besten Freunde oder Freundinnen beobachten mussten. Andere Schülerinnen und Schüler können damit gut umgehen:

> „GL: (...) War es so, dass ihr gute oder sehr gute Freunde von euch beobachtet habt? War das schwierig?
>
> S: Nein, ich glaube wir haben es hingekriegt das objektiv zu machen. Das muss man dann einfach vergessen in dem Augenblick, dass das die beste Freundin ist. Das geht schon. So fair muss man einfach sein, wenn man so eine Aufgabe hat." (L6/ 2/ S. 3)

Zweifellos ist die Problematik den Schülerinnen und Schüler bewusst und sie versuchen damit konstruktiv umzugehen. In manchen Fällen sind einige Schülerinnen und Schüler unsicher, ob es Bevorzugungen gab bzw. räumen Bevorzugungen ein:

> „S1: Sympathien gab es da gar nicht. Die haben ganz sachlich beobachtet und normale Noten gegeben. Auch Leuten, die sie nicht leiden können. Aber den Leuten, die sie leiden können, haben sie vielleicht doch einen kleinen Bonuspunkt gegeben. -
>
> S2: Aber die, die sich nicht mögen auf keinen Fall schlechter." (L6/ 1/ S. 3)

> „S3: Wenn man jetzt zwischen 3 und 3+ entscheiden muss, neigt man aber doch eher dazu die 3+ zu geben mit der Begründung, dass man jemand gut leiden kann." (L5/ 1/ S. 5)

Schülerinnen und Schüler kennen ihre Klassenkameraden gut, in vielerlei Hinsicht besser als ihre Lehrerinnen und Lehrer. Diese Kenntnis könnte zum Anlass genommen werden, eine Beurteilung auf Vorerfahrungen und Vorwissen zurückzuführen:

> „GL: Gerade weil Ihr Eure Mitschüler so gut kennt, könnte man euch den Vorwurf machen, dass in eure Note diese Kenntnis mit einfließt. Ihr wisst z.B., ob einer in der Gruppe arbeiten kann und das fließt dann in die Note ein, unabhängig von dem, was ihr in dieser Situation beobachtet. Habt Ihr das ausgeschlossen oder mitbedacht?
>
> S: Ich denke das schließt sich aus. Wenn ich eine Gruppe beobachte kann ich nicht an tausend andere Dinge denken, z.B. wie der Schüler sonst immer ist und was ich sonst von ihm mitgekriegt habe. Wenn wir sonst Gruppenarbeit machen, dann sehe ich auch nicht, wie die anderen das machen, von daher weiß ich da nicht so viel darüber, ob die gut sind in Gruppenarbeit oder nicht." (L6/ 2/ S. 4)

Nach Aussage dieser Schülerin war dies durch die hohe Beanspruchung der Beobachtungssituation kein Thema. Ein Weiteres kommt hinzu: Die entstehenden Beurteilungen sind nicht beliebig, sondern müssen später begründet werden:

> „Wenn man die Verantwortung hat, versucht man es auch so gerecht wie möglich zu machen. Man weiß eh, dass man sonst hinterher der Schuldige ist." (L6/ 2/ S. 4)

> „Es ist ja nicht so, dass die Leute nicht nachfragen, man muss schon begründen können. Man kann nicht dem einen eine Eins und dem anderen eine Drei geben und hinterher sagen, dass man nicht mehr weiß, wie das zustande kam." (L6/ 2/ S. 6)

> „Das könnte sich niemand erlauben, nach Sympathie Noten zu geben." (L6/ 1/ S. 3)

> „Es ist wichtig, dass man begründen kann. Wenn du keine deiner Noten begründen kannst, zeugt das nicht von Können." (L6/ 2/ S. 7)

Gegenüber den Mitschülerinnen und Mitschülern muss später begründet werden können, wie eine Beurteilung zustande kam, z.B. aus welchen beobachtbaren Situationen sie resultierte. Wenn die Beobachterinnen und Beobachter *hier*, d.h. im Rückblick und vor der Klasse, ihr Urteil nicht nachvollziehbar begründen können, scheint ihr Ansehen in der Klasse in weit höherem Maße zu leiden: man macht sich „schuldig". Wenn also die Bevorzugung eines Freundes oder eine unfaire Beurteilung hier ,klassenöffentlich' würde, wäre dies eine schwierige Situation. Dadurch scheint ein deutliches Korrektiv gegen einen willkürlichen Missbrauch vorhanden zu sein. Allerdings: Diese Situation könnte für die beobachtenden Schülerinnen und Schüler auch überfordernd und verletzend sein. Hier ist ein entsprechender Schutz notwendig. In erster Linie muss die Lehrkraft die Beurteilungen der Schülerinnen und Schüler frühzeitig mit ihnen besprechen und unterschiedliche Wahrnehmungen müssen ausgeglichen werden. Dann kann die Lehrkraft auch vor der Klasse den Beobachterinnen und Beobachtern gegebenenfalls den Rücken stärken und eingreifen oder Kritik konstruktiv aufgreifen. Diese Schutzfunktion wird auch von den Schülerinnen und Schüler eingefordert:

> „Es muss das Vertrauen da sein, dass der Lehrer eingreift, wenn unfair benotet wird." (L6/ 1/ S. 4)

Eine wichtige Rolle spielt die gemeinsame Besprechung der Ergebnisse unter den beurteilenden Schülerinnen und Schüler, z.B. wenn eine Gruppe eine Unterrichtsbeobachtung durchführt. Sie können ihre Ergebnisse gegenseitig vorstellen, besprechen, korrigieren oder uneinheitliche bzw. noch offene Beurteilungen in der folgenden Beobachtung in den Mittelpunkt stellen. Dieser Validierungsprozess stärkt Schülerinnen und Schüler und mindert die Gefahr eines subjektiven Urteils:

> „Dadurch, dass wir die Noten immer miteinander diskutiert haben und zusammengesessen sind, finde ich, dass es fair geworden ist." (Schülerin, L6/ 2/ S. 3)

Allen Beteiligten ist bewusst, und hierfür scheinen Schülerinnen und Schüler sehr sensibel zu sein, dass die Mitbeurteilung eine hohe Verantwortung darstellt und nicht missbraucht werden sollte, unabhängig davon, ob eine Note oder eine verbale Beurteilung daraus resultiert.

Das Thema ,Fairness' ist uns in einer weiteren Zuspitzung als Spannungsfeld ,Machtposition' begegnet. Die Machtposition, die mitbeurteilende Schülerinnen und Schüler erhalten, beeinflusst die Verhältnisse im Klassenzimmer, zum einen unter den Schülerinnen und Schülern, zum anderen in der grundsätzlichen Hierarchie gegenüber der Lehrkraft. Die ernsthafte Beteiligung von Schülerinnen und Schüler, d.h. mit Notenrelevanz, spitzt das Spannungsfeld zwischen Selektionsfunktion und pädagogischer Funktion der Notengebung zu. Das folgende Zitat aus einer Diskussion mit Schülerinnen und Schülern, die als Gruppe eine Prozessnote (durch Unterrichtsbeobachtung der Klassenkameraden) verantwortete, zeigt den Gewinn und die mögliche Gefahr einer konsequenten Beteiligung:

„GL: Habt ihr über die Beobachtung, die ihr gemacht habt, für euch persönlich etwas gelernt, was ihr vielleicht sonst nicht gelernt hättet?

S: Mit Machtpositionen umgehen...

S: Wie Noten entstehen. Auch wie man selbst benotet wird.

S: Interessant war zu sehen, wie die Leute an die Sache rangehen und wie das total unterschiedlich sein kann. Die einen denken, dass es schon klappen wird und die anderen hängen sich total rein. Sonst habe ich nicht viel gelernt beim Beobachten.

GL: Hast du das vorher ernst gemeint mit der ‚Machtposition‘?

S: Ja, man hat schon eine gewisse Machtposition. Man entscheidet darüber, wie die Schüler benotet werden. Man muss damit umgehen, fair bleiben." (L6/ 2/ S. 6)

Die beurteilenden Schülerinnen und Schüler erhalten Zugang zum Machtmonopol des Lehrers – in positivem Sinne und aus pädagogischen Motiven. Hier erhalten Schülerinnen und Schüler Einfluss auf die Benotung und damit potentiell auf die Schulbiografie ihrer Klassenkameraden, wenn auch indirekt und in sehr geringem Maße. Die Übergabe von Verantwortung und das dadurch möglich werdende Kennenlernen und Einüben von Beurteilungsmechanismen kann als wertvoller Versuch bezeichnet werden, sich der (Un-)Gerechtigkeit der Notengebung anzunähern.

Mit diesem Protokollausschnitt ist der Zugang zu den grundlegenden Prämissen des erweiterten Lernbegriffs (Kap. I.1) und zu einem pädagogischen Leistungsbegriff (Kap. I.2) eröffnet. Wir sind hier direkt in der Thematik, „Mit Kompetenzen kompetent umgehen" (Löwisch 2000; s. S. 12ff): Die Beteiligung der Schülerinnen und Schüler sowie die Eröffnung der Kategorie ‚Unterrichtsbeobachtung‘ im Rahmen einer Prozessbeurteilung ermöglicht Situationen, in denen zentrale bildungstheoretische Zielsetzungen relevant werden: Fähigkeit zur Solidarität, Fähigkeit zu demokratischem Handeln, Fähigkeit zum Umgang mit Macht u.a.. Das Wagnis sich auf diese Situation einzulassen, hat sich im Forschungsprojekt gelohnt und keinerlei größere negative Folgen gehabt. Allerdings könnte die Macht auch missbraucht werden, was Probleme mit sich bringen würde.

In diesem Falle müsste argumentiert werden, dass der Umgang mit Macht eingeübt werden muss und die Schule hier ein wertvoller, pädagogisch begleiteter und tendentiell eher geschützter Ort ist. Wenn der Umgang mit Macht zum ersten Mal nach der Schulzeit in einer wirklich machtvollen Position stattfinden würde, dann hätte dies unter Umständen weitaus schwierigere Folgen. Daher muss die Chance, im Unterricht ‚Machtpositionen‘ einzunehmen, als positiv bezeichnet werden. Das entstehende Spannungsfeld muss jedoch in jeder einzelnen Situation wieder neu betrachtet werden.

3.6   Zusammenfassung

(1) Die Akzeptanz neuer Formen der Leistungsbeurteilung ist bei Schülerinnen und Schülern hoch. Dies liegt zum einen daran, dass der zugrundeliegende (i.d.R. schülerorientierte, kooperativ angelegte und auf Selbstständigkeit zielende) Unterricht beliebt ist und eine willkommene Abwechslung darstellt. Allerdings ist dieser Unterricht auch anstrengender und wirkt daher auf manche Schülerinnen und Schüler abschreckend. Die Beurteilung selbst wird ebenfalls geschätzt, da sie die hohen Anstrengungen und andere, nicht kognitiv-inhaltliche Leistungen honoriert.

(2) Die Beteiligung von Schülerinnen und Schüler bei der Erstellung der Beurteilungskriterien und bei der Reflexion über den Beurteilungsprozess vermeidet

Missverständnisse. Die Beteiligung kann unterschiedlich stattfinden, sie zeigt sich in einem gemeinsamen Verständigungsprozess, in den beide Seiten ihre Interessen einbringen. Theoretische Vorklärungen sind dabei jedoch nur begrenzt möglich: Schülerinnen und Schüler benötigen konkrete Erfahrungswerte, um einzelne Beurteilungskriterien zu verstehen und mit ihrem eigenen Handeln abgleichen zu können.

(3) Selbst- und Mitbeurteilung durch Schülerinnen und Schüler können erhebliche Lernchancen eröffnen, beinhalten jedoch einige Spannungsfelder, die nicht grundsätzlich auflösbar sind. Daher empfiehlt es sich, Selbst- und Mitbeurteilung durch verschiedene Maßnahmen der Lehrkraft zu unterstützen:

- Eindeutige Klärung der Beurteilungssituation und der Beurteilungskriterien.

- Sicherung der Möglichkeiten einer notenfreien Einübung, z.B. durch gemeinsame und beurteilungsfreie Beobachtung einer Präsentation. Dabei empfiehlt es sich mit einfachen und wenigen Kriterien zu beginnen.

- Ergänzende punktuelle Unterrichtsbeobachtung durch die Lehrkraft.

- Einrichten der Möglichkeit, dass die beurteilenden Schülerinnen und Schüler (z.B. die Mitglieder einer Gruppe) ihre Ergebnisse untereinander validieren können.

- Kommunikative Validierung der verschiedenen Beurteilungsergebnisse zwischen der Lehrkraft und den beurteilenden Schülerinnen und Schülern.

- Ausführliche Begründung der Beurteilungsergebnisse durch die Schülerinnen und Schüler. Die Ergebnisse müssen aus konkreten Situationen resultieren.

- Regelmäßige Reflexions- und Auswertungphasen mit der gesamten Klasse, so dass Problemfelder im geschützten und von der Lehrkraft begleitenden Rahmen thematisiert werden können.

4 Beobachtung

4.1 ‚Beobachtung' – dringend notwendig, aber vernachlässigt

Ein Unterricht, in dessen Kern selbstständiges Lernen angestrebt wird, ist dringend auf Beobachtung angewiesen. Dabei unterscheide ich grob drei Beobachtungsarten[43]:

(1) systematische und langfristige Unterrichtsbeobachtung (innerhalb eines ‚stabilen' Unterrichtsarrangements, z.B. Freiarbeit: F1 und F3),

(2) punktuelle Beobachtung (innerhalb eines i.w.S. projektorientierten Unterrichtsarrangements: F4, F6, F7, F9, F10),

(3) zufällige und gelegentliche Beobachtung.

Letzere, die zufällige und gelegentliche Beobachtung, findet im normalen Unterricht statt: Die Lehrkraft beobachtet das Geschehen, jedoch eher zufällig, d.h. nicht vorgeplant und strukturiert. Im Kontext unseres Forschungsprojektes erlangt ‚Beobachtung' durch die Beurteilung der Bausteine ‚Prozess' und ‚Präsentation' einen hohen Stellenwert. Dabei wurden die meisten Lehrkräfte mit einer weitgehend unbekannten Fähigkeit konfrontiert. Das mag erstaunlich sein, schließlich beobachtet jeder Lehrer/ jede Lehrerin ständig das Unterrichtsgeschehen. Beobachtung als Grundlage einer Leistungsbeurteilung verpflichtet jedoch zu einem systematischen Vorgehen und unterliegt einem anderen Ernstcharakter als eine gelegentliche und eher zufällige Beobachtung. Die Bedeutung der Beobachtung ist daher hoch:

> Beobachtung ist eine grundlegend notwendige Kompetenz zur Durchführung neuer Formen der Leitungsbeurteilung.

Spezifische Erfahrungen zur Unterrichtsbeobachtung wurden bereits verschiedentlich dargestellt:

- zur Beobachtung im Rahmen der Prozessbeurteilung (systematische und punktuelle Beobachtung, S. 281ff) und zur Sichtweise der Schülerinnen und Schüler (S. 288),
- zur Beobachtung im Rahmen der Präsentationsbeurteilung (S. 299),
- zur Beteiligung der Schülerinnen und Schüler an der Unterrichtsbeobachtung (S. 316).

Im Folgenden stelle ich nun einige allgemeine Hinweise zur Beobachtung vor. Schülerbeobachtung ist ein bekanntes Forschungsfeld, weiterführende Hinweise zur Unterrichtsbeobachtung können z.B. nachgelesen bei: Jürgens 1999, Nuding 1997, Weigert/ Weigert 1993, Martin/ Wawrinowski 1991, Besser et al. 1977.

4.2 Konfiguration eines alltagstauglichen Beobachtungsbogens

Die systematische Unterrichtsbeobachtung kommt ohne einen Kriterienkatalog nicht aus. Auch die punktuelle Unterrichtsbeobachtung wird erleichtert, wenn ein Kriterienkatalog verwendet wird. Der folgende Beobachtungsbogen (Abb. 64) ist der Fallstudie 3 entnommen und wurde im Rahmen einer systematischen und langfristigen

---

[43] In der Literatur werden hierfür zum Teil andere Begriffe verwendet, vgl. z.B. Weigert/ Weigert (1993); Nuding (1997).

Unterrichtsbeobachtung eingesetzt.. Ich greife ihn exemplarisch auf, um daran wesentliche Elemente aufzuzeigen.

Abb. 64: Merkmalsbogen zur Beobachtung des Lern- und Arbeitsverhaltens

Name:		Datum:				
Merkmalsbogen zur Beobachtung des Lern- und Arbeitsverhaltens in der Still- und Freiarbeit						
Der Schüler/ die Schülerin...			**+**	**o**	**-**	**spezifische Anmerkungen**
Stillarbeit	1.	kommt in angemessener Zeit zu konzentrierter Arbeit				
	2.	bearbeitet gewählte Aufgaben in angemessener Zeit				
	3.	ist bemüht, auch schwierige Lerninhalte durchzustehen				
	4.	führt eine gewissenhafte selbstständige Lösungskontrolle durch				
Freiarbeit	5.	lässt sich auf kooperatives Lernen ein				
	6.	kann schwächeren Schüler/ innen Hilfe geben				
	7.	kann selbst Hilfe annehmen				
	8.	lernt situationsgerecht mit anderen zusammen				
schrift	9.	leistet eine gute Heftführung				
	10.	kann einen aussagekräftigen Kurzbericht über die Freiarbeit verfassen				
Regeln	11.	hält die Still- und Freiarbeitsregeln ein				

A, B, E, D, C, F *(Markierungen im Bogen)*

Bemerkungen	

A: *‚Kopf‘*: Im ‚Kopf‘ sind Name und Datum abgebildet. Bei mehreren Beobachtungsrunden können auch mehrere Daten eingetragen werden.

B: *Beobachtungsbereiche*: Im vorliegenden Beispiel sind auch schriftliche Leistungen enthalten. Die vier Bereiche ‚Regeln‘, ‚schriftliche Leistung‘, ‚Freiarbeit‘ und ‚Stillarbeit‘ decken wesentliche Bereiche des Unterrichtskonzepts ab.

C: *Kriterien*: Für jedes Feld wurden einige Beobachtungskriterien festgelegt. Pro Bereich sind es höchstens vier Kriterien.

D: *Skalierung*: Hier wurde eine Dreierskalierung angewandt, viele andere sind denkbar, z.B. 1 bis 4; 1 bis 5; 1 bis 6; ++/ +/ o/ -/ --; +2 bis –2

E: *Spezifische Anmerkungen*: Hier ist Raum für Anmerkungen zu den einzelnen Kriterien.

F: *Allgemeine Bemerkungen*: Hier können Anmerkungen eingefügt werden, die nicht durch die Kriterien abgedeckt sind.

322

Dieser Beobachtungsbogen ist von seiner äußeren Gestaltung übersichtlich und kompakt. Nur wenige Kriterien werden gezielt beobachtet. Damit entspricht er den Bedürfnissen bisher ungeübter Beobachter und Beobachterinnen, die

> „(...) als unerfahrene Beobachter einen übersichtlich gehaltenen und inhaltlich klar begrenzten Bogen brauchten." (F3, Kap. II.3.1)

Soll die Unterrichtsbeobachtung im schulischen Alltag und bei 30 Schülerinnen und Schüler pro Klasse handhabbar sein, dann ist dies eine wesentliche Bedingung, um nicht von Beginn an häufige Frustrationserlebnisse zu erleiden.

Der Beobachtungsbogen wurde aus der Unterrichtssituation heraus entwickelt, er setzt sanft und in vielfältiger Hinsicht am spezifischen Unterrichtskonzept an: Der zugrundeliegende Unterricht ist in eine Stillarbeitsphase (30 Minuten) und in eine Freiarbeitsphase (ca. 60 Minuten) eingeteilt. Der Beobachtungsbogen enthält bereits in der Struktur Entlastungsmomente: Für jede der beiden genannten Unterrichtsphasen steht ein Bereich zur Verfügung: Die Wahrnehmung muss also nur auf jeweils vier Kriterien gerichtet werden. Die beiden anderen Bereiche ‚schriftliche Leistung' und ‚Regeln' sind leichter beobachtbar. Die schriftliche Leistung kann später beurteilt werden. Ein Regelverstoss oder regelkonformes Verhalten wird leicht registriert und muss nicht unbedingt, explizit beobachtet werden. Mit diesem Bogen ist damit die grundlegende Struktur der Still- und Freiarbeit abgedeckt, ohne dass die Beobachtung realitätsferne Ansprüche stellt. Die Beobachtung von jeweils vier Kriterien ist anspruchsvoll genug. Allerdings: Auch dieser Beobachtungsbogen wird fortwährend weiterentwickelt und birgt Interpretationsspielräume, z.B. was heißt „angemessene Zeit"?

Am Beispiel dieses Beobachtungsbogens präzisiere ich weitere Erfahrungen für die alltägliche Unterrichtsbeobachtung.

4.3 Zur Formulierung der Beurteilungskriterien und zur Anwendung des Beobachtungsbogens im Unterrichtsalltag – zentrale Erfahrungen

(1) *Passung ‚Unterricht-Beobachtungsbogen':* Der Beobachtungsbogen setzt an der spezifischen Unterrichtsstruktur und dessen Zielsetzungen an, nur dann kann er effizient angewandt werden. Versuche, einen externen Beobachtungsbogens auf den jeweiligen Unterricht zu übertragen, sind im Rahmen unserer Erprobungen gescheitert. Vorliegende Beobachtungsbögen aus der Fachliteratur haben anregenden und stützenden Charakter. Es ist jedoch wenig verwunderlich, dass die Struktur des Beobachtungsbogens *nicht* an den Bereichen ‚Sozialkompetenz', oder ‚Methodenkompetenz' ansetzt, sondern die jeweilige Unterrichtsstruktur abbildet (im obigen Beispiel: ‚Stillarbeit', ‚Freiarbeit').

(2) *Nicht die Kompetenz wird beurteilt, sondern bewertbare Elemente der Performanz* (S. 15): Beobachtet werden nicht Kompetenzbereiche (z.B. Methodenkompetenz), sondern lediglich einzelne Elemente der Performanz, d.h. des gezeigten Verhaltens. Damit ist auch der Anspruch reduziert: Die Beobachtung zielt auf einzelne Elemente der potentiell bewertbaren Performanz.

(3) *Sprachliche Verständlichkeit*: Die einzelnen Beurteilungskriterien müssen sprachlich verständlich und in der Situation anwendbar sein. Dies gilt für Lehrkräfte und für (beobachtende) Schülerinnen und Schüler gleichermaßen. Lange Diskussionen um einzelne Formulierungen haben uns darin bestätigt, dass die einzelnen Krite-

rien *persönlich* verständlich und nachvollziehbar sein müssen, d.h. sie müssen aus dem eigenen Erfahrungs(-wort)schatz abgeleitet werden. Wenn die Kriterien von Beginn an von und mit Schülerinnen und Schüler erstellt wurden, vermeidet man sprachliche Unklarheiten.

(4) *Ankreuzen oder verbal notieren?* Hier sind die Erfahrungen unterschiedlich. Tendentiell hat es sich bewährt Raum für beides bereitzustellen. Ein Kreuz schafft Klarheit und manche Beobachtungen sind deutlich einzuordnen. Andere Beobachtungen bedürfen einer Erläuterung, sie passen nicht nahtlos in die Skalierung. Ein Kreuz stellt eine Beurteilung dar, eine schriftliche Notiz kann zunächst eine kurze Beschreibung sein, die nicht unbedingt eine Beurteilung beinhaltet, oder erst später als Beurteilung formuliert wird. Wichtig ist, dass man nicht umständlich überlegen muss, sondern zügig notieren kann. Daher ist auch der dreifache Raum (Skalierung, spezifische Anmerkungen, allgemeine Bemerkungen) sinnvoll. Eine zu detaillierte Skalierung (z.B. Fünferskalierung) überfordert unerfahrene Beobachterinnen und Beobachter.

(5) *Zur Kriterienanordnung und –konfiguration:* Innerhalb der einzelnen Bereiche (z.B. Stillarbeit) sind die Kriterien wiederum *nicht* auf einzelne Kompetenzen (z.B. Sozialkompetenz) bezogen, sondern sind so weit wie möglich *chronologisch* angeordnet: 1. ...kommt in angemessener Zeit zu konzentrierter Arbeit, 2. ...bearbeitet gewählte Aufgaben in angemessener Zeit, 3. ... ist bemüht, auch schwierige Lerninhalte durchzustehen, 4. ...führt eine gewissenhafte selbstständige Lösungskontrolle durch. Damit sind bestimmte Phasen des Arbeitsprozesses beschrieben. Die Beobachtung folgt diesen Phasen und kann dadurch den Arbeitsprozess schrittweise nachvollziehen. Diese Chronologie ist nicht immer möglich, kann aber in bestimmten Beobachtungsbereichen sinnvoll sein, z.B. auch bei Phasen einer Präsentation.

(6) *Leistung ist ganzheitlich:* Die Abgrenzung zwischen methodischen, sozialen und fachlichen Leistungen ist größtenteils nur schwer möglich. Hinter vielen Kriterien stecken unvermutet verschiedene Bereiche. Ein Beispiel: ‚...ist bemüht auch schwierige Lerninhalte durchzustehen.', wenn ein Schüler dazu nicht in der Lage ist, dann kann dies unterschiedliche Gründe haben:

- soziale Gründe: schwierige familiäre oder persönliche Situation, die zu Konzentrationsproblemen führt.
- fachliche Gründe: fachliche Unsicherheit.
- methodische Gründe: Unfähigkeit, einen Text selbstständig durchzuarbeiten.

(7) *Konkretisierungsgrad der Kriterien*: Die Beobachtung fällt leichter, wenn ein Kriterium auf eine konkrete Situation zurückführbar ist: Das Kriterium ‚arbeitet selbstständig in der Stillarbeit' wäre sehr allgemein formuliert, eine konkretere Stufe wäre: ‚kann Aufgaben selbstständig bearbeiten', noch konkreter wäre: ‚kann eine selbstständige Lösungskontrolle durchführen'. Je konkreter die Formulierungen werden, desto mehr Kriterien sind notwendig um einen bestimmten Bereich abzudecken.

(8) *Anzahl und Ort der beobachtenden Schülerinnen und Schüler*: In einer Unterrichtsstunde können ca. drei Schülerinnen und Schüler beobachtet werden. Dabei kann es sinnvoll sein eine Schülergruppe auszuwählen, die nebeneinander sitzt. Ansonsten kann die Beobachtungssituation anstrengend und hektisch werden, vor

allem dann, wenn nicht alle an ihrem Platz sitzen, sondern sich unregelmäßig im Raum bewegen.

(9) *Räumliche Nähe zur Beobachtung eines Kriteriums*: Manche Kriterien können gut aus der Distanz beobachtet werden, z.B. ‚Mimik‘, ‚Gestik‘, ‚Redeverhalten‘ (bei einer Präsentation), ‚Einsatz von Medien‘, evtl. ‚Konzentration‘ und ‚Ausdauer‘. Andere Kriterien muss man aus nächster Nähe beobachten, z.B. ‚zuhören können‘, ‚andere einbeziehen‘ im Rahmen einer Gruppenarbeit. In diesem Fall muss man sich direkt zur Gruppe setzen, um mithören zu können. Dadurch kann die Gruppensituation und das Verhalten beeinflusst werden. In diesen Fällen ist es ganz besonders wichtig, mit den Schülerinnen und Schülern vorher zu klären, weshalb man zuweilen dazukommen muss. Die Nähe bei der Beobachtung ist auch für Lehrkräfte nicht einfach, weil sie distanzlos und kontrollierend anmuten kann.

(10) *Beobachtungsergebnisse validieren – Wissen um unterschiedliche Wahrnehmungen*[44]: Wenn möglich, sollten mehrere Beobachterinnen und Beobachter (auch Schülerinnen und Schüler) tätig sein. Jede Situation wird von verschiedenen Personen 1. unterschiedlich wahrgenommen, sie wird 2. unterschiedlich beschrieben, sie wird 3. unterschiedlich interpretiert und 4. unterschiedlich beurteilt. Wenn es möglich ist mehrere Beobachterinnen oder Beobachter einzusetzen, dann kann es daher besonders günstig sein, dieselben Personen bzw. Situationen zu beobachten und anschließend die Erfahrungen auszutauschen.

(11) *Wann ist ein beobachtetes Verhalten ‚gut‘, wann ist es ‚schlecht‘?* Dasselbe Verhalten kann bei zu starker Ausprägung negativ gefärbt sein. Am folgenden Beispiel wird dies besonders deutlich (F6). Hier beobachteten vier Schülerinnen und Schüler den Gruppenarbeitsprozess mittels eines eigenen Beobachtungsbogens. Der folgende Wortwechsel stammt aus einer Diskussion mit dieser Beobachtungsgruppe, die entscheidenden Passagen sind kursiv markiert:

> „GL: Gab es irgendeine Situation, die schwierig war, bei der ihr unterschiedliche Meinungen hattet?
>
> S2: Ja, aber das lag, glaube ich, auch an den Kriterien. Zum Beispiel gibt es ein Kriterium, ob man die Leute einbezieht oder ob man ein ‚Hemmschuh‘ ist, sozusagen. Und da gab es einen, auf den beides zutraf. Da wussten wir dann nicht, was wir für eine Note geben sollten, *weil er einerseits viel gebracht hat und andererseits kein Teamgeist hatte*. Dann haben wir darüber diskutiert, was man da jetzt geben soll.
>
> S3: ...und wie man das Kriterium überhaupt anwenden soll. *Wenn er das Gespräch leitet, ist das ja gut. Wenn er zuviel macht, ist es wieder schlecht, auch wenn er viele gute Sachen bringt.*
>
> GL: Wie habt ihr euch in diesem Fall geeinigt?
>
> S3: Wir haben ihn eher schlecht beurteilt. In diesem einen Fall war es auch sehr krass. *Er hat zwar viel gewusst, Aber er hat die Gruppe überrannt. Die anderen kamen überhaupt nicht zu Wort.* Und das haben wir ihm halt abgezogen, weil das nicht der Sinn war der Gruppenarbeit.“ (L6/ 2/ S. 2)

Der Gesprächsausschnitt offenbart die Schwierigkeit, ein beobachtetes Verhalten zu beurteilen. Das dominante Verhalten des Schülers wurde einerseits positiv bewertet („... er hat einerseits viel gebracht“), andererseits hat er dabei offensichtlich eine Grenze überschritten und die anderen Gruppenmitglieder überfahren („Die anderen kamen überhaupt nicht mehr zu Wort.“). In diesem Fall konnte die Situation unter

---

[44] Dies ist aus der Sicht der Wahrnehmungspsychologie ein komplexes Feld, das hier nur angedeutet werden kann. Eine präzise Einführung bieten Martin/ Wawrinowki 1993, insbesondere Kap. B und C.

den vier Beobachterinnen und Beobachter im Gespräch geklärt werden, bei einer weniger deutlichen Situation kann die Beurteilung jedoch schwieriger sein. Der Entscheidungsprozess wurde auch dadurch erleichtert, dass im Beobachtungsbogen fast ausschließlich sozial-kommunikative Kriterien enthalten waren. Bei stärkerer Gewichtung von fachlichen Kriterien hätte der Schüler möglicherweise besser abgeschnitten.

(12) *Die Beobachtungssituation muss organisiert sein.* Die Bögen sollten vorbereitet und beschriftet sein. Der Ort der Beobachtung sollte guten Blick gewähren und gleichzeitig nicht zentral, sondern eher diskret liegen. Da man zudem auch herumläuft, empfiehlt es sich, eine harte und leichte Schreibunterlage zu verwenden. Die Bögen müssen zuhause angeordnet und gesichtet werden, die Beobachtungsphase ist langfristig (über das Schuljahr hinweg) und kurzfristig (Wochenstunden) zu organisieren.

(13) *Die Fähigkeit zu beobachten muss erst entwickelt werden.* Die systematische Unterrichtsbeobachtung ist anspruchsvoll, sie erfordert hohe Konzentration und Ausdauer. Besonders zu Beginn scheint man nur wenig zu sehen, erst mit zunehmender Erfahrung entwickelt sich eine differenzierte und selbstbewusstere Beobachtung. Unsere Erfahrungen haben zudem gezeigt, dass die Fähigkeit zu beobachten unterschiedlich ausgeprägt ist, dies zeigt sich besonders bei der Beobachtung einer Präsentation, bei der ein deutlicher Zeit- und Handlungsdruck besteht. Daher sollten die eigenen Fähigkeiten nicht überschätzt und z.B. nur wenige Kriterien beobachtet werden.

(14) *Ein Beobachtungsbogen muss nicht vollständig ausgefüllt werden.* Die Auflistung einer bestimmten Kriterienzahl bedeutet nicht, dass alle Kriterien beobachtet werden müssen. Demnach ist es nicht ungewöhnlich, sondern normal, dass bestimmte Kriterien nicht beobachtbar sind („n.b.") und dazu auch keine Aussage möglich ist. Diese Feststellung wirkt entlastend, da der irrige Anspruch auf Vollständigkeit bei Lehrkräften lediglich ein schlechtes Gewissen bereitet, jedoch keinerlei Beitrag zu einer qualitativ hochwertigen Beobachtung leistet. Hier wirken offensichtlich die Erfahrungen aus Klassenarbeitskorrekturen, bei denen *alle* gestellten Aufgaben sorgfältig korrigiert und beurteilt werden. Ein unvollständig ausgefüllter Beobachtungsbogen birgt zudem Anlass für weiterführende Reflexionen: Kann der Schüler eine Aussage zu diesem Kriterium selbst treffen? Warum ist das Kriterium nicht beobachtbar?

(15) *Zusammenhang zwischen Lernumgebung und Beobachtungskriterium*: Das Verhalten der Lernenden ist nicht immer auf ihr persönliches Lernverhalten zurückzuführen, sondern auf die Bedingungen der Lernumgebung. Dies zeigt sich besonders am Lernmaterial: Ist das Material ausreichend ansprechend? Sind unterschiedliche Schwierigkeitsgrade wählbar? Sind die Anleitungen verständlich? Was muss ich mit der Klasse nochmals besprechen? Eine differenzierte Leistungsbeurteilung gibt daher Hinweise für die Weiterentwicklung des Lernarrangements.

4.4 ‚Beurteilt wird nur, was zuvor vermittelt wurde' - Anmerkungen zu einem zentralen Spannungsfeld bei der Kriterienerstellung

Nicht alles, was potentiell beobachtet und beurteilt werden kann, darf auch beurteilt werden. Die Lernenden haben ein Anrecht darauf, dass sie in ihrer Persönlichkeit nicht verletzt werden. Es geht also darum, Beurteilungskriterien zu vermeiden, bei denen manche Schülerinnen durch umwelt- und/ oder anlagebedingte Dispositionen benachteiligt wären, die also nicht im Rahmen des Unterrichts erlernbar sind.

> Beispiel: Ein Schüler führt eine Präsentation durch. Er ist sehr nervös, stottert permanent und kann kaum verständlich reden. Eine andere Schülerin derselben Gruppe referiert hingegen wortgewandt, charmant und ohne jegliche Nervosität. Bei beiden wird derselbe Beobachtungsbogen angewandt.

Wie kann hier beurteilt werden, ohne dass die Persönlichkeit des Schülers verletzt wird?
Die zentrale Bedingung lautet:

> Alle Kriterien, die beurteilt werden, müssen im vorherigen Unterricht vermittelt werden und erlernbar sein.

Dies ist jedoch nicht immer einfach. Wie auch im sonstigen Unterricht lernen manche Schülerinnen schneller als andere, für manche genügt eine kurze Einübungsphase, andere benötigen weitaus mehr Zeit. Daher muss entschieden werden, wieviel Zeit für die Einübung verfügbar ist, auch auf die Gefahr hin, dass manche Schülerinnen und Schüler noch Defizite aufweisen. Auf das obige Beispiel bezogen: Der nervöse Schüler könnte im Unterricht gelernt haben, dass er zu Beginn seines Vortrages eine kurze Übersicht über den Ablauf darstellt. *Dies* könnte nun trotzdem beurteilt werden. Allerdings kann auch eine ausführliche Vorbereitung und lange Einübungszeit nicht vermeiden, dass die aufkommende Nervosität alle vorherigen Lernerfolge zunichte macht, also könnte auch dieser Einstieg misslungen sein. Offensichtlich greifen persönliche Merkmale, die eben nicht unbegrenzt erlernbar sind und bereits erzielte Lerneffekte überlagern können.

Die beurteilende Lehrkraft wird hier entscheiden müssen, welche Kriterien trotz der persönlichen Problemlage noch beurteilt werden können. Sie hat zudem noch weitere Möglichkeiten die Situation pädagogisch aufzufangen: Bereits bei der Kriterienerstellung muss entschieden werden, ob manche Beurteilungskriterien als Note oder als verbale Beurteilung ausgewiesen werden. So könnte eine verbale Beurteilung eine ausführlichere Rückmeldung geben und weitere konkrete Lernchancen und –perspektiven eröffnen, zudem den Mut unterstreichen, dass der Schüler sich überhaupt in die Präsentationssituation begeben hat. In einem Einzelgespräch könnte dies persönlich erläutert werden. Dieses Beispiel zwingt also dazu, bereits bei der Kriterienerstellung genau zu überlegen, welche Kriterien als Note ausgewiesen werden, und dabei darauf zu achten, dass diese Kriterien einübbar sind und nicht zu sehr von der Persönlichkeit abhängen. Das grundsätzliche Spannungsfeld bleibt jedoch.

Im Forschungsprojekt wurde die Thematik durch einen weiteren Sachverhalt verschärft: In der Fallstudie 8 (Leistungsbeurteilung bei einer Szenischen Interpretation) sind schauspielerische Leistungen gefordert und werden auch beurteilt. Dabei bewegen sich die Zielsetzungen in hohem Maße innerhalb des ‚personalen Lernbereiches' des erweiterten Lernbegriffs:

Bei einer schauspielerischen Leistung zeigt sich weitaus offensichtlicher als bei einer Präsentation, welches Talent vorhanden ist. Das Einüben einzelner Elemente ist zwar möglich (z.B. Umgang mit Requisiten, Mimik, Gestik), jedoch keinesfalls ausreichend. Im Rahmen der Szenischen Interpretation ist es also unvermeidlich auch Elemente zu beurteilen, die im Rahmen des schulischen Unterrichts nicht oder zumindest nur sehr schwer einübbar sind. Ansonsten wäre die Beurteilung des gesamten Auftretens im Rahmen einer szenischer Darstellung künstlich und würde entscheidende schauspielerische Leistungen negieren. Allerdings wird leicht unterschätzt, welch hohe Lernfortschritte bei schauspielerischen Leistungen möglich sind, gerade auch bei Schülerinnen und Schülern, die zunächst zurückhaltend und unsicher agieren. Manches ist hier über ganz praktische Übungen schneller erlernbar als es auf den ersten Blick erscheint. Diese Lernfortschritte betreffen durchaus den personalen Lernbereich und wären beurteilbar, nicht nur eine abstrakte schauspielerische Qualität.

Wie soll also mit der Beurteilung von eher erlernbaren oder eher nichterlernbaren Fähigkeiten umgegangen werden? Der folgende Gesprächsausschnitt verdeutlicht unterschiedliche Erfahrungen und Positionen:

„Jemand kann nichts dafür, und als Biologin sehe ich das noch einmal anders, wenn er als schüchterner, etwas zurückhaltender Mensch, introvertiert, nach vorne gehen muss und wird jetzt in eine Situation hineingezwungen, die ihm als Mensch nicht liegt. Ein anderer hingegen blüht regelrecht auf, das hat er auch in die Wiege gelegt bekommen und durch irgendwelche Faktoren schon mitgebracht, und bekommt eine ganz tolle Note dafür.

(...)

Genauso verlange ich aber auf der anderen Seite, dass jemand sich schriftlich äußert auch wenn es ihm wesensfremd ist. Vielleicht kann er blendend reden. Ich habe es jetzt in Physik erlebt, da ist ein Schüler der nie gute Arbeiten geschrieben hat, das war immer so fahrig und hier was und dort was, dieser Schüler stand vorne und hat einen strukturierten Vortrag gehalten, mit allem was ich mir vorstelle, was dazu gehört, und ich habe gedacht, ‚Menschenskinder, weshalb bekommt er das nicht auf ein Blatt Papier?‘ Auch vom Verständnis her war es klar, er konnte auf Rückfragen reagieren, das war wirklich toll." (versch. Lehrkräfte T4/ AG 2/ S. 4)

Auch die traditionelle Leistungsbeurteilung überprüft nicht-erlernbare Fähigkeiten: Der traditionell enge Leistungsbegriff forciert kognitives, fachlich-inhaltliches und rezeptives Lernen, dies sind keinesfalls die herausragenden Fähigkeiten aller Schülerinnen und Schüler. In zahlreichen Fächer (Sport, Musik, Kunst) werden zudem unterschiedliche Voraussetzungen akzeptiert und bekanntermaßen problemlos beurteilt und benotet. Eine geringe, beispielsweise mathematische Begabung führt über die gesamte Schulzeit hinweg zu negativen Lernerlebnissen.

Für manche Schülerinnen und Schüler werden persönliche Fähigkeiten erst dadurch offensichtlich, dass sie gefordert werden, im Vorfeld ist jedoch nicht klar, wie ausgeprägt sie sind. Neue Formen der Leistungsbeurteilung können brachliegende Fähigkeiten erwecken und dadurch Schülerinnen und Schülern eine Chance geben, den traditionellen engen Leistungsbegriff zu durchbrechen.

Ein Unterricht, in dem schauspielerische Leistungen beurteilt werden, zielt *unmittelbarer* auf die Förderung persönlicher Fähigkeiten (Selbstvertrauen, Ausdrucksstärke u.a.), die Konkretisierung dieser Zielsetzungen in Teileelemente ist schwieriger als eine Operationalisierung von Zielsetzungen im methodisch-strategischen oder im inhaltlich-fachlichern Lernbereich. Durch dieses Spannungs-feld wird offenkundig, dass die vier Lernbereiche des erweiterten Lernbegriffs un-terschiedlich leicht operationalisierbar, gezielt vermittelbar und erlernbar sind (Abb. 65).

Abb. 65: Operationalisierbarkeit der vier Lernbereiche des erweiterten Lernbegriffs

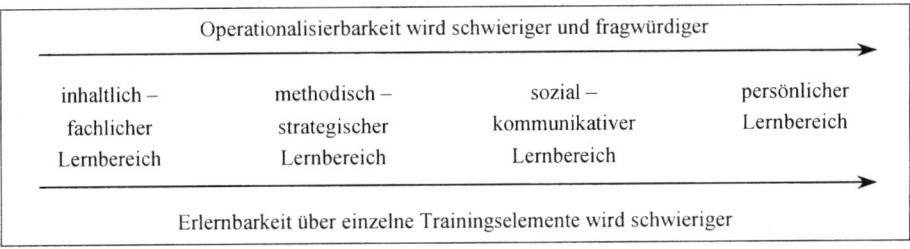

Diese Feststellung korreliert mit der im Forschungsprojekt vielfach bestätigten Er-fahrung, dass in Kriterienkatalogen neuer Beurteilungsformen tendenziell am häufig-sten Kriterien aus dem methodisch-strategischen Lernbereich formuliert sind, weni-ger häufig aus dem sozial-kommunikativen Lernbereich und noch seltener konkrete Kriterien aus dem persönlichen Lernbereich. Die Lernbereiche werden (nach rechts) komplexer und schwerer erlernbar.

Auch in der Fallstudie 8 (Leistungsbeurteilung bei einer Szenischen Interpretati-on) wurden nur wenige konkrete Kriterien formuliert, die unmittelbar dem persönli-chen Lernbereich zuzuordnen wären. Die wenigen Kriterien (z.B. ‚Du hast die Figur gut dargestellt') sind zudem gering gewichtet (geringe Punktzahl) und in mehrere Beurteilungsbausteine (auch schriftliche Produkte) eingebettet, sie sind also insge-samt nicht hoch bewertet.

Das Prinzip, dass alles, was beurteilt wird, im vorherigen Unterricht vermittelt wur-de und erlernbar sein muss, wurde in den Fallstudien unterschiedlich konsequent berücksichtigt. Dies zeigt sich in zweifacher Hinsicht.

Erstens wurde der vorherige Unterricht unterschiedlich konsequent auf die später beurteilten Kriterien ausgerichtet. Die konsequenteste Vorgehensweise zeigt sich den Fallstudien 9 und 10. Der Unterricht ist hier differenziert und systematisch auf die Vermittlung und Einübung konkreter Elemente des späteren Beurteilungsbogens ausgerichtet: *Jedes einzelne Kriterium wurde vorher ausführlich eingeübt, der Krite-rienkatalog ist trotzdem umfangreich. Die Erwartungen sind deutlich präzisiert. Im Unterricht wurden daher sämtliche Ressourcen (Zeit, Kompetenzen, Konzept u.a.) äußerst zielorientiert und langfristig geplant eingesetzt. In anderen Fallstudien wur-den die Kriterien zwar auch eingeübt, jedoch weniger systematisch und weniger zielorientiert, d.h. auch der Ressourceneinsatz war weitaus geringer. Es ist kein Zufall, dass der Unterricht in den Fallstudien 9 und 10 konsequent auf ein selbstor-ganisiertes Lernen umgestellt ist, es geht also nicht um eine phasenweise Verände-rung des Unterrichts. Nur durch diese konsequente Umstellung konnten die notwen-digen Ressourcen geschaffen werden, um die einzelnen Beurteilungskriterien und Kompetenzen zielorientiert anzustreben.

Zweitens wurden Beurteilungskriterien immer noch zu abstrakt formuliert, d.h. sie sind nicht konkret genug, so dass sie wirklich in vermittelbare Lernziele und

Lernschritte ‚zerkleinert' werden konnten. Erst dann ist es jedoch möglich, diese zu vermitteln und zu überprüfen. Auch dies zeigt sich im Vergleich zu den Fallstudien 9 und 10. Zwei Beispiele aus der Fallstudie 9 verdeutlichen dies:

> Beispiel: ‚Ich habe methodische Vorschläge zur Verbesserung der Gruppenarbeit eingebracht'

> Beispiel: ‚Wir haben für jede Arbeitsphase ein Ziel formuliert und seine Erreichung überprüft. Die Überprüfung hatte Konsequenzen.'

Die einzelnen Elemente dieser Kriterien sind vermittelbar (z.B. ‚methodische Vorschläge zur Verbesserung der Gruppenarbeit'), sie sind konkret, beschreibbar und können daher überprüft werden. Der gesamte Unterricht ist auf die Erfüllung der Kriterien ausgerichtet, er ist in hohem Maße zielorientiert. Beispiele aus anderen Fallstudien zeigen Kriterien, die allgemeiner formuliert sind:

> Beispiel: ‚Mimik: mit natürlichem Ausdruck, entspannt, freundlich ⇔ gekünstelt, angespannt, unfreundlich, ohne Ausdruck.'

> Beispiel: ‚Du hast in dieser Szene deine Figur gut dargestellt'

Die Vermittlung und das Erlernen dieser beiden Kriterien ist schwieriger, sie sind weniger konkret.

Durch diese beiden Hinweise wird deutlich:

> Je konkreter die Kriterien sind, desto leichter können sie vermittelt und erlernt werden und desto geringer ist die Gefahr, dass Persönlichkeitsmerkmale beurteilt werden.

Der Rückschluss gilt ebenso: Je unkonkreter die Kriterien formuliert sind, desto schwieriger ist ihre Vermittlung und desto größer die Gefahr, dass Persönlichkeitsmerkmale beurteilt werden. Der Zusammenhang zwischen zugrundeliegendem Unterricht und dem konkreten Beurteilungskriterium wird deutlich.

Das Spannungsfeld um ‚erlernbare' und/ oder ‚nicht-erlernbare' Fähigkeiten ist nicht endgültig aufzulösen. Zur Vermeidung persönlichkeitsverletzender Beurteilungen können folgende Hinweise hilfreich sein:

- Generell gilt: Der Beurteilungsprozess muss transparent sein, die Beurteilungskriterien müssen gemeinsam diskutiert und reflektiert werden (Transparenz und kommunikative Validierung).

- Der pädagogische Leistungsbegriff ist anzuwenden (z.B. individuelle Bezugsnorm, Subjektbezug).

- Die Kriterien müssen konkret formuliert sein, ausreichend eingeübt werden und für alle Schülerinnen und Schüler im Unterricht erlernbar sein.

- Der Erwerb und die Beurteilung nicht-erlernbarer Kriterien müssen durch eine persönliche Lernberatung begleitet werden, so dass gemeinsame Handlungsperspektiven formuliert werden können.

Die Problematik kann weiter entspannt werden, wenn Kriterien, die tendentiell nur schwer erlernbar sind, z.B. aus dem sozial-kommunikativen Lernbereich, bei der Beurteilung gering gewichtet sowie als verbale Beurteilung und nicht als Note ausgewiesen werden.

4.5 Zusammenfassung

(1) Im Unterrichtsalltag wird zwar beobachtet, jedoch zufällig und nur gelegentlich. Eine geplante und strukturierte Beobachtung findet nicht statt.

(2) Die geplante und systematische Beobachtung ist eine grundlegende notwendige Kompetenz zur Durchführung neuer Formen der Leistungsbeurteilung, insbesondere bei der Beurteilung der Bausteine ‚Präsentation‘ und ‚Prozess‘.

(3) Zur Beobachtung sind ein klar strukturierter Bogen und konkrete Kriterien notwendig. Der Konfiguration des Beobachtungsbogens und der Formulierung der Kriterien kommt eine entscheidende Bedeutung zu, beides muss handhabbar und alltagstauglich sein. Die folgenden Hinweise können dabei hilfreich sein:

- Der Beobachtungsbogen muss der Struktur des Unterrichts angepasst werden.
- Nicht die Kompetenz wird beurteilt, sondern bewertbare Elemente der Performanz.
- Die Kriterien müssen für Lehrkräfte und Lernende sprachlich verständlich sein.
- Es hat sich bewährt, auf dem Beobachtungsbogen Raum zu lassen für verbale Anmerkungen *und* für eine Skalierung zum Ankreuzen.
- Sofern möglich, sollten die Beobachtungskriterien chronologisch angeordnet werden.
- Leistung ist ganzheitlich, beobachtbare Leistungen können daher nur selten überschneidungsfrei einem bestimmten Lernbereich zugeordnet werden.
- Es hat sich bewährt, nur wenige Schülerinnen und Schüler in einer Unterrichtsstunde zu beobachten (ca. drei).
- Manche Kriterien können aus der Ferne beobachtet werden, andere Kriterien können nur aus unmittelbarer Nähe beurteilt werden.
- Wahrnehmungen sind unterschiedlich, die Beobachtungsergebnisse sollten daher möglichst kommunikativ validiert werden.
- Manche Verhaltensweisen können positiv, bei starker Ausprägung jedoch auch negativ sein.
- Die Beobachtungssituation muss gut vorbereitet und organisiert werden.
- Die Fähigkeit zu beobachten muss erst entwickelt werden.
- Ein Beobachtungsbogen muss nicht vollständig ausgefüllt werden.
- Zwischen Beobachtungskriterium und der jeweiligen Lernumgebung besteht ein enger Zusammenhang.

(4) Beobachtungs- und Beurteilungskriterien müssen zunächst vermittelt und eingeübt werden, erst dann können sie beurteilt werden. Nicht alle Kriterien sind jedoch leicht operationalisierbar, bei Kriterien aus dem fachlich-inhaltlichen Lernbereich und aus dem methodisch-strategischen Lernbereich ist dies einfacher, bei Kriterien aus dem sozial-kommunikativen und aus dem persönlichen Lernbereich ist dies schwieriger.

(5) Wenn Beurteilungskriterien zu allgemein formuliert sind, dann ist die Gefahr größer, dass dadurch Persönlichkeitsmerkmale beurteilt werden und die Kriterien nicht gezielt vermittelt und gelernt werden können.

(6) Beurteilungskriterien, die im Unterricht nicht oder kaum erlernt werden können, sollten vermieden werden. Sie sollten ggfs. eher verbal beurteilt und auf jeden Fall durch eine Lernberatung begleitet werden.

5 Weitere zentrale Themen neuer Formen der Leistungsbeurteilung

5.1 Zur Schuljahresplanung

Mögliche Schritte und Phasen

In vorherigen Kapiteln wurden bereits Überlegungen zum Ablauf einer systematischen Unterrichtsbeobachtung und zum Ablauf einer Präsentationsbeurteilung vorgestellt. Nun folgen weitere Hinweise, die aus den Erprobungen resultieren.

Die Planung der Schuljahres verläuft traditionellerweise persönlich, fachspezifisch und beschränkt auf den zu vermitteln Lehrstoff. Das gängige Instrument hierfür ist der Stoffverteilungsplan. Ein ähnlicher Plan ist für die Umsetzung des erweiterten Lernbegriffs im Unterrichtsalltag notwendig. Im Forschungsprojekt wurde dies zumindest für die beurteilungsrelevanten Unterrichtsphasen größtenteils berücksichtigt, den Fallstudien 9 und 10 liegt eine über mehrere Schuljahre hinweg geplante Unterrichtskonzeption zu Grunde.

Abb. 66 zeigt mögliche Schritte und Phasen bei der Planung des Schuljahres[45] bzw. einer Unterrichtseinheit. Die Abbildung ist stark vereinfacht. Manche Phasen laufen parallel (z.B. Auswertung und Leistungsdokumentation), andere müssen eingeschoben werden (z.B. Pausen), es gibt Rückschritte und vermeintlichen Stillstand.

Wesentliche Elemente bei der Schuljahresplanung

Abb. 66 dokumentiert keine linearen Phasen, diese sind im Unterrichtsalltag nur ansatzweise erkennbar. Wesentliche Elemente können jedoch verdeutlicht werden:

Passung Unterricht- Beurteilung

Neue Beurteilungsformen korrelieren mit der jeweiligen Unterrichtskonzeption und dem daraus entstehenden Lernarrangement, die beide zunächst zu klären sind. Der Begriff der Unterrichts*konzeption* verdeutlicht eine langfristige und zielorientierte Planung, die gegen die parzellierende Wirkung des Unterrichtsalltags resistent ist und von Beginn an die notwendigen Ressourcen reflektiert und freihält.

Unterschiedlicher Zeitumfang

Der Ablauf kann auf das gesamte Schuljahr bezogen werden (z.B. bei einer systematischen Unterrichtsbeobachtung), innerhalb dessen dann einzelne ‚kleinere‘ Phasen (z.B. Beobachtungsrunden) durchgeführt werden. Der Ablauf kann auch aus einer einzigen Phase bestehen (z.B. bei einem mehrwöchigen projektorientierten Unterricht).

---

[45] Die Organisation des gesamten Schuljahres kann über das Instrument des Jahresarbeitsplanes konkretisiert werden (Harrer 1991, Schubert 1998, Bohl 1998), damit ist auch die Verbindung zu Fächerstunden und zu weiteren schulischen Terminen möglich.

Abb. 66: Schritte bei der langfristigen Planung des Unterrichts und neuer Beurteilungsformen – stark vereinfachtes Schema

Phase		Konkretisierung	Beispiel
Zustimmung zu unterrichtlichen Leitbildern		• pädagogischer Leistungsbegriff • erweiterter Lernbegriff	
Unterrichtskonzeption erstellen		• Zielsetzungen und anzustrebende Kompetenzen konkretisieren	selbstständiges Erarbeiten und Präsentieren von Fachinhalten
Akzeptanz und Zustimmung anstreben		• Kolleginnen und Kollegen, Schulleitung • Schülerinnen und Schüler • Eltern	
Lernarrangement konzipieren		• Unterrichtsarrangement, Organisation, Zeitbedarf, Ressourceneinsatz, Schuljahresplanung etc.	‚Schülerunterricht'
Phase 1	Techniken bestimmen, verschriftlichen und einüben	• Schwerpunkte setzen • schriftliche Übersicht • Übungsphasen einplanen	Was gehört zu einer guten Präsentation?
	mögliche Beurteilungskriterien festlegen	• Beurteilungsbausteine und –kriterien festlegen	Präsentation: Struktur, Umgang mit Medien etc.
	beurteilungsfreie Probephasen	• reduzierte Komplexität • exemplarische Übungen • gemeinsam beurteilen (Schü. u. L.)	
	Auswertung, Reflexion, Konsequenzen	• Welche Kompetenzen/ Techniken bereiten Probleme? • Wo ist die Beurteilung problematisch, wo klappt sie gut?	zu viele Kriterien
	Wiederholen, Korrigieren, Üben	• Problemfelder bearbeiten • endgültige Beurteilung klären	Kriterienkatalog kürzen
	Durchführung der Beurteilung	• Anwendung der vereinbarten Beurteilungskriterien	
	Auswertung, Reflexion, Konsequenzen	• Welche Kompetenzen/ Techniken bereiten Probleme? • Wo ist die Beurteilung problematisch, wo klappt sie gut?	
	Leistungsdokumentation	• Note, verbale Beurteilung	
	Lernberatung	• Beratungsgespräch mit einzelnen Schülerinnen und Schülern	
	Lernprognose	• Was folgt aus der Beratung für die Zukunft?	persönliche Vorhaben, systemische Unterstützung
	Pädagogische Handlung	• Veränderung des Lernarrangements • Neue Schwerpunkte bei der Vermittlung und Beurteilung	Progression, Erhöhung der Komplexität
Phase 2	(...)		

Probephase

Vernachlässigt, aber dringend notwendig, ist ein beurteilungsfreier Probedurchlauf. Dabei werden Beurteilungskriterien erprobt und anschließend verändert. Ein Probedurchlauf sorgt für Transparenz des Beurteilungsprozesses, vermeidet sachlogische Fehler und entlastet daher von Missverständnissen und Problemen. Der Probedurchlauf kann mit reduzierter Komplexität durchgeführt werden: Nur wenige Schülerinnen und Schüler führen eine ‚Probepräsentation' durch, der Kriterienkatalog ist reduziert, die Beobachtung kann auch arbeitsteilig in Schülergruppen durchgeführt werden u.a.

Unsteter Verlauf

Der Ablauf ist nicht statisch, sondern variabel und dynamisch. Regelmäßige Auswertungs- und Reflexionsphasen korrigieren Fehlentwicklungen und sorgen für Transparenz und Akzeptanz. Trotz des zuweilen steinigen Alltags folgt das Vorgehen einer grundsätzlichen Zielformulierung, die zu Beginn im Rahmen der Unterrichtskonzeption festgelegt wurde. Das Vorgehen ist damit nicht zufällig und nicht zu stark von alltäglichen Veränderungen abhängig.

Übungsphasen

Die später beurteilten Kompetenzen und Techniken müssen vermittelt und eingeübt werden. Dafür muss ausreichend Zeit disponiert werden.
Progression
Die gesamte Unterrichtskonzeption und damit auch die Leistungsbeurteilung folgt einer Progression. Der Anspruch an die Kompetenzen und die Beurteilungskriterien wird höher. Innerhalb einer Phase, innerhalb eines Schuljahres oder/ und innerhalb mehrerer Schuljahre findet ein Steigerung des Anspruchs statt. Die vier Lernbereiche des erweiterten Lernbegriffs folgen damit idealtypischerweise einer curricularen Progression. Einige Möglichkeiten seien genannt, die zu einer langfristigen Progression führen:

- Erhöhung der Zahl der Beurteilungskriterien: Für die Beurteilung einer bestimmte Kompetenz (z.B. Präsentationskompetenz) werden mehr Kriterien angelegt.

- Erhöhung des Anspruches: Ein Kriterium kann strenger und weniger streng beurteilt werden (z.B. freies Reden bei einer Präsentation, Gestaltung des Lernplakates).

- Schülerinnen und Schüler können sich zunehmend selbst Ziele setzen, diese in konkrete Formulierungen fassen und beurteilen.

- Schülerinnen und Schüler können zunehmend Selbst- und Mitbeurteilung durchführen.

Weiterführende Konsequenzen

Die Leistungsbeurteilung ist in eine Einheit von Lernberatung, Lernprognose und weiteren pädagogischen und systemischen Handlungen eingebettet. Sie ist also nicht auf die Zuweisung von Noten und Berechtigungen beschränkt, sondern beansprucht explizit ihre pädagogische Funktion. In den Fallstudien wird dies verschiedentlich beschrieben, z.B. durch Einzelberatungen (F1, F2, F3, F4, F5), Gruppenberatungen (F9, F10), Formulierung persönlicher Lernvorhaben (F1, F3), Einbindung von Experten (F1). Die Anbindung der fachspezifischen und persönlichen Lernberatung an systemische Unterstützung ist gleichwohl ein zumeist brachliegendes Entwicklungsfeld. Daher ist die Lernberatung, Lernprognose und weiterführende pädagogische Handlung im Unterrichtsalltag zumeist an die Reichweite und Leistungsfähigkeit der einzelnen Lehrkräfte gebunden.

Die Durchführung neuer Formen der Leistungsbeurteilung ist bei großen Klassen oftmals schwierig, z.B. wenn zahlreiche Präsentationen durchgeführt werden. In der Fallstudie 6 wurde daher mit einem Schülerkonto gearbeitet. Dies ist eine gute Möglichkeit, um vielfältige Leistungen anzubieten und zu beurteilen und nicht gleichzeitig durch eine aufwändige Vereinheitlichung eingeschränkt zu sein.

5.2 Zur Leistungsdokumentation: Note und/ oder verbale Beurteilung, Zeugnisbeilage, Portfolio?

Erprobte Varianten

Im Forschungsprojekt wurde verschiedene Varianten erprobt (Abb. 67).

Abb. 67: Leistungsdokumentationen – erprobte Varianten

Dokumentationsformen	Fallstudien									
	1	2	3	4	5	6	7	8	9	0
Note	x	x		x	x	x	x	x	x	x
verbale Beurteilung (auch kurze Testate)	x		x		x		x	x		x
Beilage zum Zeugnis (Beobachtungsbogen)	x		x							
Portfolio									x	
Erläuterung im Einzel- oder Gruppengespräch	x	x	x	x	x					x

In der Abbildung sind (als verbale Beurteilung verstanden) auch Einzel- und Gruppengespräche enthalten, in denen die beurteilten Leistungen begründet und erläutert wurden. Diese können, da sie in gewisser Weise schriftliche verbale Beurteilungen ergänzen oder ersetzen, in weitem Sinne als Dokumentationen bezeichnet werden. Als verbale Beurteilungen bezeichne ich im Folgenden auch schriftliche Anmerkungen auf Beobachtungs- oder Beurteilungsbögen. Dies voraussetzend, wurden fast durchweg kombinierte Verfahren angewandt, zumeist Noten *und* verbale Beurteilungen. In einem Fall konnten Schüler ein Portfolio mit verschiedenen Dokumentationen aus dem vergangenen Unterricht zusammenstellen. In zwei Fällen wurden Beobachtungsbögen dem Zeugnis beigelegt. Damit sind individuelle und verschiedene Wege ersichtlich.

Zur Dokumentation neuer Beurteilungsformen sind Mischformen geeignet, je nach unterrichtlicher Situation. Dabei bezieht sich die verbale Beurteilung vorwiegend auf den Prozess, Noten werden eher für Präsentationen und Produkte vergeben.

Diese Feststellung darf jedoch nicht darüber hinweg täuschen, dass in den einzelnen Fallstudien die Frage ‚Note – ja oder nein' zentral, zum Teil entscheidend war.

Die Frage ‚Note – ja oder nein' bedeutet für die einzelne Klasse eine wichtige Vorentscheidung

Die Frage ist nicht durch eine lapidare Entscheidung geklärt, vielmehr geht damit die Offenheit, die Experimentierfreudigkeit und Motivation der Schülerinnen und Schüler einher. Für Lehrerinnen und Lehrer wird die Frage zum einen pädagogisch verstanden (‚Macht es Sinn, ist es verantwortbar hierfür eine Note zu geben?'), zum anderen spielt der Gedanke der Belastung bzw. Entlastung eine wichtige Rolle: Der Ersatz einer Klassenarbeit wirkt entlastend, da zumindest die aufwändigen Korrekturarbeiten entfallen; allerdings sind andere Dokumentationsformen noch aufwändiger, insbesondere verbale Beurteilungen.

Schülerinnen und Schüler befürworten die *Benotung* nicht-fachlich-inhaltlicher Leistungen, sie sind froh darüber, dass andere Leistungen damit aufgewertet werden (S. 307). Diese Zustimmung muss jedoch durch drei Einschränkungen relativiert werden:

- Die Benotung im Rahmen einer systematischen und langfristigen *Unterrichtsbeobachtung* (F1, F3) wird sehr skeptisch betrachtet, zumindest wenn noch keine Erfahrungen damit vorliegen. Dies würde offensichtlich Druck erzeugen und stärker als Kontrolle und Disziplinierung verstanden werden. Möglicherweise würden die Bedenken im Laufe der Zeit, wenn mehr Erfahrungen vorliegen, relativiert werden. Die Nicht-Benotung fördert die Offenheit gegenüber der systematischen Unterrichtsbeobachtung.

- Schülerinnen und Schüler haben ein feines Gespür dafür, wann *Persönlichkeitsmerkmale* beurteilt werden, eine Benotung lehnen sie bei solchen Kriterien ab (z.B. bei einer Präsentation, F10): Eine gute Alternative scheint zu sein, hierfür eine persönliche verbale Rückmeldung zu geben:

  > „Ich finde es gut, dass sie das hinschreibt, aber in die Note sollte das nicht, denn das ist ja etwas Persönliches. Es ist aber wichtig, dass man weiß, welche Mängel man hat und dass man diese verbessern kann. Das finde ich gut." (Schülerin – L 10/ 1/ S. 9)

- Verschiedene Hinweise (z.B. Teampartnerin zu F8) deuten darauf hin, dass Schülerinnen und Schüler der Selbst- und Mitbeurteilung in *Prüfungsphasen*, wenn also die Endnote in den Abiturblock einfließt, skeptisch gegenüber stehen. Sie lehnen es insbesondere ab, ihre Mitschülerinnen und Mitschüler zu beurteilen und dadurch gegebenenfalls eine Verschlechterung der Note zu bewirken, z.B. bei der Mitbeobachtung einer Präsentation.

In den genannten Fällen hat es sich durchweg bewährt, die Bedenken der Schülerinnen und Schüler ernst zu nehmen, auf eine Benotung zu verzichten und zunächst gemeinsam Erfahrungen zu sammeln. Die Benotung einer Gruppenleistung wird ebenfalls kritisch gesehen, allerdings hängt die Beurteilung dieser Frage häufig davon ab, wie die Gruppe agiert: Wenn der ‚Teamgeist' gut ist, wird eine unterschiedliche Beurteilung als ungerecht empfunden. Eine Schülerin formuliert dies:

> „Alle machen es gut und bemühen sich. Dann ist es blöd, wenn einer aus der Gruppe eine bessere Note erhält." (Schüler – L7/ 1/ S. 2)

Bei einer leistungsschwachen oder heterogenen Gruppe hingegen kommt es zur Benachteiligung einzelner Gruppenmitglieder, die sich dann ebenfalls ungerecht behandelt fühlen.

Übergang von Kriterienkatalogen zu Noten

Die Kriterienkataloge sind zum Teil komplex, d.h. eine Note resultiert aus verschiedenen Bausteinen (z.B. Produkt und Präsentation) und jeweils unterschiedlichen Kriterien. Wie kann der Übergang von der Kriterienbeurteilung zur Note erfolgen? Grundsätzlich sind zwei Wege möglich:

- *Die Note wird mathematisch ermittelt* (z.B. F8, F9, F10): Jedes Kriterium wird dabei mit einer bestimmten Höchstpunktzahl gewichtet, die jeweils erreichten Punkte werden addiert und über eine Punkte-Noten-Skala (z.B. 90-Punkte-Schlüssel) in eine Note umgerechnet. Hier ist darauf zu achten, dass nicht Details zu stark gewichtet werden und die Endnote den Gesamteindruck widerspiegelt.

- *Die Note kann argumentativ ermittelt werden* (z.B. F2, F4, F5): Die vorliegenden Kriterien werden soweit wie möglich mit dem vorgesehenen Punkteschema beurteilt und anschließend mit dem Gesamteindruck der Leistung abgeglichen. Dies bietet sich besonders bei einer Präsentation an, hier bestätigt die mathematisch berechnete Note nicht immer den Gesamteindruck, da die Kriterien die Leistung nicht in ihrer gesamten Breite abdecken. Dies trifft besonders dann zu, wenn aufgrund fehlender Beobachtungserfahrung berechtigterweise nur wenige Kriterien angelegt wurden. Zudem kommt es häufig vor, dass manche Kriterien nicht immer angewandt werden können, z.B. ist das Kriterium ‚Umgang mit Medien' bei einer Gruppenpräsentation nicht immer relevant, weil nicht alle Gruppenmitglieder Medien verwenden. Bei dieser Vorgehensweise ist darauf zu achten, dass die Endnote trotzdem transparent ist und begründet werden kann.

Die erarbeiteten Beurteilungskriterien sind insgesamt Hilfsinstrumente, die Transparenz ermöglichen und Lehrende und Lernende entlasten. Auch eine ausschließlich mathematische Berechnung ist nicht per se gerechter oder objektiver, sie ist ebenso in den gesamten Beurteilungsprozess eingebettet und entlastet die Lehrkräfte nicht von einer reflektierten und verantwortungsbewussten Beurteilung.

Gemischte Dokumentationsformen am Ende einer projektorientierten Unterrichtsphase

In allen Fallstudien, in denen ein i.w.S. projektorientierter Unterricht durchgeführt worden war, wurde am Ende ein übersichtliches Beurteilungsblatt zusammengestellt (F2, F4, F5, F6, F7, F8, F9, F10). Das Beurteilungsblatt wurde von der Lehrkraft im Laufe der Unterrichtsphase ausgefüllt. Die Leistungen sind aufgeteilt in die verschiedenen Beurteilungsbausteine (z.B. Präsentation und Produkt), sie belegen die jeweils erreichte Punktzahl bzw. Note oder begründen die Beurteilung (zusätzlich) verbal. Über die Beurteilungsblätter wird die notwendige Transparenz geleistet, sie sind zudem für Lehrerinnen und Lehrer unerlässlich, um den Überblick über die einzelnen Leistungen zu behalten.

Schülerinnen und Schüler erhalten eine weitaus differenziertere Rückmeldung als bei einer traditionellen Beurteilung, auch ohne weitere Beratungsgespräche.

Die Problematik der Notengebung bei fächerübergreifenden Beurteilungen

Problematisch ist in allen fächerübergreifenden Fällen, in denen eine Benotung nicht-fachlich-inhaltlicher Leistungen durchgeführt wurde, die Zuordnung der entstandenen Teilnoten zu den Fächern:

„Der schwierigste Punkt, mit dem wir uns im Laufe der Vorüberlegungen auseinandersetzen mussten, war die Frage, was denn wie beurteilt werden kann und wie die Noten in den beteiligten Fächern aufgenommen werden sollten." (F4/ Kap. III.4.1)

Jeder Fachlehrer und jede Fachlehrerin muss dabei entscheiden, welche Leistung ‚fachkompatibel' ist und in welchem Anteil sie ins Fach einfließt. Die dadurch entstehenden Gewichtungen und Verteilungen ergeben eine außerordentlich diffizles und ausdifferenziertes Bild (F4/ S. 141ff). Diese Problematik ist strukturell bedingt: Sofern die Leistungen als Note dokumentiert werden, ist eben kein Ort für fächerübergreifende Noten vorgesehen, also muss die Leistung ‚irgendwie' wieder in die beteiligten Fächer rückgeführt werden. Die Einigung unter den beteiligten Lehrern und Lehrerinnen über die gesamte Konzeption der Beurteilung bedarf einer aufwendigen Kooperation vor, während und nach den jeweiligen Unterrichts- und Beurteilungsphasen.

Beobachtungsbogen als Zeugnisbeilage

In zwei Fallstudien (F1, F3) wurde dem Zeugnis ein ausgefüllter Beobachtungsbogen beigelegt. Dies scheint aus verschiedenen Gründen eine alltagstaugliche und wirksame Maßnahme zu sein:

- Im Gegensatz zur verbalen Beurteilung entsteht der Beobachtungsbogen sukzessive und direkt aus dem Unterricht. Der Aufwand bis zur zeugniswürdigen Erstellung ist zwar hoch, jedoch geringer als bei der verbalen Beurteilung.

- Der Beobachtungsbogen verdeutlicht die langfristige und systematische Arbeitsweise. Die Beilage ist daher die konsequente Fortsetzung und ein konkretes Ziel der bisherigen Arbeit.

- Der Beobachtungsbogen als Zeugnisbeilage ist explizit in vorbereitende (kontinuierliche Beobachtung, Lernberatung, Reflexionsphasen etc.) und nachbereitende Maßnahmen (Elterngespräch, Lernprognose) eingebettet und damit in der gegenwärtigen Lernbiographie der einzelnen Schülerinnen und Schüler fest verankert.

- Weil der beiliegende Beobachtungsbogen als Grundlage weiterer Beratungsgespräche dient, muss er nicht vollständig ausgefüllt werden. Problematische Themen können mündlich geklärt werden und müssen nicht in ausführliche und sprachlich gewundene Formulierungen umgesetzt werden. Dies bewirkt eine äußerst hohe Entlastung und Motivation für Lehrerinnen und Lehrer.

- Durch einen Hinweis auf dem originären Zeugnisblatt („Dem Zeugnis liegt ein Merkmalsbogen zum Lern- und Arbeitsverhalten im Rahmen der Still- und Freiarbeit bei.") erhält der Beobachtungsbogen einen offiziellen Charakter.

- Die Beilage kann inhaltlich und visuell flexibel gestaltet werden, sie entspringt den jeweiligen Bedingungen und Interessen des Unterrichts, der Klasse und der beteiligten Lehrkräfte.

Die Beilage zum Zeugnis ist eine Dokumentationsform, die den Spezifika einzelner Schulen bzw. einzelner Lehrerteams entgegenkommt, sie kann situativ und flexibel gestaltet werden und Arbeitsschwerpunkte belegen.

Portfolio

In der Fallstudie 9 erstellten die Schüler ein Portfolio, d.h. sie sammelten in einer speziellen Mappe vorzeigefähige Dokumente und Beurteilungen (F9, S. 250). Die Mappe kann bei Bewerbungen vorgelegt werden und weist spezielle Leistungen aus, die über das Zeugnis und die entsprechenden Noten ansonsten nicht dokumentiert wären. Der Lehrer zeichnet alle Dokumente ab, belegt also den Stellenwert und die Korrektheit der Unterlagen. Der Sinn des Portfolio ist für die meisten Schüler einleuchtend:

> „S3: Es bringt mir auch Bestätigung. Wenn ich so etwas mache, sehe ich manchmal keinen Sinn drin. Aber so eine Portfolio mit der Bestätigung vom Lehrer... Da weiß ich: Ich hab was drauf und das wird anerkannt und geht nicht verloren." (L9/ 1/ S. 10)

Allerdings ist hierfür ein sorgfältiger und selbstständiger Umgang mit den Dokumenten notwendig, dies fällt manchen Schülern äußerst schwer.

> „S2: Den theoretischen Wert sehe ich auch. Ich habe auch noch alle Unterlagen, die Frage ist nur wo... Aber im Prinzip ist das wichtig." (L9/ 1/ S. 10)

> „S3: Ich mache es auf jeden Fall, wenn ich die Blätter noch zusammenkriege..." (L9/ 1/ S. 10)

Das Zusammenstellen des Portfolio ist nicht einfach. Alle Dokumente müssen verfügbar sein, d.h. frühzeitig gesammelt und archiviert werden. Die Dokumente selbst müssen sauber und präsentabel sein. Die Leistungsnachweise müssen reflektiert und für die jeweilige Bewertungssituation ausgewählt werden. Die Zusammenstellung eines Portfolios folgt damit bildungstheoretischen Zielsetzungen wie Selbstständigkeit, realistische Selbsteinschätzung, Eigenverantwortlichkeit.

Portfolio ist insgesamt eine bisher wenig genutzte Dokumentationsform. Sie bietet sich besonders für höhere Klassen an, wenn Bewerbungen nahen.

5.3 Zur Lehrerrolle: Zentrale Aufgabenfelder, veränderte Arbeitsweise, berufsbiografische Erfahrungen

Zentrale Aufgabenfelder während des Unterrichts

Der Kern des Unterricht, der unseren Erprobungen zugrunde liegt, ist auf selbstständiges Lernen ausgerichtet. Ein solcher Unterricht bedarf in vielfältiger Hinsicht einer kompetent agierenden Lehrkraft. Zum einen ist die Frage aufgeworfen, inwiefern sich das Lehrerbild grundsätzlich verändert, welches Lehrerleitbild zu beschreiben wäre. Zum zweiten, und das war im Rahmen unserer Erprobungen regelmäßig ein wichtiges Thema, verändert sich die Rolle im konkreten Unterricht: Viele verschiedene Aufgaben sind mit hohem Zeit- und Handlungsdruck zu bearbeiten, was ganz besonders bei der Prozessbeurteilung evident wird. Die folgenden sechs Aufgaben können im Verlauf einer Unterrichtsstunde oder einer Unterrichtseinheit auftreten: Organisieren, Erziehen, Beraten, Beurteilen, Lehren, Reflektieren.

(1) Organisieren

Der Unterricht fügt sich häufig nicht in die schulische Struktur bzw. in die schulischen Lern- und Arbeitsbedingungen ein. Daher ist es nicht immer möglich, bereits im Vorfeld alle organisatorischen Notwendigen zu klären. Während des Unterrichts treten daher Situationen auf, in denen sofort gehandelt werden muss: Lern- oder Arbeitsmaterial beschaffen, Kopien erstellen, Räume für eine Gruppenarbeit ausfindig machen, Computerzugang ermöglichen u.a.. Erschwerend kommt hinzu, dass durch die Parzellierung des schulischen Alltags die räumliche und zeitliche Flexibilität äußerst gering ist.

(2) Erziehen

Erziehen, als eine bewusste und intentionale Einflussnahme, ist schularten- und schulstufenspezifisch in unterschiedlicher Weise notwendig. Im Unterricht der gymnasialen Oberstufe spielt die Erziehung fast keine Rolle, in manchen Unterstufen ist sie die vorrangige Aufgabe und überlagert Lernprozesse. Dadurch ist in der gymnasialen Oberstufe die Freiheit der Lehrkraft zur zielgerichteten Prozessbegleitung höher. Bereits wenige erziehungsbedürftige Schülerinnen oder Schüler können die Aufmerksamkeit eines Lehrers im Unterricht vollkommen in Anspruch nehmen und hohe Belastungen bewirken.

(3) Beraten

Die Lernberatung gewinnt im Kontext neuer Beurteilungsformen eine neue und gewichtige Bedeutung. Die spätere Beurteilung wirft ihre Schatten voraus und verpflichtet zu einer Beratung, die den Unterrichtsprozess und den Lernprozess Einzelner stabilisiert. Eine spätere, schlechte Beurteilung wirft bei Lehrkräften die Frage auf, ob durch eine frühzeitige und bessere Beratung die Leistung hätte beeinflusst werden können.

Die Beratung muss organisiert werden: Wieviel Zeit wird zur Beratung verfügbar gemacht (z.B. im Vergleich zur Beobachtung)? Wie häufig werden leistungsschwache Gruppen oder Lernende beraten? In welchen Arbeitsphasen ist Beratung besonders wichtig? Welche Hilfen kann ich dann anbieten? Die Beratungssituation selbst muss mit den Lernenden besprochen und definiert werden, damit der Zusammenhang zwischen Beratung und Beurteilung transparent ist. Der Begriff ‚Beratung' kann unterschiedlich aufgefasst werden: Die Beratungssituation kann von der Lehrkraft ausgehen, die z.B. sieht, dass eine Gruppe nicht vorankommt; die Beratung kann auch auf Gesuch von Lernenden zustande kommen. Auch dies muss geklärt werden, weil es vorentscheidend für den Arbeitsprozess und für die Rolle der Lehrkraft im Unterricht ist.

Je konkreter die Beratung verläuft (z.B. wenn eine leistungsschwache Gruppe nicht vorankommt und die weiteren Phasen genau definiert werden), desto eher stellt sich die Frage, ob die Leistung dann noch als originär bezeichnet und beurteilt werden kann. Andere Gruppen arbeiten selbstständig und kommen ohne Beratung aus – ist dies dann eine höhere Leistung? Beratung darf nicht bestraft werden, sonst werden Lernfortschritte verhindert. Es ist zudem eine zu erlernende Fähigkeit von Schülerinnen und Schüler, innerhalb eines Arbeitsprozesses ein Problem zu erkennen, es zu beschreiben und problemorientiert und gezielt nach Beratung zu fragen. Im Rahmen eines differenzierten Unterrichts ist daher auch eine differenzierte und bedürfnisorientierte Beratung notwendig. Allerdings müssen die aus der Beratung resultierenden Vereinbarungen von den Schülerinnen und Schülern dann auch aufgegriffen oder *begründet* verworfen werden.

Für Lehrerinnen und Lehrer ist die gezielte und problemorientierte Beratung schwierig, besonders in einem differenzierten Unterricht. Verschiedene Arbeitsgruppen sind auf einem unterschiedlichen und ständig wechselnden Arbeitsstand, die jeweilige Problemsituation ist daher nicht immer sofort erkennbar. Wenn das Problem erkannt ist, muss daraus eine weitere Vereinbarung erfolgen. Ist die Problemlage komplex, dann sind die konkreten Schritte nur schwer formulierbar.

> „Das größte Anliegen meinerseits bestand/ besteht jedoch darin Antworten zu finden, Antworten auf die Fragen wie: ‚Was kann ich machen, wenn ich arbeiten will und mich nicht konzentrieren kann?‘; ‚Ich probier ja sauber zu schreiben, aber es geht einfach nicht? Was soll ich tun?‘ Welche Hilfen kann ich den Fragenden in diesen Fällen geben?" (F1, Kap. III.1.5)

Ein differenzierter Unterricht und eine differenzierte Diagnostik führt zu einer gezielten Beratung. Manche Probleme sind kurzfristig nur schwer lösbar, sie bedürfen einer umfassenden und systemisch gestützten Förderung in Kooperation mit weiteren Experten. Hier sind einzelne Lehrkräfte ohne weitere Unterstützung hilflos. Als Stichwörter seien genannt: Förderkurse, LRS-Experten, Therapiemaßnahmen, sozialpädagogische Unterstützung u.a.

Andere Probleme, die Lernprozesse behindern, können mit entsprechendem Wissen zügig gelöst werden:

> Beispiel: Im Rahmen eines projektorientierten Unterrichts (F4) erhielten Arbeitsgruppen die Aufgabe ‚W-Fragen‘ an ihr Thema zu richten. Dadurch wird das Thema strukturiert, Aufgaben können verteilt werden. Der Arbeitsprozess kann weiterlaufen.

> Beispiel: Eine Schülerin hat einen Text noch nicht durchdrungen (F10). Die Lehrerin schlägt vor einen *Strukturplan* anzufertigen. Diese Technik ist der Schülerin bekannt, sie setzt ihren Arbeitsprozess fort.

Die Beispiele verdeutlichen erlernbare Arbeitsmethoden und Techniken, die gezielt und effizient eingesetzt werden können. *Diese* Techniken sind auch für Lehrkräfte erlernbar.

(4) Beurteilen/ Diagnostizieren (über Beobachtung)

Im Rahmen unserer Erprobungen spielt die Diagnose und gegebenenfalls Beurteilung des Lernstandes während des Unterrichts immer eine Rolle, auch wenn möglicherweise nicht unmittelbar beurteilt wird. Der Unterricht steht in engem Zusammenhang mit bestimmten Beurteilungskriterien. Besonders bei einer systematischen und langfristigen Unterrichtsbeobachtung wird der Blick durch die Beurteilungskriterien beeinflusst:

> „Zur Zeit beobachte ich zwar nicht, aber ich habe die Beobachtungskriterien genau im Kopf, auch wenn ich nicht systematisch beobachte, das hat sich schon verändert." (TT1/ S. 2)

Die Wahrnehmung wird durch eine systematische Beobachtung erheblich geschärft. Dies trägt zu einer gezielteren Diagnose des Lernstandes bei, sofern der Fokus nicht zu eng auf wenigen Beurteilungskriterien liegt und die Verhaltensweisen nicht vorschnell bewertet werden.

Wenn im Unterricht unmittelbar beurteilt wird, z.B. durch Beobachtung des Lern- und Arbeitsprozesses oder durch Beurteilung einer Szenischen Darstellung, dann ist die Aufmerksamkeit der Lehrkraft vollständig gebündelt. Wenn eine Beurteilung stattfindet, dann verpflichtet dies zwangsläufig zu höchster Konzentration, um zu einem möglichst sorgfältigen und fundierten Ergebnis zu gelangen. Die

Wahrnehmung einer weiteren Aufgabe neben der Beurteilung führt daher zu hohen Stressmomenten:

> Beispiel: Bei einer Szenischen Darstellung, die auch beurteilt wird (F8), beobachtet der Lehrer die Situation genau: Er muss beurteilen und gleichzeitig weitere Anweisungen vorbereiten, z.B. „: „Nun sag, was du wirklich denkst als Mortimor!", „Wie könnte dein nächster Satz lauten?" Mit diesen Anweisungen erhalten Schülerinnen und Schüler Unterstützung für ihre weitere Darstellung, der Lehrer kann gleichzeitig seinen Anspruch erhöhen.

Auch hier zeigt sich, dass die Situation leichter bewältigbar ist, wenn der Lehrer über ein breites Repertoire an Fragetechniken und Anweisungsmöglichkeiten verfügt. Trotzdem bleibt die Situation schwierig. Bei mangelnder Erfahrung kann die Situation für alle Beteiligten belastend werden, z.B. wenn der Unterrichtsablauf stockt oder die Beurteilung nicht ausreichend begründet werden kann. Diese äußerst dichten Momente verhindern die Beurteilung eines Arbeitsprozesses.

Die Leistungsbeurteilung innerhalb des Unterrichts, in der Regel als Beobachtung eines Prozesses oder einer Präsentation, muss daher unbedingt von weiteren Aufgaben entlastet werden.

(5) Lehrerzentriert agieren

Im Verlauf einer Unterrichtseinheit oder einer Unterrichtsstunde kommt es immer wieder zu Situationen, die ein lehrerzentriertes Vorgehen notwendig machen: Regeln und Vereinbarungen werden durchdacht, schwierige Inhalte werden referiert, wiederkehrende Probleme besprochen, Beurteilungskriterien reflektiert, Zeitpläne strukturiert, der momentane Arbeitsstand wird im Gesamtablauf verortet etc.. Für die spätere Beurteilung sind diese Phasen wichtig, weil sie eine gemeinsame Sichtweise in der Klassenöffentlichkeit herstellen, während sonst arbeitsteilig gearbeitet wird. Der Zeitpunkt und Inhalt einer solchen Lehrphase muss gezielt gesetzt werden, er kann sich jedoch auch spontan ergeben.

(6) Unterrichtsprozesse reflektieren

Das Unterrichtsgeschehen ist immer auf ein zielorientiertes Ganzes ausgerichtet. Die Reflexion über den Gesamtprozess ist daher permanente Aufgabe: Fehlentwicklungen werden korrigiert, Beurteilungskriterien überprüft, der aktuelle Arbeitsstand wird mit dem Zeitplan abgeglichen u.a. Die Reflexion erfolgt auf einer Metaebene und sorgt für eine sinnvolle Einordnung und Abfolge der anderen fünf Aufgaben.

Veränderte Arbeitsweise

Neue Formen der Leistungsbeurteilung und der zugrundeliegende Unterricht sind in verschiedener Hinsicht wesentlich komplexer als eine traditionelle Beurteilung und ein lehrerzentrierter Frontalunterricht. Dies führt auch zu Veränderungen der täglichen Arbeitsweise (F5, S. 174).

Die später beurteilten und angestrebten (nicht-fachlich-inhaltlichen) Kompetenzen müssen vermittelt und gelernt werden

Jede Variante selbstständigen Lernens ist in ein Unterrichtskonzept eingebunden (zumindest innerhalb der erprobten Fallstudien). Dieses Unterrichtskonzept (Organisation, Regeln, Zeitstruktur, Ziele, Gruppenarbeitsprozesse, Beratung etc.) muss vorbereitet werden, es läuft nicht von Stunde zu Stunde, sondern ist in einen gesamten Rahmen eingebettet. Die Vermittlung nicht-fachlich-inhaltlicher Kompetenzen des erweiterten Lernbegriffs benötigt Zeit, die bisher (in einem traditionellen Unterricht) ausschließlich für die gezielte Vermittlung von Lernstoff verwendet wurde. Das Einüben dieser Kompetenzen ist aufwändig, da es nicht nur um das Durchdringen von Fachthemen geht. Einübungsphasen finden zumeist im Unterricht statt (z.B. Gruppenpräsentation), da sie nicht ohne Weiteres wie eine Hausaufgabe zuhause erledigt werden können. Damit ist die erste zentrale Veränderung der verfügbaren Unterrichtszeit benannt.

Ein traditioneller Unterricht, lehrer- und lernstoffzentriert, zielt umweglos und sofort auf die Vermittlung fachlicher Inhalte. Ein Unterricht, der sich konsequent am erweiterten Lernbegriff orientiert, strukturiert zunächst das gesamte Unterrichtsgeschehen und wendet kontinuierlich für das Unterrichtskonzept und für die Vermittlung aller Lernbereiche Zeit auf.

Die kommunikative Validierung und Reflexion über den gesamten Beurteilungsprozess nimmt zu

Dies signalisiert die zweite deutliche Veränderung der verfügbaren Unterrichtszeit. Nach den theoretischen Vorüberlegungen (Kap. I) und nach allen Erfahrungen im Forschungsprojekt ist es unabdingbar, den gesamten Beurteilungsprozess in engem und kontinuierlichem Austausch mit den Schülerinnen und Schülern durchzuführen. Folgende Anlässe und Themen seien genannt, die zum Teil vor- und nachbereitet werden:

- Grundsätzlicher Sinn und Zweck neuer Beurteilungsformen,
- Beurteilungsbausteine und Beurteilungskriterien,
- beurteilungsfreie Probedurchläufe,
- Durchführung der Leistungsbeurteilung.

In dieser Zeit wird nicht direkt und unverzüglich an der Vermittlung von Lernstoff gearbeitet, sie ist jedoch effektiv genutzt, da präventiv und kooperativ über Unterricht und Leistungsbeurteilung reflektiert wird.

Der Beratungsbedarf nimmt zu

Eine differenzierte Diagnostik und Beurteilung führt zu weiterer Beratung: Ausgefüllte Beobachtungsbögen werden in Einzelgesprächen besprochen, eine Präsentation wird vorbesprochen und nachbereitet u.a. Zum Teil findet dies im Unterricht statt (z.B. in Phasen selbstständigen Arbeitens), zum Teil ‚irgendwann' außerhalb der Unterrichtszeit (in der Pause, in Freistunden, am Nachmittag). In der schulischen Arbeitszeit ist dafür kein Zeitbudget vorgesehen.

Die Beurteilung verteilt sich zeitlich

Die Korrektur von Klassenarbeiten, Tests oder Aufsätzen ist zeitlich exakt kalkulierbar. Aufgrund langer Erfahrung kennt jeder den damit verbundenen Aufwand:

> „Die Klassenarbeit kann ich zuhause korrigieren und mir einteilen, z.B. dreißig Minuten pro Aufsatz, dann sind das 14 Stunden, die ich mir irgendwie einteilen muss." (T4/ AG 1/ S. 2)

Die Korrektur einer Klassenarbeit kann im eigenen Tagesablauf flexibel eingefügt werden. Die Beurteilung einer Präsentation oder eines Prozesses vollzieht sich nach anderen Gesetzen: Die Beobachtung selbst findet während des Unterrichts statt, anschließend muss zeitnah nachgearbeitet werden, bevor das Geschehen von anderen Ereignissen überlagert wird. Zudem verteilt sich die Beurteilung auf mehrere Zeitpunkte (bei Präsentationen) oder über einen längeren Zeitraum hinweg. Dies bedeutet auch, dass sie nicht ‚erledigt' ist wie die Korrektur einer Klassenarbeit, sondern einer ständigen Reflexion und Bearbeitung bedarf. Eine Lehrerin drückt dies treffend aus:

> „Ich bin stärker im Zugzwang, ich kann mir die Zeit nicht so genau einteilen, dass ich sage ich mache das nur samstags. Eines zieht das andere nach: Beobachtung zieht Schülergespräch nach sich, wie mache ich es mit dem russischen Schüler, der noch gar nichts versteht..." (T4/ AG 1/ S. 3)

Berufsbiografische Erfahrungen am Beispiel von ‚Objektivität' und ‚Kooperation'

Neue Formen der Leistungsbeurteilung sind ein Innovationsfeld, in dem erst Erfahrungen gesammelt werden müssen. Die bisherigen Erfahrungen beruhen fast ausschließlich auf traditioneller Leistungsbeurteilung. Sofern die Leistungsbeurteilung im Rahmen der (zumeist weit zurückliegenden) Ausbildung eine Rolle spielte, dann ausschließlich in der zweiten Phase der Ausbildung, in der unterrichtspraktische und rezeptartige Vorgehensweisen thematisiert wurden. Eine kritische Reflexion über die Möglichkeiten und Grenzen der traditionellen Leistungsbeurteilung fand bisher kaum statt.

Daher kann es nicht verwundern, dass der Begriff der ‚Objektivität' eine zentrale Rolle spielt, wenn es um die Akzeptanz und die Sicherheit bei der Anwendung neuer Beurteilungsformen geht. Forschungsergebnisse zur Fragwürdigkeit der Zensurengebung haben die Unterrichtspraxis nicht erreicht. Die jahr(zehnt)elange Anwendung der traditionellen Beurteilung hat zu einer subjektiv hohen Sicherheit geführt, die häufig mit Objektivität gleichgesetzt wird. Diese Sicherheit kann, zumindest bei ersten Erprobungen neuer Beurteilungsformen, nicht erreicht werden. Man fühlt sich unsicher, ob die aufgestellten Kriterien nicht beliebig seien. Der Wandel von einer unkritischen Scheinobjektivität zu kommunikativ validierten Beurteilungsprozessen gelingt nur über zunehmende und positiv besetzte Erfahrungswerte.

Akzeptanz und Anwendungssicherheit neuer Beurteilungsformen nehmen sofort zu, wenn im Kollegium kooperiert wird, z.B. durch gemeinsame Beobachtungen, durch gemeinsame Vorbereitung, oder durch die Gewissheit, dass Kolleginnen und Kollegen ähnliche Beurteilungsformen durchführen. Die Erfahrungen sind hier sehr positiv:

> „Für uns Lehrer und Lehrerinnen war die Arbeit im Team ausgesprochen hilfreich und fruchtbar. Wir empfanden die gemeinsame Beurteilung als sehr befriedigend, durch den Dialog hatten wir ein Sicherheitsgefühl und sind der Ansicht, dass die Beurteilung durch die drei Meinungen an Objektivität gewonnen hat." (F4/ Kap. III.4.3)

Diese Erfahrung zieht sich durch alle Fallstudien, bei denen durchweg, jedoch in sehr unterschiedlicher Weise, kooperiert wurde. Allerdings ist die Kooperation unter Lehrkräften im Unterrichtsalltag nur unter großem Aufwand herstellbar, besonders dann, wenn es um die gemeinsame Durchführung von Unterrichtsstunden geht. Dies ist ausschließlich über persönliches Engagement möglich, die Doppelbelegung einer

Unterrichtsstunde innerhalb der normalen Deputate scheint derzeit aufgrund fehlender personeller Ressourcen völlig realitätsfern zu sein. Kooperation ist daher immer ein Zusatzaufwand und nicht Teil des professionellen Selbstverständnisses.

5.4 Einschränkungen durch strukturelle Bedingungen

Unter dem Begriff ,strukturelle Bedingungen' werden hier vorwiegend institutionelle und rechtliche Faktoren gefasst, die von einer einzelnen Lehrkraft oder von einem Team nicht oder nur sehr schwer veränderbar sind, die Durchführung der neuen Beurteilungsformen jedoch zum Teil erheblich beeinflussen.

Bildungsplan (als Spiegelbild gesellschaftlicher Anforderungen)

Die Vorgaben der derzeitigen Bildungspläne wirken hinsichtlich ihrer Stofffülle einschränkend. Die Vermittlung der Pflichtinhalte benötigt Unterrichtszeit. Selbstständiges Lernen und neue Beurteilungsformen sind zeitaufwändig. Daher sind durchweg besondere Anstrengungen und Überlegungen notwendig, um die Pflichtinhalte des Bildungsplanes nicht aus dem Blick zu verlieren. Die Unterrichtskonzeptionen der Fallstudien 9 und 10 setzen hier deutliche Schwerpunkte zugunsten nicht-fachlich-inhaltlicher Kompetenzen:

> „Da methodische und soziale Kompetenzen genauso wie fachliche Kompetenzen vermittelt, geübt und erworben werden müssen, muss in dieser Phase [Vorbereitung der Schü. – t.b.] die Fachwissensvermittlung zwangsläufig etwas in den Hintergrund gedrängt werden. Dies äußerst sich dadurch, dass der übliche Stoffverteilungsplan nicht eingehalten werden kann. Lehrende und Lernende haben gelegentlich das Gefühl, mit dem Stoff nicht fertig zu werden, vergleichbaren Klassen hinterher zu hinken." (F9/ Kap. III.9.2)

Neue Beurteilungsformen und konsequent veränderte Unterrichtsarrangements setzen keinesfalls nahtlos an den Vorgaben des Bildungsplanes an, vielmehr müssen deutliche Kompromisse eingegangen werden (vgl. S. 349).

Im Rahmen der anderen Fallstudien ist dies ähnlich, zum Teil weniger problematisch, da der Unterricht nur zeitweise zugunsten nicht-fachlich-inhaltlicher Zielsetzungen umgestellt wird. Aber auch dadurch kommt der sonstige Unterricht in Bedrängnis, d.h. der verbleibende Lehrstoff muss in kürzerer Zeit vermittelt werden. Es gibt schulartspezifische Unterschiede, z.B. sind die Vorgaben für Hauptschulen geringer als für die allgemeinbildenden Gymnasien.

Durch die insgesamt vorhandene Stofffülle können darüber hinaus Themenvorschläge von Schülerinnen und Schüler, z.B. im Rahmen eines projektorientierten Unterrichts, (F4) nicht ohne Weiteres angenommen werden, es sei denn auf Kosten von Pflichtinhalten.

Die Problematik der Stofffülle ist weder auf mangelndes Engagement noch auf mangelnde methodisch-didaktische Kompetenz der Lehrkräfte zurückzuführen, sondern stellt eine ernste Behinderung bei der Umsetzung des erweiterten Lernbegriffs dar. Dies zeigt sich in aller Deutlichkeit bei der Übergabe einer Klasse an einen anderen Fachkollegen: Der dominante heimliche Lehrplan innerhalb des Kollegiums bestärkt *größtenteils* immer noch diejenigen Lehrkräfte, die ihre Schülerinnen und Schüler fachlich-inhaltlich auf ein (vermeintlich) hohes Niveau bringen. Erst anschließend werden nicht-fachlich-inhaltliche Kompetenzen wertgeschätzt. Dies wissend entsteht in jedem Fachunterricht die Verpflichtung, fachlich-inhaltliche Zielsetzungen nicht zu vernachlässigen.

Auch hier zeigt sich, dass der erweiterte Lernbegriff im Unterrichtsalltag noch nicht überall auf Akzeptanz stößt, und die Vorgaben der Bildungspläne nicht durchweg förderlich wirken. Entscheidend ist dabei, dass die schulorganisatorische Struktur (Fächerparzellierung und Fachlehrersystem) an Sekundarstufen auf die fachlichen Vorgaben der Bildungspläne ausgerichtet ist. Daher muss der erweiterte Lernbegriff auch in den Fächerplänen verankert werden, so dass nicht-fachlich-inhaltliche Lernbereiche mindestens teilweise in die Zielsetzungen des Fachunterrichts integriert werden und nicht auf außergewöhnliche fächerübergreifende Vorhaben abgeschoben werden, bzw. nicht-fachlich-inhaltliche Zielsetzungen leichter in fächerübergreifende Vorhaben integriert werden können, ohne eine künstliche Rückführung von Beurteilungen in die Fachnote zu bewirken.

Insgesamt ist innerhalb der Bildungspläne der geforderte Wandel zugunsten eines erweiterten Lernbegriffs in den Präambeln vollzogen, die fachlich-inhaltlichen Vorgaben bieten jedoch keine ausreichende zeitliche Freiheit im Unterrichtsalltag. Auch der gesellschaftliche Konsens, welche Kompetenzen im Unterrichtsalltag wirklich vermittelt werden sollen, ist noch nicht vollzogen. Dies fällt sogar Schülerinnen und Schülern auf:

> „Ich empfinde unsere Generation als Versuchskaninchen. Die alte Lernform wird immer noch durchgezogen und so zwischendurch mal werden die neuen Formen versucht. (...) Dieses Lernen ist noch nicht ganz eingeführt, sondern man versucht, ob es geht. Das Alte müssen wir immer noch können und deswegen sind wir uns nicht sicher. Es geht um die Klassenarbeiten, das sind unsere Abiturnoten." (Schülerin, L10/ 1)

Diese Feststellung dürfte in ähnlicher Weise für die derzeitige Lehrerschaft zutreffen. Dadurch entsteht Unsicherheit: Das eine (Fachwissen) muss noch vermittelt werden, das andere (erweiterter Lernbegriff) wird gefordert, jedoch additiv bei gleichzeitig enger Bewegungsfreiheit. Dies ist im Übrigen in engem Zusammenhang mit der veränderten Lehrerrolle und mit veränderten Aufgabenfeldern zu sehen (Kap. IV.5.3), weil auch hier Verschiebungen erkennbar sind.

Räumliche und materielle Bedingungen

In fast allen Fallstudien werden vorbereitete und flexibel nutzbare Fachräume und -materialien vermisst. Die Anlässe sind unterschiedlich:

- Kleine Räume bzw. hohe Schülerzahlen (große Klassen, Wanderklassen) verhindern eine flexible Raumnutzung, z.B. für Gruppenarbeit, zur Gestaltung der Lernumgebung,
- Räume für Gruppenarbeit,
- Raum für eine Präsentation,
- schneller Zugang zu Computern,
- schneller Zugang zu Schülerbibliotheken,
- schnelle Erreichbarkeit von Präsentations- und Arbeitsmaterialien (Plakate, Eddings u.a..).

Derartige Organisation ist aufwändig und behindert Lernprozesse. Die Ausstattung und Organisation an Einzelschulen ist hier in vielen Fällen noch äußerst unprofessionell und nur rudimentär vorhanden.

Juristische Problemfelder

Neue Formen der Leistungsbeurteilung werfen verschiedene rechtliche Fragen auf, die im Unterrichtsalltag in einer halblegalen Grauzone irgendwie umgangen werden bzw. bei denen gehofft wird, dass keine juristischen Folgen entstehen. Die wesentlichen im Forschungsprojekt diskutierten Frage seien genannt:

- *Gruppennote*: Bekanntermaßen muss eine Note auf eine individuelle Leistung zurückgeführt werden (vgl. Fußnote 8 auf Seite 40). Im Forschungsprojekt wurden trotzdem verschiedentlich Gruppennoten erteilt – aus sachlichen und pädagogischen Gründen. Dabei wurde der Anteil der Gruppennote innerhalb der Gesamtnote gering gehalten. Die Individualnote besteht dabei zu einem größeren Anteil aus individuellen Leistungbeurteilungen.

- *Ersatz von Klassenarbeiten*: Dies war bisher ungeklärt, durch die vorgesehene Veränderung der Verwaltungsvorschrift sollte dies geklärt sein. Dabei kann es notwendig und sinnvoll sein, zwei Klassenarbeiten zu ersetzen. Für die zukünftige Unterrichtsentwicklung bleibt damit mehr Freiraum für Innovationen.

- *Beteiligung von Schülerinnen und Schülern bei der Leistungsbeurteilung*: Sowohl bei der Selbst- als auch bei der Mitbeurteilung beeinflussen Jugendliche die Notengebung, auch wenn die Lehrkraft ausdrücklich ‚das letzte Wort hat‘ und verschiedene begleitende Maßnahmen treffen kann.

- *Vergleichbarkeit der beurteilten Leistungen*: Bei einem differenzierten Unterrichtsarrangement variieren die beurteilten Leistungen. Dabei ist es schwierig eine Vergleichbarkeit herzustellen. Dies zeigt sich ganz besonders bei der Einrichtung eines Schülerkontos (F6).

- *Gütekriterien*: Neue Formen der Leistungsbeurteilung müssen häufig als Eindrucksnote bezeichnet werden, sie sind damit ähnlich ‚hart‘ beurteilbar wie mündliche Noten. Testtheoretische Vorgaben können im Unterrichtsalltag nicht greifen. Die genauen Gütekriterien, die auch einer juristischen Überprüfung standhalten würden, sind jedoch unklar.

- *Freie Gestaltung von Zeugnisblättern:* Die Leistungsdokumentation kann verschiedentlich stattfinden (vgl. Kap. IV.5.2), auch die freie Gestaltung von Zeugnisblättern gehört dazu. Welche Freiheit hat die Einzelschule bzw. die einzelne Lehrkraft um Zeugnisse zu verändern, z.B. durch die zusätzliche Beigabe von Beurteilungsbögen?

Wir gehen davon aus, dass diese und ähnliche rechtliche Fragen bei der Einführung neuer Beurteilungsformen regelmäßig auftauchen.

Neue Beurteilungsformen und Abschlussprüfungen

Die ‚Back-Wash-Effekte‘ der Abschlussprüfung wurden bereits diskutiert (S. 19ff). Derzeit bestehen nur wenig Möglichkeiten, neue Formen der Leistungsbeurteilung auch in der Abschlussprüfung fortzusetzen (z.B. Seminarkurs an Gymnasien, Projektprüfung an Hauptschulen), in den Kernfächern verläuft die Abschlussprüfung individuell, kognitiv und begrenzt auf fachlich-inhaltliche Lernbereiche. Eine Fortsetzung neuer Beurteilungsformen ist daher nicht möglich. Dies wird vielfach als Bruch empfunden und schwächt die Akzeptanz des erweiterten Lernbegriffs und neuer Beurteilungsformen, sowohl bei Lehrkräften als auch bei Schülerinnen und

Schülern und deren Eltern. Je näher die Abschlussprüfung rückt, desto stärker wird sie durch die gezielteVermittlung fachlich-inhaltlichen Wissens vorbereitet.

5.5 ... und dann noch eine Klassenarbeit? Oder: Was lernen Schülerinnen und Schüler fachlich-inhaltlich?

Nicht-fachlich-inhaltliche Leistungen wurden in allen Fallstudien mit Inhalten verknüpft. Größtenteils wählen Schülerinnen und Schüler dabei bestimmte Teilthemen aus vorgegebenen (Pflicht-)Inhalten aus. Die Inhalte sind zumeist den jeweiligen Bildungsplänen entnommen. Daher stellt sich die Frage, ob Schülerinnen und Schüler durch die weitgehend selbstständige Themenerarbeitung ausreichend fachlich-inhaltliche Kenntnisse erlangen.

Schülerinnen und Schüler sind zuweilen, ebenso wie ihre Lehrerinnen und Lehrer, verunsichert, ob das fachliche Wissen nicht vernachlässigt wird. Tendentiell zeigt sich, dass die Stofffülle ein zeitliches Problem darstellt, mit dem die Lehrkräfte sehr unterschiedlich umgingen, dies sei an einigen Beispielen verdeutlicht:

- Die zeitlichen Schwerpunkte des Unterrichts wurden von den fachlichen Inhalten weg und hin zu den anderen Anforderungen des erweiterten Lernbegriffs verlagert, manche Stoffgebiete wurden also komprimiert vermittelt (z.B. F5).
- Der erforderliche Stoffumfang wird in der vom Lehrplan vorgesehenen Zeit bewältigt, allerdings mit deutlichem Mehraufwand der Lernenden. Voraussetzung hierfür ist ein hohes Maß an Erfahrung mit selbstständigen Lernformen und eine konzentrierte Arbeit in der vorgesehenen Unterrichtszeit (z.B. F10).
- Fachliche Inhalte werden zugunsten von pädagogischen Leitideen in Fundamentum und Additum ausdiffernzt (z.B. F1).
- Schwerpunkte werden gesetzt, die Stoffauswahl orientiert sich dabei an der Progression des Lehrstoffes, d.h. später notwendige Inhalte werden nicht komprimiert vermittelt (F3).
- In manchen Fächern (z.B. Deutsch) können Schwerpunkte gesetzt werden, so dass der Stoffumfang gekürzt wird, in anderen Fächern (z.B. Französisch) muss die Progression der Lehrbücher eingehalten werden, da die fachliche Systematik bestimmte Kenntnisse (z.B. Grammatik) voraussetzt (z.B. F7).

Die erarbeiteten Inhalte, gerade wenn Schwerpunkte gesetzt wurden, werden jedoch in der Regel tiefer und sorgfältiger durchdrungen.

> „Das empfinde ich wiederum als Vorteil: Es ermöglicht tieferes Wissen. Man lernt vielleicht, wobei ich mir dabei nicht ganz sicher bin, fachlich etwas weniger. Aber das, was man gelernt hat, kann man nachher auch. Wenn ich bloß auf Arbeiten lerne, dann weiß ich das für einen Tag und später nicht mehr und da ist ein großer Vorteil." (Schüler - L9/ 1/ S. 9)

In einigen Fallstudien wurden am Ende der projektorientierten Phase traditionelle Klassenarbeiten durchgeführt. Die Ergebnisse dabei waren, trotz aller vorherigen Verunsicherungen, nicht schlechter (F4), zum Teil sogar besser (F6) als bei vorherigen Arbeiten. Ein eindeutiges Fazit ist jedoch schwer möglich. Tendentiell möchte ich festhalten:

- Bei der Vermittlung und Beurteilung nicht-fachlich-inhaltlicher Leistungen müssen zum Teil deutliche Abstriche im angestrebten Stoffumfang gemacht werden.

- Diejenigen Inhalte, die von Schülerinnen und Schüler selbstständig erarbeitet werden, werden tendentiell gründlicher erarbeitet und gelernt als bei einer traditionellen Vermittlung.

> Neue Formen der Leistungsbeurteilung tragen damit *nicht* zu einer Vernachlässigung fachlicher Inhalte bei, sondern forcieren, im Gegenteil, die exemplarische und gründliche Aneignung ausgewählter Inhalte.

Prämisse ist dabei, dass die vier Lernbereiche des erweiterten Lernbegriffs in einem engen Zusammenhang stehen und nicht isoliert gelehrt und beurteilt werden. Dass Schülerinnen und Schüler dabei mehr leisten und sich mehr bemühen als im traditionellen Unterricht, wurde bereits ausgeführt (S. 307ff).

Ein weiterer Hinweis erscheint mir wichtig: Klassenarbeiten, die am Ende einer projektorientierten Phase durchgeführt werden, sollten auf einige Aspekte hin durchdacht werden:

- Wenn dabei nur das überprüft wird, was vorher bereits in einer Präsentation referiert wurde, dann erscheint eine Klassenarbeit fragwürdig.

- Sinnvoll kann eine Klassenarbeit sein, wenn die Themengebiete *anderer* Präsentationen überprüft werden. Dann müssen allerdings fachliche Abstriche in Kauf genommen werden. Die Klassenarbeit beschränkt sich dann sinnvollerweise auf Grundkenntnisse der anderen Themengebiete, sie sollte dann also mit differenzierten Aufgaben versehen werden (Fundierte Kenntnisse im eigenen Themengebiet, Grundkenntnisse bei anderen Themengebieten, z.B. F9).

- Allein durch das Schreiben einer Klassenarbeit werden die fachlich-inhaltlichen Kenntnisse nicht vermittelt, sondern nur überprüft. Entweder diese Kenntnisse sind im Anschluss an eine projektorientierte Phase vorhanden, oder sie müssen nochmals aufwändig gelehrt bzw. gelernt werden.

- Eine Klassenarbeit im Anschluss an eine projektorientierte Phase bedeutet daher für Schülerinnen und Schüler eine weitere große Anstrengung, eine neue Beurteilung, deren Sinn zuweilen in Frage gestellt wird, weil die gesamte Unterrichtseinheit von Beurteilungen überfrachtet wird. Zudem zielte die vorherige Beurteilung explizit auf nicht-fachlich-inhaltliche Leistungen. Eine Klassenarbeit erweckt daher den Eindruck eines Rückzugs in die fachlich-inhaltliche Tradition und relativiert die Bedeutung der vorherigen Beurteilung.

- Sofern neue Formen der Leistungsbeurteilung Klassenarbeiten ersetzen, wird dieser Ersatz wieder ad absurdum geführt, wenn zusätzlich eine Klassenarbeit geschrieben wird.

Selbst engagierte und innovative Lehrerinnen und Lehrer, die ‚neu‘ beurteilen, geraten offensichtlich in ein inneres Dilemma: Sie können sich nur schwer von ihrer berufsbiografisch gefestigten Vermittlungs- und Beurteilungstradition lösen. Dies zeigt, dass der Wandel zu einer veränderten Unterrichts- und Beurteilungskultur zwar gewollt wird, jedoch noch nicht konsequent vollzogen wurde (z.B. F4, Kap. III.4.3).

5.6 Erfahrungen mit der kommunikativen Validierung als Kern und Fortsetzung einer kontrollierten Subjektivität

Kennzeichen einer kommunikativen Validierung wurden bereits vorgestellt (Kap. I.3.4). Besonders die kommunikative Validierung mit Schülerinnen und Schülern sowie mit Kolleginnen und Kollegen sind wesentlich.

Zur kommunikativen Validierung im Lehrerteam

Die kommunikative Validierung innerhalb der Einzelschule (GLK, Fachkonferenzen, Klassenkonferenzen) bezog sich im Forschungsprojekt nur auf den Validierungsprozess innerhalb eines Lehrerteams, wenn also zwei oder mehr Lehrkräfte gemeinsam beurteilten oder ähnliche Beurteilungsverfahren in verschiedenen Klassen anwandten. Darüber hinaus gehende Validierungsprozesse, z.B. zu gemeinsamen Vereinbarungen welche fachspezifischen Beurteilungsverfahren und –kriterien möglich sind, waren für das Forschungsprojekt nicht notwendig, da der Versuchscharakter des Forschungsprojektes die entsprechenden Freiheiten bot. Die kommunikative Validierung in einzelnen Lehrerteams bezog sich daher...

- auf die gemeinsame Erstellung der Beurteilungskonzeption, auf gegenseitige Information und Hospitation (z.B. F6, F7, F8, F9, F10) und/ oder

- auf die gemeinsame Durchführung der Beurteilung (z.B. F3, F4).

Im Forschungsprojekt war die Intensität der Validierung sehr unterschiedlich. Das Spektrum reicht hier von alleinigen Beurteilungen (F1, F2) bis hin zu gemeinsamer Erstellung und Beurteilung (F3, F4). Zwei wesentliche Erfahrungen möchte ich hervorheben:

- Kommunikative Validierung ist ein Prozess und ist nicht mit einer ‚Validierungssitzung' vollzogen. Wird die kommunikative Validierung als Prozess verstanden und durch regelmäßige Treffen vollzogen, dann stabilisiert sie den gesamten Beurteilungsprozess. Sie wirkt in hohem Maße auch emotional entlastend, weil die gemeinsame Vorgehensweise Sicherheit und Unterstützung vermittelt.

- Kommunikative Validierung darf nicht dahingehend missverstanden werden, dass nun solange validiert wird, bis alle dasselbe machen. Im Gegenteil, die gegenseitige Begründung, z.B. bei unterschiedlichen Beurteilungskriterien, eröffnet Verständnis und Einblick in andere Voraussetzungen und Denkweisen. Die Akzeptanz anderer Perspektiven steigt. Bei unterschiedlichen Sichtweisen können zunächst Erfahrungen gesammelt und später wieder zusammengeführt werden.

Das Beurteilungskonzept selbst kann als intersubjektiv bezeichnet werden, da Defizite eher erkannt werden, Beurteilungskriterien und –verfahren mehrperspektivisch betrachtet werden. Kommunikative Validierung ist allerdings nur mit Zeitaufwand möglich, gemeinsame Treffen und Hospitationen müssen organisiert werden, dies ist im Unterrichtsalltag nicht einfach und setzt die Handelnden zuweilen unter erheblichen Zeitdruck. Zudem haben auch Lehrkräfte persönliche Grenzen der Kommunikationsfähigkeit und -bereitschaft.

Zur kommunikativen Validierung mit Schülerinnen und Schülern

Auch hier ist das erprobte Spektrum breit. Die kommunikative Validierung mit Schülerinnen und Schülern reicht

- von der Diskussion von Beurteilungsvorschlägen, die von der Lehrkraft erstellt wurden (z.B. F2, F3, F4, F5, F7, F8),
- bis zur vollkommen selbstständigen Formulierung der Beurteilungskriterien (F9, F10).

Die kommunikative Validierung mit Schülerinnen und Schülern ist ein grundsätzliches pädagogisches Spannungsfeld.

- Die Initiative zur Beurteilung kommt von der Lehrkraft, dies führt bis zu einem konkreten Beurteilungsvorschlag (z.B. Verfahren und Kriterien). Auch wenn dieser Vorschlag ausführlich diskutiert wird, ist der Einfluss der Lehrkraft sehr groß. Dies kann, insbesondere bei Unerfahrenheit der Schülerinnen und Schüler, positiv wirken. Entscheidend ist dann, wie die Beteiligung bei weiterer Erfahrung zunimmt.
- Lehrerinnen und Lehrer haben ein hohes Interesse an bestimmten Aspekten der Beurteilung (z.B. F1/ Kap. III.1.5 – Kriterium ‚Hilfe holen‘), die Bereitschaft zur Validierung ist daher nicht mit einer grundsätzlichen Offenheit für jegliche Veränderung gleichzusetzen.
- Der rhetorische Vorsprung von Lehrerinnen und Lehrer, die grundsätzlich vorhandene Hierarchie und der Wissensvorsprung lassen sich nicht auflösen. Schülerinnen und Schüler sind daher möglicherweise eher abwartend und beteiligen sich nicht sofort aktiv am Validierungsprozess. Daher sind beurteilungsfreie Probedurchläufe und konkrete Erfahrungen wichtig, bevor die Beurteilung selbst einsetzt. Darüber hinaus zeigt dies, wie wichtig eine gute Beziehungsstruktur und Vertrauen zwischen der Lehrkraft und der Klasse sowie den Schülerinnen und Schülern untereinander ist.
- Kommunikative Validierung ist von der Kommunikationsfähigkeit und -bereitschaft der Schülerinnen und Schüler abhängig.
- Im Unterrichtsalltag ist nur wenig Zeit, um den Validierungsprozess immer derart intensiv zu vollziehen, wie man es für sinnvoll erachtet. Daher ist es praktisch auch nur schwer möglich, z.B. jedes einzelne Beurteilungskriterium so lange zu validieren, bis es für *alle* Schülerinnen und Schüler vollkommen verständlich ist.

Trotz dieser grundsätzlichen Probleme: Im Rahmen des Forschungsprojektes wurde die kommunikative Validierung als grundlegend und wichtig erachtet. Der stabile Verlauf aller Beurteilungen bestätigt dies. Allerdings setzt die kommunikative Validierung im Rahmen neuer Formen der Leistungsbeurteilung auf einem bisher sehr niedrigen Beteiligungsniveau bei der traditionellen Beurteilung an. Schülerinnen und Schüler sind daher über jegliche Beteiligung positiv überrascht. Dieses Fazit muss noch deutlicher formuliert werden: Neue Formen der Leistungsbeurteilung sind ohne einen kommunikativen Validierungsprozess mit Schülerinnen und Schülern nicht denkbar. Hierfür möchte ich zwei wesentliche Gründe nennen:

- Unterrichtsbeobachtung, besonders die systematische Unterrichtsbeobachtung (F1, F3), könnte von Schülerinnen und Schülern als *Disziplinierungs- und Kontrollmaßnahme* missverstanden werden. Sie wäre daher pädagogisch äußerst fragwürdig, wenn kein Validierungsprozess stattfinden würde. Schülerinnen und Schüler würden sich der Beurteilung aktiv oder passiv verweigern, die Beziehungsstruktur wäre gefährdet.

- Die zugrundeliegende Leistung und damit die Leistungsbeurteilung wird idealtypischerweise im Laufe der Zeit anspruchsvoller, gleichzeitig nimmt die *Beteiligung der Schülerinnen und Schüler* an der Beurteilung zu (Kap. IV.5.1). Eine zunehmende Beteiligung ist jedoch nur möglich, wenn der Beurteilungsprozess als Ganzes (Sinn und Zweck, Verfahren, Ablauf, Kriterien etc.) transparent und verständlich sind, was wiederum ohne eine kommunikative Validierung nicht denkbar ist.

Die kommunikative Validierung stabilisiert den gesamten Beurteilungsprozess, trotz grundsätzlicher Spannungsfelder, auch dadurch, dass Schülerinnen und Schüler merken, dass sie ernst genommen werden und diese Spannungsfelder nicht umgangen oder lehrerzentriert gelöst werden.

Fazit: Kommunikative Validierung und die Qualität neuer Formen der Leistungsbeurteilung

Im Kap. I.3.4 wurde die kommunikative Validierung als Kern der kontrollierten Subjektivität vorgeschlagen. Die kommunikative Validierung leistet einen erheblichen Beitrag zur Stabilisierung des Beurteilungsprozesses. Darüber hinaus stärkt sie tendentiell testtheoretische Ansprüche, ohne testtheoretische Messverfahren anzuwenden:

- Je mehr Personen am Beurteilungsprozess beteiligt sind, desto intersubjektiver sind das Verfahren und die einzelnen Kriterien. Die Beteiligung von Kolleginnen und Kollegen und von Schülerinnen und Schülern ist daher ein Beitrag zur Intersubjektivität.

- Versteht man das testtheoretische Kriterium ‚Reliabilität‘ als den Grad der Genauigkeit, mit dem ein Merkmal gemessen wird, dann zeigt sich Folgendes: Je konkreter die Beurteilungskriterien sind, je genauer diese beurteilt werden können (vgl. Kap. IV.4.4), je besser Schülerinnen und Schüler die Kriterien kennen und verstehen, desto reliabler ist die Beurteilung, da die Wahrscheinlichkeit steigt, dass das beurteilte Merkmal exakt erreicht und beurteilt wird.

- Das testtheoretische Kriterium ‚Validität‘ beschreibt, wie genau ein Test in der Lage ist, das zu messen, was er zu messen vorgibt. Hier gelten dieselben Voraussetzungen: Je konkreter die Beurteilungskriterien sind, je genauer diese beurteilt werden können, je besser Schülerinnen und Schüler die Kriterien kennen und verstehen, desto valider ist die Beurteilung, da die Wahrscheinlichkeit steigt, dass sie genau die Leistung erbringen, die beurteilt wird. Gleichzeitig wird die Beurteilung leichter und präziser, da die Indikatoren eindeutiger sind.

Insgesamt deutet vieles darauf hin, dass eine stärkere Beachtung des Beurteilungsprozesses selbst, insbesondere der Erstellung der Kriterien, den gesamten Beurteilungsprozess mit einer höheren Qualität versieht: Die Beurteilung wird gerechter, höhere Leistungen sind eher möglich, da die Kriterien deutlich transparent und verständlich sind. Das Gütekriterium ‚kommunikative Validierung‘ und neue Formen der Leistungsbeurteilung leisten damit unter bestimmten Bedingungen (z.B. pädagogischer Leistungsbegriff) tendentiell einen Beitrag zur Steigerung der Unterrichts- und Schulqualität.

5.7   Zusammenfassung

Zur Schuljahresplanung

(1) Eine weitsichtige Schuljahresplanung stabilisiert den Unterricht und neue Beurteilungsformen. Mehrere Phasen scheinen hierfür sinnvoll zu sein. Die Phasen verlaufen jedoch nicht linear und zum Teil parallel. Wesentliche Elemente der Schuljahresplanung, für die jeweils ausreichend Zeit zu disponieren ist, seien genannt:

- Die Leistungsbeurteilung korreliert mit der zugrundeliegenden Unterrichtskonzeption, die zunächst zu klären ist.
- Die neue Beurteilungsform kann über das gesamte Schuljahr hinweg angewandt werden (z.B. systematische Beobachtung) oder auf bestimmte Phasen oder auf eine einzelne Unterrichtseinheit (z.B. projektorientierter Unterricht) beschränkt bleiben.
- In jedem Fall ist eine beurteilungsfreie Probephase empfehlenswert.
- Regelmäßige Reflexionsphasen stabilisieren den Beurteilungsprozess.
- In Übungsphasen werden die beurteilten Kompetenzen oder Techniken eingeübt.
- Der Anspruch an die beurteilte Leistung nimmt im Laufe der Zeit zu. Diese Progression kann geplant und durch verschiedene Möglichkeiten herbeigeführt werden.
- Der Beurteilungsprozess endet nicht mit der Beurteilung selbst, sondern mündet in Lernberatung, Lernprognose und weiteren pädagogischen und systemischen Handlungen.

Zur Leistungsdokumentation

(2) Im Forschungsprojekt wurden die beurteilten Leistungen fast durchgängig als Noten *und* verbale Beurteilungen dokumentiert. Verbale Formen wurden vorwiegend für die Prozessbeurteilung angewandt, Noten vorwiegend für die Produkt- und Präsentationsbeurteilung.

(3) Die Frage ‚Note oder verbale Beurteilung' muss vor jedem Beurteilungsprozess geklärt werden. Sie beeinflusst Akzeptanz, Offenheit und Motivation der Schülerinnen und Schüler.

(4) Schülerinnen und Schüler befürworten die Benotung nicht-fachlich-inhaltlicher Leistungen, weil diese dadurch aufgewertet und Klassenarbeiten ersetzt werden. Allerdings sprechen sich Schülerinnen und Schüler vorwiegend gegen eine Benotung in besonderen Fällen aus:
- bei einer systematischen Unterrichtsbeobachtung,
- bei einer Beurteilung von Persönlichkeitsmerkmalen,
- bei Selbst- und Mitbeurteilung in Prüfungsphasen,
- zum Teil bei Gruppenbeurteilungen (insbesondere als Note).

(5) Der Übergang von Kriterienkatalogen zu Noten ist mathematisch (über eine Punkte-Noten-Skala) oder argumentativ möglich.

(6) Die Ausgabe eines differenzierten und individuellen Bewertungsblattes am Ende einer projektorientierten Unterrichtsphase ist für alle Beteiligten hilfreich. Es enthält alle Beurteilungsbausteine und –kriterien, sowie die jeweiligen Punkte/ Noten und gegebenenfalls weitere verbale Beurteilungen.

(7) Die Benotung in fächerübergreifenden Projekten ist problematisch, da die Noten wieder ‚fachkompatibel' an die beteiligten Fächer zurückgegeben werden müssen. Notenaufteilung und Gewichtung müssen daher frühzeitig und gemeinsam geklärt werden.

(8) Beobachtungsbögen, die aus einer systematischen und langfristigen Unterrichtsbeobachtung resultieren, können dem Zeugnis beigefügt werden. Sie belegen Arbeitsschwerpunkte und entspringen dem jeweiligen Unterrichtsprozess, sie sind daher authentisch sowie flexibel gestaltbar.

(9) Portfolios erfordern von Schülerinnen und Schüler ein hohes Maß an strukturierter Arbeitsweise und Eigenverantwortlichkeit. Sie ergänzen die Notengebung, da ganze Dokumente und Leistungsnachweise von der Lehrkraft testiert, gesammelt werden können. Für die jeweilige Bewerbung muss allerdings eine sinnvolle und gezielte Auswahl getroffen werden.

Zur Lehrerrolle

(10) Während eines auf selbstständigen Lernens ausgerichteten Unterrichts sind fünf Aufgaben wesentlich:
- Organisieren,
- Erziehen,
- Beraten,
- Beurteilen/ Diagnostizieren (über Beobachtung),
- lehrererzentriert agieren,
- Unterrichtsprozesse reflektieren.

(11) Neue Formen der Leistungsbeurteilung sind komplex, sie erfordern in verschiedener Hinsicht eine veränderte Arbeitsweise.
- Im Unterricht müssen die später beurteilten und angestrebten (nicht-fachlich-inhaltlichen) Kompetenzen vermittelt werden. Dies benötigt Unterrichtszeit.
- Die kommunikative Validierung und Reflexion über den gesamten Beurteilungsprozess hinweg benötigt ebenfalls Unterrichtszeit.
- Der Beratungsbedarf nimmt zu, er wird innerhalb oder außerhalb der Unterrichtszeit ‚irgendwann' geleistet.
- Die Beurteilung selbst ist entzerrt, sie verteilt sich zeitlich, gleichzeitig ist sie nicht so genau berechenbar wie z.B. die Korrektur einer Klassenarbeit.

(12) Bei ersten Erfahrungen mit neuen Beurteilungsformen spielt der Begriff der ‚Objektivität' eine wichtige Rolle: Man ist unsicher, ob neue Beurteilungsformen nicht zu beliebig seien, erst mit zunehmender Erfahrung erfolgt hier eine veränderte Sichtweise. Entlastung bietet dabei eine gemeinsame Vorgehensweise mit Kollegen oder Kolleginnen.

(13) Die derzeitigen *Bildungspläne* unterstützen in ihren Präambeln den erweiterten Lernbegriff. Die inhaltlichen Vorgaben der einzelnen Fächer forcieren jedoch die gezielte Stoffvermittlung und lassen nur wenig Zeit für die Vermittlung des gesamten erweiterten Lernbegriffs, hierbei gibt es allerdings schulartenspezifische Unterschiede. Der Wandel in Richtung einer konsequenten Umsetzung des erweiterten Lernbegriffs ist insgesamt jedoch noch nicht vollzogen.

(14) Die *räumlichen* (Gruppenräume, Computernutzung, Klassenzimmergröße, Lernumgebung) *und materiellen Bedingungen* (Computernutzung, Präsentationsmaterialien) sind an einzelnen Schulen sehr unterschiedlich, zum Teil äußerst rudimentär vorhanden bzw. organisiert. Sie behindern Lernprozesse, weil eine flexible und spontane Nutzung nur unter Schwierigkeiten möglich ist.

(15) Die Anwendung neuer Beurteilungsformen offenbart einige juristische Grauzonen, die ungeklärt sind und Unsicherheit bewirken:
- Möglichkeiten einer Gruppenbeurteilung,
- Beteiligung von Schülerinnen und Schüler bei der Leistungsbeurteilung,
- Vergleichbarkeit der beurteilten Leistungen bei unterschiedlichen Lernarrangements,
- Juristiziable Gütekriterien bei der Anwendung neuer Beurteilungsformen,
- Freie Gestaltung von Zeugnissen (Beilage, Veränderungen).

(16) Die Abschlussprüfungen, die individuell, kognitiv und auf fachlich-inhaltliche Leistungen begrenzt sind, behindern die Akzeptanz und Verbreitung neuer Beurteilungsformen.

(17) Bei der Anwendung neuer Beurteilungsform müssen Inhalte des Bildungsplanes zuweilen gekürzt werden. Der Umfang der gelernten Inhalte wird dadurch geringer, allerdings wird exemplarisch und größtenteils gründlicher gelernt als in einem traditionellen Unterricht.

Kommunikative Validierung und neue Beurteilungsformen

(18) Kommunikative Validierung im Lehrerteam sowie mit Schülerinnen und Schülern stärkt den Beurteilungsprozess. Sie ist im Unterrichtsalltag allerdings aufwändig und wurde im Forschungsprojekt unterschiedlich intensiv vollzogen. Besonders die Validierung mit Schülerinnen und Schüler weist einige pädagogische Spannungsfelder auf, die nicht grundsätzlich gelöst werden können.

(19) Neue Formen der Leistungsbeurteilung sind ohne kommunikative Validierung nicht denkbar, das Vertrauensverhältnis und der gesamte Beurteilungsprozess wären sonst gefährdet oder zumindest instabil. Neue Formen der Leistungsbeurteilung *und* eine kontrollierte Subjektivität steigern unter bestimmten Bedingungen die Unterrichts- und Schulqualität.

Kap. V
Thorsten Bohl:
Zusammenfassung und Empfehlungen

Kap. V
Thorsten Bohl:
Zusammenfassung und Empfehlungen

1   Zusammenfassung

1.1   Zusammenfassung (1): Abschließende Diskussion

Problembereiche

Im Forschungsprojekt wurden zehn unterschiedlich konfigurierte und definierte neue Beurteilungsformen erprobt. Grundsätzlich verliefen die Erprobungen erfolgreich: Alle Beurteilungsformen konnten durchgeführt werden, alle beteiligten Klassen nahmen an den Erprobungen teil, größtenteils sehr gerne, alle beteiligten Lehrerinnen und Lehrer beteiligten sich aktiv und engagiert an den Erprobungen. Die Beratungen von seiten des Projektleiters wurden unterschiedlich in Anspruch genommen, insgesamt wären die Erprobungen auch ohne diese Beratungen gut verlaufen. Dies stimmt optimistisch: Acht der zehn beteiligten Lehrkräfte hatten bisher nur begrenzt Erfahrung mit ihrer neuen Beurteilung und konnten sie trotzdem erfolgreich bewältigen. Dies macht Mut für andere interessierte Lehrkräfte. Neue Formen der Leistungsbeurteilung stärken die Unterrichtsentwicklung und stoßen auf hohe Akzeptanz bei Schülerinnen und Schülern

Wir können und wollen allerdings niemand davon entlasten, unsere Erfahrungen kritisch zu reflektieren. Keine unserer Erprobungen kann identisch übernommen werden, aber alle bieten zahlreiche Anregungen. Die Analyse der Fallstudien kann für viele Beurteilungen hilfreich sein, aber nicht für jede. Wiederkehrende Fragestellungen und Problemfelder während des Projektverlaufes zeigen jedoch, dass auch unterschiedliche Varianten neuer Formen der Leistungsbeurteilung ähnliche Strukturen aufweisen. Wir halten daher unsere Erfahrungen und Erkenntnisse für in hohem Maße übertragbar: Die herausgearbeiteten Prozessfaktoren werden anderen Lehrkräften in derselben oder in ähnlicher Weise begegnen. Problemfelder können dadurch vorweggenommen und der gesamte Beurteilungsprozess stabilisiert werden.

Auch wenn die Erprobungen insgesamt erfolgreich verliefen, offenbaren sich zahlreiche Probleme. Die Eingliederung neuer Beurteilungsformen in den derzeitigen schulischen und unterrichtlichen Alltag funktioniert nicht reibungslos, es knistert, knarrt und kracht zuweilen laut. Die Problemfelder können in drei Bereiche eingeteilt werden.

Problembereich ,Beurteilungskompetenz':

Zahlreiche Problemfelder können mit zunehmender Erfahrung vermieden werden.

> Beispiel: Ein Beispiel ist die Erfahrung, dass es im Laufe eines dynamischen projektorientierten Unterrichts nicht möglich ist, eine Prozessbeurteilung alleine durch Unterrichtsbeobachtung zu leisten. Aber: Es gibt Möglichkeiten damit umzugehen und trotzdem zu einer Prozessbeurteilung zu kommen (Kap. IV.2.2 und Kap. IV.3.5).

> Weitere Beispiele:
> - Unterrichtsbeobachtung kann erleichternd gestaltet werden.

- Die Konfiguration von Beurteilungskriterien ist erlernbar.

Diese Problemfelder können also gelöst werden, wenn die notwendigen Kenntnisse und Erfahrungen über Beurteilungsprozesse vorhanden sind. Diese Kompetenzen können weitergegeben und erlernt werden.

Problembereich ‚grundsätzliche Spannungsfelder‘

Andere Problemfelder können weder pädagogisch noch methodisch-didaktisch oder auf andere Weise grundsätzlich gelöst werden.

> Beispiel: Die Beteiligung von Schülerinnen und Schülern an der Beurteilung kann allgemein als positiv, persönlichkeitsfördernd und bildungswirksam bezeichnet werden: Beurteilungsprozesse können dann eher durchschaut werden, das eigene Lernverhalten wird reflektiert u.a. Viele Schülerinnen und Schüler nutzen die Chance und gehen vertrauensvoll damit um. Andere allerdings, eher wenige Schüler+nnen und Schüler, missbrauchen die Situation und versuchen für sich oder für Freunde einen Vorteil zu erlangen.

> Weitere Beispiele:
> - Beteiligung von Schülerinnen und Schülern am kommunikativen Validierungsprozess vs. Grenzen des Kommunikationsfähigkeit;
> - Einzelnote vs. Gruppenleistung.

Diese Spannungsfelder müssen täglich und situativ gelöst werden, Lösungen sind dabei notwendige und zuweilen unbefriedigende Kompromisse.

Problembereich ‚Rahmenbedingungen‘

Große Klassen, Stofffülle, Zeitdruck, räumliche und materielle Probleme, rechtliche Unklarheiten, schulorganisatorische Probleme erschweren die Durchführung neuer Beurteilungsformen zum Teil erheblich.

> Beispiel: Das Einüben von nicht-fachlich-inhaltlichen Kompetenzen des erweiterten Lernbegriffs ist zeitaufwändig, der kommunikative Validierungsprozess ebenfalls (Kriterienerstellung, Reflexion über den Beurteilungsprozess u.a.). Daher werden in vielen Fällen Lehrplaninhalte gekürzt. Für Lehrkräfte ist diese Situation unbefriedigend und belastend.

> Weitere Beispiele:
> - Neue Beurteilungsformen und die derzeitigen Abschlussprüfungen werden als Bruch empfunden;
> - Große Klassen erschweren eine punktuelle oder systematische Beobachtung ganz erheblich.

Auch bei engagierten und methodisch-didaktisch kompetenten Lehrkräften ist die Auseinandersetzung mit diesen Faktoren ein ständiger Balanceakt. Viele Lehrkräfte schaffen sich zeitlich begrenzte Freiräume, in denen sie innovativ agieren (z.B. in bestimmte Klassen), während in anderen Arbeitsfeldern eher routiniert gearbeitet wird. Damit bleiben innovative Veränderungen begrenzt.

Problembereich ‚unterschiedliche Unterrichtskonzeptionen/ Schulentwicklung‘

Innerhalb einer Einzelschule, innerhalb einer Klassenstufe, zumeist auch innerhalb einer Klasse werden permanent unterschiedliche Unterrichtskonzeptionen und damit auch Beurteilungskonzeptionen angewandt. Nun könnte argumentiert werden, dass eine unterrichtsmethodische Vielfalt und eine Beurteilungsvielfalt positiv zu bewerten sei. Der Unterrichtsalltag spiegelt jedoch eher das Bild eines zufälligen, ressourcenverschwendenden, zum Teil widersprüchlichen Nebeneinander verschiedener Unterrichtskonzeptionen wider, in dem sich Schülerinnen und Schüler zurechtfinden (müssen).

> Beispiel: „Übertragungen fallen den Schülerinnen und Schülern schwer, wenn sie in der sechsten Klasse ein Referat in Deutsch gehalten haben, sehen sie keinen Zusammenhang zum Physikreferat in der elften Klasse." (TT 3/ S. 1)

> Weitere Beispiele:
> - Keine Absprachen unter den Lehrkräften einer Klasse über jeweilige Unterrichtskonzeptionen. z.B. Referate;
> - Keine Fortsetzung von eingeübten Kompetenzen bei Wechsel eines Fachlehrers.

Die Konzentration auf wesentliche Zielsetzungen geht verloren, ebenso die sachlich motivierte Progression im Anspruchsdenken bei nicht-fachlich-inhaltlichen Leistungen. Dieses Problemfeld kann m.E. auch nicht durch Vorgaben, z.B. in Bildungsplänen, behoben werden. Hier ist die Einzelschule gefordert, über schulentwicklerische Maßnahmen auf unterschiedlichen Ebenen (Gesamtschule, Schulkonferenz, Fachkonferenzen, Klassenteams, einzelne Lehrerinnen und Lehrer) zu sinnvollen Absprachen zu kommen. Um Missverständnisse zu vermeiden: Es kann nicht um eine Vereinheitlichung oder curriculare Operationalisierung nicht-fachlich-inhaltlicher Kompetenzen gehen, vielmehr sollten einheitliche Zielsetzungen bei wichtigen Schwerpunkten vereinbart werden, eine Verständigung und gegenseitige Information über Unterrichtskonzeptionen stattfinden. Dabei kommt dem Lehrerteam einer Klasse besondere Bedeutung zu. Die Verständigungsprozesse müssen regelmäßig durchgeführt und Zielvereinbarungen überprüft und gegebenenfalls verändert werden. Innerhalb dieses Problembereiches sind deutliche schulartenspezifische Unterschiede vorhanden. Kooperationen und Absprachen scheinen innerhalb der Hauptschulen weiter vorangeschritten als bei Gymnasien. Dies liegt auch an der ausgeprägteren Funktion des Klassenlehrers/ der Klassenlehrerin in der Hauptschule, die zumeist mehrere Fächer in ihrer Klasse unterrichten und damit flexibler und unterrrichtskonzeptionell konsequenter arbeiten können, während das System der Fachlehrerinnen und Fachlehrer an Gymnasien eine Abstimmung oder engere Kooperation erschwert.

Der erweiterte Lernbegriff als Zielsetzung im Schulalltag: Ausnahme oder Regel?

Neue Formen der Leistungsbeurteilung setzen an einer konsequenten Umsetzung des erweiterten Lernbegriffs an. In acht der zehn Fallstudien fand diese Umsetzung zeitlich begrenzt statt, d.h. im sonstigen Unterricht lag der Fokus wieder stärker auf der Vermittlung fachlich-inhaltlichen Wissens. In zwei Fallstudien wurde der erweiterte Lernbegriff kontinuierlich angestrebt, d.h. der gesamte Unterricht ist daraufhin konzipiert. An diesen unterschiedlichen Vorgehensweisen möchte ich die folgende Frage präzisieren: Soll die konsequente Vermittlung aller Bereiche des erweiterten Lernbegriffs und damit die Anwendung neuer Beurteilungsformen zeitlich begrenzt bleiben?

Die konsequente Umsetzung des erweiterten Lernbegriffs, bezogen auf ein entsprechend verändertes Unterrichtsarrangement *und* eine veränderte Leistungsbeurteilung, bleiben dann eine Ausnahmeerscheinung.

> Es ist nach unserer Erfahrung nicht wirksam (im Sinne der Zielerreichung) den erweiterten Lernbegriff konsequent anzustreben und gleichzeitig traditionell zu beurteilen.

Sofern eine von sechs Klassenarbeit durch eine neue Beurteilungsform ersetzt wird, ist die Wahrscheinlichkeit hoch, dass auch der Unterricht im Verhältnis ,eins zu sechs' konsequent verändert wird. Um nicht missverstanden zu werden: An dieser Stelle sei nicht für oder gegen eine konsequentere Anwendung des erweiterten Lernbegriffs argumentiert, es sei lediglich darauf hingewiesen, dass bei einer Veränderung im Verhältnis ,eins zu sechs' die Zielsetzungen des erweiterten Lernbegriff auch nur begrenzt konsequent angestrebt werden.

Beurteilungsvielfalt: Beurteilungskonzeptionen situationsspezifisch entwickeln

Eine wesentliche Erkenntnis des Forschungsprojektes liegt darin, dass Beurteilungsbögen nicht direkt übertragbar sind. In allen zehn Fallstudien ergaben sich, trotz zum Teil ähnlicher Unterrichts- und Beurteilungskonzeptionen, sehr unterschiedliche Kriterienkataloge, die jeweils auf die spezifische Unterrichtssituation zugeschnitten sind, z.B. auch nicht ohne Weiteres von derselben Lehrkraft auf andere Klassen übertragbar sind. Die Adaption externer Beurteilungsbögen, z.B. als Beobachtungsbögen für Freiarbeit, scheiterte, sie dienten allenfalls als Anregungen. Die jeweils entwickelten Beurteilungsbögen erwiesen sich hingegen als alltagstauglich und handhabbar.

Daraus ist die Konsequenz zu ziehen, dass die Fähigkeit gestärkt werden muss, alleine oder im Lehrerteam den Beurteilungsprozess und die jeweiligen Beurteilungsbögen selbst und situationsspezifisch zu entwickeln. Eine zentrale Vorgabe einheitlicher Beurteilungsbögen würde sich nicht in die spezifische Unterrichtssituation einfügen und damit die Beurteilungsqualität mindern.

1.2 Zusammenfassung (2): Merkmale neuer Beurteilungsformen - Vergleich einer traditionellen Beurteilungsform (Klassenarbeit) mit einer neuen Beurteilungsform (Leistungen im projektorientierten Unterricht)

Welches sind die wesentliche Charakteristika neuer Beurteilungsformen? Dieser Frage gehe ich im Folgenden nach, indem ich die Merkmale einer Klassenarbeit mit den Merkmalen einer Projektbeurteilung vergleiche (Abb. 68). Der Vergleich muss notwendigerweise stark schematisiert bleiben, es sei dadurch nicht in Abrede gestellt, dass beide Beurteilungsformen auch anders definiert und realisiert werden können.

Abb. 68: Vergleich einer Klassenarbeit mit einer Projektbeurteilung

	Kriterium	Klassenarbeit	Projektbeurteilung
Vorbereitung	bewertbare Bausteine	• schriftliche Klassenarbeit	• Prozess, Produkt, Präsentation
	Erstellung der Beurteilungskriterien	• lehrerzentriert	• in einem gemeinsamen Validierungsprozess
	Ort	• Klassenzimmer, eigenes Zimmer zu Hause	• verschiedene Orte (Fachraum, Bibliotheken etc.)
	Konkretisierbarkeit der Leistungserwartung/ Kriterien	• relativ leicht möglich	• zum Teil schwierig (v.a. bei sozial-kommunikativen und persönlichen Leistungen)
	zugrundeliegender Unterricht	• lehrer- und lehrstoffzentriert, tendentiell Frontalunterricht	• differenzierter Unterricht, selbstständiges Lernen
	zugrundeliegende Sozialform	• häufig Einzelarbeit	• häufig Gruppenarbeitsprozesse
Durchführung	Aktivitäten der Lehrkraft	• Korrigieren	• Prozess: Beobachten • Präsentation: Beobachten • Produkt: Korrigieren, beurteilen
	Aufwand	• gedrängt, einschätzbar	• verteilt, nicht exakt bestimmbar • Gesamtaufwand i.d.R. höher als bei Klassenarbeit
	Zeitrahmen	• einheitlich für die gesamte Klasse	• flexibel, nicht immer exakt planbar
	Beteiligung der Schüler	• i.d.R. keine Beteiligung	• häufig als Selbstbeurteilung und/ oder Mitbeurteilung
	Sozialform während der Beurteilungssituation	• Einzelarbeit: Kooperation wird bestraft	• bei Prozess, Präsentation und Produkt: Kooperation wird explizit gefordert, zum Teil explizit bewertet
	Tätigkeit	• i.d.R. auf Abruf von Wissen beschränkt, reaktiv	• aktiv, vielfältig (Organisation, Wissen, Präsentation etc.)
	Materialbedarf	• Stift, Klassenarbeitsheft	• vielfältiges Material und Medien
	Hilfsmittel	• bei Strafe verboten	• ausdrücklich erwünscht
	Sitzordnung	• individualisiert, abgegrenzt	• Präsentationsanordnung
	Arbeitsweise	• sitzend, still, rezeptiv, kognitiv arbeitend	• aktiv, kommunizierend, organisierend, vernetzend, vielfältig
Nachbereitung	Dokumentation	• Note	• Note und/ oder verbale Beurteilung, Beobachtungsbogen
	Rückmeldung	• korrigierte Klassenarbeit, eventuell mit kurzer Anmerkung	• differenziertes Bewertungsblatt mit Beurteilungsbausteinen, Beurteilungskriterien, Noten und i.d.R. verbalen Anmerkungen
	Austausch unter Lernenden über einzelne Leistungen	• nur informell	• Leistung ist i.d.R. klassenöffentlich, z.B. bei Präsentation
	Lernberatung/ Lernprognose	• evtl. bei Besprechung der Klassenarbeit	• gemeinsam: Auswertungsphase, Reflexionsphase • häufig: Einzelgespräche oder Gruppengespräche

1.3 Zusammenfassung (3): Wesentliche Faktoren im Beurteilungsprozess

Mit der folgenden Auflistung sei versucht, wesentliche Faktoren zu benennen, die dazu beitragen einen Beurteilungsprozess erfolgreich zu gestalten. Die Faktoren sind keinesfalls direkt anwendbar, sie erleichtern eine Beurteilung möglicherweise, weil der Blick auf wesentliche Faktoren fokussiert wird. Ich setze hier eine Zustimmung zum erweiterten Lernbegriff, zu einem pädagogischen Leistungsbegriff und zu den formulierten Gütekriterien ‚kommunikative Validierung' und ‚kontrollierte Subjektivität' voraus, beziehe mich also auf eine unterrichtspraktische Ebene.

Der Beurteilungsprozess wird stabilisiert,...

(1) wenn Klarheit über die zugrundliegende Unterrichtskonzeption und deren Zielsetzungen besteht,

(2) wenn die Unterrichts- und Beurteilungskonzeption vom Kollegium akzeptiert und getragen wird,

(3) wenn Sinn und Zweck der Unterrichts- und Beurteilungskonzeption für Schülerinnen und Schüler verständlich ist und gleichzeitig Gestaltungmöglichkeiten erhalten bleiben,

(4) wenn das Lernarrangement klar strukturiert und organisiert ist,

(5) wenn mehrere Lehrkräfte bei der Beurteilung kooperieren,

(6) wenn der gesamte Beurteilungsprozess für alle Beteiligten transparent ist,

(7) wenn das Schuljahr langfristig geplant wird,

(8) wenn die Beurteilungskriterien gemeinsam mit den Schülerinnen und Schülern formuliert werden,

(9) wenn der gesamte Beurteilungsbogen (Bausteine und Kriterien) handhabbar und übersichtlich ist,

(10) wenn schwierige Beurteilungen (z.B. Gruppenbeurteilung, Prozessbeurteilung) gering gewichtet werden,

(11) wenn die Beurteilung aus zwei oder drei Beurteilungsbausteinen besteht,

(12) wenn Schülerinnen und Schüler mittels Selbst- und/ oder Mitbeurteilung am Beurteilungsprozess teilnehmen,

(13) wenn die Beurteilungskriterien konkret formuliert sind,

(14) wenn alle Beurteilungskriterien im vorausgehenden Unterricht vermittelt und eingeübt werden,

(15) wenn die Beurteilung von Persönlichkeitsmerkmalen vermieden wird,

(16) wenn der eigentlichen Beurteilung mindestens ein beurteilungsfreier Probedurchlauf vorausgeht, in dem exemplarisch und mit reduzierter Komplexität geübt werden kann,

(17) wenn regelmäßig Auswertungs- und Reflexionsphasen stattfinden,

(18) wenn sorgfältig überlegt wird, welche Beurteilungsbausteine benotet werden und welche eher verbal beurteilt werden sollen,

(19) wenn die Komplexität einer dynamischen Unterrichtssituation und die daraus resultierenden Aufgaben innerhalb einer veränderten Lehrerrolle

nicht unterschätzt werden,

(21)   wenn die Schwierigkeit der Prozessbeurteilung berücksichtigt wird,

(22)   wenn die eigenen Fähigkeiten bei der Unterrichtsbeobachtung realistisch eingeschätzt und weiterentwickelt werden,

(23)   wenn das Gesamtergebnis auf einem individuellen Bewertungsblatt übersichtlich und sorgfältig zusammengefasst wird,

(24)   wenn die Leistungen im Zeugnis ersichtlich werden,

(25)   wenn grundsätzliche Spannungsfelder nicht überbewertet werden,

(26)   wenn der Beurteilung ein Beratungsgespräch, weitere Lernprognosen und pädagogische Handlungen folgen.

1.4   Zusammenfassung (4): Visualisierte Übersicht über Zusammenhänge bei der Durchführung neuer Formen der Leistungsbeurteilung

Die folgende Übersicht (Abb. 69) verdeutlicht die Zusammenhänge, die bei der Durchführung neuer Beurteilungsformen wichtig sind. Die Zusammenhänge beruhen auf vier wesentlichen Elementen:

A. Der erweiterte Lernbegriff und der pädagogische Leistungsbegriff sind die Grundlage und werden daher als unterrichtliche Leitbilder bezeichnet.

B. Kontrollierte Subjektivität und kommunikative Validierung sorgen für eine Minimierung von Willkür und Beliebigkeit. Die Einzelschule sorgt für die Gestaltung des Übergangs. Je näher die Beurteilung am Unterrichtsalltag ausgerichtet ist, desto wichtiger wird die kommunikative Validierung.

C: Der gesamte Beurteilungsprozess vollzieht sich in einer Einheit aus Lernarrangement, Lerndiagnose, Lernprognose und pädagogischer Handlung.

D: Der Ablauf des Beurteilungsprozesses lässt sich von der Zustimmung zu den unterrichtlichen Leitbildern bis zur Dokumentation im Zeugnis als ein Ablauf darstellen, der allerdings weder linearn noch in exakte Phasen einteilbar ist.

Abb. 69: Übersicht über Zusammenhänge bei der Durchführung neuer Formen der Leistungsbeurteilung

B — Kontrollierte Subjektivität · Rechtliche Vorgaben • Beurteilungsgrundsätze • Konferenzentscheidungen

Schulentwicklung
• schulisches Programm und Leitbild
... mit Konsens zu möglichen Formen und Verfahren der Leistungsbeurteilung und -dokumentation (Zeugnis u.a.)

konkretisiert über ...
• GLK
• Schulkonferenz
• Fachkonferenz
• Klassenkonferenz
• Klassenlehrer/innen
• Fachlehrer/innen
• Lehrerteams

C — Lern-arrangement

B — Kommunikative Validierung
(L.-L./L.-S./L.-E.)
• Offenheit u. Flexibilität
• Reflexivität
• Explikation u. Transparenz
• Prozesscharakter
• kommunikativer Charakter
(testtheor. Kriterien)

Lerndiagnose → Lernprognose

A — Pädagogischer Leistungsbegriff
vertrauensvolle Beziehungsstruktur • nicht wertfrei • subjektbezogen und individuell • solidarisch • vielfältig, produkt u. prozessorientiert • Fremd- u. Selbstbeurteilung • systemischer Kontext • Kommunikation und Reflexion

erweiterter Lernbegriff
vier Lernbereiche: fachlich-inhaltlich • methodisch-strategisch • sozial-kommunikativ • persönlich

Unterrichtskonzeption
Zielsetzungen • Schuljahresplanung • Planung von Unterrichtseinheiten und -phasen • Kooperation

Prozess, Produkt, Präsentation?
fachl.-inhaltl. • meth.-stra. • soz.-komm. • persönlich

Gewichtung?
sachl., soz., indiv. Bezugsnorm?

Note oder verbale Beurteilung?
Gruppen- oder Individualbeurteilung?

Fachspezifisch oder fächerübergreifend?
Schülerselbstbeurteilung? Schülermitbeurteilung?

Beurteilungsbogen
Beurteilungsbausteine und -kriterien

Unterrichtsarrangement
Vermittlung und Einübung von Kompetenzen und (später beurteilten) Leistungserwartungen • Reflexionsphasen • Probebeurteilungen • Organisation des Beurteilungsprozesses

beobachten • überprüfen • korrigieren

ausgefülltes Bewertungsblatt
Zensur • verbale Beurteilung • Beobachtungbogen

Verrechnung in Fachnote • verbale Beurteilung (unterschiedliche Varianten) • Portfolio • Beiblatt zum Zeugnis

pädagogische Handlung
Lernberatung • systemische Unterstützung • Unterrichts- u. Schulentwicklung

D
Unterrichtliche Leitbilder
Unterrichtskonzeption
Spezifizierung der Beurteilung
Beurteilungsbogen
Unterrichtsarrangement
Durchführung der Beurteilung
Leistungsdokumentation
Dokumentation im Zeugnis/ zum Schuljahresende

2 Maßnahmen zur Weiterentwicklung des Unterrichts und neuer Beurteilungsformen - Empfehlungen

2.1 Vorbemerkungen

Schulische und unterrichtliche Veränderungsprozesse vollziehen sich auf unterschiedlichen Ebenen und sind von zahlreichen Faktoren abhängig. Diese mehrebenenanalytische Betrachtungsweise (Fend 1993, 93) sollte berücksichtigt werden, wenn Innovationen erfolgreich implementiert werden sollen. Die Einführung neuer Formen der Leistungsbeurteilung ist zweifellos eine Art „Gretchenfrage" (Schlömerkemper 1998, 650) der Unterrichts- und Schulentwicklung. Hier zeigt es sich, wie konsequent und ernst die Weiterentwicklung wirklich ist. Leistungsbeurteilung, ganz besonders als Notenvergabe, hat weitreichende Folgen für Schülerinnen und Schüler, eine Weiterentwicklung bedarf einer sorgfältigen Begleitung auf mehreren Ebenen.

Daher formuliere ich die folgenden Empfehlungen zielgerichtet an unterschiedliche Personenkreise, als gemeinsame Grundlage sehe ich den vorliegenden Forschungsbericht an.

2.2 Empfehlungen für interessierte Lehrkräfte, Lehrerteams und Einzelschulen

Handlungsleitende Hinweise wurden bereits an verschiedenen Stellen formuliert. Ich beschränke mich daher auf wenige Empfehlungen und verweise auf entsprechende Kapitel.

(1) Die Hinweise auf S. 363f können bei der Durchführung neuer Formen der Leistungsbeurteilung hilfreich sein. Sie verdeutlichen wesentliche Prozessfaktoren.

(2) Die Übersicht (S. 365) zeigt Zusammenhänge auf und kann für die Planung des Schuljahres oder einer Unterrichtseinheit hilfreich sein, ebenso wie das Kapitel zur Schuljahresplanung (S. 333).

(3) Es empfiehlt sich, innerhalb der Einzelschule (GLK, Schulkonferenz) zu vereinbaren, welche Formen der Leistungsbeurteilung und –dokumentation grundsätzlich angewandt werden können oder sollen. Dieser Konsens ist über die verschiedenen Fachkonferenzen, Klassenkonferenzen, Lehrerteams zu konkretisieren (S. 39ff).

(3) Die Durchführung neuer Formen der Leistungsbeurteilung wird grundsätzlich stabilisiert, wenn mehrere Lehrkräfte kooperieren (z.B. durch gegenseitige Hospitation, durch gemeinsame Projekte, durch Validierung von Beurteilungskriterien u.a.).

2.3 Empfehlungen für Mitglieder der Schulverwaltung

(1) Neue Formen der Leistungsbeurteilung sind in ihrer inneren Struktur und bezüglich ihres Umfanges komplex, der Beurteilungsprozess selbst vollzieht sich nach anderen Gesetzen als eine traditionelle Beurteilung. Neue Beurteilungsformen fügen sich nach unseren Erfahrungen daher nicht immer nahtlos in den Unterrichtsalltag ein:

- Der Zeitbedarf zur Vorbereitung, Durchführung und Nachbereitung der Beurteilung innerhalb des Unterrichtsalltags ist höher.
- Für wirksame, den individuellen Lernbiografien der Schülerinnen und Schüler hilfreiche Beratungsgespräche ist im Unterrichtsalltag kaum Zeit, sie werden ‚irgendwann' unter Zeit- und Handlungsdruck (Pausen, Hohlstunden) durchgeführt.
- Darauf folgende Lernprognosen (z.B. Vereinbarungen, Vorhaben) und pädagogische Handlungen (z.B. unterrichtliche oder systemische Fördermaßnahmen) sind im normalen Unterrichtsalltag kaum möglich.

Dies verweist insgesamt auf einen veränderten Zeitbedarf, auf eine veränderte Arbeitsweise von Lehrkräften und damit auf veränderte Arbeitszeitmodelle. Diese Arbeitszeitmodelle sollten die veränderten Aufgaben, von der Vermittlung von Wissen zur Beratung bei selbstständigen Lernprozessen stärker berücksichtigen.

(2) Die vorgesehene rechtliche Änderung, eine oder zwei Klassenarbeiten durch neue Beurteilungsformen zu ersetzen, ist ein wertvoller, von engagierten Lehrkräften dringend erwarteter Reformschub. Die Entwicklung (als konsequente Umsetzung eines erweiterten Lernbegriffs) scheint jedoch damit nicht beendet, notwendig ist darüber hinaus die Veränderung der verschiedenen Abschlussprüfungen. Unsere Empfehlung geht dahin, einen Teil der Abschlussprüfung an allen Sekundarschularten zu verändern, jedoch nicht auf eine Projektprüfung (wie an der Hauptschule) zu beschränken, sondern auch für die Beurteilung anderer Unterrichtsformen zu öffnen (‚Schulprofilprüfung'). Interessierte Schulen müssten dann (in einem Teilbereich, z.B. Ersatz einer mündlichen Prüfung), unter Vorlage von Gütekriterien, Unterrichts- und Beurteilungskonzeptionen, die Abschlussprüfung selbst definieren. Damit fänden unterschiedliche Schulprofile (S. 34ff) ihre konsequente Fortsetzung, ohne dass die Abschlussprüfung dezentralisiert wäre.

Eine ähnliche Flexibilität wäre für die Gestaltung der Zeugnisse wünschenswert. Auch hier könnten Einzelschulen ihrem spezifischen Profil Ausdruck verleihen, z.B. durch Beilage weiterer Blätter zum Zeugnis. Dies trifft nicht nur auf Abschlusszeugnisse zu, sondern auch auf Halbjahresinformationen oder Jahreszeugnisse. Besonders evident wird dies bei fächerübergreifenden Leistungsbeurteilungen außerhalb der Orientierungsstufe, für die derzeit keine Dokumentationsmöglichkeit im Zeugnis besteht.

(3) Empfehlenswert wäre eine Klärung aller rechtlicher Fragestellungen (S. 348), die sich durch die Anwendung neuer Beurteilungsformen ergeben können. Dazu zählen auch Ergänzungen, die auf mögliche praktische Problemfelder einge-

hen, diese erläutern und handlungsleitende Hinweise geben. Diese Klärung sollte schriftlich publiziert werden, so dass interessierte Lehrkräfte damit arbeiten können.

(4) Bei der Weiterentwicklung der derzeitigen Bildungspläne sollte die Stofffülle deutlich reduziert werden, um dadurch Freiräume für die konsequente Umsetzung nicht-fachlich-inhaltlicher Leistungen zu erzielen.

Empfehlenswert wäre zudem, den erweiterten Lernbegriff auch *explizit innerhalb* der Fächer zu verankern, und nicht nur in den Präambeln. Dadurch würde verdeutlicht, dass Fachkompetenz (und nicht nur fächerübergreifende Kompetenzen) aus fachlich-inhaltlichen, methodisch-strategischen, sozial-kommunikativen *und* persönlichen Lernbereichen besteht. Eine konsequente Vermittlung und Beurteilung wäre dadurch legitimiert.

Weiter wäre darüber nachzudenken, inwiefern einzelne Fächer (zumindest periodisch) zu Fachbereichen (z.B. sprachlich, naturwissenschaftlich, gesellschaftlich) zusammengelegt werden können, um dadurch eine gezieltere Vernetzung von Inhalten und Vermittlung von nicht-fachlich-inhaltlichen Zielsetzungen zu erreichen. Bei der fächerübergreifenden Leistungsbeurteilung würde dadurch die künstliche Rückführung von Teilnoten in einzelne Fächer vermieden.

2.4 Empfehlungen für Mitglieder der ersten und zweiten Ausbildungsphase und der Lehrerfortbildung

Einige Kompetenzen sind notwendig, um neue Beurteilungsformen erfolgreich zu realisieren.

(1) *Konzeptionelles Denken und Handeln* ist erforderlich, um Zielformulierungen des erweiterten Lernbegriffs, trotz der parzellierenden Wirkung des Schul- und Unterrichtsalltags, langfristig zu realisieren, z.B.

- weitsichtige Schuljahresplanung mit Progression aller Lernbereiche des erweiterten Lernbegriffs,
- Konkretisierung wesentlicher Zielsetzung in geeignete Lernarrangements,
- Passung Unterricht – Beurteilung,
- konsequente Vorbereitung, Durchführung und Auswertung von Unterrichts- und Beurteilungsprozessen,
- gezielte Vermittlung und Einübung von später beurteilten Kompetenzen.

Zum konzeptionellen Denken gehört auch, die eigene (oder gemeinsame) Unterrichtskonzeption im Kontext von System-, Organisations- und Beziehungsgefüge der Einzelschule zu realisieren. Konzeptionelles Denken hängt daher eng mit Fähigkeit zusammen, Unterrichts- und Schulentwicklungsprozesse zu gestalten.

(2) *Beurteilungskompetenz* ist eine wesentliche Aufgabe innerhalb der veränderten Lehrerrolle. Dazu zählt die Gestaltung des gesamten Beurteilungsprozesses, wesentliche Elemente seien genannt:

- Beteiligung von Schülerinnen und Schüler bei der Beurteilung,
- Erstellung von Bewertungsbögen und Beurteilungskriterien,

- Reflexion des Beurteilungsprozesses,
- weiterführende Lernberatung, Lernprognose und pädagogische Handlung.

Innerhalb der Beurteilungskompetenz spielen Unterrichtsbeobachtung und Lernberatung eine wesentliche Rolle.

(3) *Systematische und gezielte Beobachtung* ist eine keinesfalls neue Kompetenz, allerdings wurde sie bisher völlig vernachlässigt. Die Beobachtung spielt eine wesentliche Rolle bei der Lerndiagnose und bei der Beurteilung von Präsentationen und Arbeitsprozessen.

(4) *Lernberatung* ist notwendig, um selbstständige Lernprozesse von Schülerinnen und Schüler zu unterstützen. Dazu zählen erlernbare und vermittelbare Techniken und Methoden (z.B. W-Fragen, Mind-Maps, Gruppenarbeitsphasen) und eine pädagogisch einfühlsame individuelle Lernberatung. Grundlegend ist zunächst die Lerndiagnose. Dabei ist wesentlich, die Grenzen der eigenen Beratungsfähigkeit realistisch einzuschätzen.

Weitere Themenbereiche sind förderungswürdig.

(5) Die Fragwürdigkeit der Zensurengebung ist zwar in der Erziehungswissenschaft bekannt, an Lehrkräften scheinen diesen Erkenntnisse völlig vorbeigegangen zu sein, es sei denn, sie sind selbst im Rahmen der Ausbildung tätig. Im Kontext neuer Beurteilungsformen wird dies verschärft, da die traditionelle Leistungsbeurteilung häufig als objektiv oder gar gerecht angesehen wird. Neuen Beurteilungsformen wird daher schnell das Etikett ‚subjektiv‘ und möglicherweise ‚ungerecht‘ angehängt. Dies zeugt weder von einem reflektierten Umgang mit der traditionellen Beurteilungspraxis noch fördert es neue Beurteilungsformen. Die Akzeptanz anderer Gütekriterien (z.B. kontrollierte Subjektivität und kommunikative Validierung) wird erschwert.

(6) Insgesamt wäre die Aus- und Fortbildung auf eine *zielgerichtete Beurteilungsvielfalt* hin auszurichten: Jede Unterrichtsmethode bedarf einer spezifischen Beurteilung, die flexibel und situationsspezifisch eingesetzt werden kann und einer unterrichtskonzeptionell fundierten Zielsetzung folgt. Die Zielsetzung ergibt sich für einzelne Schülerinnen und Schüler, für einzelne Klassen und steht im Einklang mit dem schulspezifischen Profil. Die Frage der Qualität und Objektivität bezieht sich dabei auf alle Beurteilungsformen.

(7) Der erweiterte Lernbegriff und die Beurteilung nicht-fachlich-inhaltlicher Leistungen sind in fachdidaktischer Hinsicht zu präzisieren: Welche Anteile nicht-fachlich-inhaltlicher Leistungen sind im jeweiligen Fach enthalten? Auf welche Weise können nicht-fachlich-inhaltliche Leistung innerhalb der jeweiligen Fachdidaktik gelehrt und gegebenenfalls beurteilt werden?

Kap. VI
Anhang

1   Mitglieder der Forschungsgruppe

Dr. Thorsten Bohl, geboren 1965, Studium an der PH Heidelberg, Studiengang Realschule (Sport, Mathematik, Englisch), 1. Staatsexamen 1992, 2. Staatsexamen 1994 am Staatlichen Seminar für Schulpraktische Ausbildung in Reutlingen, Lehrer am Bildungszentrum Nord Reutlingen bis 1997, Diplompädagoge seit 1997. Wissenschaftlicher Mitarbeiter an der Forschungsstelle für Schulpädagogik seit 1997, bis 1999 Mitarbeiter im Forschungsprojekt ‚Regionale Schulentwicklung durch Kooperation und Vernetzung, Promotion 2000 mit einer empirischen Arbeit zu ‚Unterrichtsmethoden in der Realschule‘, 1998 bis 2000 Projektleiter im Forschungsprojekt ‚Neue Formen der Leistungsbeurteilung in den Sekundarstufen I und II‘ Arbeitsschwerpunkte: Unterrichts- und Schulentwicklung, Forschungsmethoden, Unterrichtsforschung, Lehrerbildung.

Claudia Braun, geboren 1954, Studium an der PH Reutlingen, Fächerkombination: Deutsch, Sport und katholische Religion. Seit 1979 Lehrerin an der Eduard-Spranger-Schule in Reutlingen mit dem Arbeitsschwerpunkt in der Klassenstufe 5/ 6. Von 1992-1999 intensive Auseinandersetzung mit der Thematik: Gesundheitsförderung an der Schule. In diesem Zusammenhang Projektleitung (zusammen mit zwei anderen ProjektleiterInnen) im Rahmen des ‚Europäischen Netzwerk gesundheitsfördernder Schulen‘ mit der Zielsetzung kommunikative Schulkultur zu entwikkeln. Seit 1995 Aufbau einer Partnerschaft mit Schulen in Greifswald (Mecklenburg/ Vorpommern) und Stettin (Polen). Seit 1984 Mentorin und jetzt Lehrbeauftragte für Pädagogik am Staatlichen Seminar für Schulpraktische Ausbildung in Nürtingen.

Karin Broszat, geboren 1965, Studium an der Pädagogischen Hochschule in Freiburg mit den Fächern Deutsch, Gemeinschaftskunde und Biologie, zweites Staatsexamen 1994 am Staatlichen Seminar für die schulpraktische Ausbildung Reutlingen. Nach dem Referendariat an der Geschwister–Scholl–Schule in Tübingen, anschließend an der Mädchenrealschule St. Klara in Rottenburg. Seit 1998 Doktorandin an der Abteilung Schulpädagogik/ Institut für Erziehunswissenschaft und Mitarbeiterin im Forschungsprojekt ‚Neue Formen der Leistungsbeurteilung in den Sekundarstufen I und II‘. Arbeitsschwerpunkte: Geschichte der Pädagogik, Leistungsbeurteilung.

Hanna Daur, geboren 1945, 1966 Erste Dienstprüfung für das Lehramt an Volksschulen an der Pädagogischen Hochschule Reutlingen, 1969 Kleine Fakultas in Deutsch und Mathematik an der Universität Heidelberg. Seit 1970 als Realschullehrerin tätig, seit 1980 an der Wilhelm-Hauff-Realschule Pfullingen mit besonderem Interesse für schülerorientiertes Unterrichten. Von 1994 bis 2000 Lehrbeauftragte für Fachdidaktik Mathematik am Staatlichen Seminar für schulpraktische Ausbildung (Realschulen) in Reutlingen, seit 1999 stellvertretende Schulleiterin an der Wilhelm-Hauff-Realschule Pfullingen.

Cornelia Dieckhoff, geboren 1954, 1974 bis 1978 Studium an der Pädagogischen Hochschule Reutlingen, Fächerkombination Mathematik und Sport. Seit 1978 Lehrerin an der Eduard-Spranger Grund- und Hauptschule mit Werkrealschule in Reutlingen, eingesetzt vor allem in den Klassen 7 bis 9. 1989/ 90 Ausbildung zur Beratungslehrerin.

Prof Dr. Hans-Ulrich Grunder, geboren 1954, Sekundarlehrer, Zweitstudium: Pädagogik, Ethnologie und Journalismus. Ab 1983 wissenschaftlicher Assistent am Pädagogischen Institut der Berner Universität. Promotion (1987) mit einer Arbeit über die Landerziehungsheime in der Schweiz. Habilitation (1992) zum Thema Seminarreform und Reformpädagogik. Ab Frühjahr 1993 Vizedirektor der Ausbildung für Sekundarlehrerinnen und Sekundarlehrer an der Universität Bern. Ab Wintersemester 1995/ 1996 Professor für Schulpädagogik am Institut für Erziehungswissenschaft der Universität Tübingen. Arbeitsschwerpunkte: Schulpädagogik, Geschichte der Pädagogik, Medienpädagogik, Geschichte und aktuelle Konzepte der Didaktik, Anarchismus und Pädagogik, Lehrerbildung, Schulreformen, Sozialgeschichte der Erziehung in der Schweiz, Geschichte der Unterrichts- und Arbeitsmethoden.

Ulrike Gunsser, geboren 1967, Abitur 1986, anschließend Banklehre und zweisemestriges Studium der Betriebswirtschaft. 1989 bis 1993 Studium für das Lehramt an Realschulen an der Pädagogischen Hochschule Heidelberg mit der Fächerkombination Mathematik, Französisch, Geografie und Informatik. Nach dem Vorbereitungsdienst Klassenlehrerin einer internationalen Vorbereitungsklasse. Seit 1996 an der Wilhelm-Hauff-Realschule Pfullingen. 1999/ 2000 Fachberaterin für Französisch im Bereich des Staatlichen Schulamts Reutlingen. Seit Februar 2000 Lehrbeauftragte für Mathematik am Staatlichen Seminar für Schulpraktische Ausbildung in Reutlingen.

Dr. Martin Herold, geboren 1953. Seit 1979 wissenschaftlicher Lehrer an der Steinbeis-Schule Reutlingen mit den Fächern Mathematik und Physik. Ab September 1993 Teilabordnung in das Oberschulamt Tübingen als Referent für Lehrerfortbildung und Innere Schulentwicklung. Promotion im Jahr 2000 zum Doktor der Sozialwissenschaften.

Michael Kuhn, geboren 1965. Abitur 1985 am Kepler-Gymnasium in Freudenstadt. Nach dem Wehrdienst Physikstudium an der Universität Karlsruhe (TU) und der Ecole Nationale Supérieure de Physique de Grenoble (Diplom 1992, 1. Staatsexamen 1993); Studium der Mathematik (1. Staatsexamen 1993), 2. Staatsexamen 1995. Seit September 1995 Lehrer für Mathematik und Physik am Eugen-Bolz-Gymnasium in Rottenburg; Mitarbeit bei der Durchführung von Lehrerfortbildungsveranstaltungen in den Bereichen fächerverbindender Unterricht (Klasse 11) und Naturphänomene (Klasse 5).

Dr. Birgit Landherr, geboren 1953, ist seit 1980 Wissenschaftliche Lehrerin an der Laura-Schradin-Schule Reutlingen mit den Fächern Biologie und Wirtschaftslehre. Seit September 1994 Teilabordnung in das Oberschulamt Tübingen mit den Schwerpunktaufgaben Lehrerfortbildung und Innere Schulentwicklung. Promotion im Jahr 2000 in der Fakultät für Sozial- und Verhaltenswissenschaften der Universität Tübingen.

Dr. Wolfgang Pasche, geboren 1951, verheiratet, drei Kinder. Abitur 1969, Studium der Germanistik, Politikwissenschaft, Skandinavistik in Stuttgart, Tübingen, Oslo, Aachen. 1.Staatsexamen 1975, Rigorosum 1979. Referendariat am Wildermuth-Gymnasium Tübingen und am Eugen-Bolz-Gymnasium Rottenburg. Seit 1979 Lehrer am Eugen-Bolz-Gymnasium, Studiendirektor/ Fachabteilungsleiter Deutsch. Diverse Veröffentlichungen mit dem Schwerpunkt Unterrichtsmodelle mit neuen Unterrichtsmethoden; Fortbildungsveranstaltungen für das Kultusministerium Baden-Württemberg, Oberschulamt Tübingen, Ernst Klett Verlag; Lehrtätigkeit am Leibniz-Kolleg der Universität Tübingen.

Dorothea Schulz, geboren 1965, Abitur 1985, Studium der Romanistik (Französisch und Portugiesisch) und Germanistik in Tübingen und Tours (Frankreich), 1. Staatsexamen 1993. Referendariat am Staatlichen Seminar für Schulpädagogik in Tübingen, 2. Staatsexamen 1995. Anschließend Lehrerin an einem Privatgymnasium in Stuttgart, seit 1996 am Eugen-Bolz-Gymnasium in Rottenburg (Deutsch und Französisch).

Klaus Wegele, geboren 1950, verheiratet, zwei erwachsene Kinder. Abitur 1969, nach Wehrdienst Studium in Bonn und Tübingen, 1977 Erstes Staatsexamen in den Fächern Deutsch und Geschichte in Tübingen. Referendariat in Tübingen, seit 1979 Lehrer am Eugen-Bolz-Gymnasium in Rottenburg, Oberstudienrat. Schwerpunkt Darstellendes Spiel: zusätzliche theaterpädagogische Weiterbildung, Arbeit mit Theater-AGs an der Schule, mit einem Teildeputat tätig als Multiplikator für Schultheater beim OSA Tübingen, Vorsitzender der LAG Theater und Schule in Baden-Württemberg e.V., in diesem Zusammenhang auch Mitarbeit im Rahmen der bundesweiten Organisationen.

2 Abbildungsverzeichnis

3 Literaturverzeichnis

Ahlring, I. (1997): Beurteilung als Dialog. In: Praxis Schule 5-10. 8. Jg./ Heft 6, S. 18-20

Ahlring, I./ Brömer, B. (1999): Schule machen. Das pädagogische Konzept der Offenen Schule Waldau/ Kassel. Schule direkt Bd. 11. Hohengehren: Schneider

Altrichter, H./ Posch, P. (1998): Lehrer erforschen ihren Unterricht. Bad Heilbrunn: Klinkhardt

Anlanger, O. et al. (1994): Noten verboten – Alternativen der Leistungsbeurteilung. 2 Bände Schulheft 75 – 76. Wien: Jugend und Volk

Arnold, K.-H. (1999): Fairness bei Schulsystemvergleichen. Diagnostische Konsequenzen von Schulleistungsstudien für die unterrichtliche Leistungsbewertung und binnenschulische Evaluation. Münster: Waxmann

Arnold, R. (1999): Der Traum vom Messen und Bewerten. Zu den Paradoxien eines Qualitätsmanagements durch Schulvergleichstests. In: Pädagogisches Forum. 12. Jg./ Heft 8, S. 344-348

Aurin, K. (1990) (Hrsg.): Gute Schulen – Worauf beruht ihre Wirksamkeit? Bad Heilbrunn: Klinkhardt

Aurin, K./ Wollenweber, H. (1997) (Hrsg.): Schulpolitik im Widerstreit. Bad Heilbrunn: Klinkhardt

Bambach, H./ Bartnitzky, H./ Ilsemann, C.v./ Otto, G. (1996) (Hrsg.): Prüfen und Beurteilen. Friedrich-Jahresheft 1996. Seelze: Friedrich Verlag

Behnken, I./ Fölling-Albers, M./ Tillmann, K.-J./ Wischer, B. (1999) (Hrsg.): Leistung. Friedrich-Jahresheft 1997. Seelze: Friedrich Verlag

Bär, T. (1998): Das Bewertungsformular – Schüler helfen bei einer gerechten Benotung. In: Deutche Lehrerzeitung. Heft 5, S. 20-21

Barnitzky, H. (1992): Verkehrte Welt im Schulalltag. Alternativen zum Klassenaufsatz und Klassendiktat. In: Friedrich-Jahresheft XIV: Prüfen und Beurteilen. Seelze: Friedrich Verlag, S. 66-69

Barnitzky, H./ Portmann, R. (1992): Leistung der Schule - Leistung der Kinder. Hannover: Novuprint

Baschung, B. (1999): Erweiterte Beurteilungsformen. In: Schweizer Lehrer-Zeitung. 144. Jg./ Heft 8, S. 10-13

Basler Schulreform/ Bereich Pädagogik (1994): Erweiterte Beurteilungsformen (EBF). Ein Leitfaden für die Lehrer/ innen und Lehrer der Orientierungsstufen. Heft 9

Bastian, J. (1980): Sollen Projekte zensiert werden oder nicht?. In: Westermanns Pädagogische Beiträge. 32. Jg./ Heft 3, S. 116-119

Bastian, J. (1997): Pädagogische Schulentwicklung. Von der Unterrichtsreform zur Entwicklung der Einzelschule. In: Pädagogik. 49. Jg./ Heft 2, S. 6ff

Bastian, J. (1998) (Hrsg.): Pädagogische Schulentwicklung. Schulprogramm und Evaluation. Hamburg. Bergmann und Helbig

Bastian, J./ Combe, A. (1998): Pädagogische Schulentwicklung. Gemeinsam an der Entwicklung der Lernkultur arbeiten. In: Pädagogik. 50. Jg./ Heft 11, S. 6-9

Bastian, J./ Gudjons, H. (1994) (Hrsg.): Das Projektbuch II. Hamburg: Bergmann und Helbig

Bastian, J./ Ott, G. (1995) (Hrsg.): Schule gestalten. Hamburg: Bergmann und Helbig, S. 121-148

Bauer, C. (1993): Förderliche und hemmende Bedingungen für Innovationsentwicklung. Einführung der lernzielorientierten Leistungsbeurteilung: Warum war es so mühsam? Schule Entwickeln - Dokumente aus dem Schulverbund Graz-West. SV-Reihe Nr.4. Graz

Baumann, J. (1997): Von der Fremd- zur Selbstbeurteilung. In: Praxis Schule 5-10. 8. Jg./ Heft 6, S. 22-24

Becher, H. R./ Bennack, J./ Jürgens, E. (1998) (Hrsg.): Taschenbuch Grundschule. Balt-mannsweiler: Schneider Verlag Hohengehren

Beck, G./ Scholz, G. (1995): Beobachten im Schulalltag. Frankfurt a. M.: Cornelsen

Becker, G./ Kunze, A./ Riegel, E./ Weber, H. (1997): Die Helene-Lange-Schule Wiesbaden. Das andere Lernen. Entwurf und Wirklichkeit. Kap.13: Leistung bewerten. Anders Lernen 10. Hamburg: Bergmann und Helbig, S. 224-245

Becker, H. (1983): Zensuren als Lebenslügen und Notwendigkeit. In: Becker, H./ Hentig, H.v. (Hrsg.): Zensuren. Lüge – Notwendigkeit – Alternativen. Frankfurt a.M., Berlin, Wien: Klett Cotta/ Ullstein

Becker, H. (1991): Zensuren. Heidelberg: C.F. Müller Juristischer Verlag

Becker, H./ Hentig, H.v. (1983) (Hrsg.): Zensuren. Lüge – Notwendigkeit – Alternativen. Frankfurt a.M., Berlin, Wien: Klett Cotta/ Ullstein

Bendler, A. (1995): Leistungsbeurteilung in offenen Unterrichtsformen. In: Pädagogik. 47. Jg./ Heft 3, S 10-13

Benner, D./ Ramseger, J. (1985): Zwischen Ziffern, Zensur und pädagogischem Entwick-lungsbericht: Zeugnisse ohne Noten in der Grundschule. In: Zeitschrift für Pädagogik. 31. Jg./ Heft 2, S. 151-174

Berkemann, J. (1989): Pädagogische Maßstäbe in der gerichtlichen Kontrolle schulischer Leistungen. In: Zeitschrift für Pädagogik. 35. Jg./ Heft 4, S. 534-548

Besser, H./ Wöbcke, M./ Ziegenspeck, J. (1976a): Schülerbeobachtung und Schülerbeurtei-lung. In: Die Deutsche Schule. 68. Jg./ Heft 2, S. 104-108

Besser, H./ Wöbcke, M./ Ziegenspeck, J. (1976b): Beobachtung und Beurteilung in der Schule. Diagnostische Verfahren in den Ländern der Bundesrepublik Deutschland. In: Die Deutsche Schule. 68. Jg./ Heft 7-8, S. 440-461

Besser, H./ Wöbcke, M./ Ziegenspeck, J. (1977): Der Schülerbeobachtungsbogen – Ein In-strument zur Verbesserung der Lerndiagnose. Braunschweig: Westermann

Blankertz, H. (1982): Die Geschichte der Pädagogik: Von der Aufklärung bis zur Gegenwart. Wetzlar: Büchse der Pandora

Bohl, T. (1998): Veränderte Formen der Leistungsbeurteilung in der Sekundarstufe I. In: Lehren und Lernen. 24. Jg./ Heft 8, S. 27-39

Bohl, T. (2000a): Ressourcen in Schulentwicklungsprozessen. In: Grunder, H.-U./ Schubert, G. (2000): Forschungsprojekt ‚Regionale Schulentwicklung in Baden-Württemberg durch Kooperation und Vernetzung'. Abschlussbericht. Universität Tübingen, Januar 2000, Text II - C

Bohl, T. (2000b): Unterrichtsmethoden in der Realschule. Eine empirische Untersuchung zum Gebrauch ausgewählter Unterrichsmethoden an staatlichen Realschulen in Baden-Württemberg. Ein Beitrag zur deskriptiven Unterrichtsmethodenforschung. Bad Heilbrunn: Klinkhardt

Bortz, J./ Döring, N. (1995): Forschungsmethoden und Evaluation. Berlin, Heidelberg und New York: Springer, 2.Aufl.

Brandt, H. (1994): Schülerbeurteilung und Schulreform. In: Die Deutsche Schule. 86. Jg./ Heft 3, S. 260-271

Brandt, H./ Schlömerkemper, J. (1985): Kommunikative Lerndiagnose. Konzept und Wirk-lichkeit des Lernentwicklungsberichts im Team-Kleingruppen-Modell. In: Zeitschrift für Pädagogik. 31. Jg./ Heft 2, S. 201-219

Brockhaus Enzyklopädie: Der große Brockhaus. In 24 Bd.-19., Aufl. Mannheim: Brockhaus

Brügelmann, H./ Brügelmann, K. (1995): Kann man ‚Offenen Unterricht' beurteilen? In: Die Grundschulzeitschrift. 9. Jg./ Heft 87, S. 36-39

Brunner, J./ Schmidinger, E. (1997): Portfolio - ein erweitertes Konzept der Leistungsbeur-teilung. In: Erziehung und Unterricht. 147/ Heft 10, S. 1072-1086

Buhren, C.G./ Killus, D./ Kirchhoff, D. (1999): Qualitätsindikatoren für Schule und Unterricht. Ein Arbeitsbuch für Kollegien und Schulleitungen. Dortmund: IfS-Verlag

Bundesministerium für Bildung, Wissenschaft, Forschung und Technologie (1998): Delphi-Befragung 1997/ 98. Potenziale und Dimensionen der Wissensgesellschaft–Auswirkungen auf Bildungsprozesse und Bildungsstrukturen. Durchgeführt im Auftrag des Bundesministeriums für Bildung und Forschung. Integrierter Abschlussbericht. München und Basel

Burckhardt, J. (1985): Die Kultur der Renaissance in Italien. Neudruck der Urausgabe, hrsg. von K. Hoffmann, Stuttgart: Alfred Kröner Verlag

Burmeister, U. (1993): Leistungsbeurteilung im Projektunterricht. In: Pädagogik. 45. Jg./ Heft 6, S. 22-24

Das Evangelium: Urtext und deutsche Übertragung eine Auswahl aus dem neuen Testament. München: Ernst Heimeran Verlag, 1940

Das Lehrerhandbuch (1999): Unterricht und Schulveranstaltungen. Leistung, Leistungsbewertung. Kap. 7.3.

Denkschrift der Kommission ‚Zukunft der Bildung – Schule der Zukunft‘ beim Ministerpräsidenten des Landes Nordrhein-Westfalen/ Bildungskommission NRW (1995). Neuwied: Luchterhand, S. 97-150

Dethlefs, B.C. (1998): Projektunterricht in der gymnasialen Oberstufe. Erfahrungen mit Leistungsbewertung und Ergebnissicherung. In: Pädagogik. 50. Jg./ Heft 7-8, S. 17-22

Deutscher Bildungsrat (1970) (Hrsg.): Strukturplan für das Bildungswesen. Stuttgart: Klett

Eberwein, H./ Maud, J. (1995) (Hrsg.): Forschen für die Schulpraxis. Weinheim: Juventa

Edeler, U.-C./ Ritter, H. (1998): 'Leistung nach Maß'. Die Bewertung von Schülerleistungen in offenen Unterrichtsformen. Teil I. In: Deutsche Lehrerzeitung. Special. Heft 6-7, S. 56-70

Eder, F. (1997): Neue Lehrpläne - Folgerungen für die Leistungsbeurteilung. In: Erziehung und Unterricht. Heft 4, S. 415-429

Einsiedler, W. (1996): Wissensstrukturierung im Unterricht. Neuere Forschung zur Wissensrepräsentation und ihre Anwendung im Unterricht. In: Zeitschrift für Pädagogik. 42. Jg./ Heft 2, S. 167-191

Elbing, E./ Buschmann, S. (1985): Schülerbeurteilung mittels Wortzeugnissen. Eine empirische Analyse. Universität München. Institut für Empirische Pädagogik und Pädagogische Psychologie. München

European Community Action Programme (1984): Neue Entwicklungen in der Leistungsbeurteilung und Lernerfolgskontrolle. Brüssel

Feiks, D./ Krauß, E. (1992): Schulleistung – Neubestimmung eines Begriffs. In: Lehren und Lernen. 18. Jg./ Heft 11, S. 1-24

Fend, H. (1986): Gute Schulen - Schlechte Schulen. Die einzelne Schule als pädagogische Handlungseinheit. In: Die Deutsche Schule. 78. Jg./ Heft 3, S. 275-293

Fend, H. (1996): Schulkultur und Schulqualität. In: Leschinsky, A. (Hrsg.): Die Institutionalisierung von Lehren und Lernen. Beiträge zu einer Theorie der Schule. Zeitschrift für Pädagogik. 34. Beiheft. Weinheim und Basel: Beltz, S. 85-97

Fend, H. (1998): Qualität im Bildungswesen. Weinheim und München: Juventa

Feuser, M. (1997): Leistungsfeststellung in der Projektmethode. In: Praxis Schule 5-10. 8. Jg./ Heft 6, S. 41

Flick, U./ Kardorff, E.v./ Keupp, H./ Rosenstiel, L.v./ Wolff, S. (1995): Handbuch qualitative Sozialforschung. Weinheim: Beltz Psychologie Verlags Union

Frey, K. (1995): Die Projektmethode. Weinheim und Basel: Beltz 6. Aufl.

Friebertshäuser, B./ Prengel, A. (1997) (Hrsg.): Handbuch qualitativer Forschungsmethoden in der Erziehungswissenschaft. Weinheim: Juventa

Friedl, G./ Scheuch, H. (1990): „Hello Halo" Wie weit beeinflusst die Kenntnis des Autors einer Schülerarbeit unsere Korrektur und Beurteilung? PFL-Englisch. Nr. 24, Klagenfurt: IFF

Friedrichsdorf, J. (1999): Schulentwicklung und Leistungsmessung. In: Ruep, M.: Innere Schulentwicklung. Theoretische Grundlagen und praktische Beispiele. Donauwörth: Auer, S. 147-179

Furck, D.L. (1972): Das pädagogische Problem der Leistung in der Schule. Weinheim: Beltz, 4. Aufl.

Gigon O./ Zimmermann L. (1975): Platon. Lexikon der Namen und Begriffe. Reihe: Bibliothek der Alten Welt. Zürich und München: Artemis

Gigon, O. (1961): Aristoteles: Einführungsschriften. Reihe: Bibliothek der Alten Welt. Zürich und München: Artemis

Gigon, O. (1977): Die antike Philosophie als Maßstab und Realität. Reihe: Bibliothek der Alten Welt. Zürich und München: Artemis

Goetsch, K. (1994a): Statistisch gesehen...-Projektunterricht in einem Mathematik-Grundkurs der Sekundarstufe II. In: Bastian, J./ Gudjons, H. (1994) (Hrsg.): Das Projektbuch II. Hamburg: Bergmann und Helbig, S. 97-108

Goetsch, K. (1994b): Projektunterricht bewerten. In: Bastian, J./ Gudjons, H.: Das Projektbuch II. Hamburg: Bergmann und Helbig, S. 257 - 265

Gonon, P. (1996) (Hrsg.): Schlüsselqualifikationen kontrovers. Aarau: Verlag Sauerländer

Gorny, E./ Knopf, H. (1979): Psychologische Aspekte des Kontrollverhaltens im Leistungsbereich. In: Probleme und Ergebnisse der Psychologie. 68. Jg., S. 63-73

Groeben von der, A. (1993): Gemeinsam Lernen und individuell bewerten? In: Pädagogik. 45. Jg./ Heft 6, S. 26-30

Groeben von der, A. (1999): Leistung wahrnehmen, Leistung bewerten. In: Pädagogische Führung. 10. Jg./ Heft 1, S. 7-10

Grunder, H.-U. (1991): Regionale Besonderheiten der Schulzeugnisse in der Schweiz. Ansätze zu einer historisch-systematischen Skizze. In: Prinz von Hohenzollern, J.G./ Liedtke, M.: Schülerbeurteilungen und Schulzeugnisse. Historische und systematische Aspekte. Bad Heilbrunn: Klinkhardt, S. 175-193

Grunder, H.-U./ Schubert, G. (2000): Forschungsprojekt ‚Regionale Schulentwicklung in Baden-Württemberg durch Kooperation und Vernetzung'. Abschlussbericht. Universität Tübingen

Grünig, B./ Kaiser, G./ Kreitz, R./ Rauschenberger, H./ Rinninsland, K. (1999): Leistung und Kontrolle. Die Entwicklung von Zensurengebung und Leistungsmessung in der Schule. Weinheim und München: Juventa

Gruschka, A. (1996a): Erwartungen an die Pädagogik aus der Sicht der Wirtchaft: Wirtschaft, Pädagogik, Mündigkeit. Ein Gespräch mit Daniel Goeudevert. In: Gruschka, A. (Hrsg.): Wozu Pädagogik? Die Zukunft bürgerlicher Mündigkeit und öffentlicher Erziehung. Darmstadt: Wissenschaftliche Buchgesellschaft, S. 93-122

Gruschka, A. (1996b) (Hrsg.): Wozu Pädagogik? Die Zukunft bürgerlicher Mündigkeit und öffentlicher Erziehung. Darmstadt: Wissenschaftliche Buchgesellschaft

Gschrey, D. (1997): Pädagogische Schulentwicklung in München. In: Pädagogik. 49. Jg./ Heft 2, S. 28ff

Gudjons, H. (1993) (Hrsg.): Handbuch Gruppenunterricht. Weinheim und Basel: Beltz

Haarmann, D. (1997) (Hrsg.): Handbuch Elementare Schulpädagogik. Weinheim und Basel: Beltz

Hage, K./ Bischoff, H./ Dichanz, H./ Eubel, K.-D./ Oehlschläger, H.-J./ Schwittmann, D. (1985): Das Methodenrepertoire von

Hänsel, D./ Müller, H. (1988) (Hrsg.): Das Projektbuch Sekundarstufe. Weinheim und Basel: Beltz

Haußer, K. (1991): Verbalbeurteilung in Schulzeugnisse. Eine psychologische Inhaltsanalyse. In: Die Deutsche Schule. 83. Jg./ Heft 3, S. 348-359

Heckhausen, H. (1974): Leistung und Chancengleichheit. Göttingen: Hogrefe

Helmke, A. (1988): Leistungssteigerung und Ausgleich von Leistungsunterschieden in Schulklassen. In: Zeitschrift für Entwicklungspsychologie und Pädagogische Psychologie. 10. Jg./ Heft 1, S. 45-76

Hentig, H. v. (1980): Die Krise des Abiturs und eine Alternative. Stuttgart: Klett

Hentig, H.v. (1982): Das Beurteilungssystem der Bielefelder Laborschule. In: Neue Sammlung. 22. Jg./ Heft 3-5; Teil I: S. 238-260, Teil II: S. 391-405, Teil III: S. 481-502

Hentig, H.v. (1999): Bildung: Ein Essay. Weinheim und Basel: Beltz

Herz, O. (1998): Wer gegen Noten ist, ist nicht gegen Anstrengung. Auszüge aus einer Replik auf die Rede von Bundespräsident Roman Herzog zur Bildungspolitik. In: Humane Schule. 24. Jg./ Mai 1998, S. 23-25

Heursen, G. (1995): Kompetenz – Performanz. In: Enzyklopädie Erziehungswissenschaft. Band 1: Theorien und Grundbegriffe der Erziehung und Bildung. Stuttgart: Klett, S. 472-478

Heymann, H. W. (1997) (Hrsg.): Allgemeinbildung und Fachunterricht. Hamburg: Bergmann und Helbig

Hohenzollern von, J.G./ Liedtke, M. (1991) (Hrsg.): Schülerbeurteilungen und Schulzeugnisse. Bad Heilbrunn: Klinkhardt

Holfelder, W./ Karcher, W./ Bosse, W.: Schulleitung in Baden-Württemberg. Stuttgart, München und Hannover 1980, Stand Februar 1996

Homerus (1986): Homer Odyssee. Übertragen v. A. Weiher. In: Sammlung Tusculum, 8. Aufl., München: Artemis

Homerus: Homer Illias (1948): Erster bis vierzehnter Gesang. Übertragen v. H. Rupé. In: Sammlung Tusculum, Nördlingen: Heimeran

Huber, G.L. (1993a) (Hrsg.): Neue Perspektiven der Kooperation. Baltmannsweiter: Schneider Verlag Hohengehren

Huber, G.L. (1993b): Soziale Organisation des Lernens - Kooperative Formen des Lehrens und Lernens. Unveröffentlichtes Manuskript des Pädagogischen Lehrgangs der Staatlichen Akademie Comburg vom 17.- 19.05.1993

Huber, G.L. (1993c): Gruppenrallye. Unveröffentlichtes Manuskript des Pädagogischen Lehrgangs der Staatlichen Akademie Comburg vom 17.- 19.05.1993

Huber, G.L./ Mandl, H. (1982): Verbale Daten. Weinheim und Basel: Beltz Psychologie Verlags Union

Huizinga, J. (1987): Herbst des Mittelalters: Studien über Lebens- und Geistesformen des 14. und 15. Jahrhunderts in Frankreich und den Niederlanden. Hrsg. von K. Köster, Stuttgart: Kröner

Hüne, H.-M./ Perle, H.J./ Spindler, D. (1996) (Hrsg.): Erweiterung der Qualifikation von Lehrerinnen und Lehrern. Oldenburg: Oldenburger-Vor-Drucke 313, S. 5ff

Ingenkamp, K. (1995) (Hrsg.): Die Fragwürdigkeit der Zensurengebung. Weinheim und Basel: Beltz, 9.Aufl.

Ingenkamp, K./ Schreiber, W.S. (1989) (Hrsg.): Was wissen unsere Schüler? Überregionale Lernerfolgsmessung aus internationaler Sicht. Weinheim: Deutscher Studien Verlag

Jürgens, E. (1983): Der Schülerbeobachtungsbogen in der Orientierungsstufe des Landes Bremen. Eine empirische Untersuchung zur Beurteilung des Schülerbeobachtungsbogens durch Lehrer. Frankfurt a. M.: Lang

Jürgens, E. (1992): Beobachtung, Beschreibung, Beurteilung - Ein Merkmalsbogen zur Lernverhaltenbeschreibung. In: Praxis Schule 5-10.3. Jg. / Heft 2, S. 39-41 und 57-59

Jürgens, E. (1992): Leistung und Beurteilung in der Schule. Sankt Augustin: Academia 3.Aufl.

Jürgens, E. (1994): Erprobte Wochenplan- und Freiarbeits-Ideen in der Sekundarstufe I. Heinsberg: Dieck

Jürgens, E. (1995): Die 'neue' Reformpädagogik und die Bewegung Offener Unterricht. Sankt Augustin: Academia,2.Aufl.

Jürgens, E. (1995): Offener Unterricht im Spiegel empirischer Forschung. Oldenburg: Oldenburger Vor-Drucke des Zentrum für pädagogische Berufspraxis, Heft 265/ 1995

Jürgens, E. (1996): Gesellschaftliches Leistungsprinzip - pädagogischer Leistungsbegriff - schulische Leistungserziehung: Was wollen wir für unsere Kinder? In: Pädagogik und Schulalltag. 51. Jg./ Heft 4, S. 509-519

Jürgens, E. (1997): Offener Unterricht im Spiegel empirischer Forschung. In: Pädagogische Rundschau. 51. Jg./ Heft 6, S. 677-697

Jürgens, E. (1998a): Leistungserziehung – Leistungsbeurteilung und Unterrichtsgestaltung. In: Becher, H. R./ Bennack, J./ Jürgens, E. (Hrsg.): Taschenbuch Grundschule. Baltmannsweiler: Schneider Verlag Hohengehren, S. 317-327

Jürgens, E. (1998b): Das Wortgutachten in der Grundschule. Oldenburg: Oldenburger Vordrucke 230

Jürgens, E. (1999): Zeugnisse ohne Noten. Ein Weg zur differenzierten Leistungserziehung. Braunschweig: Westermann

Kanders, M./ Rösner, E./ Rolff, H.-G. (1996): Das Bild der Schule aus der Sicht von Schülern und Lehrern - Ergebnisse zweier IFS-Repräsentativbefragungen. In: Rolff, H.-G./ Bauer, K.-O./ Klemm, K./ Pfeiffer, H. (1996) (Hrsg.): Jahrbuch der Schulentwicklung Bd. 9. Weinheim und München: Juventa, S. 57-114

Kant, I. (1921-1923): Was ist Aufklärung? In: I. Kant: Werke, Band IV, hrsg. von E. Cassirer. Berlin: Cassirer

Kempfert, G./ Rolff, H.-G. (1999): Pädagogische Qualitätsentwicklung. Weinheim und Basel: Beltz, S. 87-94

Klafki, W. (1993): Leistung. In: Lenzen, Dieter (Hrsg.): Pädagogische Grundbegriffe Bd.2. Reinbeck: Rowohlt, S. 983-987

Klafki, W. (1993): Neue Studien zur Bildungstheorie und Didaktik. Weinheim und Basel: Beltz, 3.Aufl., S. 209-249

Kleber, E.W. (1976): Beurteilung und Beurteilungsprobleme. Weinheim: Juventa

Kleber, E.W. (1992): Diagnostik in pädagogischen Handlungsfeldern. Weinheim und München: Juventa

Klippert, H. (1994a): Methoden-Training. Weinheim und Basel: Beltz 2. Aufl.

Klippert, H. (1994b): Projektwochen. Weinheim und Basel: Beltz 3. Aufl.

Klippert, H. (1995): Kommunikationstraining. Weinheim und Basel: Beltz

Klippert, H. (1998): Teamentwicklung im Klassenraum. Weinheim und Basel: Beltz

Klippert, H. (2000): Pädagogische Schulentwicklung: Weinheim und Basel: Beltz

Knof, R.R. (1976): Die Mitwirkung von Schülern bei der Leistungsbeurteilung. In: Westermanns Pädagogische Beiträge. 28. Jg., S. 437-443

Koch, S. (1999): Wenn Schulforscher von Schulreform träumen. Theorie und Praxis der ‚Schulqualitätsforschung'. In: Die Deutsche Schule. 91. Jg./ Heft 4, S. 411- 423

Köck, P. (1999): Praxis der Beobachtung. Eine Handreichung für den Erziehungs- und Unterrichtsalltag. Donauwörth: Auer

Köckeis-Stangl, E. (1980): Methoden der Sozialforschung. In: Ulich, D./ Hurrelmann, K. (Hrsg.): Handbuch der Sozialisationsforschung. Weinheim und Basel: Beltz, S. 321-370

Koller, G./ Pließnig, E./ Rausch, F./ Schatz, U. (1996): Erfahrungen mit Leistungsbeurteilung bei einem Stationenbetrieb im Deutschunterricht. In: Messner, E. (Hrsg.): Aspekte der

Leistungsfeststellung und –beratung bei Innerer Differenzierung des Unterichts. Schule Entwickeln Dokumente aus dem Schulverbund Graz-West. SV-Reihe Nr. 13. Graz

König, E./ Bentler, A. (1997): Arbeitsschritte im qualitativen Forschungsprozess - ein Leitfaden. In: Friebertshäuser, B. / Prengel, A. (Hrsg.): Handbuch qualitativer Forschungsmethoden in der Erziehungswissenschaft. Weinheim: Juventa, S. 88-106

Kossik, H. (1992): Schüler lernen lehren. Gestalten und Bewerten einer Präsentation. In: Friedrich-Jahresheft XIV: Prüfen und Beurteilen. Seelze: Friedrich Verlag, S. 74-75.

Kossik, H. (1999): Präsentationen statt Klausuren. Erfahrungsbericht aus der Sekundarstufe I. In: Pädagogik. 51. Jg./ Heft 6, S. 43-47

Krall, H./ Messern, E./ Rauch, F. (1995): Schulen beraten und begleiten. Innsbruck und Wien: Studien Verlag

Krapp, A. (1995): Der zweifelhafte Beitrag der empirischen Pädagogik zur rechtlichen Kontrolle der schulischen Leistungsbeurteilung. In: Zeitschrift für Pädagogik. 35. Jg./ Heft 4, S. 548-564

Kraul, M. (1995): Wie die Zensuren in die Schule kamen. In: Zeitschrift für Pädagogik. 35. Jg./ Heft 4, S. 31-34

Krauß, E. (1999): Leistung födern, fordern, messen und beurteilen. In: Schulverwaltung Baden-Württemberg. Heft 1/ 1999, S. 4-10

Krieger, C.G. (1994): Mut zur Freiarbeit. Baltmannsweiler: Schneider Verlag Hohengehren

Krohne, H. (1975): Angst und Angstverarbeitung. Stuttgart: Klett

Krüger, R. (1970): Schüler zensieren sich selbst. In: Unterricht heute. 21. Jg./ Heft 1, S. 33-38

Kunert, K. (1993) (Hrsg.): Schule im Kreuzfeuer. Baltmannsweiler: Schneider Verlag Hohengehren

Kupffer, H. (1996): Varianten des Leistungsbegriffs von der Reformpädagogik bis heute. Oldenburg:Oldenburger Vordrucke

Kupffer, H. (1996): Varianten des Leistungsbegriffs von der Reformpädagogik bis heute. In: Oldenburger Vor-Drucke 312, Oldenburg

Lamnek, S. (1995): Qualitative Sozialforschung. Band 1: Methodologie. Weinheim und Basel: Beltz Psychologie Verlags Union 3.Aufl.

Lamnek, S. (1995): Qualitative Sozialforschung. Band 2: Methoden und Techniken. Weinheim und Basel: Beltz Psychologie Verlags Union 3.Aufl.

Lamperter, D.H. (1999): Zurück ans Band. Deutsche Automobilfabriken sollen effizienter werden – den Facharbeitern drohen Monotonie und Streß. In: Die Zeit Nr.22 vom 27. Mai 1999, S. 24-25

Langer, A./ Langer, H./ Theimer, H. (1996): Lehrer beobachten und beurteilen Schüler. München: Prögel Praxis 181, Oldenbourg Verlag

Langer, I./ Schulz von Thun, F. (1974): Messung komplexer Merkmale in Psychologie und Pädagogik. Basel und München: Reinhardt

Lanser, G. (1996): Ein Bild vom Kind entwickeln. Beobachtungen als Grundlage für pädagogisches Handeln. In: Friedrich-Jahresheft XIV: Prüfen und Beurteilen. Seelze: Friedrich Verlag, S. 31-33.

Lechler, P. (1982): Kommunikative Validierung. In: Huber, G.L./ Mandl, H.: Verbale Daten. Weinheim und Basel: Beltz Psychologie Verlags Union, S. 243-258

Lehmann, J./ Ziegenspeck, J. (2000): Leistung und/ oder Disziplin. In: Die Deutsche Schule. 92. Jg./ Heft 2, S. 219-223

Lenzen, D. (1993) (Hrsg.): Pädagogische Grundbegriffe Bd.2. Reinbeck: Rowohlt

Leschinsky, A. (1996) (Hrsg.): Die Institutionalisierung von Lehren und Lernen. Beiträge zu einer Theorie der Schule. Zeitschrift für Pädagogik. 34. Beiheft. Weinheim und Basel: Beltz

Lexikon der Alten Welt (1990). Unveränderter Nachdruck der einbändigen Originalausgabe von 1965. Zürich und München: Artemis

Liebau, E. (1993): Klassenarbeiten und Klausuren. In: Pädagogik. Themenheft: Wirtschaft-Schule-Leistung. 45. Jg./ Heft 6, S. 17-20

Lienert, G.A. (1987): Schulnoten-Evaluation. Frankfurt a.M.: Athenäum

Linke, J. (1999): Der Ruf nach Leistung. In: Die Deutsche Schule 91. Jg./ Heft 2, S. 210-217

Lissmann, U. (1998): Probleme und Möglichkeiten der Schülerbeurteilung – Folienatlas. Landau: Verlag Empirische Pädagogik

Lissmann, U./ Paetzold, B. (1984): Zur Effektivität von Schülerselbstkorrektur und häufiger Leistungsrückmeldung -eine empirische Untersuchung. In: Zeitschrift für Pädagogik. 20. Jg., S. 817-833

Löwisch, D.-J. (2000): Kompetentes Handeln. Darmstadt: Wissenschaftliche Buchgesellschaft

Lübke, S. -I. (1996): Schule ohne Noten. Lernberichte in der Praxis der Laborschule. Opladen: Leske und Budrich, S. 45-53

Lumpe, A./ Meyer, M.E. (1999): Die ‚besondere Lernleistung‘. In: Pädagogik. 51. Jg./ Heft 6, S. 38-41

Lütgert, W. (1992): Die Fragwürdigkeit der Zensurengebung und die ‚Berichte zum Lernvorgang‘ der Bielefelder Laborschule. In: Neue Sammlung. 32. Jg./ Heft 3, S. 387-404

Lütgert, W. (1999): Leistungsrückmeldung. In: Pädagogik. 51. Jg./ Heft 3, S. 46-50

Maicher, K. (1997): Alternative Unterrichtsgestaltung und Notengebung in Politischer Bildung. Praxiserfahrungen in einer Berufsschule. Beiträge zur Schulentwicklung. Nr.24. Klagenfurt: IFF

Mandl, H./ Huber, G. (1983): Emotion und Kognition. München: Urban & Schwarzenberg

Martin, E./ Wawrinowski, U. (1993): Beobachtungslehre. Theorie und Praxis reflektierter Beobachtung und Beurteilung. Weinheim und München: Juventa 3. Aufl.

Mayring, P. (1993): Einführung in die qualitative Sozialforschung. Weinheim und Basel: Beltz Psychologie Verlags Union

Merkens, H. (1997): Stichproben bei qualitativen Studien. In: Friebertshäuser, B./ Prengel, A. (Hrsg.): Handbuch qualitativer Forschungsmethoden in der Erziehungswissenschaft. Weinheim und München: Juventa, S. 97-106

Mertens, D. (1974): Schlüsselqualifikationen. Thesen zur Schulung für eine moderne Gesellschaft. In: Mitteilungen aus der Arbeitsmarkt- und Berufsforschung. 7. Jg./ Heft 1, S. 36-43

Messner, E. (1996) (Hrsg.): Aspekte der Leistungsfeststellung und –beratung bei Innerer Differenzierung des Unterrichts. Schule Entwickeln Dokumente aus dem Schulverbund Graz-West. SV-Reihe Nr.13. Graz

Meyer, E./ Winkel, R. (1991) (Hrsg.): Unser Konzept: Lernen in Gruppen. Baltmannsweiler: Schneider Verlag Hohengehren

Meyer, E./ Winkel, R. (1991) (Hrsg.): Unser Ziel: Humane Schule. Baltmannsweiler: Schneider Verlag Hohengehren

Meyer, H. (1995): Wege entstehen beim Gehen. Schule gestalten im Schnittfeld von Didaktik und Unterrichtsreform. In: Bastian, J./ Ott, G. (1995) (Hrsg.): Schule gestalten. Hamburg: Bergmann und Helbig, S. 121-148

Meyer, H. (1997a): Schulpädagogik. Bd. I. Berlin: Cornelsen Scriptor

Meyer, H. (1997b): Schulpädagogik. Bd. II. Berlin: Cornelsen Scriptor

Meyer, M.A. (1996): Prüfen und Beurteilen in anderen Ländern. Beispiele aus Frankreich, Dänemark, England und den USA. In: Bartnitzky, H. (1996): Verkehrte Welt im Schulalltag. Alternativen zum Klassenaufsatz und Klassendiktat. In: Friedrich-Jahresheft XIV: Prüfen und Beurteilen. Seelze: Friedrich Verlag, S. 80-83

Miller, R. (1999): "Schmidt, schon wieder ´ne fünf!" Bewertungshandeln und Gerechtigkeit. In: Pädagogik 51. Jg./ Heft 7-8, S. 57-60

Montessori, M.(1988): Kinder sind anders. 12. Aufl., Stuttgart: Klett-Cotta

Moser, H. (1995): Grundlagen der Praxisforschung. Freiburg: Lambertus

Moser, H. (1995): Instrumentenkoffer für den Praxisforscher. Freiburg: Lambertus

Moser-Léchot, D.V. (1999): Schülerbeurteilung was tun die Kantone? Schweizer Lehrer-Zeitung. 144. Jg./ Heft 8, S. 4-9

Negt, O. (1991): Ein neuer Lernbegriff. In: Meyer, E./ Winkel, R. (Hrsg.): Unser Ziel: Humane Schule. Baltmannsweiler: Schneider Verlag Hohengehren, S. 62-65

Nestle, W. (1975): Vom Mythos zum Logos: Die Selbstentfaltung des griechischen Denkens von Homer bis auf die Sophistik und Sokrates. 2. Aufl., Stuttgart: Kröner

Nöthen, K.-G./ Thelen, L. (1996): Bewertung von Projektarbeit unter Berücksichtigung didaktisch-methodischer Ansätze handlungsorientierten Unterrichts. Bewertungsmodell auf der Basis einer Methode des Qualitätsmanagements. Köln München: Stam Verlag

Nuding, A. (1997): Beurteilen durch Beobachten. Baltmannsweiler: Schneider Verlag Hohengehren

Oehler, K.H./ Rannings van, J. (im Gespräch mit Cornelia von Ilsemann) (1996): Im Lehrerteam bewerten. In: Friedrich-Jahresheft XIV: Prüfen und Beurteilen. Seelze: Friedrich Verlag, S. 24-25

Oelkers, J. (1996): Die Konjunktur von Schlüsselqualifikationen. In: Gonon, P. (1996) (Hrsg.): Schlüsselqualifikationen kontrovers. Aarau: Verlag Sauerländer, S. 123-128

Oelze, H. (1999a): Das eigene Lernen aufspüren und einschätzen. In: Die Lernende Schule. 2. Jg./ Heft 7, S. 34-35

Oelze, H. (1999b): Dem eigenen Lernen auf der Spur. In: Die Lernende Schule. 2. Jg./ Heft 7, S. 8-30

Oelze, H. (1999c): Diagnose des Arbeits- und Lernverhaltens. In: Die Lernende Schule. 2. Jg./ Heft 7, S. 36-47

Oelze, H. (1999d): Lernentwicklungsbericht. In: Die Lernende Schule. 2. Jg./ Heft 7, S. 31-33

Oelze, H. (1999e): Über das eigene Lernen ins Gespräch kommen. Wie man sich selbst motiviert und Ziele setzt. In: Die Lernende Schule. 2. Jg./ Heft 7, S. 50-52

Oelze, H. (1999f): Von welchen äußeren Umständen mein Lernerfolg abhängig ist. In: Die Lernende Schule. 2. Jg./ Heft 7, S. 48-49

Olechowski, R./ Persy, E. (1987) (Hrsg.): Fördernde Leistungsbeurteilung. Wien und München: Jugend und Volk

Olechowski, R./ Rieder, K. (1990) (Hrsg.): Motivieren ohne Noten. Wien und München: Jugend und Volk

Otto, G./ Peters, M. (1996): Beurteilen - wo es besonders schwer scheint? In: Friedrich-Jahresheft XIV: Prüfen und Beurteilen. Seelze: Friedrich Verlag, S. 22 - 23

Petersen, P. (1931): Der Ursprung der Pädagogik: II. Teil der „Allgemeinen Erziehungswissenschaft". Berlin: de Gruyter

Popp, S. (1995): Der Daltonplan in Theorie und Praxis. v.a. Kap. 3.2.4.1. Leistungsmessung und Leistungsbeurteilung im Daltonplan. Bad Heilbrunn: Klinkhardt, S. 140-148

Portmann, R. (1997): Schülerinnen und Schüler beobachten und beurteilen. In: Haarmann, D. (Hrsg.): Handbuch Elementare Schulpädagogik. Weinheim und Basel: Beltz, S. 225-249

Potthoff, W. (1996): Beobachtung und Beurteilung der Schüler/ innen im offenen Unterricht. Freiburg: Reformpädagogischer Verlag Jörg Potthoff

Prange, K. (1980): Bauformen des Unterrichts. Bad Heilbrunn: Klinkhardt, Kap. 15 und 16

Preuß, E./ Itze, U./ Ulonska, H. (1999) (Hrsg.): Lernen und Leisten in der Grundschule. Bad Heilbrunn: Klinkardt

Prinz von Hohenzollern, J.G./ Liedtke, M. (1991): Schülerbeurteilungen und Schulzeugnisse. Historische und systematische Aspekte. Bad Heilbrunn: Klinkhardt

Probst, H. (1989): Lernstrukturen als Bezugsnorm für Leistungsbeurteilung. In: Zeitschrift für Pädagogik. 35. Jg./ Heft 4, S. 564-573

Rampillion, U. (1996): Schüler beurteilen sich selbst. Ein Zugang zum selbstgesteuerten Lernen. In: Friedrich-Jahresheft XIV: Prüfen und Beurteilen. Seelze: Friedrich Verlag, S. 38-39

Rauschenberger, H. (1998) Lernbeobachtungen in der Reformschule Kassel – Überwindungen von Lernkrisen als evaluativer Prozeß. In: Schulinterne Evaluation an Reformschulen. Impuls 30. Bielfeld

Reisse, W. (1996): Die Prüfbarkeit von Schlüsselqualifikationen. In: Gonon, P. (Hrsg.): Schlüsselqualifikationen kontrovers. Aarau: Sauerländer, S. 114-120

Rheinberg, F. (1980): Leistungsbewertung und Lernmotivation. Göttingen: Hogrefe

Rheinberg, F. (1982) (Hrsg.): Bezugsnormen zur Schulleistungsbewertung: Analyse und Intervention. Düsseldorf: Schwann

Rheinberg, F. (1987): Soziale versus individuelle Leistungsvergleiche und ihre motivationalen Folgen in Lehr-Lernsituationen. In: Olechowski, R./ Persy, E. (Hrsg.): Fördernde Leistungsbeurteilung. Wien und München: Jugend und Volk, S. 80-115

Rieder, K. (1990): Problematik der Notengebung. In: Olechowski, R./ Rieder, K.: Motivieren ohne Noten. Wien und München: Jugend und Volk, S. 16-55

Rieder, L. (1996): Korrigieren – Aufwand und Ertrag. PFL-Deutsch. Nr.12. Klagenfurt: IFF

Risse, E. (1999): Leistung und Qualitätssicherung im offenen Unterricht an Gymnasien. In: Pädagogische Führung. 10. Jg./ Heft 1, S. 17-22

Risse, E. (1999): 'Offener Unterricht' in der Evaluation. In: Die Lernende Schule. 2.Jg/ Heft 5, S. 14-17

Roeder, P.M./ Sang, F. (1991): Über die institutionelle Verarbeitung von Leistungsunterschieden. In: Zeitschrift für entwicklungspychologie und Pädagogische Psychologie. Band XXIII/ Heft 2, S. 159-170

Rolff, H.-G. (1995): Zukunftsfelder der Schulforschung. Weinheim: Deutscher Studien Verlag

Rolff, H.-G. (1999): Schulentwicklung in der Auseinandersetzung. In: Pädagogik. 51. Jg./ Heft 4, S. 37-40

Rolff, H.-G./ Bauer, K.-O./ Klemm, K./ Pfeiffer, H. (1996) (Hrsg.): Jahrbuch der Schulentwicklung Bd. 9. Weinheim und München: Juventa

Rousseau, J.-J. (1979): Emile oder Von der Erziehung. In der deutschen Erstübertragung von 1762. München: Winkler

Ruep, M. (1999): Innere Schulentwicklung. Theoretische Grundlagen und praktische Beispiele. Donauwörth: Auer, S. 147-179

Sacher, W. (1984): Praxis der Notengebung. Bad Heilbrunn: Klinkhardt

Sacher, W. (1994): Prüfen - Beurteilen - Benoten. Theoretische Grundlagen und praktische Hilfestellungen für den Primar- und Sekundarbereich. Bad Heilbrunn: Klinkhardt

Saldern, M.v. (1997): Schulleistung in Deutschland – ein Beitrag zur Standortdiskussion. Münster, New York u.a.: Waxmann

Saldern, M.v. (1999): Schulleistung in Diskussion. Baltmannsweiler: Schneider Verlag Hohengehren

Schavan, A. (1998): Schule der Zukunft: Bildungsperspektiven für das 21. Jahrhundert. Freiburg: Herder

Scheerer, H./ Schmied, D./ Tarnai, C. (1985): Verbalbeurteilung in der Grundschule. In: Zeitschrift für Pädagogik. 31. Jg./ Heft 2, S. 175-200

Schlaffke, W. (1997): Worauf die Wirtschaft ein Auge hat. Die Bedeutung von Schulzeugnissen, Tests und Einstellungsgesprächen bei der Auswahl geeigneter Bewerber für einen Ausbildungsplatz. In: Deutsche Lehrerzeitung – Spezial. 47/ 48 vom 27.November 1997, S. 22

Schmidt, E./ Wopp, C.: Beurteilungsspinne zum Offenen Unterricht. Oldenburg: Oldenburger Vordrucke 1942.Auflage

Schmidt, H.-J. (1981): Grundschulzeugnisse unter der Lupe. In: Die Deutsche Schule. 73 Jg./ Heft 7-8, S. 486-496

Schnack, J. (1996): Was heißt denn hier Leistung? In: Hamburg macht Schule. 8. Jg./ Heft 1, S. 4-8

Schnack, J. (1997): Systemzwang und Schulentwicklung. Hamburg: Bergmann und Helbig

Schneider M. (1989): „Schwer begreifend, willig und still": Zur Geschichte der Schülerbeurteilungen und Schulzeugnisse. In: Themen und Kataloghefte des Bayrischen Schulmuseums Ichenhausen, Heft 2

Schneider, H./ Knebel, H. (1995): Team und Teambeurteilung. Neue Trends in der Arbeitsorganisation. Köln: Bachem

Schneider, M. (1989): 'Schwer begreifend, willig und still'. Zur Geschichte der Schülerbeurteilungen und Schulzeugnisse. Heft 2 derThemen und Kataloghefte des Bayerischen Schulmuseums Ichenhausen, herausgegeben vom Bayerischen Nationalmuseum München. München

Schnotz, W. (1979): Lerndiagnose als Handlungsanalyse. Weinheim: Beltz

Schönig, W. (1993): Notengebung in der Schule: Lebenslüge und Notwendigkeit: In: Kunert, K. (Hrsg.): Schule im Kreuzfeuer. Baltmannsweiler: Schneider Verlag Hohengehren, S. 109-128

Schratz, M. (1994): Das retardierte Moment. Wie die Leistungsbeurteilung den pädagogischen Fortschritt hemmt. In: Informationen zur Deutschdidaktik. 18. Jg./ Heft 2, S. 17-34

Schratz, M. (1995): Unterrichtsforschung als Beitrag zur Schulentwicklung. In: Rolff, H.-G.: Zukunftsfelder der Schulforschung. Weinheim: Deutscher Studien Verlag, S. 267-298

Schratz, M. (1996): Gemeinsam Schule lebendig gestalten. Weinheim und Basel: Beltz, S. 131-148

Schratz, M. (1998): Die Lernende Schule. Weinheim und Basel: Beltz

Schreiner, G. (1970): Sinn und Unsinn der schulischen Leistungsbeurteilung. In: Die Deutsche Schule. 62. Jg./ Heft 4, S. 226-237

Schreiner, G. (1972): Gegen eine verdinglichende Leistungsbeurteilung. In: Westermanns Pädagogische Beiträge. 29 Jg., S. 155-159

Schröder, H. (1990): Leistung in der Schule. Begründung, Forderung, Beurteilung. München

Schröter, G. (1977): Zensurengebung. Kastellaun: Henn

Schubert, G. (2000): Ergebnisse und Auslegung (Hermeneutik der Schulpraxis). In: Grunder, H.-U./ Schubert, G. (2000): Forschungsprojekt ‚Regionale Schulentwicklung in Baden-Württemberg durch Kooperation und Vernetzung'. Abschlussbericht. Universität Tubingen, Januar 2000, Text III

Schulze, H. (1996): Keine Not mehr mit den Noten!? Lernentwicklungsberichte in der Hauptschule. In: Friedrich-Jahresheft XIV: Prüfen und Beurteilen. Seelze: Friedrich Verlag, S. 98-100

Schürer-Necker, E. (1994): Gedächtnis und Emotion. Weinheim: Beltz Psychologie Verlags Union

Schwarzer, R. u.a. (1982): Die Bezugsnorm des Lehrers aus der Sicht des Schülers. In: Rheinberg, F. (Hrsg.): Bezugsnormen zur Schulleistungsbewertung: Analyse und Intervention. Düsseldorf: Schwann, S. 161-172

Sommer, W. (1983): Bewährung des Lehrerurteils. Eine empirische Untersuchung über den Aussagewert des Lehrerurteils für den Bildungs- und Berufserfolg. Bad Heilbrunn: Klinkhardt

Steffens, U./ Bargel, T. (1987) (Hrsg.): Untersuchungen zur Qualität des Unterrichts. Beiträge aus dem Arbeitskreis ‚Qualität von Schule‘ Heft 3. Wiesbaden und Konstanz: Hessisches Institut für Bildungsplanung und Schulentwicklung

Steffens, U./ Bargel, T. (1987) (Hrsg.): Untersuchungen zur Qualität des Unterrichts. Beiträge aus dem Arbeitskreis ‚Qualität von Schule‘ Heft 3. Wiesbaden und Konstanz: Hessisches Institut für Bildungsplanung und Schulentwicklung

Steffens, U./ Bargel, T. (1993): Erkundungen zur Qualität von Schule. Neuwied: Luchterhand

Stern, T. (1996): Lernzielreflexion und Selbstbeurteilung: Eine Fallstudie. Reihe PFL-Naturwissenschaften. Nr. 28 Klagenfurt: IFF

Suchnig, H.-M. (1994): Self-assessment im Anfangsunterricht. PFL-Englisch. Nr.29. Klagenfurt: IFF

Sygusch, H. (1999): Bildung und Leistung gehören zusammen! In: Die Deutsche Schule 91. Jg./ Heft 2, S. 182-185

Tenorth, H.-E. (1988): Geschichte der Erziehung. Weinheim und München: Juventa

Terhart, E. (1997): Entwicklung und Situation des qualitativen Forschungsansatzes in der Erziehungswissenschaft. In: Friebertshäuser, B./ Prengel, A. (1997) (Hrsg.): Handbuch qualitativer Forschungsmethoden in der Erziehungswissenschaft. Weinheim: Juventa, S. 27-42

Thomas, H. (1987): Überblick über Untersuchungen zur verbalen Beurteilung. Konsequenzen für die Konzeption des Unterrichts. In: Olechowski, R./ Persy, E. (Hrsg.): Fördernde Leistungsbeurteilung. Wien und München: Jugend und Volk, S. 248-264

Thurn, S,/ Tillmann, K.-J. (1997) (Hrsg.): Das Beispiel Laborschule Bielefeld. Unsere Schule ist ein Haus des Lernens. Reinbeck bei Hamburg: Rowohlt

Thurn, S. (1996): Ermutigungen - Lernen oder Noten. Lernberichte in der Sekundarstufe I. In: Friedrich-Jahresheft XIV: Prüfen und Beurteilen. Seelze: Friedrich Verlag, S. 86-90

Thurn, S. (1997): Lernen, Leistung, Zeugnisse – eine Schule (fast) ohne Noten. In: Thurn, S,/ Tillmann, K.-J. (Hrsg.): Das Beispiel Laborschule Bielefeld. Unsere Schule ist ein Haus des Lernens. Reinbeck bei Hamburg: Rowohlt, S. 63 –78

Tillmann, K.J. (1993): Leistung muß auch in der Schule neu definiert werden. In: Pädagogik. 45. Jg./ Heft 6, S. 6-8

Tillmann, K.-J. (1995a): Schule, Wirtschaft und Qualifikation. Ein neuer Dialog über den Leistungsbegriff? In: Schulentwicklung und Lehrerarbeit. Hamburg: Bergmann und Helbig, S. 19-30

Tillmann, K.-J. (1995b): Schulentwicklung und Lehrerarbeit. Hamburg: Bergmann und Helbig 1.Aufl., S. 19-30

Tillmann, K.-J./ Vollstädt, W. (1999): Funktionen der Leistungsbewertung: Eine Bestandsaufnahmen. In: Pädagogik. 51. Jg./ Heft 2, S. 42-47

Trudewind, C./ Kohne, W. (1982): Bezugsnorm-Orientierung der Lehrer und Motiventwicklung. Zusammenhänge mit Schulleistung, Intelligenz und Merkmalen der häuslichen Umwelt in der Grundschulzeit. In: Rheinberg, F. (Hrsg.): Bezugsnormen zur Schulleistungsbewertung: Analyse und Intervention. Düsseldorf: Schwann, S. 115-141

Ulbricht, H. (1993): Wortgutachten auf dem Prüfstand. Münster und New York: Waxmann

Ulich, D./ Hurrelmann, K. (1980) (Hrsg.): Handbuch der Sozialisationsforschung. Weinheim und Basel: Beltz

Vaupel, D. (1995): Das Wochenplanbuch der Sekundarstufe. Weinheim und Basel: Beltz

Viebahn, P. (1982): Schülerselbstbeurteilung in der Leistungsdiagnostik. In: Unterrichtswissenschaft. 10. Jg., S. 59-72

Vierlinger, R. (1993): Die offene Schule und ihre Feinde. Wien: Jugend und Volk, S. 51-66

Vierlinger, R. (1999): Leistung spricht für sich selbst. Heinsberg: Dieck

Vogel, B. (1999): Who's afraid of differentiation? Teil 6 der Serie zur Binnendifferenzierung im Englischunterricht: Leistungsbewertung und Differenzierung – die Quadratur des Kreises? In: Praxis Schule 5-10. 10. Jg./ Heft 3, S. 52-57

Vogelsberger, K. (1995): Leistungsmessung zwischen Anspruch und Wirklichkeit. In: Pädagogik. 47. Jg./ Heft 3, S. 6-9

Völker et al (1991): Die letzten 3 Jahre – Abschluss und Übergang. Impuls 20. Bielefeld

Wahl, D./ Weinert, F.E./ Huber, G.L. (1984): Psychologie für die Schulpraxis. München: Koesel

Weidner, M. (1998): Durch Gruppenunterricht zur Teamfähigkeit. In: Praxis Schule 5-10. 9. Jg./ Heft 5, S. 16-20 und 23-24

Weigert, H./ Weigert, E. (1993): Schülerbeobachtung. Weinheim und Basel: Beltz

Weinert, F.E. (1996): Für und Wider die ‚neuen Lerntheorien' als Grundlagen pädagogisch-psychologischer Forschung. In: Zeitschrift für Pädagogische Psychologie. 10. Jg./ Heft 1, S. 1-12

Weinert, F.E./ Helmke, A. (1987): Schulleistungen – Leistungen der Schule oder des Kindes? In: Steffens, U./ Bargel, T. (Hrsg.): Untersuchungen zur Qualität des Unterrichts. Beiträge aus dem Arbeitskreis ‚Qualität von Schule' Heft 3. Wiesbaden und Konstanz: Hessisches Institut für Bildungsplanung und Schulentwicklung, S. 17-31

Weinert, F.E./ Helmke, A. (1996): Der gute Lehrer: Person, Funktion oder Fiktion? In: Zeitschrift für Pädagogik. 34. Beiheft, S. 223-233

Wester, F. (1999): Wege entstehen beim Gehen. Lernen und Leistung in offenen Unterrichtsformen. In: Das Lehrerhandbuch März 1999. Kap. 7.3. Unterricht und Schulveranstaltungen. Leistung, Leistungsbewertung. S. 1-17.

Westphalen, K. (1997): Die verhängnisvolle Trennung von gesellschaftlichem und pädagogischem Leistungsbegriff - eine Erblast der 68er Bewegung. In: Aurin, K./ Wollenweber, H. (Hrsg.): Schulpolitik im Widerstreit. Bad Heilbrunn, S. 99-112

Winter, F. (1991): Schüler lernen Selbstbewertung. Ein Weg zur Veränderung der Leistungsbeurteilung und des Lernens. Frankfurt a.M.: Lang

Winter, F. (1996): Schülerselbstbewertung. Die Kommunikation über Leistung verbessern. In: Friedrich-Jahresheft XIV: Prüfen und Beurteilen. Seelze: Friedrich Verlag, S. 34-37

Winter, F. (1997): Eine neue Lernkultur braucht neue Formen der Leistungsbewertung! In: Schule verändern. Dokumentation der GEW-Fachtagung vom 09.04.98. Stuttgart November 1997, S. 52-57

Winter, F. (1998): Arbeitsgruppe ‚Empirisches Arbeiten und Leistungsmessung'. Vorschläge zur Organisation und Durchführung der Arbeit im Seminarkurs. In: GEW Baden-Württemberg: Seminarkurs in der gymnasialen Oberstufe. Dokumentation der Fachtagung vom 25.März 1998 in Stuttgart, S. 30-31

Winter, F. (2000): Guter Unterricht zeigt sich in seinen Werken. Mit Portfolio arbeiten. In: Lernende Schule. 3. Jg./ Heft 11, S. 42-47

Ziegenspeck, J.W (1999): Handbuch Zensur und Zeugnis in der Schule. Bad Heilbrunn: Klinkhardt

Ziegler, A./ Perleth, C./ Fochler, M. (1998): Die Objektivität der Zensurengebung aus der Sicht von Lehrkräften: Resultate einer Befragung. In: Pädagogisches Handeln. 2.Jg/ Heft 3, S. 77-85

Zinnecker, J. (1975) (Hrsg.): Der heimliche Lehrplan. Untersuchungen zum Schulunterricht. Weinheim und Basel: Beltz

Zsilavecz, G. (1996): Leistungsfeststellung und –beurteilung muss das sein? PFL-Englisch. Nr.43. Klagenfurt: IFF

*

Sozialisiert und diszipliniert

Die Erziehung 'wilder Kinder'. Hrsg. von Hans-Ulrich Grunder.
1998. VI, 214 Seiten. Kt. ISBN 3896760548. FPr. DM 32,–

Kinder sind immer wild. Der doppelte Akzent im Begriff 'wilde Kinder' hebt die Dialektik von Erziehungsprozessen zwischen Ermöglichung und Disziplinierung hervor. Weiter verweist er auf Heranwachsende, die Freiräume in Erziehung, Sozialisation und Enkulturation, Disziplinierung und Okkupation ertasten und erwünschtem, angepasstem Verhalten ihre persönliche Widerständigkeit, ihre 'kleinen Fluchten' entgegen halten. Je 'wilder' die Kinder, desto schwieriger scheinen erzieherische, sozialisatorische und enkulturierende Absichten realisierbar; umso akzentuierter stellt sich die pädagogische und damit die Frage nach einem reflektierten Gleichgewicht.

In diesem Band, einem Sach- und Fachbuch, werden die Begriffe Sozialisation, Enkulturation, Initiation und Disziplinierung exponiert, auf ihre theoretische und praktische Relevanz hin abgewogen, in ihren Auswirkungen auf schulisches Lernen veranschaulicht und anhand zahlreicher Beispiele veranschaulicht.

Hans-Ulrich Grunder (Hrsg.)

Utopia

Die Bedeutung von Schule, Unterricht und Lernen in utopischen Konzepten
1996. VI, 236 Seiten. Kt. ISBN 3871168602. FPr. DM 36,–

In der Umgangssprache haftet dem Adjektiv *utopisch* das Illusionäre, Unrealistische an. *Realisten* fällt es leicht, *Utopisten* des Idealismus zu zeihen. Utopisches Denken scheint gerade gegenwärtig so dysfunktional zu sein, daß es lediglich in persönlichen Belangen toleriert wird. Auf der anderen Seite wissen wir, daß der Absage an alle Utopie die politische, soziokulturelle und persönliche Starre entspricht. Das gilt ganz besonders für den Bildungs-, Erziehungs- und Schulbereich. Die Reduktion des Denkens auf seine operative Seite und der Verlust an Hoffnung haben – bezogen auf Schule und Lernen – die Gewöhnung des Menschen an das Gegebene mitverursacht. In utopischen Modellen, die den Status Quo zwangsläufig relativieren, irritiert allerdings ein Umstand: Untersucht man utopische Literatur, empfehlen (und verklären) die entsprechenden Texte eine oft totalitäre Funktionalisierung des Denkens an die Erfordernisse einer als ideal suggerierten Gesellschaft.

Gilt dieser Rat auch für den Bereich der Bildung, des Lernens und der Schule? Ist die Faszination der pädagogischen Wirkung am Ende, die pädagogische Utopie in ein Fiasko geraten?

Im vorliegenden Band werden die utopischen Konzepte zunächst über die Analyse des Begriffs erschlossen, worauf die Merkmale der pädagogischen Utopie zu schildern sind. Anhand von realen und literarischen Beispielen wird utopisches Denken anschließend auf seine schulpädagogischen Implikationen befragt. Als Exempel dienen: J. V. Andreaes *Christianopolis*, M. Shelley: *Frankenstein*, A. S. Neills *Summerhill*, E. Callenbachs *Oekotopia*, B. F. Skinner: *Futurum II*, R. Ardila: *Walden Tres*, J. Samjatins *Wir*, F. Hetmanns / H. Tonderns: *Zeitsprung*, das Thema *Frauen in der Utopie* und die Skizze der balinesischen Erziehung als Utopie oder harte Realität. Zusammenfassende und systematische Bemerkungen schließen den Band ab. Dabei stehen die Position der Utopien in der zeitgenössischen schulpädagogischen Debatte sowie die These, ein Diskurs über Utopien und die Verwendbarkeit utopischer Konzepte im schulpädagogischen Denken und im schulischen Alltag sei unabdingbar, im Zentrum.

Schneider Verlag Hohengehren; Wilhelmstr. 13; D-73666 Baltmannsweiler

Ursula Carle

Was bewegt die Schule?

Neue Zugänge zur Integration von äußerer und innerer Schulreform, zur Verbindung von individuellen und institutionellen Entwicklungsperspektiven. Grundlagen der Schulpädagogik Band 34. 2000. X, 595 Seiten. Kt. ISBN 3896762524. FPr. DM 88,—

Das 20. Jahrhundert wird als Jahrhundert der erfolgreich gescheiterten Schulreformen in die Geschichte eingehen. Erfolgreich war und ist Schulreform im großartigen Einzelfall, gescheitert ist sie in der Breite. Dies ist ein internationales Phänomen, nicht nur ein deutsches, für das es keine einfachen Lösungen gibt. Aus den bisherigen Schulreformbilanzen und aus der sich in den letzten fünfzig Jahren entwickelnden systemisch-evolutionären Institutionenlehre leitet Ursula Carle daher eine neuartige Vorstellung von Schule ab: das Modell der «Institutionellen Stukturleiter».

Die Sprossen der schulischen Strukturleiter lassen sich als Systemebenen schulischen Lernens und Arbeitens denken. Sie beginnen mit den Schülerinnen und Schülern und enden bei der Schul- und Bildungspolitik. Dazwischen finden sich die Lehrkräfte und Schulklassen ebenso wie Lehrerbildungsstätten, Gemeindeverwaltungen und Verlage. Zusammengehalten und aufgerichtet wird die Strukturleiter schließlich durch unser aller Interesse an der Zukunftsfähigkeit der Schule. Diesbezüglich macht das wachsende öffentliche Interesse an Bildungsfragen Mut.

Für die konkrete Anschauung und die praktische Umsetzung lädt uns die Autorin zu einer Reise rund um die Welt der schulischen Reformvorhaben ein. Wir begleiten sie zu professionellen Zukunftswerkstätten, besichtigen nationale und internationale Reformkongresse, sprechen mit Lehrerinnen und Lehrern, surfen im Internet in virtuellen Schulreformnetzwerken, beteiligen uns an schulischen Reformworkshops, beobachten Schüler und Lehrer bei ihrer Arbeit, fragen alte und junge Reformpädagoginnen, werfen einen Blick in die Rezeptbücher der betrieblichen Reorganisationsexperten und lernen dabei neuartige Lösungsansätze kennen.

Manfred Bönsch

Intelligente Unterrichtsstrukturen

Eine Einführung in die Differenzierung. Grundlagen der Schulpädagogik Band 31. 2000. XIII, 256 Seiten. Kt. ISBN 3896762486. FPr. DM 36,—

Nach wie vor ist die Schule durch Widersprüchlichkeiten gekennzeichnet. Einerseits herrschen „archaische" Unterrichtsmuster vor. Lehrerzentrierter Unterricht ist trotz aller reformpädagogischer Literatur vorherrschend. Mit ihm verbinden sich die bekannten Nachteile für das Lernen der Schüler/-innen (Orientierung an einem angenommenen Durchschnitt, geringe Beachtung unterschiedlicher Lerntempi und Lernmodi, zu geringe Kommunikation und Kooperation). Andererseits ist die Idee, den Schülern / den Schülerinnen zur Entwicklung ihrer Persönlichkeit und Identität zu verhelfen, für die Schule unbestritten. Schwieriger gewordene Bedingungen des Aufwachsens verstärken entsprechende Bemühungen. Eine Antwort auf dieses Dilemma sind intelligentere Unterrichtsstrukturen, als sie gegenwärtig in der Breite realisiert werden. Sie zielen auf ein Programm von gemeinsamem Unterricht und intergruppenspezifischer / intragruppenspezifischer und individualisierender Lernarbeit. Dieses wird in dieser Publikation entfaltet. Bei einer Realisierung könnte es zu nachhaltigerem Lernen kommen. Dies ist das Grundanliegen der gesellschaftlichen Institution „Schule".

Schneider Verlag Hohengehren; Wilhelmstr. 13; D-73666 Baltmannsweiler